文獻·文學·文化

中日古典學交流與融通工作坊論集·第一卷

杜曉勤
［日］河野貴美子　主編

北京大學出版社
PEKING UNIVERSIYT PRESS

圖書在版編目（CIP）數據

文獻・文學・文化：中日古典學交流與融通工作坊論集・第一卷 / 杜曉勤，(日)河野貴美子主編. —北京：北京大學出版社，2022. 8

ISBN 978-7-301-33279-5

Ⅰ. ①文… Ⅱ. ①杜… ②河… Ⅲ. ①文化交流－研究－中國、日本－文集 Ⅳ. ① G125-53 ② G131.35-53

中國版本圖書館 CIP 數據核字 (2022) 第 159545 號

書　　名	文獻・文學・文化：中日古典學交流與融通工作坊論集・第一卷 WENXIAN・WENXUE・WENHUA：ZHONG-RI GUDIANXUE JIAOLIU YU RONGTONG GONGZUOFANG LUNJI・DI-YI JUAN
著作責任者	杜曉勤　〔日〕河野貴美子　主編
責任編輯	吴遠琴
標準書號	ISBN 978-7-301-33279-5
出版發行	北京大學出版社
地　　址	北京市海淀區成府路 205 號　100871
網　　址	http://www.pup.cn　　新浪微博：@ 北京大學出版社
電子信箱	zpup@pup.cn
電　　話	郵購部 010-62752015　發行部 010-62750672　編輯部 010-62756694
印 刷 者	北京溢漾印刷有限公司
經 銷 者	新華書店
	720 毫米 ×1020 毫米　16 開本　29.25 印張　449 千字 2022 年 8 月第 1 版　2022 年 8 月第 1 次印刷
定　　價	96.00 元

前　言

杜曉勤

中日兩國一衣帶水，文化學術交流源遠流長。近現代以來，中國古典學界與日本研究中國古典學（包括古代語言文字、典籍文獻與古典文學）的學者之間有充分的學術互動。從二十世紀九十年代開始，中國古代典籍在日本的東傳和影響以及日本抄刻的漢籍，漸漸成爲中國古典學界的研究熱點。中國高校相繼成立了多家專門研究日藏漢籍的學術機構，日藏漢籍的目録彙編、版本研究及珍善本影印等工作也取得了長足的進步。同時，兩國學界還從題材、意境風格和文學觀念等方面深入探討了中日古典文學之關係。近年來，兩國古典學界希望作進一步交流的呼聲更高。其背後的學術考量主要有：其一，中國古典學界以前一直關注的日藏漢籍確實具有重要的版本價值和學術意義，但是漢籍的和刻本、日抄本及日本古代典籍中數量更多的非漢文典籍，則全面深細地反映日本對中國古代經典、漢字文化、古典文學的受容與變容，亦應得到重視和利用；其二，中國古典學界以前多與日本研究中國古典學的同行如漢語史、古文獻和古典文學的學者進行交流，而甚少與日本古典學界中研究國語、國史、國文學的專家一起討論問題，實際上日本古典學者所進行的相關研究，中國古典學者更應給予關注。同理，日本研究國語、國史、國文學的專家，如果對中國研究漢語史、古代史、古文獻和古代文學的方法、理念和成果能够及時全面掌握的話，其本身的研究也會取得更大的進展甚至突破。基于此，經過較爲長期的籌備和探討，北京大學中文系從事中國古典學研究的一些學者，與早稻田大學文學學術院、早稻田大學總合研究機構日本古典籍研究所從事日本古典學的學者開始聯合起來，正式建立了“中日古典學交流與融通工作坊”這一常規化的學術交流平臺，并商定每年秋季舉行一次學術會議，就共同關注的研究對象進行專題研討。

2018 年 11 月 10 日，在日本東京的早稻田大學户山校區，“中日古典學交流與融通工作坊”舉辦了首屆國際學術研討會。此次會議事先設置的主旨是“中日古典學的交流與融通”。分論題有三：1. 日本古典文獻（日本語、日本文學、日本史）中的中國古典資料及其影響，2. 日本所藏漢籍的文獻價值與傳播史研究，3. 和刻本漢籍及漢籍日抄本的文獻價值與文化意義。

參加此次會議的中方學者有北京大學中文系的傅剛、劉玉才、孫玉文、邵永海、胡敕瑞、杜曉勤、顧永新、程蘇東和北京大學出版社的馬辛民九位，日方學者有早稻田大學文學學術院的河野貴美子、笹原宏之、新川登龜男、陣野英則、高松壽夫、田中史生、吉原浩人七位。

會議分爲四個小組進行發言和討論：

第一組，圍繞“文字訓詁及文獻注釋”展開，由河野貴美子、杜曉勤主持，發言人及其題目分别爲：1. 笹原宏之《創于六朝、隋唐時期存迹于日本的“佚存文字”》，2 . 孫玉文《“蝦蟆”與“蛤蟆”》，3. 胡敕瑞《“財用錢三十”用來買什麽》，4. 高松壽夫《由對〈懷風藻〉的注釋看八世紀日本的漢籍閱讀情況》。

第二組，圍繞“歷史思想與文獻研究”展開，由陣野英則、傅剛主持，發言人及其題目分别爲：1. 邵永海《日本學者關于〈韓非子〉一書的研究評述》，2. 新川登龜男《〈日本書紀〉的讀法》，3. 程蘇東《日傳〈五經大義〉所見古本〈春秋繁露・治順五行篇〉輯證》，4. 吉原浩人《〈心性罪福因緣集〉院政期寫本與元禄版本的文本差異》。

第三組，圍繞“寫本、和刻本的版本研究”展開，由吉原浩人、胡敕瑞主持，發言人及其題目爲：1. 傅剛《和刻本〈春秋經傳集解〉略説》，2. 劉玉才《金剛寺永仁寫本〈全經大意〉讀論》，3. 顧永新《北宋國子監校刊〈五經正義〉次序析疑——以〈上五經正義表〉校勘爲中心》，4. 田中史生《〈白氏文集〉惠蕚抄寫本的傳來》。

第四組，圍繞“日本古典典籍中的漢籍利用”展開，由田中史生、孫玉文主持，發言人及其題目分别爲：1. 陣野英則《〈源氏物語〉"若菜下"中的中國故事》,2. 河野貴美子《清原宣賢的"抄物"中所見的漢籍》,3. 杜曉勤《日本古典籍所存漢詩文聲病格律資料輯釋》。

閉幕式由劉玉才、高松壽夫主持。在一整天的會議中，代表發言專題性强，内容充實，討論熱烈，互相啓發。會議還吸引了早稻田大學、東京大學、大阪大學從事中日古典學研究的一些學者和研究生前來旁聽，産生了較大的學術影響。

2019年11月2日至11月3日，"中日古典學交流與融通工作坊"第二届學術研討會在北京大學人文學苑舉行。此次會議主題爲"中日古典文學關係研究"。預先設定的分論題較之首届更廣泛，主要有：1. 日本古典文學與《文選》《白氏文集》等中國文學作品集及具體作家作品之關係，2. 日本漢詩、和歌藝術理論與中國古典詩歌理論之關係，3. 日本古代類書的編撰與中國唐宋時期類書之比較，4. 中日古典文學典籍交流史及個案專題研究，5. 中日古代文學家交遊考述，6. 其他中日古典文學交流和比較問題研究，等等。

此次會議的規模較之首届有所擴大，中日雙方參會學者數量也更多。參加此次會議的中方學者，仍以北京大學中文系在職教師（錢志熙、傅剛、劉玉才、杜曉勤、潘建國、顧永新、顧歆藝、程蘇東八位教授）爲主，還特别邀請了北京大學日語系的丁莉、中國人民大學日語系的李銘敬、西北大學文學院的高兵兵三位對日本漢文學素有研究的教授參會。日方參會學者有早稻田大學文學學術院的河野貴美子、陣野英則、高松壽夫、山部能宜、肥田路美、田中史生、吉原浩人七位教授以及意大利威尼斯大學的 Edoardo Gerlini（早稻田大學訪問學者）。此次會議還增設了"青年學者論壇"，參加者主要是中日兩國剛畢業的相關專業的博士、博士後及在讀博士生。日方青年學者均爲早稻田大學大學院文學研究科的在讀博士生，有川村卓也、林宇、樂曲、石丸純一、伊丹五位以及 UCLA 博士生 Kimberly McNelly（早稻田大學研究員）；中方青年學者則有北京大學中文系高級進修生鹿兒島大學副教授大淵貴之博士，西南大學文學院特聘副教授劉潔博士，北京外國語大學文學院講師周健强博士，北京大學中文系博士生楊照、高薇、孫巧智、杜雪、張億、高樹偉，北京大學日語系博士生向偉十位。

會議的主旨報告由錢志熙、河野貴美子主持。田中史生和杜曉勤分别作了報告，前者報告的題目是《漢字文化黎明期的日本與中國古典籍——從日本古代史研究的視角看》，後者報告的題目是《日本古典籍對唐詩研究之價值》。

第一場小組討論由潘建國、吉原浩人主持，發言人及其題目分别爲：1. 傅剛《竹添井井〈左氏會箋〉成書略窺》，2. 顧永新《〈群書治要〉本〈周易〉斠議》，3. 程蘇東《穗久邇文庫藏元弘本〈五行大義〉讀後》。

第二場小組討論由李銘敬、肥田路美主持，發言人及其題目分别爲：1. 河野貴美子《寫本時代的書法和文學——以〈遍照發揮性靈集〉爲例的考察》，2. 高松壽夫《從〈懷風藻序〉看八世紀日本的漢文詞匯》，3.Edoardo Gerlini《何爲文學遺産？——以平安朝初期敕撰漢詩集的漢籍繼承和利用爲中心》。

第三場小組討論由高兵兵、山部能宜主持，發言人及其題目分别爲：1. 潘建國《中國公案小説的東亞流播——以明版〈皇明諸司廉明奇判公案〉爲例》，2. 陣野英則《〈源氏物語〉"少女"卷與〈文選〉之關係》，3. 丁莉《從〈楊貴妃物語〉〈長恨歌繪卷〉看〈長恨歌〉在日本江户時代的流播與變奏》。

第四場小組討論由丁莉、陣野英則主持，發言人及其題目分别爲：1. 肥田路美《南齊武帝的瑞石像與吉野寺放光樟像》，2. 吉原浩人《白居易爲何被平安朝文人收容？——從佛教思想側面考察》，3. 李銘敬《日本僞書中的白居易及其文學作品——真福寺藏〈往生净土傳〉的編撰緣起管窺》，4. 山部能宜《白隱禪師的"軟蘇之法"及其背景》。

第五場小組討論由顧永新、田中史生主持，發言人及其題目分别爲：1. 錢志熙《賴山陽漢詩淺論》，2. 顧歆藝《林和靖形象在中日之間的演變》，3. 高兵兵《絶海中津〈蕉堅稿〉作品排序原則新解——以在明時期詩作爲例》。

青年學者論壇的第一場小組討論由周健强、川村卓也主持，發表人及其題目分别爲：1. 林宇《漢詩中的古代中日交流——〈懷風藻〉中"西"的深意》，2. 樂曲《以〈文選序〉及唐代文獻資料的受容爲例看〈懷風藻序〉中漢籍受容的雙重構造》，3. 大淵貴之《以白居易詩爲出典的文之玄昌〈祭師父詩〉寫作過程考——試探其參照〈萬首唐人絶句〉〈古今事文類聚〉之可能性》，4. 劉潔《從〈江談抄〉看日本院政時期的白居易接受問題》，5. 楊照《比較中日類編詩集所見白居易對律體詩創作情境之拓展》, 6. 石丸純一《中國游覽詩與日本吉野詩比較研究——以表現清浄的"塵"爲例》。

第二場小組討論由劉潔、林宇主持，發表人及其題目分别爲：1. 向偉《張良故事在古代日本的流變研究——以〈張良繪卷〉爲中心》, 2. 杜雪《曲譜面貌的變化與接受——兼論日本國立公文書館藏明版〈太和正音譜〉的價值》3. 周健强《清田儋叟、曲亭馬琴與金聖嘆的交鋒——江户時期白話小説批評的確立》, 4.Kimberly McNelly《歷史叙述下的女官：基于漢籍修辭法的上皇形象再生》, 5. 川村卓也《關于外交文書所引故事的考察》。

第三場小組討論由大淵貴之、石丸純一主持，發表人及其題目分别爲：1. 孫巧智《早稻田大學藏五山版〈毛詩鄭箋〉略説》, 2. 張億《從〈毛詩注疏校勘記〉看〈七經孟子考文〉》, 3. 高薇《〈文選〉在日本古代的傳習特徵芻議——以〈文選〉日藏古鈔爲綫索》, 4. 伊丹《日本對〈蒙求〉的接受以及"蒙求體"蒙書的發展——關于〈醫學蒙求〉〈醫林蒙求〉和〈歷代名醫蒙求〉》, 5. 高樹偉、張鴻鳴《羅振玉藏〈永樂大典〉殘帙辨僞》。

青年學者論壇之後，所有參會的青年學者興猶未盡，又舉辦了主題爲"對建立在文獻史實考證基礎上的中日古典文學關係研究的思考"的圓桌會議，主持人爲樂曲、楊照，評議人爲程蘇東、Edoardo Gerlini。

會議的閉幕式由北京大學中文系劉玉才教授主持，早稻田大學大學院文學研究科長高松壽夫教授與北京大學中文系副主任杜曉勤教授分别致閉幕辭。

在整整兩天的會議期間，近四十位中日學者圍繞從上古到近代各時段，從散文、詩歌到戲曲等各種文學體裁，從文學典籍、藝術創作到作家交遊等各個層面的中日兩國古典文學之關係，進行了具體而細緻的探討，通過事先對發言提綱的中日互譯，到現場交流時的同聲傳譯，會議完全剋服了語言交流的障礙，與會者在分享發表自己研究心得的同時，也從其他學者的研究心得和討論中得到了不少學術啓發。

該論集就是這兩次工作坊會議論文的選編。因篇幅受限，首先，每位參會者最多選收一篇代表作；其次，主要選入與中日古典學交流與融通問題直接相關的論文。我們從 52 篇參會論文中，最終選録了 26 篇。這些論文大致集中在六大研究領域，兹將其主要學術思考和創新之處分别臚列如下。

一、中國早期經典文獻的日本寫刻本研究

日本學者竹添井井的《左氏會箋》，是近現代箋注《春秋左傳》的一部重要著作，在注疏上更是自清代以來最有價值也最有影響的著作之一。傅剛《竹添井井〈左氏會箋〉成書略窺》一文，通過對收藏在日本静嘉堂文庫的竹添井井的三種稿本的細緻考察，認爲竹添井井對如何注《左傳》，前後經歷了多次反復思考，題目經過反復修改，最後才定爲《左氏會箋》。而且，從稿本不斷修改塗抹的面貌看，竹添井井所下功夫極深。他不斷修改材料和意見，可以見出他對《左傳》和杜注乃至孔穎達《正義》的深刻理解。另外，竹添井井這三種稿本對于研究《左氏會箋》以及正確評價日本明治時期學者的學術成績，也具有非常重要的意義

五山版漢籍，主要指日本五山以及禪宗相關者在鎌倉、室町時期刊行的典籍，以佛教文獻爲主，但也包含多種儒家經典，它們通常以古抄本和當時流行的中國刊本，如宋、元、明刊本爲底本，因此具有很高的文獻價值。孫巧智的《早稻田大學藏五山版〈毛詩鄭箋〉底本考》則主要考察了早稻田大學圖書館所藏五山版《毛詩鄭箋》二十卷本的版本形態，尤其是底本。文章通過將五山本與現存《毛詩》宋刻本和《七經孟子考文并補遺》所録“古本”異文對校，認爲五山本《凱風》前的部分屬于抄本系統（來自清原家本系統），之後的部分屬于刻本系統（可能是早期宋刻善本），這種“雙底本”形態可能是和刻儒家典籍底本從抄本到刻本過渡時期特徵的反映。

《群書治要》是唐初魏徵等奉敕修纂的類書，輯録群書中有關治政的相關内容。其書中土久佚，但在日本傳承有緒。顧永新《〈群書治要〉本〈周易〉斠議》一文以日本宫内廳書陵部藏金澤文庫舊藏鎌倉時代寫本《治要》文本爲據，通過與清宫天禄琳琅舊藏南宋刻本《周易注》，敦煌寫本、日本古寫本《周易注》《講周易疏論家義記》及宇多天皇《周易抄》等進行校勘，認爲《治要》本《周易》文本淵源甚早，遠早于後世通行的刻本系統各本，具有相當高的文獻價值。此項研究對于認識寫本時代的文本形態，洞悉從寫本時

代到刻本時代文本的遞嬗軌迹，都有十分重要的意義。

日本大阪府河内長野市天野山金剛寺是真言宗御室派大本山，寺内存藏平安以降珍貴典籍頗豐。其中永仁四年（1296）寫本《全經大意》，内容爲十三種中國經典的概述，未見于中日公開書目著録，爲極珍稀文獻。劉玉才《日本天野山金剛寺永仁寫本〈全經大意〉譾論》在後藤昭雄、高橋均既有成果的基礎上進行延展性研究。首先，文内指出《日本國見在書目録》所列《禮記》鄭注二十卷、王肅注二十卷、鄭注《禮記抄》一卷、皇侃《禮記子本義疏》百卷、孔穎達《禮記正義》七十卷、徐爰《禮記音》二卷、陸善經《三禮》三十卷、魏徵《次禮》二十卷、崔靈恩《三禮義宗》二十卷、梁武帝《三禮大義》三十卷等，或是《全經大意》的直接取資對象。其次，指出《全經大意》所引文獻要麽未見著録，要麽源于早期寫本，且與今存文本比勘，凸顯其亦具有很高的輯佚價值。

《五行大義》是中古五行學的集大成之作，對于中古知識史的研究具有重要價值，同時，由于其大量徵引早期文獻，因此也具有重要的輯佚學與校勘學價值，自回傳中國以來，向受學者關注。但值得注意的是，日傳本《五行大義》并非一般轉寫本，而是一種正文與注文合寫的注釋本，由于中村璋八等早期整理者未能注意到這一問題，因此在其整理過程中出現不少點斷、讀破的現象。程蘇東《日傳本〈五行大義〉所見古本〈春秋繁露·治順五行篇〉輯證》一文，在厘清日傳本《五行大義》正文、注文合寫的文本結構後，對其所引隋人所見本《春秋繁露·治順五行篇》的正文部分作了厘清，認爲它是一篇整體上相對于宋本《春秋繁露·治水五行》更爲完整的隋人所見古本，且較宋本自有勝處，更多反映了《治順五行篇》的早期形態，具有重要的校勘價值。

二、日本古代漢文學與中國文學典籍之關係

長期以來，對和漢文學進行比較研究的成果，大多傾向于運用“非日本獨創即漢籍之模仿套用”這樣一種極端的方法來區分所有的文學作品，意圖藉此探尋其本質特性。有鑒于此，Wiebke Denecke 認爲有必要修正現

今的國文學史觀，并提出了“漢字文化圈（sinographic cultural sphere）”中共通的“東亞共通文學遺產（shared literary heritage of East Asia）”概念。受此啓發，Edoardo Gerlini 的《何爲文學遺産——就平安初期文學對中國古典籍之繼承與私有化論》在參考文化遺産學、文物學等先行研究的基礎上，以東亞有關“文”的保存、傳承、再利用等文化事業的經營與發展過程爲“遺産化（heritagization）”的例子，再次探討了“文學遺産”的定義與意義，并通過分析平安初期的勅撰漢詩集序文中所包含的文學元言論（literary metadiscourse），將其重新定位成爲近代以前文本“遺産化”的一個事例。

《懷風藻》成書于天平勝寶三年（751），爲日本現存最古漢詩集。其序作爲八世紀日本人所撰漢文，係當時高水準的文學成果之一。其中，反映天智天皇文學理念的一節文字“調風化俗，莫尚于文，潤德光身，孰先于學”妙用了唐太宗之語。另外，結尾處“收魯壁之餘蠹，綜秦灰之逸文”應是對長孫無忌《請封禪表》中“摭秦煨之逸文，采魯壁之餘蠹”的效仿。以此爲入口，高松壽夫《〈懷風藻序〉對唐太宗時期文本的運用》一文考證了“遐觀載籍”“規模弘遠”“麗筆”等語句出典于初唐，尤其是與唐太宗言辭相關的文本的事實，并通過探討《懷風藻序》受唐太宗時期文本影響深遠的現象，進一步明確了八世紀日本人漢詩文的創作情況。當時用以研習唐太宗周邊文本的典籍應爲《文館詞林》《唐太宗實録》等，尤其是原爲唐太宗口頭言論的“調風化俗，莫尚于文，潤德光身，孰先于學”，極可能直接采自《唐太宗實録》。

而樂曲的《“文學”的位置——從漢籍受容看〈懷風藻序〉叙述上的雙重構造》一文，同樣以《懷風藻序》爲研究對象。文章從漢籍受容的内容和傾向角度，考察了此序在叙述方式上嵌文學史叙述于文化史叙述之中的雙重構造；還通過將該序與《文選序》及圍繞唐太宗君臣的諸多文獻進行文學觀、詞彙、表達上的對比，進一步揭示了這種雙重構造的特殊性；并結合日本上代學制及漢文學創作的實際，分析了編者選擇這種叙述方式的原因及該序對于我們理解律令制國家形成初期漢文學的文化史地位所具有的意義。

《源氏物語·少女》是整部作品的第二十一卷，在本卷中，光源氏的子女首次成爲故事的中心人物。其中，光源氏之子夕霧與其表姐雲居雁的愛情故事尤受矚目。且本卷的前半部分中，光源氏故意令夕霧進入大學寮，并向其外祖母大公主闡述學問、教育論的情節亦頗具看點。陣野英則的《試論〈源氏物語・少女〉中的漢詩文引用——以引用陸機〈豪士賦序〉的意義爲例》一文，主要涉及欲使女兒入主東宫的雲居雁之父内大臣在發覺女兒與夕霧的戀情前，曾兩度在對話中引用陸機《豪士賦序》的情節。内大臣彼時朗誦道："風之力蓋寡""并非琴音之故……"。從十五世紀後期的古注釋書《花鳥餘情》，到現代的諸注釋，對此段引用的解釋諸説紛紜。但是，僅揣度内大臣的意圖，并不能闡釋其中深意。特别是"風之力蓋寡"，意在告誡爲政者不可驕侈，與光源氏所述學問、教育論相呼應。可見，我們不應僅通過揣度人物意圖來闡釋其發言中的引用，也有必要從作者構思角度進行思考。

作爲中國現存最早的收録先秦至南朝梁代作品的詩文總集，《文選》在日本的傳播與受容的歷史也頗爲悠久。高薇《〈文選〉在古代日本的傳習特徵芻議——以〈文選〉日藏古抄爲綫索》圍繞人物活動和書籍内容，考察了《文選》在古代日本的傳習特徵：日本僧人從上代開始便有學習并熟知《文選》的情況，平安時期，大學寮的各文章博士均具備講授《文選》等漢籍的能力，但是，這門學問最終却衹被菅、江二家繼承下來，講授《文選》變成菅、江二家的家學。《文選》音義類注釋和李善注最先得到重視，隨後出現的新注釋成果如五臣注、陸善經注等，也被運用到大學寮的文章博士的講解過程。在具體的傳授過程中，白文無注本是講授、學習所用之底本。博士家和初學者通過白文本和訓點，完成了《文選》知識的傳遞和講授。

近百年來，中國學者在研究中國古代文學時多注意利用二十世紀初發現的敦煌殘卷中的資料，視之爲新材料，謂之"預流"；而對數量更多、價值更大的日本古代典籍，關注則相對不够。杜曉勤《隋唐典籍之東傳與日本古典籍對隋唐文學研究之價值》一文，則在吸收學界已有研究成果的基礎上，從日本古代典籍反映的隋唐文學文獻在日本的流播、日本現存唐集古抄本的文獻價值、日本古代典籍所保存的唐代中日詩人創作交流的珍貴史料、日本古代典籍保存的唐代詩學資料、日本早期歌學著作與唐代詩格之關係諸方面，考察了隋唐典籍東傳的情況以及日本古典籍對隋唐文學研究之價值，認爲日本古代典籍中藴含了豐富而寶貴的與唐詩相關的資料，中國學者如果善加利用，應可將隋唐五代文學研究向前推進一大步。

空海（774—835）在中日文化交流史上居功至偉，他從公元804年至806年作爲遣唐僧前往中國留學，回國以後，不僅作爲日本真言宗的鼻祖名垂後世，還將唐朝的文學理論帶回日本并編纂成《文鏡秘府論》一書。另外，他還收集了許多中國文物帶回日本，其中不僅包括各種有關字體的資料，甚至還有唐朝皇帝以及著名書法家的真迹。河野貴美子《寫本時代的書寫和文學載體——以〈遍照發揮性靈集〉爲例的考察》一文，主要圍繞其中書有中國詩文的屏風，探討寫本時代文學載體的功能，分析空海對書寫這種行爲抱有的認識和目的，認爲空海旨在描繪一個由書法和文學組成的文化整體，藉此構建日本文化的新體系，使之走上一個新的臺階，并由此透視“文學”在古代日本社會所起的作用和意義。

三、日本古典文學對白居易的受容問題

衆所周知，中唐詩人白居易的作品集《白氏文集》對日本平安文學產生了重大的影響。《白氏文集》正式傳入日本的時間，是在承和年間（834—848）。實際上，當時有多種《白氏文集》的寫本傳入日本，其中最爲完整的是入唐僧惠蕚于蘇州抄寫的《白氏文集》。長期以來，學界大多認爲，惠蕚寫本是以蘇州南禪院所藏六十七卷本爲底本，并隨着惠蕚的歸國被帶入了日本。但是，田中史生在收集、研究惠蕚相關史料的過程中發現此説有誤。他在《〈白氏文集〉惠蕚寫本的東傳》一文中認爲，惠蕚于會昌四年（844）在蘇州抄寫的《白氏文集》爲七十卷本，而非六十七卷本。另外，惠蕚寫本是由同年返程歸國的日本官員（大神）侯男等人帶入日本的。

《長恨歌》是白居易最經典的長篇叙事詩之一，在日本的和歌、物語、説話、軍記物語、唱導文、願文、屏風畫、繪卷等文學藝術形式中，更有不同的接受、解讀和演繹。丁莉《〈長恨歌〉在古代日本的文圖流播——兼論文學經典傳播中文本與圖像的關係》從文本和圖像兩個方面，考察了《長恨歌》在古代日本的不同時期被接受、被闡釋和再創作的情況。平安時代可見《長恨歌》屏風畫及以之爲題的和歌，或吟咏玄宗思念貴妃的悲痛心情，或吟咏身處仙界的貴妃對玄宗的思慕之情。由繪畫引發和歌的抒情，强調其悲劇性。

平安末期還出現了諷諫時政的《長恨歌》繪畫，信西入道（藤原通憲）用《長恨歌》畫卷勸誡後白河上皇，不能過分寵信藤原信賴。

遼代律宗與净土宗高僧純慧大師非濁，活躍于遼之佛教最爲發達的興宗和道宗時期，其《往生傳》（全名爲《新編隨願往生集》）是遼代佛教往生文學的代表之作，撰畢不久即蒙敕刊載入《契丹大藏經》。日本真福寺所藏假托“桑門戒珠”而輯録的三卷本《往生净土傳》，即是依據非濁《新編隨願往生集》一書内容而改編的作品。李銘敬《僞撰中的白居易及其文學——真福寺藏〈往生净土傳〉的編撰意圖》一文，指出此書序跋多處引用白居易的作品，卷下所收録的《唐賣薪翁念佛往生净土第十五》和《童子藥藏聞念佛音往生净土第二十七》亦摻雜了有關白居易的叙事以及據其作品改編的内容，文章認爲在“狂言綺語觀”影響下意欲以世俗文字之業與佛結緣之目的，才是促使其改編遼僧著述并杜撰白居易相關往生故事的真實動因。

文之玄昌（1555—1620）是活躍于日本中世末期（安土桃山時代）到近世初期（江户時代初期）的過渡階段的一位臨濟宗東福寺派僧人，學識淵博，不僅受邀于德川家康，在鐮倉建長寺講經説法，還被後水尾帝召進宫中傳授講解四書集注，被譽爲當時“天下第一文人”。大淵貴之《以白居易詩爲出典的文之玄昌〈祭師父詩〉寫作過程考——試探其參考〈萬首唐人絶句〉〈古今事文類聚〉之可能性》一文，則從文之玄昌引用白居易《題商山廟》爲典故而寫作的《祭師父詩》入手，探討文之閲讀和接受白居易詩的途徑問題，提出文之是通過南宋洪邁的《萬首唐人絶句》接觸到白詩，而閲讀《萬首唐人絶句》的契機又可能是南宋祝穆撰寫的《古今事文類聚》這一猜測。

白居易詩作對日本平安時期文學的重要影響，還反映在詩集編纂上。《千載佳句》《和漢朗詠集》等詩（句）集收録白詩衆多，尤多律體；而其分類與同時期的中國類編詩集有明顯的不同。中國的類編詩集大體以傳統類書的結構爲主，類目的組織以外在天地物象的時空爲序；日本的平安時期收白詩較多的類編詩（句）集《千載佳句》《和漢朗詠集》等，更側重以“人”及日常的方方面面爲分類的出發點。楊照《比較中日類編詩集所見白居易對律體詩創作情境之拓展》在對比中日類編詩集的基礎上，由類目結構到詩語特徵，逐層深入，從題材的角度遞進分析白居易對律體詩創作情境的拓展，認爲白居易對律詩題材進行“内向”開掘且形成了“全景式”的創作面貌。

四、日本漢詩研究

絶海中津（1336—1405）是日本中世禪林文學（五山文學）的領軍人物，有詩文集《蕉堅稿》傳世。絶海曾在明九年，遍訪江浙名山，師從季潭宗泐、清遠懷渭等修習禪法，其間主要活動于杭州中天竺寺。中日兩國對《蕉堅稿》的注釋及研究都尚處于基礎階段，注釋中疏漏及謬誤頗多，且研究的焦點多集中于其生平及中日文化交流方面，對其詩文進行深入解讀的論著幾乎没有。高兵兵《絶海中津〈蕉堅稿〉作品排序原則新解——以在明時期詩作爲例》以其中在明期間的詩作爲例，對其作品編排順序的原則進行重新解讀和定性。文章認爲,《蕉堅稿》中在明期間作品的每種詩型，卷首作品均爲與中國高僧或重要人物的唱和應酬之作，其餘作品的排列首先是按照地點來切换，而并非先按時間先後編排的。作品中多表現出對杭州特别是中天竺寺周邊荒凉景致及寂寥生活的感嘆，這與其離開杭州後在其他地方的作品有明顯區别。另外，絶海的《山居詩》并非單純爲次韻貫休而作，而是對中天竺“南山”新居生活的實際吟咏。

賴山陽是日本江户後期代表性詩人，也是日本漢詩殿軍式人物。從奈良時代到江户時代，日本漢詩一直受着中國詩歌的影響。日本古代學者江村綬認爲這個影響的規律是，每一種中國古代的詩歌氣運，大約一二百年後會傳到日本。錢志熙《賴山陽詩學及與中日詩史源流的關係》認爲，賴山陽的詩學體現從崇尚復古向主張性靈的詩風的轉變，對明清之際的各派有所調和。其具體的創作受到明清各家詩風的影響，其中如李夢陽、吴梅村、錢謙益、王漁洋、蔣士銓等家的影響都比較明顯。但是他追求的目標仍在唐宋，對杜甫、韓愈、蘇軾、陸游等家的詩風都有學習。他在詩歌藝術上達到很高的水平，近體絶律成就尤高。賴氏熟于經史，對中國和日本的歷史都有所研究。其詩歌在内容上反映出典型的尊王思想。

五、中國古代小説、戲曲在日本的流傳與影響

明余象斗編撰《皇明諸司廉明奇判公案》，是明代諸司體公案小説集的第一部，存世版本達九部。最新發現的朝鮮燕行使舊藏明末金陵大業堂刊本，獨家保存着一篇曾因觸犯地方權貴而被抽毁的小説《王巡道察出匿名》，它揭開了一段隱藏在書葉背後的明代小説出版史秘聞。潘建國《明代公案小説的文本抽毁與東亞流播——以余象斗〈皇明諸司廉明奇判公案〉爲例》則以此爲版本標記物，考察其在諸版本中的存删痕迹，厘清存世九部版本的學術關係。文章進而從書籍史和小説史的角度，梳理了《廉明公案》在中國、日本、朝鮮半島等東亞地區的流播史，指出海外存藏漢籍對于明代小説研究具有特殊文獻意義。如果没有日本及朝鮮半島藏本，今天甚至無法讀到完整的《廉明公案》小説文本，更遑論展開版本研考了。而公案小説的文體性質與小説史價值，亦可在小説知識學的維度下，獲得新的觀照、評估和闡釋。

江户時期大量白話小説傳入日本，隨之而去的還有金聖嘆、毛宗崗、李漁等人的小説評點。周健强《清田儋叟、曲亭馬琴與金聖嘆的交鋒——江户時期白話小説批評的確立》一文認爲，雖然元禄到享保之際衆多歷史演義被譯爲日文，白話小説的讀者也日漸增加，但日本文人長期忽視小説中附加的評點。直到清田儋叟翻刻《照世杯》并完整保留原有的評點，他本人也與門生故舊一起閲讀、評點、講授《水滸傳》，評點才正式進入文人視野。清田儋叟在《水滸傳批評解》中頻頻提及金聖嘆，很多時候甚至故意針鋒相對。而曲亭馬琴最重要的幾部批評作品幾乎都是在與金聖嘆的對話中展開思考的，他在晚年完成《水滸後傳》的批評之作《半閑窗談》，使白話小説批評首次擺脱了原作附庸的地位，成爲獨立自主的著作，并在其中提出梁山人物"初善中惡後忠"的解讀方式，標志着白話小説批評的成熟。

日本内閣文庫所藏明刊《太和正音譜》，屬海外孤本，爲現存最早的三卷本，其刊刻時間應在嘉靖末到萬曆初年。該本的存世有助于厘清版本源流。作爲較早的重刊本，此本對後世頗具影響。此本曾進行修訂删改，是私改原書的始作俑者；但與後世傳本相較，亦保存了較多原編面貌，能爲瞭解原編面貌提供版本佐證。杜雪《日本内閣文庫藏明刊〈太和正音譜〉考略》一文

通過對其題名、分卷方式、曲譜所注内容等特徵的分析，認爲《太和正音譜》在這一時期雖仍作爲專書流傳，但其中曲論與曲譜内容已然二分，曲譜部分的價值已開始得到重視。今天已有的整理本多以藝芸書社藏本、《嘯餘譜》本爲據，此本作爲三卷本系統較早的重刊本，其面貌介于藝芸本底本與後世諸本之間，爲瞭解《太和正音譜》原編面貌提供版本佐證，具有一定的異文校勘價值。

六、日本文字、史書、佛教研究的中國古典學視野

漢字誕生于中國，以人和文獻爲媒介傳播至韓國、越南和日本。漢字圈的各地爲了使漢字與本國語言更好地對應，對漢字的形音義進行了改造，甚至創造出了新的漢字。不過，某些乍一看認爲源自日本的漢字，其實在中國古文獻與日本文獻所引的漢籍和佛書中，可以找到其初期的用例。江户時代的考證學者狩谷棭齋也曾在《和名類聚抄》等文獻的注釋中作出過此類指摘。笹原宏之的《日本的"佚存文字"——以狩谷棭齋的考證爲中心》一文，仿照《遊仙窟》等"佚存書"（林述齋），將此類文字命名爲"佚存文字"。文章首先討論了中國字典（包括《康熙字典》和《漢語大字典》）中未收録，但實存于漢籍中的字；其次，討論了六朝、隋唐時期的或爲佚存文字的漢字；最後，還對研究方法有所思考，作者認爲，探明此類漢字及查證有關中日文獻出處、傳播、繼承與變化，有必要進行以下三項調查：1. 提取對應字種，2. 找出全部有關出處名的例子，3. 在所提取字種的異本、類書的異本中確認，4. 利用近年發展起來的各種龐大或個别的資料庫來擴展文字和文獻兩方面的證據。

成書于養老四年（720）的《日本書紀》，是在"日本"境内記録傳承的早期敕撰歷史書。全書由三十卷構成，記録了從神代開始到持統期結束的697年爲止的歷史。新川登龜男《〈日本書紀〉的讀法——以"天子"爲中心》就其讀法提出一些獨特的看法。首先，作者認爲將《日本書紀》單純地看作是記録了七世紀爲止的歷史叙述這一看法是錯誤的，因爲該書是從其八世紀初的近現代史的視角來對七世紀以前的歷史進行重新解釋的第三段歷史。因

此，這種歷史記述和歷史認識之間的多層關係值得深究。其次，文章還考察了《日本書紀》對君主的認識，指出在《日本書紀》所描繪的遣唐使時代及以前，"天子"這一稱呼、稱號完全不同。作者認爲，"天皇"的出現和存在繼承，是解讀日本歷史深層問題的一把鑰匙，而日本的"天子"觀，對于考察"天皇"觀念是如何形成的問題，又是一個有效的綫索。

吉野寺放光樟像的記載見于《日本書紀·欽明紀》十四年（553）夏五月條，此條不僅記載了位于奈良吉野郡的吉野寺（比蘇寺、現光寺）的緣起，也是日本最早關于佛像製作的故事。關于吉野寺放光樟像的緣起，津田左右吉認爲其是根據梁《高僧傳》等散見于各文獻中有關在海中得阿育王像或佛光這一記載爲母本而産生的，山口敦史認爲其來源于"水中出佛像"這一類型的叙事。而藪田嘉一郎則指出，吉野寺樟像的傳説是根據南齊武帝永明七年（489）漂浮在浙江的瑞石并以瑞石雕刻佛像這一故事爲原型而産生的，但并未説明這樣推測的根據。肥田路美《南齊武帝的瑞石像與吉野寺放光樟像》比較認同藪田嘉一郎的説法，且依據史料考察了瑞石像被記録、被當作佛教祥瑞的過程，分析了其與日本吉野寺放光樟像的密切關係，且認爲沈約的《瑞石像銘并序》對吉野寺樟像傳説的形成起到了很大的推動作用。

白隱慧鶴是復興日本臨濟宗傳統的著名禪師，他年輕的時候因修行過度，得了禪病。爲了找到療法，他訪問了京都白川的白幽仙人。白幽則教示白隱一種"軟酥之法"。山部能宜《白隱禪師的"軟酥之法"與其背景》則以此修行之法爲例，鈎稽日本江户時代的一個中日交流史實。因爲江户時代是日本對外"鎖國"的時期，學界很難想到白隱的修行法具有國際背景。但是，作者認爲類似的方法曾經在許多漢文、梵文、藏文的禪觀佛經中出現，按照這些文獻，修行者在觀想時見到佛、菩薩或者梵天、帝釋天等，并直接受到灌頂。因此，白隱的"軟酥之法"，實際上繼承了從印度傳到中國的觀想法的傳統。

俗話説，"他山之石，可以攻玉"，然而，日本古典學的研究成果，對于中國古典學界而言，又不完全是"他山之石"，因爲不僅日本古代典籍中藴含着相當豐富的與中國古典學相關的寶貴資料，而且，古代日本與古代中國同屬于東亞漢字文化圈，誠可謂“山川異域，風月同天”，中日古典學的交流與融通既久遠又深入，因此，我們兩國古典學者的這一工作坊活動也纔是開端，今後會朝向更專深具細的方向進行交流與融通。

目録

竹添井井《左氏會箋》成書略窺

傅　剛

日本學者竹添井井的《左氏會箋》，是近現代箋注《春秋左傳》的一部重要著作之一，可以説在注疏上，是自清代以來最有價值也最有影響的著作。自問世以來，不僅日本學術界，即使中國學術界也都十分推崇。中國學者楊伯峻先生的《春秋左傳注》也明顯受到這部書的影響。竹添井井此書稱爲"會箋"，正如他自己所説，是對日中兩國前賢大儒的研究成果博采鑒納："普搜博采，融會貫通，出之以己意，名曰《左傳會箋》。"具體體例則仿杜預《春秋經傳集解》和朱熹的集注。朱熹集注有《四書集注》《詩經集注》《韓昌黎集考異》等，未有關於《左傳》的集注，因此，竹添井井所説的仿朱子體例，主要指集注的方法，即謂其注《左》，對"議論發揮大義，其考據出於獨得者，特舉名氏以表異之"，這就是朱熹集注引用前人意見置於圈外的方法。所以《會箋》之"會"，有集説參稽的意思，這是竹添井井所稱的仿朱熹集注體例。杜預注是《左傳》最早注本，自晋以來，後人無不深受其影響。即使批評杜預者，也離不開杜注，對杜注或補或正。至於杜預以經合傳體例，先經後傳，各年的傳置於當年的經後，後人更是没有變化，竹添井井自然也不例外。在底本的選擇上，竹添井井與中國學者皆不同，他没有采用宋本，或經過清人（阮元）整理的十三經注疏本，而是采用了藏於日本金澤文庫的卷子本。卷子本不僅文字上保留了早期《春秋》經和《左傳》的面貌，其形制

作者單位：北京大學中國語言文學系

上也與後世刻本有異，如卷子本中的經、傳二字皆題在欄上，這是當初始合經、傳時所爲，至唐人刻經於石，石無欄界，所以經、傳不别題，後世刻書因循不改，皆入於欄内。竹添井井認爲卷子本保留了早期面貌，故采以爲底本。金澤文庫卷子本一直藏在日本，中國學者自不易見，且也長時間對此本不瞭解，以至於在此本公布之前，很多中國學者還是依據《左氏會箋》瞭解這個卷子本[①]。

以上的介紹似乎表明竹添井井的箋注《左傳》，體例明確，思路清晰，對於如何注釋《左傳》，考慮很成熟。但事實上却非如此，竹添井井對如何注《左傳》，前後經歷了多次反覆，題目反復修改，最後才定爲《左氏會箋》。定名不同，説明竹添井井對注解的目的、體例有不同的認識和考慮，因此，如果能够將這個過程梳理清楚，對於竹添井井的《左傳》研究會有較爲深入的認識。

這些材料，就是收藏在日本静嘉堂文庫中竹添井井的稿本，共有三種，分别著録爲二册、八册、二十五册，似是三種不同注本，但事實上，每種之内，又不盡相同。以下略對這三種注本略加介紹。

（一）二册本

無杜預序，版心上書“卷子本左傳”，中書“隱第一”，下書“井井書屋”。此稿本書衣題“春秋經傳集解　竹添井井會箋　卷某”，内頁題“卷子本左傳會箋”。無杜預《序》，起隱公元年，至桓公十八年，不全。

行格：

首行：春秋經傳集解隱公第一　杜氏　盡十一年

次行：　　　　　　　　　　竹添光鴻會箋

三行以下爲會箋正文。

卷末倒第二行書“春秋經傳集解隱公第一（大字）經七千二百六十三字注七千四百一十八字（小字雙行）”

末行書“春秋卷第一（大字）家本如此（小字）”

① 楊守敬在日本時曾雇人抄寫一過，但因是抄本，流布不廣，後藏於台灣，中國大陸學者很難利用。

卷末抄録卷子本抄校語。

本稿經、傳二字録於欄外。注例先經後傳，經、傳正文下先引杜注，再以“箋曰”二字領起自己注文。

稿本大部分爲工筆抄寫，偶有一二頁爲排印，如首頁即爲排印，但删改太甚，故又手抄一頁補上。疑爲竹添光鴻雇工抄定，但改寫泰甚作罷。

（二）八册本

書衣題“春秋經傳補解”。紅格雙截樓稿紙，半葉十一行，版心朱字，上書“左傳補解”，中書“卷某”，下書“奎文堂藏”。起杜預《序》，至文公十二年傳，不全。

行格：

首行：春秋左傳補解卷第一

次行：　　　　　　　　　　熊本　竹添光鴻　述

三行：　　春秋經傳集解（大字），注文小字雙行。

本稿體例亦是先經後傳，經、傳正文下先引杜注，復以“補”字述己見。全稿經朱筆删改，底稿“春秋左傳補解卷第一”經朱筆點改爲“春秋經傳集解隱公第一　杜氏　盡十一年”，“熊本竹添光鴻述”諸字朱點除去。“補”字用朱框圍欄。第二册以後書法略工整，與第一册不同。第二、三册首行題目原仍作“春秋左傳補解卷第某”，朱筆改爲“春秋經傳集解某公第某”。第四册後原稿題目皆作“春秋經傳集解某公第某”，似前三册補尚以“春秋左傳補解”爲題，自第四册改作“春秋經傳集解”。卷末原書“春秋經傳集解某公第某”，下小字雙行標當卷字數，朱書改爲“春秋卷第某”，小字雙行字數未變。

前三册經、傳二字不出欄，但自第三册開始標於欄外。

（三）二十五册本

首尾完全。書衣題“左氏會箋 自筆一”，内頁題“左傳補解”。緑格箋紙，版心白口。

行格：

首行：春秋左傳補解卷第一

次行：　　　　　　　　　　　　　　　　　　熊本　竹添光鴻　述

三行：春秋經傳集解（大字），注用小字，雙行。卷末大字題“春秋卷第某”，小字注本卷經、注字數。

後抄録卷子本卷末識語。全書經、傳二字不出欄。

以上爲第一册行格。其後諸册，題目又往往不一，如“左傳杜氏集解補解”“左傳補解”“春秋左傳補解”“左傳杜解補義”等，自第五册起皆稱“左傳杜解補義”。此二十五册本亦經朱筆删改，各題目均以朱筆改作“春秋經傳集解”，“補”字用朱框圍欄。注例亦是先經後傳，經、傳正文下先引杜注，再以“補”字領起自己注文。

以上是静嘉堂文庫藏竹添光鴻《左氏會箋》三種稿本，除二十五册本外，二册本和八册本皆不全，不知其餘藏於何處。或已佚亡，不得而知。根據這幾種稿本，我們可以推測竹添光鴻開始注解《左傳》時，對於使用什么題目，采用什么體例，是有不同的思考的。

首先，底本采用金澤文庫卷子本應該是一開始就定下了的，三種稿本都是以卷子本作底本可見。二十五册本第一册一内頁上有“卷子本左傳（集）會箋”字樣，似是説明竹添光鴻曾經考慮過用這個題目，即是説他最初便考慮對卷子本作箋，先是用“集箋”，但又改爲“會箋”。二册本版心内更題爲“卷子本左傳”是爲明證。

其次，以杜預注本爲依據，是竹添井井一貫的思路。今見三種稿本皆循杜預注先經後傳、正文後首引杜注的體例，可以爲證。

以上這兩種基本特徵，都保留在定本中，但最初書稿定爲何名，竹添井井却反復多次。從以上三種稿本看，二册本最合於定本，其工筆抄定，似準備付印。注解名已定爲“會箋”，經、傳二字出欄，皆合定本特徵。但此二册本仍作了大量删改，如正文首頁“春秋經傳集解隱公第一”，原稿爲排印本，十行，版心書“卷子本左傳”，版心下書“井井書屋”，當是欲寫定付印，但却經竹添删改一過，面目全非，不得不作廢，而另行重抄，但爲十二行，與定本正相合。我們以此頁爲例，看看竹添所改的内容與定本有何不同。

此頁首行爲大題“春秋經傳集解隱公第一”，但下無“杜氏　盡十一年”諸字，故竹添用朱筆在大題下添加此六字。添此六字，與定本相合。爲什么原稿没有這個六個字呢？參照八册本和二十五册本，竹添原來的體例大概參照了《春秋左傳正義》。《正義》先書大題，疏解後再書“杜氏”，故竹添井井亦仿此例，此作修改的原因，當是竹添遵從卷子本行格，遂將“杜氏盡十一年”諸字置於首行。箋疏的内容，改變亦大。原稿疏解大題曰：“隱公名息姑，惠公之長子，以平王四十九年即位。魯實侯爵而稱公者，諸侯之通稱。《聘禮》《大射儀》《燕禮》，五等諸侯皆稱公。而《公食大夫禮》，又以名篇，則公是諸侯之通稱也。故外諸侯亦卒，各以其爵，而葬必稱公。”此段主要解釋隱公出身及其實爲侯爵何以稱公的原因。以下又解“杜氏”曰：“杜氏不言名而言氏者，義在謙退，不欲自言其名也。毛公、孔安國、馬融、王肅之徒，其所注書，皆稱爲傳，鄭玄則謂之爲注，而此於杜氏之下更無稱謂者，以集解之名已題在上，故止云杜氏而已。”此解杜預何以稱氏不稱名的原因。對比定本，内容與此大不同。定本：“箋曰：魯國姬姓，文王第四子周公旦之後也。周公股肱周室，成王封其長子伯禽爲魯侯，都於曲阜，今山東兖州府曲阜縣是也。伯禽十三世傳至隱公，又二百四十有二年，爲哀公之十四年，西狩獲麟。春秋以終，後九君，至頃公讎爲楚所滅。隱公名息姑，惠公子，聲子所生，平王四十九年即位。魯實侯爵，而稱公者，《聘禮》《大射儀》《燕禮》，五等諸侯皆稱公。而《公食大夫禮》又以名篇，則公是諸侯之通稱也。故外諸侯亦卒各以其爵，而葬必稱公。《詩》云‘公言賜爵’，衛侯也；又云‘從公於狩’，秦伯也。皆謂君爲公。公子、公孫、公宫、公門之類皆然。”又解“杜氏”曰：“杜氏名預，字元凱，不言名而言氏者，《正義》云：‘注述之人，義在謙退。不欲自言其名，故但言杜氏。’此言非也。兩漢以來，儒者以明經爲業，何所謙退而隱其名乎？蓋當時杜義盛行，經師稱爲杜氏，别賈、服耳。漢晋諸儒所注，多稱爲傳，或謂之爲注，而此於杜氏之下更無稱謂者，以集解之名已題在上，故止云杜氏而已。”兩相對比，我們看到定本增加并修改了一些説法。比如關於大題中的魯隱公，增加了魯國的來歷，同時增加了《詩》的材料論證魯侯稱公的原因。魯爲侯爵而稱爲公，《正義》説是臣子尊其君父，皆稱爲公，竹添井井則修改了《正義》的説法。這種修改是否有道理，還值得商確。竹添所引證可以證明春秋時諸侯可以通稱公，但在《春秋》這一部體例謹嚴的寓褒貶著作中，并非所有諸侯都可以稱公的，因此，還當以《正義》解釋爲妥。

竹添關於此條的疏證，與原稿的意見一致，只是增加材料而已，但關於“杜氏”的解釋，則與原稿不同了。原稿是贊同《正義》的意見的，説杜預不言名而言氏，義在謙退，但定本中竹添則修改了這個意見。他駁《正義》謙退之説，而認爲只是前人爲區分賈逵、服虔而已。這可以看出竹添稿本寫定之後，重新審視注解，修改了意見。在我們看到的這一頁中，竹添將定本中修改的材料和意見用墨筆疏於欄外，文字遠遠超過欄内所容，所以不得不重新寫定。

同時，我們還看到，在原稿中竹添仍然用“補”而不用“箋”，這説明，一直到了這個時候，竹添井井可能還是用“補解”名稱。待他决定用“會箋”名稱時，才將稿本中的“補”字用箋紙蓋上改爲“箋曰”。又在署名上，二册本署“竹添光鴻會箋”，也與八册本和二十五册本所署“熊本竹添光鴻述”不同。“述”有“述而不作”之義，“會箋”則有會采貫通、出以己意之義了。

二册本看來是最接近定本的稿本，八册本和二十五册本則表現出早於二册本的特徵，顯示出爲竹添井井初稿面貌。

八册本和二十五册本都早於二册本，八册本題爲“春秋左傳補解”，二十五册本則有“左傳杜氏集解補解”“左傳補解”“春秋左傳補解”“左傳杜解補義”等名稱，説明竹添井井最初作注時不斷改變思路，因而不斷調整名稱。如第一册先書“左傳補解”，又於“左傳”前增“春秋”二字。第二册闕，第三册就題爲“春秋左傳補解”。第四册原題爲“春秋左傳補解”，又以朱筆改爲“春秋經傳集解”。第五、六、七册題則稱“左傳杜解補義”。第八册以後各卷在“春左傳杜解補義”和“春秋經傳集解”這兩個題目上不斷變換，反映了竹添井井一直在糾結到底該用什么題目和體例。竹添井井對這兩題目的糾結，主要是體例上的考慮，因爲“春秋經傳集解”是杜預注本所定，卷子本和宋刻本均是如此，以此爲大題，個人的注疏作爲小題標於其下，表明是對杜預注的箋疏，這是一種體例。若以“左傳杜解補義”爲大題，則表明此書是個人著作，表明作者對杜預注要作補充和修正，體例上要緊貼杜注，不能作過多引申發揮。從二十五册本總面貌看，以及其後八册本的確定，竹添井井在進行二十五册本工作時，最終是選用了“春秋左傳補解”的大題，這個大題一直保留到二册本時才又修改爲“春秋經傳集解”大題，而署以“竹添光鴻會箋”，以“會箋”的體例取代了“補解”的體例。

“會箋”的解釋，竹添井井在刻本《序》中作了明確説明，即謂采用朱熹“集注”的體例，用圈外注會集前賢各家見解，可以議論發揮大義。這個體例與補解的體例理論上應該有差别，即補解體例不應會集各家意見并發揮大義，而應圍繞杜注作補充。但竹添井井在補解的過程中，逐漸發現這種體例限制了他個人的見解，他發現有許多可以討論的材料，前人的説法，或是或非，也需要辨證，所以在二十五册本和八册本中，竹添不斷增添材料討論，最終他發現“會箋”才是最符合他解《左傳》的體例，所以最終定名爲“會箋”，而大題則用卷子本的“春秋經傳集解”。

八册本和二十五册本都是早期的稿本，哪一種居前呢？根據我的觀察，我以爲二十五册本應該是竹添井井最早的稿本。第一，因爲二十五册本前後列有幾個題目，顯然是竹添井井還没有確定最終題目，八册本則已定爲“左傳補解”。第二，在注解體例上，我們看到竹添井井對體例在不斷作調整。如二十五册本有圈和密圈等區别號，八册本已不用。第三，二十五册本眉批補充的材料，八册本則録入正文。如二十五册“隱公第一”下：“補：名息姑，~~伯禽七世孫。~~公弗皇之子。母聲子。以平王四十九年即位。△謚法：不尸其位曰隱。又隱拂不成曰隱。魯實侯爵而稱公者，公者，諸侯~~在國~~之通稱，~~亦猶大夫之稱子，非爵也。周家盛時齊~~◎”。句中删除線及△◎皆爲原稿所有。“伯禽”句以墨筆删除，“亦猶”句以朱筆删除。眉批有：“伯禽七世孫也。據魯世家，自伯禽至隱凡十三君，以兄弟相及者五人，故止七世。七者，世次。十三者，傳位之次也。”此批注在八册本則入於正文，可見八册本在二十五册本之後。

竹添井井這三種稿本揭示了作者箋注《左傳》的變化過程。三種稿本中，二十五册本是足本，這説明竹添井井最初爲杜預注作補解的體例是完成了的。當然，補解體例確定的過程中，竹添思想上也不斷地發生變化，所以當中又定了幾個名稱，但最終還是確定爲《補解》。《補解》完成後，竹添又重新作了全面修改，我們能够見到的是八册本，是他全面修改後的面貌。從八册本看，竹添井井依然在不斷地進行修改，即使到了二册本，竹添井井仍然還在修改。此外，三種稿本的筆迹也都不一致，應當是他的弟子，比如島田翰，幫助他或抄或查閲材料，甚或幫他執筆，但基本的思路和箋注的意見應該屬於竹添井井的。從這三種稿本不斷修改塗抹的面貌看，竹添井井所下功夫極深，他不斷修改材料和意見，可以見出他對《左傳》和杜注乃至孔穎達《正義》的深刻理解。因此，若説竹添井井此書是剽竊之作，恐怕很難説得過去。有些材料的使用没有出具來源，可能是體例所限。事實上我們今注作注，很難將前人見解全部一一標出，只能設定體例，將一些材料和意見區分爲不同級别，儘量簡約而鮮明，否則可能變成一部資料匯編。

限於本人閲讀的條件，不能對全部稿本作細致的比對，還有許多有價值的内容没辦法探討。比如竹添井井箋注中不斷變化的思路和體例到底如何？竹添井井增删材料的依據是什么？他對古代學者和同時代學者的研究成果如何處理？如此等等，本文尚不能解決，因此對竹添井井稿本的價值和意義的評估就不够全面，這是很遺憾的事。但是，即使從以上簡單的介紹看，竹添井井這三種稿本對於研究《左氏會箋》以及正確評價日本明治時期學者的學術成就，也是具有非常重要意義的了。聊草此文，以期引起方家尤其是日本學者的關注和討論。

早稻田大學藏五山版《毛詩鄭箋》底本考

孫巧智

中日文化交流歷經千年，在這一過程中，書籍作爲重要的文化載體發揮了不可替代的作用。中國典籍流傳到日本，不僅其原本得到了精心的保存，還經過傳抄、翻刻等形式發展出了類型多樣衍生版本，其中，最有價值的莫過於日本古抄本與和刻本，而五山版正是和刻本中最具研究意義的類型。

十三至十四世紀，日本進入以鐮倉五山和京都五山爲代表的五山文化時期，五山的僧侶們傾情漢文化，覆刻了大批漢籍，被稱爲“五山版”。五山版漢籍以佛教文獻爲主，但也包含多種儒家經典，它們通常以古抄本和當時流行的中國刊本如宋、元、明刊本爲底本，同時也會結合自身學習需要進行調整，可謂東亞諸國之間文化交流的歷史見證。尤其是一部分以古抄本和宋刻本爲底本進行翻刻的五山版經書，由於其底本早已絶迹天壤，更顯得彌足珍貴。

近些年來，隨着海外漢學的日益興盛，五山版漢籍也得到了越來越多學者的關注，但是目前，五山版在書籍版刻源流史中的地位仍然未能得到清晰認定。以《詩經》爲例,《詩經》作爲儒學基礎經典之一，在漫長的傳習刊刻過程中發展出了單經白文本、單經注本、經注附釋文本、單疏本、注疏合刻本等文獻形式，然而其中唯獨單經注本無完整宋代刻本或宋前抄本存世，而五山版《毛詩鄭箋》作爲單經注本形式的刻本，正有可能彌補這一版本演化

作者單位：北京大學中國語言文學系

系統中的缺環，因此，對其底本性質進行細緻考察是非常有必要的。

五山版《毛詩鄭箋》的現存版本較多，它們基本屬於同一版，但存在早印、晚印和修版的區別。劉玉才先生《〈毛詩鄭箋〉解題》云："此本《毛詩鄭箋》二十卷，已知現有日本宫内廳書陵部、早稻田大學、静嘉堂文庫、成簣堂文庫、建仁寺兩足院、臺北故宫博物院存藏，據筆者目驗的宫内廳書陵部、早稻田大學、静嘉堂文庫藏本和成簣堂文庫藏本書影判斷，均左右雙邊、有界、半葉六行十六字，當屬同一版刻。宫内廳書陵部藏本爲初版印本，書志學者據其書風推斷爲南北朝時期刊本，書中有室町末期寫入的乎古止點及訓點。早稻田大學藏本有調整頁次、改刻版心頁碼之處，當爲訂正修補再印本，静嘉堂本似更爲後印。"① 在此文所提及的《毛詩鄭箋》六處藏本中，早稻田大學藏本可通過其圖書館"古典籍総合データベース"瀏覽全書圖像（請求記號：1201623），它的影印版也被收入2018年出版的《日本五山版漢籍叢刊（第一輯）》之中，是國内較爲易得的版本。同時，其印次較早，又是日本明治時期著名書志學家島田翰的舊藏，因此，本文擬將此部《毛詩鄭箋》作爲研究對象，利用版本對校等研究方法，對其底本歸屬系統進行判定。

一、早稻田藏本信息介紹

島田翰（1879—1915），字彦楨，是明治時期著名書志學家。其父島田重禮（1838—1898），精通漢學，又喜藏書，藏書之處稱"雙桂園"。在父親的影響下，島田翰自幼便培養了對漢文化的濃厚興趣，他熱衷目録、版本、校勘之學，尤其擅長古籍版本鑒定。代表作《古文舊書考》一書，得到了中日兩國學者的一致贊譽，直到今天仍是研究海外漢籍的必讀之書。島田重禮去世後，其珍藏圖書便由幺子島田翰繼承，此《毛詩鄭箋》即在其中。之後，島田翰不僅對它進行了版本鑒定，還在每卷卷首加蓋了其父母的印章，以示其遞藏之序。

這部《毛詩鄭箋》爲二十卷本，每卷一册，凡二十册。每册四眼裝，朱

① 劉玉才、[日]住吉朋彦主編，劉玉才解題《日本五山版漢籍叢刊（第一輯）·毛詩鄭箋》第二册，北京大學出版社，2018年，頁1174。

紅色書衣，書簽題“毛詩鄭箋”四字。内葉左右雙欄，半葉六行，詩序、經文行十六字，傳、箋小字雙行，亦行十六字；細黑口，雙黑魚尾，版心刻“毛詩某卷”及頁碼。首卷卷端題“毛詩卷第一　周南關雎詁訓傳第一　毛詩國風鄭氏箋”，與書簽題名相對應，不附陸德明《經典釋文》，爲《毛詩》之單經注本。

全書捺島田氏之印甚夥，島田翰之印如“島田翰讀書記”竪長方陰文朱印、“島田氏雙桂園藏書記”正方陽文黑印；其父島田重禮之印如“篁邨島田氏家藏圖書”正方陽文朱印、“島田重禮”正方陰文朱印、“敬甫”正方陽文朱印；其母島田澄之印如“島田澄”圓形陽文朱印等。又有島田翰題記若干，依内容可分爲三種：一乃鑒定版本。其卷四卷端題識云：“島田翰彦楨審定舊刊覆宋麻沙本。”落款“明治己亥翰年廿一”，明治己亥即明治三十二年，公元 1899 年，正是島田重禮去世第二年。二記捺章之由，凡三處，文字略同。以卷十二末尾題識爲例，云：“每卷首捺先大夫及太夫人圖章者，記不忘其原也。翰謹記。”再結合上條落款年月，便可以推知，島田重禮所藏古籍最後由島田翰繼承了。三述珍藏之意。卷十卷端、卷十八卷端皆有墨書“島田翰珍藏”五字，捺印猶嫌不足，復加以親書，其寶愛之情於此可見一斑。另外，全書遍布墨書訓點及天頭批注，又有朱書訓點及批注若干，不知何人所加。

雖然島田翰認爲這部五山版《毛詩鄭箋》的底本爲“宋麻沙本”，但是之後的日本學者却有不同看法，他們基於書風特點進行判斷，認爲其與《古文尚書》、正平版《論語》一樣源自日本古抄本，如川瀨一馬《五山版の研究》即沿用此説[①]。僅根據版式和書風進行判斷，得出的結論也只能停留在底本的“外在形式”這一表面信息，而無法探知這一所謂“古抄本”的底本在文本内容上究竟屬於抄本系統還是刻本系統。而李振聚《〈毛詩注疏〉版本研究》一文則通過將這一島田翰藏本與宋毛居正《六經正誤》、元岳浚《相臺書塾刊正九經三傳沿革例》所列興國本異文對比，認爲二者相接近，并由此推測“島本與興國本同出一源”[②]。李氏的研究方法較爲科學，但是對校材料較少，且

① ［日］川瀨一馬《五山版漢籍の研究》，東京：日本古書籍商協會，1970 年，頁 4。

② 李振聚《〈毛詩注疏〉版本研究》，山東大學博士學位論文，2018 年，頁 94。

混淆“興國軍學本”和“興國于氏本”，以致影響了結論的準確性[①]。

二、五山本《毛詩鄭箋》對校舉隅

（一）參校諸本

五代國子監刊刻九經，成爲經書雕版印刷的開始，以此爲界，可將經書版本劃分爲抄本系統和刻本系統兩類。在這裏，“抄本系統”和“刻本系統”兩個概念是就文本特點而言，并非單指形式上爲抄寫還是刻印。“自五代國子監首次刊刻經注本，到北宋翻刻五代國子監本，過去紛繁傳抄、衆本紛紜的局面被完全改變，監本經書成爲國家標準教科書文本，頒賜各地學校、書院，發各路代售，許士民納錢摹印。其後各地民間經書版本漸出，底本皆沿襲國子監本。南宋各地州縣官府、學校所刻經注本等，亦莫不源自監本。可以説國子監本經書是經書版本系統的最初源頭，其重要性自是不言而喻”[②]。五代國子監刊刻《九經》之前，經書多以手抄方式流傳，彼此之間不僅字體多異，更含有不少虚詞虚字，其中尤以“也”“之”“者”三字的使用最爲頻繁，它們或單獨出現，或組合爲“之也”“者也”的形式，以起到分隔連續的字詞訓詁和使雙行注文齊整化的作用[③]。五代國子監刊刻諸經，統一文本，其經文部分以唐石經爲本，注文部分則由博士儒徒校勘後加入，在這一過程中，注文中的“也”字被大量删削，因此後世刻本，無論是經注附釋文本還是注疏合刻十行本，注文中都没有出現太多“也”字，這一現象可以通過對校現存抄本和刻本輕易發現。

---

① 李振聚云：“島田翰舊藏本與《六經正誤》《沿革例》中所述興國本相合。”（李振聚《〈毛詩注疏〉版本研究》，頁94。）但實際上，南宋毛居正《六經正誤》所列“興國本”乃興國軍學本。而元岳浚《相臺書塾刊正九經三傳沿革例》用於參考的“興國本”是“興國于氏本”的簡稱，爲南宋鶴林于氏棲雲閣所刻，二者并非一物。張麗娟《宋代經書注疏刊刻研究》第二章第一節“《經典釋文》的單刻與附入”對此有詳細考證，可參看。（張麗娟《宋代經書注疏刊刻研究》，北京大學出版社，2017年，頁120—132。）

② 張麗娟《宋代經書注疏刊刻研究》，頁54。

③ “雙行注文齊整化”這一概念詳見張涌泉《敦煌寫本文獻學》第十五章，甘肅教育出版社，2013年，頁497—534。

本文的校勘將同時利用抄本系統和刻本系統的相關文獻，其中屬於抄本系統的文獻有：

1. 東洋文庫藏古抄本《毛詩唐風殘卷》。此抄本屬《毛詩》單經注本，現存《唐風·蟋蟀》至《鴇羽》八篇，凡百十三行，正文行十三至十五字不等，傳箋雙行，行十九至二十一字不等，係奈良朝士人據初唐寫本轉抄所成。以下簡稱“東洋本”或“日抄本”。

2. 敦煌出土《毛詩》殘卷。敦煌出土《毛詩》抄本數種，但如今却分藏各處，不便著録，而且同一寫卷也存在割裂現象，詳細説明恐煩贅言，故本文所參考的敦煌《毛詩》抄本，皆采用2008年張涌泉先生主編《敦煌經部文獻合集》中“群經類詩經之屬”的已有整理成果，統稱爲“敦煌本”，必要時也將參考原抄本影印件。

3. 足利學校遺迹圖書館藏《毛詩鄭箋》寫本。足利學校共藏有兩部《毛詩鄭箋》寫本。其中，甲本較早，但缺卷十一、十二、十七至二十這6卷，七行十四字書寫；乙本稍晚，保存完整，九行二十字書寫。這兩部寫本即山井鼎、物觀《七經孟子考文并補遺》所引“古本”，因足利學校所藏原本獲取不便，故本文校勘僅采納《七經孟子考文并補遺》中的“古本”異文，且沿用其“古本”之稱。

4. 静嘉堂文庫藏清原家抄本《毛詩鄭箋》中的“本乍”異文。此抄本作卷軸裝，行十四字，是清原宣賢以南宋刊本爲底本，校以清原家世代相傳舊本和其他宋刊本而形成的新版本，其上“本乍某”即表示家傳舊本異文。以下簡稱“清原家本”。

此外，唐陸德明《經典釋文》條目用字和其中提及的“一本”異文，以及《毛詩正義》標起止及“定本”“俗本”異文，也無疑屬於抄本系統，本文亦將一并參考。

屬於刻本系統的參校版本有：

1. 國家圖書館藏宋刻巾箱本《毛詩》。此本爲經注附《釋文》本，半葉十行，行十七字，注文小字雙行二十二字，孝宗以後刻本。以下簡稱“巾箱本”。

2. 國家圖書館藏宋刻《監本纂圖重言重意互注點校毛詩》。此本屬纂圖互注重言重意本，半葉十行，行十八字，小字雙行，正文前附《毛詩圖譜》與

《四詩傳授之圖》，避諱隨意，風格似閩刻。以下簡稱“互注本”。

3. 故宫博物院藏宋刻《纂圖互注毛詩》。此本亦屬纂圖互注重言重意本，半葉十二行，行二十一字，小字雙行，正文之前附《毛詩舉要圖》《毛詩篇目》，秦孝儀《景印宋本纂圖互注毛詩序》云：“審其諱字、版式，殆爲寧宗後建安坊刻。”以下簡稱“纂圖本”。

4. 足利學校藏南宋刊十行本《毛詩注疏》。該本爲南宋建陽書坊所刊之注疏合刻本，半葉十行，行十八字，小字雙行，故稱“十行本”。十行本以經注釋音本爲底本，插入疏文，因此，它去掉疏文之後的部分可大致作爲一部經注附《釋文》本來使用。

5. 静嘉堂文庫藏清原家抄本《毛詩鄭箋》。此抄本底本爲南宋高宗、孝宗時刊本，清原宣賢據家本與其他宋刻本校勘處則以小字批注於旁，并未直接改動原文。竹添光鴻《毛詩會箋》用作底本的“卷子本”即此本。1994 年由汲古書院影印出版，以下簡稱“静嘉堂本”。

（二）對校過程

出於取樣位置均衡及參校異文多少的考慮，本文首先選取了《召南·鵲巢》《邶風·柏舟》《鄘風·柏舟》《唐風·蟋蟀》和《小雅·魚藻之什·菀柳》五篇詩歌作爲重點對校篇目。在參校本方面，通過對參校諸本的先前比對，可知抄本系統和刻本系統内部也各有特點：在抄本系統中，《考文》古本和清原家本屬於同一體系，却與敦煌本之間存在明顯區别；在刻本系統中，由現存宋刻本歸納，能得到一些區别於抄本系統的共同異文。因此，爲了鮮明地體現五山本的文本特點，對校結果的展示將以“《考文》古本”[①]和“刻本系統”作爲參照對象。結果如下（表 1、表 2）：

① 因清原宣賢在記録家本異文時有所選擇，删汰了“也”“之”“而”等虚詞異文，而相比之下，山井鼎和物觀在《考文并補遺》中對足利本的記録却相對完整，因此這一體系的對校以《考文》古本爲主，家本異文在必要時録入。

表 1　五山本同於《考文》古本異於刻本系統者

五山本	《考文》古本	刻本系統	備注
召南・鵲巢			
乃可以配國君焉	同	無國君二字	正義同刻本
可用配國君	同	無用字	
鳩鳲鳩也鳲鳩秸鞠也	同	無也鳲鳩三字	
其德亦宜然	同	無宜字	蜀石經同刻本
諸侯之女嫁於諸侯	同	女作子	正義同古本，蜀石經同刻本
是子如鳲鳩之德	同	無子字	蜀石經同古本
邶風・柏舟			
賢者見侵害也	同	無也字	敦煌本同刻本
汎汎流貌也	同	無也字	敦煌本同古本
柏木名所以宜爲舟也	同	無名字	正義、敦煌本、蜀石經同刻本
載渡物者也	同	無也字	敦煌本同古本
憂在見侵害也	同	無也字	敦煌本也上有之字
可以遨遊而忘憂之也	同	無而字、無之字	敦煌本同刻本
不能度知其真僞也	同	無知字、無也字	敦煌本、蜀石經同刻本
我心匪如是鑒也	同	無也字	敦煌本同古本
心度知之爾也	同	無爾也二字	敦煌本同刻本
謂同姓之臣也	同	纂圖本互注本無之字	蜀石經同古本
彼彼兄弟也	同	無也字	敦煌本同古本
尚可轉也	同	無也字	敦煌本同刻本
尚可卷也	同	無也字	敦煌本同古本
過於石席也	同	無也字	敦煌本同古本
所以愠怒也	同	無怒字	正義同刻本，敦煌本作而愠
悄悄憂貌也	同	無也字	敦煌本同刻本
在君側者也	也上有之字	無也字	敦煌本同古本

（續表）

五山本	《考文》古本	刻本系統	備注
摽拊心也	也上有貌字	摽拊心貌	敦煌本同古本
任用小人	同	無用字	敦煌本同刻本
日如月然也	同	無也字	敦煌本作如日月然
憒亂垢辱	同	無亂垢二字	正義、釋文、敦煌本同刻本
無照察也	也上有之字	無也字	敦煌本同刻本
飛去也	同	無也字	敦煌本同古本
鄘風・柏舟			
無			
唐風・蟋蟀			
瞿瞿然顧礼義皃也	同	無皃字	正義、釋文、敦煌本、東洋本同刻本
小雅・魚藻之什・菀柳			
曷何	同	何作害	正義同刻本

表 2　五山本同於刻本系統異於《考文》古本者

五山本	刻本系統	《考文》古本	備注
召南・鵲巢			
無			
邶風・柏舟			
不以濟渡也	同	不上有言字	敦煌本、蜀石經同刻本
仁人既不遇	同	仁上有言字	敦煌本同刻本，蜀石經同古本
言己心志	同	己下有之字	敦煌本同刻本
大臣專恣	同	臣下有下字	敦煌本作臣專恣
厚之至也	同	也上有者字	敦煌本同刻本
舟載渡物	同	舟下有者字	敦煌本同刻本
臣不遇於君	同	君上有仁字	敦煌本同刻本

（續表）

五山本	刻本系統	《考文》古本	備注
		鄘風・柏舟	
故作是詩以絶之	同	下有也字	
僖侯之世子	同	下有也字	
河中	同	下有也字	
常處	同	下有也字	
之貌	同	下有也字	
之飾	同	下有也字	
緌纓	同	下有也字	
矢誓	同	下有也字	
靡無	同	下有也字	
它心	同	下有也字	
尚不信我	同	下有也字	
		唐風・蟋蟀	
聿遂	同	下有也字	
歲時之候	同	下有也字	
當復命農	同	農下有夫字	正義、敦煌本同刻本
計耦耕事	同	計耦耕之事也	正義、敦煌本同刻本
已甚	同	下有也字	
康樂	同	下有也字	
謂國中政令	同	謂國中之政令也	敦煌本同刻本
廢亂政事	同	下有也字	
善士瞿瞿然顧禮義也	同	士下義下共有之字	
邁行也	同	也上有之字	
禮樂之外	同	下有也字	
至四境	同	下有也字	
而敏於事	同	下有也字	
侵伐之憂	同	下有也字	

（續表）

五山本	刻本系統	《考文》古本	備注
樂道之心	同	下有也字	
小雅・魚藻之什・菀柳			
憂今不然	同	下有也字	
使我心中悼病	同	我作人	正義同古本
不朝之意	同	下有也字	
假使我朝王	同	我上有今字	正義同刻本
不可朝事也	同	可下有以字	
予將行之	同	下有也字	
不知所届	同	下有也字	
謂四裔也	同	也上有者字	

由以上兩表可以看出，在所校勘的五篇詩中，以《鄘風・柏舟》爲界限，五山本前後呈現出相反的文本特點：前兩篇同於《考文》古本的條數大於同於刻本的條數，後三篇同於刻本的條數大於同於《考文》古本的條數。合其總數，亦是如此（表3）。

表3　五山本對校統計表

篇目	同《考文》古本	合計	同刻本	合計
召南・鵲巢	6	29	0	7
邶風・柏舟	23		7	
鄘風・柏舟	0	2	11	34
唐風・蟋蟀	1		15	
小雅・魚藻之什・菀柳	1		8	

這一現象表明，在《邶風・柏舟》和《鄘風・柏舟》之間，或者説，從《邶風》中的某篇詩開始，五山本發生了某種顯著的變化，這一變化可能源自底本變更，也可能是底本未變而校勘的精粗程度發生了變化。變化之後，五山本中

的虛詞，尤其是“也”字大量減少，其文本内容也逐漸與《考文》不一致起來。總而言之，五山本前半部分表現出明顯的抄本特徵，而後半部分則無疑屬於刻本系統。

經過對《邶風》各篇的校勘篩查，最終認定這一變化始於《邶風·凱風》一詩。在《凱風》前一篇《擊鼓》中，不僅同於《考文》古本的條數爲 14 條，在數量上遠大於其同於刻本系統的 4 條，而且以“也”字結尾處也都與《考文》古本相同，但到了《凱風》中，情況發生了明顯變化，與《考文》古本的相似性鋭減，而與刻本系統的一致性增强。見表 4、表 5，分别爲上表 1、表 2 内容之補充。

表 4

五山本	《考文》古本	刻本系統	備注
邶風·擊鼓			
成其伐事也	同	無也字	敦煌本作以成事
以和其民人也	同	無人也二字	敦煌本同刻本
魯隱公	同	無公字	正義同刻本，敦煌本兼有
四年也	同	無也字	敦煌本同古本
治兵之時也	同	無之字、無也字	敦煌本作謂治兵時之者也
勞苦之甚者也	同	無者也二字	敦煌本無者字
平陳於(宋*)也	同	無也字	敦煌本同古本
與陳蔡從之	之下有也字	無之字	敦煌本之作也
憂心忡忡然也	同	無也字	敦煌本同古本
豫憂也之	也之作之也	無也字	敦煌本無之字
於何喪其馬乎也	同	無也字	敦煌本同古本
近得也	同	也作之	敦煌本也上有之字
傷之至也	一本同	無至也二字	敦煌本作傷之者
亦傷之也	同	無也字	敦煌本同古本
邶風·凱風			
無			

* 注：五山本漏刻“宋”字。

表 5

五山本	刻本系統	《考文》古本	備注
邶風・擊鼓			
兵凶事	同	下有也字	敦煌本同刻本
山木曰林	同	曰作爲	敦煌本同刻本
俱免於難	同	俱免於患難也	釋文、敦煌本同刻本，敦煌一本於難作患難
洵遠	同	下有也字	敦煌本同古本
邶風・凱風			
而成其志爾	同	而作以	敦煌本同刻本
成其志者	同	成上有以字	敦煌本同刻本
自責之意	同	下有也字	
樂夏之長養	同	樂夏物之長養也	敦煌本作樂夏之長也，一本作樂夏之長養萬物
棘難長養者	同	下有也字	
夭夭盛貌	同	下有也字	
有益於浚	同	下有也字	
以興七子不能如也	同	也上有之字	
睍睆好貌	同	下有也字	
顔色說也	同	說上有和字	敦煌本同刻本
好其音者	同	好上有載字	敦煌本同刻本，一本同古本
興其辭令順也	同	以興其辭令和順也	敦煌本同刻本，一本作其和順也
以言七子不能如也	同	如下有此之二字	

這樣一來，不僅産生了新的問題：既然五山本在《凱風》之後所利用的底本屬於刻本系統無疑，那麽《凱風》之前的各篇中所表現出的抄本特徵，究竟是沿襲自抄本底本，還是據參校抄本更改所導致的呢？

從上述諸表可以看出，對於《凱風》之前的三篇詩而言，在包含異文的語句之中，除《邶風・柏舟》“大臣專恣”和《邶風・擊鼓》“山木曰林”兩條《考文》古本異文不通之外，其餘各句無論是從《考文》古本還是從刻本系統都可以講通，而且對句意的理解也大多没有根本區别[①]。因此，無論是以刻本爲底本校以抄本，還是以抄本爲底本校以刻本，從邏輯上講都能成立。但實際上，在一個校勘過程中，底本和參校本都應該是具體的、確定的，然而，當我們面對一個未知文本，要還原它的形成過程，探究其底本和參校本時，却只能傾向於將更相似的那個文本當作底本，并同時對其中與底本不同的地方尋找一定的原因來進行解釋。具體到五山本上，即使在實際校勘過程中前後底本并未發生改變，只是據參校本校勘的精粗程度有所不同，也就是説，《凱風》前同樣以刻本爲底本，但是却幾乎毫無遺漏地照録了與底本不同的參校抄本異文，那麽它其實就已經與以抄本爲底本而參校刻本没有區别了。因此，在文本校勘結果顯示五山本《凱風》之前的文字與抄本系統更爲相似，且又没有確切證據表明五山本在校勘過程并未更换底本的情况下，也無妨説五山本在《凱風》之前是以抄本系統中的某個本子爲底本的。

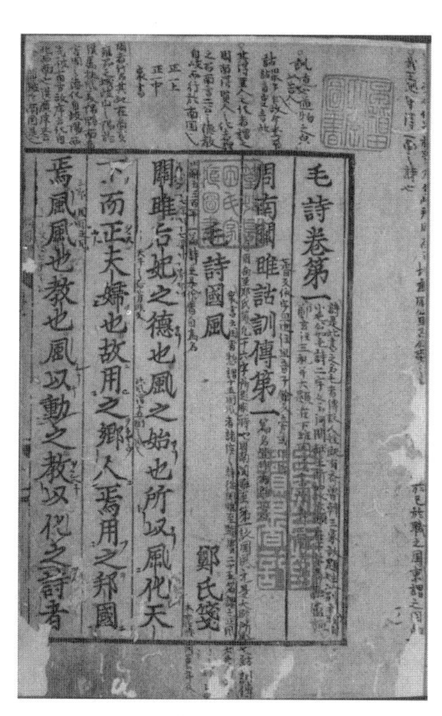

圖1　五山版《毛詩鄭箋》（早稻田大學圖書館藏）

這一論斷也可以找到一個旁證，那就是五山本的版式。五山本雖然是版刻印刷，但是在樣式上却與日本古抄本并無二致（參圖1、圖2），而這也正是川瀨一馬將其底本判斷爲日本古抄本的一個原因。從這些現象來看，五山本的刊刻者似乎起初是想要刊刻一部抄本的《毛詩鄭箋》，但後來却由於某種原因將底本更换爲了刻本，可是前面已經刊刻了許多，又不想重刻，所以就只能接續着刊刻了下去。當然也可能是，本來就想覆刻一部刻本，但這一刻本不

① 異文對句義有影響者只有《邶風·柏舟》"所以愠也"一條，《考文》古本"愠"下有"怒"字，包含着釋"愠"爲"怒"的意思，而刻本系統無"怒"字，正與孔疏"故已所以怨"的解釋相合，是釋"愠"爲"怨"，可見二者不同。

全，缺少《凱風》前的部分，於是只能用已有抄本補全，但補上了内容，却無法還原字體和版式，所以又統一采取了抄本樣式和字體。無論是其中哪一種情況，五山本前半部分在刊刻時對於抄本的偏好都是毋庸置疑的。綜上所述，五山本在《邶風·凱風》之前所使用的底本屬抄本系統，從《凱風》開始使用的底本屬於刻本系統。

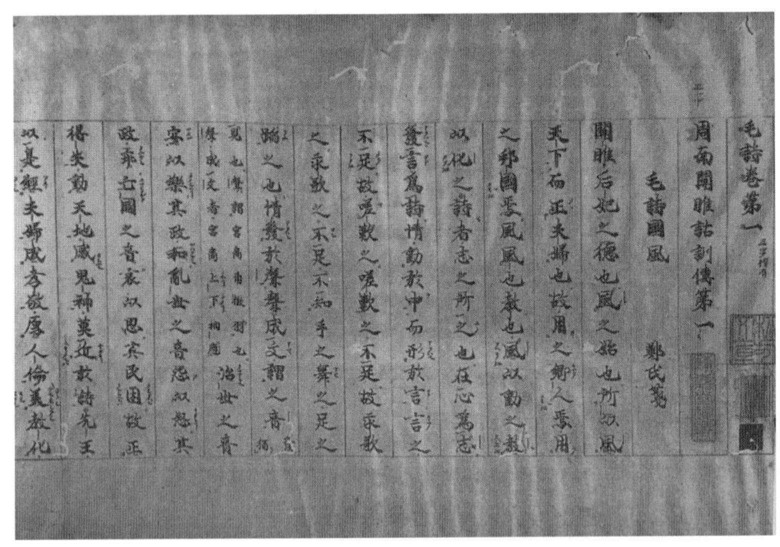

圖2　清原宣賢抄本《毛詩鄭箋》（静嘉堂文庫藏）

三、五山本底本推測

（一）《邶風·凱風》前底本

《毛詩》的抄本系統文獻有一個共同而突出的特點，那就是傳箋句末多"之""也""者"等虚詞，但這并不意味着這些抄本以虚詞結尾的句子都是相同的。舉例來説，連續單詞訓詁，刻本系統或每組皆無"也"字，或只於最後一組訓詁以"也"結尾，而抄本系統則每組訓詁皆有"也"字，如《唐風·蟋蟀》"無已大康職思其居"句毛傳，巾箱本、纂圖本、互注本作："已，甚。康，樂。職，主也。"考文《古本》、敦煌本、東洋本作："已，甚也。康，樂也。職，主也。"於前兩組"已甚""康樂"下亦有"也"字。這是較爲普遍和固定的規律，但還有一些句末的虚詞的出現，在不同抄本間就不那麽固定了。如《邶風·柏舟》“汎彼柏舟”句毛傳，蜀石經作“汎汎，流貌”，《考文》古本、敦煌本“貌”下皆有“也”字；又如《邶風·柏舟》序箋“則賢者見侵害”，《考文》古本“害”下有“也”字，而敦煌本、蜀石經則無；再如《邶風·柏舟》箋“亦猶是也”，敦煌本無“也”字，《考文》古本、蜀石經則有。另外，句末虚詞也并不總是抄本有而刻本無，也存在抄本無而刻本有的情況，如《大雅·板》“价人維藩”句毛傳，刻本系統作：“价，善也。藩，屏也。”《考文》古本無二“也”字。又如《唐風·蟋蟀》“日月其邁”句毛傳，刻本系統作“邁，行也”，敦煌本“行”下無“也”字；再如《唐風·揚之水》“白石皓皓”句毛傳，刻本系統作“皓皓，潔白也”，東洋本“白”下無“也”字。

這些虚詞有時單獨出現，有時也以“之也”“者也”的形式組合出現。它們的有無在多數情況下不會影響讀者對於文意的理解，只是在書寫形式上讓注文變得更加整齊。正因如此，在五代國子監雕版九經，增入注文之時，就統一對虚詞進行了整合，之後的各種刻本，也都基本沿襲了五代監本對於虚詞的取捨。後來清原宣賢以家本校勘宋本，不録虚詞異文，應該也是出於同樣的考慮。但實際上，在有些情況下，去掉虚詞也會稍微改變文義，尤其是對於句末“之”字而言。句末的“之”字，有時并非完全虚義，而是可以充當代詞。如《召南·騶虞》“于嗟乎騶虞”箋，刻本系統作：“于嗟者，美之也。”蜀石經無“之”字，作：“于嗟者，美也。”照蜀石經的本文，仿佛“于嗟”是“美”的意思，但加上“之”字後，“于嗟”感嘆的意味就出來了。又如《秦風·駟驖》“公之媚子，從公于狩”箋，刻本系統、敦煌本作：“此人從公往狩，言襄公親賢也。”在這裏，“賢”是“親”的賓語，是名詞，而《考文》古本“也”上有“之”字，“賢”就變成了動詞，“之”字取代了原來“賢”的賓語位置，表示“親之賢之”。以上各例，“之”字的有無帶來了略有不同的兩種理解，可見即使是句末虚詞，也不可不謹慎對待。

静嘉堂本中保存的清原家本異文，没有古今字、異體字、虚詞如“之”“而”“也”等類型的異文，但是却很難斷言家本本身就不存在這些異文，而更可能是清原宣賢在記録時進行了有意篩選。静嘉堂本旁注中可以視作家本異文的有三類：第一類是某字“摺無”，其言下之意即“摺無本有”，表示家本較刻本底本多出的字；第二類是某字“本無”，表示家本較底本缺少的字；第三類是某字“本乍”，“乍”即“作”，表示家本與底本不同的字。這些異文主要都是實義詞，而且絶大多數與《考文》古本没有矛盾。因此，二者之間存在親緣關係是顯而易見的，它們極可能來自同一個更早的抄本。清原家本與《考文》古本，也就是足利本之間的這種親緣關係，與當時的經書傳授實踐是密切相關的。倉石武四郎《日本中國學之發展》云：“《周易》等經書在當時似乎有江家與菅原家兩種訓點本，而足利學校采用的則是菅家訓點本以及繼承了菅家訓點的清家（即清原家）訓點本。而從現存的足利學校藏本可知，當時的清家時不時地責難（足利）學校，認爲他們的訓點有悖於清家的師法家傳，爲此學校一直在孜孜不倦地努力向師法家傳靠攏。”[①] 由此可見，既然足利學校在傳授經書時使用了清原家的訓點本，那麽足利學校藏的這兩部抄本，就應該是源自某一時期清原家的家傳本[②]。相比之下，敦煌本與它們之間差别就比較大了，反而與刻本系統更加接近。

在抄本系統的這兩個分支體系中，五山本與《考文》古本、家本的相似性明顯大於與敦煌本的相似性，它們不僅在具體用字上基本保持一致，而且句末出現“也”字的句子也大體相同。當然，五山本與《考文》古本也并不完全一樣，它異於古本的地方，也多没有對應的家本異文；而無古本異文的地方，排除掉五山本刊刻過程中可能産生的錯誤，其餘實義詞異文都與家本相合（詳見表6）。由此可見，雖然在没有直接比對古本和家本的情况下，不能説五山本的底本一定就是古本、家本之中的哪一個，但它毫無疑問與這兩個古抄本有着密切的親緣關係。如果再聯繫五山和足利學校共同的禪僧背景[③]，就可以做出推測，《邶風·凱風》前五山本的底本，可能是來自於足利學

① ［日］倉石武四郎講述，杜軼文譯《日本中國學之發展》第四章《遣唐使廢止後至鐮倉時代的日宋交流》，北京大學出版社，2013年，頁71。

② 這一結論還有一個輔助證據，山井鼎《七經孟子考文并補遺凡例》談到古本時稱：“所以識者，其《禮記》書尾猶存永和年中（1375—1378）清原良賢句讀舊跋。”可知《禮記》古本來自清原家，那麽《毛詩》古本也可能轉抄自此。

③ 倉石武四郎《日本中國學之發展》稱：“明經家以朝廷爲中心，廣向僧俗傳授學問，而足利學校則是以五山爲中心向衆僧侣進行傳授。”（［日］倉石武四郎講述，杜軼文譯《日本中國學之發展》，頁71。）

校轉抄清原家傳舊本的一個抄本。

表 6　五山本異於刻本系統且無《考文》古本異文者

五山本	刻本系統	備注
召南·鵲巢		
不自爲巢而居鵲之成巢	無而字	
其德亦宜然	無其字	清原家本有其字
室燕室也	室燕寢也	疑五山本誤刻
如鳲鳩之德其往嫁也	德作子	清原家本作德
象有百官之盛也	無也字	
邶風·柏舟		
亦汎其流不以濟渡也	重汎字	敦煌本、清原家本不重汎字
仁人之不用	用上有見字	敦煌本、清原家本無見字
以爲爲是者希耳	不重爲字	清原家本重爲字
責及之以兄弟之道	無及字	
閔病也之	無之字	
邶風·擊鼓		
用兵謂其治兵	無其字	
或脩治漕城	治作理	敦煌本、清原家本作治
從孫子仲平陳宋	宋前有與字	五山本漏刻
孫子仲	仲後有謂字	敦煌本、清原家本無謂字
不與我歸	歸後有期字	清原家本無期字
今於何處乎	處作居	疑五山本誤改
於何居乎	居作處	疑五山本誤改
當於山林下	林下有之字	正義標起止有之字
志在相存救也之	無之字	
邶風·凱風		
棘猶七子之也	無之字	敦煌本有之字無也字
母劬勞	母下有氏字	五山本漏刻
聖當作叡	叡作聖	疑五山本誤改

（續表）

五山本	刻本系統	備注
鄘風・柏舟		
無		
唐風・蟋蟀		
當是時如善士	無是時二字	
小雅・魚藻之什・菀柳		
無		

（二）《邶風・凱風》後底本

五山本《毛詩鄭箋》屬於經注本，但是在現存的《毛詩》宋刻本中，并沒有同一種類的版本[①]，而都是晚於經注本出現的類型。因此，要探究五山本《邶風・凱風》後所依據的刻本底本，就需要首先釐清現存宋刻《毛詩》的體系。

在現存《毛詩》宋刻本中，《監本纂圖重言重意互注點校毛詩》和《纂圖互注毛詩》屬纂圖互注重言重意本，《毛詩注疏》爲十行注疏合刻本，它們都與南宋建安余仁仲萬卷堂刊刻的《九經》經注附釋文本有淵源關係。余仁仲《九經》刻本，現存僅《禮記》《公羊》《左傳》《穀梁》四種，雖然不及《毛詩》，但從其他經的情況來看，三者確實屬於同一體系。喬秀岩曾校勘《禮記》諸本經注異文，將余本、纂圖互注本、十行本歸爲同一系統，與撫州本、八行本構成的系統相區分，其云："《唐石經》、撫州公使庫本、八行本爲一類，《唐石經》爲始祖，撫本爲現存最精最完本；余仁仲本、纂圖互注本、十行本以及閩、監、毛本爲一類，余仁仲本不妨假設爲此類文本之淵源，纂圖互注本與余仁仲本幾乎全同。"[②] 刁小龍也對比過《公羊》版本，結論亦相似："建陽余仁仲本與撫州本之間本别爲系統，而十行本注疏實皆取自余仁仲本。"[③] 張麗

---

① 雖然五山本《凱風》之前底本屬於清原家本體系，但《凱風》之後内容却與静嘉堂本不同，因此其底本并非清原宣賢所見宋本，應别屬一體系。

② 喬秀岩《〈禮記〉版本雜識》，《北京大學學報（哲學社會科學版）》，2006年第5期，頁109。

③ 刁小龍《〈春秋公羊經傳解詁〉版本小識》，《國學學刊》，2010年第4期，頁55。

娟《宋代經書注疏刊刻研究》第二章第二節、第三節對比《左傳》各本經傳及釋文異文，同樣發現“十行注疏本多同余仁仲本，而越刻八行本多同撫州本，形成明顯的兩個陣營”[①]，而且“特别是研易樓本、龍山書院刻纂圖互注本所附釋文與余仁仲本完全相同”[②]。王天然經過校勘《穀梁傳》衆本，也傾向於認爲余仁仲刊本《春秋穀梁傳》爲十行本《監本附音春秋穀梁注疏》祖本之可能[③]。而本文對《毛詩》的異文校勘也同樣支持這一結論（表7）。

表7　現存宋刻本異文比較

篇名	文本	巾箱本	纂圖本	互注本	十行本
鵲巢	起家而居有之	起前有箋云二字	同	同	同
邶·柏舟	不以濟渡也	同	渡作度	渡作度	渡作度
	與衆物汎汎然	同	無衆字	無衆字	無衆字 *
	而群小人并列	而後有與字	同	同	同 **
	同姓之臣	同	無之字	無之字	無之字
	寤擗有摽	擗作擗	擗作辟	擗作辟	擗作辟
	大臣專恣	同	恣作次	同	恣作次
	奮翼而飛去	無而字	同	同	同
凱風	欲去嫁也	無也字	同	同	同
	曰有寒泉者	同	無者字	同	同
鄘·柏舟	世子昧爽	子後有之字	同	同	同

* 注：十行本作“衆物”，但只占了一字的空間，應該是後來補改的，原本無“衆”字。

** 注：十行本有“與”字，但“不見用而與”五字共占四字空間，亦爲後來補改所致，原本無“與”字。

在現存四種《毛詩》宋刻本之中，巾箱本與另外三種纂圖本、互注本、十行本屬於兩個不同的體系，而後者都與余仁仲本有着較爲密切的關係。不

① 張麗娟《宋代經書注疏刊刻研究》，頁389。

② 張麗娟《宋代經書注疏刊刻研究》，頁159。

③ 王天然《唐宋元本〈春秋穀梁傳集解〉版本小識》，北京師範大學碩士學位論文，2010年，頁26—27。

僅經注之文如此，所附釋文亦差别較大。《鐵琴銅劍樓藏書目録》卷三著録此巾箱本《毛詩》云："傳箋下即接釋文，不加識别。惟所音經注字皆作陰文，於釋文多所删改，與原書及注疏本不同。宋諱匡、殷、桓、覯、慎字有闕筆，而敦字不闕，孝宗以後刻本也。是本勝處往往與唐石經及宋小字本、相臺本合。"[①] 從時間上看，余仁仲本《春秋公羊經傳解詁》附宋光宗紹熙二年(1191)余仁仲刻書識語云："《公羊》《穀梁》二書，書肆苦無善本，謹以家藏監本及江浙諸處官本參校，頗加釐正。"《公羊》《穀梁》由於地位較末，刊本較少，刊刻時間通常要晚於《詩》《書》等經。如此一來，則此巾箱本與余仁仲本《毛詩》的刊刻基本同時或稍晚，其間或許没有直接的淵源關係。

五山本《凱風》之後的文字，與這兩個體系都不完全相同，其中很大一個原因是受到抄本校勘的影響。五山本《凱風》之後雖然是以宋刻本爲底本，但同時也利用抄本校改了一些文字，以《小雅·伐木》爲例，刻本系統之内無異文，敦煌本亦與刻本系統同，但五山本却與它們有六處不同，但除自身漏刻"粲然已儷擯矣陳其黍稷"之"儷擯矣"三字之外，其餘五處皆可在《考文》古本和清家本中找到對應，分别是"似於有朋友道然"，五山本、《考文》古本之一、清家本有"朋"字；"君子雖遷處於高位"，五山本、《考文》古本、清家本有"處"字；"則友生終相與和而齊功"，五山本、《考文》古本之一、清家本有"生"字；"諸侯謂同姓大夫皆曰諸父"，五山本、《考文》古本、清家本有"諸"字；"亦本之也"，五山本、清家本有"也"字。由此反推，五山本與抄本系統不同的文字，就應該是沿襲底本而來，但它們亦與這兩個體系互有出入，這似乎暗示着底本屬於更早的某個刻本。如《鄭風·有女同車》傳"孟姜，齊長女"，《考文》古本、清家本無此傳，五山本與巾箱本同，而纂圖本、互注本、十行本"齊"後有"之"字，此同於巾箱本者；又如《鄭風·有女同車》箋"且閑習婦禮"，五山本同纂圖本、互注本、十行本，巾箱本、《考文》古本"且"作"又"，此同於余仁仲本體系者。

雖然《毛詩》單經注本的宋刻本不存，但南宋毛居正刊刻《六經》時撰作的《六經正誤》中，還保存了潭本、建本、興國本三種單經注本的異文。其中，

① (清)瞿鏞《鐵琴銅劍樓藏書目録》,《清人書目題跋叢刊》第三册，中華書局，1990年，頁42。

"'潭本'可能與'撫州舊本'類似，是南宋前期潭州官府所刻經書版本。"①但潭本在《六經正誤》中只存釋文部分的異文，缺乏進一步比較的資料。《六經正誤》所引建本、興國本異文如下。因五山本是從《邶風·凱風》之後開始將刻本作爲底本的，所以在此僅列舉《凱風》之後各篇。

《邶風·匏有苦葉》"刺衛宣公"：作剌誤。興國本作刺。静本刺

《谷風》"行道遲遲"：建本亦作遅，紹興注疏本、興國本皆作遲，是否相半，不敢改也。静本遅

《豳風·七月》"春日遲遲"：紹興注疏、建安、興國本皆作遅，不敢改也。同上

《小雅·鹿鳴》注"書曰篚厥玄黄"：作厥篚玄黄誤。興國及建本皆作篚厥。静本篚厥，家本作厥篚

《四牡》"周道逶遲"：正義同興國及建本皆作遅。

《南有嘉魚》注"罩罩籗也"：正義同，釋文亦同。興國、建本作篧。静本作篧

《采芑》"路車有奭"：作奭誤。……正義作奭，亦誤。興國、建本皆作奭。……今此詩當從奭，恐驚俗，姑從興國、建本作奭。静本奭

《正月》"役之圜土"：作圓誤。興國、建本皆作圜。静本圜

《大田》"盛陽氣贏"：作嬴誤。興國本作贏。静本贏

《頍弁》箋"且今夕喜樂此酒"：喜作善，誤。建本作喜。静本喜，家本善

在這些異文中，五山本與興國本、建本大體一致，但也存在個别不同。與興國本之不同有一，《南有嘉魚》條，五山本作"籗"，非如興國本作"篧"；與建本之不同有二，《南有嘉魚》條同前文，又《頍弁》條，五山本作"善"，與建本作"喜"不同。

完整的興國軍學本《九經》，其《釋文》統一附於各經經末，與巾箱本、余仁仲本經注附釋文本的釋文部分直接接續傳箋之文的形式不同。以之爲

① 張麗娟《宋代經書注疏刊刻研究》，頁111。

底本，刊刻成如五山本一樣的單經注本形式，是比較自然和容易操作的。同時，興國軍學本雖然字數行款與五山本不同，但其大字經文與雙行小字注文每行字數一致的特點，與五山本是相同的。就目前所知的幾種宋刻本而言，興國軍學本的確可以説是最有可能成爲五山本底本的一種版本。再聯繫五山版中的其他經傳的情況，這一猜測的可能性就更大了，因爲像五山版《春秋經傳集解》，就是直接根據興國軍學本覆刻的，并且“相當忠實地繼承了興國軍本的版刻特徵與異文體系”①。

四、餘論

五山本底本前屬抄本系統後屬刻本系統的特殊形態反映出經書刊刻過程中的複雜性和多樣性，也提醒我們在版本研究中有對全書進行整體觀照的必要。

雖然五山本在文本内容上前後采用了不同性質的底本，但是在外在形式上却保持了前後的一貫性，與日本古抄本别無二致，特别是在字體字形方面，俗字的使用十分普遍，這一現象不僅出現在《凱風》之前，《凱風》之後各篇亦是如此。五山本《凱風》之後的底本雖然是宋刻本，但却使用了大量在碑刻或抄本中常見的俗字，頗給人一種“舊瓶裝新酒”的感覺。五山本中的俗字，以《鄘風》爲例，就已經出現了數十處，如“笺（箋）”“[illegible]（奪）”“滛（淫）”“[illegible]（穆）”“倶（俱）”“[illegible]（客）”“[illegible]（老）”“満（滿）”“誤（誤）”“[illegible]（欲）”“[illegible]（蹤）”“[illegible]（幽）”“[illegible]（登）”“[illegible]（升）”“[illegible]（靈）”“[illegible]（虛）”等。這些字在五山本中爲俗體，但并不代表在五山本用作底本的宋刻本中也是俗體，而更可能是五山本上板重書時有意爲之②，因爲當時社會上或有崇尚

① 張麗娟《興國軍學本與早期和刻本〈春秋經傳集解〉》，《儒家典籍與思想研究（第十一輯）》，北京大學出版社，2019年，頁100。

② 也正因爲五山版《毛詩鄭箋》采取了不覆刻底本而是以日式書風重新書寫的形式，所以無法完全依靠避諱字來判斷其用作底本的宋刻本的具體年代。五山本避諱并不嚴格，匡、恒兩字時缺筆，但構、慎、敦字却無明顯的缺筆痕迹，以至於其底本還有北宋監本的可能。又據後文引興國軍本《春秋經傳集解》聞人模跋可知，興國軍本在很大程度上繼承了監本面貌，因此五山本和興國軍本之間存在較高的相似度，也是合理的。另外，五山本還多用今字易古字，如“昏”作“婚”，“專專”作“團團”等。這些特徵與俗字一樣，都是五山本在書寫上板時統一改過的，并未沿用宋版原字。

奈良書風的風氣。

在這裏，我們不妨將五山版《毛詩鄭箋》與正平版《論語集解》做一對比，可能會發現一些有趣的現象。日本非佛典漢籍的刊刻，以鐮倉末期（正中年間，1324—1326）自宋版翻刻的《寒山詩》爲最早，儒書的刊行則更爲靠後，其中公認較早的即正平版《論語集解》（參圖3）。正平版《論語集解》共有雙跋本、單跋本、無跋本三種，據武内義雄《正平版論語源流考》研究，大阪圖書館所藏雙跋本爲正平祖版，而此版末尾刊記透露，正平版并非初刊，而是模刻舊版的覆刻本，其原版刊行時間大約在元應、元亨之際（十四世紀二十年代左右）[①]。這部《論語集解》所依據的底本爲清原教隆（1199—1265）寫定本，在版式上也采取了日本古抄本舊式，而且其末尾刊記稱："學古神德楷法日下逸人貫書。"説明其版乃學古神德之楷書的日下一隱士名貫者所書。古神德乃奈良朝寫經生之名，可知日下逸人貫所擅長的應該是深受唐代書法影響的奈良書體。除正平版《論語集解》外，日下逸人貫書寫上板的和刻本還有元應刊本《產經》與元亨刊本《古文尚書》[②]，可見他的書風在當時是相當受歡迎的一種。五山本的字形、書風與之接近，而且前半部分也同樣與清原家本有淵源關係，如果由此進行大膽推測，或許五山

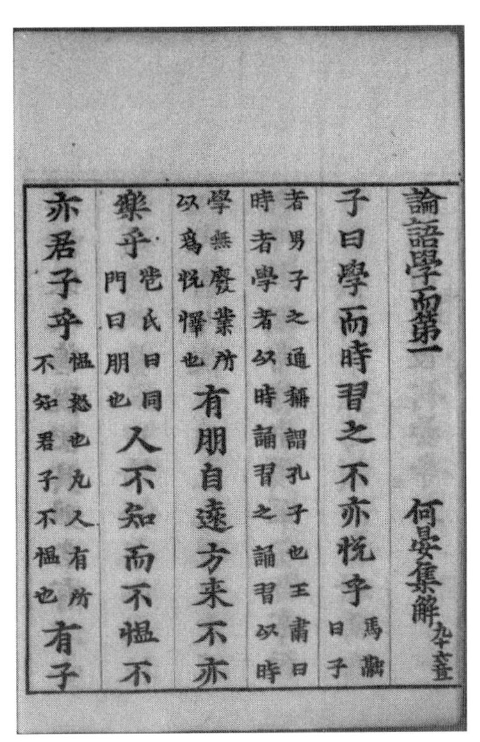
論語學而第一　何晏集解

子曰學而時習之不亦悅乎馬融曰子者男子之通稱謂孔子也王肅曰時者學者以時誦習之誦習以時學無廢業所以爲悅懌也有朋自遠方來不亦樂乎苞氏曰同門曰朋也人不知而不慍不亦君子乎慍怒也凡人有所不知君子不慍也有子

圖3　正平版《論語集解》（單跋本，早稻田大學圖書館藏）

① ［日］武内義雄著，俞士玲譯《正平版論語源流考——本邦舊抄本論語的兩個系統》，劉玉才主編《從抄本到刻本：中日〈論語〉文獻研究》，北京大學出版社，2013年，頁384—423。

② ［日］島田翰《古文舊書考》，《日本藏漢籍善本書志書目集成》第三册，北京圖書館出版社，2003年，頁437。

本底本的拼合特徵，正表明它的刊刻處在正平版《論語集解》與五山版《春秋經傳集解》之間，也就是和刻儒籍底本從抄本到刻本的過渡時期。如此一來，五山本對於和刻漢籍的研究而言，無疑具有重要的意義。

在中國經書版刻源流的研究方面，五山本同樣不容忽視。前文考證，五山本《凱風》之後的底本，可能是興國軍學本。興國軍學本爲官修善本，黄震《修撫州六經跋》云："《六經》官板，舊惟江西撫州、興國軍稱善本。己未虜騎偷渡，興國板已毁於火，獨撫州板尚存。"不僅如此，它的源頭更可能直指監本。日本宫内廳藏興國軍本《春秋經傳集解》卷末《經傳識異》後刊載的嘉定九年（1216）興國軍學教授聞人模刊書跋語云："本學《五經》舊版，乃僉樞鄭公仲熊分教之日所刊，實紹興壬申歲也。歷時浸久，字畫漫滅，且缺《春秋》一經。嘉定甲戌夏，有孫緝來貳郡，嘗商略及此，但爲費浩瀚，未易遽就。越明年，司直趙公師夏易符是邦，模因有請，慨然領略，即相與捐金出粟。模亦撙節廩士之餘，督工鋟木。書將成，奏院葉公凱下車觀此，且惜五經舊板不稱。模於是并請於守貳，復得工費，更帥主學糧幕掾沈景淵同計置而更新之。乃按監本及參諸路本而校勘其一二舛誤，并考諸家字説而訂正其偏旁點畫，粗得大概，庶或有補於觀者云。嘉定丙子年正月望日聞人模敬書。"由跋可知，興國軍學原有紹興二十二年（1152）刊刻的《五經》舊版，但六十多年以來磨損嚴重，嘉定九年聞人模主持新刻《春秋》時，也對舊版重新進行了修補和校訂，而監本正是其中主要的參考版本，而且興國軍本《春秋經傳集解》在行款格式和卷末附全經總字數方面，也忠實地沿襲了監本舊式，這些迹象都顯示出二者之間所具有的密切關係。

雖然五山本中的確不乏形近而誤的錯字和不甚標準的字形，以致其底本被島田翰斥爲"麻沙本"，但也有不少文字優勝他本之處。如《豳風·東山》序箋"周公於是志意伸"，刻本系統缺"意"字，五山本不缺，與敦煌本、正義同。再如《小雅·六月》"飲御諸友，炰鱉膾鯉"箋"所以極歡之也"，諸宋刻本"歡"皆作"勸"，而五山本作"歡"，與《考文》古本之一本合，敦煌本作"懽"，同"歡"。今按：作"歡"是。前文"吉甫燕喜，既多受祉"箋云："吉甫既伐玁狁而歸，天子以燕礼樂之，則歡喜矣。又多受賞賜也。"此箋"所以極歡之也"，正與"則歡喜矣"相對，以言歡樂至極，無以復加之矣，故孔疏云"以盡其歡",此其證一也。又燕禮主歡,《儀禮·燕禮》"小臣戒與者"鄭注云:"君以燕禮勞使臣若臣有功,故與群臣樂之,小臣則警戒告語焉。飲酒以合會爲歡也。"吉甫既伐玁狁而歸,歷行久遠,故天子慰勞之,而非勉勵或勸酒之意,此其證二也。孔疏雖標起止作"勸之",然而釋義無一字從"勸",可見此誤由來久矣。綜上所述,五山本無疑是極具文獻價值的版本,本文的探討也不過是拋磚引玉,關於五山本的各項論題,還有待今後的進一步的研究。

《群書治要》本《周易》斠議

顧永新

《群書治要》是唐初魏徵等奉敕修纂的類書（以下簡稱《治要》），輯録經史群書中有關治政的相關記載。其書中土久佚，但在日本傳承有緒，平安時代受到天皇的重視，今東京國立博物館藏九條家本即當時寫本，存十三卷。今宫内廳書陵部藏金澤文庫本五十卷（闕卷四、十三、二十），乃鎌倉時代僧人寫本，較爲完整。江户時代又有慶長中幕府將軍德川家康"駿河版"活字本和天明中尾張藩刻本行於世，并回傳中國。後阮元搜集《四庫全書》未收書，編入《宛委別藏》。日系《治要》各本的祖本當爲唐寫本，其所摘録各書文本淵源甚早，遠遠早於後世通行的刻本系統各本，故其文獻價值頗高，對於認識寫本時代的文本形態和樣貌，洞悉從寫本時代到刻本時代文本的遞嬗軌迹，具有重要的意義。本文選取金澤文庫《治要》本《周易》作爲研究對象，希望通過文本校勘來探求《治要》的文獻價值。

金澤文庫本《治要》首《群書治要序》，署"秘書監鉅鹿男臣魏徵等奉勑撰"，次"群書治要目録"，次"群書治要卷第一"，提行低一字題"周易"，以下正文起，平書。有一卦獨立成段者，亦有數卦合爲一段者，《繫辭上》第一章獨立成段，第二章以下至《繫辭下》《説卦》合爲一段，每段分别提行另起。卷子裝，每張二十行不等，每行經文大字十五字不等，注文小字雙行二十字不等。"民"字闕筆（亦有不闕者）。卷末尾題"群書治要卷第一"，後有鎌倉前期至中葉明經家博士清原教隆（1199—1265）識語二：

作者單位：北京大學中國語言文學系

建長七年八月十四日，蒙洒掃少尹/尊教命加愚點了此書。非潔/齋之時，有披閲之，恐仍先雖點/末卷，暫致遲怠，是向本書,/事有其煩之故耳。前參河守清原（教隆花押）

同年九月三日，即奉授洒掃少/尹尊閣了。抑《周易》者，當世頗/其説欲絶，爰教隆粗慣卦/爻之大躰，不墮訓説之相傳,/雖爲窮鳥之質，争無稱雄之思哉！前參河守清原（教隆花押）

北條實時（1224—1276）在清原教隆影響和支持之下創設金澤文庫，收集和存藏的漢籍當中有一部分經過教隆訓點。由《治要》識語可知，建長七年(1255）八、九月間教隆加點,則此卷子抄寫時間當在此前。教隆父爲仲隆，叔父爲良業,“洒掃少尹”所指謂誰不可考。

《治要》本《周易》凡45卦（闕19卦），另含《繫辭》(不分上下，不分章，但文本按各章先後次序節録。甚或改造句子，如《繫辭下》“是故履德之基也”,《治要》是故作子曰;此章起首“子曰:易之興也”云云,却無“子曰”二字。删省連詞。增删句末語助詞,注文出現這種情形較多)、《説卦》(僅一節，接抄《繫辭》之下，不提行）若干章節。均爲節録，并無完整一卦或《繫辭》《説卦》之一章節。《治要》本《周易》體式爲王弼經傳參合本,即以《彖》《象》附入相應卦、爻辭之下，并非像《古易》那樣經傳别行；文本類型是經注本，注文直接附麗於經文之下，由是知王國維先生所謂六朝以降行世者只有經注本而無單經本確爲不刊之論。《治要》本《周易》上、下經（六十四卦）節録經、傳文的體式舉凡有五：

1.《大象傳》+《彖傳》，這是最常見的方式，計有23卦。

2.《大象傳》+《彖傳》+爻辭+《小象傳》，主體是《大象傳》和爻辭，變體或無《彖傳》，或無《小象傳》，凡14卦。

3. 僅有《大象傳》，凡4卦。

4. 卦辭+《大象傳》+《彖傳》，凡2卦（震、豐）。

5. 乾、坤二卦蓋以其兼有《文言》，故較爲特殊，主體是《大象傳》+《彖傳》+《文言》。

不難看出,《治要》本《周易》經傳的構成方式具有非常突出的特點：一是各卦卦、爻辭及《彖傳》《象傳》摘録與否或内容多寡有所不同，但《大象傳》在各卦中都是不可或闕的;一是《大象傳》在前、《彖傳》在後,與今本《彖傳》在前、《大象傳》在後的次序不同。《小象傳》分附各爻之下，與今本并無不同。就乾卦而言,首卦辭,次《大象傳》,次九三、九五、上九爻辭,次《彖傳》,次《文言》，可見除《大象傳》外餘者次序悉同今本。《治要》本《周易》各卦如此整飭地將《大象傳》前置，這在敦煌唐寫本和日本古寫本，包括平安時代宇多天皇（867—931）《周易抄》[①]，直至刻本時代的經注本（三者卷次分合、内容構成乃至行款盡皆相同）當中都是未嘗見到的，而且六朝人所作《講周易疏論家義記》（奈良興福寺藏古寫本，成書於六朝晚期，抄寫於八世紀末）[②]，以及唐人《易》著如陸德明《經典釋文·周易音義》、李鼎祚《周易集解》、郭京《周易舉正》以及由孔穎達《周易正義》疏文所反映出來的經傳次序也是和通行的經注本完全一致的，所以我們有理由相信,《大象傳》前置并非照録底本，而是《治要》編者人爲地有意爲之，目的就是要强調《大象傳》，或許是出於對《象傳》解《易》方法論的認同。這種將《大象傳》前置的做法在《易》學史上亦非個例，宋代《古易》學者之一周燔所定體式即首卦名，次卦畫，次下、上體名，次《大象傳》(《卦象》)，次卦辭，次《彖傳》，次爻辭，次《小象傳》(《爻象》)。他所揭示的理由是這樣的：

> 古文《易》書經自經，傳自傳，各分卷帙，不相參入。後人取《彖》《象》散入卦爻之下，使相附近，欲學者易曉。……惜乎先儒分之，失其次序，列《卦象》於“《彖》曰”之後，而在六爻之前，上無所承，下無所據,六十四卦皆有此誤。……蓋不知仲尼之意,因世次爲先後,贊以《彖》《象》，不可易也。卦自伏羲之所畫也，故贊之以《卦象》，如曰“天行健，君子以自强不息”是也；卦首諸辭，文王之所繫也，故贊之以《彖》，如曰“大哉乾元，萬物資始”是也。爻下諸辭，周公之所繫也，故贊之以

① ［日］宇多天皇《宸翰集》，京都：小林寫真製版所，1927年，頁12—23。一般認爲《周易抄》是宇多天皇三十一歲（寬平九年，897）時所書。

② 黄華珍《日本奈良興福寺藏兩種古抄本研究》影印殘卷，中華書局，2011年。

《爻象》，如曰"潛龍勿用，陽氣潛藏"是也。故《卦象》當承本卦之下，在《彖》之前。今進《卦象》於前，而後《彖》次之，《爻象》又次之，《文言》又次之。……伏羲畫卦，初無語言、文字，億載之後，文王、周公得以繫其辭，不失伏羲之本旨者，有象存焉。故《易》之道，本不可以言辭傳；以言辭傳《易》者，聖人之不得已也。……故知學《易》觀象爲本，而博之以文，演之以數，於是《易》道幾無餘蘊。[①]

周氏認爲孔子序次卦畫、卦辭和爻辭是以世次爲先後的，而又敷贊《彖傳》《象傳》，分附其下。伏羲畫卦（表現爲卦畫），《大象傳》次其下，這是《易》的根源，所以學《易》以觀象爲本；卦辭爲文王所繫，《彖傳》次其下；爻辭爲周公所繫，《小象傳》次其下。這些言辭都是聖人不得已而作，是觀象的輔助。南宋學者蔡淵撰《周易卦爻經傳訓解》即把《大象傳》次於卦辭之後、《彖傳》之前，"卦有象而後有彖，《大傳》曰：'彖者，言乎象者也。'考此則釋象當在釋彖之前明矣。今以《大傳》定之"；"蓋《大象》□□□□□，則釋卦之大□者也，釋卦當先卦（卦字疑衍），後反居《彖》後，今改而正之"[②]。他所謂"象"即卦象，"彖"即卦爻辭，他根據《繫辭》（《大傳》）有關"象"和"彖"關係的論述而改定《大象傳》《彖傳》的先後位置。

我們以中國國家圖書館（以下簡稱國圖）藏清宮天祿琳琅舊藏南宋孝宗朝刊經注本《周易注》十卷（首半葉缺，抄配）爲底本，校勘金澤文庫本《治要》（因爲後來刊行的駿河版活字本和天明本多據通行本改易原書，故不以之參校），同時參校敦煌寫本《周易注》（采用許建平先生整理本）[③]、宇多天皇《周易抄》、日本國立公文書館藏林羅山舊藏室町寫本《周易注》（以下簡稱林家古本）和《經典釋文》（以下簡稱《釋文》，采用1985年上海古籍出版社影印國圖藏宋刻宋元遞修本）、《七經孟子考文補遺》（以下簡稱《考文》，采用國立公文書館藏享保十六年［1731］初刻本）。玆將異文以類相從、臚列如下：

① （宋）吕祖謙《古周易·九江周氏易》，《通志堂經解》（康熙中通志堂刊本），頁36a—38a。

② （宋）蔡淵《周易卦爻經傳訓解》卷上，《景印文淵閣四庫全書》本，臺北：商務印書館，1983年，第18册，頁4。

③ 許建平《敦煌文獻合集·敦煌經部文獻合集》，中華書局，2008年，第一册，頁1—95。本文所引用敦煌寫本《周易注》文本據許書録出，簡稱敦煌本。

（一）與敦煌本相同或相近

1. 賁卦《大象傳》注“而无敢折獄”,《治要》同於林家古本、敦煌本，下有也字。

2. 大畜《彖傳》注“夫能煇光日新其德者，唯剛健篤實也”,《治要》(煇作暉)略同敦煌本、《考文》古本、林家古本(煇作輝)，也上有者字。

3. 離卦《彖傳》注“各得所著之宜”,林家古本同,《治要》下有者也二字，敦煌本下有也字。

4. 離卦《彖傳》“重明以麗乎正”，林家古本同，敦煌本無乎字,《治要》正文亦無乎字(麗、正二字之間旁注小字“乎”)。

5. 解卦《彖傳》“而百果草木皆甲坼”，林家古本略同(坼作折),《治要》同於敦煌本，果作菓。注同。《干禄字書》:“菓、果，上俗下正。”[①]

6. 益卦《大象傳》注“遷善改過”，林家古本同，敦煌本遷作之,《治要》遷作從，皆不同於通行本和日系古本。

7. 益卦《彖傳》“民説無疆”，林家古本同,《治要》説作悦，敦煌本説作悦，疆作彊。隨卦《大象傳》注“動説之象也”，林家古本同,《治要》説作悦。兑卦《彖傳》“説以利貞”,敦煌本、林家古本同,《治要》説作悦。《繫辭》“能説諸心”，林家古本同,《治要》説作悦。坤卦《彖傳》“德合无疆”,《治要》疆作彊。由是知唐寫本説多作悦，疆多作彊。

8. 中孚《彖傳》“乃應乎天也”，林家古本同,《治要》無乎、也字，敦煌本亦無也字,乎作于。《繫辭》注“鶴鳴于陰”,林家古本同,《治要》于作乎。《考文》:“‘况其邇者乎’，古本乎作于，下‘出乎’‘加乎’‘發乎’‘見乎’‘慎乎’皆同。”由是知唐寫本(日系古本)乎、于多通用。

（二）與日系古本淵源甚深

1. 乾卦《彖傳》注“故六位不失其時而成”,《治要》同於《考文》古本、林家古本，下有也字。

① (唐)顔元孫《干禄字書》上聲,《叢書集成初編》影印《夷門廣牘》本，中華書局重印商務印書館本，1985年，第1064册，頁20。

2. 蒙卦《彖傳》注“闇者求明，明者不諮於闇”，《治要》同於《考文》古本（二本）、林家古本，二明字之間有者字。

3. 師卦初六注“否臧皆凶”，敦煌本同，《治要》同於《考文》古本（二本）、林家古本，下有也字。

4. 同人《彖傳》注“君子以文明爲德”，《治要》同於林家古本，下有者也二字。《考文》古本下有者字（疑《考文》編纂或刊行過程中誤脱也字）。

5. 大有《大象傳》注“順夫天德”，《治要》同於《考文》古本（二本）、林家古本，夫作奉。

6. 噬嗑《彖傳》“皆利用獄之義”，《治要》同於林家古本，下有也字。

7. 遯卦九五爻辭注“遯之嘉也”，《治要》同於《考文》古本（三本）、林家古本（嘉作喜），也上有者字。

8. 升卦《大象傳》“積小以高大”，《治要》同於《考文》古本（一本）、林家古本，以下有成字。

9. 震卦卦辭注“奉宗廟之盛也”，《治要》同於《考文》古本（二本）、林家古本，也上有者字。

10. 中孚《彖傳》“信及豚魚也”，敦煌本、林家古本同，《治要》同於《考文》古本，無也字。

11. 小過《彖傳》注“柔而浸大”，敦煌本同，《治要》同於《考文》古本、林家古本，浸作侵。

12. 既濟九五爻辭注“可羞於鬼神”，《治要》同於《考文》古本、林家古本，於上有之字。

13.《繫辭》注“故曰易簡”，《考文》古本和林家古本下有也字，《治要》下有人也二字（人字疑衍）。

14.《繫辭》注“故以賢人目其德業”，《治要》同於《考文》古本、林家古本，下有也字。

15.《繫辭》注“作易以準天地”，《治要》同於《考文》古本、林家古本，下有也字。

16.《繫辭》注“故曰相似”，林家古本同，《治要》同於《考文》古本，下有也字。

17.《繫辭》注“不可以一方、一體明”,《治要》同於《考文》古本、林家古本，下有也字。

18.《繫辭》注“故曰藏諸用”,《治要》同於《考文》古本、林家古本，下有也字。

19.《繫辭》注“陰陽轉易，以成化生”,《治要》同於《考文》古本、林家古本，下有也字。

20.《繫辭》注“易之所載，配此四義”,《治要》同於《考文》古本、林家古本，下有也字。

21.《繫辭》注“則盡變化之道”,《治要》同於《考文》古本、林家古本，下有也字。

22.《繫辭》注“道同則應”,《治要》同於《考文》古本、林家古本,下有也字。

23.《繫辭》注“可得而用也”,《治要》同於《考文》古本、林家古本，也上有者字。

24.《繫辭》注“故曰聖人之道”,《治要》同於《考文》古本、林家古本，下有也字。

25.《繫辭》注“服萬物而不以威刑也”,《治要》同於《考文》古本、林家古本，也上有者字。

26.《繫辭》注“位所以一天下之動而濟萬物”,《治要》同於《考文》古本、林家古本，下有也字。

27.《繫辭》注“此知幾其神乎”,《治要》同於《考文》古本、林家古本，乎作者也二字。

28.《繫辭》注“能精爲者之務”,《治要》同於林家古本，下有也字。

29.《說卦》“將以順性命之理”,《治要》同於《考文》古本、林家古本，下有也字。

（三）不同於日系古本

1. 乾卦九三注“至于夕惕，猶若厲也”,《治要》略同（厲下有之字）,《考文》古本和林家古本并作“至于夕，猶惕若厲也”。

2. 乾卦《彖傳》注“不和而剛暴”,《治要》略同（下有也字）,《考文》古本和林家古本并作“不和而剛則暴也”。

3. 坤卦《文言》“坤至柔而動也剛”,《治要》同,林家古本無也字。

4. 革卦《象傳》注“火欲上而澤欲下”,《治要》略同(無而字),《考文》古本和林家古本火上有故字。

5. 節卦《象傳》注“則物不能堪也”,敦煌本、林家古本同,《治要》則作即。

6. 大有上九爻辭注“處大有之上”,林家古本同,《治要》處作居。

7.《繫辭》注“懸象運轉”,《治要》同,林家古本懸作縣。下文“縣象著明”,林家古本同,《治要》縣作懸。

8.《繫辭》注“始終之數也”,《治要》同,林家古本無也字。

9.《繫辭》“聖人有以見天下之賾”,林家古本同,《治要》賾作頤。下文“探賾索隱”,林家古本同,《治要》賾作頤。

10.《繫辭》“莫大乎蓍龜”,林家古本同,《治要》大作善。

(四)使用通假字、同源字等

1. 乾卦《文言》注“明夫終敝”,林家古本同,《治要》敝作蔽。

2. 否卦《大象傳》“君子以儉德辟難”,林家古本略同(儉誤險),《治要》辟作避。

3. 同人《大象傳》“君子以類族辨物”,林家古本同,《治要》辨作辯。

4. 大有《彖傳》“是以元亨”,林家古本同,《治要》亨作享。下文豐卦卦辭注“故至豐亨”“用夫豐亨不憂之德”,林家古本并同,《治要》亨并作享。小過《彖傳》“小者過而亨也”,敦煌本、林家古本同,《治要》亨作享。既濟《彖傳》“既濟,亨”,敦煌本、林家古本同,《治要》亨作享(旁注亨字)。

5. 大有上九爻辭“自天祐之”,林家古本同,《治要》祐作佑。《繫辭》“是以自天祐之”,林家古本同,《治要》祐作佑。

6. 謙卦九三爻辭注“勞謙匪解”,林家古本同,《治要》解作懈。

7. 隨卦《大象傳》“君子以嚮晦入宴息”,林家古本同,《治要》嚮作向。

8. 晋卦《大象傳》“君子以自昭明德”,林家古本同,《治要》昭作照。日系古本亦有昭、照通者,如《繫辭下》“故能朗然玄昭”,《考文》:“古本昭作照。”

9. 蹇卦《彖傳》“知矣哉”,林家古本同,《治要》知作智。《繫辭》“知周乎萬物而道濟天下”，林家古本同，《治要》知作智。注同。下文“知者見之謂之知”，林家古本同，《治要》知并作智。下文“知小而謀大”，林家古本同，《治要》知作智。

10. 升卦《大象傳》“君子以順德”，林家古本同，《治要》順作慎。

11.《繫辭》“故惡積而不可揜”，林家古本同，《治要》揜作掩。

12.《繫辭》“君子脩此三者”，林家古本脩作修，《治要》脩作循。

（五）節録或抄寫過程中造成的文本譌誤或差異

1. 屯卦《彖傳》注“故利建侯也”，林家古本同，《治要》侯上衍諸字。

2. 師卦上六爻辭《小象傳》“大君有命”，敦煌本、林家古本同，《治要》君下衍之字。

3. 泰卦《大象傳》注“則物失其節”，林家古本同，《治要》脱物字。

4. 觀卦九五爻辭“猶風之靡草”，林家古本同，《治要》無之字。

5. 噬嗑《大象傳》“先王以明罰勑法”，林家古本同，《治要》勑作敕（古同整）。

6. 賁卦六五爻辭注“乃得終吉也”，敦煌本、林家古本同，《治要》也下衍之字。

7. 習坎《大象傳》注“然後乃能不以險難爲困”，敦煌本、林家古本同，《治要》脱乃字。

8. 習坎《彖傳》注“故物得以保全也”，敦煌本、林家古本同，《治要》以保二字誤乙。

9. 恒卦《彖傳》注“言各得其所恒，故皆能長久”，林家古本同，《治要》脱其字，長久二字誤乙，下有也字。

10. 家人《大象傳》注“由内以相成熾也”，林家古本同，《治要》脱以字。

11. 解卦六三爻辭注“以容其身”，敦煌本、林家古本同，《治要》脱身字。

12. 益卦《大象傳》“風雷”，敦煌本、林家古本同，《治要》誤乙作雷風。

13. 益卦《大象傳》“君子以見善則遷”，敦煌本、林家古本同，《治要》誤重以字。

14. 革卦《彖傳》注“凡不合而後乃變生”，林家古本同，《治要》無乃字。

15. 革卦《彖傳》注“而後生變者也”,林家古本同,《治要》生變二字誤乙。

16. 震卦《彖傳》“震來虩虩”, 林家古本同,《治要》來誤未(虩作虩)。

17. 艮卦《彖傳》注“適於其時”, 林家古本同,《治要》脱時字, 於作于。

18. 小過《彖傳》“與時行也”, 敦煌本、林家古本同,《治要》脱時字。

19. 既濟九五爻辭“東鄰殺牛”,敦煌本、林家古本同,《治要》鄰下有之字。

20. 既濟九五爻辭注“故黍稷非馨”,敦煌本、林家古本同,《治要》無故字。

21.《繫辭》注“萬物各載其形”, 林家古本同,《治要》各誤久。

22.《繫辭》“故能彌綸天地之道”,林家古本同,《治要》地作下。下文“遂成天地之文”, 林家古本同,《治要》地作下。

23.《繫辭》注“德合天地”, 林家古本同,《治要》德合二字誤乙。

24.《繫辭》注“乘變以應物”, 林家古本同,《治要》無以字。

25.《繫辭》“鳴鶴在陰,其子和之;我有好爵,吾與爾靡之”,林家古本同,《治要》“鳴鶴在陰”四字重出, 脱其字, 靡作縻。

26.《繫辭》“則言語以爲階”, 林家古本同,《治要》以爲作爲之。

27.《繫辭》“作《易》者, 其知盜乎”, 林家古本同,《治要》作作爲。

28.《繫辭》“故不疾而速”, 林家古本同,《治要》無故字。

29.《繫辭》“是故君子安而不忘危, 存而不忘亡, 治而不忘亂”, 林家古本同,《治要》三句皆無而字。

30.《繫辭》“吉人之辭寡”, 林家古本同,《治要》無之字。

31.《説卦》“昔者聖人之作《易》也”, 林家古本同,《治要》無之字。

32.《説卦》“立地之道曰柔與剛”, 林家古本同,《治要》之道二字誤乙。

(六)改易或增刪句末語助詞

1. 蒙卦《彖傳》注“我謂非童蒙者也”, 林家古本同,《治要》無也字。

2. 否卦《彖傳》“而萬物不通也”, 林家古本同,《治要》也作已。

3. 隨卦《彖傳》注“唯在於時也”, 林家古本同,《治要》無也字。

4. 觀卦《彖傳》“而天下服矣”, 林家古本同,《治要》無矣字。

5. 習坎《大象傳》注“而德行不失常也”, 敦煌本、林家古本同,《治要》無也字。

6. 大壯《大象傳》注“凶則失壯也”，林家古本同,《治要》也作矣。

7. 大壯《彖傳》注“正大而已矣”，林家古本同,《治要》無矣字。

8. 明夷《大象傳》注“以明夷莅衆”,林家古本同,《治要》下有也矣二字。

9. 家人《大象傳》注“脩於近小而不妄也”，林家古本同,《治要》也上有者字。

10. 益卦《大象傳》注“有過則改”,敦煌本、林家古本同,《治要》下有矣字。

11. 益卦《彖傳》注“何適而不利哉”，敦煌本、林家古本同,《治要》下有也字。

12. 節卦《彖傳》“其道窮也”，敦煌本、林家古本同,《治要》無也字。

13. 小過《彖傳》“是以小事吉也”“是以不可大事也”，敦煌本、林家古本同,《治要》二句并無也字。

14.《繫辭》注“則剛柔之分著矣”，林家古本略同（無則字）,《治要》矣作之。

15.《繫辭》注“故變化見矣”，林家古本同,《治要》矣作也。

16.《繫辭》注“則能成可久、可大之功”,林家古本同,《治要》下有也字。

17.《繫辭》注“君子體道以爲用也”，林家古本同,《治要》也上有者字。

18.《繫辭》注“不亦鮮矣”，林家古本同,《治要》矣作乎。

19.《繫辭》注“故曰陰陽不測”，林家古本同,《治要》下有也矣二字。

20.《繫辭》注“故曰擬諸形容”，林家古本同,《治要》下有也字。

21.《繫辭》注“適動微之會則曰幾”，林家古本同,《治要》下有也字。

22.《繫辭》“成天下之亹亹者”，林家古本同,《治要》無者字。

23.《繫辭》注“故不待終日也”，林家古本同,《治要》無也字。

24.《繫辭》“無交而求，則民不與也”，林家古本同,《治要》無也字。

25.《繫辭》注“神也者，變化之極”，林家古本同,《治要》下有也字。

（七）僧人抄寫或教隆點校過程中發現譌誤隨即注出

1. 謙卦初六爻辭注“物无害也”，林家古本同,《治要》也作者，旁注“也”字。

2. 習坎《大象傳》“水洊至”，敦煌本、林家古本同,《治要》洊作游，旁注“洊”字。

3. 習坎《彖傳》“以守其國”，敦煌本、林家古本同，《治要》國作圀，旁注“國”字。

4. 遯卦上九爻辭注“最處外極”，林家古本同，《治要》處誤象，旁注“處”字。

5. 蹇卦《大象傳》“君子以反身脩德”，林家古本同，《治要》反誤及，旁注“反”字。

6. 節卦《大象傳》“君子以制數度”，敦煌本、林家古本同，《治要》數度二字誤乙，旁注“數度”二字。

分析上述異文，不難看出《治要》本《周易》與日系古本具有相當高的契合度，淵源甚深；同時，與其他日系古寫本如《講周易疏論家義記》《周易抄》也有一定數量相同或相近的異文，這説明整個日系古寫本系統内部自有其相對的封閉性，這些不同於刻本時代通行本的共同特徵表明日系古寫本淵源有自，都是早期文本的遺存；而且，日系古本與《治要》等其他古寫本之間相互影響、滲透乃至取資的可能性也是存在的。例如既濟九五注“可羞於鬼神”，《治要》《周易抄》、《考文》古本、林家古本於上有之字，不同於通行本；或者系統内部各本不盡相同，亦不同於通行本，如中孚《彖傳》注“虫之隱者也”，《治要》同，《周易抄》隱上有幽字，《考文》古本、林家古本隱上有潛字。

當然，《治要》本與日系古本并非雷同或無限接近，彼此之間的差異也是客觀存在的，除前揭增删或改易句末語助詞的異文較爲常見外，如乾卦九三注“至于夕惕，猶若厲也”和《彖傳》注“不和而剛暴”，日系古本分別作“至于夕，猶惕若厲也”“不和而剛則暴也”，迥異於通行本。這兩例異文具有標志性，《治要》恰與通行本同而不同於日系古本，説明二者的文本淵源及衍變軌迹不盡相同。一般認爲，日系古本是從唐寫本衍生出來的，而《治要》本也有與敦煌本相同或相近但不同於通行本的異文（如前揭第一項所列異文。當然，也有反例，如小過《彖傳》注“柔而浸大”，敦煌本同，《治要》同於日系古本，浸作侵；節卦《彖傳》注“則物不能堪也”，敦煌本、林家古本同，《治要》則作即。此外，《治要》增删或改易句末語助詞的情形亦多不同於敦煌本和日系古本），敦煌本《周易注》基本上都是唐寫本，由此推知《治要》文本淵源至少可以追溯至唐代。當然，作爲寫本，尤其著述體裁還是類書，《治要》本《周易》本身的個性化特徵也是十分突出的，抄寫過程中造成的文本譌誤或差異，尤其句末語助詞的增删或改易，數量還是相當大的，使用通假字、同源字、異體字的情形也較爲普遍。之所以出現這種狀況，主要是由寫本的個性化、隨機性和不穩定性特徵所決定的，當然也與類書摘録文獻的方式密切相關。

《治要》本《周易》保存了早期文本的特徵，除了前揭增删、脱衍、譌誤造成的異文之外，《治要》本異文頗多優長，至有可據以諟正通行本者。我們發現了兩處標志性的異文。乾卦初九爻辭注"《文言》備矣"，林家古本出注位置相同，矣下有也字；《治要》則不出在爻辭下而在卦辭下，矣作也。孫星衍曰："（卦辭）疏云'其委曲條例，備在《文言》'，即釋此注也。原本誤於'潛龍勿用'下，今改正。"[①]《治要》正可印證孫氏此説，足見其卓識。否卦九五爻辭注："居尊當位，能休否道者也。施否於小人，否之休也。唯大人而後能然，故曰'大人吉'也。處君子道消之時，己居尊位，何可以安？故心存將危，乃得固也。"林家古本同，《治要》注文全然不同，曰："居否之世能全其身者，唯大人耳。巽爲木，木莫善於桑，人雖欲有亡之者，衆根竪（疑當作堅字）固，弗録（似有删削符號）能拔之也。"這條注文簡明扼要，較之通行本對爻辭的解釋更爲完備，不見於其他傳世文獻，知《治要》文本淵源確與通行本不盡相同，保留了進入刻本時代之前寫本的部分特徵。

此外，《治要》本《周易》還保留了一些出現較早的俗字、異體字或假借字，如乾卦卦名，《講周易疏論家義記》作乹，《治要》作乹，字形頗爲接近，皆爲唐代通行的文字[②]。鼎卦卦名，《釋文》出文、林家古本同，《治要》鼎作鼒，敦煌卷子鼎字亦有寫作鼒者，當即《龍龕手鑒》鼎字俗體鼒、鼒二字[③]。鼎卦《象

① （清）孫星衍《（孫氏）周易集解》卷一，中華書局，2018年，頁14—15。

② （唐）顔元孫《干禄字書》平聲："乹、乹、乾，上俗，中通，下正。"（《叢書集成初編》本，第1064册，頁10）。

③ （遼）釋行均《龍龕手鑑》卷一《斤部》，《中華再造善本》影印國圖藏宋刻本，國家圖書館出版社，2002年，頁47。

傳》注“飪，熟也”，林家古本同，《治要》熟作𦏁。𦏁字見於《六書正譌》和《宋元以來俗字譜》，但早在敦煌卷子中也已出現。《繫辭》“易與天地準”，《釋文》出文、林家古本同，《治要》準作准。《玉篇》：“准，俗準字。”[①]大畜卦名，敦煌本、林家古本同，《治要》和《釋文》或本畜作蓄，馬王堆漢墓帛書即作蓄。《繫辭》“君子脩此三者”，林家古本脩作修，《治要》脩作循，寫法與《講周易疏論家義記》中脩字符同。脩字偏旁寫成彳，且中間一竪較長，這種寫法見於漢碑隸書和唐人碑帖楷書，而“循”字左右偏旁之間有一竪的寫法也見於唐人碑帖，所以二字極易譌混。二字形近而譌是有淵源的，如《晋書·職官志》所記州、縣吏有“循行”，裘錫圭老師利用《居延漢簡》的材料，證實“循行”乃“脩行”之誤[②]。《周易》寫本亦有二字通用的情况，如履卦六三“不脩所履”，《釋文》：“脩，本又作循。”除了上述數例俗字、異體字的應用，他如前揭説悦、疆彊、縣懸、頤賾、亨享、祐佑、知智等同源字或假借字，亦可證明《治要》淵源甚早。

我們考察《治要》本《周易》，一個重要的參照系就是《釋文》，《釋文》反映了寫本時代更具體地説是唐前的文本樣貌，具有標志性的意義。《治要》本《周易》同於《釋文》出文或《釋文》或本者，如同人《大象傳》“君子以類族辨物”，林家古本同，《治要》辨作辯，《釋文》出文亦作辯；大畜卦名及《大象傳》《彖傳》，林家古本同，《治要》畜作蓄，《釋文》出文“大畜”，“本又作蓄，勑六反，義與小畜同”（小畜《釋文》：“小畜，本又作蓄。”）；升卦《大象傳》“君子以順德”，林家古本同，《治要》順作慎，《釋文》出文“以順德”，“如字，王肅同，本又作慎”；升卦《大象傳》“積小以高大”，林家古本、《治要》以下有成字，《釋文》出文“以高大”，“本或作‘以成高大’”；《繫辭》“故能彌綸天地之道”，林家古本同，《治要》地作下，《釋文》出文“天下之道”，“一本作‘天地’”（下文“遂成天地之文”，林家古本同，《治要》地作下，《釋文》出文“天地之文”，“一本作‘天下’。虞、陸本作‘之爻’”）；《繫辭》“吾與

① （梁）顧野王撰，（唐）孫强增字，（宋）陳彭年重修《大廣益會玉篇》中卷二十《冫部》，北京：中國書店影印張氏澤存堂本“宋本《玉篇》”，1983年，頁364。

② 裘錫圭《考古發現的秦漢文字資料對於校讀古籍的重要性》，《裘錫圭自選集》，河南教育出版社，1994年，頁159。

爾靡之”，林家古本同，《治要》靡作縻，《釋文》出文“靡之”，“本又作縻，亡池反”；《繫辭》“作《易》者，其知盜乎”，林家古本同，《治要》作作爲，《釋文》出文“爲《易》者”，“本又云‘作《易》者’”；《繫辭》“莫大乎蓍龜”，林家古本同，《治要》大作善，《釋文》出文“莫善乎蓍龜”，“本亦作‘莫大’”；《繫辭》“是以自天祐之”，林家古本同，《治要》祐作佑，《釋文》出文“祐之”，“音又，本亦作佑”。這些特異性的異文都很有説服力，絶大多數都是《治要》同於《釋文》出文或或本，而不同於林家古本和通行本，這説明《治要》不僅早於通行的刻本系統，而且比日系古本的淵源還要早。

不過，也有學者懷疑《治要》（甚至包括日系古寫本、古活字本）有據《釋文》回改、以充古本者，雖然我們無法完全排除這種可能性，但單就《治要》而言，恐未必然。因爲其異文與《釋文》同者有之，不同者更復不少，如坤卦《彖辭》“德合无疆”，林家古本、《釋文》出文（益卦《彖傳》“民説無疆”作疆同）同，《治要》疆作彊；否卦《大象傳》“君子以儉德辟難”，林家古本、《釋文》出文同，《治要》辟作避；大有上九爻辭“自天祐之”，林家古本、《釋文》出文同，《治要》祐作佑；謙卦九三爻辭注“勞謙匪解”，林家古本、《釋文》出文同，《治要》解作懈；隨卦《大象傳》“君子以嚮晦入宴息”，林家古本、《釋文》出文同，《治要》嚮作向；噬嗑《大象傳》“先王以明罰勑法”，林家古本、《釋文》出文同，《治要》勑作敕；大畜《彖傳》注“夫能煇光日新其德者”，《釋文》出文同，林家古本煇作輝，《治要》煇作暉；蹇卦《彖傳》“知矣哉”、《繫辭》“知周乎萬物而道濟天下”“知小而謀大”，林家古本、《釋文》出文同，《治要》知并作智；益卦《彖傳》“民説無疆”、《繫辭》“能説諸心”，林家古本、《釋文》出文同，《治要》説并作悦；《繫辭》注“則剛柔之分著矣”，林家古本、《釋文》出文同，《治要》矣作之；《繫辭》注“懸象運轉”，《治要》同，林家古本、《釋文》出文作“縣象”（下文“縣象著明”，林家古本、《釋文》出文同，《治要》縣作懸）；《繫辭》注“故變化見矣”，林家古本、《釋文》出文同，《治要》矣作也；《繫辭》“易與天地準”，林家古本、《釋文》出文同，《治要》準作准；《繫辭》注“不亦鮮矣”，林家古本、《釋文》出文同，《治要》矣作乎；《繫辭》“聖人有以見天下之賾”“探賾索隱”，林家古本、《釋文》出文同，《治要》賾并作頤；《繫辭》“則言語以爲階”，林家古本、《釋文》出文同，《治要》以爲作爲之。上述諸例除句末語助詞外多爲通假字、異體字、同源字，可見《治要》本用字習慣與《釋文》和日系古本并非全同，似可排除後人妄改、有意造假的可能性。

我們還利用抄寫於九世紀末的《周易抄》作爲參照系來考察《治要》本《周易》。如小畜卦名，林家古本與通行本同，《治要》《周易抄》畜作蓄，同於《釋文》或本。隨卦《大象》注"動説之象也"，兑卦《彖傳》"兑，説也。剛中而柔外，説以利貞"及注，林家古本并同，《治要》《周易抄》説并作悦。否卦《大象》"君子以儉德辟難"，《釋文》出文、林家古本同，《治要》《周易抄》辟作避。《繫辭上》"幾事不密則害成"，林家古本同，《治要》《周易抄》幾作機。"古之聰明叡知神武而不殺者夫"，林家古本同，《治要》作知，旁注智（由前揭諸例知皆作智推斷，原係作智），《周易抄》即作智。可見，《治要》與《周易抄》也存在着共同的異文或相同的用字習慣（不同於日系古本），由此推知《治要》可追溯至唐寫本。

總之，我們認爲，金澤文庫《治要》本《周易》雖然抄寫於鎌倉時代，但其異文以及用字習慣多與《釋文》《講周易疏論家義記》《周易抄》等唐代或唐前寫本相同或相近，而不同於刻本時代通行本，這説明《治要》本《周易》具有相當早的文本淵源，當可追溯至唐代乃至唐前，其真實性毋庸置疑，具有重要的文獻價值。日系古本不同於《治要》等其他日系古寫本的異文，産生時代相對較晚，或出現在輾轉傳抄的過程中，或根據刻本時代通行本改易而成。當然，同爲日系古寫本，《治要》與日系古本還是有着很深的淵源關係的，表現出更多的共性和契合度，由此亦可知悉日系古寫本系統内部的封閉性。雖然《治要》異文每多優長，但作爲寫本自身的個性化特徵以及由此産生的諸多譌誤也是應該具體分析的。

日本天野山金剛寺永仁寫本《全經大意》譾論

劉玉才

日本大阪府河内長野市天野山金剛寺是真言宗御室派大本山，寺内存藏平安以降珍貴典籍頗豐。新近後藤昭雄教授主持整理，勉誠出版社刊爲《天野山金剛寺善本叢刊》第一、二期，共計五卷，收録文獻五十種。其中有永仁四年（1296）寫本《全經大意》，内容爲十三種中國經典的概述，未見於中日公開書目著録，惟日本皇室京都御所東山御文庫“寶藏御物御不審櫃目録”有“全經大意一卷”的記載，故此當爲珍稀文獻。

根據整理者的記録，此寫本爲帖裝一册，豎寬15.5cm，横長22.7cm，文字部分共32頁，卷端無題，卷尾題“全經大意”，有“永仁四年丙申卯月十四日酉剋終書寫了”題記，封面押有“天野山金剛寺”朱印。未見書寫者題名，有另筆“正円之”三字，當是所有者之名。書内有朱墨傍訓、送假名、返點之類符號。後藤昭雄考察《老子》條内引用《集注文選》有關東方朔爲太白星精轉世文字，云源出於《蒙求和歌》，故推論是在日本撰述，而根據引用文獻的傳入時限，判斷成書於鎌倉時代，均甚爲精當[①]。

“全經”之稱，在中國語例甚少，多指經書全文；而在日本中世文獻較爲常見，意指經書，相對於正史、文集而言。《全經大意》依次列述《周易》《尚書》《毛詩》《周禮》《儀禮》《禮記》《春秋》（左氏傳）、《公羊傳》《穀梁傳》

作者單位：北京大學中國語言文學系

① 後藤昭雄《全經大意》,《本朝漢詩文資料論》，勉誠出版，2012年。

《論語》《孝經》《老子經》《莊子》十三部經典。每部經典，記述書名、卷(篇)數，列舉注疏卷數、作者，然後從列舉注疏和其他文獻中輯録有關概述文字。引用文獻只到唐代，没有宋代以降内容。此舉《禮記》爲例，以見其格式：

禮記廿卷四十九篇

注鄭玄 **正義七十卷**孔穎達

疏百卷王(皇)侃，梁國子助教 **三禮義字(宗)三十卷**崔靈恩撰

釋文四卷陸德明 **三禮大義三十卷**梁武帝撰

《正義》序云：夫禮者經天義地，本之則太一之初，原始要終云々。

正云：夫禮者經天地理人倫，本其所起在天地未分之前，故《禮運》云，夫禮者必太一，是天地未分之前，已有禮也。禮者理也，物生則自然而有尊卑，若羔羊跪乳，鴻雁飛有行列，豈由教之者哉？是三才既判，尊卑自然而有。

又云：遂皇在伏羲前，始王天下也，是尊卑之禮，起於遂皇也。

《六藝論》云：遂皇之後，歷六紀九十一代，至伏羲，始作十二言之教。然則伏羲之時，易道既彰，則禮事彌著。

《古史考》云：有聖人，以大德王造作鑚燧，出火教民熟食，人民大悦，號曰遂人。乃至伏羲，制嫁娶以爲禮，作瑟琴以爲樂，則嫁娶嘉禮始伏羲也。

《世紀》云：神農始教天下種穀，故人號曰神農，則祭祀古吉禮歟，起於神農也。

又《史記》云：黄帝與蚩尤戰於涿鹿，則有軍禮也。

若然自伏羲以後，至黄帝，吉凶賓軍嘉五禮始具。

正云：其《禮記》之作，出自孔氏，至孔子没後，七十子之徒共撰所聞，以爲爲此記，或録舊禮之儀，或録變禮之所由，或兼記體履，或雜叙得失，故編而録之，爲以記也。其《周禮》《儀禮》《禮記》之書，自漢以後，各有傳授三禮。

《大義》序云：《禮記》蓋是仲尼門徒所撰記之，所以爲此。記者，昔成王幼小，周公攝政，損益前王，製作二禮，開立體儀，以訓天下。

正－云:《王制》篇者,漢文皇帝令博士諸生作此王制;《月令》篇者,吕不韋所治也,又周公所作也;《中庸》篇者,是子思伋所作也;《緇衣》篇者,公孫尼所撰也。其餘衆篇皆如此例,但未能盡知所記之人也云々。

又云:戴德傳記八十五篇,則《大戴禮》是也;戴聖傳禮四十九篇,則此《禮記》是也。

據此可見,《禮記》是以經注二十卷本爲目,標舉注疏文獻爲鄭玄注、孔穎達《正義》、皇侃《義疏》、陸德明《經典釋文》、崔靈恩《三禮義宗》、梁武帝《三禮大義》。概述文字則主要摘録《正義》序言,包括《六藝論》《古史考》《世紀》《史記》諸條引文。但是"《大義》序"條,當是直接采自《三禮大義》。其餘各經,格式與《禮記》雷同,只是概述文字取材有異,然多以《經典釋文》"序録"、《五經正義》"序言"和劉炫諸經《述議》等内容爲來源。值得注意的是,各經概述摘録文字方式,并不完全忠實於原文,頗有節略改易之處。此外,引用同書文字,多以"又云"標識,但個别條目并非承自前書。標注出處,亦有訛誤。如《孝經》部分,"《孝經》者孔子弟子曾参説孝道""《古文孝經》世不行"兩條,均作"述－云",實際是引自《經典釋文》,而非《孝經述議》。以上情況,在以《全經大意》爲輯佚文獻來源時,需要特别留意。

關於《全經大意》的文獻意義,目前已有後藤昭雄、高橋均的先期研究予以揭示[①]。後藤昭雄作爲原始文獻整理者,不僅做出《全經大意》是在日本編纂、成書於鎌倉時代的考證,而且將其記載書目與《日本國見在書目録》《舊唐書·經籍志》進行對照研究,從而得出所列注疏止於唐代,其中受《經典釋文》影響最大,引用孔穎達《正義》、劉炫《述義》材料亦多的結論,并勾輯劉炫《孝經述義》《孝經去惑》、賈大隱《老子述義》以及《五經要抄》《編年故事》《高才傳》、緯書等佚存文獻,分析其佚文價值。此外,後藤昭雄發現《全經大意》與藤原賴長日記《台記》所載讀書内容關係緊密,并進行關聯研究,試圖揭示日本平安末期以至鎌倉時期學問構成的樣態,頗多發明。

高橋均在後藤昭雄揭示的基礎上,深入探討《全經大意》與《經典釋文》

① 後藤昭雄《全經大意》《〈全經大意〉與藤原賴長的學問》,《本朝漢詩文資料論》,勉誠出版,2012年;高橋均《〈經典釋文〉與〈全經大意〉》,《大妻國文》第47號,2016年3月。

的關係，以求闡明《經典釋文》在日本的接受情形。他認爲《全經大意》從組織結構、資料内容來看，當是依據《經典釋文》“序録”撰述而成，可以作爲日本平安末期以降十三經學問體系建構的重要環節，具有學術史意義。但是，高橋均對《全經大意》引用文獻爲日本當時現存表示懷疑。

本文擬延續後藤昭雄、高橋均兩位的既有研究，作些引申發揮。首先是十三經經目演變與代表注疏的選擇問題。中國核心經典有“十三經”之目，雖然成書均不遲於漢代，但是其經典地位確立與組合方式乃漸次形成。漢武帝置五經博士，始以《易》《詩》《書》《禮》《春秋》爲“五經”。唐代科舉試經，確立以《周易》《尚書》《毛詩》《周禮》《儀禮》《禮記》《春秋左氏傳》《公羊傳》《穀梁傳》爲正經的“九經”制度，開成石經在正經“九經”外，又刊入《孝經》《論語》兩兼經和《爾雅》，匯成“十二經”。直至北宋《孟子》升經，方完成權威的“十三經”配置。因而在宋代之前，經典的地位與序次并未如後世般固化。《隋書·經籍志》經部分作易、書、詩、禮、樂、春秋、孝經、論語、讖緯、小學十類，與《漢書·藝文志》相較，《孝經》與《論語》的順序改换，而且增列“讖緯”類。《經典釋文》的經目變化則更爲引人矚目，即在《論語》之後增入《老子》《莊子》，構成十四部經典的組合。陸德明還在《序録》中列有“次第”篇，闡明諸經序次緣由，表示是有意而爲之。

中國經典自公元三世紀開始陸續傳入日本，至奈良、平安時期，以“五經”“九經”爲核心的經典學問體系，已在上層社會得到全面受容。但是具體到經目序次，不同時期文獻記載則有所出入，細微之處，頗見學術變遷情形。此據後藤昭雄、高橋均引據資料列表對照（表1）：

表1

文獻＼經目	五經	七經	九經	十一經	十三經
經典釋文	周易、尚書、毛詩、三禮、春秋三傳、孝經、論語、老子、莊子、爾雅				
台記[①]	尚書、毛詩、周禮、儀禮、禮記、左傳、公羊、穀梁、孝經、論語、老子、莊子、經典釋文				

① 藤原賴長（1120—1156）讀書記録，分爲“經家”“史家”“雜家”三類，此爲“經家”列目，其中《周易》因未讀而不列，《爾雅》移至雜家。

（續表）

文獻\經目	五經	七經	九經	十一經	十三經
全經大意[①]	周易、尚書、毛詩、周禮、儀禮、禮記、春秋左傳、公羊傳、穀梁傳、論語、孝經、老子經、莊子				
二中歷[②]	詩、書、禮、易、左傳	公羊、穀梁	周禮、儀禮	論語、孝經	老子、莊子
明文抄[③]		孝經、禮記、毛詩、尚書、論語、周易、左傳			毛詩、尚書、禮記、周易、左傳、周禮、儀禮、公羊、穀梁、論語、孝經、老子、莊子
撮壤集[④]	周易、尚書、毛詩、禮記、左傳	易、書、詩、禮、周禮、儀禮、春秋	易、書、詩禮、傳、周、儀、公羊、穀梁	論語、孝經	老子、莊子
口游[⑤]	詩、書、禮、易、春秋	公羊、穀梁	周禮、儀禮	論語、孝經	
拾芥抄[⑥]	毛詩、尚書、禮記、周易、左傳		周禮、儀禮、公羊傳、穀梁傳		論語、孝經、孟子、爾雅

① 《全經大意》書後附記另一經目，以《毛詩》《尚書》《禮記》《周易》《左傳》爲五經，加《周禮》《儀禮》爲七經，《公羊傳》《穀梁傳》爲九經，《論語》《孝經》爲十一經，《老子》《莊子》爲十三經，經目相同，但序次有異。

② 鐮倉初、中期編纂（大約1213—1221年間成書），此爲"經史歷 十三經"，有按語云"老子、莊子非全經數，又詩書禮樂易春秋爲六經"。

③ 藤原孝範（1158—1233）在貞永（1232）間撰述，此爲"文事部"記事，其"七經"有注云"釋奠講書次第如此"，"十三經"注記"匡房卿説云，除《老子》可加《爾雅》。《老子》者是依爲唐書也"。

④ 室町時代成書，有享德甲戌（1454）年序。此爲"本書部 書籍名"列目。

⑤ 平安中期編纂，此爲"書籍門"列目，有注云"今案世俗通曰孝禮詩書論易傳，是非經次〇也次第也"。

⑥ 鐮倉中期編纂，此爲"經史部第廿三"列目，有注云"此内以孝禮詩書論易傳七經輪轉爲釋奠講書"。

根據各書資料，日本平安時期以降經目大致可分爲兩類：一是列入《老子》《莊子》，《孝經》或置於《論語》之前，不列《爾雅》；一是不列《老子》《莊子》，《論語》在《孝經》之前，後又增入《孟子》《爾雅》。前者當是受到唐代經目與《經典釋文》"序録"的影響，反映出平安以至鐮倉時期對於中土學問體系的受容，但是又并非完全接受。如《日本國見在書目録》《台記》均以《孝經》置於《論語》之前，與《隋書·經籍志》《經典釋文》相一致，而《全經大意》《二中歷》《明文抄》并未繼承。《爾雅》則均未列入經目。此外，對於唐經目亦不乏異議。《二中歷》即有按語云"老子、莊子非全經數"，《明文抄》注記"匡房卿説云，除《老子》可加《爾雅》。《老子》者是依爲唐書也"。所以，第二類經目基本沿襲《漢志》傳統，後增入《孟子》，與中土主流十三經體系相一致。

中國經典的詮釋，歷經注解、義疏、正義、釋音等不同體式，逐步形成各自的權威組合，最後匯聚成《十三經注疏》。《全經大意》在每部經典之下，列有各家代表性注疏，除鄭玄注、孔穎達正義、陸德明釋文等公認權威之外，還不乏述義、緯書等後世不傳解經文獻，這些文獻如何選定，頗值得探討。因爲此類解經文獻，《隋書·經籍志》《日本國見在書目録》還有不少著録。後藤昭雄、高橋均没有專門討論，或許以爲承自《經典釋文》"序録"的"注解傳述人"，實際兩者并不一致。以《禮記》爲例，《全經大意》列有鄭玄注、孔穎達《正義》七十卷、皇侃《疏》百卷、崔靈恩《三禮義宗》三十卷、陸德明《釋文》四卷、梁武帝《三禮大義》三十卷；而《經典釋文》"注解傳述人"列有盧植注《禮記》二十卷、鄭玄注二十卷、王肅注三十卷、孫炎注二十九卷、庾蔚之《略解》十卷、皇侃《禮記義疏》五十卷以及多家《三禮音》《禮記音》。相較之下，《日本國見在書目録》所列有《禮記》鄭注二十卷、王肅注二十卷、鄭注《禮記抄》一卷、皇侃《禮記子本義疏》百卷、孔穎達《禮記正義》七十卷、徐爰《禮記音》二卷、陸善經《三禮》三十卷、魏徵《次禮》二十卷、崔靈恩《三禮義宗》二十卷、梁武帝《三禮大義》三十卷等，或是《全經大意》的直接取資對象。

其次再探討一下《全經大意》的佚存文獻與輯佚價值。在《全經大意》列舉的注疏中，張機（譏）《周易義》、鄭玄《周易緯》、劉炫《尚書述義》、劉炫《毛詩述義》、崔靈恩《三禮義宗》、梁武帝《三禮大義》、鄭玄《春秋緯》、嚴彭祖《公羊傳》《公羊傳解徽》、劉炫《論語疏》、劉炫《孝經去惑》、周弘正《孝經私記》、宋均《孝經勾命決》注、周弘正《老子疏》、唐玄宗《老子疏》、賈大隱《老子述義》、張機(譏)《莊子疏》今均不傳，而在《隋書·經籍志》《日本國見在書目録》或《舊唐書·經籍志》都曾有過著録。但是《全經大意》是否依據日本現存文獻著録，還不能確定，或許只是依據《日本國見在書目録》之類書目。因爲，其中許多文獻未見有隻言片語留存，而且《台記》還有藤原賴長仁平元年(1151)委托宋商人劉文沖購求劉炫《尚書述義》《毛詩述義》《左傳述義》《論語述義》的記載，亦未見有下文。當然，皇侃《論語義疏》、劉炫《孝經義疏》、賈大隱《老子述義》等流傳於日本的事實，也易引發聯想，期待今後還有佚存漢籍的出現。

《全經大意》即便是從書目到書目，其著録内容，與《隋書·經籍志》《日本國見在書目録》等書目比勘，也可提供不少有用信息，此試舉兩例：一、"《周易義》十二卷，張機撰"，《日本國見在書目録》作"《周易講疏》十卷，陳諮議參軍張機注"，而《隋書·經籍志》《舊唐書·經籍志》均作"《周易講疏》三十卷，張譏注"，《周書》卷三十三《張譏傳》亦云"撰《周易義》三十卷"，可見"張機"當是承襲《日本國見在書目録》之誤，應作"張譏"。"《莊子疏》十二卷，張機"，《日本國見在書目録》作"《莊子義記》十卷，張議撰"，亦應作"張譏"。二、"《公羊傳解徽》十一卷"[①]，未著撰者，中土不見著録，而《日本國見在書目録》有"《春秋公羊解徽》十二卷"，藤原賴長《台記》康治二年(1143)記所讀書亦有"《公羊解徽》十二卷"。可見此書當存於日本，但是據後藤昭雄考察，《全經大意》共引用四條文字，其中三條又見於《春秋公羊傳解詁》，僅有一條不知出處。兩書關係，還有待考察。

《全經大意》所引用文獻還具有很高的輯佚價值。根據後藤昭雄的考察，有《五經要抄》《編年故事》《高才傳》三書未見諸著録，故僅爲《全經大意》引用，自然彌足珍貴；《集類》《公羊傳解徽》《老子述義》《春秋演孔圖》《尚書考靈耀》《春秋緯》《搜神記》《集注文選》諸書雖有著録和輯佚成果，但

① 解徽，後藤昭雄誤識作"解微"。

是《全經大意》的引文則未見采録。此外,《全經大意》輯録文獻源於早期寫本,經與今存文本比勘,亦具有獨特的異文價值。爲便於大家利用這一珍稀文獻,兹將其著録經目和佚存文字迻録於後。

(一)經目注疏

周易十卷 王弼魏代人注

正義十四卷孔穎達,唐世人 釋文一卷陸德明,唐代人 緯十卷鄭玄注,後漢人 義十二卷張機撰

尚書十三卷五十八篇 孔安國漢代人注

正義廿卷孔穎達 述議廿卷劉炫 釋文二卷陸德明

毛詩廿卷三百三篇

注鄭玄 正義四十卷孔穎達 述議三十卷劉炫 釋文三卷陸德明

周禮十二卷十二篇

注鄭氏 疏五十卷唐賈公彦撰 釋文二卷陸德明

儀禮十四卷廿篇

注鄭玄 疏五十卷賈公彦 釋文一卷陸德明

禮記廿卷四十九篇

注鄭玄 正義七十卷孔穎達 疏百卷王侃 梁國子助教 三禮義字(宗)卅卷崔靈恩撰 釋文四卷陸德明 三禮大義卅卷梁武帝撰

春秋卅卷 魯十二公

注杜預,晋世人 正義卅六卷孔穎達 述議四十卷劉炫 釋文六卷陸德明 釋例十五卷杜預撰 緯卅卷鄭玄注

公羊傳十二卷 魯十二公

注何休,後漢人;嚴彭祖注 解徽十一卷 釋文一卷陸德明

穀梁傳十二卷 魯十二公

注范甯,後漢人 疏十三卷唐四門博士楊勳撰 釋文一卷陸德明 緯卅卷鄭玄注 釋例十五卷杜氏

論語十卷廿篇

注何晏集解 疏二部一部二卷劉炫,一部十卷王侃 釋文一卷陸德明

孝經一卷廿二章

注孔安國，孔子十一世之孫，漢代博士 述議五卷劉炫 去惑一卷劉炫撰 釋文一卷陸德明 私記二卷周弘正撰 句命决六卷宋均注

老子經二卷上道經 下德經

注皇輔嗣；漢文帝時河上公 疏六卷周弘正；唐玄宗皇帝御製 老子述議十卷唐賈公大隱撰

莊子卅三卷

注郭象，晋代人 疏十二卷張機 釋文三卷陸德明

書末題記

毛詩二十卷三百三篇 尚書十三卷五十篇 禮記二十卷四十九篇 周易十卷六十四卦 左傳二十卷 以上五經 周禮十二卷十二篇 儀禮十七篇 以上七經 公羊傳十二卷 穀梁傳十二卷 以上九經 論語 孝經以上十一經 老子御注 十八年 莊子以上十三經

（二）輯佚文字

1.《春秋演孔圖》云：王莽好經學，時劉歆又爲知禮，始立《周禮》之章，自此始。

2.《（三禮）大義序》云：《禮記》蓋是仲尼門徒所撰記之。所以爲此記者，昔成王年幼，周公攝政，損益前王製作二禮，開立體儀，以訓天下。

3.《公羊解徽》云：取魯十二公則天亡數。其餘三條略。

4.《尚書考靈耀》曰：言孔子作《春秋》，斷十二公象十二帝也。又見於《後漢書》卷一三《隗囂公孫述列傳》李賢注

5.《春秋緯》云：《左傳》年穀二百四十二年，陳天意見於經萬八千字。

6.《搜神記》云：孔子作春秋，製《孝經》，既成，孔子齋戒，向北辰星而拜，告備於天。天乃鬱鬱起白霧摩地，赤虹自上而下，化爲黄玉，長三尺，上有刻文，孔子跪受之讀之。

7.《五經要抄》云：魯哀公十三年正月二日丙寅（或十四年正月三日），孔子造孝經。

8.《集類》云：皇甫謐死時葬送之時，平生之物皆無自隨，唯齎《孝經》一卷，示不忘孝道。見於《晋書》卷五一《皇甫謐傳》

9.《集類》云：《齊書》張融平時左手執《孝經》《老子經》，右手執《小

品法華》。見於《南齊書》卷四一《張融傳》

10.《編年故事》云：王僧孺五歲讀五經，問師曰：此書載何事？師曰：論忠孝。孺曰：愿終身可讀之。見於《梁書》卷三三《王僧孺傳》

11.《老子述議》云：儀鳳元年五月，勑老子之學爲諸教之先；又二年三月，勑行河上之注，爲衆注之首。

12.《老子述議》：玄妙玉女夢流星入口，因而有胎，逍遥李樹之下，割左腋而生老子。

13.《集注文選》云：東方朔者是太白星精也。伏羲時爲勾芒。皇帝時上台風后。堯時爲務成子。周時爲老聃。在越爲范蠡，至宣帝時，棄即避亂世，後見會稽，賣藥於五湖。高祖時爲蕭何。武帝時爲東方朔。文帝時河上公。齊時爲陶朱公。

14.《高才傳》云：莊周者，宋蒙縣人也云云。有涓子者，壽三百歲，著天地人經四十篇，後釣於河澤，得鯉魚腹中神符，隱於宕山，能致風雨，魯告伯陽以九仙法，蓋仙人也，而周師之。周爲人宏通博達，倜儻有高才，善屬書，著内外文五十二篇凡十萬言，雖窮賢該廣，然其大抵訾毀儒墨，譏短仁義，貴自然，尚無爲。

2018 年 10 月 13 日於香港沙田寓所初稿

2019 年 7 月 23 日於北京大學大雅堂二稿

日傳本《五行大義》所見古本《春秋繁露·治順五行篇》輯證

程蘇東

隋人蕭吉所著《五行大義》是中古時期五行學的一部總匯性著作，它將從《尚書·洪範》衍生出的各種五行學説，包括五行生勝説、《洪範》五行學、納音五行説、《内經》五行説等融爲一體，又將陰陽、月令、星占、風角、曆算、樂律、象數《易》學、"五際六情"論等其它知識與"五行"學説加以勾連，在中國知識史上第一次建構起具有整體性的"五行學系統"，其學術史價值自不容低估[①]。此外，從文獻學層面而言，《五行大義》抄録了大量漢魏六朝經傳、緯書，以及五行學、占卜學、醫學論著，其中如劉向《洪範五行傳論》《尚書考靈曜》《春秋元命苞》《孔子元辰經》、服虔《左傳》注、崔靈恩《三禮義宗》《荆州占》等後世均逐漸散佚，因此《五行大義》所存佚文對於漢魏六朝經學史、知識史、醫療史的研究亦具有重要的輯佚學價值[②]。而即便是《五行大義》

* 本文爲國家社會科學基金資助項目"漢代《洪範》五行學研究"（14CZX022）的階段性成果。

作者單位：北京大學中國語言文學系

① 李約瑟（Joseph Needham）稱《五行大義》爲"關於五行的最重要的中古時代的書籍"。李約瑟《中國科學技術史》第二卷《科學思想史》，科學出版社、上海古籍出版社，1990 年，頁 275。

② 清人已注意利用《五行大義》輯佚漢魏故籍，趙在翰《七緯》、陳喬樅《齊詩翼氏學疏證》《詩緯集證》、宋翔鳳《帝王世紀集校》、皮錫瑞《駁五經異義疏證》等均輯録《五行大義》所見經傳、緯書。當代研究成果可參：中村璋八《五行大義中の道教関係資料について》，日本道教學會編《東方宗教》，1977 年第 5 期，頁 1—21；王葆玹《〈五行大義〉所引王弼〈周易大演論〉佚文考釋》，《哲學研究》，1983 年第 8 期，頁 69—76；黄復山《趙在翰〈七緯〉引〈五行大義〉之讖文考正》，《淡江中文學報》，2000 年第 6 期，頁 1—24；黄復山《蕭吉〈五行大義〉與讖緯關係探微》，《書目季刊》，2004 年第 2 期，頁 29—48；森村謙一《古典自然物の研究 ——自然物，醫藥・その即物的考察》，《東方學報》，2009 年第 3 期，頁 210—280 頁。

所録傳世論著中的引文，由於其抄録時代較早，所據版本較古，因此也具有重要的校勘學價值，已有學者利用《五行大義》所録引文對傳世文獻中的訛謬之處加以校訂[①]。

不過，這部珍貴的典籍并未在中土長期流傳。大概是由於崇尚理性的宋代學人對於“五行學”整體興趣的下降，該書在宋代似乎未見刊刻，不久即散佚無聞。所幸其在至晚在中唐時期已經流傳至日本，并被孝謙天皇定爲《諸國博士醫師任用法》中“陰陽生”必須修習的四種經典之一[②]，受到日本學者的持續關注，不僅迭經轉寫，且廣見徵引，故得以流傳至今。據中村璋八先生調查，現存該書早期重要寫本有高野山本（1248年以前寫成）、元弘相傳本（1333年以前寫成）、天文本等，至元禄十二年（1699），一色時棟以元弘相傳本爲底本將其付梓，《五行大義》終於擁有了其第一個刊本。此後該書又收入天瀑山人所編《佚存叢書》，其輯佚學價值開始受到日本學者的關注，而隨着《佚存叢書》於清末傳入中國，《五行大義》也重新得到中土學者的關注，嗣後鮑廷博《知不足齋叢書》、阮元《委宛别藏》、盛宣懷《常州先哲遺書》以及《叢書集成初編》等叢書均收入此書[③]，其在國内流傳漸廣。不過，該書在日本長期以寫本形態流傳，故諸本間異文頗多，向乏系統的整理與勘定。至上世紀五十年代，中村璋八先生在廣泛調查日藏各種《五行大義》寫本及日、中刊本的基礎上，撰成《五行大義校注》（下文簡稱《校注》），不僅將重要寫、刊本中所見異文逐一著録於天頭，而且將《五行大義》所録諸書引文的存佚情况、傳世版本附録於地脚。全書體例嚴整，極便觀覽，《五行大義》

① 例如王正山、張其成《〈五行大義〉引〈内經〉考》，《中華醫史雜志》，2013年第4期，頁226—229。

② 《續日本紀》卷二〇“天平寶字元年十一月”條記載《諸國博士醫師任用法》：“敕曰：如聞。頃年諸國博士醫師，多非其才，托請得選，非唯損政，亦無益民，自今已後，不得更然。其須講經生者《三經》，傳生者《三史》，醫生者《太素》《甲乙》《脉經》《本草》，針生者《素問》《針經》《明堂》《脉决》，天文生者《天官書》《漢晋天文志》《三色簿贊》《韓楊要集》；陰陽生者《周易》《新撰陰陽書》《黄帝金匱》《五行大義》，曆算生者《漢晋律曆志》《大衍曆議》《九章》《六章》《周髀》《定天論》，并應任用。”黑板勝美《續日本記》，東京：吉川弘文館，1974年。

③ 關於《五行大義》在日本流傳及其回傳中國的情况，可參劉國忠《五行大義研究》，遼寧教育出版社，1999年，頁48—55。

至此方擁有既可靠又極具可讀性的整理本。

本文即以中村先生《校注》爲基礎，對其卷四所見《春秋繁露·治順五行篇》的文本結構、生成過程及校勘價值略加討論。此篇於今本《春秋繁露》中題名爲《治水五行》，學者已注意到其與《淮南子·天文》篇的部分文句存在互見關係，并據此質疑《治水五行》爲後人僞作。但筆者在研究中發現，今本《治水五行》篇的文字與蕭吉《五行大義》卷四引文存在較大差異，後者不僅較今本篇幅更爲完整，且與今本《春秋繁露·五行順逆》篇之間亦存在明顯的互見關係。通過對《五行大義》所見古本《治順五行篇》的輯證，一方面有助於我們真正釐清《春秋繁露·治順五行篇》的文本生成過程，同時也可以幫助我們了解《五行大義》的引書、撰寫體例，從而幫助我們更好地利用這部珍貴的域外佚籍。

一

《漢書·藝文志》著録有"《公羊董仲舒治狱》十六篇"(《六藝略》)、"《董仲舒》百二十三篇"(《諸子略》)[①]，此外，《漢書·董仲舒傳》又記載董氏另有"説《春秋》事得失，《聞舉》《玉杯》《蕃露》《清明》《竹林》之屬，複數十篇，十餘萬言"[②]，可知除《公羊董仲舒治獄》與《董仲舒》二書以外，董氏經説以單篇流傳者尚有不少。至《西京雜記》，則有"董仲舒夢蛟龍入懷，乃作《春秋繁露》詞"之説[③]，似乎至晚到東晋時期，這些圍繞"《春秋》事得失"的單篇經説又被裒輯成帙，并以其中的一篇《繁露》爲總名，成爲董氏著作傳世的又一文本形態。至《隋書·經籍志》，則明確著録"《春秋繁露》十七卷""《春秋决事》十卷"[④]，知所謂"《董仲舒》百二十三篇"大抵已散佚於魏晋時期，考慮到今本《春秋繁露》頗含與《春秋》無涉、而帶有"明經術之意，及上疏條教"[⑤]性質的論著，則此"百二十三篇"似亦有部分進入了這部新編成的《春

① 《漢書》卷三〇《藝文志》，中華書局，1962年，頁1714、頁1727。

② 《漢書》卷五六《董仲舒傳》，頁2525。

③ 葛洪《西京雜記》卷二，中華書局，1985年，頁13。

④ 《隋書》卷三二《經籍志》，中華書局，1973年，頁930。

⑤ 《漢書》卷五六《董仲舒傳》，頁2525。

秋繁露》之中。該書在初盛唐時期頗爲學者看重,《初學記》《北堂書抄》《藝文類聚》《白氏六帖》等類書以及《開元占經》《通典》《法苑珠林》等大型典籍中均有抄録。不過，至北宋時期，雖然《宋史·藝文志》仍著録爲十七卷[①],但據《崇文總目》,其中散亡之篇已有不少,以致宋人頗疑其時所見本《春秋繁露》爲後出之僞書，直至南宋樓鑰據潘景憲子弟訪獲本、萍鄉翻刻羅氏蘭堂本等重訂《春秋繁露》，此書規模乃大體得到恢復[②]，這也成爲今傳諸本《春秋繁露》的祖本。不過，據樓鑰描述，其所見潘氏本雖然在諸本中最爲精善，但佚失者仍有三篇，而"轉寫相訛，又古語亦有不可强通者"更不可勝舉[③],這當然是寫抄本時代文本傳播的常見現象,故在此情勢下,蕭吉在《五行大義》中抄録的隋人所見本《春秋繁露》自然具有寶貴的輯佚與校勘價值。

蕭吉在《五行大義》中先後六次徵引《春秋繁露》，除本文將重點討論的《治順五行篇》以外，請先列其餘五處如下：

1. 卷一《第三·論數·第二者論五行及生成數》:

《春秋繁露》云:"天地之氣，列爲五行。夫五行者行也。"[④]

案,此段見於宋本《春秋繁露·五行相生弟五十九》,其文作:"天地之氣,合而爲一,分爲陰陽,判爲四時,列爲五行者,行也。"[⑤] 兩者比讀後可知,《五行大義》在徵引《繁露》時多有檃栝,故文辭與今本不必盡合。這也符合《大義》全書的徵引體例。

2. 卷二《第四·論相生·第一者論相生》:

> 《春秋繁露》云:"東方木，木，農之本，司農，五穀畜積，司馬食之，故木生火。火，本朝，司馬當知，天時形兆未萌，照然獨見天下，既寧

---

① 《宋史》卷二〇二《藝文志》, 中華書局, 1977 年, 頁 5057。

② 關於《春秋繁露》的早期傳播過程及辨僞學史, 可參拙文《〈春秋繁露〉"五行" 諸篇形成過程新證》,《史學月刊》, 2016 年第 7 期, 頁 27—29。

③ 樓鑰《攻媿集》卷七七《跋〈春秋繁露〉》, 乾隆武英殿聚珍本。

④ 蕭吉撰, [日] 中村璋八校注《五行大義校注(增訂版)》, 東京: 汲古書院, 1998 年, 頁 20。

⑤ 《春秋繁露》卷一三,《中華再造善本》據國家圖書館藏宋嘉定四年江右計臺刻本影印, 北京: 國家圖書館出版社, 2003 年, 葉 7 a。

以安君臣，故火生土也。土，君，當[①]信，因時之威武，强御以成大理司徒，故土生金。金，尚書義，邊境安寧，寇賊不發，邑無獄訟，則安執法司寇，故金生水。水，執法，司寇尚禮，君臣有位，長幼有序，百工維時以成歲用，器械既成，以給司農田官，故水生木。"[②]

案，此段亦見於宋本《春秋繁露·五行相生弟五十九》，同樣經檃栝而成。值得注意的是，此段土行部分"土，君"句，宋本《繁露》作"土，君官也"[③]，其中"君官"一詞頗爲罕見，筆者在《〈春秋繁露〉"五行"諸篇形成過程新證》一文中曾特別加以分析，認爲其體現了董仲舒有意將國君納入整個職官體系，使之有所約束的嘗試[④]。不過，《五行大義》引文顯然并未將"君官"視爲專名，這也許是因爲對於蕭吉而言，"君官"是一個過於陌生的詞彙，因此在其抄録的過程中，徑取一"君"字而已。

3. 卷二《第七·論德》：

董仲舒《春秋繁露》云：天道之常，一陽一陰。陽者，天之德；陰者，天之刑。陰陽以終歲之行[⑤]，以觀天之所親任，可以見德刑之用矣。然天之任陽不任陰，好德不好刑。故陽出而積於夏，任德以歲事；陰出而積於冬，錯刑以空處也。[⑥]

案，此段構成比較複雜，自"天道之常"至"以觀天之所親任"，見於宋本《春秋繁露·陰陽義弟四十九》，"可以見德刑之用矣"句見於宋本《春秋繁露·天辨在人弟四十六》，自"天之任陽"至文末則見於宋本《春秋繁露·天道無二弟五十一》[⑦]。從上下文氣的貫通，特别是"天之任陽"句前"然"字的

---

① 中村校記："知本、集本作'尚'。"宋本《春秋繁露》亦作"尚"。蕭吉撰，[日]中村璋八校注《五行大義校注》，頁49。

② 蕭吉撰，[日]中村璋八校注《五行大義校注》，頁49。

③ 《春秋繁露》卷一三，葉8a，《中華再造善本》影印本。

④ 拙文《〈春秋繁露〉"五行"諸篇形成過程新證》，《史學月刊》，2016年第7期，頁33—34。

⑤ 此句宋本《繁露》作"迹陰陽終歲之行，以觀天之所親"，似較《五行大義》引文易解，恐《大義》此處引文有轉寫之訛。《春秋繁露》卷一二，葉2a，《中華再造善本》影印本。

⑥ 蕭吉撰，[日]中村璋八校注《五行大義校注》，頁69。

⑦ 《春秋繁露》卷一二，葉2a；卷一一，葉11a；卷一一，葉4b—5a，《中華再造善本》影印本。

增加看來，似乎是蕭吉有意將散見於《春秋繁露》三篇之中的相關文句"嫁接"而成。作爲一部大量徵引前人論述的衍生型文本，蕭吉的這種抄撰方式在早期文本的生成過程中并不罕見，這也爲我們認識衍生型文本的生成方式提供了一個有趣的個案。

4. 卷二《第十・論相剋》

> 《春秋繁露》云：木者農也，農人不順如叛，司徒誅其率正矣，故金勝木。火者，本朝，有讒邪熒惑其君，法則誅之，故水勝火。土者，君，大奢侈，過度失禮，民叛之窮，故木勝土。金者司徒，弱不能使衆，則司馬誅之，故火勝金。水者執法，阿黨不平，則司寇誅之，故土勝水。[1]

案，此段見於宋本《春秋繁露・五行相勝弟五十八》。其中"火者，本朝"句，宋本《繁露》作"火者，大朝"[2]，聚珍本及明、清諸本皆然[3]。但"大朝"二字難以成句，而《五行相生》篇於土行部分則言"南方者，火也，本朝"[4]，故盧文弨校記以爲"大朝"二字"疑當作'本朝'"，其説合理，蘇輿《義證》亦循其説[5]，唯均缺少版本依據而已。今得《五行大義》引文，可知隋人所見本正作"本朝"，足證盧氏理校之精。

5. 卷五《第二十二・論官》：

> 《春秋繁露》云：木司農，火司馬，土司空，金司徒，水司寇。[6]

案，這幾句顯然是檃栝《春秋繁露・五行相生》之言。不過，所謂"土司空"之説并不見於宋本以下諸本《繁露》，而且從上舉例2、例4看來，即便是蕭吉所見本《春秋繁露》的《五行相生》《五行相勝》篇，其土行主官也是"君"，與宋本《繁露》所言"君官"相合，日傳本《五行大義》此處引文頗令人費解。查其上下文，《大義》先引《周官》，言"天官冢宰，地官司徒……冢宰主會計，

---

① 蕭吉撰，[日]中村璋八校注《五行大義校注》，頁77。

② 《春秋繁露》卷一三，葉5b，《中華再造善本》影印本。

③ 《春秋繁露》卷一三，葉5b，武英殿聚珍本。

④ 《春秋繁露》卷一三，葉7a，《中華再造善本》影印本。

⑤ 蘇輿《春秋繁露義證》，中華書局，1992年，頁368。

⑥ 蕭吉撰，[日]中村璋八校注《五行大義校注》，頁188。

司徒主土地”，繼引《淮南子·天文》篇：“東方爲田官，南方爲司馬，西方爲大理，北方爲司空，中央爲都官”，而在接着抄録了《繁露》之文後，《大義》指出：“《周官》以冢宰計會、司徒土地，竝中央之義，與《淮南》《繁露》意同。”蕭吉認爲，《周官》雖然没有明確提出“五行”與“五官”之間的對應關係，但其以天官、地官總管計會與土地，實際上正與《淮南子》《繁露》“五行貴土”的思想相同，都强調中央行政主官在職官體系中的核心地位。不過，《淮南子》所載土行主官爲“都官”，高誘注云：“都爲四方最也。”[①] 確實具有中央行政主官的性質，而《大義》所引《繁露》中的土行主官“司空”作爲中央職能部門的負責人，顯然難堪“中央之義”，因此，筆者頗疑日傳本《大義》之“司空”二字當爲後世轉寫之謬，宜據宋本、聚珍本《繁露》改作“君官”或“司營”，後者作爲國君之“相”[②]，同樣具有中央行政主官的身份，如果從形近而訛的角度考慮，則《大義》原作“司營”的可能性更大。當然，由於“司營”一詞本身也罕見使用，除《繁露》以外并不見於它書，似乎是董仲舒爲了避免在其“五官相生”的體系中出現火官司馬“生”土官“君官”的“僭越”行爲而特别設計出的一種職官，故此也不能排除蕭吉在抄撰過程中認爲其所見本《繁露》有誤，遂將“司營”改作“司空”的可能性。

除上舉五例明確徵引《春秋繁露》之外，《五行大義》還有兩處引用董仲舒之言而未標出處者。第一處見於卷二《第四·論相生·第一者論相生》：

> 河間獻王問温城董君曰：“孝者天之經，地之義也。何謂也？”對曰：“天有五行，木火土金水是也。木生火，火生土，土生金，金生水，水生木。木爲春，春主生，夏主長養，秋主收，冬主藏，藏者，冬之所成也。是故父之所生，其子長之；父之所長，其子養之；父之所養，其子成之。不敢不致如父之意，盡爲人之道也。故五行者，五常也。”[③]

此段問對見於宋本《春秋繁露·五行對弟三十八》，其中“五常也”，宋

① 何寧《淮南子集釋》，中華書局，1998 年，頁 199。

② 《春秋繁露·五行相勝》：“土者，君之官也，其相司營。”《春秋繁露》卷一三，葉 6a，《中華再造善本》影印本。

③ 蕭吉撰，[日]中村璋八校注《五行大義校注》，頁 48—49。

本、聚珍本均作“五行也”。按照《五行大義》的一般體例，其徵引文獻均標明出處，然此處之破例除了可能是偶然疏漏或轉寫脱漏以外，也可能反應了這段引文在隋朝的真實流傳情況。筆者在《〈春秋繁露〉“五行”諸篇形成過程新證》中曾經對這段引文進行過重點討論[①]，這段在宋本《繁露》中題名爲《五行對》的文本，在隋人劉炫《孝經述議》的引文中却題名爲“董仲舒《孝經解》”，而且兩者在文句上也存在重要的差異，經過比勘，基本可以確認，所謂《五行對》是以《孝經解》爲基礎，進一步融合董氏五行生勝思想後“重寫”的文本。從《五行大義》的這段引文中出現了“故五行者，五常也”一句可知，這段引文當出自《五行對》而非《孝經解》。蕭吉與劉炫的主要活動時間均在北朝後期至隋初，可知至少在公元七世紀初葉前後，《孝經解》與《五行對》這兩篇關係密切的文本一度同時在社會中流傳，雖然我們已無法考知晚出的《五行對》究竟是如何逐步取代其原生文本《孝經解》，但蕭吉在徵引《五行對》時未標出處，似乎顯示這一文本在隋初尚不屬於《春秋繁露》，很可能是一篇與《孝經解》平行流傳的單篇佚名文獻，後來在宋人重新搜集《春秋繁露》時才進入書中。當然這只是一種推測，具體情形仍有待相關文本的進一步發現才可考實。

另一處見於卷四《第十六·論七政》，討論月蝕之應：

> 董仲舒云：於人妃后、大臣、諸侯之象。[②]

《五行大義》有只標作者而省稱其書名之例，如“潁容《春秋釋例》云”或稱“潁容云”，“《説文》云”或稱“許慎云”等，故此處省稱“董仲舒云”，亦不破全書體例。不過，這句話并不見於宋本及以下諸本《春秋繁露》，唯見於《漢書·李尋傳》所載李尋奏議[③]，故《大義》之文未知所據。我們知道，董氏灾異論以《春秋》公羊學爲基礎，而《春秋》灾異中恰恰没有月食一目，《南

① 可參拙文《〈春秋繁露〉“五行”諸篇形成過程新證》，《史學月刊》，2016年第7期，第頁38—39。

② 蕭吉撰，[日]中村璋八校注《五行大義校注》，頁137。

③《漢書·李尋傳》載其奏疏：“臣聞月者，衆陰之長，銷息見伏，百里爲品，千里立表，萬里連紀，妃后、大臣、諸侯之象也。”《漢書》卷七五，頁3185。

齊書·五行志》引劉向《洪範五行傳論》對此解釋到:"雹者,陰薄陽之象也;霰者,陽脅陰之符也。《春秋》不書霰者,猶月蝕也。"[①]認爲《春秋》旨在張大"陰薄陽"之惡,故避而不書"陽脅陰"之異象。不管其説是否有據,總之董仲舒《春秋》灾異學中實不應有"月蝕"之例,《五行大義》的這條引文在體例上不標書名或篇名,又不見於他書,其可靠性頗值得懷疑。

總之,蕭吉在徵引《春秋繁露》時頗有檃栝删改,同時,在《五行大義》的轉寫過程中,也不可避免地造成了一些訛謬。從黄復山對《大義》所引讖緯文獻、王正山對《大義》所引《黄帝内經》的研究看來,這也基本反映了《大義》全書的抄撰體例和傳播狀況,因此,《五行大義》的文獻價值固然珍貴,但我們在利用其引文時仍需持審慎之態度,不可輕易據其校改傳世文獻。

二

在上舉諸例中,《五行大義》所存《繁露》引文多以"《春秋繁露》云"引起,并不提及篇名,但其卷四《第十九·論治政》徵引《繁露》,則明確稱及篇名,這兩種方式在《五行大義》中都有一定數量的出現,可視爲并行的兩種體例。爲便於論述,兹先將這段引文分段、標點後録之如下:

《春秋繁露·治順五行篇》云:

木用事,其氣燥濁而青,七十二日。火用事,其氣燥陽而赤,七十二日。土用事,其氣温濁而黄,七十二日。金用事,其氣堅凝而白,七十二日。水用事,其氣清寒而黑,七十二日復。[②]

木之用事,則行柔惠,進經術之士。至於立春,出輕系,去稽留,除桎梏,開閉闔,通障塞,存幼孤,矜寡獨。此并順春之施也。**無伐木,恩及草木,則朱草。**此詩人所歌,恩及行葦者也。不伐木者,不可違天陽生長之氣也。**若夫人君馳騁無度,沈湎縱恣,重徭役,奪民時,厚税斂,則民疾疹瘮、患足疾。**傷春氣,故皆木病也。**木傷敗,則龍深藏,**木禽

① 《南齊書》卷一九《五行志》,中華書局,1972年,頁372。

② 此處中村氏以"復"字從下讀,誤。劉國忠整理本已改從上讀。蕭吉撰,[日]中村璋八校注《五行大義校注》,頁160;劉國忠《五行大義研究》,頁255。

懼而不見也。**鯨鯢出而爲禍。**鱗甲之蟲有金氣，所以傷木也。

火用事，則正封疆，修田疇。至於立夏，舉賢良，封有德，賞有功，出使四方。此順火之化，長養萬物也。**無縱火，則火順人用，甘露降，鳳凰來，黄鵠見。**鳳凰即朱雀之類，喜故出見。甘露、黄鵠，并子慶其母也。**若人君用讒佞，離骨肉，疏忠臣，棄法令，婦人爲政，則民病血腫，國因不明，火爲灾，冬雁不來，鳥爲怪。**火不善故鳥有變怪，憂懼故不來也。

土用事，養長老，矜寡獨，賜孝悌，施恩澤。順土寬和含養之德也。**無興土功，宫室制度有差，親戚之恩有序，則五穀成，嘉禾出，賢聖來。**土氣順，故嘉禾和熟。德景大，故聖賢悦之而來。**若人君淫樂無度，侮親老，困百姓，則民病腹心之疾。**心腹主土，氣不和故病。**賢人隱藏，百穀不登，裸蟲爲灾。**土性傷，故稼穡不成。賢人惡之，所以不見。裸蟲，土氣也，傷故爲變。

金用事，修城郭，繕牆垣，審辟禁，飭甲兵，警百官，誅不法。此并順金以威嚴肅殺之氣也。**無焚金石，則白虎見。**虎是金獸，喜故出也。**若人君貪賂，好用兵，則民人病咳嗽、筋攣、鼻塞。**鼻主肺，肺病，故咳嗽而鼻塞。此并金爲疾也。**毛蟲、金石爲怪。**金氣傷，故爲變怪也。

水用事，閉閭門，執當罪，飭關梁。此并順水閉藏之義。**無决池堰。**恐水氣泄溢也。**如此則醴泉出，恩及禽蟲**[a]**，則靈龜見。**《書》云“澤及昆蟲”者也。甲蟲屬水，喜故見也。**若人君廢祭祀，簡宗廟，執法不順，逆天氣，則民病流腫、水脹、痿痹、孔竅不通。**此并水氣壅結之義。聖人以水居太陰之位，陰闇虚空，比之宗廟。人死精氣散越，立宗廟以收之，堂宇虚寂，陰暗無人，喻之水也。廢於祭祀，則失孝道。故太陰之氣感而病，人爲此疾也。**水爲灾害，靈龜深藏，鬼哭，介蟲爲怪。**介蟲屬水，氣傷，

① 此處“禽蟲”似宜作“介蟲”，其下文解釋云“甲蟲屬水”，後文又言“介蟲爲怪”，皆可證此處正文應作“介蟲”。

故爲覆藏而不見也。宗廟不祀，魂氣傷怨，故鬼哭也。[①]

讀者已經注意到，筆者通過字體的不同將這段引文區分爲兩部分，黑體部分爲《春秋繁露·治順五行篇》正文，其餘則是對正文的解釋。不過，這一區分并無任何傳世寫本或刊本的依據，事實上，從日傳元弘相傳本、高野山本、元禄本到回傳中國的各種刻本，這段引文都以完全相同的字體、行格連續書寫，因此從中村先生《校注》到劉國忠、鄭同整理本，都没有將其區分爲正文與注釋兩個文本層次，而將其視作一個整體性的平面文本，因此，這一文本分層的假設能否成立，是我們討論這段引文時首先要解決的問題。

由於《五行大義》的撰寫體例是"博采經緯，搜窮簡牒，略談大義"，即在論述中大量徵引文獻，間以案斷、説解，因此，其在整理過程中面臨的難題之一，就是如何確定引文的下限問題。以這段材料而言，關於"《春秋繁露·治順五行篇》云"所領引文之下限，由於中村先生《校注》只標句讀，并不使用引號，故我們無法據其整理本作出判斷。劉國忠《〈五行大義〉校文》主要參考中村氏《校注》，但用新式標點加以整理，而他將這段引文的下限定於"七十二日復"之後[②]，將"木之用事"以下的大段文字視爲蕭吉之説解。這成爲目前學界對這一問題的普遍性看法，不僅其後的鄭同整理本與之相同[③]，而且鍾肇鵬《春秋繁露校注》在利用《五行大義》校勘《治水五行》篇時，異文注亦至"七十二日復"爲止。這種看法很容易理解，因爲從"木之用事"而下，其文辭雖與宋本《治水五行》略有相合，但無論是文句本身，還是五行學觀念，都有大量溢出宋本《治水五行》的內容，自然很難再被視作徵引之文。

---

① 蕭吉撰，[日]中村璋八校注《五行大義校注》，頁160—163。案，中村氏部分標點未安，例如起首部分，其以"七十二日復。木之用事"的"復"字從下讀，作"七十二日。復木之用事"；"患足疾。傷春氣，故皆木病也。"中村氏作"患足疾，傷春氣。故皆木病也。""鳳凰來，黄鵠見。鳳凰即朱雀之類，喜故出見。"中村氏作"鳳凰來，黄鵠見，鳳凰即朱雀之類，喜故出見。""冬雁不來，鳥爲怪。火不善故鳥有變怪，憂懼故不來也。"中村氏作"冬雁不來，鳥爲怪，火不善。故鳥有變怪憂懼，故不來也。""賢聖來。土氣順，"中村氏作"賢聖來，土氣順。"皆因文義未審而誤加句讀，今并改之。

② 劉國忠《五行大義研究》，頁255。

③ 鄭同點校《子平精粹（1）·五行大義·淵海子平》，華齡出版社，2010年，頁87。

不過，黄復山先生已經注意到《五行大義》中存在在整段引文中間雜解釋性文字的現象，他在討論《大義》所引讖緯文獻時指出，"《大義》引録諸書，輒於引文下雜入自爲之説解"①。如果我們比勘宋本《春秋繁露·治水五行》，同時仔細分析上列引文的内在邏輯，便不難發現，這段引文内部同樣包括兩個層次，部分文句顯然是對前文的解釋。例如"無伐木，恩及草木，則朱草。此詩人所歌，恩及行葦者也。不伐木者，不可違天陽生長之氣也"一段，"此詩人所歌，恩及行葦者也"是對"則朱草"的解釋，而其後"不伐木者"云云則顯然是對"無伐木"三字的解釋。如果是連貫的行文，顯然不應出現這種前後割離的現象，只有將"此詩人"至"生長之氣也"理解爲注文，這種重複的現象才能得到理解。又如"甘露降，鳳凰來，黄鵠見。鳳凰即朱雀之類，喜故出見。甘露、黄鵠，并子慶其母也"一段，"鳳凰即朱雀之類，喜故出見"顯然是對"鳳凰來"的解釋，而"甘露、黄鵠，并子慶其母也"也明顯是對"甘露降"與"黄鵠見"的解釋。這種"本文"與"解釋"持續交錯出現的現象顯示，這已經不是我們有時在文本中看到的那種隨文釋義了，如果不是存在一個獨立的注文系統附着於本文之外，我們很難賦予這種文氣不斷中止、不斷回溯前文的行文方式一種合理性。

更重要的是，一旦我們深入到五行學的知識系統内部去評估這些承擔解釋性功能的文字，便會發現在它們之中有一部分似乎并未把握其所指向的解釋主體的知識背景與内在合理性，"解釋"與"本文"之間存在明顯扞格，背後指向兩個完全不同的聲音來源。例如木行部分"鯨鯢出而爲禍。鱗甲之蟲有金氣，所以傷木也"數句，我們從文意上很容易判斷，"鱗甲之蟲有金氣，所以傷木也"兩句顯然是對"鯨鯢出而爲禍"句的解釋，但這兩句解釋却存在三個不容忽視的問題：首先，所謂"鱗甲之蟲"的説法難以成立。我們知道，所謂"五蟲"即鱗蟲、毛蟲、羽蟲、介蟲與倮蟲，其中"介蟲"又稱"甲蟲"，包括龜、黿、鼉等龜鱉目動物，也包括蝗蟲等有甲的昆蟲，而"鱗蟲"則主要指魚類。當然，古人受到知識水平的限制，并不了解鯨實際上也屬於哺乳動物，而根據一般經驗將其歸爲魚類，故這裏的"鯨鯢"應明確屬於"鱗蟲"，

① 黄復山《蕭吉〈五行大義〉與讖緯關係探微》，《書目季刊》，2004年第2期，頁41。

解釋者所謂“鱗甲之蟲”的説法頗爲含混，令人費解。其次，這一解釋將“鯨鯢”作亂的原因歸結爲“鱗甲之蟲有金氣”，但是在五行學中，鱗蟲對應木氣，毛蟲乃對應金氣，因此，所謂“鱗甲之蟲有金氣”的説法在五行學體系内根本無法成立。復次，解釋者將“鯨鯢”作亂的咎由歸結爲金氣傷木，也就是從五行相勝的角度對這一災異進行解釋。但我們知道，五行生勝只是衆多五行學理論中的一種，如果我們通讀整段引文，便會發現其所言各種災異并不以五行相勝説爲理論依據，“鯨鯢”作亂的咎由實在主鱗蟲之木氣自身有缺，而所謂“木傷敗”可以有很多原因，并不一定是金氣所剋。簡言之，這段引文所言全部休咎均意在强調“順行”的重要和“逆行”的危害，但并未涉及五行之間如何亂沴的問題，因此，解釋者援用五行相勝説，從理論依據上看，也是與其所解釋的本文不相貼切的。

又如火行部分，在解釋“無縱火，則火順人用，甘露降，鳳凰來，黄鵠見”數句時，解釋者認爲原因在於“鳳凰即朱雀之類，喜故出見。甘露、黄鵠，并子慶其母也。”這裏對於“鳳凰來”的解釋非常清晰，但對於“甘露降”與“黄鵠來”的解釋則顯得怪異。所謂“子慶其母”，一般被稱爲“修母致子”説，是一種五行災異理論，見於《左傳正義·昭公二十九年》：

> 漢氏先儒説左氏者，皆以爲五靈配五方，龍屬木，鳳屬火，麟爲土，白虎屬金，神龜屬水。其五行之次，木生火，火生土，土生金，金生水，水生木。王者修其母則致其子。水官修則龍至，木官修則鳳至，火官修則麟至，土官修則白虎至，金官修則神龜至。故爲其説云，視明禮修而麟至，思睿信立而白虎擾，言從乂成而神龜在沼，聽聰知正而名川出龍，貌共體仁則鳳皇來儀。皆修其母而致其子也。[①]

這一説法又見於《毛詩正義》和《禮記正義》[②]，兩者均標明出自服虔《左傳》注。蕭吉在《五行大義》中亦曾徵引此説，而稱其録自蔡邕《月令章句》，可見確實如《左傳正義》所言，這是“漢氏先儒”的一種普遍説法。此説强

① 《左傳正義》卷五三，《十三經注疏》，中華書局，1980年，頁2123下欄。

② 《毛詩正義》卷一—卷三《麟之趾》，《十三經注疏》，頁283中欄；《禮記正義》卷二二《禮運》，《十三經注疏》，頁1425中欄。

謂“修其母而致其子”，故某種瑞靈的出現需要上溯至其五行之母的德政中尋求解釋，而五行之治順也只會引出其子行所主之瑞靈，例如這裏言治順火行，則其致其慶者應當就是作爲“火”子的“土”行所主之系列祥瑞。不過，關於這種解釋方法，有兩點需要注意：第一，與所有五行學説一樣，“修母致子”説是一種系統性的灾異理論，一旦使用就必須貫穿全篇，不能僅在某一行的某一種現象上單獨使用。事實上，只要我們通讀整段引文，便可看出其所據灾異原理主要是《洪範》五行學，在這一體系内，所有的休咎徵象都必須從其本身所對應的五行屬性中去找到原因，其與“修母致子”説顯然是完全互斥的兩種灾異理論。引文中所見解釋者僅在甘露、黄鵠的解釋上援用“修母致子”説，從灾異學角度而言是難以令人接受的。第二，即便按照“修母致子”説，以甘露、黄鵠爲“火”子“土”行之瑞，但甘露、黄鵠本身作爲“土”瑞的説法亦缺乏依據，至少不見於傳世的各種戰國秦漢五行學論著之中，這也使得解釋者所謂“并子慶其母”之説顯得潦草粗疏[①]。

當然，我們能够體會到，解釋者之所以在這裏會提出“修母致子”説，是因爲在他看來，甘露、黄鵠與鳳凰具有不同的五行學屬性，鳳凰無疑是“朱雀之類”，也就是火行之瑞，但甘露、黄鵠似乎從未被視作火瑞，因此，除非同時給出兩種灾異學原理，否則無法解釋甘露、黄鵠與鳳凰何以均會作爲“治順火行”的瑞象出現。但事實上，如果我們參看與這段引文所言休咎基本一致、存在明顯互見關係的《春秋繁露・五行順逆》[②]，就會知道這裏的“甘露降”“黄鵠見”與“鳳凰出”實際上是同一灾異學原理内兩類不同層次的瑞祥，其内在合理性非常清楚（表 1）：

---

① 有趣的是，正是在《五行大義》此篇文末，徵引了《録圖》中有關君主順時施政的祥瑞，在“承土而王”之下恰有所謂“善則甘露降，醴泉并應其善”的説法，似乎爲《大義》以“甘露”爲土瑞之説提供了依據。不過，《録圖》所言休咎體系十分駁雜，如其在土行部分言“失則蟲蝗生”，在金行部分亦言“失則……蟲獸爲灾”，而其以“醴泉”爲土瑞而非水瑞的安排也非常怪異，《録圖》之説顯然不足以爲《治順五行篇》的解釋者提供足够的依據。

② 蘇輿《春秋繁露義證》，頁 372—381。

③ “水爲民害”句，鍾哲點校《春秋繁露義證》、閻麗《董子春秋繁露譯注》均與上句“必有大水”連讀，然根據全篇體例，筆者以爲此處“水爲民害”當爲“咎及介蟲”之引語，故改與下句連讀。鍾哲點校《春秋繁露義證》，頁 381；閻麗《董子春秋繁露譯注》，黑龍江人民出版社，2003 年，頁 243。

表 1

	休徵一	休徵二	咎徵一	咎徵二
木	恩及草木，則樹木華美，而朱草生	恩及鱗蟲，則魚大爲，鱣鯨不見，群龍下	咎及於木，則茂木枯槁，工匠之輪多傷敗	毒水渰群，漉陂如漁，咎及鱗蟲，則魚不爲，群龍深藏，鯨出現
火	恩及於火，則火順人，而甘露降	恩及羽蟲，則飛鳥大爲，黄鵠出見，鳳凰翔	咎及於火，則大旱，必有火烖	擿巢探鷇，咎及羽蟲，則飛鳥不爲，冬應不來，梟鴟群鳴，鳳凰高翔
土	恩及於土，則五穀成，而嘉禾興	恩及倮蟲，則百姓親附，城郭充實，賢聖皆遷，仙人降	咎及於土，則五穀不成	暴虐妄誅，咎及倮蟲，倮蟲不爲，百姓叛去，賢聖放亡
金	恩及於金石，則涼風出	恩及於毛蟲，則走獸大爲，麒麟至	咎及于金，則鑄化凝滯，凍堅不成，	四面張罔，焚林而獵，咎及毛蟲，則走獸不爲，白虎妄搏，麒麟遠去
水	恩及於水，則醴泉出	恩及介蟲，則黿鼉大爲，靈龜出	咎及于水，霧氣冥冥，必有大水	水爲民害[②]，咎及介蟲，則龜深藏，黿鼉呴

如上表所見,《五行順逆》篇在五行之“恩及”“咎及”部分明顯分爲兩個層次。第一個層次皆就五行自身屬性而言,如“恩及草木”“恩及於火”“恩及於金石”等，指在五行各自所主時節中，若能“順時”敬用草木、火、土、金石及水，則此“五行”將報以一系列休徵；反之，若不能敬用五行，則將以一系列灾異作爲遣告。值得注意的是，這一層次的休徵與咎徵具體又分爲兩類，一類是五行作爲物質性存在物的自身表現，例如：就木行而言，則休徵有“樹木華美”“朱草生”，咎徵有“工匠之輪多傷敗”；就金行而言，則咎徵有“鑄化凝滯，凍堅不成”。這些都是就物質性的木、金而言，君主對於五行的觸犯將導致物質性的五行發生怪異之事。另一類則與五行所主時序相關，例如金行部分所言“涼風出”,這裏的風并非由物質性的“金石”産生,但“涼風出”之所以被定爲“恩及於金石”的休徵,就在於“金者秋”,故是否“恩及”於金將不僅關乎金屬鑄造的順遂與否，還關涉到節候是否正常,“涼風”作爲秋天所對應之風，其正常出現自然可以被視爲“恩及於金石”的瑞應。

至於第二個層次，則專就五行所對應的“五蟲”而言，如木行主鱗蟲，則對於鱗蟲的保護將帶來“魚大爲，鱣鯨不見，群龍下”的休徵，而對於一旦“毒水滰群，漉陂如漁”，則會出現“魚不爲，群龍深藏，鯨出現”的咎徵。在這一層次中，五行休咎全部圍繞“五蟲”展開，而其内部同樣又再爲兩個層次：第一層次是“大爲”，如“飛鳥大爲”“走獸大爲”，在土行部分則表述爲“百姓親附”，實際上都是指該行所主之蟲的普遍性獲利；第二個層次則是“五蟲”之靈的伏見，如“群龍下”“麒麟遠去”等，不過，與一般的灾應體系僅羅列“五靈”不同，《五行順逆》篇所言靈蟲可以不止一種，以倮蟲而言，即包括“賢聖”與“仙人”兩類，而在毛蟲部分，則包括白虎與麒麟，尤其有趣的是，《五行順逆》篇中的靈蟲不一定都是祥瑞，也可以包括惡獸，如鱗蟲部分的“鯨出現”、毛蟲部分的“白虎妄搏”，都是作爲咎徵出現，可見至少在《五行順逆》的框架中，這兩種靈獸是以惡獸形象出現的。

明白了《五行順逆》篇的灾異學原理，我們就可以知道，《五行大義》引文中火行部分的“甘露降”屬於第一層次的休徵，與金行之“涼風出”一樣，是基於“火主夏”的時序屬性而確定的休徵。這裏的“甘露降”顯然不是一般意義上的露水，而是在炎夏時節出現的“及時雨”，也就是所謂“甘霖”，所以在火行咎徵的第一層次，就有與之對應的“大旱”，顯示出火氣順逆與旱情緩急之間的對應關係。至於“黄鵠來”，則屬於火行“休徵二”序列的第二層次，這裏黄鵠顯然與鳳凰都被視爲羽蟲之靈，其伏見原理與鳳凰完全相同。總之，《五行大義》引文所見解釋者提出的“修母致子”説根本無法闡明本文中“甘露降”“黄鵠來”的内在原理。

可見，無論是從文氣層面，還是從五行學層面，我們都可以將自“木之用事”至“故鬼哭也”區分爲“本文”與“解釋”兩個文本層次，兩者雖然共享一個文本空間，但後者顯然是外在於“本文”的另一套話語體系，有其獨立的文本來源。而一旦我們將“解釋”部分剔除出去，則剩下的“本文”與宋本《春秋繁露·治水五行》之間的差異度就大大減少了，兩者之間雖然仍然存在異文，特别是在各行内部，《大義》引文均多出關於休徵、咎徵的具體列舉，但這種詳略程度的系統性差異是古書抄録過程中經常出現的。特别是前文已經提到，這段引文明確稱其引自《治順五行篇》，這也基本排除了蕭吉“嫁接”《繁露》諸篇而成文的可能性。總此數點，筆者認爲，《五行大義》

卷四《第十八論情性》中所録《春秋繁露·治順五行篇》是一篇整體上相對於宋本《春秋繁露·治水五行》更爲完整的隋人所見古本，它自身當然也不免經過了蕭吉的改筆，但仍具有重要的文本學與校勘學價值。關於這一點，我們在最後一部分將再作討論。

三

明確了《五行大義》引文中"本文"部分的文本性質，我們不免還是對穿插其間的那些"解釋"産生興趣，它們是否真如黄復山先生所言，出自蕭吉本人所撰呢？從上舉兩例看來，這位解釋者在五行學方面的修養似乎并不令人信服，而結合《大義》全書所見蕭吉對於五行學諸體系的精熟掌握，我們很難將這兩個形象合二爲一，因此，與黄復山先生認爲《大義》中的這些説解是蕭吉本人所爲不同，筆者頗懷疑這些解釋係出自後人之手。事實上，如果將這些解釋與《大義》中所見蕭吉本人的觀念相比對，我們也的確可以發現兩者之間存在一定的差異。這主要體現在水行部分關於"若人君廢祭祀，簡宗廟"的解釋上：

> 此并水氣壅結之義。聖人以水居太陰之位，陰闇虛空，比之宗廟。人死精氣散越，立宗廟以收之，堂宇虛寂，陰暗無人，喻之水也。廢於祭祀，則失孝道。

從文本生成的角度來看，這段解釋顯然受到《漢書·五行志》中對於"簡宗廟""廢祭祀"之説解的影響，而有趣的是，蕭吉《大義》卷三恰好引用了《漢書》中的這段文獻，這也進一步顯示了解釋者確實有條件讀到這段材料：

> 《漢書·五行志》云："人命終而形藏，精神散越，聖人爲之宗廟以收魂氣。春秋祭祀，以修孝道。"①

不過，如果我們仔細比對上舉引文的解釋與這裏《漢書·五行志》的引文，會發現兩者在文辭上雖然存在明顯的因襲關係，但在内在邏輯方面則存在重

① 蕭吉撰，[日]中村璋八校注《五行大義校注》，頁114。

要差異。《大義》卷三所引《漢書·五行志》雖然闡明了聖人設立宗廟的必要性在於收攝散越於外的精神，但并未解釋這一行爲與"水"行之間有何關聯，而對於上舉引文的解釋來説，其論述的核心正是"宗廟"與"水"行之間的相關性。因此，上舉引文解釋中那些溢出《大義》卷三所引《漢書·五行志》的内容，顯然是解釋者有意增加，意圖實現其闡釋目的的重要論述。

不過，只要是熟悉五行學的讀者，都會對這段解釋的邏輯感到困惑。據其所言，"宗廟"與"水"的相關性基於兩者同樣具有"陰闇虚空"的氣氛，基於這種共同點，故水被視爲宗廟之"喻象"。這一解釋孤立看起來也算差强人意，但在五行學傳統中，却顯得牽强迂曲，事實上，劉向對於這一問題早有精彩的論述，見於其所著《洪範五行傳論》中，而有趣的是，這段論述亦爲蕭吉《大義》所引，見於其《卷一·第二論支干明·第二辨體性》：

> 《洪範傳》曰：……水曰潤下。潤下者，水流濕就汙下也。北方至陰，宗廟、祭祀之象。冬，陽之所始，陰之所終。終始者，綱紀時也。死者魂氣上天爲神，魄氣下降爲鬼，精氣散在於外而不反，故爲之宗廟，以收散也。《易》曰："涣，亨，王假有廟。"此之謂也。夫聖人之德，又何以加於孝乎。故天子親耕，以供粢盛，王后親蠶，以供祭服，敬之至也。敬之至，則鬼神報之以介福，此順水氣。[①]

劉向在這段論述中清晰指出，基於五行學基本原理，"水"於時序主冬，有"終"意，於空間主北方，有至陰之意，故"水"行自與閉藏、死亡之事相關，而聖人爲宗廟以收散精，春秋祭祀，均合"水"行之義，是"順水氣"的善政。這一解釋不僅簡潔清晰，而且符合《洪範》五行學的整體系統，顯然較《大義》引文中的解釋合理得多。蕭吉既然在卷一部分徵引劉向《傳論》而未置異辭，看起來應是對其關於"宗廟"與"水"行之間對應關係的論述表示認同，難以理解他何以會在卷四關於這一問題的解釋中又棄用劉説，而改立一種在五

① 蕭吉撰，[日]中村璋八校注《五行大義校注》，頁16。另，《五行大義》此處雖稱引自《洪範傳》，但通檢全書，并結合《洪範五行傳》、劉向《洪範五行傳論》之體例，可知其所引實爲劉向《洪範五行傳論》。關於這一問題的具體考證，可參拙文《流動的文本：劉向〈洪範五行傳論〉佚文考辨》，《中華文史論叢》，2017年第1期，頁261—315。

行學上缺少依據和系統性的新説。事實上，即便是前引《漢書・五行志》，其對於“宗廟”與“水”的關係也有明確説解，只是不在蕭吉引文中而已：

> 水，北方，終臧萬物者也。其於人道，命終而形臧，精神放越，聖人爲之宗廟以收魂氣，春秋祭祀，以終孝道。①

比較《漢書・五行志》原文與《大義》卷三蕭吉引文，我們可以看出，由於《大義》卷三這部分的主題是討論“鬼神之名”的問題，因此，蕭吉只節録了《漢志》中關於“魂氣”的部分論述，而未録其“水，北方，終臧萬物者也”之文。但對於卷四水行部分的論述而言，《漢書・五行志》原文中的論述恰好簡扼地將“水—北—終—閉藏—宗廟”這一邏輯關係清晰地表現了出來，相信只要讀到《漢志》原文，讀者都會對於“水”與“宗廟”之間的相關性有一個準確的理解。但有趣的是，卷四引文的解釋者一方面援引《漢書・五行志》對於“宗廟”的説解，另一方面却忽視了《漢書・五行志》這段説解的核心立意，對“水”與“宗廟”之間的相關性另立曲説。如果是蕭吉有意不從《漢書・五行志》，則他在卷一部分徵引與《漢書・五行志》觀點一致的劉向《傳論》，且不置異辭的做法又令人費解。在筆者看來，相對合理的解釋，只能是《大義》卷四引文中的這段解釋并非出自蕭吉本人，而這位解釋者在行文中援用的《漢書・五行志》，也并非真正録自《漢書》，而正是依據《五行大義》卷三節録的這段“《漢書・五行志》”。對於這位解釋者來説，其所見“《漢書・五行志》”只解釋了聖人立“宗廟”的目的，却完全没有涉及其與“水”行之間的關係，因此他只能另闢蹊徑，强爲之説了。

總之，《大義》所見《春秋繁露・治順五行篇》引文的這位解釋者在五行學知識儲備方面顯得單薄而不成體系，尤其是其部分解釋與《大義》所見蕭吉本人觀念之間存在差異，這使我們有理由推測，這些解釋恐非蕭吉所作，而是後世注家所爲。值得注意的是，這種正文與注文持續交替出現的書寫方式除了出現在《治順五行篇》引文之下外，還出現在黄復山先生所揭示的《卷三・第十四論雜配》引《樂緯》、《卷五・第二十四論禽蟲》引《元命苞》，而

① 《漢書》卷二七上《五行志》，頁 1342。

筆者翻檢全書，又發現三例，分别是《卷三·第十八論情性》對翼奉“六情”説的徵引：

翼奉云：好則膀胱受之，水好前，故曰“好”。怒則膽受之，少陽始盛，萬物前萌也。惡則小腸受之，夏長養萬物，惡僞，故曰“惡”。喜則大腸受之，金爲珍物，故皆喜。樂則胃受之，土生養萬物，上下皆樂。哀則三焦受之，陰陽之府，陽升陰終，其宫室竭，故曰三焦，故哀凄也。[①]

《卷四·第十九論治政》文末對於《録圖》的徵引：

《録圖》云：“君乘木而王，爲人青色、脩頸、美髮，其民長身、廣肩、尚仁。長[②]，皆象木也。仁，木性也。善則時草豐茂，嘉穀竝生，烏不胎傷。木氣盛也。失則列星滅、色亂，禾稼不登，民多壓死。木生而上出，遇土傷，則青而不得起，故壓死。乘火而王，爲人赤色、大目。《離》爲目，故大，視明也。其人尖頭、長腰、疾敏、尚孝。長腰，取《兑》。敏疾，火性。《離》爲日，日有烏，烏者，孝也。善則賢人任用，政頌平，駮馬、文狐至。馬，火畜，善故來，狐亦前。失則夏霜、日是火精，失故變蝕[③]。雨土[④]，猝蔽光明之象。承土而王，表其首，首，大。表，土也。其人廣肩、大足、好大笑、戲儛。廣、大，象土。和，故逸樂也。善則甘露降、醴泉竝應其善，失則蟲蝗生、天雨而常風、霧亂。皆土氣傷，故表異也。承金而王，爲人白色、差肩耳、面方，毛也[⑤]。其民白頸、長大、尚義。皆金氣也。善則大貝、明珠出，外國遠貢珠貝。金之用，氣剛，能制遠人，故來貢獻。失則火飛、天鳴、地坼、河溢、山崩、邪人進、蟲獸爲灾。火能尅金，金有失，故火伐之，乃飛。承水而王，爲人黑色、大耳。《坎》爲耳，

① 蕭吉撰，[日]中村璋八校注《五行大義校注》，頁157。陳壽祺《齊詩翼氏學疏證》將這一部分整體視爲翼奉之説，同樣是因爲未能區分日傳本《五行大義》正文、注文混雜錯出的書寫特點。

② 此處中村氏點作“尚仁長”，實誤。蕭吉撰，[日]中村璋八校注《五行大義校注》，頁166。

③ 此處前疑脱正文“日蝕”二字。

④ 此處中村氏點作“失故變蝕雨土”，實誤。蕭吉撰，[日]中村璋八校注《五行大義校注》，頁166。

⑤ 此處中村氏點作“爲人白色、差肩耳面方毛也”，實誤。蕭吉撰，[日]中村璋八校注《五行大義校注》，頁166。

主腎，水氣，故大。其民聰，耳[①]，《坎》，水孔穴通，故聰。善則景雲至，龜、龍被文。皆水氣爲祥也。失則蟾蠩去月，民多溺死，常雨爲害。皆水之憂也。"[②]

《卷五·第二十論諸神》對於《六壬式經》的徵引：

太一十六神者，地主在子，陽氣動於黄泉，萬物孳産於地，子爲陽氣之首，故曰"地主"。陽德在丑，陽能生萬物，至丑方生，故曰"陽德"也。和德在東北維，此時陰陽氣合，生於萬物，故曰"和德"。吕申在寅。吕，巨也。申，引長也。萬物漸申而巨大也，故曰"吕申"。高藂在卯，萬物藂而高大，故曰"高藂"。太陽在辰，震動已後，陽氣大盛，故曰"太陽"。太昊在東南維，時陽已著，昊然昭明，故曰"太昊"。大神在巳，萬物已熟，其氣翼起，故曰"大神"。太威在午，陽衰陰生，形氣始動[③]，故曰"大威"。天道在未，百物皆成，莫不資用，故曰"天道"。大武在西南維，陰氣用事，萬物皆傷，故曰"大武"。武德在申，薺麥方生，陰懷陽性，故曰"武德"。大族在酉，陰氣大殺，族類皆盡，故曰"大族"。陰主在戌，陽氣下藏，陰氣自在於上，故曰"陰主"。陰德在西北維，乾爲天也，陰氣至此而極，方能生陽，故曰"陰德"。大義在亥，萬物於此懷任，陰無含陽，故曰"大義"。[④]

這些段落在中村璋八、劉國忠、鄭同的標點本中有多處點斷者，其原因正在於他們未能辨識出《大義》正文與注文相雜的體例，我們現在瞭解了《大義》的這一體例，這些看起來前後文氣不相接的文句也就焕然可解。從上舉諸個案分布於多個卷次看來，日傳本蕭吉《五行大義》很可能不是一般意義上的轉寫本，而是一個間有注文的"注本"。事實上，從現存中古寫本的書寫方式來看，當書寫者需要將正文（或出文）與注文交錯書寫時，他們通常

① 此處中村氏點作"其民聰耳"，實誤。蕭吉撰，[日]中村璋八校注《五行大義校注》，頁167。

② 蕭吉撰，[日]中村璋八校注《五行大義校注》，頁166—167。

③ 據文意，"形"疑應作"刑"。

④ 蕭吉撰，[日]中村璋八校注《五行大義校注》，第170頁。

使用四種方式區分正文與注文：其一是墨色的變化，通常是朱筆爲正文或出文，墨筆爲注文；其二是字體的變化，即大字、粗筆爲正文，小字、細筆爲注文，這常常配合行格的變化，即以雙行小字書寫注文，這也是中古寫本中最常見的一種正文、注文區分方式；其三是爲正文添加標記，如以朱筆自上而下將正文標紅，或者在正文與注文之間留白、添加“○”等分隔符；其四則是直接在注文前標注“注”“某注”等提示性字樣。不過，這些區分方式雖然有效，但在反復轉寫的過程中，都有發生混亂的可能，例如敦煌寫卷 P3274[①]，此卷在書寫形式上并不區分正文、注文，在行格上也上下一貫，看起來似乎就是一篇疏文而已，但通過對其具體行文的校讀，可以發現，這篇疏文實際上包含了《孝經鄭注》與義疏兩個層次，只是這種文本層次在後世寫本中没有得到保留而已。可以想象，在《五行大義》的早期寫本中，正文與注文之間也應存在某種書寫方式上的差異，但在日傳本系統中，這種差異似乎在整體上都没有得到保留，因此長期以來未能得到中村璋八等整理者的注意，而《大義》所録古本《春秋繁露・治順五行篇》的文本形態與價值也就一直未能得以揭示。

四

既然《五行大義》所據爲隋人所見古本《春秋繁露・治順五行篇》，則其與宋本《繁露》之間存在異文，自是在所難免。兩相比較，二者間最爲醒目的差異即在於《大義》所見本較宋本系統性地多出對於五行休、咎庶徵的進一步描述：例如木行部分，多出“恩及草木，則朱草”兩句，論治順五行之休徵，其後“若夫人君”云云，則論逆忤五行之咎徵。而值得注意的是，這些多出的文字，連同二本同見的關於五行用事施政要點的叙述，均與宋本《春秋繁露・五行順逆》篇存在明顯的互見關係——如果《五行大義》引文代表了《春秋繁露・治順五行篇》的早期形態的話，則這篇文獻基本可以認定是後人將

① 伯希和題名爲《孝經注》，林秀一題名作《敦煌遺書孝經鄭注義疏研究》，陳金木題名爲《孝經鄭氏解義疏》，許建平題名爲《孝經鄭注義疏》。相關研究可參許建平《敦煌經籍叙録》，中華書局，2006 年，頁 425—426。

《春秋繁露·五行順逆》與《淮南子·天文》兩篇"嫁接"而成的衍生型文本，是試圖將《五行順逆》篇所言五行用事之要點重新置入"五行各主七十二日"的時間框架中進行理解的一種理論嘗試。關於這一點，筆者已經在《〈春秋繁露〉"五行"諸篇形成過程新證》一文中有細緻討論[①]，這裏不再贅述。以下僅就《大義》所見本與宋本之間涉及義理問題的異文略加討論。

第一，該篇的篇名問題。在宋本《繁露》中，該篇題名作"治水五行"，聚珍本等其它明清刻本皆然，但該篇并論五行用事，以五行各主七十二日，既未特別突出"水"行，亦不自"水"行始，故篇題獨標"治水"，頗令人困惑。蘇輿注引凌注嘗試對此作出解釋："《尚書》注：'治水失道，亂陳其五行。'疏：'水是五行之一，水性下流，鯀反塞之，失水之性。水失其道，則五行皆失矣。'"[②]以爲"治水"是五行之本，故"治水"自具"治順"之義，其説缺少文例，顯然失於迂曲。董天工《春秋繁露箋注》則以爲"篇中無'治水'語，'水'當是'本'字之誤"[③]。遂徑以篇題爲《治本五行》，實無據之臆改。今《五行大義》引該篇篇題作"治順五行"，似乎給我們理解這一疑惑提供了新的思路。從《大義》所見注文來看，其於五行用事之首句的注釋中分别言："此并順春之施也""此順火之化，長養萬物也""順土寬和含養之德也""此并順金以威嚴肅殺之氣也""此并順水閉藏之義"，顯然均着眼於一"順"字加以闡釋，足證《大義》所録古本《繁露》篇題確作《治順五行》。所謂"治順"，强調當順五行之理而治，實較宋本"治水五行"更爲融通，而從《繁露》所收"五行"諸篇的整體結構上看，此篇上承《五行順逆》，下接《治亂五行》，而所謂"順逆""治順""治亂"之説，均出自《五行相生》篇所言"故爲治，逆之則亂，順之則治"[④]，故"《治順五行》"的篇題似乎也更符合《繁露》所見"五行"諸篇的整體結構，所謂"治水五行"恐爲後世傳刻之訛[⑤]。

---

① 可參拙文《〈春秋繁露〉"五行"諸篇形成過程新證》，《史學月刊》，2016年第7期，頁35。

② 蘇輿《春秋繁露義證》，頁381。

③ 董天工《春秋繁露箋注》卷一三，華東師範大學出版社，2017年，頁186。

④ 蘇輿《春秋繁露義證》，頁363。

⑤ 鍾肇鵬《春秋繁露校釋》亦據蕭吉《五行大義》引文認爲該篇篇題當作《治順五行》。鍾肇鵬《春秋繁露校釋（校補本）》，河北人民出版社，2005年，頁862。

第二，關於宋本《春秋繁露·治水五行》中復見於木行、土行兩部分的“存幼孤，矜寡獨”句。前文已言，按照《治順五行篇》的整體體例，其各行所舉行事皆依該行内在屬性而定，木生、火長、土養、金殺、水藏，用五行相生之義，以見五時各主七十二日行事之節，因此，各行所規定的行施政要點於理不應有重複。然而宋本《治水五行》中，“存幼孤，矜寡獨”一句却兩見於木、土兩行，頗令人不解[①]。今參《大義》所見古本，其木行部分作“存幼孤，矜寡獨”，而土行僅作“矜寡獨”而無“存幼孤”，可見“存幼孤”之事，似當歸諸木行而非土。從五行相生之義來看，木主生長，正是撫養幼孤成長之義，《管子·四時》論春三月之政，亦有“論幼孤”之説[②]，與此文相合。至於“寡獨”，皆爲年長而獨身者，無子女供養，故需人君矜憐垂顧，其義與“養長老”實同。依五行相生之義，土主供養，《五行對》以父子論五行，以爲土爲火之子，土雖爲五行之尊，但仍奉養火若父，“不與火分功名”，故曰“忠臣之義，孝子之行，取之土”[③]，因此，土行有“養長老”“賜孝弟”之義，而“矜寡獨”既含養老之義，似乎更宜置於土行而非木行之下。總之，“存幼孤，矜寡獨”兩見於宋本之木行、土行，顯然是後人寫、刻之誤，而這種訛誤似乎自隋人所見古本已發其端。今參五行相生之理，當以“存幼孤”歸諸木行，而以“矜寡獨”歸諸土行。

第三，宋本《春秋繁露·治水五行》於土行部分有“養長老”之言，至金行部分又有“存長老”句，二者文意顯然重合，且上文已言，土主孝養而金主殺伐，以存老之言置於金行之下，頗令人費解。今參《五行大義》所見古本，金行之下并無“存長老”之文，可知宋本此處當爲衍文。

總之，從上舉數例看來，《五行大義》所見本《治順五行篇》較宋本自有勝處，確實更多反映了《治順五行篇》的早期形態，具有重要的校勘價值。不過，正如本文第一部分所言，蕭吉抄録舊籍素多改筆，因此，《大義》所見本《治順五行篇》顯然也不能代表隋本《春秋繁露·治順五行》的原始形態，

① 董天工《董子春秋繁露箋注》在“存幼孤，矜寡獨”句下有注：“二句與春同，疑有誤。”鍾肇鵬比勘《五行大義》引文及《淮南子·天文訓》等諸篇後認爲“董説未確”。董天工《春秋繁露箋注》卷一三，頁187；鍾肇鵬《春秋繁露校釋（校補本）》，頁866。

② 黎翔鳳《管子校注》卷一四《四時》，中華書局，2004年，頁843。

③ 蘇輿《春秋繁露義證》卷一〇《五行對》，頁316。

其間有多少經過蕭吉改筆，今已難具考。不過，在《大義》引文中，確有一處文字值得注意，那就是在金行部分"無焚金石，則白虎見"的描述。此處以"白虎"的出現作爲金行之祥瑞，不見於宋本《繁露·治水五行》，而在宋本《繁露·五行順逆》中，金行之祥瑞則作"麒麟至"。我們在文章第二部分已經論及，在《五行順逆》《治順五行》共同遵照的灾異學原理中，"四蟲"自身的休咎將反應爲"四靈"的伏見，因此，金行主毛蟲，作爲休咎之徵的瑞獸自然應當是"毛蟲之靈"。那麽，"毛蟲之靈"是什麽呢？《大戴禮記》等認爲是麒麟，至於《鈎命决》則以爲是"白虎"，這裏事實上存在兩種靈瑞體系的交叉，一種是與星占學相關的四方瑞靈説，即東方蒼龍（木性）、南方朱雀（火性）、西方白虎（金性）、北方玄武（水性）；另一種則是基於"五蟲"觀念的"五靈"説，即青龍爲鱗蟲之靈（木性）、鳳凰爲羽蟲之靈（火性）、聖人爲倮蟲之靈（土性）、麒麟爲毛蟲之靈（金性）、靈龜爲介蟲之靈（水性）。此二者雖然存在一定的交叉，但顯然各有其思想淵源，難以完全融合，而從二者的五行學屬性來看，關鍵性的矛盾即在於金行所主之靈瑞，依"四靈説"，則爲白虎，依"五靈説"，則爲麒麟。今《治順五行篇》既然基於"五蟲"休咎而論靈瑞之伏見，則自宜依"五靈説"而以白虎爲金行之靈。但在《五行順逆》篇中，其於金行之下所言休徵爲"麒麟至"，複以"白虎妄搏，麒麟遠去"爲咎徵，顯然是有意牽合"四靈"與"五靈"二説，將白虎、麒麟均列入金行之瑞靈；而對於"白虎"而言，僅於咎徵部分言其"妄搏"，似乎認爲虎是食人之猛獸，無法作爲祥瑞存在，故只能與鯨鯢等同列爲灾異。

不過，日傳本《大義》所引《治順五行》對此似乎不以爲然，他將金行部分的瑞獸仍然認定爲"白虎"，顯然仍將其視爲祥瑞。可供參考的是，在《五行大義》卷五《論禽蟲·一者論五靈》中，蕭吉特别論及麒麟與白虎究竟誰是"金行"之靈的問題，在結論部分其指出：

> 《易通卦驗》言："立秋，虎始嘯。"《孔衍圖》云："虎，金精。"《大戴禮》言："虎七月而生，應陽數。"《考異郵》亦云："虎班文者，陰陽之雜。"虎爲毛蟲，定是金獸。《考異郵》云："參、伐虎之德，義主斬刈。"所以學門謂之虎門，乃畫虎於門者，以《兑》居秋方，《兑》是説言，主講説故。

又金有殺伐之威，虎有毒害之猛，故金義扶虎。[①]

顯然，蕭吉認爲白虎應爲金行之瑞，而麒麟則爲土行之瑞，這也是一種將“四靈”説與“五靈”説融合起來的嘗試。而金行既然自有殺伐之威，則白虎雖然具有“毒害之猛”，但適時地出現仍可被視爲祥瑞而非灾異。蕭吉的觀念與《大義》所見古本《治順五行篇》一致，而與《五行順逆》篇不合。根據我們對於《治順五行》與《五行順逆》之間文本生成關係的認識，前者當係據後者改筆而成，因此，將《五行順逆》中金行祥瑞“麒麟至”改爲“白虎見”，顯然是一種有意的改筆。雖然在目前的材料下，我們尚無法判斷這一改筆究竟是《治順五行篇》的最初撰寫者所爲，還是蕭吉在徵引中所改，但這一文本現象的發現，仍足以提示我們關注衍生型文本的“重寫”藝術。

① 蕭吉撰，[日]中村璋八校注《五行大義校注》，頁210。“《兑》是説言，主講説故”兩句，中村氏點作“《兑》是説，言主講説，故又金有殺伐之威”實誤。

何爲文學遺産

——就平安初期文學對中國古典籍之繼承與私有化論

Edoardo Gerlini(著) 崔鵬偉(譯)

一、緒言：何爲文學遺産

將古典文學當作文化遺産，即文學遺産（literary heritage）來考慮意味着什麽呢？文學研究的論文以及出版物中隨處可見“遺産”或者英文“heritage”等字眼，這些基本上不是在籠統地指代殘存於今的前人之作，便是在指代某些有特别價值的傑出作品、抑或某個作者留下的作品。在中國，自1954年開始出版發行的文學學術刊物《文學遺産》中也應是同一意思。

然而近年，以遺産這一關鍵詞爲基軸、一個新的跨學科研究領域——批判性遺産研究（critical heritage studies）發展起來并提出了耐人尋味的見解。在這裏，遺産所指代的不再是那些從古代留存下來的建築物、城市風貌、作品、習慣、藝能、技術等内容，而是指在過去與現在的關係上有特别價值的言論構造（discursive construction）（Smith 2006:13）[①]。他們認爲透過過去的遺留物（遺産），現在的人們或團體會對某些特定場所或事物、以及習慣抱有歸屬感，共有一些價值觀或共通記憶，從而構築認同感。即是説在他們

作者單位：意大利威尼斯大學

① Smith, Laurajane, *Uses of Heritage*, London: Routledge, 2006.

看來，真正的遺産并非是物品本身，而是從知識文化方面、政治方面進行認知的方式與過程。雖然在理論層面，批判性遺産研究受到了圍繞米歇爾·福柯言論的研究、以及皮埃爾·布迪厄所定義的象徵主義資本等理論的强烈影響，但遺産研究不僅僅限於理論探討，還要正面對待遺産的管理等具體問題。而連繫理論與實踐的關鍵詞是"價值(value)"，這在近年的遺産研究中經常被提及。

> Heritage is a metacultural process in the sense that artifacts, buildings, landscapes, festivals or any other heritage element are not by themselves heritage unless there is social value attached to them. From this point of view, heritage is a peculiar type of cultural product because it implies a metacultural reflection about culture itself. Heritage implies "adding value to culture." (Sánchez—Carretero 2013:387)①
>
> 遺産是種元文化認知方法，如果没有社會附加價值的加成，歷史遺物、建築、風景、節日以及任何其他遺産元素本身都無法成爲遺産。從這一角度來看，遺産是一種特殊類型的文化産物，因爲它意味着對文化本身的一種元文化式折射。即遺産意味着"給文化附加價值"。(筆者譯)
>
> Increasingly, the view has been that, alongside any intrinsic value heritage may have, ultimately meaning resides in the "intangible" relationships it provides between people and things. (Akagawa 2016:81).②
>
> 越來越明確的是，儘管遺産擁有其它内在價值，但其根本意義還在于它在人與物之間所建立的"無形"關係。(筆者譯)

以被聯合國教科文組織評定爲世界遺産的萬里長城爲例，在上述立場看

① Sánchez—Carretero, Cristina, "Significance and social value of Cultural Heritage: Analyzing the fractures of Heritage", in Rogerio-Candelera, Lazzari & Cano (eds.), *Science and Technology for the Conservation of Cultural Heritage*, London: Taylor & Francis Group, 2013.

② Akagawa, Natsuko, "Intangible Heritage and Embodiment: Japan's Influence on Global Heritage Discourse", in William Logan, Máiréad Nic Craith and Ullrich Kockel (eds.), *A Companion to Heritage Studies*, Oxford: Wiley Blackwell, 2016.

來，遺産的價值不在於砌築萬里長城的磚石瓦塊等物理事物。確切的説，透過象徵過去中國的萬里長城，現在的中國人强化與追求自身文化認同感的過程才是遺産的價值所在。

因此，遺産最初并不是作爲遺産而産生的。人們通過將其與自身的文化歸屬感連繫在一起，并認同其爲集體共同記憶的構成要素，才使得其成爲了遺産。遺産是在經過内包與除外、解構與建構、私有與否决等複雜過程後才産生的（Graham & Howard 2008）[①]，且非過去製造的事物，而是連繫現今社會價值以及歸屬感再確認的認知過程（Smith 2006:301）。"遺産製造（heritage making）""遺産化（heritagization）"（Sánchez—Carretero 2013）等用語被頻繁用來指代這一過程。

那麽將這種獨特的"遺産"定義應用在文學、特别是古典文學時會發生什麽呢？"文學遺産"一詞的意思又會有何種變動呢？文學是人類文化遺産的一部分，這一點毋庸置疑。然而，當文學遺産不是作爲物品（資料）而是一種文化認知方式被看待時，會刺激我們對文本的理解與應對處理産生新的看法。也就是説通過將這種批判性遺産研究與文學研究相結合，我們會發現一些新的課題。例如，遺産的歸屬（ownership）即文化産物應該屬於誰這一問題，對産自没有著作權時代的文學作品而言是否具有意義呢？再者，遺産的真實性（authenticity）即該物品非是僞造的問題，是否適用於那些通過引用、暗示、編集、覆蓋等工序而成書的多數古典籍呢？。

結合古典文學與遺産的先行研究，首先比較明顯的共通點在於遺物的遺産化（heritagization）與文學作品的經典化（canonization）非常相似。上文提到了不存在天生的遺産，同樣的也不存在天生的古典（classic）。要成爲古典文學作品，須得經過篩選、評判與經典化等繁雜的過程（日本方面參見Shirane & Suzuki 2000）[②]。

另外一個共通點是遺産與文學風行背後的政治力量。現今的遺産多爲

① Graham, Brian and Howard, Peter, "Introduction: Heritage and Identity", in Brian Graham and Peter Howard (eds.), *The Ashgate Companion to Heritage and Identity*, Aldershot: Ashgate, 2008.

② Shirane, Haruo and Suzuki, Tomi (eds.), *Inventing the Classics: Modernity, National Identity, and Japanese Literature*, Stanford: Stanford University Press, 2000.

宣揚地方團體或者小衆認同的工具，而文學的創作、篩選與教育也多出自同樣的目的。文學與言語有時候會成爲政權的宣傳工具，而有時候則會成爲標榜少數派權利的武器。

像這樣把遺産的概念運用到文學研究的跨學科研究方法有望於開拓新的研究願景。而反過來古典研究也有助於推動遺産研究的進步。志在理解近代以前的文本資料内容及其背後思想的古典文學研究，通過賦予歷史深度給誕生自十九世紀歐洲的遺産概念，能够導出更爲普遍的關於遺産的見解。如前田雅之(2018)① 和 Salvatore Settis(2006)② 所述，古典有能力使現代變得相對。通過這種能力使作爲現代思想産物的遺産概念變得相對化，有助於書寫 David Harvey (2001, 2008)③ 所推定的“遺産的歷史”。有關遺産的先行研究中對文學并没有特别的關注。但是，集明確清晰言論爲一體的古典文本相比其他任何遺物，它的構造都要明確清晰。因此在探究遺産的歷史、即遺産概念是如何發展而來的這一問題時，自然而然的以古典文學爲首的歷史文獻就成爲必不可少的存在。

二、從和漢比較研究學習遺産言論

本研究以日本古典文學與和漢比較文學爲基礎，通過對遠離西方以及近代的事例進行列舉分析，有利於矯正遺産研究偏向現代、以西方爲中心的傾向。另外，漢字文化圈裏日本的事例在考量古文化(中國)與新文化(日本)之關係、即“文化相對年齡”(relative age of cultures, Denecke 2014:1—4)④ 方

---

① 前田雅之《なぜ古典を勉强するのか　近代を古典で読み解くために》，東京：文學通信，2018 年。

② Settis, Salvatore, *The Future of the "Classical"*, Cambridge: Polity, 2006. [Futuro del classico, Torino: Einaudi, 2004].

③ Harvey, David, "Heritage Pasts and Heritage Presents: temporality, meaning and the scope of heritage studies", *International Journal of Heritage Studies*, 7:4, 2001, pp.319-338. Harvey, David, "History of Heritage" , in Brian Graham and Peter Howard (eds.), *The Ashgate Companion to Heritage and Identity*, Ashgate, 2008.

④ Denecke, Wiebke, *Classical World Literatures. Sino-Japanese and Greco-Roman Comparisons*, New York: Oxford University Press, 2014.

面較爲適合，對書寫重視古今關係的遺産史很有意義。

而在文本分析對象的選擇上，編纂於平安初期的敕撰漢詩漢文集的序文較爲適切。因爲這些序文乃日本文學史初期所出現的元言論，即針對文學本身的文本，所以首先需要確認其中是否存在相當於遺産化概念的態度與觀點。這些序文采用了通用書寫語言漢文，并且從漢籍進行了頻繁引用，因此可以將之看作是對中國文化的繼承與私有化這種文化認知方式的事例。其次，通過將和漢比較研究的主題——間文本性（intertextuality）當作遺産化，進而思考平安初期的知識分子是如何在東亞文化圈内自我定位，以及如何使自己所創作的"文"實現正當化的。

本文將以平安初期受嵯峨天皇（786—842）與淳和天皇（786—840）之命編纂成書的《凌雲集》（814）、《文華秀麗集》（818）、《經國集》（827）這三大敕撰漢詩集的序文爲例，確認其中能否找到相當於遺産概念的言論。從結論而言，這些序文中存在兩點與遺産研究所定義的遺産概念共通之處。其一，序文中詳細記載了出於失去過去文本的危機感，采取積極的保護措施即編纂敕撰集、使嵯峨與淳和兩朝的文化事業流傳後世的意圖。其二，通過引用等文本的接收與再創造，漢籍中藴含的屬於中國共通記憶被日本文人或詩人有創造性的私物化（creative appropriation）過程。

順帶一提，諸如上述可以稱作遺産化的言論亦見於奈良時代編纂的漢詩集《懷風藻》序中。但《懷風藻》爲私撰集，平安初期的漢詩文集與之不同的地方在於其是日本最初的敕撰集，即相較於《懷風藻》其地位更爲正統屬於官方編撰。在以天皇權力爲原點的日本朝廷這一共同體内，構築共通記憶與歸屬感是通過編纂敕撰集來實現的。因此敕撰漢詩集是理解平安初期文學遺産的重要事例。

三、平安初期敕撰漢詩集序文中的文本保護與繼承

《凌雲集》的序言中，小野岑守就編纂的經緯作了如下闡述。

> 嘆光陰之易暮，惜斯文之將墜。爰詔臣等，撰集近代以來篇什。

《凌雲集》收録了創作於自延暦元年至弘仁五年(782—814)的漢詩，其編纂的主要目的是保護“近代以來”之“斯文”，即桓武朝與嵯峨朝的漢詩。每一位作者均希望自己的作品能够得到傳播、流傳後世。且《凌雲集》收録的非單一作者，而是嵯峨政權期間貴族團體的作品。保護這些作品也就意味着保護嵯峨朝的共通記憶。值得注意的是，嵯峨天皇對於文本的情感態度。從上述引用序文可以看出，嘆息光影的流逝以及文化的喪失是本書的編纂動機，這不單是嵯峨天皇個人的情感，也可解讀成是其作爲君主所代表的朝廷社會的情感。

而記憶(memory)與感情(affection、emotion)是近年遺産研究中被頻繁探討的課題。

> As with heritage, memory is not an object to possess, memories are not "like books in a library that we can pull down, open up, and read" (Conway 1997: 4). Rather, memory is an active cultural process of remembering and of forgetting that is fundamental to our ability to conceive the world (Misztal 2003: 1). (Smith 2006:58)
>
> 同遺産一樣，記憶非是所有物，也不是“像圖書館書架上的書本那樣可以拿在手上翻看閲讀”(Conway 1997: 4)。準確的説，記憶是我們理解世界的能力中不可或缺的、用以記存或者忘却的一種積極的文化認知過程(Misztal 2003: 1)。(筆者譯)

另一方面，情感被認爲是“行動志向，會敦促人們去做某事(emotion is action—oriented, it pushes people to do things)”(Wetherell et al. 2018)[①]。同時，遺産也可以認爲是情感實踐(affective practice)(Wetherell 2012)[②]。

從這一觀點來看,《凌雲集》編纂工作自身即是嵯峨朝詩人們的情感實

① Wetherell, Margaret; Smith, Laurajane; Campbell, Gary. "Introduction: Affective heritage practices", in Laurajane Smith, Margaret Wetherell and Gary Campbell (eds.), *Emotion, affective practices and the past in the present*, London & New York: Routledge, 2018.

② Wetherell, Margaret, *Affect and Emotion: A New Social Science Understanding*, Los Angeles: Sage, 2012.

踐，也是形成貴族社會共通記憶的遺産。

而且值得一提的是，《凌雲集》并没有網羅式地去搜集嵯峨朝創作的文學作品，而是有選擇地去保存那些評價較多的作品。

> 豈臣等能所議乎。而殊被詔旨，敢以采擇。（中略）
>
> 臣之此撰，非臣獨斷。與從五位上行式部少輔菅原朝臣清公、大學助外從五位下勇山連文繼等，再三議。

其他的勅撰集也進行了這樣的選擇取捨。如下所示，《文華秀麗集》序文中記載了諸多文人之間相互討論的情形。

> 臣謹與從五位上行式部少輔兼阿波守臣菅原朝臣清公、從五位下行大學助紀傳博士臣勇山連文繼、從六位下守大内記臣滋野宿爾貞主、從七位下守少内記兼行播磨少目臣桑原公腹赤等，各相平論甄定取捨。

同樣在第三本勅撰集《經國集》中也可見到選擇取捨，就非優秀作品序文作以下叙述。

> 爰詔正三位行中納言兼右近衛大將春宫大夫良岑朝臣安世、令臣等鳩訪斯文也。詞有精粗，濫吹須辨。文非一骨，備善維雜。

從衆多候選中篩選值得收録的作品并對之進行評價，是在賦予其意義或價值。將勅撰集作爲遺産看待時，考量對象不是作品本身，而是選取該作品并評價其成爲朝廷文化代表的這一文化認知過程。

而相較於《凌雲集》，《文華秀麗集》和《經國集》的序文中對後世的關注更爲顯著。《文華秀麗集》裏，序文的作者仲雄王在序中提到了對後世繼承書中所集録漢詩的期望。

> 英聲因而掩後，逸價藉而冠先。

《經國集》序文中，先是指責了目光短淺、只考慮眼前情形之人，接着贊美了"古之作者"的功績能够流傳千古，即"傳於後"的現象。

> 夫貧賤則懾於飢寒，富貴則流於逸樂。遂營目前之務，而遺千載之

功。是以古之作者，寄身於翰墨，見意於篇籍。不托飛馳之勢，而聲名自傳於後。

序文的結尾部分還叙述了對詩文集能在將來得到肯定的期望。

名曰《經國集》。冀映日月而長懸，争鬼神而將奥。

如 Stephen Owen 所述，立足於過去并在此基礎上創作新作品這種創作體系是中國古典文學的特徵。

The fundamental rule was the reaffirmation of a contract made with past and future: "As I remember, so may I hope to be remembered." (Owen 1986:1)①

基本規則在於過去與未來之間的契約的再確認。"因爲我記得(過去),所以我也希望能被(後世之人所)記得"。(筆者譯)

值得注意的是,Owen 提出的"過去與未來之間的契約"和作爲連繫過去與現在的遺産概念是相匹配的。

參照平安初期敕撰漢詩集的序文可以知道，日本文學史早期便已經起用了連繫過去與現在，以及未來的類似"契約"的言論。而在序文文本中明確表達這種對待過去文化態度的形式不容忽視。

綜上所述，在平安初期敕撰漢詩集的序文中能够確認得到記憶、情感、價值的相關言論，因此可以將之看作是遺産化的事例。

四、漢籍私有化的一個事例 ——敕撰漢詩集與曹丕的《論文》

如第三節所探討的那樣，漢詩集的編纂本身便可以看作是將日本漢詩遺産化的一個事例。并且在序文中被遺産化了的不僅僅是在日本創作的漢詩文，還包括從中國傳入日本的文本文化。這一過程從漢籍的引用以及漢籍故事的再利用即可得到證明。衆所周知，敕撰漢詩集中包括序文在内，有着許

① Owen, Stephen, *Remembrances: the Experience of the Past in Classical Chinese Literature*, Cambridge: Harvard University Press, 1986.

多暗示《論語》《莊子》等各類漢籍之處。其中最引人矚目的是出現在《凌雲集》序文的開頭，亦是《經國集》書名出處的魏文帝曹丕《論文》中的引文。

> 臣岑守言，魏文帝有曰："文者經國之大業，不朽之盛事。年壽有時而盡，榮樂止乎其身。"

先行研究認爲，此處概括了曹丕文學觀的引文，成爲了決定嵯峨朝施行文化政策方針的準則。在遺産學的角度看來，這一解讀很耐人尋味。

該引文中能够確認得到有關遺産言論的要素。文學（文章）乃統治國家之"大業"。"大業"一詞有業績以及功業之意，而 Stephen Owen 則將"業"翻譯爲 patrimony（財産，或者遺産），并作了如下解説。

> These works will be his true *yeh* 業, translated above as "achievements"; *yeh* is "patrimony" something one stores up and transmits to one's posterity; it is a term used for capital, property, learning, merit (the accumulated merit, *yeh*, of an official might be passed on to his children and increased or dissipated by their own acts). (Owen 1992:68)①
>
> 這些文學作品是他（曹丕）真正的"業"即功績（achievements）。業是財産（patrimony），即可以儲蓄積累讓渡給子孫的東西。用以指代資本、資産、學問、功績等物（官吏們把積累的"業"即功績傳授給他們的子孫，又因後者的行爲［acts］而增長或消散）。（筆者譯）

Owen 有關"業"的説明與遺産研究中遺産的定義相近。遺産也是被創作、被增加，以及被破壞的存在（Harvey 2008:22）。曹丕在晚年所展開的文學觀也可以看作是有關遺産的言論，而由嵯峨朝的文人們引用的《論文》繼而被在日本發展的文學遺産思想所接受。也就是説，中國有關文學遺産的独特態度傳到日本并被接受的過程其本身就可以看作是文化的遺産化。

另外一點值得關注的是"魏文帝有曰"這一引用方式。該引用所帶來的間文本性關係，具有將身爲賢者以及權力者的魏文帝曹丕的權威投入到《凌

① Owen, Stephen, *Readings in Chinese Literary Thought*. Cambridge: Council on East Asian Studies Harvard University, 1992.

雲集》序文的効果。對於嵯峨朝政權，以及亟待將新世界觀正統化的勅撰集編撰者而言，借用充滿權威的中國文本以及人物是最有效的手段。

通過這種漢籍的再利用和再創造，日本被納入了中國的歷史軌道。例如《經國集》序文中有將嵯峨天皇以及淳和天皇與中國的太古君王堯、舜同等化之處。

> 堯之克讓文思，舜之濬哲好問。

此處翻譯成英文時，Gustav Heldt 把“堯”“舜”補充譯成了“Our latter-day Yao（我們當代的堯）”“Our latter-day Shun（我們當代的舜）”，明確指出了這裏的堯與舜指代的是嵯峨天皇與淳和天皇（Heldt 2008:307）①，而在漢文原文中這一點則全需要靠聯繫上下文加以理解才能得出。Wiebke Denecke 認爲，《經國集》序文中展示的歷史觀所要表達的是中國文學史被歸化（naturalize）的事。

> ［The compiler Shigeno no Tadanushi］“naturalizes” the Chinese time line of literary history. Under this disguise of “Japan as China,” the difference between Chinese poetry and Japanese kanshi is made invisible. (Denecke 2004:109)②
>
> ［序文的作者］使中國文學史的時間綫歸化到了［日本］。通過“中國化的日本”這一變裝，中國詩與日本漢詩之間的區別變成了不可視。（筆者譯）

先行研究認爲和、漢關係可以用“日本中的中國（China within Japan）”（Pollack 1986; Sakaki 2006）這種結構來解釋。Denecke 則提出了表示更深層次同一化的解釋——“中國化的日本（Japan as China）”，同時將在日本進行

---

① Heldt, Gustav, *The Pursuit of Harmony. Poetry and Power in Early Heian Japan,* New York: Cornell University East Asia Program, 2008.

② Denecke, Wiebke, “Chinese Antiquity and Court Spectacle in Early Kanshi”, in *The Journal of Japanese Studies*, Volume 30, Number 1, Winter 2004, pp. 97-122, 2004.

的中國文本再利用命名爲“再演(reenactment)”(Denecke 2004:99)。[1]

而綜合上述見解，本文想要提出一個新的概念——創造性私有化(creative appropriation)。相比“再演”,“私有化”一詞更能忠實貼切地表達中國文本在日本脱胎换骨式的被接受過程。將曹丕的《論文》文本原封不動地投入《凌雲集》序文中，正是日本對中國文化的創造性私有化，以及遺産化的表現。

通過這種創造性私有化，在日本創作的“文”與在中國創作的“文”變得不再被區分，而是單純的作爲“(漢)文”來被認知。藉此，中國與日本之間的距離被壓縮，一個四次元空間，即一個文化圈被創造出來。具體而言，在《經國集》的序文中，日本的現在與中國的太古十分協調地混合在了一起，形成了一幅典故以及歷史人物可以自由登場的不可思議的畫面。

毋庸置疑的是，上述同一化是僅能在文本層面實現的幻想式構造。平安初期的日本與大陸從來都是遠洋相隔的兩個區域。然而，當將東亞漢字漢文文化圈作爲 Benedict Anderson 所定義的想象上的共同體(Imagined community)來看時，嵯峨朝的文人對這一共同體應該是保有某些歸屬感的。也就是説，他們通過采用共通書寫語言漢文加入了可以被稱之爲東亞“文學遺産圈”的 living community(活性共同體)。而對於追求東亞這種超地域性歸屬感的日本文人來説，將中國的歷史及其證明的載體——漢文文本遺産私有化，并進行再創作是不可或缺的。

五、結語

本文嘗試了和漢比較研究與遺産研究之間的跨學科對談。通過探求并分析平安初期的勅撰漢詩集序文中所包含的文學元言論(literary metadiscourse)，將其重新定位成爲近代以前文本“遺産化”的一個事例。

如果依據 David Harvey 所述,“遺産自古以來就與我們共存，并由人們的關心與經驗不斷創造”(heritage has always been with us and has always been

① Pollack, David, *The Fracture of Meaning: Japan's Synthesis of China from the Eighth through the Eighteenth Centuries*, Princeton: Princeton University Press, 1986.

produced by people according to their contemporary concerns and experiences）（Harvey 2001:320），那麼勅撰漢詩集絶對算得上是日本遺産史的重要一環。這不僅是因爲勅撰漢詩集作爲歷史資料所擁有的學問價值，更準確的説是因爲其出於對過去文化的情感以及義務，使得日本的“遺産”創造言論在相對較早的時期便得以問世。

書寫上述日本遺産史并不是在誇耀日本文化。而是通過從“東亞文學遺産”的角度評價誕生於日本與東亞交流中的作品，進而理解東亞各國所共有的文化遺産之接收與再創造的構造，期許能够增進現今各國間的國際關係和文化交流。

《懷風藻序》對唐太宗時期文本的運用

高松壽夫（著） 顧姗姗（譯）

一、《懷風藻序》對唐太宗之語的運用

《懷風藻》成書於天平勝寶三年（751），爲日本現存最古漢詩集。其序文，作爲出自八世紀日本人之手的漢文，可視爲當時高水準的文學成果之一。

> 逖聽前修，[A]遐觀載籍，襲山降蹕之世，橿原建邦之時，天造草創，人文未作。至於神後徵坎，品帝乘乾，百濟入朝，啓龍編於馬廄，高麗上表，圖烏册於鳥文。王仁始導蒙於輕島，辰爾終敷教於譯田。遂使俗漸洙泗之風，人趨齊魯之學。逮乎聖德太子，設爵分官，肇制禮義。然而專崇釋教，未遑篇章。
>
> 及至淡海先帝之受命也，恢開帝業，弘闡皇猷，道格乾坤，功光宇宙。既而以爲，[B]調風化俗，莫尚於文，潤德光身，孰先於學。爰則建庠序，徵茂才，定五禮，興百度。憲章法則，[C]規模弘遠，夐古以來，未之有也。於是三階平煥，四海殷昌，旒纊無爲，巖廊多暇。旋招文學之士，時開置醴之遊。當此之際，宸翰垂文，賢臣獻頌。雕章[D]麗筆，非唯百篇。但時經亂離，悉從煨燼。言念湮滅，軫悼傷懷。

作者單位：早稻田大學文學學術院　譯者單位：東洋大學法學部

自兹以降，詞人間出。龍潛王子，翔雲鶴於風筆，鳳翥天皇，泛月舟於霧渚，神納言之悲白鬢，藤太政之詠玄造，騰茂實於前朝，飛英聲於後代。

E余以薄官餘間，遊心文囿。閲古人之遺迹，想風月之舊遊。雖音塵眇焉，而餘翰斯在。撫芳題而遥憶，不覺淚之泫然。攀縟藻而遐尋，惜風聲之空墜。遂乃F收魯壁之餘蠹，綜秦灰之逸文。遠自淡海，云暨平都，凡一百二十篇，勒成一卷。作者六十四人，具題姓名，并顯爵里，冠於篇首。余撰此文意者，爲將不忘先哲遺風，故以懷風名之云爾。於時天平勝寶三年歲在辛卯冬十一月也。

這篇序文從日本語言文字的歷史談起，采用簡潔精煉的筆法，叙述了“天孫降臨”以來歷代與語言文字相關的事迹。但其中，唯對天智朝使用了較多筆墨。爲了便於分析，筆者將原文分爲四段，第二段是圍繞天智朝的叙述。序文共450餘字，記述歷史的部分占300餘字，其中140餘字，也就是將近一半的文字都與天智朝有關。文字表述了天智天皇是如何受命於天，恢宏帝業，推廣國策，繼而功德圓滿天下的過程。天智天皇在這一過程中秉持着不論風俗教化抑或個人立身修養，文學才是重中之重的理念，通過推行教育政策，完善諸制度等手段，使社會規範得以普及，在這樣的繁榮治世下，自然而然地形成了君臣共勉文學的局面。由這段文字可知，序文執筆者即《懷風藻》編撰者將天智朝視爲一個極理想的時代。這一點已在以往的研究中被多次論證。此外，《懷風藻》編撰者還認爲，這種理想狀態應在動態的歷史進程中去把握，但却并不是歷史發展的必然結果，而是在引領這一時代的天智天皇的明確意志下成就的偉業。序文橫綫處“B調風化俗，莫尚於文，潤德光身，孰先於學”就表述了天智天皇對文學的明確“意志”。“文”“學”二字被分别置於第二與第四句句末，以對偶形式表述了文學的功效。

可以説，天智天皇文學理念中的“文學”并非狹義上的文學，而應理解爲廣義的“學問”“儒學”，這一點在橫綫處B的文字中被充分表達了出來。同時，結合《懷風藻》編撰者視天智朝爲理想時代的表述，我們可推斷，這些文字同時也代表着《懷風藻》編撰者自身的文學理念。衆所周知，强調文學在政教，以及個人自我實現中具有重要意義的思想，在漢土學説中早已被廣爲認可。然而，問題在於，這一節文字實際上原封不動地轉用了唐太宗（李世民）的講話内容。《册府元龜》卷一五七《帝王部・誡勵》中載有以下一段文字。

（貞觀）二十二年二月，朝集使奉辭，引五品以上外殿宴。謂之曰："調風化俗，莫尚於文，潤德光身，孰先於學。是以海蜯不剖，明珠不現，崑竹不斷，鳳音不彰。髦俊以博識洽聞立名，國家以任賢使能致治。（略）"（頁1754）

這段文字記載了貞觀二十二年（648）二月唐太宗在新一届朝集使就任之際，於外殿設席宴請五品以上官員時的講話。波户岡旭曾在《敕選三集序文考》[①] 中指出：《懷風藻序》横綫處B受到了唐太宗撰《帝範・崇文篇》内容的影響。而唐太宗將《帝範》頒賜給皇太子的時間爲貞觀二十二年正月[②]，也就是説《帝範》的成書時間與上文所引《册府元龜》記載的時間前後相隔不遠。這兩份資料反映了幾近同一時期唐太宗的文學觀，之間有頗爲緊密的關聯。但是，考慮到《册府元龜》所載唐太宗講話内容的開篇部分（注點處）與《懷風藻序》横綫處B完全一致的事實，我們可斷定，横綫處B直接引用了《册府元龜》記載的文本。

二、《懷風藻序》與唐太宗時期文本

《册府元龜》記載的唐太宗的這段言論，并非摘録自詔敕之類的文書資料，而是對唐太宗口頭講話的記録。那麼，《懷風藻》編撰者是根據什麼信息渠道獲知這段講話記録的？在探討這個饒有趣味的問題之前，筆者想先在此

---

① 波户岡旭《勅撰三集序文考》（1978年初出），《上代漢詩文と中國文學》，東京：笠間書院，1989年，頁261。

② 參照《資治通鑒》貞觀二十二年正月己丑條、《唐會要》卷三六"修撰"。鐮倉期抄本《帝範》（梅澤紀念館藏）的封底記載了《太宗實録》的逸文，根據逸文可知，以上兩部書中關於《帝範》成書的經緯都基於《太宗實録》撰寫而成（阿部隆一《帝範臣軌源流考附校勘記》，《斯道文庫論集[7]》，1969年，頁173）。

指出其他幾種可能影響了《懷風藻序》的漢籍文本。

序文最後一段闡述了《懷風藻》的編撰經緯，其中橫綫處F叙述了收集這些傳世之作的不易。筆者認爲，這段文字效仿了初唐文臣長孫無忌《請封禪表》(《册府元龜》卷三五《帝王部・封禪》)中的語句，原文如下：

> 伏願時紆睿紱，遠振天聲，徵鴻儒，聘鯢齒，考逸義，輯遺編，摭秦煨之逸文，采魯壁之餘蠹，酌云經而定議，憲河圖而繕儀。(頁370)

關於橫綫處F的文字，加藤有子在《〈懷風藻〉序與中國文學之序》[①]中指出，其借鑒了唐玄宗的一篇詩序。以下這段文字，爲該論指出的典據：

> 乃命學者，繕落簡，緝遺編，纂魯壁之文章，綴秦坑之煨燼，所以修文教也。(《春晚宴兩相及禮官麗正殿學士探得風字序》,《全唐詩》，頁34)[②]

然而相較之下，橫綫處F的文字，顯然與長孫無忌《請封禪表》中的更爲契合。這一點客觀證明了橫綫處F所借鑒的文本應爲《請封禪表》[③]。

《請封禪表》爲長孫無忌建議唐太宗举行封禪之儀的一篇表文。全文洋洋灑灑1300餘字，於貞觀二十年(646)十一月上陳太宗。上文所引部分，旨在主張朝廷應依據各方典籍，精確考證和再現封禪之儀。唐太宗一度采納了長孫無忌的進言，決定舉行封禪儀式，然而之後，又以翌年貞觀二十一年八月河北罹難洪灾爲由，取消了計劃。或許是由於封禪之儀最終未能實現的緣故,《新》《舊唐書》等史書以及後世《文苑英華》之類的總集，都未收録長孫無忌的這篇表文。僅從這一點也可知,《請封禪表》的名氣甚微。但是，

① 加藤有子《〈懷風藻〉序と中國文學の序》,《懷風藻研究(五)》, 1999年，頁27—47。

② 加藤氏所引詩序文本出自《全唐詩》。但據研究,《張説之文集(張燕公集)》卷二是收載此詩序最早的文獻資料(李滿紅《〈懷風藻〉序文の性格——"旒紘無爲""巖廊多暇"について—》，河野貴美子、王勇編《東アジアの漢籍遺産　奈良を中心として》，東京：勉誠出版，2012年，頁214)。《張説之文集(張燕公集)》爲張説(667—730)自撰詩文集。

③ 加藤氏所引唐玄宗詩序的用語，亦有很大可能是受到了長孫無忌詩文的影響。另外，加藤氏論文還指出，除此文以外,《懷風藻序》全篇都可能受唐玄宗時期文本的影響。關於此假設，筆者持不否定立場。

如此名不見經傳的表文,《懷風藻》編撰者又是如何獲知的呢？

在此，我們再探討一處。《懷風藻序》叙述天智朝政績輝煌的段落中，出現了“規模弘遠”這一用語。相較於其他語句，我們可在漢籍中找到較多使用此語的例文，不過，它們之間的關係還有待考證。下文列舉的 8 段文字是目前可確認到的所有文本，從時間關聯上看，它們都有可能是《懷風藻》編撰者借鑒的對象。其中“規模”的“模”通“摸（摹）”，二者此處字義相同，故不予區别，引用如下：

1. 初，高祖不脩文學，而性明達，好謀，能聽，自監門戍卒，見之如舊。初順民心作三章之約。天下既定，命蕭何次律令，韓信申軍法，張蒼定章程，叔孫通制禮儀，陸賈造新語。又與功臣剖符作誓，丹書鐵契，金匱石室，藏之宗廟。雖日不暇給，規摸弘遠矣。（《漢書・高帝紀》，頁 81）

2. 臣愚昧忖誠，不足以知微，然伏揆聖心，規摸弘遠，既圖載其事，必克就其功。（《南齊書・王融傳》永明末年上疏，頁 821）

3. 時經五代，世歷千祀，規摸弘遠，邑居壯麗。（《周書・宣帝紀》大象元年二月癸亥年，頁 117）

4. 昔漢高祖，田舍翁耳。提三尺劍定天下，既而規模弘遠，慶流子孫者，此蓋任得賢臣所致也。（《舊唐書・王珪傳》貞觀元年太宗嘗謂侍臣曰，頁 2528）

5. 陛下聖德含光，規模弘遠，雖文武之烈，實兼將相，何用臨朝對衆，與其較量，以萬乘至尊，共臣下争功哉。（《舊唐書・張行成傳》行成對太宗上書，頁 2704）

6. 臣聞，周世問安，三至必退。漢儲視膳，五日乃來。前賢作法，規模弘遠。（《舊唐書・褚遂良傳》貞觀二十年上疏，頁 2737）

7. 改授荊、湘等四州，以分上流之勢，撥亂反正，强本弱枝。雖享國日淺而規模弘遠矣。（《晋書・明帝紀》，頁 165）

8. 觀其開設學校，存乎沸鼎之中，爰立章程，在乎櫛風之際。雖則世道多故，而規模弘遠矣。（《晋書・王導等傳》，頁 1761）

文本 1 出自《漢書・高帝紀》，載於漢高祖（劉邦）駕崩記事之後，是作者對高祖一生的總結。文中評價到，漢高祖雖最初未研修"文學"，但之後通過積極推進各種法律規章的纂訂，最終實現了法規遠播、天下周知（規模弘遠）的功業。尤爲值得注意的是，這段文字表現了帝王與文學之間的關係，筆者認爲這應當是《懷風藻序》"規模弘遠"用語的典據。文本 2 摘自南齊永明（483—493）末年王融所撰上疏文，文本 3 引用自北周宣帝於大象元年（579）頒布的詔文。由這些文本可知，"規模弘遠"早在《漢書》中就已出現，六朝時期亦在一定程度上作爲固定用語使用。由此可斷言，《漢書》中的例子，應當被視爲後世所有此語的典據。

值得矚目的還有，文本 4—8 反映出一個明顯的共同特徵。文本 4 爲唐太宗的講話內容，文本 5、6 來自唐太宗臣下的進言。關於《晋書》的文本，文本 7 爲《明帝紀》中對明帝事迹的評價，文本 8 爲王導及其一族傳記中"史臣曰"之後的內容。《晋書》遵照唐太宗敕令於貞觀二十二年（648）編纂而成，也就是説，以上例舉的使用"規模弘遠"的文本，大多（八例中有五例）爲唐太宗時期或與唐太宗相關的文字。然而追根究底，唐太宗時期的語言文字也都受《漢書》所載文本 1 的影響①。如上所述，《懷風藻序》横綫處 B・F 以唐太宗的言論爲借鑒對象，那麼結合這一點考慮，"規模弘遠"同樣也極可能受到了唐太宗時期語言文字的影響。雖然文本 1 已足以解釋《懷風藻序》横綫處 C 的用典情況，筆者仍在此處列舉了其他例文，目的在於揭示《懷風藻》編撰者選擇使用此語的背景，提出它或許反映了唐太宗時期語言風尚的可能性②。

此外，我們再分析一例，即《懷風藻序》開篇横綫處 A"遐觀載籍"的用語。在唐代及唐以前的典籍中，我們僅能檢索到一例使用此語的文本。并且，這唯一一例文本同樣與唐太宗相關，原文如下：

① 尤其是出自《晋書》的 7、8 兩例，在"規模弘遠"之前的語句中都出現了表示轉折關係的"雖"字，這一點也與《漢書》文本一致，它們之間的相似度更高。

② 以筆者拙見，顏師古《漢書注》成書於唐太宗時期，顏師古的注釋受《漢書》影響，這一現象也可看作是唐太宗時期語言文字受《漢書》影響的一個例證。

萬古不易，百慮同歸。然命歷有賒促之殊，邦家有理亂之異。遐觀載籍，論之詳矣。（李百藥《封建論》，《文苑英華》卷七四一，頁4635上）

這段文字摘自李百藥上陳給唐太宗的意見書《封建論》，《封建論》亦收載於《貞觀政要》卷三。不過，如下所示，我們還可在《文選》中陳琳所作的檄文以及六朝時期的若干文本中，發現其他類似於“遐觀載籍”的文字表現。

歷觀載籍，無道之臣，貪殘酷烈，於操爲甚。（陳琳《爲袁紹檄豫州》，《文選》卷四四，頁1971）

每觀載籍，志士仁人有發中心任直道而行者，有懷知陽愚負情曲從者，所用雖異，而并傳後世。（范弘之《與會稽王道子牋》，《晉書·范弘之傳》，頁2363）

制詔，朕博觀載籍，歷選前古，粵自炎昊，王度未詳，降及夏殷，彝章大備。（後周武帝《立皇太子大赦詔》，《文館詞林》卷六六六，頁288）

這些文字表現呈現出較高的相似度，雖然不排除它們是諸作者在構思四字詞語時偶然獲得的，但是根據以上分析可知，《懷風藻序》確實存在對唐太宗相關語言文字的運用現象，因此亦不可輕易斷言，這些文字的一致僅是單純的巧合。

以上四例（《懷風藻序》橫綫處A·B·C·F）顯示出一個共同點，即《懷風藻序》在一定程度上積極吸收運用了唐太宗時期的語言文字。尤其要肯定的是，圍繞橫綫處B·F兩處列舉的典據，毋庸置疑正是《懷風藻》編撰者借鑒的對象。

三、《懷風藻序》與《文選序》的影響

提及《懷風藻序》中的漢籍典據，衆所周知，其序文中運用了大量以《文選序》爲典範的語言表現[①]。

① 小島憲之校注《懷風藻 文華秀麗集 本朝文粹》，《日本古典文學大系（69）》，東京：岩波書店，1964年，頁449。關於《懷風藻序》與《文選序》之間的相似點，可參考本書“補注”部分。

在日本,《文選》是一部早在奈良時代以前就爲人所知的典籍，其序文應當也常爲當時邦人拜讀賞閲。化用經典中的名句，是一種十分常見的漢詩創作方法。這一方法，一方面表現了創作者對經典的敬仰之情，另一方面也對讀者提出了鑒賞能力上的要求，即必須理解作品化用了某些特定文本的事實。但是，筆者在上文中指出的《懷風藻》對唐太宗時期文本的運用，又與此不盡相同。它所借鑒的文本，成書年月尚淺，距離成爲經典還需經歷一段漫長歲月的洗禮。不僅如此，如上所述，横綫處B・G用以爲典的文本，實際上直到後世都未能成爲大衆矚目的主流經典，在《懷風藻》編撰時期，其知名度則更自不待言。筆者認爲,《懷風藻》編纂者實際上是以讀者不會知曉這些文字表現來自於某特定文本的判斷爲前提，而采用了上述語句來裝點序文。否則，諸如横綫處B那樣對文字照搬照套的現象，實在不符合情理。

此外，對於目前已被證實的《懷風藻序》所借鑒的《文選序》内容，筆者想要提出一個關注已久的問題。問題點正是本文開篇引用的《懷風藻序》横綫處E，一般認爲，它受到了《文選序》中“余監撫餘閑，居多暇日，歷觀文囿，泛覽辭林，未嘗不心遊目想，移晷忘倦”的影響。關於這一觀點，可謂誠然如此,《懷風藻》編撰者想必也期望讀者能够讀取這一信息。但是,《文選序》作“心遊”處,《懷風藻序》作“遊心”;《懷風藻序》横綫處E之後的文章，又爲“閲古人之遺迹，想風月之舊遊”。結合這兩點考慮，它與下文中唐太宗《金鏡》的一段文字的相似點，就顯得十分引人矚目。

> 朕以萬幾暇日，遊心前史，仰六代之高風，觀百王之遺迹，興亡之運，可得言焉。（唐太宗《金鏡》,《文苑英華》卷三六〇，頁2235上）

《金鏡》作於貞觀初年，是唐太宗用以訓示侍臣的文章[①]。作此文時，唐太宗腦海中亦可能浮現出了《文選序》的内容。但是即便如此，從《懷風藻序》横綫處E與《金鏡》之間的相似點來看，應當是前者直接參照了後者。筆者推測,《懷風藻》編撰者在效仿《文選序》撰寫序文之際，同時也借鑒了唐太宗化用《文選序》的創作方法。

---

① 《册府元龜》卷四〇《帝王部・文學》。

四、"麗筆"與《修晋書詔》

接着，我們來探討《懷風藻序》橫綫處D"麗筆"一詞。這是一個例文較少的詞語，《大漢和辭典》《漢語大詞典》中也没有爲此詞立項。據筆者管見，隋及以前的典籍中都未能找到使用此詞的文本，唐代資料中也僅能確認到以下三例：

奔星掛廡，混珠網而同歸。明月窺軒，雜璿瓃而共貫。仍抽麗筆，俯刊貞琰。（王勃《梓州玄武縣福會寺碑》，《文苑英華》卷八五三，頁5369下）

德俠弘遠，變首成龍。乃至太平，神基亹遠，迢迢麗筆，列封諸侯。迹迹巧詞，遠封叔懷於暴城侯。（《暴賢墓志》顯慶三年十月，《唐代墓志彙編》顯慶084，頁281）

足以飛英麗筆，將美册書。（唐太宗《修晋書詔》貞觀二十年閏二月，《唐大詔令集》卷八一，頁467）

此三例皆出自初唐文本。關於最後一例，即唐太宗《修晋書詔》的文本，有研究認爲其亦可讀解爲"英麗"之"筆"。但是，從對偶句的結構來看，因爲次句"美册書"[①]必須斷句爲"美""册書"，所以"英麗筆"也應當讀作"英""麗筆"。同時，《修晋書詔》全文與《懷風藻序》存在許多相似點，這一點也非常值得矚目。爲了方便對比，將《修晋書詔》全文引用如下：

朕拯溺師旋，省方禮畢，四海無事，百揆多閑。遂因暇日，詳觀典府，考龜文於羲載，辨鳥册於軒年。不出巖廊，神交千祀之外。穆然旒纊，臨睨九皇之表。是知，右史序言，斯不爽昧，左官詮事，歷兹綿遠；發揮文字之本，導達書契之源。大矣哉，蓋史籍之爲用也。自沮誦攝官之後，伯陽載筆之前，列代史臣，皆有删著。仲尼修而采檮杌，倚相誦而闡丘墳。

① 關於此處，諸本各有異同。中華書局《唐大詔令集》底本中，"美册書"部分作"美□書"。本稿引用的原文摘自於"適園叢書本"。四庫全書作"美叢書"，此處亦應解釋爲"美（優美）""叢書"之意。同樣收録此詔的《册府元龜》卷五五六及《全唐書》卷八作"美方書"，此處亦應理解爲"美（優美）""方書"，"方書"意指"文書"。

降自西京，班馬騰其茂實，逮于東漢，范謝振其芳聲。蕞爾當塗，陳壽覈其國志。眇哉劉宋，沈約裁其帝籍。至梁陳高氏，朕命勒成，惟周及隋，亦同甄録。莫不彰善癉惡，激一代之清芬，褒吉懲凶，備百王之令典。唯晋氏膺運，制有中原，上帝啓玄石之圖，下武代黄星之德。及中朝鼎沸，江左嗣興，并宅寰區，各重徽號。足以飛英麗筆，將美册書。但十有八家，雖存記注，而才非良史，事虧實録。緒煩而寡要，思勞而少功。叔寧課虚，滋味同於畫餅。子雲學海，涓滴堙於涸流。處叔不預於中興，法盛莫通於創業。洎乎干陸曹鄧，略記帝王，鸞盛廣松，纔編載記。其文既野，其事罕傳。遂使典午清高，韜遺芳於簡册，金行曩志，闕繼美於驪騵。遐想寂寥，深爲嘆息。宜令修國史所更撰晋書。銓次舊聞，裁成義類，俾夫湮落之誥，咸使發明。其所須，可依修五代史故事。若少學士，亦量事追取。(《唐大詔令集》卷八一，頁467)

原文注點處，同時也是《懷風藻序》使用的文字。這再次有力證明了《懷風藻序》與唐太宗周邊文本之間具有緊密的關聯。

接着，筆者想要探討一個與《修晋書詔》相關的問題。上文引用的文本收載於《唐大詔令集》，此外，《修晋書詔》亦載於《册府元龜》卷五五六《國史部·采撰》。詔文開篇處（横綫處）可見“辨鳥册於軒年”一文，其中的“鳥”字在宋版、明版、文淵閣本《四庫全書》收録的《册府元龜》中一律作“烏”字。如依照這些文本，它的文字表現則與《懷風藻序》“高麗上表，圖烏册於鳥文”中的“烏册”一致。“鳥”“烏”二字字體本身容易混淆，以明版爲底本的中國鳳凰出版社發行的《册府元龜》校訂本，就將《修晋書詔》問題所在處的文字翻刻爲了“烏”字，甚至未進行校異。考慮到文章使用的是倉頡觀察鳥的爪印發明文字的典故，因此，無須贅言，“鳥”字顯然才是正確的表記。假設在《册府元龜》成書之前就存在記作“烏”字的文本，那麽這就意味着，這一文本與《懷風藻序》的用語（包括“於”字則爲三字）完全一致。根據以上的分析，不難推測，《懷風藻》編纂者在利用“烏羽之表”的著名典故（《日本書紀》敏達元年四月條）構思文章之際，極可能同時借鑒了《修晋書詔》的文字表現。

五、《懷風藻》編纂者所參何典？

以上，筆者針對《懷風藻序》借鑒唐太宗周邊文本的可能性提出了若干拙見。唐太宗執政時期，是一個亦以文學繁榮昌盛而享譽古今的時代。其中著名的《翰林學士集》就是一部以收録唐太宗與臣下之間唱和詩爲特色的總集，有研究指出，上代日本的文學活動也曾受益於這部總集[①]。其次，研究證實，現存的唐太宗别集《太宗文皇帝集》傳入日本的時期，最遲是在天平期[②]。收録了數量可觀的唐太宗時期詩文的《文館詞林》，似乎也早在八世紀初期就傳入了日本，爲當時日本人創作詩文所用[③]。這些與唐太宗相關的周邊文本，作爲上代日本人必需的參考資料而備受矚目的現象，早已是不争的事實。筆者在上文中指出的《懷風藻序》對唐太宗時期文本的吸收運用，從大的框架而言，也可理解爲是這一現象的體現。

不過，筆者在此想要探究的核心問題在於，《懷風藻》編撰者實際上是通過閲讀何種典籍獲知這些與唐太宗相關的語言文字的？假設《懷風藻》編撰者是參照以上列舉的文本進行了創作，那麼就意味着，以上文本應當以某種具體形式存在於編纂者手中。但是，上述大部分與唐太宗相關的文本，目前都只能在《懷風藻》成書之後編撰的典籍中才能被確認到。或許可以猜測，在上述已被證實的《懷風藻序》横綫處 B・F 所借鑒的文本中，横綫處 F 參照的長孫無忌撰《請封禪表》，很可能被收載於諸如《文館詞林》一類的總集中（但根據上述《請封禪表》前後經緯考慮，其被收載的可能性較低）；而横

① 小島憲之《第六篇第一章 懷風藻の詩》,《上代日本文學と中國文學（下）》，東京：塙書房，1965 年，頁 1252；井実充史《文武朝の侍宴応詔詩—唐太宗朝御製・応詔詩との関わり—》,《國文學研究（115）》，1995 年，頁 7；等等。

② 據研究撰寫於天平二十年六月十日的《寫章疏目録》(《大日本古文書［編年文書］》卷三，頁 89）中可見“大(ママ)宗文皇帝集 卌卷”一文，此處典籍應指《舊唐書・經籍志》記載的《太宗文皇帝集》（《舊唐書・經籍志》作三十卷）。小島憲之在《第六篇第一章 懷風藻の詩》中推斷，上代日本人通過《翰林學士集》《太宗文皇帝集》等典籍接觸到了唐太宗的詩文。

③ 關於《文館詞林》可能早在上代日本文學活動中就已被使用的問題，高橋諒《元明、元正朝における初唐テクストの利用》(《早稲田大學日本古典籍研究所年報[6]》,2013 年）有詳細考證。此外，拙論《大宝二年度遣唐使が日本の文筆にもたらしたもの—慶雲三年正月十二日勅書を中心に》（載河野貴美子、Wiebke DENECKE 編《日本における“文”と“ブンガク”》，東京：勉誠出版，2013 年，頁 40—44）亦對此問題進行了探討。

綫處 B 所引用的唐太宗的言辭，僅從其爲口頭講話的形式來看，很難確定是否會有文集類的書物將其收録。從本稿探討的其他文字表現來看，它們都證實了《懷風藻》編撰者參照了唐太宗時期多種多樣的文本。然而，《懷風藻》編撰者實際上是無法利用如此種類繁多的資料的。筆者認爲，當時大概存在某種收録了以上大量唐太宗相關文本的典籍。

由結論而言，《懷風藻》編撰者參考的典籍極有可能就是《唐太宗實録》。之所以這樣推斷，是考慮到凡出自唐太宗的公開言論，不論文書抑或口頭講話幾乎都收録在此實録中，不僅如此，上奏給唐太宗的文書、唐太宗過目過的各類詩書文字等，大部分也都匯集於其中。

從某些角度來看，《唐太宗實録》亦可謂是一部匯集了貞觀之治下唐太宗及其周邊賢臣珠玉之作的詩文集。但是，一般的總集或别集之類，爲了儘量方便讀者檢閲，會按照形式、主題等類别對作品進行分類。與此不同的是，實録按編年體記事，不會對文章進行格外分類。對於抱有具體檢索目的的讀者而言，實録并不適合使用。而對日本的漢詩文創作者來説，其更不是人人都能輕鬆使用的文獻。進一步而言，這恐怕反而是《懷風藻》編撰者尤爲看重的一點。由於并非人人都可輕易閲覽的詩文集，若仔細研讀，其中又有大量可作爲創作素材的麗詞錦章，因此不乏《懷風藻》編撰者將《唐太宗實録》作爲豐富自身語彙的資料庫進行利用的可能性。筆者猜測，《懷風藻》編撰者在閲覽大部頭《唐太宗實録》時，很可能摘抄了其中的美文秀句，然後將積累下來的内容分門别類，自製成類似於部類抄本的書物，作爲創作詩文的參考資料備用。然而，《懷風藻序》横綫處 B 仍不免會被人指責爲剽竊。但撰序者之所以認爲這一方法妥善可行，原因就在於，他認爲不會有人知道這些語句直接引用於何典據。

目前爲止，學界已積累了若干篇考察八世紀日本人如何利用《唐太宗實録》的論文[①]，筆者亦探討過此問題[②]。但是，據研究可知，在那個時代，《唐太

① 山田英雄《日本書紀即位前紀について》(最早發表於 1979 年)，載《万葉集覚書》，東京：岩波書店，1999 年，頁 302—314；原口耕一郎《〈日本書紀〉の文章表現における典拠の一例—〈唐実録〉の利用について—》，載大山誠一編《日本書紀の謎と“聖德太子”》，東京：平凡社，2011 年，頁 139—168。

② 拙稿《〈元明讓位詔〉注解 —— 元明朝文筆の解明への手がかりとして—》，載《万葉集研究(32)》，東京：塙書房，2011 年，頁 227—268；《平安時代前期の〈唐太宗実録〉受容に関する覚書》，《平安朝文學研究(20)》，2012 年，頁 90—92。

宗實録》還未成爲知識分子之間的普通讀物，確切地説，它應是一種秘藏参考文獻，僅有一小部分從事文書撰寫方面工作的人才能够閲覽①。此處所謂的"秘藏"，與其説是秘密珍藏之意，不如説反映了它并不具備上述那種便於作爲寫作參考書的文獻特點，也就是説，如果使用者没有相當程度的語言運用能力和意志力，它的價值則無法被充分發揮。由此可推測，《懷風藻》的編撰者在當時的文壇正是具有這種才能和地位的人。

以上，針對《懷風藻序》語句表現的典據進行了考察和分析。拙論探討的内容，主要聚焦在《懷風藻序》對唐太宗相關文本的吸收運用問題上。不過，《懷風藻序》所借鑒的漢籍，正如其他研究指出的那樣，其時代範圍遠可至上古，近則可至同時代的玄宗朝②。拙論的考察僅揭示了其中一方面的問題，主旨更在於：指出目前許多還未受到關注的文本實際上對《懷風藻序》產生了讓人意想不到的巨大影響的事實，以及通過分析文本的吸收運用方法來探明《懷風藻》編撰者在當時文壇所處地位的可能性。

本稿根據發表於《萬葉》(2014年12月第218號，頁21—34)的拙稿《〈懷風藻序〉にみる唐太宗期文筆の受容》修改而成。

---

① 筆者在拙稿《〈元明讓位詔〉注解——元明朝文筆の解明への手がかりとして—》中指出，《元明讓位詔》的大部分内容參照《唐太宗實録》收載的《唐高祖讓位詔》創作而成。由於昭示天皇讓位旨意的詔書具有極爲重要的政治意義，因此不難想象，連撰寫詔書也需要摘抄漢土既成文章的事實，至少不是一件希望人人知曉的光彩之事。從這方面考慮，也可理解《唐太宗實録》的"秘藏"性質。其次，筆者在拙稿《平安時代前期の〈唐太宗実録〉受容に関する覚書》中亦論述了九世紀前半期日本人是如何借鑒《唐太宗實録》的問題，當時它作爲一種高深的專業知識、信息庫而存在，并非一種廣爲人知的教育讀物。但是，無須贅言的是，包括《懷風藻序》，自八世紀初期至九世紀前半期的日本漢詩文對《唐太宗實録》的吸收運用，由於不同時代的語言運用水平以及使用目的，其呈現出的具體文學現象也不盡相同。

② 加藤有子《〈懷風藻序〉と中國文學の序》；李滿紅《〈懷風藻〉序文の性格——"旒紘無爲""巖廊多暇"について—》。

“文學”的位置

——從漢籍受容看《懷風藻序》敘述上的雙重構造

樂　曲

成書於天平勝寶三年（751）的《懷風藻》是現存最早的日本漢詩集。雖然收詩數量僅百餘首，然而作爲日本現存唯一的奈良時代以前的漢文學作品集，這部詩集對於研究日本漢文學的發端有着極爲重要的意義。於日本而言，漢文是外語，漢詩是外來的文學體裁。以外語、外來的文學體裁進行集體性的文學創作是一種極爲特殊的文學現象。這種現象的出現不僅要求以集體爲單位的創作主體具有强烈的主觀意願，更要求傳入文獻、教育、社會接受度等衆多客觀條件的具備。考慮到這一現象産生於律令制國家的形成初期，這就更使得其背後所蘊含的時代因素及其所發揮的現實作用變得意味深長。

與國家的政治社會生活息息相關的律令制度、曆法、正史、地志等相比，引進漢文學并親身投入到其創作中去對於當時的日本人而言到底意味着什麽？對這個問題的回答是理解日本漢文學的發端及發展的必要條件。日本上代尚未出現文學批評類的著作，因此像《懷風藻》這樣的漢文學作品集就成了我們把握當時日人詩文觀及創作實際的一個重要綫索。遺憾的是因爲史料的匱乏，有關這部詩集的編者及其編纂動機，後世研究者雖有種種猜測，

作者單位：早稻田大學大學院文學研究科

但至今仍未有定論[①]。《懷風藻》的編者究竟是因着怎樣的契機，又是帶着怎樣的認識去整理、選擇前代的作品并編纂成集的呢？想要回答這個問題，除了通過集中作品的實際收録情况，唯一可以依靠的就是編者爲此集所撰的序文。本文即擬從這篇序文入手，通過對其漢籍受容情况的具體考察，重點分析它在典故的選擇組合及文本構成方面體現出的編者的文學觀，以期進一步透視律令制國家形成過程中漢文學所扮演的角色，及這種角色與該文漢籍受容方式之間的關係。

一、《懷風藻序》的構成與《文選序》

①逖聽前修，遐觀載籍。襲山降蹕之世，橿原建邦之時，天造草創，人文未作。至於神后征坎，品帝乘乾，百濟入朝，啓龍編於馬廄，高麗上表，圖烏册於鳥文。王仁始導蒙於輕島，辰爾終敷教於譯田。遂使俗漸洙泗之風，人趨齊魯之學。逮乎聖德太子，設爵分官，肇制禮義。然而專崇釋教，未遑篇章。

②及至淡海先帝之受命也，恢開帝業，弘闡皇猷。道格乾坤，功光宇宙。既而以爲，調風化俗，莫尚於文。潤德光身，孰先於學。爰則建庠序，徵茂才，定五禮，興百度。憲章法則，規模弘遠。敻古以來，未之有也。於是三階平煥，四海殷昌，旒纊無爲，巖廊多暇。旋招文學之士，時開置醴之遊。當此之際，宸翰垂文，賢臣獻頌。雕章麗筆，非唯百篇。但時經亂離，悉從煨燼。言念湮滅，軫悼傷懷。

③自兹以降，詞人間出。龍潛王子，翔雲鶴於風筆。鳳翥天皇，泛月舟於霧渚。神納言之悲白鬢，藤太政之詠玄造。騰茂實於前朝，飛英聲於後代。

④余以薄官餘間，游心文囿。閲古人之遺迹，想風月之舊遊。雖音塵眇焉，而餘翰斯在。撫芳題而遥憶，不覺淚之泫然。攀縟藻而遐尋，惜風聲之空墜。遂乃收魯壁之餘蠹，綜秦灰之逸文。遠自淡海，云暨平都。

① 有關《懷風藻》編者的先行研究，小島憲之在《懷風藻 文華秀麗集 本朝文粹》(《日本古典文學大系》，東京：岩波書店，1964年本，頁6）的"解説"中有所整理。

凡一百二十篇，勒成一卷。作者六十四人，具題姓名，并顯爵里，冠於篇首。余撰此文意者，爲將不忘先哲遺風。故以懷風名之云爾。於時天平勝寶三年歲在辛卯冬十一月也。[①]

以上所引即是《懷風藻序》的全文。根據上述引文的段落大致可以將其内容概括爲如下四個部分：①文學創作開始前的日本文化史，②近江（淡海）朝的盛世及文學創作的盛衰，③近江朝以後文學創作的發展，④《懷風藻》的編纂動機及體例。先行研究早已指出《懷風藻序》的創作在很大程度上對《文選序》進行了借鑒[②]。爲了更直觀地展現這種借鑒的具體情况，筆者據小島憲之和波户岡旭的研究成果，將可以確定直接影響關係的部分用直綫在引文中標注如上。從表達、詞彙的異同來看，《懷風藻序》對《文選序》的借鑒規模與同時代一般日本文獻中的漢籍受容規模并没有很大區别。這些被借鑒的詞彙與表達大多經過了編者的二次加工，且在除《文選序》之外的初唐以前的許多其他文獻中也能看到，并不具有特殊性。因此僅憑這一點似乎不足以斷定《懷風藻序》是以《文選序》爲模板寫成的。之所以二者的影響關係在先行研究中仍然被反復强調，主要原因還是在於二者文本構成上的相似性。

（1）式觀元始，眇覿玄風。冬穴夏巢之時，茹毛飲血之世。世質民淳，斯文未作。逮乎伏羲氏之王天下也，始畫八卦，造書契，以代結繩之政，由是文籍生焉。易曰："觀乎天文，以察時變；觀乎人文，以化成天下。"文之時義遠矣哉！若夫椎輪爲大輅之始，大輅寧有椎輪之質；增冰爲積水所成，積水曾微增冰之凜。何哉？蓋踵其事而增華，變其本而加厲；物既有之，文亦宜然。隨時變改，難可詳悉。

（2）嘗試論之曰：詩序云："詩有六義焉：一曰風，二曰賦，三曰比，四曰興，五曰雅，六曰頌。"至於今之作者，異乎古昔，古詩之體，今則

① 本文所引《懷風藻》皆據小島憲之《懷風藻　文華秀麗集　本朝文粹》。

② 參見吉田幸一《〈懷風藻〉と〈文選〉》，《國語と國文學》第九卷，1932年，頁24—42。小島憲之《懷風藻　文華秀麗集　本朝文粋》，頁449。波户岡旭：《序文考——〈文選〉序文との比較》，《上代漢詩文と中國文學》，東京：笠間書院，1989年，頁3—18。

全取賦名。荀宋表之於前，賈馬繼之於末。自茲以降，源流寔繁。述邑居則有“憑虛”“亡是”之作，戒畋游則有《長楊》《羽獵》之制……又楚人屈原，含忠履潔……騷人之文，自茲而作……詩者，蓋志之所之也，情動於中而形於言。關雎麟趾，正始之道著……頌者，所以游揚德業，褒贊成功。吉甫有“穆若”之談，季子有“至矣”之嘆……次則箴興於補闕，戒出於弼匡。論則析理精微，銘則序事清潤，美終則誄發，圖像則贊興。又詔誥教令之流，表奏牋記之列，書誓符檄之品，吊祭悲哀之作，答客指事之制，三言八字之文，篇辭引序，碑碣志狀，衆制鋒起，源流間出。譬陶匏異器，并爲入耳之娱。黼黻不同，俱爲悦目之玩。作者之致，蓋云備矣！

（3）余監撫餘閑，居多暇日，歷觀文囿，泛覽辭林。未嘗不心遊目想，移晷忘倦。自姬漢以來，眇焉悠邈，時更七代，數逾千祀。詞人才子，則名溢於縹囊；飛文染翰，則卷盈乎緗帙。自非略其蕪穢，集其清英，蓋欲兼功，太半難矣。若夫姬公之籍，孔父之書，與日月俱懸，鬼神争奥，孝敬之準式，人倫之師友，豈可重以芟夷，加之剪截？老莊之作，管孟之流，蓋以立意爲宗，不以能文爲本，今之所撰，又以略諸。若賢人之美辭，忠臣之抗直，謀夫之話，辨士之端，冰釋泉涌，金相玉振。所謂坐狙丘，議稷下，仲連之却秦軍，食其之下齊國，留侯之發八難，曲逆之吐六奇，蓋乃事美一時，語流千載。概見墳籍，旁出子史，若斯之流，又亦繁博，雖傳之簡牘，而事異篇章，今之所集，亦所不取。至於記事之史，繫年之書，所以褒貶是非，紀别異同，方之篇翰，亦已不同。若其贊論之綜緝辭采，序述之錯比文華，事出於沉思，義歸乎翰藻，故與夫篇什，雜而集之。遠自周室，迄於聖代，都爲三十卷，名曰文選云耳。凡次文之體，各以彙聚。詩賦體既不一，又以類分；類分之中，各以時代相次。[1]

以上是《文選序》的節選，劃綫的部分即是可以認定與《懷風藻序》存在直接影響關係的部分。我們可以明顯看出，（1）與（3）是受《懷風藻序》

① 《文選》，上海古籍出版社，1986年。

借鑒最爲明顯的兩個部分。從敘述的内容上看,(1)描述了"文"的産生及其"隨時變改"的特徵,相當於《懷風藻序》的①與直到"夐古以來,未之有也"的②的前半部分。(3)敘述了《文選》的編纂動機和體例,相當於《懷風藻序》的④的部分。此外《文選序》的(2)是對文學史的敘述,相當於從"於是三階平煥"開始的《懷風藻序》②的後半部分加上③的内容。由此可見,雖然從詞彙、表達的借鑒規模與特殊性上看,《懷風藻序》對於《文選序》的參考算不上十分深入,然而根據二者在文本構成上的相似性我們可以判斷,《懷風藻序》的確是以《文選序》爲模本創作的。只不過編者所有意借鑒的并非具體的詞彙或表達(甚至可以説詞彙、表達上的雷同是被刻意回避的。這也是爲什麽在文本構成如此相近的情況下,被借鑒的詞彙、表達大多仍經過了編者的二次加工),而是《文選序》作爲文學總集序文的寫法。上文已經説到,《懷風藻》是日本現存最早,很有可能也是實際上最早的一部漢文學總集[①]。因此其編纂就不可避免地要對業已傳入的漢文學總集的體例、定位、成書形式等進行參考。而《文選》作爲我國現存最早的文學總集,不僅在奈良朝以前就傳入了日本并獲得了相當高的普及度,還與《爾雅》一起成爲貢舉考試中進士科的考試内容[②]。因此在《懷風藻》編纂過程中,《文選》自然是首選的參考對象。從這個角度看,兩書的序文在文本構成上有如此高的一致性其實也并不奇怪。

然而雖説是相似,若是根據上述文本構成上的對應對兩書序文的具體内容及各部分所占比重進行進一步的比較則會發現,它們在創作意圖上其實存在着根本性的差異。首先來看《文選序》的(1)與《懷風藻序》的①及②的前半部分。如前所述,兩序的這部分内容都是在敘述"文"的發端。從内容上看,(1)在以一句話交待完伏羲時"文籍"的産生後,隨即引用《易》强調

① 據《尊卑分脉》及《懷風藻》所載詩人傳記載,《懷風藻》之前雖然也有藤原宇合的佚名集兩卷(已佚),石上乙麻呂的《銜悲藻》兩卷(已佚),然而這些是别集。就現有史料的記載而言,《懷風藻》仍是日本文學史上最早的漢文學總集。

② 有關《文選》的普及參考静永健《日本八至九世紀考古文獻所見〈文選〉斷簡考》,《域外漢籍研究集刊(第九輯)》,中華書局,2013年,頁18。貢舉考試中有關《文選》的相關規定參見《令集解·考課令》,《新訂增補國史大系》卷二三,東京:吉川弘文館,1966年,頁647。

了“文”的重要性并論述了其“隨時變改”的特徵。至於各文體的産生和發展則被放在（2）中具體論述。相比之下①却從三韓臣服（“百濟入朝”“高麗上表”）帶來的文字、書籍的傳入開始，先叙述了王仁、王辰爾的儒學啓蒙以及聖德太子對於官僚等級、典章制度的制定，隨後又在②的前半段叙述了天智天皇（“淡海先帝”）崇文重學的一系列政策後方才正式提到文學創作的興起。簡單來説，《文選序》的（1）所述的内容主要集中在文籍的産生、“文”的重要性、“文”的特徵三個方面，而《懷風藻序》的①與②的前半部分叙述的主要是文學創作産生前的文化史，换句話説即是漢文學創作得以開展的條件與前提。其次從分量上看，相比於（1）只占了《文選序》七分之一不到的篇幅（若是除去强調“文”的重要性與特徵的論述則只有二十分之一），①與②的前半部分却占了《懷風藻序》的近二分之一。由此可見，《懷風藻序》對於文學創作産生前的文化史，或者説文學創作得以展開的條件的注意遠在《文選序》之上，而對於文學的“地位”及“特性”則不甚關心。

再看《文選序》的（2）及與之對應的《懷風藻序》的②的後半部分和③。兩序的這部分内容是有關文學史的叙述。同樣從内容上看，《文選序》的（2）以列舉概括特性、功能或代表作家、作品的方式對各文體進行了梳理。而《懷風藻序》的②的後半部分和③則重點描述了天智朝君臣之間文學活動的展開與戰亂中這些作品的流散及其後的文學發展情况。從分量上看，（2）占了《文選序》近一半的篇幅，可以説是其論述的重點，而②的後半部分與③合起來只占了《懷風藻序》的不到四分之一的篇幅，且其中大半是對天智朝文學創作的描述，對於其後近八十年的文學史，只列舉了四位作家及其代表作。由此我們可以看出，與《文選序》相比，《懷風藻序》并不關心文體亦或是文學的特性、功用等方面的内容，作爲一部詩歌總集的序文，它甚至没有提到“詩”這一文體。此外，文學史也并非其叙述的重點，較之後代的文學發展，序文作者更關心的是漢文學創作的發端。

最後再來看《文選序》的（4）和與之對應的《懷風藻序》的④的内容。兩序的這個部分皆是對總集編纂的動機、體例、方針的説明。（4）中先説明了《文選》“略其蕪穢，集其清英”的編纂動機，而後用較大篇幅論述了其不録經史子的選文方針及理由，最後説明了其以文體爲部，各體内又分類，各類中以時代順序排列的編排體例。相比之下④只説明了其選文範圍是自天智朝至編纂當時，其編纂動機是出於對於先人文游的懷念（“不忘先哲遺風”），而對總集整體的選録方針則并没有言及。

綜合以上對《文選序》與《懷風藻序》的具體對比我們可以發現，就序文的叙述傾向而言，《懷風藻序》的叙述重點在“篇章”誕生前的文化史，换句話説也就是文學創作開始的背景，這一部分在《文選序》中只有簡略的描寫。反之，《文選序》以爲核心的對於各文體的特性、功能及發展歷程等“文”之本體要素的梳理在《懷風藻序》中則根本没有被提及。

先行研究早已指出，《文選序》在中國文論史上的一大貢獻就是它對“文學”審美性的關注，特别是（4）中以“不以能文爲本”“事異篇章”“方之篇翰，亦已不同”爲由將文學性作品與經史子區别開來，又以“事出於沉思，義歸乎翰藻”爲由破例收入史部的贊論和序述，充分反映了蕭統在編纂《文選》時的文學性本位立場，代表了當時人對文學特徵的認識的新高度[①]。雖然在該序中也可以看到諸如“觀乎天文，以察時變；觀乎人文，以化成天下”這樣基於儒家經典的言論，但這只是爲了以“文”之功能强調其重要性，并非着意於突出其“化成”的作用。至於後文中“《關雎》《麟趾》，正始之道著；《桑間》《濮上》，亡國之音表”，“頌者，所以游揚德業，褒贊成功”，“箴興於補闕，戒出於弼匡”等有關文學的現實性、實用性的表達也不過是在叙述各文體最初的創作動機。事實上任之怎樣“衆制鋒起，源流間出”，歸根結底都不外乎“入耳之娱”“悦目之玩”。這樣的文學觀不同於以往立足於文學外部的對其功用性或以功用性爲目的的審美性的關注，它從文學自身的“文學性”出發，以其審美上的特徵貫通各種文體，突破了以往文史哲不分或是

① 力之《關於〈文選〉的選文範圍與標準問題》，《河南大學學報（社會科學版）》，2005年第3期，頁64—69。當然，《文選序》中所反映出的文學性本位的立場與《文選》的選文實際并非完全一致。因此學界經常將二者相對照，并結合其他資料對蕭統的文學觀進行綜合性研究。其中二十世紀學界中進行的幾次集中討論的有關情况參見王立群《論20世紀的〈文選序〉研究》，《阜陽師範學院學報（社會科學版）》，2000年第4期，頁25—29。其後的相關研究參見曹道衡《〈文選〉對魏晋以來文學傳統的繼承和發展》，《文學遺産》，2000年第1期，頁48—58；力之《關於〈文選序〉與〈文選〉之價值取向的差異問題——兼論〈文選〉非仓卒而成及其〈序〉非出自異手》，《文學評論》，2002年第2期，頁138—144；等等。

單以詩賦爲審美對象的認識局限，不僅代表了南朝尚“麗”的文學風潮，對後世文學觀的發展也產生了重大影響。如上所述，儘管《懷風藻序》在文本構成上很大程度參考了《文選序》，然而對其以爲核心的有關文學特性的描寫和對審美性的主張却并未采用，取而代之的則是對文學創作的產生背景的關注。這就注定了《懷風藻序》對於《文選序》的借鑒只停留在外部框架而并未觸及本質。

二、《懷風藻序》的文學觀及其叙述上的雙重構造

以上我們主要從内容及篇幅上對《文選序》及《懷風藻序》的對應部分進行了比較。其實落實到具體的詞彙、表達上我們還可以發現，相比於《文選序》文學本位的叙述立場，《懷風藻序》的叙述，特别是它以爲核心的描述漢文學創作活動的產生背景的①與②的前半部分，呈現出明顯的政教色彩。爲了更加直觀地展現這種表達傾向上的差異，下面將以兩序對於“文”之發端的描述爲例，從詞彙、表達的層面對此進行具體的文本分析。首先是《文選序》(1)的部分。如上所述，該部分在交待完上古時“斯文未作”之後，直接切入到伏羲造書契而帶來的文籍的產生，并借《易》“觀乎天文，以察時變；觀乎人文，以化成天下”的記載褒揚了“文”之“時義”遠大。“斯文”原指禮樂教化、典章制度之類，《論語・子罕》“天之將喪斯文也，後死者不得與於斯文也”之“斯文”即是此意。然而結合《文選序》後文中伏羲之時“文籍生焉”的表達，此處的“斯文”當特指文章典籍，吕延濟將之釋爲“文章”爲是。在這篇序文中與“斯文”一詞意思相近的是同序所引《易》中的“人文”一詞。“人文”與“天文”相對，原指人類社會的種種現象與規律。孔穎達《周易注疏》釋之爲“詩書禮樂”，《周易集解》中干寶解之爲“文章”“文明”。《易》既爲經書之一，後人以儒家的視角對此進行解讀利用也是當然之理。因此，李周翰也將《文選序》此處的“人文”釋爲“禮樂典籍”。然而從後文對於“文”之各體的論述及將之作爲“入耳之娱”“悦目之玩”的定位我們可以發現，此處的“人文”并不拘於儒家經典，而是與“斯文”一樣泛指文章典籍一般而言。蕭統之所以引用《易》强調“文”的“化成”之功只是爲了凸顯其於“時”

之重要性，對於“文”之教化作用的强調并非其意圖所在。

再看《懷風藻序》的①與②的前半部分。《文選序》中的“斯文未作”在《懷風藻序》中被替換成了“人文未作”，其“人文”一詞很有可能是受到了《文選序》所引《易》的啓發。那麼這裏的“人文”是否也可以像《文選序》一般解釋爲對於文章典籍的泛指呢？與《文選序》相同，在叙述完上古時期“人文未作”的情况之後，《懷風藻序》描述了因三韓臣服而帶來的文字的傳入。若此處的“人文”指的是一般的文章典籍，那麼接下來的叙述就應當圍繞“人文”之“作”，也就是文章典籍的傳入展開。可是事實上并非如此，在接下來的叙述中《懷風藻序》先描述了王仁、王辰爾的文化啓蒙及其帶來的“遂使俗漸洙泗之風，人趨齊魯之學”的儒學普及，緊接着又提到了聖德太子對於官僚等級、典章制度的制定和天智天皇的一系列的崇文政策，而對於文籍的傳入則没有具體言及。需要注意的是，這裏天智天皇崇文政策的對象并非詩文。通過《懷風藻序》的描述我們可以發現，這一系列政策都是圍繞天智天皇“調風化俗，莫尚於文。潤德光身，孰先於學”的認識展開的。與今時的“文學”不同，這裏的“文”與“學”互文，指的是典籍制度方面的學問，所謂“孔門四科”中的“文學”即是指此。序文中所記載的圍繞這一認識采取的“建庠序，徵茂才，定五禮，興百度”等措施即是明證。由此看來，《懷風藻序》中所言“人文”并非是指一般的文章典籍，而是指儒學價值觀念下的官僚等級、典章制度以及經史學問等方面的内容。這正與前文所引孔穎達、李周翰的注解相符。而儒學的啓蒙、各種制度的制定、天皇的崇文政策也正是《易》中所述“化成”的體現。因此，《懷風藻序》雖然没有直接引用《易》“觀乎人文，以化成天下”的記載，却忠實地反映了這句話在儒家話語中所帶有的政教色彩。這與始終以文學性爲叙述本位的《文選序》是十分不一樣的。

第一章已經説到，在日本上代，就已傳入的文學典籍而言，《文選》的地位無疑是至高無上的。對於當時的日本人而言，《文選》不僅是一部文學總集，更是撰寫律令制國家運營中所需的各種文章時重要的參考書。既然《懷風藻》的編者着意編纂一部文學總集，那麼模仿參考《文選》無疑是最爲自然的選擇。那麼究竟是什麼讓《懷風藻》的編者在其序文的撰寫中全面借鑒《文選序》的文本構成的同時，又在叙述上偏重於漢文學創作活動開始前的文化史，并使用了諸多帶有政教色彩的表達呢？

有關這個問題，我們最容易想到的便是主張“文”之教化作用的實用性文學觀的影響。早在先秦時期的《荀子·大略》中便有“人之於文學也，猶玉之於琢磨也”的言論。經《詩大序》對於詩“經夫婦，成孝敬，厚人倫，美教化，移風俗”之用的概括，對於“文”之教化作用的强調便成爲了中國古代文論的主要内容之一。就連《文選序》的作者蕭統在《陶淵明集序》中也曾贊揚陶文“有助於風教”，并因“卒無諷諫”對其《閑情賦》進行了批評。就日本上代的漢籍傳入情況而言，《懷風藻序》的創作受到這樣的文學觀的影響是完全有可能的。然而若是重新梳理該序的叙述脉絡則可以發現，上文提到的帶有政教色彩的表達并非是在説明“文”之用，而主要是在描述漢文學創作産生前的文化史。事實上，在《懷風藻序》的叙述中并未提到文學性文本、也就是“篇章”的産生和發展與其教化之用有什麽聯繫。

上文已經説到，與《文選序》的“斯文”不同，《懷風藻序》中的“人文”指的是儒學價值觀念下的官僚等級、典章制度以及經史學問等方面的内容，而這些内容與代指文學性文本的“篇章”在《懷風藻序》中是被明確區分了的。①中在提到王仁、王辰爾的儒學啓蒙以及聖德太子對於官僚等級、禮儀制度的制定之後就明確説明此時尚處在“未遑篇章”的階段。而該序中真正提到“篇章”創作的開始是在②中對於天智朝“宸翰垂文，賢臣獻頌”的文會的描述。此前雖然也能看到有關天智天皇一系列崇文政策的内容，但是上文已經説明天智天皇所崇之“文”并非“文學”，而是典籍制度方面的學問。且這些崇文政策并非促使“篇章”創作興起的直接原因，真正的原因是由崇文政策帶來的“三階平煥，四海殷昌，旒纊無爲，巖廊多暇”的盛世。因盛世“多暇”，故而具備了“招文學之士”“開置醴之遊”的條件。反之，“宸瀚垂文，賢臣獻頌”的光景又成爲了盛世的象徵。這才是《懷風藻序》的文學觀所在。由此可見，無論是①中描述的儒學啓蒙、禮儀制度的制定還是②中提到的“崇文思想”都只是“篇章”産生的文化背景，而“篇章”真正的價值并不在於“化成”之功而是在於通過“雕章麗筆”“芳題”“縟藻”表現出的盛世景象。該序在④中叙述《懷風藻》的編纂動機時提到的藉由前人詩文以懷想“風月之舊遊”，正是這一認識的體現。從這一層面來看，《懷風藻序》對於文學性文本的自覺認識是與《文選序》有相通之處的。

通過以上的分析我們可以發現《懷風藻序》在叙述結構上的兩個層次。其一是由崇文觀念主導的，以“文”（廣義上的儒家學問制度）的“化成”作用爲脉絡的，對“人文未作”階段直至於天智朝盛世的文化史叙述。其二是區别文學與學問，立足於文章興盛世這一認識將文學視作潤色鴻業、反映盛世的媒介而展開的文學史叙述[①]。後一個層次的叙述是嵌套在前一個層次之中的。這種雙重構造既不同於《文選序》文學性本位的叙述立場又不同於《詩大序》等强調文學“化成”意義的實用性立場，可以説是吸收了二者的要素而成。作爲一篇詩歌總集的序言，本來只需叙述第二層的内容即可，那是什麽導致《懷風藻序》采用了這樣的叙述方式呢？

三、《懷風藻序》叙述結構的形成

《懷風藻》成書的奈良時代尚處在日本漢文學的發展初期，此時的文學創作仍以模仿已傳入的中國詩文爲主。因此在考慮《懷風藻序》叙述結構的形成原因時，首先想到的自然是它是否出於對中國典籍的模仿。想要回答這個問題，就必須對該序進行詳盡的出典研究。所幸迄今爲止有關《懷風藻序》的出典，先行研究已經有了不少成果。除了上文提到的與《文選序》的影響關係之外，最爲值得注意的即是該序與唐代文獻資料的聯繫。

有關《懷風藻序》對於唐代文獻資料的受容，較有代表性的是波户岡旭、加藤有子、高松壽夫三人的研究成果[②]，其中又以高松壽夫所論最具説服力。他指出《懷風藻序》的用詞及表達多受到唐太宗君臣周邊文獻的影響，其中長孫無忌《請封禪表》(《唐會要・封禪》卷七）與唐太宗“貞觀二十二年二月朝集之言”(《册府元龜・帝王部》卷一五七）中的相關語句與《懷風藻序》的相似度極高。前表中，長孫無忌在勸説太宗應依據各種典籍還原封禪之儀

① 有關《懷風藻序》中所言文學活動與盛世的關係，詳見拙稿《“詞人”の選定——〈懷風藻〉における上代詩史の叙述をめぐって》,《國文學研究》, 2019 年第 189 期，頁 15—28。

② 波户岡旭《勅撰三集序文考》,《上代漢詩文と中國文學》，東京：笠間書院，1989 年，頁 253—289。高松壽夫《〈懷風藻〉序文にみる唐太宗期文筆の受容》,《萬葉》, 2014 年第 218 期，頁 20—34。加藤有子《〈懷風藻〉序と中國文學の序》,《懷風藻研究》, 1999 年 11 月第 5 號，頁 27—41。

時所言“摭秦煨之逸文，采魯壁之餘蠹”與《懷風藻序》④中描寫收集前人詩文時所述“收魯壁之餘蠹，綜秦灰之逸文”幾乎一致。後文中太宗在訓誡群臣時所言“調風化俗，莫尚於文。潤德光身，孰先於學”與前述天智天皇的崇文方針更是完全相同[①]。除此之外，序文中尚有衆多詞彙、表達曾爲太宗君臣所習用（已據高松壽夫論文以波浪綫標注於以上《懷風藻序》引文中）[②]。據高松壽夫考證，這些詞彙與表達很有可能是通過《太宗實録》傳入日本而爲《懷風藻》的編者所知的。[③]

那麽，《懷風藻序》的敘述結構是否來源於上述太宗君臣周邊的文獻呢？單從用語、表達上而言，對於唐代文獻的受容的確見於序文的各個部分。然而需要注意的是這些可能與《懷風藻序》存在影響關係的唐代文獻皆爲實用文，且大部分并未提及與崇文或是“篇章”相關的内容。上述唐太宗在貞觀二十二年（648）二月朝集時的訓誡雖然提到了“調風化俗，莫尚於文。潤德光身，孰先於學”的崇文思想并以此告誡群臣需勤加訓導，爲國家選拔博識洽聞的人才，然而在其後皇太子獻賦之時，他却説“詩賦非政道之急”。顯

① 有關《懷風藻序》中這兩處的典出，波户岡旭《上代漢詩文と中國文學》（頁261）曾指出前者出自唐太宗《帝範·崇文篇》“宏風導俗，莫尚於文；敷教訓人，莫善於學”的言論，加藤有子《〈懷風藻〉序と中國文學の序》曾指出後者出自唐玄宗《春晚宴兩相及禮官麗正殿學士探得風字并序》（《張説之文集》卷二）中“纂魯壁之文章，綴秦坑之煨燼”的表達。然而就與《懷風藻序》的相似程度而言，高松壽夫所舉文獻顯然與原文更爲接近，視爲典出當無問題。加藤有子所舉玄宗詩序中除“魯壁”一句之外雖然也能看到其他與《懷風藻序》相類似的表達，然而很難想象作者在參考該詩序的同時棄“魯壁”一句不用，轉而向長孫無忌的表文中尋找類似表達。且審視玄宗該詩序與《請封禪表》，二者多有類似之處，前者在創作上當存在對後者的參考。故而玄宗詩序與《懷風藻序》在部分表達上的相似只能説是偶然所致，并不能依此判定二者存在實際的影響關係。

② 當然，這些詞彙與表達部分亦見於六朝文獻，并非太宗君臣所獨創。但是一則考慮到《懷風藻》的編者在創作序文時所參考的當是類書、總集一類具有整合性的書籍，而這些詞彙與表達又都與太宗君臣存在聯繫；二則這些詞彙與表達中的許多同時見於某一具體作品（如《修晋書詔》），故而高松壽夫認爲它們很可能典出於同一部與太宗有關的書籍。詳見高松壽夫《〈懷風藻〉序文にみる唐太宗期文筆の受容》。

③ 有關《太宗實録》在日本上代的受容情況參見山田英雄《萬葉集覚書》，東京：岩波書店，1999年，頁291—314；原口耕一郎《〈日本書紀〉の文章表現における典拠の一例——〈唐実録〉の利用について》，大田誠一編《日本書紀の謎と“聖德太子”》，東京：平凡社，2011年，頁139—168；高松壽夫《〈元明讓位詔〉注解——元明朝文筆の解明への手がかりとして》，《萬葉集研究》三二，東京：塙書房，2011年，頁227—268。

然於太宗而言，詩賦并不在其崇文思想中提到的“文”與“學”的範疇。因此，《懷風藻序》描述天智天皇的崇文政策或許是源於太宗發言的啓發，但上一章所述該序在叙述上的雙重構造却很難説是受到了上述太宗周邊文獻的影響。

其實就有唐一代，特别是太宗前後的初唐時期而言，崇文思想與文學史、文學特性并述的例子并不少見。其中較爲典型，且《懷風藻》的編者較有可能參照的即是初唐編纂的幾部正史中的“文苑傳”或“文學傳”。在初唐所修的幾部正史中，立有“文苑傳”或“文學傳”且在其開頭或末尾可見對於“文”之總體論述（“史臣曰”）的有《晋書》《梁書》《陳書》《北齊書》《北史》《南史》與《隋書》。這些史書中的文論在叙述結構上十分相似，往往是先論“文”之重要性，再以列舉代表作家作品的方式梳理當代或各代的文學史。現以叙述上相對簡約且較能體現諸史論述的大致情況的《南史・文學傳》爲例作具體説明。

> 《易》云：“觀乎人文以化成天下。”孔子曰：“焕乎其有文章。”自漢以來，辭人代有，大則憲章典誥，小則申抒性靈。至於經禮樂而緯國家，通古今而述美惡，非斯則莫可也。是以哲王在上，咸所敦悦。故云“言之不文，行之不遠”。自中原沸騰，五馬南度，綴文之士，無乏於時。降及梁朝，其流彌盛。蓋由時主儒雅，篤好文章，故才秀之士，焕乎俱集。于時武帝每所臨幸，輒命群臣賦詩，其文之善者賜以金帛。是以縉紳之士，咸知自勵。至有陳受命，運接亂離，雖加獎勵，而向時之風流息矣。詩云：“人之云亡，邦國殄悴。”豈金陵之數將終三百年乎？不然，何至是也。宋史不立文學傳，齊、梁皆有其目。今綴而序之，以備此篇云爾……
>
> 論曰：文章者，蓋情性之風標，神明之律吕也。藴思含豪，遊心内運，放言落紙，氣韻天成。莫不禀以生靈，遷乎愛嗜，機見殊門，賞悟紛雜，感召無象，變化不窮。發五聲之音響，而出言異句，寫萬物之情狀，而下筆殊形。暢自心靈，而宣之簡素，輪扁之言，未或能盡。然縱假之天性，終資好習，是以古之賢哲，咸所用心。至若丘靈鞠等，或克荷門業，或夙懷慕尚，雖位有窮通，而名不可滅。然則立身之道，可無務乎。[①]

① 《南史》，臺北鼎文書局，1981年。

以上是《南史·文學傳》對於“文”的總體論述。第一段是傳文的開頭，第二段是結尾。如直綫部分所示,《南史·文學傳》不僅與《文選序》一樣引用了《易》，還引用了《論語》。然而上文已經説到,《易》中的“人文”原指人類社會的種種現象與規律，後在儒家的價值體系下多被解釋爲禮樂典籍。《論語》中的“文章”亦與之類似，指的是禮樂制度。此處與《文選序》一樣，皆以文章與禮樂制度及相關學問在“文”這一表達上的共通性，將經典中原本着落於後者的言論當作對前者的强調來使用。不止《南史》，上述諸史無不如此。然而在接下來的論述中，不同於《文選序》基於“入耳之娱”“悦目之玩”的定位對“文”之審美性及其“隨時變改”的特性的强調，這些正史的“文苑傳”“文學傳”始終以“文”之實用性爲核心，或如直綫部分所示，以“文”之“經禮樂而緯國家，通古今而述美恶”的教化美刺作用强調“哲王在上，咸所敦悦”，從而進一步引出對當朝統治者治下文事之盛的描述；或如波浪綫部分所示，以文章之留名不朽之功，强調“文”作爲“立身之道”，“古之賢哲，咸所用心”，從而進一步引出對於傳記中各具體人物的介紹。其中前者與《懷風藻序》以統治者的崇文思想關聯“篇章”之勃興的盛世文學觀尤爲相似。就上引《南史》而言，它將梁代文學興盛的原因歸結爲“時主”“篤好文章”及武帝“每所臨幸，輒命群臣賦詩，其文之善者，賜以金帛”的倡導。這與《懷風藻序》將天智天皇“旋招文學之士，時開置醴之遊”的舉措作爲文學興盛的原因相一致。而《南史》將陳時的“運接亂離”作爲其時文章凋敝的原因亦反向體現了《懷風藻序》文章興於盛世的文學觀。然而需要指出的是，在正史的“文苑傳”或“文學傳”中，教化美刺等功用是被作爲文學的屬性來描述的,《易》《論語》等經典中對於禮樂制度及相關學問的描述也是被附加在文學之上的。而在《懷風藻序》中，文學與禮樂制度方面的學問被明確區分,“調風化俗”“潤德光身”皆是後者之功用，這些功用直接指向的是盛世的到來而非文學之興盛。因此我們可以判斷，雖然《懷風藻序》的文學觀可能受到了以上述正史“文苑傳”“文學傳”爲代表的初唐文獻的影響，但上文提到的該序在叙述上嵌文學史於文化史之中的雙重構造却很有可能是出於編者自己的考量。

回到文本本身。上文提到《懷風藻序》的寫作雖然參考了《文選序》的文本構成，然而在用語、表達方面却在借鑒《文選序》的同時儘量通過作者的二次加工避免了與原文的雷同。對於唐太宗君臣周邊文獻的受容也大抵遵循這樣的原則。然而在天智天皇"調風化俗，莫尚於文。潤德光身，孰先於學"的崇文思想上作者却完全照搬了太宗的訓誡。這不得不讓我們思考這句話的受容在單純的詞彙、表達的學習之外所具有的特殊意義。那麼作者爲什麽要引入太宗的言論呢？如果僅僅是爲了學習相關表達來突出天智天皇的"文治"思想從而引出對漢文學勃興的描述，那麽參考已成爲經典的《詩大序》或是與詩文相關的類書、正史中所收録的前代文獻無疑更爲合理，實在没有必要翻閱不具有經典性且檢索起來不甚方便的《太宗實録》去引用本以崇學爲主旨的太宗訓誡。除非作者的關注點原本就在太宗的"文治"思想。

《懷風藻》成書的日本上代不僅是漢文學的萌芽期亦是律令制國家的形成期。在律令制國家的建設過程中，處於漢字文化圈中心的唐無疑是最爲重要的模仿對象。從律令、曆法到歷史、地志，日本上代的政治社會構成無一不受到唐的顯著影響。而太宗與其開創的貞觀之治無疑是象徵着唐文化强盛璀璨的典型。因此，《文館詞林》《翰林學士集》《太宗文皇帝集》等圍繞太宗君臣的相關文獻自然也成了上代日本人在漢文寫作時重要的參考資料[①]。在這樣的背景下，《懷風藻序》捨棄《詩大序》等前代文獻轉而借鑒與太宗君臣相關的唐代文獻也并不難理解。然而即便如此，如前所述，在太宗朝編纂的幾部正史的"文苑傳"或"文學傳"中亦能看到有關文教思想的相關論述，爲何《懷風藻序》的作者要引用本與文學（"篇章"）無關的太宗的訓誡呢？這只能解釋爲作者的關注點原本就不在文學是否具有教化的功能，而是在帶來盛世并間接促成了文學創作活動興起的"文治"政策之上。

重新審視《懷風藻序》的文化史叙述即可發現，不同於《文選序》、正史"文苑傳"等對於經典的引用，《懷風藻序》所描述的文明開化的過程雖然是基於儒家價值觀寫就的，但却并没有提及任何儒家先賢或是經典。取而代之，作

① 有關《文館詞林》《翰林學士集》《太宗文皇帝集》在日本上代的受容情況，參見高松壽夫《〈懷風藻〉序文にみる唐太宗期文筆の受容》；高橋諒《元明、元正朝における初唐テクストの利用》，《早稻田大學日本古典籍研究所年報》，2013年第6期，頁33—44；小島憲之《上代日本文學と中國文學（下）》，東京：塙書房，1965年，頁1235—1327。

者以日本的歷代聖賢爲綫索勾勒了始終以本國爲主體的文化發展史。這與其後平安時代"敕撰三集"的序文是十分不同的。在《懷風藻序》的叙述中，原本源於中國的漢文成爲了日本古代聖王("神后""品帝")征服三韓("高麗上表""百濟入朝")的功績，而原本體現了唐太宗文治思想的朝集訓誡亦成了天智天皇的見識所在。從頭至尾，序文對於太宗、唐、中國都没有任何提及。筆者認爲這已經不僅僅是對於唐的模仿，而是在試圖成爲唐。選定代表唐之鼎盛的太宗的言論將之附加於天智天皇之上，正反應出重合二者形象，重合日本與唐的企圖。基於這樣的國家意識，作者書寫了獨立於中國的日本文化史，并將有關漢文學創作的興起、發展的文學史叙述置於這種文化史叙述之中。如此一來，漢文學的産生與發展并非源於對"外國文學"的接納、崇尚，而是成了本國文化史發展的一種自然結果。儒學的啓蒙、典章制度的制定以及聖明君主的"文治"帶來盛世，而盛世又成爲漢文學創作興起的條件。由此看來，《懷風藻序》的叙述中心既非漢文學外部的教化作用，亦非其内部的審美價值，而是它作爲由儒家價值觀主導的本國律令制文化臻於完美的體現所具有的文化史地位及象徵意義。這也是爲什麼該序尤其重視對於文化史的梳理并在叙述上采用上述雙重構造的原因之一。

事實上就日本漢文學勃興的現實背景而言，它確實與律令制文化的傳入與發展密不可分。與基於母語自然産生的我國的詩文創作不同，漢文學在日本的勃興與發展完全是一個人爲的過程。首先作爲以異國語言進行的異國文學體裁的創作，若是没有相當的漢文素養是决計無法實現的。至於如《懷風藻序》中所描述的君臣唱和以及像《懷風藻》這樣的文學總集的編纂，就更加要求包含文學在内的更爲廣泛的漢文教育。就上代日本而言，已經傳入的有限的漢籍與漢文師資幾乎全部掌握在國家手中，因此系統性的漢文教育自然也是在國家意志的主導下由以大學寮爲核心的國家教育機關實施的。先行研究已經指出，作爲進行漢文學創作基本條件的日本學制的確立的確可以追溯到《懷風藻序》所述的天智朝[①]。由此可見，該序的叙述并非隨意爲之，

① 桃裕行《上代學制の研究》，東京：目黒書店，1947年，頁7—9。久木幸男《日本古代學校の研究》，東京：玉川大學出版部，1990年，頁22—49。今井陽美《律令國家における"大學"創始の企圖》，《人文學報》，2012年第460期，頁33—47。

而是有着相當程度的現實性的。根據《養老令·職員令》的記載，當時的大學寮分爲儒學和算學兩科，設置有博士（經學）一名、助教二名，音博士、書博士、算博士各兩名。而後在神龜五年（728）七月二十一日的學制改革中又新增添了律學博士二名、直講三名、文章博士一名，并在儒學科的四百名學生之外别設文章生二十名[①]。雖然從四百名與二十名的學生人數的對比中我們可以看出在這一階段文學尚且是經學的附屬，然而這却反映着在當時人的認識中"篇章"已經從學問之中獨立出來。另外前文已經提到，根據《養老令·考課令》的規定，《文選》與《爾雅》被當作進士考試中帖試的考試内容，而秀才的答卷也被要求以四六駢文體書寫，這亦是漢文教育中"文學教育"，更準確地説應當是"文章教育"切實存在的證據。與《懷風藻》同時代成書的《藤氏家傳》中有"至於季秋，每與文人才子集習宜之别業、申文會也。時之學者，競欲預座。名曰龍門點額也"的記載。這裏的"文人才子"與"學者"很明顯是同一概念。事實上就《懷風藻》所收作者而言，除了渡來人及皇族，大部分都是大學寮的相關人員或曾接受過大學寮教育[②]。這也反映出當時的詩文創作與學問、學制之間的密切聯繫。可以説若是没有學制的確立和發展，當時人的漢文素養就不可能達到足以進行文學創作的水平。而學制的確立和發展又是與由統治階層主導的律令制國家文化的發展相同步的。這也是爲什麽《懷風藻序》在描寫漢文學的勃興時，必須將之置於律令制文化發展史中進行叙述的原因。

學制的確立和發展爲漢文學的創作提供了條件，但是僅僅如此還不够，基於外語、外國文學體裁的集體性創作活動的展開還需要非如此不可的理由。與中國不同，日本漢文學先天就具有一種"公"的性質。這種"公"的性質不僅來源於國家的推動，更是由於它是由漢語寫成的。漢語作爲東亞漢文化圈的通用語言，不僅是東亞各國之間相互交流的重要工具，更是律令制國家運行與發展的基礎。這一點從《日本書紀》《續日本紀》中所收録的各種以漢文寫就的外交文書及面向國内的詔書敕令即可看出。而不管是外交文

① 參見《類聚三代格》，《新訂增補國史大系》卷二五，東京：吉川弘文館，1965年，頁158。

② 有關《懷風藻》所收作者與大學寮的關係參見直木孝次郎《〈懷風藻〉と〈萬葉集〉》，《飛鳥奈良時代の考察》，東京：高科書店，1996年，頁439—445。

書還是詔書敕令，其書寫都不僅僅要求信息的傳達，還要求在用語、修辭上滿足相應的形式，這就涉及漢文學素養的運用。那麽實用文之外的詩賦寫作對於上代的日本人來説又意味着什麽呢？筆者曾經撰文論述過對於包括《懷風藻》的編者在内的當時的日本人而言，文學創作活動所具有的意義遠遠大於文學作品本身。《懷風藻序》所叙述的文學史與其説是各個時代的代表作家、作品的歷史不如説是文學創作活動的歷史①。這從該序在全面借鑒《文選序》的文本構成的同時，捨棄該序以爲重點的對於文學審美性的論述，而將文學創作活動在文化史中的位置作爲叙述核心的安排上也可以看出。上文已經提到，日本漢文學先天具有一種“公”的性質。特别是在《懷風藻》成書的上代，漢詩文的創作多爲一種集體性活動。這也是爲什麽《懷風藻》所收録的作品多爲面向集體的宴會遊覽之作，絶少個人性表達的原因。這些作品或是在外交場合被用來表達兩國關係的親睦，或是在宴會、行幸時被用來確認出席者共歷風雅、共襄盛事的一體感。可以説漢文學創作的展開將這些本處於不同立場上的國家及官僚貴族們聯繫起來，增加了他們對於漢文化的認同感，同時也提高了律令制國家甚至東亞律令制文化内部的整體性。從這層意義上説，將對於漢文學創作的提倡看作律令制國家建設的一環亦不爲過。

通過以上的論述我們可以明白，日本漢文學的興起與發展并非單純的文學現象，而是與律令制國家及文化的發展緊密相連的。在《懷風藻》成書的日本上代，以漢文修養立身處世的士人階層尚未形成，擁有足以作詩的漢學素養的也只是極少數的人。因此像《詩大序》描述的那樣以漢詩漢文來教化民衆、統一意識形態自然是不現實的。同樣，在這樣的環境中，真正以“文人”的立場去提倡漢文獨特的審美價值也難以想象。因此在當時的日本，無論是像《詩大序》一般强調文學政教作用的實用性文學觀還是像《文選序》一樣强調文學特性的審美性文學觀都不具備得以扎根的條件。基於這樣的現實，《懷風藻》的編者在爲這部詩歌總集創作序文時，雖然借鑒了《文選序》的文本構成，却没有延續其對於文體及文學審美性的關注，而是通過對太宗“文

① 參見樂曲《“詞人”の選定——〈懷風藻〉における上代詩史の叙述をめぐって》。

治”思想及其周邊文本的參考，重點叙述了以儒家文化爲代表的律令制文化的傳入及發展的歷史，并將對漢文學創作的産生與發展的描述置於其脉絡之中。從頭至尾他的關注點始終不在文學的本體，而是在文學創作這種行爲所具有的文化史意義。通過這篇序文的書寫，他將漢文學與律令制國家的形成、發展聯繫起來，完成了對漢文學在律令制國家文化發展進程中的定位。當我們帶着這樣的認識再去看《懷風藻序》中所描述的“爲將不忘先哲遺風”的編纂動機時就可以發現，這部詩集的編纂不僅是對於前代文學作品的收集，更是對文化史意義上這些作品所象徵的律令制國家文化臻於完備的時代的懷念與回顧[1]。作爲日本歷史上第一部漢文學總集的序文，《懷風藻序》的這種特殊的叙述方式，以及這種叙述方式呈現出的將文學與時代現實相關聯的編纂動機爲我們重新審視日本漢文學的歷史位置及文化意義提供了新的視角與啓發。

① 有關《懷風藻》的編者爲何要借前代作品的收集來回顧以往的時代，參見拙稿《“詞人”の選定——〈懷風藻〉における上代詩史の叙述をめぐって》。

試論《源氏物語・少女》中的漢詩文引用
——以引用陸機《豪士賦序》的意義爲例

陣野英則（著） 馬如慧（譯）

引言：《源氏物語・少女》與《文選》的引用狀況

在《源氏物語》中，引經據典的文字表現并不少見。其中，白居易所作漢詩被引用次數最多。但是，《源氏物語》對漢詩文的引用并不僅限於此。本文將以《源氏物語・少女》中的漢詩文引用狀況爲例，探討其意義所在。

在全書五十四卷中居於第二十一卷的《源氏物語・少女》中，光源氏的子女一代首次成爲故事的中心人物。特别是，本卷的前半部分講述了光源氏的兒子夕霧的冠禮和其進入大學寮的經緯。而光源氏對夕霧的祖母闡述學問、教育論的内容，也作爲與夕霧入學的相關情節而被大書特書。而此處涉及了司馬遷《史記》的内容，亦需多加思考。[①]

另一方面，在《源氏物語・少女》中，夕霧與其表姐雲居雁的愛情故事也揭開了序幕。意欲令雲居雁入主東宫的其父内大臣（曾任頭中將），得知將來有望母儀天下的女兒與夕霧的戀情後怒不可遏，意圖棒打鴛鴦。

作者單位：早稻田大學文學學術院　譯者單位：北京外國語大學

① 陣野英則《〈宇津保物語〉與〈源氏物語〉中的學問——物語可否引導讀者向學》，《王朝文學與東亞文化》，東京：武藏野書院，2015年。

本文主要涉及内大臣發覺雲居雁的戀情前，於三條宮殿拜訪自己的母親大公主之時演奏和琴的情節。在内大臣的吟詠與發言中，曾兩次引用載於《文選》中的《豪士賦序》中的一節。筆者欲在本文中思考該引用的意義，并深入探究，欲以此處《豪士賦序》的引用爲契機，將視野開拓至整個物語文學中引用與作者構思的層面。

一、自古以來與《豪士賦序》的引用相關的諸注解

讓我們來簡單回顧一下《源氏物語·少女》中涉及此處的情節。在一個陣雨瀝瀝的傍晚，内大臣造訪三條宮殿，對擅長撫琴（這裏指所有弦樂器）的大公主講述有關琵琶——特别是明石姬彈奏琵琶的趣聞。此後，他對大公主表達了自己敗給光源氏，使得自己的女兒弘徽殿女御（冷泉帝妃）與鳳冠失之交臂的遺憾後，便開始彈奏和琴。

> 内大臣便取過和琴來，用他那純熟而隨意不拘的手法，彈出一個時髦的短調，非常動人。庭前木葉盡行散落。年老的侍女們感動得流下淚來，都擠集在各處帷屏背後傾聽。内大臣便朗誦“風之力蓋寡……”之詞。接着説道：“并非琴音之故，只因這暮景異常凄涼動人耳。請太君再彈一曲吧。”太君彈時，内大臣唱着《秋風樂》之歌，與她相和，其歌聲非常優美。太君對人人都愛，覺得這兒子内大臣也很可喜。這時夕霧來了，又添了樂趣。[①]

上文中兩處以下劃綫標注的部分，引用了以下《豪士賦序》中接近起首的部分。

> 落葉俟微風以隕，而風之力蓋寡；孟嘗造雍門而泣，而琴之感以末。何者？欲隕之葉，無所假烈風；將墜之泣，不足繁哀響也。◆是故苟時啓

① ［日］紫式部著，豐子愷譯《源氏物語》，人民文學出版社，1980年，頁364—365。（譯者注：第二個下劃綫“琴音”處，原文爲“琴の感”，與《豪士賦序》原文貼合。）《源氏物語·少女》引文皆引自此本，原書中爲簡體中文，本文中將其改爲繁體中文。

於天，理盡於民，庸夫可以濟聖賢之功，斗筲可以定烈士之業，故曰“才不半古，而功已倍之”，蓋得之於時勢也。[①]

内大臣朗誦道：“風之力蓋寡”，并在發言中提及“并非琴音之故……”。《豪士賦序》中闡述道：葉落非風力所致，淚流亦非琴音之故，二者皆由内因而落。有關這段引用，今井源衛認爲：“此乃悲秋之語”，并將其評爲“切合的引用”。[②]

但是，這段引用的意義便僅此而已嗎？比如，一條兼良在《花鳥餘情》（初稿本於1472年成書）中闡述道：“并非琴音之故”這一否定表達，可理解爲内大臣所彈非七弦琴而是和琴，故而戲言之。但“風之力蓋寡”一句又當如何理解呢？有關此句，《花鳥餘情》中解釋道：此句與“庭前木葉盡行散落”一句相呼應。雖説如此，結合《源氏物語·少女》的文脉，以及整個故事情節，是否可以有更深入的理解呢？

三條西實隆、公條二人在《細流抄》（成書於1510—1514年間）中，注意到《豪士賦》乃是諷刺齊王冏的作品，并從上述《豪士賦序》引文中◆記號後有關成功與否皆取决於“時勢”的内容出發，推測内大臣朗誦此句是在抒發自己勢力不及光源氏，導致女兒與鳳冠失之交臂的憤懣之情。這與上述《源氏物語》引文之前内大臣感嘆自己始終不敵光源氏的情節息息相關。在現代的注解中亦有類似的解讀，例如《源氏物語的鑒賞與基礎知識》中曾提及：“根據各人理解方法的不同，也有可能將此處解讀爲：内大臣把自己比作陸機，并將在立后之争中取勝的光源氏比作齊王冏，暗中加以諷刺。”[③]

另一方面，本居宣長在《源氏物語玉之小櫛》（成書於1796年）中批判了《細流抄》的解讀，認爲此處與《豪士賦序》中所述“淚流非琴音之故”相呼應，表達了正在演奏和琴的内大臣的謙遜之意。

---

① 蕭統《文選》，中華書局，2019年，頁3231。《豪士賦序》引文皆引自此本，原書中爲簡體中文，本文中將其改爲繁體中文。

② 今井源衛《漢籍·史書·佛典引用一覽》，《新編日本古典文學全集（22）·源氏物語》，東京：小學館，1995年，頁477。

③ 針本正行《源氏物語的鑒賞與基礎知識 No.27 少女》，東京：至文堂，2003年，頁79。該處筆者爲秋澤亙。

如上所述，在長達數百年的《源氏物語》注釋史中，關於此處引用的解讀也是諸説紛紜。《細流抄》和現代的《源氏物語的鑒賞與基礎知識》中所示略顯激進的解讀十分耐人尋味。但是，比對着漸漸不敵光源氏的内大臣心中積鬱來解釋此段引用時，確實可以與上述《豪士賦序》引文中◆記號後的文字相對應，但却無法解釋關鍵的“風之力蓋寡”。另一方面，關於本居宣長所述“表達内大臣謙遜之意”的説法，筆者認爲，此處是内大臣與母親、女兒和老侍女們耽於音樂，放鬆享樂的場景，此時，如若除却戲言的要素，當代彈奏和琴的頂尖名家内大臣放低身段而自謙的可能性極低。

二、《源氏物語·少女》中引用《豪士賦序》的意義

讓我們重新在理解《源氏物語·少女》故事情節的基礎上，再來思考内大臣朗誦“風之力蓋寡”一句的意義所在。在《豪士賦序》中，此節闡述了便如葉落非風力之故一般，某些人的實績也非其能力所致的道理。此句無疑包含了批判驕侈的齊王冏的内容，但“風之力蓋寡”却不是直接批判政敵的語句。并且，即使代入了《豪士賦序》中暗含的批判齊王冏的思想，也難以將其與《源氏物語》該場景中内大臣的意識完全對應。

那麼，如果我們有意試着脱離内大臣的意識來思考呢？從這個視角出發時，筆者不禁想起《源氏物語·少女》開頭部分，光源氏向大公主闡述學問、教育論的情節。這是因爲，這裏的學問、教育論也包含了戒驕侈的内容。

光源氏刻意令夕霧研習被視爲苦工的學問，他之所以對兒子如此嚴厲，是因爲怕他身爲高貴之家的子弟，染上驕奢的惡習。光源氏正是將基於以上理由百般思量而成的教育系統的意義傳達給了大公主。

在《源氏物語》中，特別是主人公光源氏，時而抒發着他對文化的獨特見解。這些見解中包含了音樂論、和歌論、物語論、書論等不同領域，而《源氏物語·少女》中所涉及的學問、教育論也被涵蓋其中。但是，作爲與下一代的成長相關的内容，學問、教育論也有其獨特的重要性。在《源氏物語·少女》中，光源氏的子女們備受關注的同時，也讓人們覺察到故事向下一代推移的伏綫。更有甚者，可以説光源氏所述的有關學問、教育論方面的發言，

表達出了對夕霧將來作爲掌權者一展雄圖的期待。

《豪士賦序》的主旨，特別是"風之力蓋寡"一段，是令人深思爲政者該當如何的警句。其與上述光源氏的學問、教育論的呼應關係，早已超出了内大臣這一人物的個人思維。我們難道不該承認這一點嗎？這足以説明，這段引用并非與學問無關，而恰恰由於作者紫式部的精心構思，而與學問息息相關。

結語：解讀引用的方法

内大臣朗誦的"風之力蓋寡"一句，無疑與秋季的情景相呼應。而正是在這大書特書學問、教育相關内容的《源氏物語·少女》中，我們不應只看到這表面的對應關係，也應看到據傳對《文選》、對學問皆有涉獵的作者紫式部對漢詩文的積極引用態度。在作品中人物所朗誦的詩句中，必然滲透着該人物的意圖，但是，特別是在《源氏物語·少女》中，我們可以透過與學問、漢籍的相關性看到作者紫式部的存在。正是在精通學問、作爲漢詩人揚名天下的父親藤原爲時的教育下長大的紫式部才能如此引用。

如若從作者的立場、特徵和構思出發深入思考的話，很容易被將物語作品作爲"文本"來解讀的研究者們批判。筆者曾經涉獵過這個問題[①]，并認爲，我們無必要將作者的構思這一視角排除在外，且不如説，"文本"中也包含着需要從這一視角出發進行解讀的内容。在日本的物語文學研究史上，特别是羅蘭·巴特的思想傳入後，研究者們便表現出了極度忌諱論及"作者的意圖"的傾向。但是，孔帕尼翁從"常識（sens commun）"的角度出發，對於文學理論中的激進思想再次進行探討，認爲在文學研究中，對作者意圖的探討是必不可少的，并呼籲道："'文本本身的意圖'這種説法只會引起思維混亂"，"我們有必要從文本與作者只能二選一這個僞命題中脱身。"[②] 筆者認爲，

① 陣野英則《關於〈源氏物語〉與同時代文學中"引用"的再次試論》，《源氏物語論——女房·作品中的語言·引用》，東京：勉誠出版，2016年。

② ［法］安托萬·孔帕尼翁著，中地義和、吉川一義譯《幽靈的理論：文學與常識》（譯者注：日語爲《文學をめぐる理論と常識》），東京：岩波書店，2007年（原作於1998年出版），頁102—103。

言之有理。

另一方面，筆者也可以預想到，本文拋開作品中人物内大臣的意圖而從其它角度探討引用意義的方法，會受到嚴格從作品本身出發來解讀物語的研究者們的批判。確實，從作品内部思考并解讀内大臣這一人物這種方法的重要性不需多言。但是，難道我們不應該儘可能從多種角度出發探討《源氏物語》這個妙趣横生的作品是怎樣被創作出來的，又是怎樣被解讀的嗎？由此可見，從作者構思角度對作品中引用進行解讀，有時也是必要的。

在整部作品中，《源氏物語·少女》在學問、漢籍方面也頗爲突出。故而，筆者認爲内大臣狀似脱口而出的《豪士賦序》一節，是精通學問和漢籍的作者的積極引用。

《文選》在古代日本的傳習特徵芻議

——以《文選》日藏古抄爲綫索

高　薇

作爲中國現存最早的收録先秦至南朝梁代作品的詩文總集,《文選》在日本的傳播與受容的歷史也頗爲悠久，奈良時期的日本就已經出現《文選》活躍的身影[①]。701年頒布的《大寶令·學令》已將《文選》規定爲日本貴族漢文教育的教科書之一。奈良平城宫遺址出土的木簡殘片，可被確認爲出自李善《上文選注表》的内容[②]。可對此形成補充的是正倉院文書中存在大量抄寫《文選》的記録。其中最早的一條記録是天平三年(731)八月，光明皇后宫職在給圖書寮的移文當中，提到了"文選上帙九卷紙二百卌四張""文選音義七卷紙一百八十一張"等抄寫用紙記録。换言之，從奈良時代開始，日本貴族學習《文選》已成爲一件官方明文規定之事，此後《文選》便展開了在日本傳播、流行及受容等一系列現象。

作者單位：北京大學中國語言文學系

① 日本飛鳥時代，推古天皇十二年(604)，聖德太子制定的《憲法十七條》第五條受到《文選》的影響，被認爲是《文選》傳入日本的最早例證。[日]岡田正之《日本漢文學史(增訂版)》，吉川弘文館，1954年，頁171。

② [日]東野治之《木簡が語る日本の古代》，岩波書店，1983年。

一、“《文選》在日本”的先行研究

關於《文選》在日本歷史上的一系列傳播與受容活動，日本學界已經做過不少梳理工作。關於《文選》的受容史已有大量成果。比如本田弘《文選の本朝文學に及ぼせる影響(承前)：論説》一文，便概述了《文選》對日本文學的影響，從文書記録如《菅家文草》、經典作品如《和漢朗詠集》《源氏物語》《枕草子》、僧人日記如《臥雪日件録》等材料，勾勒出從平安朝至江户德川時代日本文學對《文選》的重視和學習[①]。從語彙的角度展開梳理的研究包括中村宗彦的《文選語の流れ——〈日本書紀〉から〈草枕〉まで》《文選語の受容——あくせく、嵯峨し、仰々し》等文章。他考察了《日本書紀》《倭名類聚抄》《類聚名義抄》，包括夏目漱石《草枕》等著作中，對《文選》語彙的接受和利用面貌。近年來日本學界更側重從一個具體的文本入手作細緻分析，如新間水緒《〈方丈記〉の序章について——〈文選・嘆逝賦〉注文との關係から—》一文，詳細解讀賴長明《方丈記》開始部分對《文選・嘆逝賦》詩句的引用，文章第二部分回顧了《文選》在日本的受容史。從《文選》注釋入手進行分析的研究成果則重在考察《文選》注釋對日本的古辭書、類書、佛經注解等的編纂乃至年號勘申之影響。如河野貴美子《古代日本佛典注疏書所引〈文選〉初探》等研究成果，考察了善珠爲佛典作注時對《文選》李善注的引用情況。

從《文選》版本角度梳理《文選》在日本的傳播研究，以斯波六郎氏爲代表的日本學者也已取得豐碩成果，具體情況可參筆者已有綜述[②]。最值得一提的是，由於日本保存了歷代傳抄至今的《文選》古抄本，無疑爲探究《文選》早期文本面貌，乃至還原《文選》在日本古代的傳習過程提供了充足的證據。因此，涉及《文選》傳習角度的研究有渡辺さゆり《日本における文選の學習——訓点資料に基づく考察》的系列文章。他側重從訓點的角度，試圖具體還原不同時期面對不同載體的《文選》文本面貌時，日本貴族不同的學習

① [日]本田弘《文選の本朝文學に及ぼせる影響(承前)：論説》,《龍南會雜志》, 1901年6月，頁1—12。

② 高薇《日藏白文無注古鈔文選研究的回顧和思考》,《文獻》, 2018年7月，頁148—162。

方法與過程。

總而言之，由於《文選》在日本歷史上扮演了重要的角色，日本學界從傳播與受容兩個角度已展開了充分的研究。然而筆者所關心之日藏古抄本，其具體的傳習背景、傳習對象，其所承載的平安時期博士家的“秘傳”內容及形成過程，除了小林芳規《平安鎌倉時代に於ける漢籍訓読の國語史的研究》、山崎誠《中世學問史の基底と展開》兩部著作，佐竹保子《從〈九條本文選〉所收的識語來看〈文選〉教學在日本》、陳翀《九條本所見集注本李善〈上文選注表〉之原貌》及前述渡辺さゆり的研究之外，尚有不少未解之處。這一問題側重於考察《文選》作爲一部典籍的傳承過程，已然超越其作爲一部文學總集的文學性，僅從文學作品等的受容情況來看難以詳盡個中細節。因此，通過日本留存至今的古抄本及相關的歷史記録，勾勒出《文選》在古代日本的傳習特點，是本文的探討目標。由於篇幅所限，本文并不依照時間順序展開，而是選擇從人物和書籍兩個角度入手加以討論，并嘗試解釋該特徵的形成原因。

二、傳習群體的整體面貌

《文選》在日本的傳習，最首要的主導因素其實是人的活動。在古代日本，到底是什麽身份、具有什麽知識背景的人在傳習《文選》，爲此本文嘗試將“傳習群體”分爲“講授者”和“學習者”兩種角色進行分析。但受限於部分記載的語焉不詳，因此有的討論只能籠統説明，例如由於早期材料有限，在日本飛鳥至奈良時期（538—794），《文選》傳習群體的面貌較爲模糊。如開篇所述，上至飛鳥時期制定《憲法十七條》的聖德太子，下至奈良聖武天皇時期寫經所的寫經生，都存在接觸過《文選》的情況。至於日本現存首部漢詩集《懷風藻》，也受到了《文選》的影響，足證奈良時期的日本貴族及官吏對《文選》作品的熟悉。甚至，由於一些《文選》李善注習字木簡，夾雜在與擔任守衛西宮職能的兵衛府有關的檔案文書之中共同出土，因此，東野治之認爲有可能出自兵衛府的官吏之手，“這是天平後半期李善注《文選》已經滲透至一般下級官人之間的有力證明材料"[1]。而根據木簡的出土範圍來觀察傳播的地域，我們可以發現除了當時的皇權所在中心平城宫及王畿地區之外，日本的東北地區，如胆沢城迹（岩手縣）和秋田城迹均發現了《文選》的書寫材料。基於此可知，《文選》在日本上代的傳播群體和傳播地區似乎較爲廣泛。當然事實是否如此，尚需更多材料加以證明。

《文選》對於古代日本人而言是一本渡來書籍，講授者應當先具備一定的漢文水平，才有能力向學習者進行講授。因此古代日本人在本國學習《文選》等漢籍之初，當時在日本的外國人即"渡來人"扮演着重要的角色。他們不但爲古代日本帶來典籍，也承擔着講授典籍的任務。日本最早記録的渡來人是來自朝鮮半島的百濟人王仁（又稱"和邇吉師"）。他爲古代日本帶來《千字文》《論語》等漢文典籍（《日本書紀》《古事記》）。又古代日本專門設有"音博士"官職，渡來人也被聘請爲教師。最有名的一個例子便是唐朝的袁晋卿，由於精通《文選》《爾雅》音，而受到了禮遇。《續日本紀》卷三十五（寶龜九年十二月條）記載：

> 天平七年隨我朝使歸朝，時年十八九，學得《文選》《爾雅》音，爲大學音博士，於後歷大學頭安房守。

天平七年（735），隨遣唐使來日的唐人袁晋卿因通《爾雅》《文選》之音而被授予大學音博士。而且有意思的是，袁晋卿跟隨吉備真備大臣來到日本，二人"誦《兩京》之音韻，改三吴之訛響，口吐唐音，發揮嬰學之耳目"（《性靈集》），改變了奈良時期日本貴族説吴語的局面，而正之以唐人的官方漢音體系。由此可以推測，這批渡來人所持有的閲讀經驗和知識水平，乃至所運用的教學文本，對於古代日本人的漢文學習活動，有着極其重大的影響。《文選》最開始在日本的傳播，想必也是受益於作爲"講授者"的渡來人所發揮的作用。

進入日本平安時期之後，隨着古代日本與海外的頻繁交流，古代日本開始改變僅在本國依賴"渡來人"教學的局面，而向海外派出留學群體。當時

① ［日］東野治之《正倉院文書と木簡研究》，塙書房，1977年，頁203。

的留學生、留學僧在中國學習，歸國又帶回中國的典籍，進一步促進了本國的漢文教育的良性發展。因此，在平安初期，有能力講授《文選》的人物主要是大學寮的文章博士，而那些有機會進入大學寮接受漢文教育的文章生，則構成了學習《文選》的主要對象。先看文章生的情况，載入史册者存在一些與《文選》相關的描述，例如（表 1）：

表 1

人物	原文	出處
藤原常嗣	少游太學，涉獵史漢，暗誦文選	《続日本後紀》藤原常嗣薨伝（承和七年四月二三日）
藤原諸成	弘仁年中爲文章生，聰悟超倫，暗誦文選上帙，學中號爲三傑	《日本文德天皇實録》藤原諸成卒伝（齊衡三年四月十八日）
惟宗隆頼	文選三十卷・四声の切韻，暗誦の ものあらば、すみやかに隆頼ゐくだるべしこの隆頼は無雙の才人なりけり	《古今著聞集》勸四、一二三“勸學院の學生集りて酒宴の時惟宗隆頼自ら首座に着く事”
藤原高光	高光依召候衛前隨仰暗誦文選三都賦序，帝感嘆云云	（《九暦》天暦二年八月十九日條）

諸如藤原常嗣、藤原諸成、惟宗隆頼、藤原高光等人，皆是貴族出身，受到良好的漢文教育，且以能够暗誦《文選》、熟知《文選》而被載入史册。評價人物的角度各種各樣，之所以不約而同提到這些人物具備“暗誦《文選》”的能力，可見此時日本當以是否足够熟悉《文選》作爲衡量人才漢文水平的標準。另外，大學寮中的文章生之生源構成，一度囊括了庶民出身的人。《令集解・職員令》大學寮條“文章生廿人”的令釋提到：

> 簡取雜任及白丁聰慧。不須限年多少也。①

“雜任”指的是日本下級官吏，“白丁”即指日本無位無官的庶民。該文規定從下級官吏或庶民當中，不問年齡，選拔二十名優秀人才作爲文章生。下級官吏之子春澄善繩，以及庶民出身的勇山文繼，便受惠於這一制度，被選拔進入大學寮中接受教育，從此平步青雲，最終躋身貴族階層。從這一材

① 《令集解》卷三，國書刊行會本，頁 89。

料來看，奈良以降至平安初期，有機會接受漢文教育的庶民能够接觸和學習到《文選》。可惜，這一規定在弘仁十一年（820）發生變化，此後文章生只能從“良家（公卿）子弟”選拔（弘仁十一年《太政官符》），無疑阻斷了庶民接受漢文教育的道路。

另外，僧人群體學習漢籍、熟悉《文選》也是古代日本一個顯著特徵。譬如留學唐朝的空海，從其《文鏡秘府論》提到“梁昭明太子蕭統與劉孝綽等撰集《文選》”等與《文選》有關的記録來看，他應當讀過《文選》。至於仁壽三年（853）至天安二年（857），在唐朝學習密教的円珍，十歲便精通包括《文選》在内的漢籍。《今昔物語集》記載他“亦十歲ト云フニ、毛詩、論語、漢書、文選等ノ俗書ヲ讀ニ。只一度披見テ次ニ音ヲ挙テ踊シ上グ。是奇異也”①。

由上可知日本平安初期學習《文選》的群體，主要由貴族和僧人構成，且在弘仁十一年之前，庶民也有機會接觸到《文選》。固然知識是可以流動的，它不一定會被局限在某個群體，但是獲得漢文教育的貴族或庶民，是否可能向其他的群體傳播《文選》，或者由於前往他處而將知識傳播到地方，這方面的情況尚不明朗。貴族憑藉其優勢地位獲得漢文教育的機會并非一件不可思議之事，然而爲何日本僧人從上代開始便有機會獲得漢文教育，乃至中世時期還發展出了禪林文化。個中緣由無法三言兩語説明，但僧人之所以學習《文選》，筆者以爲這當與《文選》在古代日本曾被當作一部識音認字的工具書這一特徵有關，即僧人其實是通過學習《文選》來認識漢字、掌握發音②。

當然，通過日本史書的記載可以發現在學習《文選》群體之中，身份最爲尊貴的學習者是歷朝歷代的天皇。平安時期文章博士爲天皇或親王講授《文選》的記録，包括（表2）：

① 《今昔物語集》卷一一，國史大系本，頁562。

② 案，日本701年頒布的《大寶令·學令》規定“《文選》《爾雅》亦讀”，751年頒布的《養老令·考課令》也提到“《文選》上帙七帖、《爾雅》三帖”，對此《令集解》指出乃是“《文選》并《爾雅》音讀耳”的考察要求。由此規定可知，《文選》在古代日本曾發揮出類似《爾雅》的識字用途。

表 2

時間	人物	原文	出處
日本弘仁十年（819）	菅原清公	弘仁十年正月加正五位下，兼文章博士，侍讀《文選》	《続日本後紀》卷一二
日本仁壽元年（851）	春澄善繩	帝喚散位從四位下春澄宿禰善繩於北殿講文選	《日本文德天皇實録》卷三（仁壽元年四月廿五）
日本元慶八年（884）	橘廣相	天皇始讀文選，右大辨從四位上兼行勘解由長官橘朝臣廣相侍讀	《日本三代實録》卷四五（元慶八年四月四日）

平安初期具備爲天皇講授《文選》水平的博士家，包括菅原清公、菅原是善、春澄善繩、橘廣相等人。另外，《日本紀略》卷二十記載寬平八年(896)紀長谷雄爲齊世親王講授《文選》，又由《本朝文粹》卷九“始授文選於諸生”等記載可知在大學寮中擔任講授《文選》的文章博士尚有大江維時等人。這其實説明，此時日本的漢文水平已經達到一個較高的水平，本國博士的漢文能力足以勝任講授漢籍的工作，擺脱對“渡來人”的依賴。

然而這種局面在平安中後期以後發生了變化。通過現有的古抄本及其他記載所披露的信息來看，將《文選》這門學問一代代繼承下來的博士家，僅有菅原氏、大江氏二家。前述澄善繩、橘廣相、紀長谷雄等人的後代仍在講習《文選》的記録幾乎没有。而《文選》從一門各博士家均有能力講授的學問，最終變成菅、江二家之家學，應當與日本平安中後期發生的一系列社會變革有關。一方面，人才舉薦制度出現變化，從大學寮出來的學生要想謀得一官半職，很大程度上需要依賴教官的推薦，由此助長了“學閥”的形成。可以想見，在這一過程中，原先在大學寮各學科中就占據領導地位的文章博士，最有優勢發展出自己的門生，菅原清公在世時的“菅家廊下”風景，已現出這一發展的苗頭。菅原氏從平安初期開始便負責大學寮文章生的漢文教育，而大江氏又在菅原道真失勢之後，取代菅原氏成爲負責人，因此，菅、江二家具備了優勢的地位。隨着寬平六年(894)遣唐使的廢止，唐朝出現的新知識新著作也很難傳入日本，一定程度上導致大學寮的原有漢文知識無法得到更新，或許這也是“文選三史師説漸絶”(《江談抄》)的一個重要原因。學閥形成、學問僵化，種種因素導致漢文學問逐漸演變成爲博士家的一家之學。這正如《毛詩》所在明經道之於清原、中原二家,《文選》所在紀傳道之於菅原、大江二家。可以説,《文選》在日本平安中後期的傳習歷史，也便成了一部菅、江二家長期傳承《文選》學問的歷史。

我們先以菅家爲例。筆者分别從冷泉家卷二、宫内廳書陵部藏明州本《六臣注文選》以及建仁寺兩足院藏明版《六臣注文選》當中，整理出了菅家爲貴族等對象講授《文選》的奥書記録。現將其中有明確時間記録的内容，排列如下(表3):

表3

時間	原文	人物	出處
応和三年(963)	秘本奥書云　応和三年六月八日書寫説　同廿七日加点説	文章生資忠	両足院本
寛和元年(985)	寛和元年十一月七日以家説奉授三條隆親王而已	右中弁菅資忠	両足院本
寛治七年(1093)	本云寛治七年癸酉四月乙巳五日辛亥申二點以家秘説點合了	菅原時登	冷泉家本
康和元年(1099)	康和元年十月六日読了	加召掾菅清能	両足院本
永久五年(1117)	永久五年六月十八日以此書奉授聖主而已	式部大輔菅在良	両足院本
安貞元年(1228)	本奥云 安貞元年十月十日 以家之證本移星点畢文章生菅原在公同廿三日重移點畢	菅判	
寛喜二年(1230)	寛喜二年二月十八日奉受厳親之御説畢 奥書在秘本而已	筑前掾菅原在公	冷泉家本、両足院本
正安二年(1300)	正安二年九月八日以家秘説奉授皇太子而已	學士菅在輔	両足院本
嘉元三年(1305)	嘉元三年九月一日以菅家秘説授申越召太守而已	從三位刑部卿兼式部大輔菅原朝臣在輔	両足院本
嘉元三年(1305)	嘉元三年閏十二月十五日以刑部卿兼式部大輔菅原在輔之本校合畢	從五位上行越後守平朝臣貞願	両足院本

（續表）

時間	原文	人物	出處
嘉元四年（1306）	嘉元四年正月十二日以式部大輔在輔卿注文選重校合畢彼本以當卷之爲上下而已	越後守平判	両足院本
正和二年（1313）	正和二年十一月十五日專以我家秘説 授申武州太守而已	従二位行式部大輔菅原在輔	宮内廳本

上述僅僅列舉了一部分的識語，其餘内容由於書寫時間不明確或存在重複情况而被省略，然而應當足以説明菅家内部傳授《文選》的歷史脉絡。

從時間來看，最早的奥書識語出自公元十世紀，即応和三年（963），尚是文章生身份的菅原資忠學習了家傳之“秘本”并加點。前文已有言及的菅家講授《文選》之記録是在公元九世紀，因而前後時間點足以接續起來，勾連出傳承不絶的綫索。而最後一條識語是在正和二年（1313）十一月十五日，菅原在輔以本家“秘説”，爲武州太守北條高時講授《文選》。可以説即便到了公元十四世紀，菅家傳承《文選》的活動仍然得到了延續。因此，今天我們所見到的帶有菅家代代傳承識語的《文選》古抄本，即使抄寫於鎌倉、室町時期，其淵源仍然可以追溯至平安初期。加上嚴守家學的要求，這些中世重抄的古抄本，當可被認爲能够基本反映平安初期的寫本面貌，也即唐朝寫本的面貌。

另一方面，包括《文選》在内的漢籍，成爲博士家的“秘傳”家學。即使是在日本中世，也并非所有人都有機會學習這門學問。從上述識語可知，菅家傳授的對象包括但不限於三條隆親王、天皇、皇太子、越召太守、越後守平朝臣北條貞願、武州太守北條高時等人。這些人無疑都處於當時有權有位之階層。而到了中世末期以及進入近世，仍有菅家爲天皇等貴族講授《文選》的記録。如永禄三年（1560）式部大輔高辻長雅参與誦讀《文選》表文的活動（《正親町天皇實録》），而江户時期寛永二十年（1643）文章博士高辻長純負責御前侍讀《文選》（《後光明天皇實録》）。

另外，即便到了日本中世，僧人有機會學習《文選》，甚至獲得菅家親傳的現象也比比可見。前述載有菅家識語的建仁寺両足院本《六臣注文選》的部分注記，乃是京都饅頭屋商人林宗二，根據泉南光明院的宗仲所録，而該刻本又是三関宗和庵主所贈。宗仲、宗和均是室町後期到戰國時代的僧人。永和二年（1376），円爾弁円國師的第三代弟子虎關師煉國師，曾在菅家聽講《文選》（《海藏和尚紀年録》）。由此可知，即便在公元十四世紀，貴族和僧侣仍然是學習《文選》的主要構成對象。

當然，觀察這些傳習對象可知，這些學習《文選》的群體，從天皇、將軍到地方官、貴族、僧人等，主要還是那些有條件、有機會與菅、江二家發生往來的人物，《文選》作爲一門學問，直到日本的中世時期也僅由少數人所掌握。

但值得注意的是，中世時期學習《文選》群體的身份構成出現了一點新的變化。像林宗二只是一介商人，并非貴族出身，由於認識三條西実隆公爵，得以從三條家獲得了菅家的《文選》秘傳知識。那麽，從這一現象可以推測，中世的知識出現了向下流通的趨勢，或許當時還有其他非貴族或僧人出身的人，也接觸到了《文選》。這無疑爲日本進入近世以後庶民階層的文化水平的提高提供了條件。江户時期日本刊刻出版與《文選》相關的書籍，如慶長十二年直江版、寛永二年版、慶安五年版等，展現出與中世之前截然不同的面貌，又是另一番不同的景象。

以上通過古抄本等奥書識語，説明了《文選》的講授者菅家的情况，也勾勒出接觸《文選》的學習群體。至於另一傳承《文選》的江家，其實相比菅家，現存古抄本反映江家家學的奥書識語記録很少，而且疑似出自江家的古抄本僅有一個。宫内廳書陵部所藏西園寺本卷二（即《管見記》紙背）有一條注記"槐也，江中納言被申也"，乃出自江家私記，但該本是否出自江家傳授底本，目前難以斷言。另有東山御文庫所藏九條本的識語[①]雖表明兼采菅、江

---

① 案，九條本的存在，是藤原氏融合菅、江二家學問的表現。九條本兼采二家學問的識語包括："（卷一末）弘安八年（1285）六月廿五日，以菅、江兩家證本校合寫了 / 散位藤原相房。（卷十七末）借請菅冠者之本加一見了公重。（卷二十末）承安二年壬辰閏十二月廿一日以菅給料家本寫點了。"這些識語均充分表明，九條本乃是匯合了菅、江二家秘傳知識而成，由此説明藤原氏的統合意義，是融合二家知識之典型代表。從平安時期開始，菅、江二家便與藤原氏交好，尤以大江氏與之關係更爲密切。《後二條師通記》便載有大江匡房常與藤原師通往來的記録，至於藤原紀行、藤原明衡等人，更是常與大江匡衡互相借閲《文選》。至於上述載有菅家傳授識語的冷泉家本，乃是藤原定家之後裔冷泉爲時所藏。

二家内容，却是以菅家本爲底本，也無法完整反映江家古本面貌。這個現象基本可以説明，菅、江家所使用的《文選》底本可能差别不大，而二家之家學的分歧點主要還是表現爲訓讀之不同。例如抄寫於康和元年（1099）的九條本卷十九《陳情事表》“臣具表以聞”一句，“表”下附有“を”，旁注“江本無之”。而根據日本國語史研究學者小林芳規的總結，菅家與江家在訓讀漢籍的方法，尤其是表示符號上的確存在一些差異，表現如下：

1. 菅原家訓采用音讀法的詞彙，大江家訓采用的是和訓。
2. 菅原家訓没有補充助詞、助動詞之處，大江家訓有所添加。
3. 大江家訓使用“イト（最）”該標記。
4. 大江家訓使用撥音便。①

上述内容，是從《文選》《史記》《漢書》等古抄本中總結所得，應當説是具有普遍性的特徵。甚至可以説，由於訓讀法才是古代日本學習漢籍的方式，因此菅、江二家的重要區别，應當主要表現在這個方面。而這訓讀上的差異，乃是依據不同的漢文注釋，而對字詞的發音或語句的理解産生差異所致。如此一來，日本古代所能接觸到的《文選》版本有哪些，而菅、江二家所傳承的底本又具有哪些特徵，便成爲考察的題中之意。

三、傳習内容的特徵及其原因

最早傳入日本的《文選》書籍情況，根據反映了日本平安初期爲止的傳入漢籍面貌的藤原佐世《日本國見在書目録》之著録，便可知曉一二：

文選卅 昭明太子撰　文選六十卷 李善注　文選鈔六十九 公孫羅撰　文選卅　文選音義十 李善撰　文選音决十 公孫羅撰　文選音義十 釋道淹撰　文選音義十三 曹憲撰　文選抄韻一　小文選九②

① ［日］小林芳規《平安鎌倉時代に於ける漢籍訓読の國語史的研究》，東京大學出版會，1967年，頁1120。

② ［日］藤原佐世《日本國見在書目録》，國立國會圖書館藏，天保六年（1835）抄本。

這份目録與《隋志》和兩《唐志》的記載内容基本一致，可見隋唐時期中國已有的各類《文選》書籍，古代日本人也都能够接觸和學習到。涉及個中細節，如以哪一文本爲底本，又有哪些内容的學習頻率最高，上述著録無法體現，因此下文將進一步結合奈良、平安時期的記録和現存古抄本的情況試作分析，并探討其形成原因。

（一）《文選》的漢文注釋書

中國從隋唐時期開始便出現一批與《文選》相關的注釋書。根據《隋書》、兩《唐書》的記載，《文選》第一部注釋書是音義類的注釋書，出自蕭該的《文選音》，第二部是曹憲《文選音義》，隨後還有公孫羅等人的作品，此後的集大成者是李善的《文選注》。在李善之後，又有五臣注和陸善經注。這些内容均逐漸東傳至日本，并在講授過程中得到了重視。

首先從正倉院文書中有關《文選》抄寫記録來看，奈良時期抄寫最多的是《文選》的音義注釋類書籍。《文選音義》一共有三次抄寫記録，分别在天平三年、十四年、十七年。根據《日本國見在書目録》著録，流傳於日本的《文選音義》著作包括：李善撰《文選音義》十卷，公孫羅撰《文選音決》十卷，釋道淹撰《文選音義》十卷，曹憲撰《文選音義》十三卷。因此，奈良時期學習的《文選音義》到底是哪一部，或者兼而有之，尚不能確證。

此外，李善《文選注》早在奈良時期便得到了重視和學習。正倉院文書中出現了抄寫"《文選》四十五卷"和"注《文選》"的記載。由於現保存在正倉院尚有李善注《文選》卷五二拔萃，其紙背日記時間爲"天平十七年（745）"，與天平十六年抄寫"文選第四十五卷"的記録相差不遠，因而基本可以認定正倉院文書中所抄寫的"四十五卷"當指李善的《文選注》。可與此作爲補充的是，平城宫遺址出土的木簡内容"□臣善言竊□野臣善言□臣善□"，即爲李善《上文選注表》"臣善言，竊以道光九野，縟景緯以照臨"之句。同時出土的還有"□九九野□"的殘片，且有一些木簡或土器上寫有卷數，如"文選五十六卷"等。這些出土木簡恰好與正倉院文書記録形成映照，足以説明李善《文選注》此時已得到了高頻率的傳抄。可以説，李善《文選注》從奈良時期便奠定了其在古代日本傳習過程中的重要地位。古代日本對李善注之重視，還有一個重要表現，便是對李善《上文選注表》的重視。這成爲古代日本學習《文選》一個非常明顯的特徵。在中國歷史上，對於這篇表文，學習《文選》的士人學子通常只是稍微瀏覽一下便作罷，很少有人想到要爲這篇表文作注，因此，長期以來這篇李善表文没有任何注釋。但是，日本的博士家菅原氏，却爲這篇李善表文進行了詳細的注解，還被稱之爲“御注”，此後菅原和長在原有注解的基礎上充分展開，形成了《上文選御注表》一書。由此可見，重視李善表文，也是菅家的家學特徵之一。一旦這一特徵得以明確，我們便不難理解，爲何日本現存的《文選》白文古抄本，前面會附有這篇李善表文。因爲這些古抄本基本都出自菅家系統，在《文選》白文本之前也要附上李善表文進行學習，是菅家嚴格遵守家學的表現。

在李善之後，唐朝出現的嶄新注釋成果，也都傳到了日本。日本現存有單五臣注的古抄本，原爲三條家公爵所藏。對於中國來説，曾經要找到一本單五臣注刻本都是一件困難之事。其次，近代以來在日本發現的《文選集注》，其中保留的《鈔》《音决》、陸善經注，也都是中國早已失傳的内容。而且，作爲一種五臣注之後出現的嶄新注釋成果，陸善經注在平安時期也已經爲大學寮的文章博士所充分利用。筆者通過整理《文選》古抄本等注記，得到一些與《文選集注》有關的内容，其中能够證明《文選集注》中的《鈔》、陸善經注、五家本等内容與平安時期的博士家發生聯繫的一些材料，比如（表4）：

表4

上野本卷一《西都賦》	“平原赤土、勇士奮厲”：土、奮，此二字陸有之。又巖本有之。師説無土、奮字。五臣無此二字。
猿投神社藏正安本（1302）卷一《西京賦》、建仁寺両足院藏明版六臣注文選卷二《西京賦》、大東急紀念文庫藏直江版《六臣注文選》卷二《西京賦》	“丞相欲以贖子罪”：師説，《集注》無罪字，有異本。
猿投神社藏正安本（1302）卷一《西京賦》	“般于游畋、其樂只且”：師説、先師説、音《鈔》説、然而可先本注。
猿投神社藏正安本（1302）卷一《西京賦》	“白象行孕、垂鼻轔囷”：師説以爲象之珎々孕往者人見而不可知。《鈔》：孕，産也。

（續表）

西園寺本卷二《東京賦》	“俟閶風而西遐”:“閶”,師説“間”字異本。
西園寺本卷二《東京賦》	“以至和平方將數諸朝階”:《集》案:五家本“和”下有“平”字。又“將”作“當”。師説平字異本。

“師説”與平安時期大學寮有着千絲萬縷的聯繫，一般被認爲流行於平安時期，最晚消失於院政時期[①]，因此可證《文選集注》中的《鈔》、陸善經注、五家本等内容，早在日本平安時期便廣爲博士家所利用。從陸善經注的産生時間來看，據《大唐新語》卷九的記載蕭嵩提議重注《文選》事在開元中（713—741），陸善經也參與其中。而平安時期大學寮漢文教育最爲活躍的時期當在公元九世紀，意即大約一個世紀後，陸善經注已經傳入日本。平安晚期的作品《江談抄》《雲州往來》也明確提到了《集注》，可知《文選集注》中的内容應當是早已爲平安時期大學寮的文章博士們所熟知且加以充分利用。

那麽爲何從奈良時期開始，《文選》的音義材料、李善注以及其他注釋均得到了重視和利用呢？實際上，如果仔細考察日本人學習漢文的方式，便可知曉這一學習過程是離不開相應的注釋材料的。學習漢文發音需要注音材料，理解文義和句子結構需要釋義方面的材料。日本學習漢文的方法——“訓讀法”與這些音義材料相輔相成，没有音義材料作爲輔助，便没有訓讀過程的展開。《文選》古抄本的各類注記，也可以印證這一結論。古抄本上的注記大致分爲兩類，一是漢文注釋，一是日文訓點符號。漢文注釋抄自《文選》注釋書，且以注音爲主。日文訓點符號則包括了片仮名、乎古止點（ヲコト點）、返點、四聲點等符號。日文訓點乍一看似乎與漢文注釋毫不相干，然而實際并非如此。承前所述，這兩類注記是相輔相成的關係。只有先通過漢文的音注和義注材料，才能理解漢文的字、詞、句之發音、意思與結構，從

① ［日］築島裕《中古辭書史小考》，載於《國語と國文學》，昭和39年10月。［日］小林芳規《訓点資料における師説について》，《平安鎌倉時代に於ける漢籍訓読の國語史的研究》，東京大學出版會，1967年，頁630—686。

而轉寫爲日文訓點符號。片仮名、四聲點代表了注音信息，乎古止點、返點則代表了句意理解。將漢文注釋轉寫爲日文符號，記録下來，有便於再次閱讀，或者在講授時，便於初學者直接通過日文符號了解漢文的意思，從而進行正確的訓讀和學習。而且，爲了便於閱讀《文選》，訓讀法上有一種"文選讀"的方法，專門用以解讀那些帶有叠詞的句式。這也説明《文選》的學習，在古代日本學習漢文的過程中，占據着很重要的作用。如此一來，能够充分利用《文選》注釋書籍的人，在古代日本除了"渡來人"，應當是那些具備一定漢文功底的博士家。詳細言之，重視《文選》的注釋書，是爲了便於講授和學習《文選》的内容，而有能力講授《文選》的人，主要是平安時期的博士家。事實上，這些日文訓點，也正是日本博士家視之爲家學秘傳，代代傳承的學問。因此，正如前文所説菅江二家學問之差異，主要體現在訓讀意見上，而訓點意見的差異，可能在於菅家多據李善注，而江家多用公孫羅注等[①]，當是吸納了不同的《文選》注釋意見的表現，而非底本之有别。

（二）學習《文選》的底本

如果説日本菅、江二家博士家歷代傳承之《文選》學問，主要通過訓讀内容加以表現，那麽承載這些訓點符號的《文選》底本，既不會是李善注本，也不會是五臣注本，而應當是白文無注三十卷本[②]。

《文選》白文本早在奈良時期就已經傳入日本。正倉院文書中關於"文選上帙"的抄寫記録分别於天平三年、十四年、十八年至二十年出現多次。上帙，也即卷一至卷十賦篇的内容。前文也提到史書記載藤原常嗣等人具有"暗誦《文選》上帙"的才能。巧合的是，今天留存下來的白文古抄本，也是卷一、卷二的内容居多。而《日本國見在書目録》中"《文選》卅　昭明太子撰"的記録，指的正是白文本。就日本現存的《文選》古抄本來看，被反復抄寫的文本内容正是白文無注本居多。卷一如上野本、猿投神社正安本、弘安本，卷二如冷泉家本、西園寺本，卷二六如觀智院本，以及九條本和楊守敬發現

① 案，大江匡衡《述懷詩》提到"《文選》六十卷，《毛詩》三百篇。加以孫羅注，加以鄭氏箋。"

② 案，白文無注本中的"無注"，指的是僅有正文，而不帶有李善注、五臣注等漢文注釋。白文本上所帶有的訓點符號，不屬於本文所説"無注"的範疇。

的二十卷本。而這些本子的奥書識語，一般會提到"證本""秘本""家傳之本"這些古老的來源。换言之，現存的《文選》古抄本，乃是以"證本""秘本""家傳之本"爲底本抄寫所得，反映的是古代日本所傳習《文選》的面貌。顯然白文無注本被當成了傳習《文選》的底本，才會被反復抄寫。

除此之外，目前發現的單五臣注古抄本和《文選集注》各有一份，其次是一些李善注斷簡，儘管存在亡佚的情況，但是現存的注本抄本數量，遠遠少於白文無注本的數量，仍然可以證明這些《文選》注釋書後來没有得到重視和利用，這是有能力直接運用漢文注釋的人才稀缺、古代日本漢文教育走向衰落的一個反映。

這些被反復抄寫的白文無注本，有的出自菅家一脉，不但可推知乃是菅家傳授《文選》的底本，同時也可推知乃是平安時期大學寮文章博士的授課底本、文章生的學習底本。可證平安時期菅家使用白文三十卷本的情况，最有名的一個例子即《菅家文草》卷六中，菅原道真參與北堂《文選》竟宴活動，所作之五言漢詩"文選三十卷，古詩一五言"。"文選三十卷"這句詩道出了菅原道真對《文選》文本構成的認識，由於這是大學寮竟宴活動上所作，所以可知菅家及當時大學寮講授所用底本，正是白文無注三十卷本。

傳入日本的《文選》内容衆多，選中白文三十卷本作爲底本，同樣有助於學習《文選》。《文選》注釋類書籍有助於文章博士理解作品内涵；而以白文本爲底本則易於文章博士講授作品，便於文章生學習作品。從學習者的角度進行設想，簡潔明朗、重點突出的白文無注本面貌，顯然會比附帶密密麻麻漢文注釋的注本，更具有親和力。否則初學者很容易在學習過程中，由於漢文注釋過多，而失去學習的重點，從而打擊到學習的熱情。同理，文章博士在講授知識時，基本上只需要藉助白文本來傳達訓讀意見即可，可能只有涉及分歧點才需要攤出漢文注釋作爲依據。因此，白文無注本作爲授課、學習的底本，是合情合理的選擇。現存古抄本，雖是白文無注本，但上面布滿了訓讀痕迹，正是學習《文選》過程的生動表現。

白文無注本作爲講授和學習《文選》的底本，不但是日本傳習《文選》問題上值得留意的顯著特徵，也從側面反映了《文選》在唐代的情况。日本存在一個由江家内部流傳的"吉備真備大臣入唐間事"故事，講述奈良時期的吉備真備大臣來到唐朝，接觸到了唐朝的《文選》三十卷本。在這個的故事中，鬼魂對吉備真備介紹《文選》："此朝極難讀古書也。號《文選》トテ一部卅卷，諸家集ノ神妙ノ物ヲ所撰集也ト云々"(《江談抄》第三)。由此可以推測，唐朝所用《文選》底本也是蕭《選》的白文無注三十卷本，這一作法可能也影響了日本。

四、結語

以上圍繞人物活動和書籍内容，考察《文選》在古代日本的傳習特徵，具體結論如下：

在古代日本并非所有人都有機會接受漢文教育。古代日本學習《文選》的群體主要由貴族和僧人構成。日本僧人從上代開始便有學習并熟知《文選》的情況。在平安弘仁十一年(820)之前，庶民出身的人也可以通過考試，獲得進入大學寮接受漢文教育的機會。除此之外，貴族是學習《文選》最主要的群體。歷代的天皇、太子、親王等人，通過文章博士的講授來學習《文選》，室町鐮倉以降的公家、武家，也在與菅家交往的過程中，聽講《文選》。關於《文選》的講授者，早期以渡來人爲講習教師，進入平安時期，大學寮的各文章博士均具備講授《文選》等漢籍的能力。但是，這門學問最終却只被菅、江二家繼承下來，講授《文選》變成菅、江二家的家學。

傳入古代日本的《文選》内容衆多，在早期的傳授過程中都得到了充分的利用。音義類注釋和李善注最先得到重視，隨後出現的新注釋成果如五臣注、陸善經注等，也被運用到大學寮的文章博士的講解過程。各博士家基於不同理解，形成了各自的訓讀意見，并轉寫爲訓點符號。這些訓讀意見，是博士家家學的表現。但在具體的傳授過程中，白文無注本才是講授、學習所用之底本。博士家和初學者通過白文本和訓點，完成了《文選》知識的傳遞和講授。

由於大大受益於嚴守家學的傳統，《文選》在平安時期的面貌，竟然能够穿越多個世紀，經歷政權的變更，幾乎原封不動地代代傳承下來。這便是日本留存至今的《文選》古抄本的來源。傳習特徵的認識，對於我們回過頭來加深對《文選》古抄本的理解同樣頗有幫助。事實上，今天我們在探求《文選》這部書的文本早期面貌時，除了宋代的刻本之外，有兩類文獻最引人關注，一是本文所提的日本古抄，一是敦煌出土的殘卷。而在這兩類文獻中，由於敦煌文獻缺失了不少背景信息，把握起來難度頗大。相較而言，日本古抄清晰可尋的傳承脉絡，能够使其版本譜系更容易把握。隨着《文選》在古代日本的傳承信息愈發明朗，古抄本所呈現的信息將愈發豐富，所呈現的面貌將愈發全面。這有助於我們進一步了解《文選》的三十卷本面貌，側面理解《文選》在唐代的傳播情況。

隋唐典籍之東傳與日本古典籍對隋唐文學研究之價值

杜曉勤

近百年來，中國學者在研究中國古代文學時多注意利用上世紀初發現的敦煌殘卷中的資料，視爲新材料，謂之"預流"，而對數量更多、價值更大的日本古代典籍，則相對關注不够。本文則在吸收學界已有研究成果的基礎上，就本人之所知見，談談隋唐典籍之東傳情況與日本古典籍對隋唐文學研究之價值。

一、日本古代典籍反映的隋唐文學文獻在日本的流播

中國典籍之大規模東傳日本，是在公元七至九世紀，時值中國隋唐兩朝，日本的飛鳥、奈良和平安朝前期[①]，當時漢籍東傳的主體是日本派出的遣隋使、遣唐使和學問僧。漢籍傳到日本後，大多首先進入皇宫，成爲歷代天皇和朝臣們學習、珍玩和抄寫的國寶。我們從日本古代的各種漢文典籍尤其是各種圖籍目録、正倉院文書、歷代天皇宸記中，都能看到它們在日本的流播軌迹和受容情况。

對於日本遣隋使、遣唐使和學問僧在大唐廣搜圖籍并抄寫、攜歸的盛况，

作者單位：北京大學中國語言文學系

① 孫猛認爲："至少至七世紀初爲止，日本政府派遣遣隋使之前，日本并没有大量的漢籍。"參氏著《日本國見在書目録詳考》，上海古籍出版社，2015 年，頁 2145。

日本書志學家島田翰曾經有過描述：

> 蓋王朝之盛，遠通使隋唐，博徵遺經，廣采普搜，舶載以歸，守而不失，真本永傳。是以夏殷三代之鼎鐘，六朝隋唐之遺卷，往往而有存者。[①]

《大正新修大藏經》第 55 册[②]《目録部》就集中收録了 20 種當時日僧攜歸書之目録，分别是：

1.《傳教大師將來台州録》一卷（日本 最澄撰）
2.《傳教大師將來越州録》一卷（日本 最澄撰）
3.《御請來目録）一卷（日本 空海撰）
4.《根本大和尚真迹策子等目録》一卷
5.《常曉和尚請來目録》一卷（日本 常曉撰）
6.《靈巖寺和尚請來法門道具等目録》一卷（日本 圓行撰）
7.《日本國承和五年入唐求法目録》一卷（日本 圓仁撰）
8.《慈覺大師在唐送進録》一卷（日本 圓仁撰）
9.《入唐新求聖教目録》一卷（日本 圓仁撰）
10.《惠運禪師將來教法目録》一卷（日本 惠運撰）
11.《惠運律師書目録》一卷（日本 惠運撰）
12.《開元寺求得經疏記等目録》一卷（日本 圓珍撰）
13.《福州温州台州求得經律論疏記外書等目録》一卷（日本 圓珍撰）
14.《青龍寺求法目録》一卷（日本 圓珍撰）
15.《日本比丘圓珍入唐求法目録》一卷（日本 圓珍撰）
16.《智證大師請來目録》一卷（日本 圓珍撰）
17.《新書寫請來法門等目録》一卷（日本 宗睿撰）
18.《禪林寺宗睿僧正目録》一卷

① [日]島田翰撰，杜澤遜、王曉娟點校《古文舊書考》卷一，《舊抄本考・小引》，上海古籍出版社，2003 年，頁 1。

② 下文所引，均據日本大正一切經刊行會 1934 年本。

19.《録外經等目録》一卷

20.《諸阿闍梨真言密教部類總録》二卷(日本 安然集)

這些書目中著録了不少後來在中國已經失傳的隋唐詩文典籍。如,最澄於大唐貞元二十一年(805)二月撰録、日本桓武天皇延曆二十四年(806)七月奏上的《傳教大師將來台州録》中所著録的隋唐詩文類著述有16種。最澄於大唐貞元二十年(804)五月抄撰的《傳教大師將來越州録》中疑爲隋唐時期詩文集或與詩文創作相關的抄物就有24種。圓仁在大唐開成四年(839)四月抄撰的《日本國承和五年入唐求法目録》中有22種,在同爲著録圓仁在唐求抄圖籍的《慈覺大師在唐送進録》中則有20種,而帶有匯總性質的圓仁《入唐新求聖教目録》中則著録了近30種唐人詩文集及詩格、類書等圖籍。當然,上引三種圓仁所攜歸圖籍目録中有不少書名明顯是重複著録的(還有部分係同書異名),但是也有一些是在不同時間、地點抄得的同一種圖書,如他在開成三年八月初入大唐到揚州時,就從當地寺廟中抄得《開元詩格》一卷、《祝元膺詩集》一卷、《杭越寄和詩集》一卷、《詩集》五卷、《法華經二十八品七言詩》一卷等,且先送回日本國内了。後來,他來到京城長安,在興善寺、青龍寺等處尋訪,又再次求得這幾種圖書,衹不過題名小異,當然書中文本也可能有所不同。惠運於日本仁明天皇承和十四年(847)六月所撰《惠運禪師將來教法目録》中則有6種,另一種《惠運律師書目録》的著録的圖書數量更多,有15種。

唐宣宗大中七年(853)九月二十一日,日僧圓珍在福州開元寺所撰《開元寺求得經疏記等目録》中著録有6種;同年十一月十五日,圓珍在其新撰《福州温州台州求得經律論疏記外書等目録》中則著録了多種他所求抄的當時流傳的24種詩文集,圓珍在大中十一年十月所撰《日本比丘圓珍入唐求法目録》中則著録有57種詩文集,圓珍於翌年五月新撰的《智證大師請來目録》中則有52種,二者所記各異同。

唐懿宗咸通六年(865),宗睿著録其於長安求得書之《新書寫請來法門等目録》中有7種與詩文創作相關的漢籍,其中《唐韻》與《玉篇》是當時大唐流行的與詩文創作相關的字書和韻書。

空海的《御請來目録》和《根本大和尚真迹策子等目録》中雖然没有著

録他攜歸的隋唐詩文典籍，但是，他在回國後給嵯峨天皇的獻納表中却有一些詩文典籍。據其弘仁二年（唐元和六年，811）六月所寫《書劉希夷集獻納表》，可知他此次獻給朝廷的唐人詩集和詩格著作就有3種：

1.《劉希夷集》四卷
2.《王昌齡詩格》一卷
3.《貞元英傑六言詩》三卷①

弘仁二年八月，空海撰《奉獻雜書迹狀》中又有1種：

1.《徐侍郎寶林寺詩》一卷②

弘仁三年七月，空海撰《獻雜文表》中有9種：

1.《王昌齡集》一卷
2.《雜詩集》四卷
3.《朱晝詩》一卷
4.《朱千乘詩》一卷
5.《雜文》一卷
6.《王智章詩》一卷
7.《贊》一卷
8.《詔敕》一卷
9.《譯經圖記》一卷③

另據其《敕賜屏風書了即獻表并詩》，知空海曾在弘仁七年八月將初唐人元兢《古今詩人秀句》④二卷抄獻給嵯峨天皇⑤。

---

① [日]空海《遍照發揮性靈集》卷四，弘法大師空海全集編輯委員會編輯，《弘法大師空海全集》第六卷，築摩書房，2001年，頁741。

② [日]空海《遍照發揮性靈集》卷四，頁741。

③ [日]空海《遍照發揮性靈集》卷四，頁741。

④ [日]空海編《文鏡秘府論》南卷《集論》中所引"元氏曰"即爲元兢《古今詩人秀句序》，參[日]小西甚一《文鏡秘府論考》"研究篇"上，京都：大八洲出版株式會社，1948年，頁42—430。

⑤ [日]空海《遍照発揮性靈集》卷三，頁738。

空海在回國後編撰的《文鏡秘府論》(約成書於弘仁十四年,唐長慶三年,823)中所引用的隋唐人詩選、詩學和格法類著作則多達11種,其中,除皎然《詩式》《詩議》和殷璠《河岳英靈集》中土有傳本外,它皆失傳。今人之輯佚,主要依據的就是空海的《文鏡秘府論》[①]。

《正倉院文書》,尤其是從奈良時期文武天皇大寶二年(702)至光仁天皇寶龜十一年(780)間的古文書,也記載了很多種當時傳至日本并在宮廷和皇家寺院東大寺抄寫的唐人詩文集。據陳翀所編《正倉院古文書所見漢籍書録史料編年稿》(待刊),其中提及隋唐人詩文集、書儀和詩文作法書15次,去其重複,共計9種。

藤原佐世編撰的《日本國見在書目録》則更全面反映了奈良至平安朝前期流傳到日本的漢籍的存藏情況[②]。本人據孫猛《日本國見在書目録詳考》進行檢索和統計,該書著録隋唐人編撰詩文作法和書儀類著作有40種[③],

隋唐五代人别集共90多種,隋唐五代總集50餘種。

其中一半以上未見於《舊唐書·經籍志》《新唐書·藝文志》,更有數十部爲中國唐宋時期的公私書目均未著録過的。

在編成於日本孝謙天皇天平勝寶三年(751,唐玄宗天寶十載),今存日本最早的漢詩集《懷風藻》中,可確認非轉引的隋唐文學文獻有《王勃詩序》《駱賓王集》《初學記》三部,存疑者則有唐太宗《帝京篇》[④]。

日本古代用漢文撰寫的《日本書紀》《續日本紀》《日本後紀》《續日本後紀》《日本文德天皇實録》《日本三代實録》六部敕撰國史中,也零星反映

① 今人利用空海《文鏡秘府論》輯唐人詩格詩法類著作的成果主要有:王夢鷗《初唐詩學著述考》,臺北商務印書館,1974年;張伯偉《全唐五代詩格匯考》,江蘇古籍出版社,2002年。

② 孫猛認爲,"此目録雖成於唐昭宗時,但著録的唐代著述却絶大部分成書於太宗、高宗、武周之時,甚至玄宗前後的著述也不多。所以,平安前期爲止的日本漢籍庫,收藏的主要是玄宗以前的著作。就日本漢籍東傳早期歷史而言,最盛期并不是平安時期,甚至不包括平安前期,而是奈良時期!以前,講到漢籍東傳,學界總是籠而統之地説奈良、平安時期,這個説法值得商榷。"(參孫猛《日本國見在書目録詳考》,頁2155—2156。)

③ 該書"總集家"還雜有書儀類著作1種:《大唐新集書儀》一卷([唐]鄭餘慶,殘),參孫猛《日本國見在書目録詳考》,頁2089。

④ 參孫猛《日本國見在書目録詳考》,頁2151。

了當時傳入日本的隋唐典籍，如成書於元正天皇養老四年（720）的《日本書紀》就曾引用過《琱玉集》《翰苑》《兔園策》等隋唐類書。

從這些日本早期漢文典籍中著録、引用的唐代詩文書目，我們可以在一定程度上看出唐代作家作品在奈良和平安朝前期流傳和影響的情況。

就唐人别集而言，當時在日本流傳的多是初唐人的作品集[①]。其中許敬宗集、薛元超集、王勃集、盧照鄰集、李嶠集、武則天集都不止一種，這幾位初唐作家的影響應當相對較大。盛唐别集僅有張説集、李白集、王維集和王昌齡集等爲數不多的幾部，其中李白的還衹是《李白歌行集》三卷，杜甫集當時傳來的可能衹有一部二卷本的《杜員外集》，故李杜在奈良、平安朝前期之影響不可能太大。中唐别集雖亦衹有李益集、令狐楚集、白居易集、元稹集寥寥數家，然白居易集則有《白氏長慶集》廿九卷和《白氏文集》七十卷兩種本子，白居易對日本平安朝中前期漢文學影響之深鉅，蓋有以矣。

二、日本現存唐集古抄本的文獻價值

日本現存的唐人文集古抄本尤其唐抄本，對輯佚唐詩作品、考察唐集原貌，具有極大的文獻價值。

從奈良時期開始，日人抄寫中國典籍蔚然成風。據阿部隆一編《本邦現存漢籍古寫本類所存略目録》，日本現存各類漢籍古抄本就達700多種，其中就有不少是中國早已失傳的唐代詩文典籍[②]。

作家别集類的日本古抄本主要有王勃、武則天、趙志、白居易等人的集子。其中，現藏於日本奈良縣天理圖書館的《趙志集》，據日本學者考證，似

① 長澤規矩也指出："寬平年間藤原佐世奉敕所編《日本國見在書目録》是我國最古的目録，今僅存一本，雖有脱誤，但《文選》注就有八種，著録的六朝總集相當多。唐人的作品，總集不少，别集也不少，始於王、楊、盧、駱，著録了太宗、武后、虞世南、許敬宗、李嶠、杜審言、沈佺期、宋之問、陳子昂、王梵志、張鷟、玄奘、上官儀等，多是初唐人，盛唐的僅有李白、王維、王昌齡等，此外，算上元稹、白居易。據此可知，當時并没有引進很多盛唐詩集。"（長澤規矩也《書志の上から觀た本邦に於ける支那詩文流行の一斑》，《書志學》第5卷第5期）

② ［日］慶應義塾大學附屬研究所斯道文庫編《阿部隆一遺稿集》第一卷，東京：汲古書院，1993年。

爲初唐人趙志的詩集，然趙志與集中唱和之人均無考，作品更不見現存他書，近年來已逐漸引起學界之關注，但尚未展開深入研究[①]。下面主要介紹更受關注的日藏王勃集古抄本、《白氏文集》抄本和唐詩匯抄本。

（一）日藏王勃集古抄本

正倉院藏抄本《王勃詩序》一卷（卷末題"慶雲四年七月廿六日"，係唐中宗景龍元年，公元707年，距王勃去世僅40年）收序文41篇，其中20篇不見於今本王勃集，見於今本《王勃集》者亦多異文[②]。

日本還有唐抄本《王勃集》殘卷三種[③]，卷二八、卷二九、卷三〇，抄寫時間爲武后垂拱、永昌年間，距離王勃去世更近，存王勃佚文4篇，以及王勃歿後親友祭奠文和書劄4篇[④]。

這些唐抄本不僅可窺唐代三十卷本《王勃集》的原貌，還可補今本遺珠之憾，其親友祭文、書劄更爲研究王勃家族情況提供了新的材料。

又，據《第十三次平城宮發掘調查出土之木簡》，在平城宮出土的木簡中，有三片抄録了王勃《初春於權大宅宴序》。此序另僅見於慶雲四年奈良正倉院藏《王勃詩序》抄本中，亦不載今本《王勃集》，可見在奈良朝《王勃集》亦已流傳至民間[⑤]。

（二）日藏《白氏文集》舊抄本的文獻校勘與文體研究價值

日本現存《白氏文集》舊抄本數量更多，均具有較高的文獻校勘價值。爲學界所重的主要有以下幾種：

1. 金澤文庫本

現在學界習稱的金澤文庫本《白氏文集》，是指曾被日本鐮倉中期幕府

---

① 影印本收《天理圖書館善本叢書》（漢籍之部）第二册（八木書店，1980年），日本學者大阪大學齋藤茂教授有校注本，山西人民出版社《藝文志（第一輯）》刊周紹良録文。

② 詳見羅振玉《王子安集校記》，蔣清翊注、汪賢度整理《王子安集注》附録二，頁653—674；［日］道坂昭廣《テキストとしての正倉院藏〈王勃詩序〉》，《アジア遊學》第93號，東京：勉誠出版，2006年。

③ 分别藏於日本兵庫縣蘆屋市上野精一、東京國立博物館，均影刊於中田勇次郎監修，日本大阪市立美術館編《唐抄本》（東京：同朋舍，1981年）中。

④ 相關研究參道阪昭廣《王勃集と王勃文學研究》，日本東京研文社，2006年，頁235—280。

⑤ 東野治之《王勃集與平城宮木簡》，奈良國立文化財研究所編《奈良國立文化財研究所年報》，1964年。

武將北條即時（1224—1276）在武藏國久良郡金澤村（今横濱市金澤區金澤町）創建的金澤文庫[①]收藏過的白集舊抄本。此本是豐原奉重在寬喜三年（1231）後花費二十餘年，對當時日本流傳的白集舊抄本（主要是平安時代博士家菅家抄本）進行轉抄，并利用刊本校訂整理而成的。據我所知，目前可確認爲《白氏文集》金澤文庫舊抄本者現存31件[②]。金澤文庫本最可貴的地方，在於其中不少卷的祖本就是白氏文集唐抄本。在今存金澤文庫本中，卷十二、三十一、三十三、四十一、四十九、五十二、五十九的卷尾不僅有主持抄寫者豐原奉重所寫的奥書（跋語），而且還附有唐抄本流傳下來的惠蕚奥書（圖1）：

通過這些奥書，我們可以知道，唐武宗會昌四年（844）日僧惠蕚曾於蘇州南禪院借抄過《白氏文集》。惠蕚將此本帶回日本後，一直流傳於宫廷中，并成爲後來菅家抄本的底本，而奉重本又主要是以菅家本爲底本轉抄的，所以奉重本中附有惠蕚奥書的祖本大多應爲唐抄本。當然，據花房英樹考察，有惠蕚奥書的底本也不全是菅家本，如卷四十一雖有惠蕚奥書，然從奥書格式看，并非底本舊有，當係奉重據他本轉寫而來，所以此卷祖本就不一定是惠蕚的唐抄本。而且，花房英樹還曾將奉重本卷六十一後各卷作品編次與南禪院本和七十卷本進行對比，指出金澤文庫本卷六十一、六十二的作品編次，繼承的是與南禪院本相異的七十卷抄本，金澤文庫本現存的卷六十三、六十五，也屬於七十卷抄本系統。他又結合金澤文庫本卷五十九惠蕚奥書中“夏五月二日”“鄉人發近不能再勘之”等語，認爲當年惠蕚於蘇州南禪院所抄可能止於卷五十九[③]。另外，奉重本的校點記也表明，豐原奉重在抄寫白集時，所依據的底本除了轉寫自惠蕚本的菅家本，舊抄本缺失時還曾用過“折本”（來自中國的刊本，又稱“唐本”）作底本。如太田次男就指出，卷

① 學界以前大都認爲金澤文庫係北條實時的私家文庫，陳翀在《兩宋時期刻本東傳日本考——兼論金澤文庫之創建經緯》（《西華大學學報》第29卷，2010年第3期）一文中指出，金澤文庫乃是幕府之公家藏書機構。

② 東京五島美術館於1965年9月舉辦的“白氏文集古筆展”曾經展覽過《白氏文集》卷五十七斷簡三頁，雖因缺首頁而不知此卷是否捺有“金澤文庫”藏書印，然太田次男根據書法風格，認爲此卷也有可能是金澤文庫本。如果太田次男猜測無誤的話，那麼今存金澤文庫本《白氏文集》就有30卷，32件。

③ ［日］花房英樹《白氏文集の批判的研究》，頁114—115。

三十一、卷三十三和卷五十四的底本，顯然用的是北宋刊本[①]。

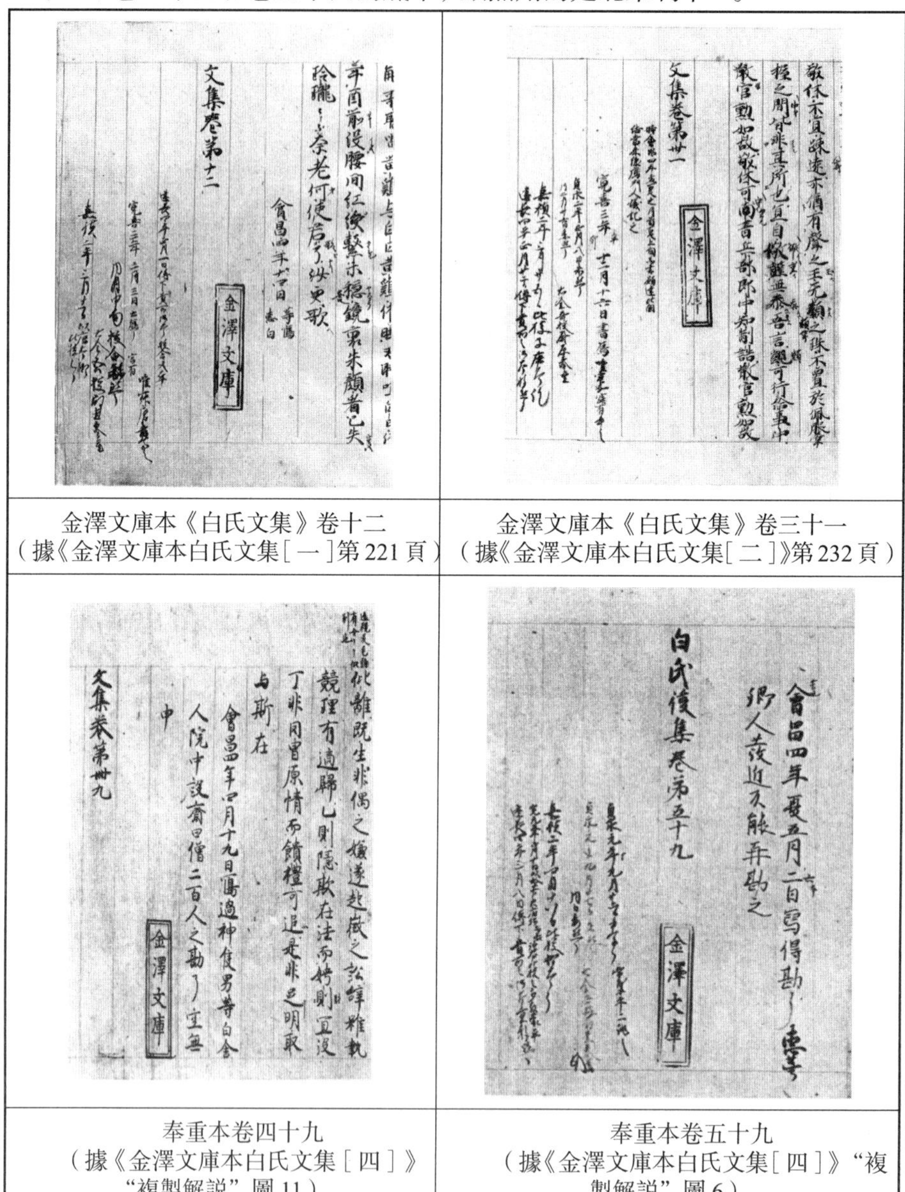

金澤文庫本《白氏文集》卷十二（據《金澤文庫本白氏文集［一］第 221 頁）	金澤文庫本《白氏文集》卷三十一（據《金澤文庫本白氏文集［二］》第 232 頁）
奉重本卷四十九（據《金澤文庫本白氏文集［四］》"複製解說"圖 11）	奉重本卷五十九（據《金澤文庫本白氏文集［四］》"複製解說"圖 6）

圖 1

① ［日］太田次男《舊抄本を中心とする：白氏文集本文の研究》上卷，東京：勉誠出版，1997 年，頁 258—453。

雖然現存金澤文庫本并非全部承自惠蕚的南禪院抄本，但是各卷編次體例和抄寫格式大致相同，與南宋紹興本及以南宋刊本爲祖本的那波道圓本均有顯著的區别。正如静永健所説，現存刊本《白氏文集》中，無論是宋本（南宋紹興年間刊本，前詩後筆本），還是那波本（江户初期刻本，前集後集本），其祖本都是此前的宋代刻本。這些刊本的祖本出版時，已經是《白氏文集》成書二三百年之後的事了，而且這些刊本所依據的是當時的轉抄本。無論是從時間上看，還是從編撰時混入編者的臆改看，或是從雕刻時的刻寫錯誤看，宋刊本與原抄本都存在一定的距離①。所以，金澤文庫本對研究白居易編撰文集之體例和作品分類，以及還原白集舊貌，都具有刊本難以替代的文獻價值。

2. 神田本與時賢本

神田本是由日本著名藏書家神田喜一郎博士收藏的《白氏文集》卷第三、卷第四"新樂府詩"部分的舊抄本。據神田本卷第三所附奥書（圖2）：

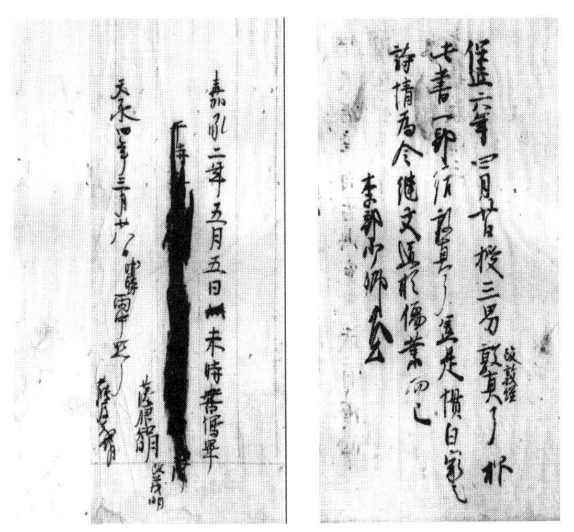

圖2　神田本《白氏文集》卷三末附奥書（據《神田本白氏文集の研究·本文影印》第56頁，左）、神田本《白氏文集》卷三尾題裏書（據《神田本白氏文集の研究·本文影印》第62頁，右）

此卷當爲日本平安時代博士家之一的藤原家傳人藤原茂明於嘉承二年

① ［日］静永健《東京國立博物館古筆殘卷〈白氏文集〉卷六十六校考》，《漢籍東漸及日藏古文獻論考稿》，中華書局，2011年，頁161—162。

(1107)五月五日抄寫，并於天永四年(1113)三月二十八日完成校點；卷第四亦有藤原茂明的奥書，可知校點時間與卷第三同，唯抄寫日期語焉不詳(當與卷第三相近)；卷第三抄本的尾題裏書又表明，保延六年(1140)四月藤原茂明曾用此本教授過其孫藤原敦經。在現存日藏白集舊抄本中，此卷抄寫年代最早，加上首尾完整，對考察白氏手定本之體例及原貌更顯珍貴。神田喜一郎在古典保存會影印本跋語中即云："此卷首題'文集卷第三'，下署'大(宜作太)原白居易'，體例不同今本，知出自香山手定。至後世輾轉雕印文集上漫加'白氏'，而非復《長慶》之舊。"[①]

另外，東京宫内廳書陵部還藏有一軸"白氏文集卷三新樂府元亨寫本"，據卷末奥書，知是元亨四年(1324)宫中侍從時賢(疑爲藤原時賢)據菅家本抄成，太田次男稱之爲"時賢本"[②]。該卷雖然没有神田本抄寫年代早，但因屬於菅家本系統，基本保留了惠萼本的格式和體例，也具有較高的文獻利用價值。

3. 管見抄本

日本國立公文書館内閣文庫藏《管見抄》，係白氏文集選抄本，原爲兩函十册，今佚第三册。據第九册、第十册卷末所録奥書，此本原抄於日本鐮倉時期康元元年(1256)至正元元年(1259)間，主要是從七十卷本白氏文集中抄出[③]，重抄於永仁三年(1295)。此本雖是選抄本，但其文獻價值依然很高。首先，此本將白氏文集卷四十五至卷五十全部抄入，而且其編次亦仍白集之舊，係前後集本。其次，據太田次男考察，此本選抄白氏文集前七十卷部分的文字，與金澤文庫本等舊抄本極爲接近，而與刊本系的南宋紹興本、那波道圓本有很大差異[④]。而且，更有價值的是，《管見抄》還在多處補寫了其所據底本的卷數及卷首信息，如"卷苐二古調詩""卷苐三新樂府"等，也有助於

---

① 日本古典保存會 1927 年據原件原大影印版。後來太田次男、小林芳規又專門對之展開深細考察，著有《神田本白氏文集の研究》(東京：勉誠出版，1982 年)，書中所載圖版係重新拍照，亦爲原大。

② [日]太田次男《舊抄本を中心とする：白氏文集本文の研究》上卷，頁 695。

③ 據太田次男考察，《管見抄》末尾所録九篇白文，疑爲後人從七十二卷北宋刊本中抄出，附加進去的。參《舊抄本を中心とする：白氏文集本文の研究》中卷，頁 123。

④ 參太田次男《舊抄本を中心とする：白氏文集本文の研究》中卷，頁 95—123。

考察白集原有編次及體例。相較而言，同爲白集選抄本的《白氏文集要文抄》[①]和《文集抄》[②]，前者未存原本格式體例，後者抄録作品較少，且闕失卷三、卷四，對研究白集編次問題的參考價值就比《管見抄》要小得多。

4. 古筆切本

日本從平安時代開始，無論是天皇還是博士家甚至武將，都以抄寫白氏文集爲時尚，傳下來不少他們抄録白居易詩文的書法作品。這些舊寫本，俗稱“古筆切”，現在大多被收入日本書道史研究資料中[③]。不過這些抄有白居易詩文的古筆切本，因係習書之産物，且以片紙零簡居多，極少保存白集原有體例格式。其中祇有被小松茂美稱爲“熊野切本白氏文集第一種”（相傳爲鐮倉時期後嵯峨天皇之長子、幕府大將軍宗尊親王所書，見本編附圖 -4）[④]，是全卷抄寫了《白氏文集》卷六，且保存了舊抄本體例。因卷首鈐有金澤文庫藏印，本文將之歸入金澤文庫本系統進行考察。另外，東京國立博物館藏古筆切“白氏文集卷六十六”（館藏名稱“白氏詩卷”，藏品號 2942）雖然也是全卷抄録，然闕卷首、卷尾及開頭十六首作品，甚爲可惜。静永健曾撰專文介紹此本之影印件，稱之爲“東博本”，并進行了翻字、校勘研究[⑤]。這些白集古筆切本，雖因抄自古抄本而具有一定的文本校勘價值，但對研究白氏原集的編次體例和作品分類，作用較爲有限。

總之，從考察白集原本編撰體例和卷首抄寫格式這一角度看，金澤文庫本、神田本、時賢本以及管見抄本的文獻利用價值較高，其中以金澤文庫本文獻價值最大，因爲金澤文庫本中有不少卷的祖本，係日僧惠蕚來唐時於會

① 奈良東大寺宗性於建長元年（1249）及文永十一年（1275）兩次抄寫而成，現存東大寺圖書館。

② 建長二年（1250）僧阿忍抄於醍醐寺，原件現存日本東京國立國會圖書館。最近國立國會圖書館官方網站（http://dl.ndl.go.jp/info:ndljp/pid/2534310）已經公開該藏品的全部電子圖片，可前往瀏覽，慶應義塾大學附屬研究所斯道文庫亦存上卷之模寫本。

③ 此類抄本之圖版，可參小松茂美《平安朝傳來の白氏文集と三迹の研究・鑒賞編》（東京墨水書房，1965 年）、小松茂美《古筆學大成》第二十五卷《漢籍・仏書・其の外》（東京講談社，1993 年）。

④ 兵庫縣加納治兵衛舊藏，現藏神户白鶴美術館。

⑤ 參静永健《東京國立博物館藏古筆切“白氏文集卷六十六”影印・翻字》（白居易研究會編《白居易研究年報》第 4 號，東京：勉誠出版，2003 年；中文譯作《東京國立博物館藏古筆殘卷〈白氏文集〉卷六十六校考》，《漢籍東漸及日藏古文獻論考稿》，中華書局，2011 年）。

昌四年（844）在蘇州南禪院抄寫的67卷本《白氏文集》。本人曾據之考證過白居易手定本《白氏文集·前集》的編撰體例和詩體分類觀念[①]。

（三）日藏唐詩匯抄本

日本還有一些唐詩匯抄性質的古寫本，也有相當的輯佚價值和研究意義。如日本文化廳藏古寫本《新撰類林抄》[②]，録唐詩40首，其中12題15首《全唐詩》未收，小川環樹認爲其性質類似於"唐人選唐詩"，價值介於《河岳英靈集》至《搜玉小集》之間[③]，中田勇次郎和王勇均認爲是與空海有關的"日人選唐詩"[④]，更不容忽視。

原爲日本尾張國真福寺藏品、現藏名古屋大須觀音室生院的寫卷《翰林學士詩集》，係平安時代中期以前的寫本[⑤]，收唐太宗與許敬宗等人詩51首，其中近40首未見於《全唐詩》，陳尚君考爲《許敬宗集》之殘卷，全卷今收傅璇琮等編《唐人選唐詩新編》[⑥]。

日人酒井宇吉藏《唐詩卷》[⑦]，係平安寫本，存作者13人，唐詩27首，其中超過一半的作品不見於《全唐詩》。

另，伏見宮舊藏平安朝後期寫本《雜抄》存卷十四，抄有唐代樂府詩35篇、唐文1篇[⑧]，有18首《全唐詩》未收。王勇認爲，此書也與空海有關，很可能與《新撰類林抄》一樣，性質類似《千載佳句》，是日本人根據從唐攜歸的詩

---

① 杜曉勤《"白氏文集"前集の編纂體裁と詩体分類について：日本現存の旧抄本を中心に》，白居易研究會編《白居易研究年報（第14輯）》，東京：勉誠出版，2013年。

② 影印本收中田勇次郎監修，日本大阪市立美術館編《唐抄本》。

③ ［日］小川環樹《〈新撰類林抄〉校讀記》，原刊《中國文學報》（日本京都大學），1959年第11期，後收《小川環樹著作集》第二卷，東京：築摩書房，1997年。

④ ［日］中田勇次郎《〈新撰類林抄〉解題》，中田勇次郎監修，日本大阪市立美術館編《唐抄本·圖版解説》，頁184—185。王勇《佚存日本的唐人詩集〈雜抄〉考釋》，《文學遺産》，2003年第1期。

⑤ 以前學界多認爲《翰林學士集》爲唐抄本，然藏中進通過對紙背所抄文書《白氏文集》卷二十二的分析，認爲可能是日本抄本。參氏撰《真福寺本〈翰林學士集〉の伝来》，《アジア遊學》第27號，東京：勉誠出版，2001年。

⑥ 傅璇琮、陳尚君、徐俊編《唐人選唐詩新編（增訂本）》，中華書局，2014年，頁4。

⑦ 影印本收《唐抄本》。

⑧ ［日］住吉朋彦《伏見宮舊藏〈雜抄〉卷十四》，《書陵部紀要》第51號，2000年。

集選編而成的“日人選唐詩”[1]。

這些日本古抄本和唐抄本，除了可據以研究唐詩在日本的流傳與影響，對唐詩輯佚以及唐集編撰體例的考察，也都具有極高的文獻價值和學術意義。

三、日本古代典籍所保存的唐代中日詩人創作交流的珍貴史料

日本古代典籍中還保存了不少唐代中日詩人交遊、創作交流的珍貴史料。中日之間大規模的文化交流、人員往來，是在七世紀初日本“大化改新”之後，前幾批遣唐使中即有不少來自大陸的“歸化人”及其後代（即所謂“漢人”“新漢人”），這些人本身通曉漢語、具備一定的詩文創作能力，既推動了遣唐使運動的開展，又反過來影響了奈良朝的詩歌創作風氣。

日本孝謙天皇天平勝寶三年（751，唐玄宗天寶十年）編撰的第一部漢詩集《懷風藻》收集了120首漢詩，作者包括文武天皇、大津皇子、大友皇子等皇族，還有官員、文人和僧侶等。其中遣唐使和學問僧的作品多有在唐時所作詩篇，如釋辨正的《五言與朝主人》《五言在唐憶本鄉一絶》、釋道慈的《五言在唐奉本國皇太子》等。

釋辨正，於武則天長安年間（701—704）來唐留學，習三論宗，頗受時爲臨淄王的李隆基賞識，後卒於唐。《懷風藻》載《辨正法師傳》云：

> 辨正法師者，俗姓秦氏。性滑稽，善談論。少年出家，頗洪玄學。大寶年中，遣學唐國。時遇李隆基龍潛之日，以善圍棋，屢見賞遇。有子朝慶、朝元。法師及慶，在唐死。元歸本朝，仕至大夫。天平年中，拜入唐判官。到大唐，見天子。天子以其父故，特優詔，厚賞賜。還至本朝，尋卒。[2]

可見辨正父子三人均爲遣唐使或學問僧。辨正在唐所作《五言與朝主人》詩云：

① 王勇《佚存日本的唐人詩集〈雜抄〉考釋》，《文學遺産》，2003年第1期。

② ［日］林古溪《懷風藻新注》，東京：明治書院，1958年，頁80。

鐘鼓沸城闉，戎蕃預國親。
神明今漢主，柔遠静胡塵。
琴歌馬上怨，楊柳曲中春。
唯有關山月，偏迎北塞人。[①]

此詩係辨正在長安時贈與來朝覲唐帝（應爲唐玄宗）的外國使臣或王公貴族之作，通篇對仗，平仄合律，前半爲大唐聖主歌功頌德，後半暗寓己之鄉思。其另一首詩《五言在唐憶本鄉一絶》：

日邊瞻日本，雲裏望雲端。
遠遊勞遠國，長恨苦長安。[②]

則爲通篇對仗的"對式律"齊梁體[③]五絶，直接抒發其在唐思念祖國日本之苦，且每句均複用字，有回環往復之美，一唱三嘆之慨，詩思絶妙，婉約情深。

釋道慈，是日本三論宗的名僧，文武天皇大寶元年（701，唐武后長安元年）被遣入唐求經，在唐留學十六年。《懷風藻》亦有傳：

釋道慈者，俗姓額田氏。添下人。少而出家，聰敏好學，英材明悟，爲衆所歡。大寶元年遣學唐國。曆訪明哲，留連講肆。妙通三藏之玄宗，廣談五明之微旨。時唐簡於國中義學高僧一百人。請入宫中，令講仁王般若。法師學業穎秀，預入選中。唐王憐其遠學，特加優賞。遊學西土，十有六歲。養老二年，歸來本國。帝嘉之，拜僧綱律師。性甚骨鯁，爲時不容。解任歸，遊山野。時出京師，造大安寺。年七十餘。[④]

《懷風藻》收其在唐作詩一首《五言在唐奉本國皇太子》：

三寶持聖德，百靈扶僊壽。

① ［日］林古溪《懷風藻新注》，頁 82。

② ［日］林古溪《懷風藻新注》，頁 84。

③ 此詩每句不僅二四字異平仄，合近體詩律，且二五字異四聲，亦與永明詩律合；然通篇對仗，聯間爲平仄不"粘"的"對式律"，故爲齊梁體五絶，而非近體律絶。

④ ［日］林古溪《懷風藻新注》，頁 221。

壽共日月長，德與天地久。

爲道慈在唐寄本國皇太子[①]之作，詩中歌頌皇太子匡持三寶的聖德。遣唐使和學問僧在唐所作諸篇，既是日本漢詩，又是唐詩，故亦應納入唐詩研究的範圍。

遣唐使、學問僧與唐代詩人之交往，雖然兩《唐書》和《全唐詩》《全唐文》中多有反映，如王維、李白等人與阿倍仲麻吕（晁衡）酬贈之作，皮日休、陸龜蒙等人送圓載上人歸日本之作，均已爲唐詩研究者所熟知。但日本古代典籍中保存的相關資料更多，反映面更廣，亦不應輕忽。

如平安時代高僧空海來唐時的詩歌作品，市河寬齋編《日本詩紀》中録有兩首：

在唐觀昶法和尚小山

看竹看花本國春，人聲鳥哢漢家新。
見君庭際小山色，還識君情不染塵。

留别青龍寺義操阿闍梨

同法同門喜遇深，遊空白霧忽歸岑。
一生一别難再見，悲夢思中數數尋。[②]

均爲空海在唐與高僧交遊之作，前一首寫在昶法和上庭院中觀賞小山美景，心生唐日異域、萬里同春之慨，後一首係歸國之前與長安青龍寺僧友義操阿闍梨惜别之作，感情深摯。

《弘法大師全集（第三輯）· 拾遺雜集》中還收有《在唐日示劍南惟山離合詩》：

磴危人難行，石嶮獸無升。

① 即首皇子，文武天皇長子，在道慈歸國前五年的和銅七年（714，唐玄宗開元二年）六月被立爲皇太子，後成爲聖武天皇。皇太子身體病弱，加上皇族與外戚對立争權，遂皈依佛教。即位後更篤信佛教，造佛寺、鑄大佛，大力引進學習大唐先進文化制度，形成"天平文化盛景"。

② [日]市河寬齋編《日本詩紀》，東京：吉川弘文館，2000年，頁94。

燭暗迷前後，蜀人不得過。①

對於空海創作這首詩的本事，西山禪念沙門真濟在《遍照發揮性靈集序》中有較詳細的記載：

> 和尚昔在唐日，作離合詩，贈土僧惟上。前御史大夫泉州別駕馬摠一時大才也。覽則驚怪，因送詩云："何乃萬里來，可非衒其才。增學助玄機，土人如子稀。"其後籍甚滿邦，緇素仰止。詩賦往來，動剩篋笥。遂使絶域寫憂，殊方通心。詞翰俱美，誠興東方君子之風。②

此序雖然對空海之詩歌創作水準和在唐影響不乏誇飾溢美，但通過所引其時唐泉州別駕馬摠的另一首和作離合詩，説明空海確實得到了唐土士人的真心推服。據蔡毅研究，空海此次創作離合詩，極有可能是受到其抵達長安前一年（803，唐貞元十九年）秋，以新臺閣詩人權德輿爲首的文人唱和集團掀起的創作離合詩和其他遊戲詩新風氣的影響，而空海這次創作的離合詩在中日詩歌交流史上意義重大：

> 離合詩衹不過是一種文字遊戲，故向無佳作，但對剛剛接觸漢字文明、剛剛嘗試漢詩創作的當時的日本文人來説，這無疑是漢字構造和漢詩藝術的最巧妙的組合，具有無窮的魅力，它極爲困難，也極富挑戰性。空海勇敢地接受了挑戰，并獲得了成功，因而受到唐代文人地高度贊賞，使他們對這位來自文明後進國地文化使者刮目相看。這份光榮，無異於當今時代一個小國選手在奧運會上奪得了金牌。③

而且，空海所作的這首離合詩，可能還影響了後來收於《文華秀麗集》中的小野岑守的離合詩《在邊贈友》及收於《本朝文粹》中的橘在列的離合詩《時和年豐》等。

另，《弘法大師全集》收録的聖賢撰《高野大師御廣傳》中也保存了空海

---

① ［日］空海《弘法大師全集（第三輯）》，東京：密教文化研究所，1965年，頁614。

② ［日］空海《遍照發揮性靈集》，頁729。

③ 蔡毅《空海在唐作詩考》，《唐代文學研究（第十一輯）》，廣西師範大學出版社，2004年，頁749—750。

回國時唐人馬聰[①]、朱千乘、朱少端、沙門鴻漸、曇靖、鄭壬等人的贈別詩，這些作品在唐代及後世典籍中均未收[②]。其中尤可注意的是，在唐及中國後世寂寞無聞的朱千乘的作品在日本還被廣泛傳抄：一、前引空海於弘仁三年（812）向嵯峨天皇進獻圖籍的《獻雜文表》中就録有"《朱千乘詩》一卷"；二、前引佚存日本的唐人詩集《新撰類林抄》收朱千乘詩2首，即《山莊早春連雨即事》（七言律詩）和《早春霽後山莊即事》（五言古詩），伏見宫舊藏平安朝後期寫本《雜抄》卷十四中收朱千乘詩1首（《長門詩》）；三、大江維時（888—963）編撰的《千載佳句》（"四時"部"春興"類）録朱千乘詩2句："錦纜扁舟花岸静，玉壶春酒管弦清。"其主要原因則是空海不僅有與朱千乘唱和之作，且帶回了一卷《朱千乘詩》。後又因《千載佳句》摘引了朱千乘的詩句，故朱千乘之詩亦流播東瀛、膾炙人口了[③]。

再如，與空海同時（日本延曆二十一年，唐貞元二十一年，805）來唐的另一位日本高僧——謚稱"傳教大師"的最澄，在回國前，台州僧俗人等作詩送别，台州司馬吴顗還作有1篇《送最澄上人還日本國〔詩〕〔并〕叙》。這些作品被最澄攜回日本後收入其所撰《顯戒論緣起》上卷，共9首詩，題爲《台州相送詩》[④]。然據户崎哲彦考證，最澄歸國前，不僅台州，越州、明州等地的僧俗亦曾作詩相送，且數量衆多，竟達百紙之多，其歸國後所編的《將來目録》中所收"《相送集》四卷""《天台師友相送詩集》四卷"即其證也[⑤]。據台州司馬吴顗《送最澄上人還日本國〔詩〕〔并〕叙》，最澄在台州與著名文人陸淳等人也有較深交往：

---

① 據上引西山禪念沙門真濟在《遍照發揮性靈集序》，及《舊唐書・馬摠傳》，此處"馬聰（聦）"當爲"馬摠（揔）"之訛。

② ［日］空海《弘法大師全集》首卷，東京：同朋舍，1978年。這些作品《全唐詩》多未收，張步雲收入《唐代中日往來詩輯注》（陝西人民出版社，1984年），王勇有專文探討，參《空海に贈られた唐人の送別詩》，《アジア遊學》第27號，東京：勉誠出版，2001年。

③ 關於朱千乘詩作及其與空海交遊的研究成果，主要有王勇《唐人贈空海送別詩》（《アジア遊學》第27號，東京：勉誠出版，2001年）、《唐詩中的空海像》（《國文學解釋與鑒賞》第66卷第5號，至文堂，2001年）、《佚存日本的〈杂抄〉考釋》（《文學遺產》，2003年第1期）等。

④ 張步雲《唐代中日往來詩輯注》收録全部9首相送詩，陳尚君《全唐詩補編》據張步雲著，盧秀燦、周琦等録文轉録了吴顗叙、諸人送別詩。

⑤ ［日］户崎哲彦《唐代台州刺史陸淳與日僧最澄（上）》，《台州學院學報》，2019年第1期。

日本沙門最澄，宿植善根，早知幻影，處世界而不著，等虚空而不礙。於有爲而證無爲，在煩惱而得解脱。聞中國故大師智顗，傳如來心印於天台山，遂齎黄金，涉鉅海，不憚陷[滔]天之駭浪，不怖映日之驚鱉[鼇]，外其身而身存，思其法而法得，大哉之[其]求法也。以貞元二十年九月二十六日，臻於[臨]海郡，謁大[太]守陸公，獻金十五兩、築紫斐紙二百張、築紫筆二管、築紫墨四挺、刀子一、加斑組二、火鐵二、加大[火]石八、蘭木九、水精珠一貫。陸公精孔門之奥旨，藴[蕴]經國之宏才，清比冰囊，明逾霜月，以紙等九物，達於庶使，返金於師。師譯言請貨金貿紙，用書《天台止觀》。陸公從之，乃命大師門人之裔哲曰道邃，集工寫之，逾月而畢。[①]

陸淳還作有《送最澄闍梨還日本》：

海東國主尊台教，遣僧來聽《妙法華》。
歸來香風滿衣裓，講堂日出映朝霞。[②]

户崎哲彦甚至推測，陸淳此詩應在《天台師友相送詩集》七卷本中，而且吴顗詩序中所提及的道邃亦應有送别詩[③]。

在日本停派遣唐使後，中日兩國的詩歌創作交流并未停止。當時承擔着中日詩歌創作交流工作的主要是唐代東北地方政權渤海國的遣日本使。渤海國遣日使多由文才横溢者擔任，而日本接待的官員也多精通漢學，擅作詩賦。渤海先後出使日本的裴頲、裴璆父子，不僅與平安朝漢文學大家菅原道真、菅原淳茂詩歌唱和往還，還結下了父子兩代的深厚友誼。

在菅原道真的《菅家文草》中，即收有18首菅原真贈與裴頲的詩歌。元慶七年（883），渤海國遣日使裴頲來朝，時任式部少輔兼文章博士的菅原道真俳行治部輔事、號禮部侍郎，負責接待裴頲一行。菅原道真在鴻臚館與之贈答唱酬的詩作多達10首：

---

① 此據[日]户崎哲彦《唐代台州刺史陸淳與日僧最澄（上）》録文。

② 此詩不見於《顯戒論緣起》上卷《台州相送詩》中，出《天台霞標》，《傳教大師全集》據之補遺。

③ [日]户崎哲彦《唐代台州刺史陸淳與日僧最澄（下）》，《台州學院學報》，2019年第2期。

1.《去春詠渤海大使與賀州善司馬贈答之數篇今朝重吟和典客國子紀十二丞見寄之長句感而玩之聊依本韻》

2.《重依行字和裴大使被詶之什》

3.《過大使房賦雨後熱》

4.《夏夜對渤海客同賦月華臨静夜詩》

5.《醉中脱衣贈裴大使叙一絶寄以謝之》

6.《二十八字謝醉中贈衣裴少監詶答之中似有謝言更述四韻重以戲之》

7.《依言字重詶裴大使》

8.《夏夜於鴻臚館餞北客歸鄉》

9.《詶裴大使留别之什》

10.《臨别送鞍具總州春别駕》[1]

其中寫得尤爲感人的是《詶裴大使留别之什》(次韻):

交情不謝北溟深,别恨還如在陸沉。
夜半誰欺顔上玉,旬餘自斷契中金。
高看鶴出新雲路,遠妬花開舊翰林。
珍重歸鄉相憶處,一篇長句總丹心。

後來,菅原道真還將主客贈答之詩編成《鴻臚館贈答詩集》并作序詳記賦詩往還之盛況:

鴻臚贈答詩序

元慶七年五月,余依朝議,假稱禮部侍郎,接對蕃客,故制此詩序。

余以禮部侍郎,與主客郎中田達音,共到客館。尋安舊記,二司大夫,自非公事,不入中門。余與郎中相議,裴大使七步之才也。他席贈遺,疑在宿構。事須别預宴席,各竭鄙懷,面對之外,不更作詩也。事議成事定。每列詩筵,解帶開襟,頻交杯爵。凡厥所作,不起稟草。五言七言,

① [日]菅原道真著,[日]川口久雄校注《菅家文草》卷二,《日本古典文學大系(72)》,東京:岩波書店,1966年,頁190—196。

六韻四韻，默記畢篇，文不加點。始自四月二十九日，用行字韻，至於五月十一日，賀賜御衣，二大夫，兩典客，與客徒相贈答，同和之作，首尾五十八首。更加江郎中一篇，都慮五十九首。吾黨五人，皆是館中有司。故編一軸，以取諸不忘。主人賓客，吴越同舟，巧思蕪詞，薰蕕共畝。殊恐他人不預此勒者，見之笑之，聞之嘲之。嗟乎，文人相輕，待證來哲而已。①

據此，無論是渤海國使裴頲還是日本國菅原道真等朝臣，都是當場即席賦詩，可見主客漢詩創作水準都已達到相當高的水準，故而是惺惺相惜，通過漢詩結下了深厚的友誼。裴頲回國之後，有一天菅原道真看到裴頲留下的寫真圖，百感交集，倍增思情：

見渤海裴大使真圖有感

自送裴公萬里行，相思每夜夢難成。
真圖對我無詩興，恨寫衣冠不寫情。②

在十二年之後的寬平七年（895），渤海使裴頲再次來朝，菅原道真作爲參議左大弁，受命前往鴻臚館，賜酒饌與裴頲③，詩酒唱和，作詩七首：

1.《客館書懷同賦交字呈渤海裴令大使》
2.《答裴大使見詶之作》
3.《重和大使見詶之詩》
4.《和大使交字之作》
5.《客館書懷同賦交字寄渤海副使大夫》
6.《和副使見詶之作》

---

① ［日］菅原道真著，［日］川口久雄校注《菅家文草》卷七，頁 543。

② ［日］菅原道真著，［日］川口久雄校《菅家文草》卷二，頁 208。

③ 《日本紀略》卷二十載，"（寬平七年五月十五日）參議左大弁菅原朝臣嚮鴻臚館，賜酒饌於客徒。"（日本國會國立圖書館藏《國史大系》卷五，東京：經濟雜志社，1897 年，頁 765。）菅原道真《客館書懷，同賦交字，呈渤海裴令大使》詩題自注："自此以後七首，予別奉敕旨，與吏部紀侍郎詣鴻臚館，聊命詩酒"。（［日］菅原道真著，［日］川口久雄校注《菅家文草》卷五，頁 431。）

7.《夏日餞渤海大使歸各分一字》[1]

二人重逢之時，相見甚歡，相知更深，菅原道真竟接連寫了兩首酬答詩：

答裴大使見訓之作（本韻）

别來二六折寒膠，今夕温顔感豈抛。
持節尤新霜後性，忘筌仍舊水中交。
恩光莫恨初無褐，聖化如逢古有巢。
相勸故人何外事，祇看月詠望風嘲。

重和大使見訓之詩（本韻）

知命也曾讀易爻，衰顔何與少年交。
成功宿昔應攀桂，求類今宵幾拔茅。
聲價重輕因道舉，文章多少被人抄。
自慚往復頻訓贈，定使魚蟲草木嘲。[2]

二人才氣相近，性情相投，再加上同庚，故而成爲異國知己，唱和往還不斷。不僅如此，菅原道真此次還帶着諸多門生後進一起參加詩酒盛會，《菅家傳》"寬平七年"條記：

> 今年渤海大使裴頲重來朝。别奉敕與式部少輔紀長穀雄到鴻臚館，聊命詩酒，唱和往復，遠及數篇。日暮賦餞别詩，門生十人，著麴塵衣，從其後焉。後代别學生能屬文者十人，預餞客之座，自此之始。[3]

菅原道真門下的這些後進小子不出國門，不入唐土，就能參加漢詩外交大會，一睹當時東北亞兩位漢詩大家的風采，這對他們創作興趣的刺激作用和培養效果顯而易見。

更爲奇妙的是，菅原道真與裴頲的漢詩交誼還延續到了下一代，巧合的

① ［日］菅原道真著，［日］川口久雄校注《菅家文草》卷五，頁431—436。
② ［日］菅原道真著，［日］川口久雄校注《菅家文草》卷五，頁432—433。
③ ［日］菅原道真著，［日］川口久雄校注《菅家文草·解説》，頁74。

是菅原道真之子菅原淳茂與裴頲之子裴璆也是同庚。延喜八年（908），裴璆子承父業，亦被遣赴日，因其父裴頲之故，日本朝野隆重接待。裴璆回國前，承襲父職的菅原淳茂於鴻臚館爲其餞行，同齡又都才華横溢的二人，談及父輩的交誼感慨叢生。菅原淳茂作詩一首：

初逢渤海裴大使有感吟
思古感今友道親，鴻臚館裏□餘塵。
裴文籍後聞君久，菅禮部孤見我新。
年齒再推同甲子，風情三賞舊佳辰。
兩家交態人皆賀，自愧才名甚不倫。①

金毓黻編《渤海國志長編》卷十八在此詩"裴文籍後聞君久,菅禮部孤見我新"句下，尚録有菅原淳茂自注：

往年賢父裴公使入朝，余先君時爲禮部侍郎，迎接殷勤，非唯先父之會友，兼有同年之好。記裴公重朝自説,"我家有千里駒"，蓋君焉。今余與使公春秋偶合，賓館相逢，又三般禮同在仲夏故云。

相傳,裴璆吟菅原淳茂此詩至這兩句時感動得竟至"泣血"。《江談抄》第四載：

故老曰：裴公吟此句泣血云云。裴璆者，裴頲子也。頲以文籍少監入朝，菅相公以禮部侍郎贈答。故有此句。②

菅裴兩家父子因漢詩唱酬成爲"世交"的這段佳話，充分反映了唐詩在東亞地區的深遠影響和廣泛普及。

日本平安朝漢詩文集《文華秀麗集》中收有渤海國使臣王孝廉詩5首:《奉敕陪内宴》《春日對雨得情字》《在邊亭賦得山花戲寄兩領客使并滋三》《和阪領客對月思鄉之作》《出雲州書情寄兩敕使》；釋仁貞詩1首:《七日禁中陪宴》。平安朝另一重要的詩文集《經國集》中則收有渤海國使楊泰師詩2

① 金毓黻編《渤海國志長編》卷一八,千華山館，1934年，頁35。

② 《江談抄》第四"雜事"，黒川真道編《國史叢書（國史研究會藏版）》，東京：國史研究會，1914年，頁389。

首[①]。王孝廉在出使日本時,還與高僧空海私交甚篤。據空海《致渤海使王孝廉書》所云，他對王孝廉的詩作十分傾倒：

信滿至,辱枉一封書狀及一章新詩,玩之誦之,口手不倦,面即胡越,心也傾蓋。[②]

當王孝廉於歸國途中不幸逝世的消息傳來，空海作詩文二首表達深切的哀悼，其詩《傷渤海國大使王孝廉中途物故》現存二句：

一面新交不忍聽，況乎鄉國故園情。[③]

不勝悲悼。其《致渤海國使王太守記室》書則在悲痛之餘致以慰問：

凶變無常承，東鰈一沉，雙梟隻飛，惟哀痛深，痛當奈何？賢室年華未秋，奄遭此風霜，二三幼稚，偏露誰怙？痛哉哀哉！[④]

充分表現了空海對王孝廉的深情厚誼。

可以説，上述諸多日本古代典籍，爲我們細化研究唐詩在東亞的傳播影響史、中日文學創作交流史提供了豐富的第一手資料。

四、日本古代典籍保存的唐代詩學資料

從齊梁“永明體”開始提倡聲病理論，至唐代沈宋完成對近體詩律的定型工作，其間産生了一大批的講授詩歌體格律及作法的著作，學界統稱爲詩格。這類著作在當時即已傳入日本，在奈良、平安朝産生了廣泛深遠的影響[⑤]。成於日本聖武天皇天平二十年(唐玄宗天寶七年,748)的《寫章疏目録》

① 據金毓黻編《渤海國志長編》統計，日本詩人與渤海國使者的唱和之作現存 48 首。

② 金毓黻編《渤海國志長編》卷一八，頁 40。

③ 金毓黻編《渤海國志長編》卷一八，頁 35。

④ 金毓黻編《渤海國志長編》卷一八，頁 40。

⑤ 據前文所述藤原佐世《日本國見在書目録》統計，當時從中國傳來的詩文體式、聲律、作法類書有四十多部。

中就已有隋杜正藏的文章作法書《文軌》[1]。日本遣唐僧空海回國時(唐憲宗元和元年,日平成天皇大同元年,806),更攜回大量的詩格著作。他後來編著的《文鏡秘府論》和《文筆眼心抄》就是根據唐代詩格類著作編成的。張伯偉從中輯出初盛唐詩格類著作多部,如上官儀撰《筆札華梁》、佚名撰《文筆式》、舊題魏文帝撰《詩格》、元兢撰《詩髓腦》、佚名撰《詩式》、崔融撰《唐朝新定詩格》、舊題李嶠撰《評詩格》、舊題王昌齡撰《詩格》、釋皎然撰《詩議》《詩式》等[2]。這些文獻,近三十年來已漸爲中國學者所重視,在中國古代詩歌體格律研究領域開始發揮出越來越大的作用。

目前尚未引起學界重視的是,在《文鏡秘府論》之後,日本平安朝中後期直到江户時代的一些典籍中,尤其是日本人所編撰的漢詩文作法類著作,如《作文大體》《王澤不渴抄》《文筆問答抄》等著作中,也存在着不少述及漢詩寫作規範、聲病格律規定的資料,這在一定程度上,彌補了中國相當長的一段時期聲病、格律著作闕如的遺憾,使我們更清晰地瞭解和認識唐宋人在創作古近體詩的調聲方法和遵守的聲病規則。

(一)《作文大體》《王澤不渴抄》對近體詩律譜的記載

對近體詩的格律規則和聲調譜,唐人的記述是很模糊或者不全面的。初唐人元兢《詩髓腦》中的"調聲三術"尤其是"换頭術",可以説是目前發現的最明確的近體詩律調聲規則,但是,這裏衹説了五言詩每句頭兩字的調聲方法,即聯内上下句之間要避"平頭",聯間則要同平或上去入(此時尚未有仄聲之説)。至於五言詩每句二四字之間的關係,以及五言詩聯内上下句第四字的關係,更不用説七言律詩的調聲方法,皆未涉及。

而日本平安朝時期産生的大江朝綱所撰的《作文大體》(編撰於天慶二年,939),則在借鑒初唐元兢的《詩髓腦》以及他所見到的中晚唐近體格律著作的基礎上,較爲具體完整地記載了近體詩的平仄譜(元兢的《詩髓腦》

① 王勇、大庭修主編《中日文化交流史大系·典籍卷》,浙江人民出版社,1996年,頁32。《隋書·杜正藏傳》:"又著《文章體式》,大爲後進所寶,時人號爲《文軌》,乃至海外高麗、百濟,亦共傳習,稱爲《杜家新書》。"

② 張伯偉《全唐五代詩格匯考》。

還不能算是嚴格意義上的平仄譜）：

第六調聲者。調平聲他聲也。惣平聲之外，上去入之三聲，謂他聲也。

凡五言七言略誦云：

他々平々他，平々他々平。發句，題目

平々々他々，他々々平々。胸句，破題

他々平々他，平々他々平。腰句，比喻。一云本文，又云比興。

平々々他々，他々々平々。落句，述懷。

已上五言者，二四不同，二九對也。

是則五言四韻體也。

平々他々平々他，他々平々他々平。發句，題目。

他々平々々他々，平々他々々平々。腰句，破題。

平々他々平々他，他□（々——小字旁注）平々他。腰句，比喻。

他々平々々他々，平々他々々平々。落句，述懷。

已上七言者，二四不同，二六對也。是則七言四韻之體也。

他々平々他，平々他々平。已上發句。

平々々他々，他々々平々。已上落句。

平々他々平々他，他々平々他々平。已上發句。

他々平々々他々，平々他々々平々。已上落句

已上絶句體是也。衹以發句落句名絶句，一云一絶。

凡四韻者，發句，胸句，腰句，落句合也。絶句者，發句、落句合也。

二四不同，二六對者。七言詩也。每句第二字與第四字不同聲，第二字與第六字同聲也。

二四不同，二九對者。五言詩也。每句第二字與第四字不同聲，第二字與第九同聲也。又云，五言詩者自他聲起，七言詩自平聲起。若用連韻之詩，第五字用他聲，第七字用韻也。韻用平聲。但於每句第一三字聲者，除平頭病之外，或平或他，任心用之，無妨文不求聲也。又

云，自初句第二□（撚——小字旁注）續之，起自平聲之詩者，平他々平他平々，次第如此。起自他聲之詩，唯之可知謂之，撚二雜調二五對之，對起自他聲之句上句用之。若有要事用此體者，下句第一字可用他聲々々；若平聲輕字，頗以便於吟詠也。詩調聲如此。但上句末（原爲未，誤，——曉勤按）字除用韻之聲，不論平他，唯用三聲者也。[①]

這段文字可注意點有四：

第一，此譜已經明確將上去入三聲名之爲“他聲”，也即自盛唐殷璠所説的“側聲”，後人所習稱的“仄聲”，是真正意義上的“平仄譜”，而非“四聲譜”；

第二，此譜對五言詩一句之中二四字有明確地調聲規定，即“二四不同”，即每句之中二四字都不能同平仄；

第三，此譜還對上下句之間的二四字的調聲方法作了説明——“二九對”，即每聯之中，上句的第二字必須與下句的第四字同平仄（此處“對”爲同聲之義）；

第四，此譜更對唐人從未言及的七言近體的格律進行了描述，亦有口訣：“二四不同，二六對”。即七言近體詩每句之中，第二字須與第四字異平仄，而第二字又應與第六字同平仄。

後來，釋良季建治所撰《王澤不渴抄》中則在《作文大體》的基礎上，有了更全面的調聲歌訣和平仄圖譜：

二四不同二六對，平他聲字避三連。
上句終字皆是他，下句終字皆是韻。
用連韻時題目句，上下終字同用韻。
不用連韻莫用平，每行上句終他聲。[②]

① 《作文大體》（殘欠），《真福寺善本叢刊（12）》“文筆部二”，《漢文學資料集》“影印篇”，頁285—312，“翻刻篇”，頁603—610，京都：臨川書店，2000年。

② 此據真福寺藏本，《真福寺善本叢刊（12）》“文筆部二”，《漢文學資料集》“影印篇”，頁330，“翻刻篇”，頁617。

這些記述可使我們認識到，唐宋人在創作近體詩時已經有了十分明確、具體、易學的格律歌訣和平仄譜系。

(二)《本朝文粹》所載省試詩考評中"病犯"問題的討論

日本平安朝漢詩文總集《本朝文粹》卷第七"省試詩論"中收録的平安朝文學家大江朝綱與紀齊名關於大江時棟省試詩是否有病犯的争論，可爲我們研究唐代省試詩考核判等時聲病規定的執行情况提供旁證。

"四聲八病"是齊梁時期永明體詩歌創作中應該遵守的調聲規則，與後來初盛唐之際産生的近體詩律有不少齟齬之處，尤其是"蜂腰"病，原本是規定五言詩一句之中二五字不能同四聲，但是後來五言近體詩更講究句中二四字異平仄，而且近體詩有一些句式(如"平平仄仄平")必然會與"蜂腰"病相矛盾。另外，平頭、上尾、鶴膝等病，在後來的近體詩創作中是如何遵守的，尤其是在科舉考試的省試詩的考核評定中，聲病規則是如何執行的，唐宋人語焉不詳。目前所能找到相關材料衹有寥寥幾條。

值得慶幸的是，日本平安朝後期藤原明衡所編的文學總集《本朝文粹》中保存了日本平安朝科舉考試中對省試詩聲病問題的評判和争論：

省試詩論

《請特蒙天裁召問諸儒决是非今月十七日文章生試判違例不穩雜事狀》　大江匡衡

一 諸儒同心不令知匡衡恣成惣落判事

右謹檢案内式云，凡擬文章生者，春秋二仲月試。試畢，喚文章博士及儒士二三人省共判定云云。然則匡衡爲省輔兼文章博士，於評定場尤爲要須之人，而諸儒不用匡衡所陳，任情成摠落判。論之政道，事甚非常。存式之旨，何有濫吹？

一 以學生大江時棟所獻詩，大内記紀齊名誤稱有病累，抑留獨處落弟事

右件時棟詩，諸人之中，適免病累。仍文章博士道統朝臣，及匡衡示可擇上件詩之由。而擇上之儒齊名稱有下句蜂腰病，確執抑留。夫蜂腰病者，上句可避之由，見《文筆式》，因之先儒古賢不避下句蜂腰。近

古之名儒都良香奉試《聽古樂》詩，以卧爲韻，其詩云：“明王尤好古，靜聽時臨座。”如此則“聽”與“座”用去聲，不爲病累。已以及弟自余試，用他聲韻。及弟詩等，專無忌下句蜂腰。今案齊名所立之《詩髓腦》，下句蜂腰者，是不可避之病也。然則時棟詩已免瑕瑾，吹毛之求，還爲文道之蠹害。

加以此度試題，韻以八字，已同賦體，奇法内過差之試也。往古未聞八字之例。祈以萬年，已褒帝德，成王周公之事也。當今宜獻萬年之壽，如此，則惣落之判有忌諱，諸儒所爲無是非，咸池不齊度於蛙咬，而衆德者或疑，能不惑者，其唯子野乎？雖云萬乘之尊，難奪匹夫之志。何况諸儒之間，緣底廢匡衡之言。

抑先例或及弟判，或揔落判，一定之後，若學生所愁，有理之時，改諸儒之所定，有敕召其詩，列及弟者，不可勝計。延喜則藤原有述，同連純，和氣兼濟；天曆則藤原篤茂、大江昌言等是也。何况匡衡爲儒者，所訴之事，盍仰天選？儒有内舉不避親，外舉不避仇，唯以進才爲業，何以埋才爲計？不爲私而言，爲公訴之。

以前條事，言上如件，望請 天裁，早召問諸儒涇渭試判之事。匡衡誠惶誠恐謹言。

長德三年七月廿日，正五位下行式部少輔兼東宫學士文章博士越前權守大江朝臣匡衡

《從五位下行大内記兼越中權守紀朝臣齊名解申進申文事，辨申文章博士大江朝臣匡衡愁申學生同時棟省試所獻詩病累瑕瑾狀》

一 病累

件詩云：“寰中唯守禮，海外都無怨。”

今案：“外”與“怨”，同去聲，是蜂腰病也。《詩髓腦》云：“蜂腰者，每句第二字與第五字同聲是也。如古詩云：‘聞君愛我甘，竊獨自雕飾。’‘君’與‘甘’同平聲，‘獨’與‘飾’同入聲是也。”元兢曰：“‘君’與‘甘’非爲病，‘獨’與‘飾’是病。”所以然者，如第二字與第五字，同上、去、入皆是病，平聲非爲病也。此病者，輕於上尾、鶴膝，均於平頭，重於四病。

《文章儀式》云："蜂腰，每句弟二字與弟五字同音也，不得然者。"件時棟詩，已犯此病，因玆評定之場，不能選上。爰匡衡陳云："蜂腰，上句可避之，下句不可避之。《髓腦》云：'此病均於平頭。'平頭，近年以來，不避之病也。然則，準之平頭，不可避者。"齊名答曰："八病之中，必不可避者，平頭、上尾、鶴膝、蜂腰等四病也。犯平頭者，或優之，或不優之；上尾、鶴膝、蜂腰必避之。就中《髓腦》置"每句"之文，所爲證詩，下句以"獨"與"飾"爲病，何更以均於平頭之文，背試場之恒例，謂不可避矣？匡衡陳云："《文筆式》無'每句'之文，又《聽古樂》試詩，都良香犯此病及弟。依此等例，不可避者。"齊名答云："《文筆式》無'每句'之文，則省略也。《詩髓腦》有'每句'之文，則覙縷也。《文筆式》誠雖省略，下句不可避之由亦不見。若依無'每句'之文，衹避第二字與第五字者，發句上句之外，不可避歟？加之，《髓腦》《文章儀式》等，其意一同也。至良香及第者，若優名士歟？何以本朝隨時之議，猥背唐家不易之文，披陳之旨，其理不明者？

……

右大外記中原朝臣致時仰云，左大臣宣，奉勅文章博士大江朝臣匡衡奏狀稱，學生大江時棟奉試詩適免病累瑕瑾。大內記齊名抑留不選上，諸儒僉議，已爲摠落，召問齊名，可令辨申者。件時棟詩，病累瑕瑾，共以不免，評定之日，具陳此旨。夫以舉直事君者，臣之節；掄材薦士者，儒之行也。匡衡非華他而强愈鉅病，吐莠言而獨負群議，不實之舉，誰謂忠骾？今承綸言，指陳大略謹解。

長德三年八月十五日，從五位下行大內記兼越中權守紀朝臣齊名

《請重蒙 天裁辨定大內記紀齊名稱有病累瑕瑾所難學生大江時棟奉試詩狀》

一 蜂腰難

"寰中唯守禮，海外都無怨。"

齊名難云："'外'與'怨'同去聲，是蜂腰也。《詩髓腦》云：'蜂腰者，每句第二字與第五字同聲是也。古詩曰："聞君愛我甘，竊獨自雕飾。"

"君"與"甘"平聲,"獨"與"飾"同入聲。'元兢曰:'君'與'甘'非爲病,'獨'與'飾'是病。所以然者,如第二字與第五字同上去入,皆是病;平聲非爲病也。此病輕於上尾、鶴膝,均於平頭,重於四病'。又《文章儀式》云:'蜂腰,每句第二字與第五字同音也,不得然者。'"

今案,所難之旨,甚非常也。何者?案,《髓腦》八病之中,以四病爲可避之,所謂平頭、上尾、鶴膝、蜂腰也。此四病之中,平頭、蜂腰,斟酌避之。所以然者,平頭有二等之病,上句第二字與下句第二字同聲者,鉅病也,必避之;上句第一字、下句第一字同上去入者,雖立爲病之文,不避之。蜂腰有"每句"之文,上句第二字與第五字同聲,必避之,下句第二字與第五字同聲者,雖立"每句"之文,不避之,是所謂"均平頭"之義也。由此觀之,《髓腦》之意,蜂腰者,上句第二字,與第五字,可避之也。而齊名不述"均於平頭"之義,强陳下句可避蜂腰之旨。若上句(原注:疑脱"下句")共避蜂腰病者,此病可謂重於上尾、鶴膝,不可謂輕於上尾、鶴膝,可謂甚於平頭,不可謂"均平頭"。若依齊名之新説,下句尤避蜂腰者,彼"輕於上尾、鶴膝,均於平頭"之文,此時可削棄之。抑至於《文章儀式》"每句"之文,一同《髓腦》,不可追載。《文筆式》云:"蜂腰者,第二字與第五字同聲也。"所爲證詩,以上句第二字與第五字同聲爲病云云。又《詩格》所釋,初句第二字,不得與第五字同聲,又是劇病云云。然則依下句不可避蜂腰。《文筆式》《詩格》下句已不載蜂腰之有無,而齊名迷《髓腦》之理,則失"均平頭"之義。破後格式之文,亦任口陳省略之由。今就此難,下句避蜂腰者,格式及古今避來病之外,新可加病歟?夫都良香者,文章之規模,詩人之夔龍也。而齊名申云"至於良香及弟者,優名士歟"云云,以荒涼之空語,塵先儒之明文。若謂"優名士"者,作佗聲韻試詩,下句不避蜂腰,預及弟之輩,皆是"名士"歟,皆是"優"歟?所言不明,無可準的。自古以來,省試詩題以佗聲字爲韻,尤稀有也。適用他聲韻之時,下句不避蜂腰,皆預及弟,是不爲難之故也。其詩云:

《連理樹詩》,以"德""化""先""被""荒""垂"爲韻,依次用之,百廿字成之。題者,大輔南淵年名。有名王及第詩:

"初知標帝道，始覺呈皇德。""覺"與"德"同入聲。

阪上斯文及第詩題同：

"覆燾專布德，逐育正施德。""育"與"德"同入聲。

《聽古樂詩》，以"卧"爲"韻"。題者，少輔大江音人。都良香及第詩，第八句云：

"明王尤好古，静聽時臨座。""聽"與"座"同去聲。

藤原淵名及第詩，第五、七句云：

"三成奏轉切，肆夏歌何惰。""夏"與"惰"同去聲。

"文聲方亮放，韻氣寧殘破。""氣"與"破"同去聲。

高階令範及第詩，第四句云：

"郊天功始洽，陳廟德終播。""廟"與"播"同去聲。

《龍圖授羲詩》，以德爲韻，限八十字題者，贈太政大臣。天神。橘公廉及第詩，第八句云：

"至哉先聖道，斟酌方渕塞。""酌"與"塞"同入聲。

多治敏範及第詩，第一句、第三句云：

"三皇誰在首，穆穆宓羲德。""德"與"穆"同入聲。

"垂衣施化遠，刻木出震直。""木"與"直"同入聲。

件詩等，就中《龍圖授羲詩》之題者，菅家先祖，贈太政大臣預判文章博士橘廣相卿；《聽古樂詩》之題者，則江家先祖音人卿，預判文章博士菅原是善卿，皆是東西曹司之祖宗，試場評定之龜鏡也。以儇才奥學之妙簡、明明秩秩之公心，所定置也。而齊名偏執，忝破先賢之旨；諸儒同心，不信匡衡之言。白日之明無私，祇仰天判；朱雲之忠難變，不能地忍。又齊名爲損"均於平頭"之義，陳以平頭或優之或不優之旨。《髓腦》立"平頭"之處，"上句第一字，與下句第一字同聲者，是病也"云云，然而古今不避之，近則《平露生庭詩》題，田口有信及弟詩云："四方誇雅正，萬姓感居多。""四"與"萬"同去聲。然則有信已不避之，是又"優名士"歟？所陳之旨，左之右之無謂。

……

右件詩，齊名所難，甚無所據。今依宣旨，進申文如件。望請殊蒙天裁，任理致辨定。匡衡誠惶誠恐謹言。

《長德三年八月廿九日，正五位下行式部權少輔兼東宫學士文章博士越前權守大江朝臣匡衡解申進申文，依　宣旨，言上犯平頭及第不及第，并蜂腰落第例等狀》

右大外記中原朝臣致時仰云，左大臣宣，奉敕，學生大江時棟省試詩，依犯蜂腰，諸儒相共處不第，然則犯件病落第，并平頭病例，可堪申者。謹檢案内，世有《龍門集》，是撰集古今省試詩之書也。件書載及第文，不載落第文，仍犯蜂腰病落第例，不能勘申。又平頭病，依《詩髓腦》案之，不可優之。但見本朝省試詩，多關及第，是優恕歟？至於蜂腰者，其重與鶴膝不異，縱雖及第，何爲恒規？非敢鬥智於英儒，祇爲竭忠於聖主也。是以評定之日，爲公爲道，討論大略，諸儒相共，處之不第。方今絲綸不及諸儒，沙汰獨在小臣，亦猶立松節於繁霜，守葵心於聖日也。區區之心，迷於岐路，聊述愚管，然待天裁。謹解。

年　月　日從五位下行大内記兼越前權守紀朝臣齊名解申進申文[①]

由上引資料可見，長德三年（995）八月，大江匡衡與紀齊名往還論辯兩個回合，二人爭論的主要焦點有兩個：一是考生大江時棟省試詩中是否犯有“蜂腰”病和“平頭”病；二是考核評定省試詩是否合格時，聲病是否是一個重要的考核要素。從紀齊名和諸考官看來，大江時棟的省試詩確實犯有“蜂腰”病和“平頭”病的，他們判定聲病的依據是初唐人元兢的《詩髓腦》，這說明即使在近體詩成立之後，“蜂腰”病在很多情況下，也是要嚴格避忌的，而且在省試詩中更不能犯。這個實例，可以說完全印證了中國唐宋人關於當時科舉考試中依然不能犯聲病的説法。

至於日本歷代詩話中對唐代詩人及其作品的大量評論，對我們考察唐詩在日本的流傳和影響，研究日本古代各時期對唐代作家作品的受容，都是絶

① ［日］柿村重松《本朝文粹注釋》上册，東京：富山房，1968年，頁960—1002。

好的第一手資料①。

（三）日本早期歌學著作與唐代詩格之關係

日本早期歌學著作如藤原濱成的《歌經標式》、喜撰的《倭歌作式》、孫姬的《和歌式》、佚名《石見女式》、壬生忠岑的《和歌體十種》、源道濟的《和歌體十種》等因受唐代詩格類著作影響較大，也是我們研究唐詩體格律理論、和歌早期形態與唐詩體式之關係的重要資料。

唐代詩格類著作常以"式""體""格""法""髓腦""品"命名，而日本早期歌學書名也多仿此。下文主要以佐佐木信綱所編《日本歌學大系》②所收日本早期歌學書爲考察物件，將其書名與唐代詩格類著作進行對比：

1. "式"類著作：

當時傳入日本的唐代詩文格法類著作以"式"命名的較多，如佚名著《文筆式》、佚名著《詩式》《文章體式》《文章儀式》《文章式》、皎然著《詩式》等。

而日本早期的歌學著作，也多以"式"命名，如藤原濱成的《歌經標式》、喜撰的《倭歌作式》、孫姬的《和歌式》等"和歌四式"。

2. "體"類著作：

當時傳入日本唐代詩文格法類著作，以"體"命名的有《唐朝新定詩體》《詩筆體》《論體》《詩病體》《詩體》等。

日本早期歌學著作以"體"命名的，也有壬生忠岑的《和歌體十種》、源道濟的《和歌十體》、藤原俊成的《古來風體抄》、佚名著《三體和歌》等。

3. "髓腦"類著作：

"髓腦"本作精髓、腦髓解，是南北朝時期佛典常用語。自南朝齊梁以來，成爲書名，係經籍之一類，如《隋書·經籍志》即著録有《周易髓腦》（疑爲梁人著作）。初唐元兢的《詩髓腦》是一部上承沈約、上官儀聲律對屬理論，下開五言近體詩律法門的重要詩格類著作，不僅對後來盛唐近體詩之創作至爲重要，也被日本平安朝皇室和貴族奉爲創作漢詩的圭臬，空海的《文鏡秘

① 《日本詩話叢書》及散見於其他和漢文文獻中的這類詩評資料，雖有馬歌東、王嚮遠、孫立等中國學者開始關注，但無論是資料輯録還是研究利用都還遠遠不够。

② 佐佐木信綱編《日本歌學大系》，東京：風間書房，1962年。

府論》各卷更是屢屢引用此書。

從平安朝中期開始，也出現了一些以“髓腦”命名的歌學書，如佚名著《新撰和歌髓腦》、藤原公任的《新撰髓腦》、源俊賴的《俊賴髓腦》等，另外約成書於鎌倉時代後期的、被稱爲“和歌四式”之一的《石見女式》，也曾以《石見女髓腦》的名稱傳世。

更爲重要的是，日本早期歌學書不僅書名與唐代詩格類著作相近，而且編撰體例和條目設置，也是對後者的模仿和借鑒。

唐代的詩格類著作往往是由若干數目的詩歌體式要素、規則、作法、風格等條目與理論闡述構成，如：

1. 上官儀的《筆札華梁》就有八階、六志、屬對（九種）、七種言句例、文病（八種）、筆四病、論對屬等内容。

2. 佚名著《文筆式》則由六志、八階、屬對（十三種）、句例（七種）、論體、定位、文病（十四種）、文筆十病得失等部分構成。

3. 元兢的《詩髓腦》有調聲（三術）、對屬（八種）、文病（十六種）等内容。

4. 崔融的《唐朝新定詩格》（在日本又被稱爲《唐朝新定詩體》）則有十體、九對、文病（七種）、調聲等組成。

5. 舊題王昌齡撰《詩格》分爲兩卷，卷上：調聲、十七勢、六義、論文意；卷下：詩有三境、詩有三不、起首入興體十四、常用體十四、落句體七、詩有三宗旨、詩有五趣向、詩有語勢三、勢對例五、詩有六式、詩有六貴例、詩有五用例。

6. 釋皎然的《詩議》則由論文意、詩對有六格、詩有八種對、詩有二俗、詩有十五例、六義等構成。

7. 釋皎然的《詩式》五卷則由明勢、明作用、明四聲、詩有四不、詩有四深、詩有二要、詩有二廢、詩有四離、詩有六迷、詩有七至、詩有七德、詩有五格、三不同、辯體有十一九字、詩有四不入等條目構成。

到中晚唐時，詩格類著作的條目設置和細目的數量，是越來越細，越來越多。這種著述方式和分析思維，同樣也被日本早期的歌學書所模仿和借鑒了。如：

1. 藤原濱成的《歌經標式》真本即由歌病略有七種、凡歌體有三（求韻有二、查體有七、雜體有十）構成；抄本的條目更爲簡潔明白：和歌七病、和歌三種體（求韻歌別有二種、查體別有七種、雅體別有十種）。

2. 喜撰的《倭歌作式》亦由四病、八階、八十八物、二十六種構成。

3. 孫姬的《和歌式》則主要由和歌八病構成。

4.《石見女式》的内容有四病、三十一神。

5. 壬生忠岑的《和歌十體》和源道濟的《和歌十體》均如題，是舉例説明十種和歌體。

6. 佚名的《新撰和歌髓腦》則綜合借鑒了唐元兢《詩髓腦》和王昌齡《詩格》的條目設置，内容較多：和歌六義、和歌四病、和歌八品、和歌六義體、和歌八病。

7. 藤原清輔的《奥義抄》上卷則可謂日本早期歌學書體式、病犯、作法類目的集大成，其内容竟達二十五類數百條之多：一、六義，二、六體，三、三種體，四、八品，五、疊句，六、連句，七、隱題，八、誹諧，九、譬喻，十、相聞歌、挽歌，十一、戲咲，十二、無心所著，十三、回文，十四、四病，十五、七病，十六、八病，十九、避病事，十八、詞病事，十九、秀歌體，二十、九品，二十一、十體，二十二、盜古歌，二十三、物異名（付十二月名），二十四、古歌詞，二十五、所名。

可見，日本早期的歌學書，也像唐代詩格著作一樣，由各種數量不等的類目組成，簡明扼要地介紹和歌的各種體式、規則和作法，二者的文獻形態和編撰體例具有明顯的相似性。

他山之石，可以攻玉。由於日本古代典籍中藴含了如此豐富而寶貴的與唐詩相關的資料，中國學者如果善加利用，應可將隋唐五代文學研究向前推進一大步。

寫本時代的書寫和文學載體

——以《遍照發揮性靈集》爲例的考察

河野貴美子

空海（774—835）[①]是在日本文化史上留下了豐功偉績的人物。他從公元804年至806年作爲遣唐僧前往中國留學，回國以後，不僅作爲日本真言宗的鼻祖名垂後世，還將唐朝的文學理論帶回日本并編纂成《文鏡秘府論》一書。因此，對於研究中國古典文學的學者來説，空海也是一個相當知名的人物。除此之外，他在留學期間還收集了許多中國文物帶回日本。通過其别

作者單位：早稻田大學文學學術院

① 《續日本後紀》承和二年（835）三月庚午條有“空海傳”：“法師者，贊岐國多度郡人。俗姓佐伯直。年十五就舅從五位下阿刀宿禰大足，讀習文書，十八遊學槐市。時有一沙門，呈示虚空藏求聞持法。其經説，若人依法，讀此真言一百萬遍，乃得一切教法文義諳記。於是信大聖之誠言，望飛焰於鑽燧。攀躋阿波國大瀧之嶽，觀念土左國室呼之崎。幽谷應聲，明星來影。自此慧解日新，下筆成文。世傳《三教論》是信宿閒所撰也。在於書法，最得其妙，與張芝齊名，見稱草聖。年卅一得度。延曆廿三年，入唐留學，遇青龍寺惠果和尚，禀學真言。其宗旨義味，莫不該通。遂懷法寶，歸來本朝，啓秘密之門，弘大日之化。天長元年，任少僧都。七年，轉大僧都。自有終焉之志，隱居紀伊國金剛峰寺。化去之時，年六十三。”參見《新訂增補國史大系。續日本後紀(普及版)》卷四，東京：吉川弘文館，1971年，頁38—39。空海的主要著作有，《秘密曼荼羅十住心論》《秘藏寶鑰》《辯顯密二教論》《大日經開題》《實相般若經答釋》《梵字悉曇字母并釋義》《秘密漫荼羅教付法傳》(《廣付法傳》)、《御請來目録》《文鏡秘府論》《文筆眼心抄》《聾瞽指歸》《三教指歸》《篆隸萬象名義》《遍照發揮性靈集》《高野雜筆集》等。

集《遍照發揮性靈集》[①] 我們可以知道，在他回國時帶回并進獻的文物中不僅包括各種有關字體的資料，甚至還有唐朝皇帝以及著名書法家的真迹。空海雖然是僧人，但他本人對文學及書法也有很深的思考。應嵯峨天皇（786—842）的要求，他時常親自執筆書寫詩文進獻天皇。像這樣一個人物究竟從中國帶回了什麽樣的文學作品，在書寫那些作品時又是以怎樣的形式進行的呢？此外他在回國後展開書寫活動的目的是什麽，他的行爲又對於當時的日本人産生了什麽樣的影響呢？本文即擬以空海進獻嵯峨天皇的中國詩文屏風爲起點，探討研究寫本時代文學載體的功能以及空海對於書寫這種行爲的認識[②]，并通過其文學活動具體考察"文學"在古代日本國家社會中起到的作用及意義[③]。

一、有關"世説屏風"

通過《遍照發揮性靈集》我們可以知道，空海親筆書寫獻給嵯峨天皇的屏風有兩種。其中一種即是"世説屏風"。

《遍照發揮性靈集》卷四收録了《敕賜世説屏風書了獻表》：

世説書屏風兩帖

右伏奉今月三日，大舍人山背豊繼，奉宣進止，令空海書"世説屏風"兩帖。空海，緇林朽枝，法海爛屍。但解持鉢錫以行乞，吟林藪而住觀。寧有現鬼墨池之才，跳龍返鵲之藝。豈圖燕石魚目，謬當天簡。天命難

① 真濟撰，十卷。其中從卷八至卷十由濟暹編《續遍照發揮性靈集補缺抄》補。共收載有 129 首作品。參見弘法大師著作研究會編《定本弘法大師全集》第八卷（底本爲東寺觀智院藏正嘉二年 [1258]—建治三年 [1277] 刊本），和歌山：密教文化研究所，1996 年；弘法大師空海全集編輯委員會編《弘法大師空海全集》第六卷，東京：筑摩書房，1984 年；渡邊照宏、宮坂宥勝校注《三教指歸 性靈集》，《日本古典文學大系（71）》，東京：岩波書店，1965 年等。

② 有關空海書法的研究甚多。比如有中村不折《弘法大師の書法源流》，東京：雄山閣，1938 年；駒井鵞静《空海の書論と作品》，東京：雄山閣，1984 年；飯島太千雄《若き空海の實像》，東京：大法輪閣，2009 年等。

③ 河野貴美子《空海の"文"をめぐる一考察 ——〈遍照發揮性靈集〉にみる實踐と思考》，《國文學研究（192）》，2020 年，這篇論文主要通過空海進獻給嵯峨天皇的"文書"來考察其意義。

逭，敢汙珍繒。既無驚人之拔劍，還繞穢目之死蛇。悚之慄之，心魂惘然。謹附豐繼，敢以奉進。謹進。（《遍照發揮性靈集》卷四）①

這是大同四年（809）空海遵照嵯峨天皇的旨意書寫并進獻"世説屏風"兩帖時的上表文。雖然當時製作的屏風没有留存下來，但通過《敕賜世説屏風書了獻表》我們可以得知，平安時代天皇的居所内使用了寫有《世説新語》的屏風作爲室内裝飾。從這點看，這篇《獻表》是一份很有意義的資料。有關中國是否有過書有《世説新語》的屏風，管見之内不詳。因此筆者想借此機會探討日本製作"世説屏風"的意義。

（一）《世説新語》在日本的接受情況 ②

九世紀末成書的藤原佐世撰《日本國見在書目録·小説家》載："世説十：'宋臨川王劉義慶編，劉孝標注。'"③ 此外，較早提到《世説新語》書名的是平安時代的代表性文人學者菅原道真（845—903）的《菅家文草》卷二所載的一首詩的詩題："相府文亭，始讀《世説新書》（《世説新語》），聊命春酒，同賦雨洗杏壇花，應教一首"④。除此之外，還有記録可以證明九世紀時《世説新語》在日本文人之間的普遍流行。

……世説一卷私記者，紀家、善家相共被釋累代難義之書也。（《江談抄》第五·兩音字通用事）⑤

《江談抄》（1104—1108年左右成書）是記録了當時最有水平的學者大

① 《定本弘法大師全集》第八卷，頁53。

② 關於《世説新語》在日本的接受情況，參見河野貴美子《中國典籍古寫本在日本的傳承與闡釋——以〈世説新語〉爲例》，《中國文化研究國際論壇會議論文集》（暫）。

③ 《日本國見在書目録》，影印宫内廳書陵部所藏室生寺本，東京：名著刊行會，1996年，頁57。

④ 菅原道真《菅家文草》卷二"相府文亭，始讀《世説新書》，聊命春酒，同賦雨洗杏壇花，應教一首"："學者誰家異杏壇，紅花好是雨中看。功能欲效雲先潤，燮理應知樹不寒。唯有十旬相長養，豈教五出且銷殘。晚來春酒終無算，花色人顔醉一般。"參見川口久雄校注《菅家文草　菅家後集》，《日本古典文學大系（72）》，東京：岩波書店，1966年，頁222—223。

⑤ 後藤昭雄、池上洵一、山根對助校注《江談抄　中外抄　富家語》，《新日本古典文學大系（32）》，東京：岩波書店，1997年，頁531。

江匡房（1041—1111）的言論的一部談話録。以上引文記述的是九世紀後半期的文人紀家（紀長谷雄，845—912）和善家（三善清行，847—918）曾一起撰寫《世説》"私記（注釋）"的事情。雖然他們所撰寫的注釋未能流傳至今，但是由此可知對平安時期的日本人來説，《世説新語》是一部需要附加注釋來仔細閲讀的重要典籍。

此外，空海的《三教指歸》上卷也有"戴淵變志登將軍位，周處改心得忠孝名"[①]的表達，這句話很明顯是依據《世説新語·自新》所收録的戴淵和周處的故事寫就的[②]。因爲只有《世説新語·自新》將戴淵和周處兩人的故事并列收録。實際上，唐抄本《世説新語》卷第六至今仍存於日本[③]。以上的各種證據都顯示了《世説新語》這本書在日本很早就得到了傳播、接受并一直盛行於世的狀况。

那爲什麼嵯峨天皇要指定《世説新語》這本書讓空海書寫在屏風上呢？這就與當時中日兩國的"屏風"文化及其意義有關。

（二）屏風的文化意義

早在空海和嵯峨天皇之前，聖武太上天皇四十九日忌典之際，光明皇太后向東大寺所進獻的物品目録（《國家珍寶帳》[756]、《屏風花氈等帳》[768]、《藤原公真迹屏風帳》[758]）中就可以看到多處關於屏風的記載。由此我們可以得知從奈良時代（八世紀）起，天皇就已經收藏了很多帶有書法和繪畫

① 《定本弘法大師全集》第七卷，頁46。

② 《世説新語·自新》："周處年少時，兇彊俠氣，爲鄉里所患。又義興水中有蛟，山中有邅迹虎，并皆暴犯百姓。義興人謂爲三横，而處尤劇。或説處殺虎斬蛟。實冀三横唯餘其一。處即刺殺虎，又入水擊蛟。蛟或浮或没，行數十里。處與之俱，經三日三夜，鄉里皆謂已死，更相慶。竟殺蛟而出，聞里人相慶，始知爲人情所患，有自改意。乃自吴尋二陸。平原不在，正見清河，具以情告，并云，欲自修改，而年已蹉跎，終無所成。清河曰，古人貴朝聞夕死。况君前途尚可。且人患志之不立，亦何憂令名不彰邪。處遂改勵，終爲忠臣孝子。""戴淵少時，遊俠不治行檢，嘗在江、淮間，攻掠商旅。陸機赴假還洛，輜重甚盛。淵使少年掠劫。淵在岸上，據胡床，指麾左右，皆得其宜。淵既神姿峰穎，雖處鄙事，神氣猶異。機於船屋上遥謂之曰，卿才如此，亦復作劫邪。淵便泣涕，投劍歸機。辭厲非常。機彌重之。定交，作筆薦焉。過江，仕至征西將軍。"參見余嘉錫《世説新語箋疏》，中華書局，1983年，頁627—629。

③ 參見《書品（193）"唐寫本世説新書"》（伏見沖敬解説），東洋書道協會，1968年；神田喜一郎、西川寧監修《書迹名品叢刊·唐抄本·世説新書》（杉村邦彦解説），東京：二玄社，1972年；大阪市立美術館編《唐抄本》，東京：同朋舍，1981年等。

的屏風[①]。

比如,《國家珍寶帳》(天平勝寶八年[756]六月二十一日)在載有聖武太上天皇書寫的《雜集》一卷、元正太上天皇書寫的《孝經》一卷、光明皇太后書寫的《頭陀寺碑文并杜家立成》一卷和《樂毅論》一卷,以及王羲之的"書法廿卷"等寫本文獻以及樂器(琴、琵琶、阮咸、箏、瑟、簫、笙、竽、笛等)、游戲用具(竿子、棊局、雙六等)、武器(刀子、大刀、弓、箭、甲等)、香、鏡等寶物之外,還記有一百叠的屏風:

> 御屏風壹佰叠[畫屏風廿一叠 鳥毛屏風三叠 鳥畫屏風一叠 夾纈六十五叠 臈纈十叠](《國家珍寶帳》)[②]

此外,《屏風花氈等帳》(天平勝寶八年〔768〕七月二十六日)中有:

> 屏風一具十二扇[并高四尺八寸半 廣一尺七寸半 白碧牋紙 歐陽詢真迹……]
>
> 屏風一具十二扇[并高四尺八寸半 廣一尺八寸半 黄白碧緑等絹 臨王羲之諸帖書……][③]

《藤原公真迹屏風帳》(天平寶字二年〔758〕十月一日)中也有:

> 書屏風貳帖[十二扇 并高四尺六寸五分 廣一尺九寸五分 面五色紙有真草雜書……]
>
> 右件屏風書者,是 先考正一位太政大臣藤原公之真迹也。……[④]

以上的資料可以説明,九世紀的日本皇家曾擁有很多屏風,其中的一些還飾有中國著名書法家的作品。遺憾的是飾有"歐陽詢真迹""臨王羲之諸

---

① 參見奈良國立博物館編《正倉院展六十回のあゆみ》,奈良:奈良國立博物館,2008年;正倉院事務所編《正倉院寶物1·北倉Ⅰ》,東京:每日新聞社,1994年;藤田經世《校刊美術史料·寺院篇》中卷,東京:中央公論美術出版,1977年,頁193—252;米田雄介《正倉院寶物と東大寺獻物帳》,東京:吉川弘文館,2018年。

② 《校刊美術史料·寺院篇》中卷,頁219。

③ 《校刊美術史料·寺院篇》中卷,頁230。

④ "藤原公"指的是光明皇太后的父親藤原不比等(659—720)。《校刊美術史料·寺院篇》中卷,頁232。

帖書”“藤原公之真迹”的屏風早已散佚，我們無由得知其面貌和内容，而《國家珍寶帳》記録的大部分屏風又都是“畫”屏風，只有一些以鳥毛拼接出的文字爲飾的“鳥毛屏風”至今仍存，使我們得以把握文字屏風的内容：

主無獨治　臣有贊明
箴規苟納　咎悔不生
近賢無過　親佞多惑
見善則遷　終爲聖德
任愚政亂　用哲民親
明王致化　務在得人(《鳥毛篆書屏風六扇》)①

種好田良　易以得穀　君賢臣忠　易以至豐
諂辭之語　多悦會情　正直之言　倒心逆耳
正值爲心　神明所祐　禍福無門　唯人所召
父母不愛　不孝之子　明君不納　不益之臣
清貧長樂　獨富恒憂　孝當竭力　忠則盡命
君臣不信　國政不安　父子不信　家道不睦(《鳥毛帖成文書屏風六扇》)②

以上所引的屏風内容都是一些勸誡性的文字。東野治之指出，這兩架屏風與同樣包含題爲《前代君臣語録屏風書》的訓誡文字的《唐太宗屏風書》有某種關聯③。《前代君臣語録屏風書》雖然在中國早就散佚，但是《日本國

① 《正倉院寶物と東大寺獻物帳》，頁311—312。

② 《正倉院寶物と東大寺獻物帳》，頁314—315。

③ 東野治之《正倉院の鳥毛書屏風と〈唐太宗屏風書〉》，《遣唐使と正倉院》，東京：岩波書店，1992年，頁273—285。一并參見神田喜一郎、西川寧監修《書迹名品叢刊(194)·唐太宗·屏風書》《虞世南·積時帖他》，東京：二玄社，1975年，頁27。《唐會要》卷三五《書法》有“(貞觀)十四年四月二十二日，太宗自爲真草書屏風，以示群臣，筆力遒勁，爲一時之絶。初購求人間書，凡真行二百九十紙，裝爲七十卷。草二千紙，裝爲八十卷。每聽政之暇，則臨看之”這樣的記載(張彦遠《法書要録》卷四《唐朝叙書録》也有同樣記載)。有人認爲現存的《唐太宗屏風書》拓片是太宗製造的《真草書屏風》之中的“草書”部分。不過，現存的《唐太宗屏風書》是否爲唐太宗的真迹，不詳。參見杉村邦彦《唐代書論》，《史林(51-52)》，1968年，頁35—72；中田勇次郎《中國書論史(二)·唐》，載中田勇次郎編《中國書論大系》第二卷，東京：二玄社，1977年，頁5—34。

見在書目録·惣集家》中却有“前代君臣語録屏風本一”這樣的記録[①]。由此我們可以推測，很有可能早在奈良時期日本人就接受了唐太宗的《屏風書》和在屏風上書寫勸誡性文字的屏風文化，并將之一直傳承到平安時期。值得注意的是在《唐太宗屏風書》裏有“惑溺第十一”的榜題[②]，而《世説新語》中同樣也有《惑溺》篇的存在。由此我們可以推測嵯峨天皇命令空海書寫《世説新語》的屏風很有可能也是出於與唐太宗屏風書同樣的目的。

唐太宗是一位積極推進文化事業的君主，對於書法文化也非常重視。《唐會要》卷三十五《書法》記載：

> 初置弘文館，選貴臣子弟有性識者爲學生，内出書，命之令學。[③]

《唐六典》卷第八“弘文館學士”也有記載：

> 貞觀元年，敕見任京官文武職掌五品已上子有性愛學書及有書性者，聽於館内學書，其法書内出。其年有二十四人入館，敕虞世南、歐陽詢教示楷法。……[④]

日本八世紀初制定的《律令·職員令》中有在大學寮中任命“書博士二人”的規定[⑤]。這也是應該是對唐太宗弘文館制度的模仿。此外，正倉院曾藏有“王羲之書法廿卷”和“大小王真迹”[⑥]，這也可以説是對唐太宗在書法上的偏好的反映[⑦]。

---

① 《日本國見在書目録》，頁 94。參見孫猛《日本國見在書目録詳考》，上海古籍出版社，2015 年，頁 2094—2096。

② 《書迹名品叢刊（194）·唐太宗·屏風書》《虞世南·積時帖他》，頁 10。

③ 王溥《唐會要》卷三五《書法》，上海古籍出版社，1991 年，頁 755。

④ 李林甫等撰《唐六典》卷第八，中華書局，2014 年，頁 255。

⑤ 井上光貞等校注《律令》，《日本思想大系（3）》，東京：岩波書店，1976 年，頁 176。

⑥ 唐太宗特别喜愛王羲之，曾非常熱心地收集王羲之的真迹。《唐會要》卷三五《書法》有：“貞觀六年正月八日，命整治御府古今工書鍾、王等真迹，得一千五百一十卷。”（張彦遠《法書要録》卷四《唐朝叙書録》也有同樣記載）

⑦ 東大寺獻物帳中有《大小王真迹帳》（天平寶字二年 [758] 六月一日），有“大小王真迹書一卷 [黄半紙，面有大王書九行七十七字，背有小王書十行九十九字……]”。參見《校刊美術史料·寺院篇》中卷，頁 231。這些目録中所録王羲之書法大部分都早就散佚，但是現在留存日本的《喪亂帖》和《孔侍中帖》被認爲是曾收藏於正倉院的遺物。參見《書道全集》第 4 卷（内藤乾吉解説），東京：平凡社，1960 年，頁 164—165。

除此之外，與唐太宗有關的書法逸聞還有很多。比如，有記載表明唐太宗曾命虞世南書寫《列女傳》屏風：

太宗嘗命寫《列女傳》以裝屏風，于時無本，世南暗疏之，不失一字。(《舊唐書》卷七二《虞世南傳》)[①]

作爲一部垂範警戒性的著作，《列女傳》的書寫及相關繪畫曾不止一次在考古發現中得到證實。例如和林格爾後漢墓裏的壁畫[②]，北魏司馬金龍墓出土的木板漆畫屏風上的長文題記和列女傳圖[③]。它之所以被書於皇家持有的屏風，很大程度上也是由於其訓誡的性質。

其實早在太宗之前就有臣子向皇家進獻文字屏風的記録。例如，《藝文類聚》卷六九《服飾部上・屏風》中即有對《梁簡文帝答蕭子雲上飛白書屏風書》的引用。而到了太宗之後的空海時代，在他書寫《世説新語》屏風的同一年，也就是元和四年（809），唐憲宗也製作了書有《前代君臣事迹》十四篇的六扇屏風：

秋七月乙巳朔，御製《前代君臣事迹》十四篇，書於六扇屏風。是月，出書屏以示宰臣，李藩等表謝之。(《舊唐書》卷一四《憲宗本紀》)[④]

除了以上所舉的這些書寫經典的皇家屏風外，將詩歌書寫於屏風上的例子也有很多。例如，和空海同一時期的白居易就曾將元稹贈予的詩書於屏風：

前後辱微之寄示之什，殆數百篇。雖藏於篋中，永以爲好，不若置之座右，如見所思。繇是掇律句中短小麗絶者，凡一百首，題録，合爲

---

① 《舊唐書》卷七二《虞世南傳》，中華書局，1975 年，頁 2566。此條資料爲欒曲同學提供。

② 參見黒田彰《列女傳圖の研究 —— 和林格爾後漢壁画墓の列女傳圖》，《京都語文（15）》，2008 年，頁 33—78；黒田彰《列女傳圖の研究（2）—— 和林格爾後漢壁画墓の列女傳圖》，《佛教大學文學部論集（94）》，2010 年，頁 1—19；黒田彰《列女傳圖の研究（3）—— 和林格爾後漢壁画墓の列女傳圖》，《京都語文（17）》，2010 年，頁 97—131 等。

③ 參見曾布川寛、岡田健責任編集《世界美術大全集・東洋編》第 3 卷，東京：小學館，2000 年，頁 96、頁 392—393；沈從文顧問，張安治主編，中國美術全集編輯委員會編《中國美術全集・繪畫編 1・原始社會至南北朝繪畫》，人民美術出版社，1986 年，頁 153—163、頁 57 等。

④ 《舊唐書》卷一四《憲宗本紀》，頁 428。

一屏風。……(《白氏文集》卷一七[1046]《題詩屏風絶句并序》[元和十二年, 817]作)[①]

由此可知, 空海赴唐時, 在唐朝的宮廷中與文人間時興將“文學作品”書寫於屏風上進行展示。嵯峨天皇命空海製作的“世説新語屏風”即是在唐朝文化的這一系列影響中誕生的。

以上對於中日兩國的屏風文化進行了考察。爲了更加全面地了解當時的文化環境, 在這裏筆者還想從文學載體的角度對嵯峨天皇時代漢詩文的書寫盛況進行一些簡單介紹。上文提到正倉院中收藏了許多屏風和書法作品, 這些作品今日大部分已下落不明。其實, 其中很大一部分是在嵯峨朝被賣出倉的。雖然其詳細情況難以探究, 但是這些作品很有可能是落到了喜愛書法的天皇或皇族手裏[②]:

以弘仁五年九月十七日出屏風并鎮子,[并奉沽料]

合叁拾陸帖 平商直古錢六百廿四貫六百文

蓬萊山水二帖……(中略)

書屏風四帖[二帖各高四尺五寸, 色紙, 無袋, 二帖各高四尺八寸, 絁, 大破, 黄袋]

飛帛一帖[高四尺, 緑袋]……(中略)

弘仁十一年十月三日下

大小王真迹小半紙[革納細莒]

真草書貳拾卷[納銀薄平文莒,已上書本,直佰伍拾貫文,舊錢](《雜物出入帳》)[③]

弘仁五年(814)和弘仁十一年都屬於嵯峨天皇在位期間。其中弘仁五年被賣掉的“書屏風”應該是指記録於《屏風花氈等帳》中的“臨王羲之諸

① 平岡武夫、今井清編《白氏文集歌詩索引》下册, 京都: 同朋舍, 1989年, 頁198—199。

② 後藤四郎《平安初期の正倉院について》,《正倉院年報(1)》, 1979年, 頁7—19。

③《大日本古文書》第二五卷, 東京: 東京帝國大學文學部史料編纂所, 1940年, 頁61—62、頁64—65。參見正倉院事務所編《正倉院寶物3・北倉Ⅲ》, 東京: 每日新聞社, 1995年, 頁327—328。

帖書”屏風和記録於《藤原公真迹屏風帳》中的“書屏風貳帖”[①]。弘仁十一年被賣掉的則是“大小王真迹書”以及《國家珍寶帳》所録的王羲之“書法廿卷”。雖然史料中并沒有明確記載購買者的名字，但是這些中國書法和屏風的出倉，應該與基於嵯峨天皇的愛好和文化政策形成的重視漢字、漢文文化的時代氛圍有關。

嵯峨天皇本人十分熱衷於文學創作,《文華秀麗集》(818年成書)《經國集》(827年成書)等總集中收録了他的不少詩文。在這裏筆者尤其想强調的是其中的題壁詩(《雜言·清涼殿畫壁山水歌》,《經國集》卷十四)[②]。筆者認爲,“文學”的載體不僅僅局限於卷子本和册子本等“書籍”的形式，屏風也好，墻壁也好，這些都是“文學”的媒介。與“書籍”類載體不同，屏風、墻壁等載體具有將“文學”向多數人同時傳播的社會功能。在傳播學的立場上這是十分值得關注的現象。關於寫本時代中日兩國的“文學”與傳達“文學”的“物品”(載體)之間的相互關係,我們從嵯峨天皇和空海的文學實踐出發,或許可以獲得有益的啓示。

二、空海的“文學”進獻和其書寫形式

上文提到的《敕賜世説屏風書了獻表》是空海從唐朝回國後進獻給嵯峨天皇的最早的上表文(大同四年，809)。此後，空海又陸續地向嵯峨天皇進獻了各種詩文和書法作品。最初空海進獻“世説屏風”是出於嵯峨天皇的旨意，然而之後的進獻則無論是從内容還是方式上都更多地體現出空海爲了强調自己的存在感和知識儲備而采取的策略。下面，我們就通過《遍照發揮性靈集》中所收的空海的上表文，對空海從唐朝帶回來的文物進行考察，并着重分析他是如何通過這些文物引起天皇的關心，又是如何領導當時的日本文化的。

進獻“世説屏風”兩年後的弘仁二年(811)，空海又受到了嵯峨天皇書寫詩文的命令。其時的上表文如下：

---

① 參見《正倉院寶物と東大寺獻物帳》，頁391。

② 塙保己一編《新校群書類從》第六卷，東京：名著普及會，1978年覆刻板，頁171。

書劉希夷集獻納表一首

劉希夷集四卷［副本］

右伏奉小内記大伴氏上宣書取奉進。但恐久韞揮翰，筆不勝意。不免强書，空污珍紙。《王昌齡詩格》一卷。此是在唐之日，於作者邊偶得此書。古詩格等雖有數家，近代才子切愛此格。當今堯日麗天，熏風通地。垂拱無爲，頌德溢街。不任手足，敢以奉進。庶令屬文士知見之矣，還恐招耻遼豕。《貞元英傑六言詩》三卷。元是一卷。緣書樣大，卷則隨大，今分三卷。文是秀逸之文，書則褚臨王之遺體也。此屬臨池之次寫得奉上。《飛白書》一卷。亦是在唐之日，一見此體試書之。虎變爲犬，雖未成功，夫比之獻芹。伏願天慈，曲垂一覽，不任葵藿之至。謹遣弟子僧實惠謹隨狀奉進。輕黷宸嚴，伏深戰汗。謹進。

弘仁二年六月二十七日 沙門空海進（《遍照發揮性靈集》卷四）[①]

由以上的上表文可知，此次空海進獻給嵯峨天皇的文獻除了標題中出現的《劉希夷集》外，主要還有以下幾種。首先是《王昌齡詩格》一卷，這本書是空海在唐朝時由作者親自贈予的。其次是《貞元英傑六言詩》三卷，雖然這本書没有留存下來，但是通過這篇上表文我們可以知道，空海從唐朝回國的時候將這本貞元年間（785—805）的新詩集也帶了回來。這本書原是以褚遂良臨王羲之體寫就的，空海在此基礎上照着寫本的原字體親自摹寫了副本進獻嵯峨天皇。在這裏需要特別注意的是表文中他對此書書寫形式的説明。據空海所言，這本詩集原來只有一卷，但是因爲摹寫之時采用的字體較大，因此篇幅也就相應地增加了，所以將該集分爲了三卷。除了以上兩種之外，還有《飛白書》一卷。此書同樣已經散佚，内容不詳。有關這幾種文獻的書寫，空海在另一篇上表文中更加深入地解釋了他在選用書寫字體方面的思考：

書劉庭芝集奉獻表一首

牋紙上劉庭芝集四卷

右隨先日命書得奉進。緣山窟無好筆，再三諮索，闃然無應，弱翰

① 《定本弘法大師全集》第八卷，頁55—56。

强書。雖郢輸巧思而鉛刀盡妙乎。太不勝意，深以悚嘆。若使繫騏足於釜竈，籠鵬翼於樊籬，責其滅没，課之垂天，豈不難哉。《六言詩》者，紙上無界，任意下。於《庭芝集》者，拘以界狹，容毫無地。《雜擬樣詩》，字勢狂逸，狹路何堪。所以從之地勢，筆迹亦變。聞之師曰，"鑒者不寫，寫者不鑒。鑒者興來則書，遺其奇逸。寫者終日矻矻，快之調句"。余於海西，頗閑骨法。雖未畫墨，稍覺規矩。然猶願定水之澄净，不顧飛雲之奇體。棄置心表，不齒鑒寫。天綸忽降，强以揮翰。恐心翰空費，不允聖心。珍素重汙，被抛醬蓋。本及樣詩，共五卷。副以奉進，伏乞垂撿。謹勒三上部信滿奉進。不宣謹進。(《遍照發揮性靈集》卷四)[①]

在以上的引文中空海説道，自己在書寫《六言詩》(《貞元英傑六言詩》)和《庭芝集》(《劉希夷集》)時，根據其紙張樣式的區别選用了不同的書寫方法，并特别指出《雜擬樣詩》(《飛白書》)的"字勢狂逸"。除此之外他還提到自己在唐朝時也學習了書法，不過之後因專心學習佛教便不再顧及。由此可知空海在唐朝留學期間是學到了當時流行的書法形式和相關知識的。其實不僅是抽象的知識，他還在唐朝收集了不少包括名家真迹在内的珍貴書法精品帶回了日本。以下上表文中記載的即是其中的一部分：

奉獻雜書迹狀一首

德宗皇帝真迹一卷　歐陽詢真迹一首

張誼真迹一首　　大王諸舍帖一首

不空三藏碑一首　　岸和尚碑一鋪

徐侍郎寶林寺詩一卷　釋令起八分書一帖

謂之行草一卷　　鳥獸飛白一卷

右雖輕乏敢表丹誠。但恐輕塵聖覽招耻遼豕。謹隨狀謹進。

弘仁二年八月日　沙門空海進(《遍照發揮性靈集》卷四)[②]

遺憾的是這篇上表文中記載的中國書法作品都没有留存下來。但是通

① 《定本弘法大師全集》第八卷，頁 59—60。

② 《定本弘法大師全集》第八卷，頁 56—57。

過這些記録我們能够知道，在空海進獻給嵯峨天皇的物品中，除了《德宗皇帝真迹》《歐陽詢真迹》這樣稀有的真迹之外，還有“八分”“行草”“鳥獸飛白”等各種字體的字帖。在這裏筆者想重點考察一下“飛白”體。

上文曾提到唐太宗對於書法文化十分重視，其實史料中也有他親自書寫飛白書的記録：

> 至（貞觀）十八年二月十七日，召三品已上，賜宴於玄武門。太宗操筆作飛白書，群臣乘酒，就太宗手中相競。散騎常侍劉洎登御牀引手，然後得之。其不得者，咸稱洎登牀罪當死，請付于法。太宗笑曰，“昔聞婕妤辭輦，今見常侍登牀”。
>
> 十八年五月，太宗爲飛白書，作鸞鳳蟠龍等字，筆勢驚覺，謂司徒長孫無忌、吏部尚書楊師道曰，“五日舊俗，必用服翫相賀，朕今各賜君飛白扇二枚，庶動清風，以增美德”。（《唐會要》卷三五《書法》）①

以上的記載體現了人們對於唐太宗飛白書的青睞。其實，今日我們通過現存的《晋祠銘》碑文和拓片也可以看到唐太宗的飛白書。《晋祠銘》撰書於貞觀二十年（646），立碑於貞觀二十一年，其題額（“貞觀廿年正月廿六日”）即是以飛白書書寫②。在唐朝的碑文中用飛白書書寫題額的除了唐太宗的《晋祠銘》，還有武則天的《升仙太子碑》（聖曆二年，699）③。值得一提的是，《晋祠銘》的碑文部分以行書書寫，《升仙太子碑》的碑文部分以草書書寫，而在此之前的碑文書寫均采用篆隸或楷書。因此這兩篇碑文可以分别稱得上是“行書碑文”和“草書碑文”的開端。唐朝書法字體的多樣性從這兩篇碑文即可見其一斑，而這種富於多樣性的書法文化的先驅正是唐太宗。

> 奉謝恩賜百屯綿兼七言詩詩一首并序
>
> ……纔披天書，字勢龍盤。再三諷詩，金聲玉振。彼魏武、唐文，

① 《唐會要》，頁755。

② 參見《書迹名品叢刊·唐太宗·晋祠銘》《温泉銘》（伏見冲敬解説）。

③ 參見《書迹名品叢刊·則天武后·升仙太子碑》（松井如流解説）。

豈得比肩乎。……(《遍照發揮性靈集》卷三)[①]

空海曾在以上詩序中稱贊嵯峨天皇的書法勝過曹操和唐太宗。筆者認爲，他應該很期待嵯峨天皇能像唐太宗一樣開拓日本文化的新局面。利用手中掌握的從唐朝帶回的最新文物和知識，空海非常積極地將文學方面的書籍和書法作品進獻給嵯峨天皇，以此刺激天皇的知識欲，開闊其視野。同時引進唐朝的最新文化，將自己帶回的"文學"資料和知識盡數傳予天皇進而創造日本的新文化，也是空海自身的願望和"雄心"。

話説回來，有關"飛白書"其實還有比太宗更早的例子。上文已經提到，《藝文類聚》卷六九《服飾部上・屏風》有對《梁簡文帝答蕭子雲上飛白書屏風書》的引用[②]。蕭子雲(487—549)是梁人。《法書要録》卷三所收的《唐崔備壁書飛白蕭字記》《唐李約壁書飛白蕭字贊》《唐高平公蕭齋記》[③]等文章記載了唐代韓滉(722—787)等官員"壁書飛白蕭字"的故事。空海在唐朝留學的時候，不僅目睹了唐朝的屏風文化，也應該親身經歷了以飛白書爲代表的富於字體多樣性的書法文化的洗禮。因此筆者推測他也想在日本推進唐朝模式的"書寫"文化。由他本人親筆書寫的東寺藏《真言五祖像》中的飛白書部分即是其實證之一[④]。不過，空海關注的書法字體并不僅僅限於飛白書，在他給嵯峨天皇的上表文中還涉及了對於其它各種字體的介紹和相關理論的展開。下面本文就以此爲例繼續探討空海的文化"策略"。

三、對字體的追求和對"書寫"的意識

空海進獻給嵯峨天皇的第二件屏風是弘仁七年(816)書寫的"敕賜屏風"。其時的上表文如下：

---

① 《定本弘法大師全集》第八卷，頁44—45。

② 歐陽詢《藝文類聚》卷六九《服飾部上・屏風》，上海古籍出版社，1982年，頁1203。這條信息據樂曲同學。

③ 張彦遠《法書要録》卷三，浙江人民美術出版社，2019年，頁108—112。

④ 京都教王護國寺藏。參見佐和隆研、中田勇次郎編《弘法大師真迹集成》，京都：法藏館，1975年；西本昌弘《真言五祖像の修復と嵯峨天皇 —— 左大將宛て空海書狀の檢討を中心に —— 》，載《空海と弘仁皇帝の時代》，東京：塙書房，2020年，頁5—37；等等。

勅賜屏風書了即獻表并詩

沙門空海言。去六月廿七日，主殿助布勢海，將五彩吴綾錦緣五尺屏風四帖到山房來。奉宣聖旨令空海書兩卷古今詩人秀句者。忽奉天命，驚悚難喻。A 空海聞，物類殊形，事群分體。舟車别用，文武異才。若當其能，事則通快。用失其宜，雖勞無益。空海元耽觀牛之念，久絶返鵲之書。達夜數息，誰勞穿被。終日修心，何能墨池。人非曹喜，謬對漢主之邸。欲辭不能，强揮龍管。B 古人《筆論》云，“書者散也”。非但以結裹爲能，必須遊心境物，散逸懷抱，取法四時，象形萬類。以此爲妙矣。是故，蒼公風心擬鳥迹而揮翰，王少意氣想龍爪而染筆。蛇字起唐綜，蟲書發秋婦。軒聖雲氣之興，務仙風韭之感，垂露懸針之體，鶴頭偃波之形，騏驎鸞鳳之名，瑞草芝英之相，如是六十餘體者，并皆人心感物而作也。C 或曰，“《筆論》《筆經》譬如詩家之格律。詩有調聲避病之制，書亦有除病會理之道。詩人不解聲病，誰編詩什。書者不明病理，何預書評”。又作詩者，以學古體爲妙，不以寫古詩爲能。書亦以擬古意爲善，不以似古迹爲巧。所以振古能書，百家體别，蔡雍(邕)大笑，鍾繇深嘆，良有以也。D 空海儻遇解書先生，粗聞口决(訣)。雖然所志道别，不曾留心，今賴聖雷之震響，拔心地之蟄字。折六書之萃楚，摘八體之英花。學轉筆於鼎能，擬超翰乎草聖。想山水而擺撥，法老少而終始。君臣風化之道含上下畫，夫婦義貞之行藏陰陽點。客主揖讓，弟昆友悌。三才變化，四序生殺。尊卑愛敬，大小次第。鄰里和平，寰區肅恭。此等深義，悉组字字。雖功謝書池，竊庶幾雅趣。……(中略)……于時堯曦流光，葵藿自感。對山握管，觸物有興。自然之應，不覺吟詠。輒抽十韻，敢書于後。伏乞天慈，宥其罪過。幸甚幸甚。謹所書屏風及秀句本隨表奉進。輕黷 聖覽，伏增流汗。沙門空海誠惶誠恐謹言。

弘仁七年八月十五日 沙門空海上表

蒼嶺白雲觀念人　等閑絶却草行真
心遊佛會不遊筆　不顧揚波爾許春
豈謂明皇交染翰　鵠頭龍爪爲君陳
祥雲濃淡御邸出　瑞草秋冬感帝仁

青山翠岳見翔鳳　花苑瓊林望走驎

更有懸針與倒韭　切思相伴竭丹宸

龍管臨池調漆黑　烏光忽照點豪賓

暴風驟雨莫來汙　此是君王所愛珍

松巖數霧菴中濕　恐汙望晴經月旬

畫虎畫龍都不似　心寒心暑幾逡巡

（《遍照發揮性靈集》卷三）①

在這篇上表文中空海首先説道，嵯峨天皇賜給他“五尺屏風四帖”，并命他在屏風上書寫“兩卷古今詩人秀句”。接着他在A部分以最近專心修行佛法，没有學習書法，謙虚地表示了自己書寫能力的不足。隨之在B部分，他引用了古人《筆論》中的“書者，散也”一句②，以多種字體爲例論述了書法是心與物游、順應四季、取法自然、象形萬物的結果。又在C部分引用先人言説論述了書法與作詩一樣，有病有理，且不能一味仿古，自古能書（擅長書法的人）之人都有自己的風格。最後在D部分空海又將一位“解書先生”的口訣轉授嵯峨天皇，論説君臣、夫婦、主客、兄弟之間的關係，以及鄰里、天下的“深義”都在所書的一個個文字之中，由此對文字的價值和意義進行了强調。

雖然此時空海書寫的屏風并没有留存下來，然而從表文後所附詩中的劃綫部分對於各種字體的提及我們可以推測，空海在書寫《古今詩人秀句》時很可能采用了B部分中描述的多種字體（所謂“雜體書”）。那麼空海爲什麼要在表文中如此詳細地介紹“書法理論”及各種字體呢？在回答這個問題之前，我們首先需要對空海的另一篇上表文進行考察：

獻梵字并雜文表一首

沙門空海言。空海聞，帝道感天則秘録必顯，皇風動地則靈文聿

① 《定本弘法大師全集》第八卷，頁39—40。

② 韋續《墨藪》卷一《用筆法并口訣第八》有：“（蔡）伯喈自寫五經於太學，觀者如市。於會稽作《筆論》曰，書者，散也。欲書先散懷抱，任情恣性，然後書之……。”《景印文淵閣四庫全書·子部八》，臺北商務印書館，1983—1986年，第812册，頁393。

興。故能龍卦龜文待黄犧以標用，鳳書虎字候白姬以呈體。於焉結繩廢而三墳燦爛，刻木寢以五典鬱興。明星因之而弘風揚化，蒼生仰之而知往察來。不出户庭萬里對目，不因聖智三才窮數。稽古温故，自我垂範。非書而何矣。況復悉曇之妙章、梵書之字母、體凝先佛、理含種智、字絡生終、用斷群迷。所以，三世覺滿，尊而爲師，十方薩埵，重逾身命。滿界之寶，半偈難報，累劫之障，一念易斷。文字之義用、大哉遠哉。伏惟 皇帝陛下，貫三表號，減五稱首。道邁規矩，明齊烏兔。露沈文下，六合無爲。風動琴上，一人垂拱。玉鐲調和，金鏡照耀。所謂輪瑞之運，于今見矣。空海人是瓦礫，每仰金仙之風。器謝巢許，久卧堯帝之雲。窟觀餘暇，時學印度之文，茶湯坐來，乍閲振旦之書。每見蒼史古篆、右軍今隸、務光韭葉、杜氏草勢，未嘗不野心忘憂，山情含笑。諺曰、“奴口甘、郎舌甜”。敢因斯義、欲獻久矣。然猶狼藉污穢，還恐觸塵聖眼。微誠潛達，先聞于天。伏奉布勢海口敕欣踊。繕裝《古今文字贊》《右軍蘭亭碑》、及梵字悉曇等書都十卷，敢以奉進。伏乞天慈不嫌涓滴，一覽飛塵。伏願陛下、一披梵字、梵天之護森羅。再閲神書、神人之衛逼側。……（略）

梵字悉曇字母并釋義一卷　古今文字贊三卷

古今篆隸文體一卷　　梁武帝草書評一卷

王右軍蘭亭碑一卷　　曇一律師碑銘一卷［草書］

大廣智三藏影贊一卷

弘仁五年閏七月廿八日　沙門空海進（《遍照發揮性靈集》卷四）[①]

以上是空海書寫《古今詩人秀句》屏風的前兩年（弘仁五年（814）），進獻“梵字”和“雜文”時的上表文。在這篇表文中空海首先説道文字的出現與帝王的聖德是不可分割的，而後又提到了梵字的功能，以每一個梵字含義無限，所有的“理”盡在其中説明了“文字之義用”非常遠大[②]。接着空海先頌揚了嵯峨朝的盛世，又説到自己曾學過“古篆”“今隸”“韭葉”“草勢”

① 《定本弘法大師全集》第八卷，頁62—64。

② 空海在《文鏡秘府論》裹又説：“大仙利物，名教爲基，君子濟時，文章是本也。”（天卷·總序）“夫文章之興，與自然起。”（西卷·序）這也是主張漢文（不僅是梵文）的普遍意義。

等各種字體("雜體書"),并引用"奴口甘、郎舌甜"的諺語表達了值此盛世,自己想將包括梵字悉曇在内的書籍進獻給嵯峨天皇的願望。有關進獻悉曇梵字的理由空海説道,悉曇梵字是佛陀一切智慧的象徵,無論是其意義還是功能都廣遠絶妙。陛下若見梵字,一定會受到梵天和神人的護佑。

以上表文中提到的《梵字悉曇字母并釋義》一卷是空海撰寫的梵字注釋。這是由日本人撰寫的最早的梵字注釋書①。空海以此向嵯峨天皇展示了自己的優越性以及他人無法比肩的知識和思想。筆者認爲,從獻上"世説新語屏風"(809年)起的五年間的交流切切實實地構築了空海與嵯峨天皇的信賴關係。至此他終於亮出自己的"王牌"梵字,試圖將自己的價值再提升一個層次。對空海來説,梵字原本應該只是純粹的信仰對象,然而此時,它也是區分他人與自己"文化力量"的"底牌"。實際上,空海帶回的梵字知識的確成爲了他開創日本學術界新領域的一個契機。

同《梵字悉曇字母并釋義》一起上獻的還有《古今篆隸文體》一卷。這部書是梁朝蕭子良(487—549)對四十三種字體進行的解説。《隋書·經籍志·經部小學》有"古今篆隸雜字體一卷,蕭子政撰"的著録②。這應該與空海上獻的《古今篆隸文體》是同一部書③。這本書是一部"佚存書",在中國早已散佚,然而在《日本國見在書目録·小學家》有"古今篆隸文體一卷 蕭子良撰"④的著録,且實物留存至今。其寫本(鎌倉時代書寫)現在收藏于京都毘沙門堂⑤,應該是上述空海獻書的轉抄本⑥。翻檢其内容可知,空海在《勅

① 參見《定本弘法大師全集》第五卷,1993年。

② 魏徵、長孫無忌等《隋書·經籍志·經部小學》,北京:中華書局,1973年,頁945。

③ 參見興膳宏、川合康三《隋書經籍志詳考》,東京:汲古書院,1995年,頁230—231。

④ 《日本國見在書目録》,頁26。

⑤ 參見蕭子雲《篆隸文體》,古典保存會複製書(東京:古典保存會,1935年);山田孝雄《篆隸文體(毘沙門堂藏)》,《典籍雜考》,東京:寶文館,1956年,頁68—80;文部省編輯《日本國寶全集(第49輯)》,東京:日本國寶全集刊行會,1932年,頁180—182;阿辻哲次《蕭子良〈篆隸文體〉寫卷の研究》,高田時雄編《中國語史の資料と方法》,京都:京都大學人文科學研究所,1994年,頁1—31。

⑥ 《古今篆隸文體》在平安時期末至鎌倉時期成書的空海著作的注釋書中也有引用。參見太田次男《高野山寶壽院藏〈三教勘注抄〉卷一、二[平安末鎌倉初間]寫本について——附·本文の翻印》,《空海及び白樂天の著作に係わる注釋書類の調查研究》中卷,東京:勉誠出版,2007年,頁443—444;阿部泰郎、山崎誠編集《真福寺善本叢刊(第十二卷)·性靈集注》,京都:臨川書店,2007年,頁556、622、628、630、632、650、651、688、819—821、827。

賜屏風書了即獻表并詩》中列舉的各種雜體書(“鳥迹”“龍爪”“蛇字”“蟲書”“雲氣”“風韭”“垂露”“懸針”“鶴頭”“偃波”“騏驎”“鸞鳳”“瑞草”“芝英”)在《古今篆隸文體》中均有記載。因此我們可以推測空海是先將《古今篆隸文體》獻給嵯峨天皇,又在兩年後利用其中所載的各種字體進行屏風書寫的實踐的。

需要注意的是,《古今篆隸文體》所載的雜體書在更早的劉宋王愔撰《文字志》[①],還有同時代庾元威撰《論書》等書論中也有記載。且《論書》中還提及庾元威曾用“百體”書寫“屏風”[②]。對於空海來説這些書都是前代書籍,而非“當代”資料。那他爲什麽要特意收集《古今篆隸文體》進獻嵯峨天皇,并以其中字體書寫屏風呢?

> 然自蒼頡訖于漢初,書經五變:一曰古文,即蒼頡所作。二曰大篆,周宣王時史籀所作。三曰小篆,秦時李斯所作。四曰隸書,程邈所作。五曰草書,漢初作。秦世既廢古文,始用八體,有大篆、小篆、刻符、摹印、蟲書、署書、殳書、隸書。漢時以六體教學童,有古文、奇字、篆書、隸書、繆篆、蟲鳥,并<u>藁書、楷書、懸針、垂露、飛白等二十餘種之勢</u>,皆出於上六書,因事生變也。(《隋書·經籍志·經部小學》)[③]
>
> ……蕭子良《古今篆隸文體》,有藁書、楷書、蓬書、懸針書、垂露書、飛白書、填書、奠書、鳥書、虎爪書、偃波書、鶴頭書、象形篆、尚方大篆、鳳鳥書、科斗蟲書、龍虎書、仙人書、芝英書、十二時書、倒薤書、龜書、麒麟書、金錯書、蚊脚書、凡數十種,皆出於六義八體之書,而因事生變者也。(《初學記》卷二一《文部·文字第三·敘事》)[④]

以上兩則引文的第一則是《隋書·經籍志·經部小學》的“小序”,講述的是“小學”的歷史和要點。其中提及“字體”的劃綫部分雖然没有明確標

① 《法書要録》卷一中只有其字體目録。

② 《法書要録》卷二,頁48—50。

③ 《隋書·經籍志·經部小學》,頁946。

④ 徐堅《初學記》卷二一《文部·文字第三·敘事》,中華書局,2004年,頁506。

注出處，不過從其内容我們可以判斷這段話應該是出於《古今篆隸文體》[①]。第二則引文是《初學記》。在解釋各種文字字體時，《初學記》也引用了《古今篆隸文體》。

通過這些資料我們可以推測，對於八至九世紀的日本人來説，如果想掌握漢字的字體體系，就需要對包括《古今篆隸文體》中的雜體書在内的，有關漢字的基本知識進行全面了解。因此筆者認爲，空海之所以將自己學到的知識、技能等，像百科全書一樣一一列舉，并將梵字和有關雜體書的理論進獻給嵯峨天皇，應該是懷着對包括天皇在内的當時日本學術文化社會的指導性、教育性目的的。

附帶一説，在上引《敕賜屏風書了即獻表》的劃綫部分空海對於"鳥迹"、"芝英"等雜體書的叙述中，他采用了以對偶句式構成的駢體形式。同樣的手法在他的其他著作(如《三教指歸》)中也可以看見。像這種如同《文選》中所收賦一般羅列事件和故事的叙述方式，即是本文所説的百科全書式的著述方法。

通過以上這些考察我們可以推測，空海的目標和願望就在於描繪一個由書法和文學組成的文化整體，藉此構建日本文化的新體系，使之走上一個新的臺階。

四、結語

書寫文字的屏風，在空海之後的日本歷史上也在繼續出現。例如在平安中期侍奉一條天皇的中宫定子的女官清少納言撰寫的《枕草子》(1000年左右成書)中就有這樣的記載：

> 《坤元録》の御屏風こそ、をかしうおぼゆれ。《漢書》の屏風はおぼしくぞ聞えたる。月次の御屏風もをかし。(《枕草子》)[②]

① 参見《隋書經籍志詳考》，頁238。

② 清少納言著，松尾聰、永井和子校注譯《新編日本古典全集18・枕草子》，東京：小學館，1997年，頁432。

在此清少納言説道：陳設於宮廷内的屏風中，有趣的是《坤元録》屏風、《漢書》屏風以及“月次屏風”[①]。《坤元録》在中國已經散佚，不過在奈良時期的僧人善珠所撰寫的《因明論疏明燈抄》中還存有佚文[②]，平安時期的《日本國見在書目録·土地家》[③]中也有著録。關於《坤元録》屏風，在《日本紀略》後篇第三中有如此記載：

> 仰左大弁大江朝臣，令撰《坤元録》，爲詩題廿首。仰采女正巨勢公忠，令圖屏風八帖，仰朝綱朝臣，文章博士橘直幹、大内記菅原文時等作詩。式部大輔大江維時撰定之。右衛門佐小野道風書之。（《日本紀略》後篇第三·天曆三年［949］）[④]

這件屏風是由村上天皇下令製造的。而選詩題、繪畫、作詩、選詩等一系列的工作則由當時最具漢學水平的人物分擔合作完成。可以説這件屏風是一件集聚了權威性的共同作品。通過這個例子我們可以知道，在平安時期的日本，根據中國古文獻來取題作詩并書寫的屏風文化也在持續存在。值得一提的是關於這件《坤元録》屏風還有一則逸聞。

> （紀）在昌漏《坤元録》屏風詩愁嘆之間，既以病腦死去云々。（《江談抄》第六）[⑤]

通過以上的記録我們可以想象，在天皇命令下製造的屏風在當時很可能引起了大家的廣泛關注。對於能够參加屏風製造的文人來説，這是非常驕傲的事。與此相反，對於没能參加製造隊伍的人來説則是極爲掃興的事情。由此可見屏風文化在當時的影響。

最後筆者還想再關注一下書於屏風之上的“文學”的變化。寬仁二年

---

① 參見後藤昭雄《坤元録屏風詩をめぐって》，《平安朝漢文學史論考》，東京：勉誠出版，2012年，頁293—312。

② 高楠順次郎編輯《大正新修大藏經》第六八卷，東京：大正一切經刊行會，1930年，頁388。

③ 《日本國見在書目録》，頁43。

④ 《新訂增補國史大系》第十一卷《日本紀略後篇 百鍊抄》，東京：吉川弘文館，1965年，頁67。

⑤ 後藤昭雄、池上洵一、山根對助校注《江談抄　中外抄　富家語》，頁541。

（1007），在當時最有權力的貴族藤原賴通（992—1074）召開大宴時製作的“大饗屏風詩”中，不僅有漢詩，還包括了和歌。這就體現出屏風詩歌的“日本化”[①]。就這樣，在空海之後日本的屏風文化也以豐富的姿態持續展開着。

本文以空海爲例，主要通過其《遍照發揮性靈集》考察了文字、文學與其“物質載體”的關係。同時也探討了他對書寫這一行爲抱有的認識、思考和目的。在寫本時代的中國和日本，文字或文章是出於什麽目的被創作出來，又發揮了什麽樣的作用，從擁有唐朝留學經驗的空海以及其他日本文人留下的言論和資料中，我們可以發現很多富含啓示的信息。

附記：此中文稿的語言表達由北京大學王玥同學和早稻田大學樂曲同學幫助修改，謹致謝忱。

① 參見後藤昭雄《寬仁二年藤原賴通大饗屏風詩》，《平安朝漢文文獻の研究》，東京：吉川弘文館，1993年，頁135—159。

《白氏文集》惠蕚寫本的東傳

田中史生（著） 沈懿軒（譯） 龔凱歌（譯）

引言

衆所周知，中唐詩人白居易的作品集《白氏文集》對日本平安文學産生了重大的影響。成書於十一世紀初期的《本朝麗藻》卷下（贊德部）收録了贊譽白居易的三首漢詩。其中，中書王（具平親王，964—1009）所作《和高禮部再夢唐故白太保之作》中有如下注文：

> 我朝詞人才子，以白氏文集爲視摹。故承和以來，言詩者皆不失體裁矣。[①]

由此注文可知，深刻影響"我朝詞人才子"的《白氏文集》正式傳入日本的時間是在承和年間（834—848）。事實上，承和年間有幾種《白氏文集》的寫本傳入日本，其中最爲完整的是入唐僧惠蕚于蘇州抄寫的《白氏文集》。

長期以來認爲，惠蕚寫本是以蘇州南禪院所藏六十七卷本爲底本的，并

作者單位：早稻田大學文學學術院

① 《群書類從（第八輯）》卷一二七《文筆部六》，東京：続群書類從完成會，1932 年，頁 604。

隨着惠蕚的歸國被帶入了日本[①]。但是,筆者在收集、研究惠蕚相關史料的過程中發現,有必要對此通説進行一些修正[②]。不過,筆者主要從自身所從事的日本古代史研究的視角來進行考察,因此未能俱收中日兩國文學研究領域的豐碩成果。本文試通過整理惠蕚的相關史料,對《白氏文集》寫本及其傳入日本作一探討,以求教于方家。

一、惠蕚的抄寫工作與《白氏文集》傳入日本

九世紀中葉,數次往返于日唐之間的惠蕚是日本著名的僧人。惠蕚的生卒年月與法脉傳承并不清楚,但他與當時日本的太皇太后橘嘉智子關係密切,且招請了唐朝禪僧義空赴日。又傳,惠蕚與中國佛教四大聖山之一的浙江普陀山的觀音信仰也有關係。據同時期的入唐僧圓仁所撰《入唐求法巡禮行記》記載,惠蕚于會昌元年(841)左右入唐,并赴五臺山、天台山巡禮,翌年一度短暫歸國,後又再次進入唐朝。在唐期間,惠蕚在蘇州南禪院抄寫了《白氏文集》。此寫本各卷次卷末的跋語,則記録了惠蕚所進行的這次抄寫工作。同時,從跋語中還可以發現,會昌四年三月八日前再度入唐的惠蕚原本打算前往五臺山[③],但因受唐武宗會昌滅佛的影響,不得不止步于蘇州,遂以"居士空無"自稱,棲身于南禪院,惠蕚也就獲得了抄寫保存于南禪院的《白氏文集》的機會。

根據日本現存的寫本,目前可知的跋語共有13條。金澤文庫舊藏本《白氏文集》(下文簡稱"金澤文庫本")被視爲現存最早的寫本。現存卷十二、卷三一、卷三三、卷四一、卷四九、卷五二及卷五九的卷末,可以確認的跋

① 參見金子彦二郎《平安時代文學と白氏文集》,東京:大日本雄弁會講談社,1948年,頁65—70、頁117—128;小松茂美《白氏文集の渡来とその諸本》,氏著《小松茂美著作集(二)》,東京:旺文社,1997年,頁143—156;等等。

② 田中史生《入唐僧恵蕚に関する基礎的考察》,田中史生編《入唐僧恵蕚と東アジア　附恵蕚関連史料集》,東京:勉誠出版,2014年,頁32—51。

③ 關於惠蕚第二次入唐時赴五臺山巡禮的目的,參見《入唐僧恵蕚と東アジア　附恵蕚関連史料集》,頁40—44;以及堀裕《天皇と日宋の仏教文化》,GBS實行委員會編《論集日宋交流期の東大寺——奝然上人一千年大遠忌にちなんで》,京都:法藏館,2017年,頁90—92。

語共有7條。其中，卷十二、卷三一、卷四一及卷五二收藏於日本大東急紀念文庫，卷三三收藏于日本天理圖書館，日本國立歷史民俗博物館則收藏了卷四九和卷五九，并已公開了高清圖像[①]。而金澤文庫本又分爲兩個系統，分别是平安時代末期至鐮倉時代初期的寫本，以及以十三世紀前期的抄本、宋代版本等爲底本綜合而成的寫本。雖然不能説這些寫本都與惠蕚有關，但從跋語來分析，卷四九屬於前者系統，其他則都爲後者系統[②]。此外，卷十一、卷十三、卷二十、卷二五、卷四四及卷五〇的6條跋語，是江户時代儒學者在那波道圓於日本元和四年(1618)刊行的活字版《白氏文集》(下文簡稱"那波本")上加點後，得以流傳下來的。通過這些加點，可以知道金澤文庫本中已軼卷次的跋語。現將金澤文庫本與那波本中惠蕚寫本的跋語轉録如下[③]：

①卷十一

大唐吴郡蘇州南禪院，日本國裹頭僧惠蕚自寫文集。時會昌四年三月十四日，日本承和十一年也。寒食三月八日斷火，居士惠蕚九日遊吴王劔池武丘山東寺。到天竺道生法師昔講涅槃經，時五百阿羅漢化出現聽經座石上。分明今在。生公影堂裹影側牌詩。

或本無此詩　元稹

我有三寶一日僧，偉哉生公道業弘。金聲玉振神迹遠，古窟靈龕天香滕。

石龕中置影像。此一首詩不足集内數。

②卷十二

會昌四年〔三月〕十四日等寫惠白。

①　財團法人大東急紀念文庫《金澤文庫本白氏文集(一)—(四)》，東京：勉誠社，1983—1984年；《天理圖書館善本叢書·文選 趙志集 白氏文集》，東京：八木書店，1980年；《國立歷史民俗博物館藏貴重典籍叢書·文學篇》第二一《漢詩文》，京都：臨川書店，2001年。

②　太田次男《旧抄本を中心とする白氏文集本文の研究》，東京：勉誠社，1997年，頁203—207頁；川瀨一馬《金澤文庫本白氏文集　覆製解説》，財團法人大東急紀念文庫《金澤文庫本白氏文集(四)》，1984年，頁1—19；佐藤道生、後藤昭雄《解題》，《國立歷史民俗博物館藏貴重典籍叢書·文學篇》卷二一《漢詩文》，頁473—485。

③　文字據《入唐僧恵蕚と東アジア 附恵蕚関連史料集》，頁184—191。

③ 卷十三

唐會昌四年三月廿三日，勘校了。此集奇絶。借得所以者何，白舍人從東都出，下來蘇州，曰兹爾耳。他難見，叵得之。賛和尚力，此十卷密寫得可。

④ 卷二十

會昌四年四月八日

⑤ 卷二五

時唐會昌四年四月八日，寫勘了。

⑥ 卷三一

時會昌四年孟夏之月首夏上旬爲書。願達比國，結當來緣。鳫門人議記之。

⑦ 卷三三

會昌四年五月二日夜，奉爲日本國僧惠蕚上人寫此本。且緣忩々夜間睡夢，用筆都不堪任，且宛草本了皆疏書之内題内也。

⑧ 卷四一

時會昌四祀四月十六日勘了。日本國居士空無。

⑨ 卷四四

四月廿日，爲過海設齋于白樂天禪院。一勘了。惠蕚。

⑩ 卷四九

會昌四年四月十九日寫。過神侯男等白舍人院中設齋。曰僧二百人之。勘了。空無申。

⑪ 卷五十

時會昌四載四月十六日寫取勘畢。

日本國遊五臺山送供居士空無舊名惠蕚，忽然偶著勑難，權時裹頭，暫住蘇州白舍人禪院。不得東西，畢達本性，隨方應物，萬法皆心性，如是空門之中，何曾憂悶。若有澤潞等寧，國家無事，早入五臺，交開文殊之會，擬作山裏日本國院，遠流國芳名，空無有爲境中，雖傳癡狀，遥奉報國恩。世間之法皆有相對，惡無者何有善。

⑫ 卷五二

四

時會昌四祀夏四月二十九日　寫了。惠蕚。

禪管

南禪院補主房北小亭子得與本一校。

⑬ 卷五九

菅无　　　　　　六本

會昌四年夏五月二日寫得勘了。惠蕚。

鄉人發近，不能再勘之。

以上這些跋語中,“會昌四年五月二日”的跋語⑦)是惠蕚以外其他參與抄寫《白氏文集》的人所記的。從這條記載可見，當時的抄寫工作可謂夜以繼日。那麽,當時他們爲何如此緊張地進行抄寫呢？惠蕚自書跋語⑬中的“鄉人發近，不能再勘之”一句道出了緣由。筆者認爲，這裏的“鄉人”即“同鄉人”[①],惠蕚的同鄉也就是日本人。而“發”則有“出發”之意。所以，惠蕚等人不分晝夜地抄寫，是因爲他的日本同鄉即將啓程回國。

值得注意的,還有惠蕚於四月二十日所記的“爲過海設齋于白樂天禪院”(跋語⑨)。“過海”一詞，常用於指代日唐之間的渡海[②]，例如東渡日本的高僧鑒真被稱爲“過海大師”。當時的“設齋”，也應該與“鄉人”即將返回日本有關。

但是，此時的惠蕚并未隨“鄉人”一同歸國，根據《續日本後紀》承和十四年七月辛未條記載，惠蕚的歸國時間是在三年之後的大中元年(847)。因此，跋語⑬中的“鄉人發近，不能再勘之”也就表明，惠蕚準備把抄寫好

① 關於“鄉人”意爲“同鄉之人”的用例,可見《入唐求法巡禮行記》(上海古籍出版社,1986年)卷四會昌五年七月八日、九日條，頁191;《三國遺事》(《完訳 三國遺事》，東京：明石書店、1997年)卷三塔像第四洛山二大聖、觀音、正趣、調信條，頁289；等等。

② 關於“過海”的用例，再如：日本貞觀五年(863)的《円珍奏上》(竹内理三編《平安遺文》第九卷，東京：東京堂，1957年，頁3434)，唐朝商船從台州前往日本的渡海被寫作“過海”；大中十二年(858)的《円珍牒》(竹内理三編《平安遺文》第一卷，1947年，頁104)，新羅商船從日本前往唐朝的渡海被寫作“過海”。

的南禪院本《白氏文集》托付給即將歸國的"鄉人"帶回日本。

那麼，惠蕚提到的"鄉人"爲何人呢？筆者推測，應該是在跋語⑩中出現的"神侯男"等人。在《入唐求法巡禮行記》卷四大中元年（847）六月九日條中，日本朝廷派往唐朝的交易使大神巳井、春日宅成，分別被記作"神一郎""春大朗"[①]。因此，"神侯男"的"神"，應該是"大神"這一日本姓氏的簡稱[②]。《入唐求法巡禮行記》的此條記載還提到，春日宅成是與其子宗健一起在中國進行貿易活動。在當時的國際交易者中，除春日宅成父子以外，近親屬一起從事貿易的例子并不少見[③]。因此，在苛虐的滅佛政策影響下的蘇州，憑藉自身的財力與影響力，能够召集200名僧侶出席齋會的神（大神）侯男，也應該是與大神巳井、春日宅成一樣，由日本朝廷派往唐朝進行貿易的官員，而且其與大神巳井很可能存在近親關係。

此外，跋語⑩寫於跋語⑨的前日，那麼可以將跋語⑨和⑩所記連續兩日的"設齋"視爲一系列的活動。關於跋語⑩中"過神侯男等"的"過"字，雖然"過"與前面的"寫"連在一起，可表示完成之意[④]，但筆者認爲，在這裏，將"過"理解爲跋語⑨所記的"過海"之意，更加恰當。或許原文就是"過海神侯男等"，在傳抄過程中脱了"海"字。也就是説，日本的神侯男等人在會昌四年（844）四月十九日、二十日，因即將啓程歸國而於蘇州南禪院特設齋宴。惠蕚在跋語中專門記録了這兩次齋會，很可能是因爲《白氏文集》的抄寫工作得到了神侯男的協助，爾後又是神侯男把惠蕚寫本帶回了日本。

事實上，還有其他關於會昌四年（844），日本人從唐朝歸國的史料，正好與前面討論的兩條跋語互爲印證。歷史悠久的京都青蓮院收藏了延長三年（925）編著的《山王院藏書目録》，其中第930條目"《冥道無遮齋文》一卷"中有注文曰："故修大德本承和十一年從唐將來"[⑤]。據此可知，日本承和十一年（844），即會昌四年，"故修大德"從唐朝返回日本。《山王院藏書目録》

① 佐伯有清《日本古代氏族の研究》，東京：吉川弘文館，1985年，頁279—285。

② 陳翀《白居易の文學と白氏文集の成立》，東京：勉誠出版，2011年，頁190。

③ 田中史生《國際交易と古代日本》，東京：吉川弘文館，2012年，頁271—273。

④ 管見所及，古代日本文獻中并未出現"寫過"的用例。

⑤ 佐伯有清《最澄とその門流》，東京：吉川弘文館，1993年，頁240。

是根據九世紀入唐僧圓珍的著作編纂的[①]。而"故修大德"是指日本承和九年(842)入唐的僧人圓修,他與圓珍都是延曆寺僧人義真的門下弟子。圓珍所撰《行曆記》的寫本《行曆抄》大中七年(853)十二月十五日條記載,會昌三年,圓修與惠運曾一同造訪天台山,隨後前往明州。日本僧人惠運也是在承和九年入唐的,并于大中元年與惠蕚等人一同歸國,且與惠蕚交誼甚篤。那麽,惠蕚於會昌四年五月所記跋語中的"鄉人發近",應當就是指圓修、神侯男等一行即將啓程歸國之事。

如上所述,筆者認爲,對於惠蕚于蘇州南禪院抄寫的《白氏文集》由其本人帶回日本這一舊説,應當予以更正。惠蕚寫本應該是在會昌四年(844)由神侯男、圓修一行帶入日本的,而神侯男等人很有可能搭乘了商船。

基於以上的觀點再來解讀這些跋語,還可以深切地感受如書信一般豐富的内容。例如,惠蕚在唐期間所遭遇的困境,以及所付出的努力等。此外,惠蕚最初是奉太皇太后之命入唐的。當他再度赴唐,也是將在五臺山"擬作山裹日本國院,遠流國芳名"(跋語⑪)視爲日本的國家性事業來謀劃。而且,從"遥奉報國恩"(跋語⑪)一句來看,惠蕚顯然意識到了日本的皇室成員將來也有可能閲覽他所抄寫的《白氏文集》。也正因爲此寫本是準備進呈日本皇室或太皇太后的,所以惠蕚希望將它早日送回日本,并且特意記録了自己在唐的活動情况。

二、《日本國見在書目録》中的《白氏文集》與惠蕚寫本

筆者對惠蕚寫本爲六十七卷本的通説産生質疑,是因爲關注到《日本國見在書目録》第39條"别集家"中有如下記載:

白氏文集七十　元氏長慶々廿五　白氏長慶集廿九卷[②]

《日本國見在書目録》是九世紀末藤原佐世奉宇多天皇敕命進行編撰的,不僅著録了宫中、皇室所藏的漢籍,甚至可以説,"在舶來漢籍爲國家所獨占

① 佐伯有清《最澄とその門流》,頁243—311。

② 《日本國見在書目録》,東京:名著刊行會,1996年,頁90。

的時代，正如題名所示，幾乎網羅了當時日本所見的全部漢籍”[①]。

在《日本國見在書目録》編成的九世紀末以前，傳入日本的《白氏文集》除了惠蕚寫本之外，還有其他版本。《文德天皇實録》卷三仁壽元年（851）九月乙未條“藤原朝臣岳守卒傳”中寫道：

> 散位從四位下藤原朝臣岳守卒。（中略）出爲大宰少貳。因檢校大唐人貨物，適得元白詩筆奏上。帝甚耽悦，授從五位上。

由此可知，日本承和五年（838）新任大宰少貳的藤原朝臣岳守，在其任地檢校“大唐人貨物”時偶然得到了《元白詩筆》，遂將其獻于天皇，從而被授予了“從五位上”的位階。岳守被授“從五位上”的時間是在承和六年正月七日[②]，所以他得到《元白詩筆》的時間應在其出任大宰少貳之後的承和五年裏。另外，《元白詩筆》是指元稹、白居易的詩文，所以此書應當收録了《元氏長慶集》與《白氏長慶集》[③]。這就可以對應《日本國見在書目録》所著録的“元氏長慶々廿五、白氏長慶集廿九卷”。由於《元白詩筆》被獻給了天皇，出現在《日本國見在書目録》中也是順理成章的。因此，岳守從唐朝海商的貨物中發現的僅是《白氏長慶集》五十卷中的二十九卷。

此外，九世紀末以前傳入日本的白居易作品，還有天台僧人圓仁所帶回的。日本承和五年（838），圓仁作爲遣唐使進入唐朝。在《入唐新求聖教目録》《慈覺大師在唐送進録》中，著録有《白家詩集六卷》《杭越寄和詩集一卷》《任氏怨歌行一帖》以及《攬樂天書一帖》等白氏作品。但這些作品與《白氏文集》并無直接關聯，而《杭越寄和詩集》在《日本國見在書目録》中被寫作《杭越寄詩》[④]。

---

① 榎本淳一《将来された書物》，田中史生編《古代日本と興亡の東アジア（古代文學と隣接諸學 1）》，東京：竹林舍，2018 年，頁 328。

② 《続日本後紀》，《新訂增補國史大系（普及版）》，卷八“承和六年正月庚申”條，東京：吉川弘文館，1971 年，頁 83。

③ 金子彦二郎在《白氏文集渡来考》（《平安時代文學と白氏文集》，頁 94）中，認爲《元白詩筆》就是《元氏長慶集》，而小松茂美在《白氏文集の渡来とその諸本》（《小松茂美著作集（二）》，頁 142）中，則認爲《元白詩筆》中包含了《白氏長慶集》。

④ 《白氏文集の渡来とその諸本》，《小松茂美著作集（二）》，頁 156—161。

這樣，與《日本國見在書目録》中“白氏文集七十”相對應的就只有惠蕚寫本了。當然也可能存在傳入日本却未見諸於史料的其他版本。但是，這種可能性如果成立的話，也就意味着，岳守所得的僅約半部左右的《白氏長慶集》被《日本國見在書目録》所記録，且一直被傳抄至鎌倉時代，反而篇幅更爲完整的惠蕚寫本却未被著録其中。顯然，這樣的假設并不合理。如前所述，惠蕚的入唐活動與日本皇室密切相關，而且他所抄寫的《白氏文集》很可能是進獻給日本王家或太皇太后的，因此，惠蕚寫本不可能不被收入宫中或者皇室的書庫。

從以上的分析來看，惠蕚所抄寫的蘇州南禪院本很可能是七十卷本，而不是六十七卷本。那麽，這樣的推論是否合理呢？下面再作討論。

《白氏文集》的編纂，由白居易的友人元稹首開其端，于長慶四年（824）編成《白氏長慶集》五十卷本。此後白居易又陸續加入自己的新作，最終於會昌五年（845）編成了包括《前集》《後集》和《續後集》在内的七十五卷本。其中，根據開成四年（839）《蘇州南禪院白氏文集記》的記載，可判明六十七卷本被收藏在蘇州南禪院：

> 有文集七裹，合六十七卷，凡三千四百八十七首。（中略）故其集家藏之外，别録三本。一本置于東都聖善寺缽塔院律庫中，一本置于廬山東林寺經藏中，一本置于蘇州南禪院千佛堂内①。

此外，在七十五卷本完成之際，白居易在會昌五年（845）五月一日撰寫的《白氏集後記》中寫道：

> 白氏前著《長慶集》五十卷，元微之爲序。《後集》二十卷，自爲序。今又《續後集》五卷，自爲記。前後七十五卷，詩筆大小凡三千八百四十首。集有五本：一本在廬山東林寺經藏院，一本在蘇州南禪寺經藏内，一本在東都聖善寺缽塔院律庫樓，一本付侄龜郎，一本付外孫談閣童。各藏於家，傳於後。其日本、新羅諸國及兩京人家傳寫者，

① 謝思煒《白居易文集校注》，中華書局，2011年，頁1991。

不在此記[①]。

這裏所説的"集有五本",一般的觀點認爲是指六十卷本、六十五卷本、六十七卷本、七十卷本以及七十五卷本這五部文集。其中,東林寺藏本爲六十卷本(白居易《東林寺白氏文集記》),聖善寺藏本爲六十五卷本(白居易《聖善寺白氏文集記》),南禪院藏本則爲六十七卷本(白居易《蘇州南禪院白氏文集記》)。這三部藏本也與《蘇州南禪院白氏文集記》提及的"别録三本"相對應,即東林寺藏本、聖善寺藏本和南禪院藏本。而《白氏集後記》所説的"一本付侄龜郎,一本付外孫談閣童",則是餘下的七十卷本及七十五卷本。這種觀點,最早是清朝的汪立名在其所編《白香山詩集》的引言《白氏文集自記》中提出的[②]。

但是,如果認爲收藏在五個地方的每"一本"文集卷數各異,那麼關於東林寺藏本的卷數就出現了問題。大和九年(835),白居易向東林寺奉納了六十卷本,後又於會昌二年(842)贈送了《後集》,這樣就形成了七十卷本(白居易《送後集往廬山東林寺兼寄雲皐上人》)[③]。因此,假如把會昌五年所作《白氏集後記》中提到的東林寺藏本認定爲六十卷本,那麼就無視了白居易第二次贈送文集後,東林寺藏本已經成爲七十卷本的事實。相反,如果認爲《白氏集後記》中提到的東林寺藏本爲七十卷本,那麼開成四年(839)《蘇州南禪院白氏文集記》作成之際,被收藏在東林寺的六十卷本,在《白氏集後記》寫作之時,就要去東林寺以外的地方找尋了。如此,這部六十卷本只能是爲"各藏于家傳於後"而托付給"侄"與"外孫"的其中"一本"了。由於在《蘇州南禪院白氏文集記》中已經提及"家藏之外",所以在此文作成之際,這部六十卷本應該已經存在了。這樣,其時,六十卷本已有東林寺藏本和家藏本兩部,可是,這就與各家、各寺收藏了卷數不同的"一本"的觀點矛盾了。

此外值得留意的是,《全唐文》卷九一九中收録了作於十世紀前半期的《江州德化東林寺白氏文集記》一文,其中寫道:對於《白氏文集》,"仍傳教令,

① 謝思煒《白居易文集校注》,頁 2039。

② 白居易著,楊家駱主編《白香山詩集》,臺北世界書局,1973 年,頁 4。

③ 《金澤文庫舊藏本白氏文集に關する研究》,《平安時代文學と白氏文集》,頁 122。

下屬幽愚，令紀徽猷，用刊琬玉。匡集七十卷，一置東都聖善，一置蘇州南禪，一置廬山東林”[①]。關於此文，陳翀指出，七十卷本最終不僅被收藏在廬山東林寺，而且分别藏於洛陽聖善寺和蘇州南禪院[②]。這樣的見解頗有新意，筆者也認爲，恵蕚所抄底本很可能是七十卷本。《江州德化東林寺白氏文集記》雖然晦澀難懂，但并不能否定從石碑上抄録的可能性[③]。而且，在叙述卷數之後，列記了收藏諸本的三座寺院，這與《蘇州南禪院白氏文集記》和《白氏集後記》的叙述方法是相同的。如果按照每“一本”卷數各異的通説來解釋，那麽《江州德化東林寺白氏文集記》所説“一置”，也并不意味着各部卷數是相同的。但是，碑記在寫到“集”成“七十卷”之後，叙述了“一置東都聖善、一置蘇州南禪、一置廬山東林”，所以，“集七十卷”至少要在作爲收藏地被明示的這三座寺院裏去找尋[④]。前文已經提及東林寺在會昌二年（842）已藏有《白氏文集》七十卷，再加上這篇與《白氏文集》相關的碑記，至少可以肯定東林寺所藏的《白氏文集》爲七十卷本。由此可見，《白氏集後記》所説“一本在廬山東林寺經藏院”中的“一本”，基本上不可能是指六十卷本，因爲此文是在東林寺接收《後集》之後才問世的。

---

① 董誥等編，孫映逵等點校《全唐文》第六册，山西教育出版社，2002年，頁5650。

② 《白居易の文學と白氏文集の成立》，頁157—176。陳氏認爲聖善寺、南禪院和東林寺分别收藏的《白氏文集》七十卷都是廬山東林寺的轉寫本。《江州德化東林寺白氏文集記》中記載，“匡集七十卷”，置於東都聖善、蘇州南禪、廬山東林，也就是説，所“匡”之物——廬山的《白氏文集》七十卷，放置在了聖善寺、南禪院和東林寺。但是，筆者認爲，“匡”字也可能是動詞，表“匡正”之意，那麽，聖善寺等三座寺院所藏的七十卷本是否都是廬山的轉寫本，尚待進一步研究。

③ 岑仲勉在《論〈白氏長慶集〉源流并評東洋本白集》（《“中央”研究院歷史語言研究所集刊》第九本，1947年。收入氏著《岑仲勉史學論文集》，中華書局，1990年，頁383—385）一文中指出，此碑文因“錯簡”而不能解讀，所以將文字的順序進行了重組。對此，陳翀在《〈白氏文集〉の成立と廬山——匡白〈江州德化王東林寺白氏文集記〉を中心に》中認爲，很難想像石碑的文字會出現排序混亂的問題，應該尊重原文進行解讀。而葛繼勇在《〈白氏文集〉の成立と寺院奉納及びその行方》（《白居易研究年報》第14號，東京：勉誠出版，2013年，頁219）中提出，按照原文順序來讀的話，有幾處頗爲費解，所以應該根據岑仲勉的觀點來進行解讀。筆者認爲，似乎很難理解文字排序會出現較爲嚴重的混亂，但是此碑文有可能存在文字殘缺或者省略的情況。

④ 前注岑仲勉論文（頁384）復原碑文中作：“皇唐白傳之有文集七十卷，一置東都聖善、一置蘇州南禪、一置廬山東林。”即便按照該復原方案，也應該認爲“文集七十卷”在上述三座寺院均有所藏，或者被藏于其中的某座寺院。

除了上述東林寺藏本的問題，還有關於家藏本的卷數問題。《蘇州南禪院白氏文集記》中提到“家藏之外，别録三部”，也就是説各寺院藏本外，還有家藏本的存在。如果以寺藏本與家藏本卷數各異爲前提進行考察的話，在六十七卷本形成之際所作的《蘇州南禪院白氏文集記》中，雖然六十卷本、六十五卷本和六十七卷本可以分别對應東林寺藏本、聖善寺藏本和南禪院藏本，但問題在於，餘下的家藏本當爲幾卷本呢？

如此看來，關於《蘇州南禪院白氏文集記》《白氏集後記》中提及的各本，如通説所言卷數各異的話，難以自圓其説。再讀一下白居易的這兩篇文章，其實只是列記了各本的收藏地，并没有提及卷數的差異。而且，東林寺藏本在“六十卷本”的《東林寺白氏文集記》作成之後，由於追贈而形成七十卷。據此推斷，蘇州南禪院藏本在記有“六十七卷本”的《蘇州南禪院白氏文集記》寫成之後，也有可能因追贈而增加了卷數。

如上所述，筆者認爲，《日本國見在書目録》所著録的“白氏文集七十”，應當就是惠蕚寫本，而不可能是傳入日本的史料失載的另一種七十卷本。此外，《日本國見在書目録》還證明了這樣一個事實，在惠蕚抄寫文集的會昌四年（844），蘇州南禪院藏本就已經形成了七十卷本。

再者，據《宋史・日本國傳》記載，雍熙元年（984）入宋的日本僧人奝然曾對宋太宗言道：“國中有五經書及佛教、白居易集七十卷，并得自中國。”奝然提及的“白居易集七十卷”，不僅對應了《日本國見在書目録》中的“白氏文集七十”，而且應該是指惠蕚寫本。因此，本文開篇所引《本朝麗藻》注文中提及的給日本帶來深刻影響的《白氏文集》，正是承和年間傳入的惠蕚寫本。此外，在《平家物語》延慶本第一末的《康頼油黄嶋ニ熊野ヲ祝奉事》（《康賴油黄嶋熊野祝奉事》）中，有日本延慶二年（1309）、三年所記的如下跋語：“太原ノ白居易文集七十巻ヲ二部書テ一部ヲハ鉢塔院ノ宝蔵ニ納メ一部ヲハ南禅院ノ千仏堂ニ送奉リテ”（太原白居易《文集》七十卷，二部書，一部鉢塔院寶藏納，一部南禪院千佛堂送奉）[①]。由此看來，在鎌倉時代，日本人已經知道《白氏文集》七十卷本被贈予聖善寺與南禪院之事。這種認識，

① 《延慶本平家物語全注釈・第一末（卷二）》，東京：汲古書院，2006年，頁350。

與以南禪院本爲底本的惠蕚寫本在鐮倉時代的傳播不無關係。

結語

綜上所述，本文主要論證了以下兩個觀點：其一，惠蕚於會昌四年（844）抄寫的《白氏文集》是七十卷本，而不是六十七卷本；其二，將惠蕚寫本帶入日本的并不是惠蕚本人，而是會昌四年歸國的（大神）俟男等人。

需要補充的是，會昌五年（845）的《白氏集後記》中有“其日本、新羅諸國，及兩京人家傳寫者，不在此記”的記述。可見，當時的白居易就已經耳聞《白氏文集》流傳到了日本和新羅。其中，傳入日本的就是岳守從唐朝海商處偶得的版本，以及惠蕚寫本。但是如前所述，岳守得到的僅是《白氏長慶集》五十卷中的二十九卷，而白居易在《白氏集後記》中特意提及傳入日本的“傳寫”本，應該不可能是日本地方官員在檢校海商貨物時偶然所得的半部《白氏長慶集》。另一方面，舊説認爲，《白氏集後記》所記的傳入“日本”的“傳寫”本，與惠蕚寫本并無關係，因爲惠蕚寫本被認爲是在《白氏集後記》撰成之後，於大中元年（847）年由惠蕚歸國時攜至日本的[①]。不過，本文指出，會昌四年，惠蕚抄寫了最新版本的七十卷本，同年，此寫本被帶入日本。正是基於這樣的事實，翌年，白居易在編成七十五卷本之際所撰《白氏集後記》中，才會説日本“傳寫”本“不在此記”。如此理解，惠蕚所進行的抄寫工作可能得到了對文集收藏、保存以及“傳寫”十分重視的白居易本人的認可。此外，《白氏集後記》同時列記了“新羅”。也就是説，當時七十卷本很可能已經傳入了新羅。這不僅令人聯想到，惠蕚在唐朝的活動得到了在唐新羅人的援助。而且，還應該注意到，朝鮮半島對“漢字文化”的認識及意識，深刻影響了日本對於“漢字文化”的認識及意識的逐漸形成。因此，如果從漢籍的受容，以及“漢字文化”在東方的傳播這兩個角度出發，來考察《白氏文集》在“日本、新羅諸國”的“傳寫”問題，也頗有意義，希望今後可以深入研究。

① 《白氏文集渡来考》，《平安時代文學と白氏文集》，頁 70。

《長恨歌》在古代日本的文圖流播

——兼論文學經典傳播中文本與圖像的關係

丁 莉

《長恨歌》是白居易最經典的長篇叙事詩之一，在日本的和歌、物語、説話、軍記物語、唱導文、願文、屏風畫、繪卷等文學藝術形式中有着不同的接受、解讀和演繹，對日本古代文學文藝的創作産生了巨大的影響。

《長恨歌》在古代日本的傳播和流行，可以説圖像起到了很重要的作用。雖然留存至今的畫作基本都是近世以後的，但從文學作品及史料的記載中可以瞭解到《長恨歌》題材的屏風、繪卷等作品早在平安時代就已出現。從古代到近世，以《長恨歌》爲題的繪畫作品形式多樣，有障屏畫、繪卷、繪本、扇面繪畫等，滲透到日本社會各個階層和生活的方方面面。

與日本畫家熱衷于《長恨歌》題材相反，在中國，雖然唐明皇與楊貴妃的愛情故事流傳極廣并且形式多樣，但以《長恨歌》爲標題的繪畫作品却極爲少見。在北宋《宣和畫譜》、清代《歷代題畫詩類》、十九世紀美國傳教士福開森《歷代著録畫目》等繪畫著録中雖然有以楊貴妃和唐明皇爲題材的"明皇貴妃上馬""明皇夜遊""貴妃出浴"等作品①，現今存世作品也有"貴妃上馬圖"（元錢選，弗利爾美術館）、"宋人畫貴妃上馬圖"（明仇英，南京

作者單位：北京大學外國語學院日語系

① 福開森《歷代著録畫目》相關内容參考了衣若芬《臺北故宫博物院本"明皇幸蜀圖"與白居易〈長恨歌〉》，《藝林探微：繪畫·古物·文學》，華東師範大學出版社，2012年，頁18—19。

博物院）、“明皇幸蜀圖”（臺北故宫博物院）等，但却不見標題爲《長恨歌》、描繪《長恨歌》整部作品的長卷或是描繪其中詩句的畫作。鑒于此,《長恨歌》在古代日本傳播中“圖文并茂”的現象就愈發值得關注了。

本文擬從文本和圖像兩個方面探討《長恨歌》在古代日本的不同時期是如何被接受、被闡釋和再創作的，關照這個過程中文與圖之間的互動關係。在此基礎上，分析《長恨歌》在古代日本流播的文化意義，探討中國古代文學經典在國外傳播過程中文本與圖像的關係。

一、“夜雨聞猿斷腸聲”：版本與圖像

早在白居易生前，其詩文就已傳入日本。《白氏文集後記》載：“其日本、新羅諸國及兩京人家傳寫者，不在此記。”[①] 藤原佐世的《日本國見在書目録》（890年左右成書）記録了平安前期日本傳世的漢籍，其中三十九“别集部”可見“白氏文集七十卷”，指的應當是會昌二年（842）成書的七十卷本[②]。“别集部”還可見《白氏長慶集》二十九卷，“總集部”可見《劉白唱和集》二卷。

日本所存白集版本十分豐富，刊本中最早的是十七世紀江户初期那波道圓（1595—1648）刊本[③]。此外，還存有很多古抄本，現存古抄本有平安時代末期書寫的已故神田喜一郎所藏（現國立京都博物館藏）卷三、卷四《新樂府》，鐮倉時代書寫（1231年抄寫）的金澤文庫舊藏本[④]，國立公文館内閣文庫藏管見抄本（1259年抄寫，1295年重抄）等選抄本；還有《長恨歌》的單行本，例如後伏見天皇正安二年（1300）寫本（正宗敦夫文庫本）《長恨歌》（以下簡稱“正宗本”），2009年從東京舊書店發現的尊圓親王（1298—1356）所抄《長恨歌》等。

以《長恨歌》爲例，金澤本、正宗本等古抄本的本文有多處與刊本有明

① 朱金城《白居易集箋校》，上海古籍出版社，1988年，頁3916。

② 孫猛《日本國見在書目録詳考》上，上海古籍出版社，2015年，頁22。會昌二年（842）《後集》二十卷成書，與《前集》（《白氏長慶集》）合爲七十卷。

③ 雖有數則記録可以證明宋刊本曾傳入日本，但今已不存。

④ 現今有21卷收藏在東京大東急紀念文庫，5卷收藏在千葉縣國立歷史民俗博物館，1卷收藏在奈良縣天理大學附屬圖書館。

顯不同。古抄本的“夜雨聞猿腸斷聲”“舊枕故衾誰與共”等詩句對日本古代文學産生了很大的影響，在各類文學作品中也都留下了痕迹。

十一世紀初藤原公任（966—1041）所編的《和漢朗咏集》中，上卷“秋夜”收録了“遲遲鐘漏初長夜，耿耿星河欲曙天”一句，下卷“戀”中收録了三句：“行宮見月傷心色，夜雨聞猿斷腸聲”，“春風桃李花開日，秋露梧桐葉落時”，“夕殿螢飛思悄然，秋燈挑盡未能眠”。“遲遲鐘漏初長夜”“秋燈挑盡未能眠”兩句與金澤本一致，“秋露梧桐葉落時”與“夜雨聞猿斷腸聲”兩句與金澤本則略有不同，金澤本作“秋雨梧桐葉落時”與“夜雨聞猿腸斷聲”。而另一個古抄本——正宗本的本文則爲“秋露梧桐葉落時”與“夜雨聞猿斷腸聲”，包括其他各句在内，《和漢朗咏集》摘選的這幾句與正宗本完全一致。

此外，《源氏物語·葵姬》卷中光源氏手稿上所寫的“舊枕故衾誰與共”一句不同于刊本的“翡翠衾寒誰與共”，這句也與金澤本、正宗本等古抄本一致。《唐物語》第十八話“玄宗皇帝與楊貴妃的故事”中也引用了古抄本的“舊枕故衾誰與共”。

從文本源流上來看，金澤文庫本所據原本是博士家菅家傳本，而菅家本則是根據日僧惠萼在蘇州南禪寺抄寫的惠萼本傳寫的。金澤文庫本有多卷保留了會昌四年（844）惠萼本的識語。據太田次男研究，金澤文庫本并非惠萼攜歸日本文本的重抄本，其底本有多種。有的可能是惠萼本，如卷十二、卷五二、卷五九、别本卷四九；有的則來自宋刊本，如卷三一、卷三三、卷五四[①]。謝思煒也指出：“它是一個以唐寫本爲主體、部分采納了北宋刊本的古抄本。”[②]正宗本抄寫于正安二年（1300）五月二日，根據其“奥書”記載，底本是中院三位有房卿本，而中院三位有房卿本又是根據菅家宗本于文永五年二月二十一日抄寫而成。如果這一記載屬實，那麽正宗本和金澤本一樣，依據的都是在惠萼本基礎上傳寫的菅家本系列。

關于“夜雨聞猿斷腸聲”一句，雖然古抄本有“斷腸聲”（正宗本）和“腸斷聲”（金澤本）之小别，但與刊本的“夜雨聞鈴腸斷聲”區别則很大。

---

① 太田次男《白氏文集諸本の本文について》，《白居易研究講座第六卷·白氏文集の本文》，勉誠社，1995年。

② 謝思煒《白居易集綜論》，中國社會科學出版社，1997年，頁46。

平安末期著名漢學家大江匡房的語録體著述《江談抄》（十二世紀初成書）"仁和寺五大堂願文事"中記載了關于"聞猿"還是"聞鈴"的一件逸事。

> 江都督曰："故中宫御願文云'惠質秋馨，咲瓊芝于西晉之風'。此句尤爲珍。瓊芝者，楊皇后字歟？"答云："然。楊駿之女。"又問云："同願文云'闇野之石，斜谷之鈴'，此義如何？"答云"闇野之石者，漢帝戀李夫人，刻闇野之石彼形。石答云'我有毒，不可令近'云云。斜谷之鈴者，玄宗幸蜀之時，聽斜谷鈴聲思貴妃。夜雨聽猿腸斷聲，'猿'字可改'鈴'字。件事昔所披見也"云云。僕問：然者文集僻事歟，又傳寫之誤歟？詳不答。所見書可尋記。忘却畢。[①]

大江匡房談論已故中宫願文（爲死者禱告、祈求冥福的禱告文），認爲其中所引的"夜雨聽猿腸斷聲"的"猿"字應當改爲"鈴"字，説曾見書中載"玄宗幸蜀之時聽斜谷鈴聲思貴妃"，記録者藤原實資問他是否傳寫之誤，他也并不作答，只説所見書中有相關記載。

唐鄭處誨《明皇雜録》載："明皇既幸蜀，西南行初入斜谷，屬霖雨涉旬，于棧道雨中聞鈴，音與山相應。上既悼念貴妃，采其聲爲雨霖鈴曲，以寄恨焉。"[②]《楊太真外傳》《開元天寶遺事》等書中也都有相關記載。從"玄宗幸蜀之時聽斜谷鈴聲思貴妃"的表述來看，大江匡房或許是看到過以上某書中的記載，所以主張應當把"聞猿"改爲"聞鈴"。但另一方面也説明願文所采用的"夜雨聞猿"一句在當時用得非常廣泛。

室町時代著名的國學、儒學學者清原宣賢著有《長恨歌》的注釋書《長恨歌并琵琶行秘抄》（1543，以下稱《宣賢抄》），采用的是《魁本大字諸儒箋解古文真寶》的《長恨歌》本文，此句作"夜雨聞鈴腸斷聲"。該書在注釋中并未提及雨霖鈴詞牌，却説是因蜀地偏遠、强盜出没，摇鈴是用來警戒，又因蜀地少晴多雨，因此爲雨中摇鈴。《宣賢抄》雖未提及"聞猿"，但用大段篇幅解釋"斷腸聲"源自猿猴，引用了《搜神記》中母猿見子猿被殺悲傷斷腸而死的故事。

① 《江談抄　中外抄　富家語》，《新日本古典文學大系》，岩波書店，頁543。

② 《唐宋史料筆記：明皇雜録　東觀奏記（修訂本）》，中華書局，2015年，頁46。

猿猴哀鳴本來就是中國古代悲秋文學的意象之一，除《宣賢抄》引用的“杜鵑啼血猿哀鳴”（白居易）、“斷猿今夕讓沾衣”（竇常）等詩句以外，還有杜甫的“風急天高猿嘯哀”“聽猿實下三聲淚”等名句。或許是猿猴哀鳴、母猿斷腸等詩句、典故深入人心，儘管有“夜雨聞鈴”的本文，但古抄本的“夜雨聞猿”直到江户時代仍然爲人們所喜愛且繪成圖畫。

江户時代著名畫家狩野山雪（1590—1651）的《長恨歌畫卷》現藏于愛爾蘭都柏林的切斯特貝蒂圖書館（Chester Beatty Library），是現存最早一部完整描繪《長恨歌》全詩的繪畫作品。最近國内學界也開始關注，上海古籍出版社聯繫收藏方切斯特貝蒂圖書館，將這部作品製作成古典經折裝形式于2020年5月正式出版[①]。

《長恨歌圖》[②]雖然没有文字，但描繪的正是“夜雨聞猿斷腸聲”的場景（圖1）。畫面上，玄宗在蜀地行宫中斜卧榻上、傷心落寞，在其視綫延長綫上可以看見山崖上有幾隻猴子，其中一隻還將手臂高高舉起，像是在呼叫對面樹上的那只。遺憾的是，此次國内出版時并未注意到這一點，解説所配的文字也是“夜雨聞鈴腸斷聲”（南宋紹興本），此處應配“夜雨聞猿斷腸聲”或另附説明。

圖1 “夜雨聞猿斷腸聲”狩野山雪《長恨歌圖》全（左）[③]、局部“山崖上的猴子”（右）

① 狩野山雪繪，陳尚君解讀《長恨歌圖》，上海古籍出版社，2020年。

② 日本學界一般稱爲狩野山雪的《長恨歌繪卷》或《長恨歌畫卷》，本文按國内出版的書名稱爲《長恨歌圖》。

③ 狩野山雪繪，陳尚君解讀《長恨歌圖》。

狩野山雪之子狩野永納在《狩野永納家傳畫軸序》中寫道："山雪常謂中華以來畫中華故事者不見本傳而惑俗説，誤圖式不少，故審檢其實、訂正其僞。"① 説的是父親狩野山雪常説很多畫家在畫中國的故事人物畫時，容易被坊間的"俗説"所迷惑，却并没有去看"本傳"（原典），因此出了不少錯誤，主張畫家也應當回歸原典。狩野山雪本人在繪製《長恨歌畫卷》時正是這麼做的，他回歸《長恨歌》原典，將其詩句一一正確地描繪出來。而他使用的"本傳"，或許正是擁有"夜雨聞猿"本文的古抄本，這也説明即便到了江户時代，古抄本系統的本文依然具有强大的影響力。

收藏在大阪大谷女子大學的《長恨歌繪卷》② 製作于江户前期寬文延寶年間（圖 2），繪卷以《楊貴妃物語》爲底本製作而成。《楊貴妃物語》是在《宣賢抄》的基礎上創作而成，大部分沿襲了《宣賢抄》，但有幾句却刻意换成了古抄本系統的本文，"夜雨聞猿斷腸聲"也是其中一句。繪卷也畫了松樹上七八隻成群的猴子，來表現"夜雨聞猿"。

圖 2　大阪大谷女子大學藏《長恨歌繪卷》"夜雨聞猿斷腸聲"

有意思的是，畫面上屋檐角下還畫了一個鈴鐺，不知是否是在暗示"夜

① 林鵞峰筆《狩野永納家傳畫軸序》，《日本美術繪畫全集》第 12 卷《狩野山楽・山雪 / 土居次義》，集英社，1976 年。

② http://www2.osaka—ohtani.ac.jp/chougonka/index.html

雨聞鈴”版本的存在。

“夜雨聞猿”這句在通行本和中國所有的刊本中都是“夜雨聞鈴”，但在日本，從平安初期的《和漢朗咏集》直到江户時代一直普遍被使用，又通過圖像愈發深入人心，這些都是中國未曾見的現象。

二、“淺茅原野上”：摘選與圖像

日本接受中國文學時，往往會摘選詩文中最精華的部分進行欣賞。例如，平安時代中期大江維時（888—963）編撰的《千載佳句》就是從唐詩的七言詩中選取兩句編排而成，被稱爲“摘句”。上文提到的藤原公任（966—1041）所編《和漢朗咏集》也是如此，摘取漢詩佳句再配上相應的和歌，是一部漢詩與和歌合璧的作品。《和漢朗咏集》摘選的《長恨歌》四句詩，均爲表現楊貴妃死後唐玄宗孤寂憂傷之情的詩句，這也成爲平安時代日本接受《長恨歌》的主基調。

除了“摘句”以外，還往往在摘選中國詩文的基礎上繪製中國主題的繪畫——“唐繪”，日本詩人則從“本文”和“唐繪”中獲得靈感進行創作。例如，菅原道真的漢詩文集《菅家文草》卷五收録了《廬山異花詩》等五首漢詩，是在《列仙傳》《幽明録》《異苑》《述異記》等中國典籍的神仙傳説基礎上所作。據詩序所述，這五首詩的創作背景是寬平七年（895）源大納言（源能有）之子慶祝父親五十大壽時，“設小宴，座施屏風，寫諸靈壽。本文者紀侍郎之所抄出。新樣者巨大夫之所畫圖。書先屬藤右軍。詩則汝之任也”①。爲了製作壽宴上的屏風畫，先從中國典籍中摘抄出“本文”，再由畫家巨勢金岡作畫，書法家藤原敏行書寫，菅原道真作日本漢詩。所謂“本文”，指從中國典籍中摘抄出的詩文章句，在此基礎上創作“唐繪”及日本漢詩。卷二所載仁和元年（885）藤原基經五十歲賀壽屏風也是類似的製作過程。文獻中所見的“坤元録屏風”“漢書屏風”“文選屏風”“文集屏風”“樂府屏風”“百咏障子”“唱和集屏風”等也都是從人們喜愛的中國典籍中摘取“本文”之後製作而成。

① 川口久雄校注《菅家文草·菅家後集》，岩波書店，1966年，頁460。

不僅是漢詩，日本的和歌也可以在屏風畫基礎上吟咏而成，被稱爲屏風歌。女歌人伊勢的私家和歌集《伊勢集》收録了十首《長恨歌》屏風歌，是以《長恨歌》屏風畫爲題所咏的和歌。其中前五首的“詞書”[①]爲“亭子院命人繪長恨歌屏風，讓咏屏風各段圖畫，代皇帝作歌”，後五首的“詞書”爲“此爲皇后所作”。也就是説，歌人伊勢以《長恨歌》屏風畫的各段圖畫爲題，分别以皇帝（唐玄宗）和皇后（楊貴妃）的語氣吟咏二人的心情，各咏了五首。

“亭子院”即宇多天皇（867—931），退位後被稱爲亭子院。宇多天皇讓人製作《長恨歌》屏風一事，《源氏物語》中也有提及。《桐壺》卷中，桐壺天皇在緬懷逝去的桐壺更衣時，“朝夕觀覽的是長恨歌畫。這是從前宇多天皇命畫家繪製的，其中有著名詩人伊勢和貫之所作的和歌及漢詩。”[②]宇多天皇命畫家繪製“長恨歌畫”，與《伊勢集》的記載一致，但《伊勢集》中有伊勢吟咏的十首和歌，紀貫之[③]却没有留下吟咏《長恨歌》的漢詩。《源氏物語》描寫的“長恨歌畫”有可能是在史實基礎上增加了一定的虚構。從《伊勢集》的記載中可以推測，宇多天皇命人繪製的《長恨歌》屏風畫也是先從《長恨歌》中“摘句”，畫家根據詩句内容繪製繪畫，然後再由伊勢看畫吟詩，吟咏畫中人的心情。伊勢所作和歌如下：

長恨歌の屏風を、亭子院のみかどかかせたまひて、そのところどころよませたまひける。みかどの御になして、

亭子院命人繪長恨歌屏風，讓咏屏風各段圖畫，代皇帝作歌：

もみぢばにいろ見えわかず散るものはものおもふ秋の涙なりけり

霜楓殘葉落，秋淚滿地飛。盡是眼中血，思君愁腸悲。

かくばかり落つるなみだのつつまれば雲のたよりに見せましものを

① 和歌前面對咏歌的來由、情况等進行説明的文字。

② 豐子愷譯《源氏物語》上，人民文學出版社，1980年，頁9。豐子愷譯文爲“《長恨歌》畫册”，《源氏物語》原文爲“長恨歌の御繪”，筆者改爲“長恨歌畫”。

③ 與伊勢同時代，平安時代前期的著名和歌歌人、學者。

憶君千行淚，泣涕滿衣裳。我欲托方士，穿雲寄愁腸。

帰りきて君おもほゆるはちすばになみだのたまとおきゐてぞ見る

歸來思君切，荷葉捧珠情。疑似淚珠傾，終宵泣到明。

たますだれあくるも知らでねしものを夢にも見じとゆめおもひきや

春宵玉簾掛，未覺已天晨。生死別離苦，夢中不見魂。

くれなゐにはらはぬ庭はなりにけりかなしきことのはのみ積りて

荒庭多落葉，片片皆是情。滿砌紅不掃，悲言一地生。

これはきさきの御歌にて、

此爲皇后所作：

しるべする雲の舟だになかりせば世をうみなかにたれか知らまし

幸得雲舟引，海中見仙山。塵世已厭倦，誰人知吾顔？

月も日もなぬかのよひのちぎりをば消えにしほどにもまたぞわすれぬ

七月七日夜，旦旦相誓偕。縱然身已死，又豈能忘懷？

消えし身にまたも消ぬべし春がすみかすめるかたを都とおもへば

燭滅香消散，却是斷腸人。遥望都城處，春霞嫋嫋新。

木にもおひずはねもならべでなにしかも浪ぢへだてて君をきくらん

不能共比翼，無緣連理枝。無奈海路遠，隔浪聞君思。

ゐる雲の人わきもせぬものならばなみだはみをと流れざらまし

若非雲霧障，生死兩茫茫。縱有千行淚，豈能付滄桑？[①]

前五首和歌吟咏玄宗思念貴妃的悲痛心情，後五首吟咏身處仙界的貴妃對玄宗的思慕之情。從和歌的内容來推測屏風畫面，前五首描繪的應該是"芙蓉如面柳如眉，對此如何不淚垂""春風桃李花開夜，秋雨梧桐落葉時""西宮南内多秋草，落葉滿階紅不掃""夕殿螢飛思悄然，孤燈挑盡未成眠"等

① 關口慶子《伊勢集全釋》，風間書房，1986年，頁140—148。和歌爲筆者譯，下同。

詩句的内容，可以想象畫面是唐玄宗回京後在宫中日夜思念楊貴妃的場面。後五句則包含了“忽聞海上有仙山，山在虚無縹緲間”“回頭下望人寰處，不見長安見塵霧”“七月七日長生殿，夜半無人私語時”等詩句内容，畫面應當是方士去蓬萊山探訪楊貴妃，貴妃遥望長安城思念唐玄宗的場面。

尤其是前五首對唐玄宗悲痛心情的描寫，是平安時代接受《長恨歌》的一個重點，在和歌、和文中頻頻可見。例如，《道命阿闍梨集》也有兩首關于《長恨歌》的和歌，其“詞書”爲：“長恨歌的玄宗皇帝回到舊地，見蟲鳴草枯而泣之”；“障子畫上畫着皇帝看着眼前的枯草鳴蟲，嘆息不已”[①]。可見，道命（974—1020）和伊勢一樣，也是看畫吟詩，這兩首和歌都是在《長恨歌》障屏畫的基礎上吟咏的。

第一首還被收入敕選和歌集《後拾遺和歌集》，其“詞書”具體描寫了“長恨歌畫”的内容：

> 長恨歌の繪に、玄宗もとの所に帰りて、虫ども鳴き、草も枯れわたりて、帝嘆き給へるかたある所をよめる
>
> 長恨歌畫上畫有玄宗皇帝回到舊地，蟲鳴草枯、嘆息不已之情形，咏之，
>
> ふるさとは浅茅が原とあれはてて夜すがら虫の音をのみぞ鳴く
>
> 舊地又重遊，荒蕪滿目愁。淺茅原野上，枯草伴蟲啾。[②]

《長恨歌》畫中的“蟲鳴草枯”，和歌中的“淺茅原野上，枯草伴蟲啾”都是《長恨歌》中没有的元素。淺茅指低矮的茅草，在和歌中常用于象徵荒凉的景物。“回到故地”，一般解釋爲回到原來的居所，也就是從蜀地回到宫中[③]。

家永三郎指出，從道命、伊勢等人的和歌來看，咏的都是玄宗在秋天庭

---

① 《道命阿闍梨集》兩首和歌的“詞書”原文分别爲“長恨歌の、みかとのもとの所にかへりたまひて、むしとものなきくさかけに、あれたるを御覧して、なき給所に”，“障子の繪に、みかとのおまへに、むしともの草かけにあれたるを、なけき給へる所”。《新編國歌大觀》第7卷《私家集編Ⅲ》，角川書店，2012年，頁76。

② 久保田淳、平田喜信校注《後拾遺和歌集》，《新日本古典文學大系（8）》，岩波書店，1994年，頁90。

③ 久保田淳、平田喜信校注《後拾遺和歌集》，《新日本古典文學大系（8）》，頁90。

院中悲嘆的景象，可以推想當時《長恨歌》繪畫中主要一幅圖景描畫的就是秋日堆滿落葉的庭院[1]。然而伊勢的和歌中咏到庭院、落葉，道命和歌中的“淺茅原野”“蟲鳴草枯”更像是在吟咏野外的荒原。或許“舊地”指的并不是長安城，而是痛失貴妃的馬嵬坡舊地；道命所看到的長恨歌圖描繪的也并非是宫中庭院，而是馬嵬坡荒原。事實上，“淺茅原野上”一句在其他吟咏《長恨歌》的和歌中也是用來指代楊貴妃逝去之地的，例如，《大貳高遠集》以“花鈿委地無人收”爲題所作的和歌爲：

はかなくて嵐の風に散る花を浅茅が原の露や置くらん[2]
花落散風裏，宛如夢幻中。淺茅原野上，露水淚相通。

《道濟集》中以“不見玉顔”爲題所咏和歌爲：

思ひかね別れし人を来てみれば浅茅が原に秋風ぞ吹く[3]
别恨相思苦，故土尋故人。淺茅原野上，唯有秋風頻。

上面兩首和歌中的“淺茅原野”指的都是楊貴妃逝去之地，通過“淺茅”及其相關景物——秋風、露水、蟲鳴等來表現楊貴妃死後馬嵬坡之荒蕪以及重游故地時玄宗内心之凄凉。

源道濟（？—1019）是當時的著名歌人，其私家集《道濟集》中收録有以《長恨歌》詩句爲題的十首“句題和歌”，其中四首咏的都是玄宗皇帝失去楊貴妃後的心情。上面這首“不見玉顔”的和歌後被源俊賴（1055—1129）收入和歌論著《俊賴髓腦》，和歌後記録了楊貴妃的生平故事，故事結尾描寫道：“皇帝生前去楊貴妃被殺的地方追憶往事，曠野上的淺茅也在風中起伏。皇帝一定感到非常悲哀吧，這首歌便是推測皇帝心情所作。”[4] 這段描寫其實就是對上述和歌内容的叙述。

玄宗因思念過度，專程回舊地探訪的情節在《唐物語》中也可見：“太上

① 家永三郎《上代倭繪全史》，墨水書房，1966 年，頁 60。

② 中川博史《大貳高遠集注釋》，東京貴重本刊行會，2010 年，頁 315。

③ 中川博史《大貳高遠集注釋》，頁 315。

④ 橋本富美男等校注《歌論集》，《新編日本古典文學全集》，小學館，2002 年，頁 219。筆者譯。

天皇心情難以撫慰，由于思念過度，便親自來到與楊貴妃永别的曠野緬懷故人。看茫茫原野中淺茅被風吹打，黄昏時分露珠消逝，又怎找得到那永不消失的餘香呢？皇帝悲痛欲絶。"[①]

衆所周知，《源氏物語・桐壺》卷的創作受《長恨歌》影響很深，桐壺天皇思念死去的桐壺更衣，派命婦去探訪更衣娘家，命婦將更衣的衣衫、梳具等遺物帶回，這一系列描寫是模仿了《長恨歌》中玄宗命方士去尋找貴妃，方士帶回貴妃的鈿合金釵等情節。《桐壺》卷中，命婦探望更衣母親太君之後，帶回太君所咏的和歌：

いとどしく虫の音しげき浅茅生に露おきそふる雲の上人[②]
蟲鳴動淺茅，似訴怨情身。添得淚如露，宫中雲上人。

"蟲鳴""淺茅"都是爲了表現荒凉寂寞場景所用的和歌用語，太君將更衣死後的宅邸比作"淺茅叢生的地方"。桐壺帝聽後回咏一首：

雲のうへも涙にくるる秋の月いかですむらん浅茅生の宿[③]
淚眼朦秋月，宫中雲上人。淺茅荒野舍，玉桂亦生塵。

和歌中回應太君，也將更衣的娘家稱之爲"淺茅叢生的荒郊舍"，意思是自己在宫中尚且每天以淚洗面，淚眼朦朧連秋月都看不清楚，"淺茅叢生的荒郊舍"又何來秋天的清輝月？

桐壺更衣是在娘家病逝的，其母與桐壺帝的和歌將其病逝之地咏作"淺茅叢生的荒郊舍"，與和歌中將楊貴妃逝去之地咏作"淺茅原野"同出一轍。正如上野英二所指出的那樣，《桐壺》卷在描寫悼念故人的哀傷之情時，是從當時對《長恨歌》的一般性理解當中學到了表現的方法[④]。

從伊勢、道濟和歌中對《長恨歌》繪畫的描述可以想見，平安時代的《長恨歌》繪畫并非將《長恨歌》詩句逐一繪製成畫，而是選取符合這一時代審

① 小林保治編著《唐物語全釋》，笠間書院，1998 年，頁 160。筆者譯。

② 阿部秋生等校注譯《源氏物語》1，《新編日本古典文學全集》，小學館，2002 年，頁 32。

③ 阿部秋生等校注譯《源氏物語》1，《新編日本古典文學全集》，頁 36。

④ 上野英二《長恨歌から源氏物語へ》，《國語國文（50 — 9）》，1981 年，頁 11 — 12。

美取向的部分詩句加以繪製，這與《千載佳句》《和漢朗咏集》等作品摘取詩歌佳句的所謂“摘句”的方法一樣，都是根據日本人的審美進行摘選的結果。從摘選的内容來看，《長恨歌》在平安時代主要是作爲愛情悲劇被接受的，無論是和歌還是繪畫，主要鑒賞的是别離後的悲思，尤其是貴妃死後玄宗的悲傷。

玄宗思念貴妃的相關詩句被摘選出來繪製成繪畫，和歌歌人又在繪畫基礎上吟咏和歌。值得注意的是，“淺茅”“秋風”“蟲鳴”等并不是《長恨歌》本身的内容，《長恨歌》《長恨歌傳》或是《新唐書》《舊唐書》《楊太真外傳》等中國的相關文獻中都没有這類描寫。

雖然今天已無法看到平安時代的《長恨歌》繪畫，但或許可以推測，是畫家描繪的“枯草蟲鳴、淺茅原野”的場景給了和歌歌人靈感，使得“淺茅原野上”成爲日本吟咏《長恨歌》的經典詩句。從《長恨歌》詩句摘選→繪畫→和歌→物語故事的這一發展過程中，可以看到文與圖之間相互催生的有機互動的關係。平安時代對《長恨歌》接受、演繹後形成的獨特的圖文風景——玄宗在秋風中尋訪貴妃逝去之地（淺茅原野），便是在這種有機互動中形成的。

三、“慎政教得失，有厭離穢土之志”：闡發與圖像

平安時代接受《長恨歌》主要在于其抒情性、感傷性，但也有將其用作諷喻的例子。例如，《源氏物語》開篇描寫因桐壺天皇過于寵愛桐壺更衣，使得朝中高官議論紛紛，説唐朝就爲了有此等事，弄得天下大亂，民間也怨聲載道，認爲將來難免會出現楊貴妃那樣的滔天大禍。此處描寫朝廷和民間都聯想到唐朝的楊貴妃，通過引用《長恨歌》故事來諷喻天皇對更衣的專寵。

《今昔物語集》卷十“唐玄宗后妃楊貴妃依皇寵被殺”的故事在結尾部分增加了作者獨特的評語：

> 然而，安禄山殺掉楊貴妃是爲了正天下，皇帝也不能憐香惜玉。從前的人，無論皇帝還是大臣都明白這個道理。[1]

① 山田孝雄等校注《今昔物語集》，《日本古典文學大系》，岩波書店，1965年，頁286。

《今昔物語集》的這個故事一般認爲其出典是上文提及的和歌論著《俊賴髓腦》，但却删减了《俊賴髓腦》中皇帝去曠野淺茅中追憶貴妃的抒情性描寫，增加了政論性文字，强調即便皇帝也不能憐香惜玉，這是“道理”所在。由此可見其叙述態度與《俊賴髓腦》完全不同，出現了由“情”到“理”的變化，還將安禄山塑造成正面形象，稱之爲“賢明有謀略的人”[①]。

同樣是針砭時政，也有用安禄山叛亂來諷喻勸諫的例子。鐮倉時代的軍記物語《平治物語》描寫因後白河上皇寵信藤原信賴，當時的掌權派、著名學者信西入道（藤原通憲，出家後法名爲信西。1106？—1159）找人將安禄山畫入畫卷，製成大三卷進獻給上皇。

人の奢りひさしからずしてほろびし事を申さんが爲に、安禄山を繪にかゝせて、大なる三卷の書を作てまいらせたり。是を叡覽ありしかど、信頼が寵愛いやめづらかにぞ聞えける。”[②]

驕奢之人不長久，必會衰亡。爲進諫此事，特意讓人畫安禄山之畫，製成大三卷進獻。皇上睿覽，但對信賴却愈加寵愛。

信西進諫在歷史上確有此事，發生在平治之亂前夕。平治之亂是指平治元年（1159）十二月源義朝和藤原信賴發動的叛亂，他們軟禁了後白河上皇，還殺害了信西。後來，九條兼實（1149—1207）看到了信西進獻的這幅畫卷，在日記《玉葉》中記録如下。

抑長恨歌繪相具天，有一紙之反故，披見之處，通憲法師自筆也。文章可褒，義理皆顯。感嘆之餘，寫留之其狀云：

唐玄宗皇帝者，近世之賢主也，然而慎其始棄其終，雖有泰岳之封禪，不免蜀都之蒙塵。今引數家之《唐書》及《唐曆》《唐紀》《楊妃内傳》勘其行事，彰于畫圖。伏望後代聖帝明王披此圖，慎政教之得失。又有厭離穢土之志，必見此繪福貴不常、榮樂如夢，以之可知歟！以此圖永施入寶蓮華院了，于時平治元年十一月十五日，彌陀利生之日也。

沙彌　在判

① 原文爲“心賢ク思量有ケル人ニテ”。

② 永積安明等校注《保元物語平治物語》，《日本古典文學大系》，岩波書店，1966年，頁192。

此圖爲悟君心，予察信賴之亂，所畫彰也。當時之規模，後代之美談者也。末代之才士，誰比信西哉？可褒可感也！[①]

九條兼實對信西進獻“長恨歌繪”一事大加贊美，説他預察到信賴之亂，爲“悟君心”而獻畫，是“後代之美談”。不僅如此，他還將所看到的信西親筆書寫的跋文記録了下來，成爲今天瞭解這部未能留存下來的“長恨歌繪”的重要資料。

從這段文字來看，信西製作這部繪卷參考了很多《長恨歌》以外的典籍，引用了數家之《唐書》，以及《唐曆》《唐紀》《楊妃内傳》等多種著述的内容，考察唐玄宗種種“行事”并“彰于畫圖”，以此來規諫上皇。如果《平治物語》的描述是可靠的，這部大三卷的“長恨歌繪”將安禄山也畫入其中，那麼此處規諫的重點與其説是對楊貴妃的寵愛，不如説是對安禄山的寵幸。

中國明代大學士張居正爲了供年幼的明神宗閲讀編撰了《帝鑒圖説》，其中與唐玄宗相關的内容共有八則，下卷有一則題爲“寵倖番將”，文字部分記録了唐玄宗和安禄山的幾件逸事，插圖則描繪了其中一件：唐玄宗在勤政樓宴請群臣時，專門于御座東間放一個坐榻讓安禄山就坐，還讓人卷起簾子，在百官面前彰顯對他的寵愛。

信西製作的是大三卷的畫卷，而非單張插圖，與《帝鑒圖説》形制完全不同。但從《唐書》《唐曆》等多種著述中摘選玄宗的“行事”，又將安禄山畫入圖中用以規諫，方法上與《帝鑒圖説》有一定的共同點。

不過信西畫卷的内容應該主要還是《長恨歌》描寫的玄宗貴妃的故事，否則九條兼實也不會稱之爲“長恨歌繪”了。信西在跋文中説希望後世君王看到畫卷可以“慎政教得失”[②]，這與《帝鑒圖説》的功能也很相似，是讓君主引以爲鑒，在政教得失方面要謹慎克己的意思。

但是跋文接下來話鋒一轉，説若有厭離穢土、欣求净土之志也應當看此畫，説希望後世君主能够從畫中領悟“福貴不常、榮樂如夢”的無常觀，這

① 黒川真道、山田安楽校訂《玉葉》，國書刊行會，1906 年，頁 736 — 737。

② 吴兢《貞觀政要 · 求諫》：“太宗威容儼肅，百僚進見者，皆失其舉措。太宗知其若此，每見人奏事，必假顔色，冀聞諫諍，知政教得失。”

就從諫政之意一下轉到了佛教語境，宣導佛教思想。

有學者曾指出《長恨歌》與佛經文學的關係，認爲《長恨歌》摻雜着佛教因果報應和諸行無常思想，是受到了《歡喜國王緣》《目連變文》等變文講唱的影響[①]。《長恨歌》中楊貴妃之死并不是悲劇的告終，貴妃成爲蓬萊仙女實現了重生。詩中臨邛道士、蓬萊仙境、排空馭氣的法術等看似都是道教元素，但深層却蘊含着佛教靈魂再生的思想。佛教認爲一切衆生都是在天、人、阿修羅、畜生、餓鬼、地獄"六道"中循環往復的，玄宗貴妃的"天人相隔"便是基于佛教"輪回"的思想。

信西（藤原通憲）之子藤原成範的《唐物語》成書于十二世紀末到十三世紀初，共收録了二十七個中國故事，第十八篇《玄宗皇帝與楊貴妃的故事》是作品篇幅最長的一篇。故事主要内容與《長恨歌》《長恨歌傳》一致，也采録了《新》《舊唐書》和《楊太真外傳》的一些内容。篇末評語引用白居易《李夫人》的"人非木石皆有情"和"不如不遇傾城色"，并從佛教角度闡述了作者的感悟。

> 這樣的事并非衹是在皇帝身上才會發生。人非木石皆有情。從古至今，無論高低貴賤、聰明愚蠢，没有人不入此道。而一旦入了此道，就不會不執迷。所以最好是不要碰上讓人心動的美色。世間皆如夢幻，終究逃脱不了八苦，應當厭世。天上雖然有無盡歡樂，但也難免五衰，不值得期待，生在那裏也没有意思。所以應當厭三界，一心只求九品。但是即使祈求往生極樂，却還留執念在此世，就好像不解纜繩却要下船一樣。而如果不祈求往生極樂的話，就好像把車轅横過來駕車一樣。如果既厭世又祈求極樂，就一定能度過苦海到達極樂世界，不容置疑。絶不能回歸難出離的惡道，一定要到達易去的净土。[②]

玄宗貴妃承受的"天人相隔"的痛苦在佛教中是三界"八苦"中的"愛别離苦"。作者在"世間皆如夢幻"的無常觀基礎上，認爲現世逃不了"八苦"，

---

① 陳允吉《從〈歡喜國王緣〉變文看〈長恨歌〉故事的構成——兼述〈長恨歌〉與佛經文學的關係》，《復旦大學學報》，1985年第3期，頁155。

② 小林保治編著《唐物語全釋》，頁170—171。

天上也躲不過“五衰”，所以應當“厭離穢土、欣求净土”。

藤原成範的這段評語可以説是繼承了父親信西對“長恨歌繪”的理解，也像是對信西跋文中“又有厭離穢土之志，必見此繪福貴不常、榮樂如夢，以之可知”這段話的具體闡釋。可見，藤原通憲、成範父子是用同一内在邏輯來理解和解讀《長恨歌》的。

信西的“長恨歌繪”没有留存下來，也無法得知其中是如何表現“福貴不常、榮樂如夢”的無常觀的，但因爲《長恨歌》的故事本身就藴含了無常思想，也或許信西的跋文只是在對《長恨歌》故事從佛教角度進行闡發。這不僅因爲他本人是出家僧侶，也和日本中世佛教盛行的大背景有關，當時流行的“追善願文”（爲死者禱告、祈求冥福的禱告文）和“唱導文”（記録僧侶講經説法、宣傳佛教教義的文章）中都會舉楊貴妃之例來説明“愛别離苦”，祈禱極樂往生，以此爲死者祈福，宣揚佛教思想[①]。

大膽地推測，信西的“長恨歌繪”既包括《長恨歌》的主要内容，又包括《長恨歌》以外與安禄山相關的内容。與安禄山有關的内容是爲了勸諫後白河上皇，用安禄山暗指得寵驕縱的藤原信賴；與《長恨歌》相關的主要内容則是爲了闡發“福貴不常、榮樂如夢”的佛教無常觀，宣導“厭離穢土、欣求净土”的佛教思想。

四、“在天願爲比翼鳥”：變異與圖像

到了近世也就是江户時代，出現了更多元、更豐富的《長恨歌》畫作，還有大量以《長恨歌》爲題的繪卷、繪本。

江户時代《長恨歌》的流播情況大致可以分成兩類：一類是基于且基本忠實于《長恨歌》原文的圖文作品，另一類則是偏離《長恨歌》原文或基于周邊資料的圖文作品。

第一類作品包括注釋書、繪卷、繪本及屏風畫等。注釋書有片假名文體的《長恨歌抄》（大東急文庫藏慶長版、寛永版《長恨歌抄》等，無插圖）；

① 參考拙著《永遠的“唐土”——日本平安朝物語文學的中國叙述》，北京大學出版社，2016年，頁297—299。

平假名文體的《長恨歌抄》(《長恨歌圖抄》[1677]、《長恨歌新抄》[1689]、《楊貴妃物語》[1658—1672]等，有插圖)[①]；繪卷有上述狩野山雪的《長恨歌圖》(有圖無文)及一系列的《長恨歌》繪卷和繪本(有文有圖)，據統計已確認的有十二部繪卷和五本繪本[②]。屏風有狩野山雪的《明皇貴妃圖屏風》(京都國立博物館藏)等。

第二類作品有净琉璃《楊貴妃物語》(作者不詳，寬文三年[1663]本屋太兵衛版)，書中描寫唐玄宗派方士去尋找楊貴妃魂魄，方士在蓬萊山(日本的熱田)找到了已成爲熱田大明神的貴妃，後將軍司馬頓借白樂天之計平定叛亂，玄宗得以回京。由于這一時期流行唐玄宗楊貴妃故事圖，还有很多基于周边資料的繪畫，例如《風流陣・明皇蝶幸圖屏風》(MOA美術館藏)、《護花鈴・并笛圖屏風》(普賢院藏)、狩野常信(1636—1713)筆《明皇花阵圖》(山種美術館藏)等，主要資料是五代王仁裕的《开元天寶遺事》，着重描繪唐代宮廷風俗風情。

狩野一溪(1599—1662)在畫論《後素集》中列舉了當時不同主題的繪畫作品，據村木桂子的統計，其中“帝王”項下共有37件作品，“玄宗”相關的就有16件；“美人”項下有36件，楊貴妃相關的有15件；其他項目中“仕臣”2件、“器用”2件、“仙女”1件、“隱逸”1件也是與之相關的。也就是説，總共有37件繪畫作品與唐玄宗楊貴妃相關，其中以《開元天寶遺事》爲出典的有13件[③]。

針對第一類基于且基本忠實于《長恨歌》原文的圖文作品，筆者重點考察了收藏在大阪大谷女子大學圖書館(以下簡稱大谷本)、日本國文學研究資料館(以下簡稱國文研本)、聖德大學圖書館(以下簡稱聖德本)、牛津大學波德利圖書館(BodleianLibrary，以下簡稱牛津本)以及立教大學圖書館(以

① 國田百合子對包括片假名和平假名在内的八個版本的《長恨歌抄》進行了翻字、校異。參見國田百合子《〈長恨歌〉〈琵琶行〉抄諸本の國語學的研・翻字校異編》，おうふう社，1983年。

② 小林健二《〈長恨哥〉繪卷解題》，辻英子編著《在外日本重要繪卷選・研究編》，笠間書院，2014年，頁700—701。

③ 村木桂子《室町時代における玄宗、楊貴妃イメージ——南禅寺所藏〈扇面貼交屏風〉を手がかりに》，《同志社大學日本語、日本文化研究》第12號，2014年，頁114—115。

下簡稱立教本）的五個版本的《長恨歌繪卷》。

《長恨歌》注釋書與《長恨歌》繪卷之間往往有着複雜的互文關係，例如狩野永納《長恨歌圖抄》中的插圖均以父親狩野山雪的《長恨歌圖》爲粉本。本文考察的五部繪卷的内容與《楊貴妃物語》基本一致，其共同底本應該都是《楊貴妃物語》。《楊貴妃物語》并非上述第二類作品中同名的净琉璃，而是第一類的《長恨歌》注釋書，又稱《長恨歌抄》，築波大學中央圖書館藏本是現存的完本，其上册外標題爲《楊貴妃物語》，中下册内標題則爲《長恨歌抄》[①]。

根據坂卷甲太、菊池真一的研究，《楊貴妃物語》是淺井了意在對清原宣賢的《長恨歌抄》(《宣賢抄》)進行改編的基礎之上，于江户初期的萬治、寬文年間（1658—1672）創作而成，其中插圖與淺井了意的《堪忍記》相似，也有可能是出自淺井了意之筆[②]。十七世紀江户前期流行製作繪卷繪本，淺井了意順應時代潮流，將《宣賢抄》改編成爲帶插圖的《楊貴妃物語》，而這又引發了新的潮流，在此基礎上陸續製作出很多繪卷和繪本。上述五部《長恨歌繪卷》應該都是在這一背景之下製作而成的。

五個版本的《長恨歌繪卷》除了大谷本略有研究論文以外[③]，其餘的尚未受到充分關注。目前，大谷本和國文研本分别在大谷大學圖書館和國文學研究資料館網站上公開[④]，牛津本在辻英子的《在外日本重要繪卷選·影印篇》[⑤]中有全文影印和介紹，聖德本在《在外日本重要繪卷選·研究篇》[⑥]中有全文、圖片和内容解説，立教本尚未公開[⑦]。另外，大谷本、國文研本和聖德本是完

① https://kotenseki.nijl.ac.jp/biblio/100000656/viewer/1

② 坂卷甲太《淺井了意關係新資料〈やうきひ物語（長恨歌抄）について〉》，《近世文藝》25·26合并號，1976年；菊池真一《〈やうきひ物語〉の作者について》，《近世文藝》32號，1980年。

③ 村木桂子《〈長恨歌繪〉の變容——奈良繪系〈長恨歌繪卷〉を手がかりに》，《美學藝術學》25號，2009年；小林健二《〈やうきひ物語〉と〈長恨歌繪卷〉——江户時代前期における繪卷製作の様相》，《大谷女子大國文（16）》，1986年。

④ http://www2.osaka—ohtani.ac.jp/chougonka/index.html（大谷本），http://codh.rois.ac.jp/pmjt/book/200016476/（國文研本）。

⑤ 辻英子編著《在外日本重要繪卷選·影印篇》，東京：笠間書院，2014年。

⑥ 辻英子編著《在外日本重要繪卷選·研究篇》，東京：笠間書院，2014年。

⑦ 筆者調查時承蒙立教大學小峰和明名譽教授提供了圖片資料，在此表示感謝。

本，牛津本下卷缺失，立教本中上卷缺失。

這五個版本的《長恨歌繪卷》“詞書”（即繪卷文字部分）除了存在脱漏的情況[①]以及漢字、假名表記等細微區别之外，基本都與《楊貴妃物語》保持一致。

《楊貴妃物語》的基本結構是先有序，叙述楊貴妃入宫、安禄山受寵、安禄山討伐楊國忠等情節，然後將《長恨歌》的詩句逐句列出，分别加以注釋，最後還有一個結語。除去缺失部分以外，幾個版本的《長恨歌繪卷》也均爲此結構。

淺井了意的《楊貴妃物語》是對《宣賢抄》的改編創作，清原宣賢是室町時代的國學、儒學家，淺井了意則是江户時代的假名草子[②]作家，二者風格自然也有所不同。《楊貴妃物語》雖以《宣賢抄》爲底本，却又并非完全照搬，有删減，亦有增補，增加了一些生動有趣的典故、傳説以及富有感情色彩的文學性描寫等，增强其作爲讀物的可讀性。

關于繪畫部分，五部繪卷以《楊貴妃物語》爲粉本，插圖也大體相似，但每部繪卷都有新增的、其他繪卷所没有的獨創繪畫，以此來凸顯自身創意和特點，這也是製作繪卷時提高其商業價值的手段之一。

《楊貴妃物語》共 3 卷 3 册，15 幅插圖（上卷 6 圖，中卷 5 圖，下卷 4 圖）。序言部分有 3 幅圖，第二圖是一幅安禄山的入浴圖，安禄山坐在澡盆裏，身邊圍着幾名侍女，玄宗、貴妃二人坐在椅子上觀看（圖 3）。該圖對應的是序言中楊貴妃給安禄山行三日洗兒禮的逸事，出典是唐人姚汝能的《安禄山事迹》：“（安禄山生日）後三日，召禄山入内，貴妃以繡綳子綳禄山，令内人以彩輿舁之，歡呼動地。玄宗使人問之，報云：‘貴妃與禄山作三日洗兒，洗了又綳禄山，是以歡笑。’玄宗就觀之。”[③]

① 牛津本和立教本不僅非完本，也有不少文字脱漏情況。

② 江户初期用假名創作的通俗性文藝讀物，往往是對漢籍進行翻案，用假名將原典改寫爲通俗易懂的文章，以達到啓蒙教化之目的。

③ 姚汝能撰，曾貽芬點校《唐宋史料筆記叢刊·安禄山事迹》，中華書局，2006 年，頁 82。

圖 3 《楊貴妃物語》第二圖（左）、大谷本第二圖（右）

《宣賢抄》雖然也記録了這個逸事，但説明只是一個"雜説"而已，《楊貴妃物語》却將其選作插圖，和其他描繪《長恨歌》詩句内容的插圖混爲一體。五部繪卷又都沿襲了《楊貴妃物語》，這就造成了這個系列的《長恨歌繪卷》都有一幅安禄山入浴圖（立教本上卷缺失），反映了這一時期《長恨歌》流播中世俗性、娱樂性的一面。

上文提到，平安時代接受《長恨歌》的一個重要方法是摘選，從摘選的内容來看，無論是詩歌還是繪畫，主要鑒賞的并非《長恨歌》前半部分二人相愛的場景，而是別離後的悲思，尤其是貴妃死後玄宗的悲傷。

相比之下，江户時代的《楊貴妃物語》和《長恨歌繪卷》以整部作品爲對象，亦有多幅畫圖描繪玄宗、貴妃的恩愛場景，《楊貴妃物語》4 幅，大谷本 4 幅，國文研本 3 幅，聖德本 4 幅，牛津本 4 幅，且完整版本的最後一幅圖都位于"在天願爲比翼鳥，在地願爲連理枝"詩句之後，描繪方士與貴妃相見，或是貴妃將信物托付給方士，暗示玄宗與貴妃愛情的忠貞與長久[①]。

《源氏物語・賽畫》卷描寫光源氏挑選賽畫的作品時，説"惟描寫長恨

① 關於這五部繪卷的情况，擬于另文詳細探討。

歌與王昭君的畫，雖然富有趣味，意義未免不祥，故此次決定不予選用"[①]，可見在平安時期《長恨歌》是作爲愛情悲劇被接受的，由于其悲劇性，《長恨歌》繪畫也不被用于正式喜慶的場面。而到了江户時期，其悲劇性被大大削弱，據村木桂子的考證，《長恨歌繪卷》《長恨歌屏風》甚至被用作女性出嫁時的嫁妝、婚禮等喜慶場面的裝飾擺設[②]。

關于繪卷的製作背景，小林健二指出，江户前期雖已有大量的插圖本和繪本，但富裕商人、武士階層等不滿足于此，于是就出現了面向這些階層特别製作的繪卷，製作主體是扇子工坊等作坊，往往裝幀華美[③]。

結合本文考察的五部《長恨歌繪卷》的文圖特點來分析，一方面《長恨歌繪卷》全都以《楊貴妃物語》爲粉本，呈現出程式化傾向。這與繪卷的商品化、作坊式生産有關，因爲在現成粉本的基礎上製作的話速度快、效率高。另一方面，繪卷是面向富裕階層特别製作的，不僅製作精美，同時爲了凸顯每部繪卷的價值和新意，又往往會有一定程度的求新求變，這就體現在每部繪卷都有獨創的繪畫之上。

總之，無論是《楊貴妃物語》還是在其基礎上製作的《長恨歌繪卷》都有着這個時代的特點，那就是世俗化、趣味化，悲劇性被削弱，甚至出現了將之用于正式喜慶場面的價值轉换。

結語

通過以上對《長恨歌》在古代日本流播情况的梳理，可以看出《長恨歌》在古代日本的文化語境下被解讀、被演繹的過程與圖像密切相關，可以説，圖像對文學經典的傳播起到了重要的推進作用。

關于語言與圖像的關係，趙憲章指出："圖像對于語言的模仿實則是前者對後者的篩選，并以其'可悦'原則改變了前者的所指。在這一過程中，

① 豐子愷譯《源氏物語》，人民文學出版社，2006年，頁307。

② 村木桂子《〈長恨歌繪〉の變容——奈良繪系〈長恨歌繪卷〉を手がかりに》；村木桂子《陽和院書状にみる〈長恨歌圖屏風〉——元禄十四年の屏風製作の一例》，《關西大學東西學術研究所紀要(52輯)》，2019年。

③ 小林健二《〈やうきひ物語〉と〈長恨歌繪卷〉——江户時代前期における繪卷製作の様相》。

圖像只能將語言文本的某些部分圖繪在有限空間，并且只能選擇圖像可以顯現的部分，這部分當然是最具‘悦目’性的表徵。”[①]

平安時代的“長恨歌繪”描繪的是經過“摘選”之後的《長恨歌》詩句中的“可悦”部分，且不限于此，還描繪了語言文本中没有的秋風、蟲鳴、枯草等内容；信西製作“長恨歌繪”的目的是爲了勸諫君主，因此“可悦”的部分應該是要能“悟君心”的内容，因此他有目的地從多種著述中尋找文本依據。至于他希望後代君主能够領悟的“福貴不常、榮樂如夢”的無常觀是否體現在了圖像裏就無從得知了。江户時代的《楊貴妃物語》和《長恨歌繪卷》將安禄山入浴的逸事選作插圖，説明這部分也是“可悦”的，反映了江户時代的世俗趣味。

透過《長恨歌》在古代日本的流播這一個案來思考中國文學經典在國外傳播中文學與圖像的關係，文學經典可以借助圖像獲得更廣泛更有效的傳播，這一點毋庸諱言。《長恨歌》在古代日本的各個時代都借助“可悦”的圖像符號，使抽象的詩歌語言轉化爲易于理解接受的圖像，推動了《長恨歌》的傳播和普及。

然而更值得關注的是，在這一過程中，圖像又并非只是對語言藝術的簡單模仿和再現，圖像也可以成爲新的語言藝術産生的靈感和媒介。平安時代的屏風歌就是從描繪原文詩句的屏風畫中獲取了靈感吟咏而成，日本所特有的“淺茅原野上”等詩句很有可能正是在圖像的基礎上産生的。圖像將抽象的詩歌語言轉化爲具體的視覺藝術形式，展現出别樣的魅力，同時又給了日本文學家新的靈感。

① 趙憲章《語圖傳播的“可名”與“可悦”——文學與圖像關係新論》，《文藝研究》，2012年第11期，頁32。

僞撰中的白居易及其文學

——真福寺藏《往生净土傳》的編撰意圖

李銘敬

一、遼代文獻與真福寺藏《往生净土傳》

遼代（907—1125）律宗與净土宗高僧非濁（？—1063），字貞照，俗姓張氏，其先範陽人。師活躍於遼代佛教最爲發達的興宗（1031—1055 在位）和道宗（1055—1101 在位）時期，據其弟子僧真延所撰《非濁行狀記》[①]：重熙（1032—1055）初年，禮故守太師兼侍中圓融國師爲師。八年冬，興宗詔賜紫衣；重熙十八年，勅授上京管内都僧録；秩滿後，授燕京管内左街僧録；重熙二十四年（即清寧元年，1055），興宗駕崩，道宗以師受眷先朝，乃恩加崇禄大夫、檢校太保；清寧二年，加檢校太傅太尉；師搜訪闕章，聿修睿典，撰《往生集》二十卷進呈，道宗嘉贊久之，親爲帙引，尋命龕次入藏。清寧六年春，敕受燕京管内懺悔主菩薩戒師；清寧七年二月，設壇於奉福寺，懺受之徒，不可勝紀；清寧九年四月示寂，告終于竹林寺。

《行狀記》中所記《往生集》，全名爲《新編隨願往生集》，是遼代佛教往生文學代表之作。《行狀記》按照年代順序記事，據此大致可以推測，此書乃

作者單位：中國人民大學外國語學院

① 朱彝尊《日下舊聞》，國家圖書館古籍部藏康熙二十七年（1688）九月六峰閣藏。

清寧二年(1056)前後編撰而成。《至元法寶勘同總録》[1]卷第十《弘法入藏録所記東土聖賢集》著録云:"《新編隨願往生集》二十卷,沙門非濁集,上一集、二十卷、二帙,禪、主二號"。由此可見,此書至遲在元代尚見流通。1090年高麗國王子義天(1055—1101)所撰《新編諸宗教藏總録》[2]第三卷及其文集《大覺國師文集》[3]卷第十一所收《答大宋元炤律師書》中均有記載。日本鎌倉時代初期東大寺宗性上人(1202—1292)自抄本《彌勒如來感應指示抄》[4](第三)之中,亦載有關於此《往生集》卷第七至卷第二十當中是否存有關於彌勒如來之記叙内容的筆記。據塚本善隆先生的研究,真福寺所藏假托北宋桑門戒珠之名輯録而成的三卷本《往生净土傳》即是依據此書之内容而改編的作品[5]。此外,横濱市金澤文庫所藏《漢家類聚往生傳》(殘本,僅存中卷)亦是依據此書編譯的作品[6]。宋遼時期邊禁甚嚴,遼書嚴禁入宋,此書僅有可能假義天之手自朝鮮半島傳入北宋(參見《答大宋元炤律師書》),然是否送達,則不得而知。元代以後,該書遂散佚無存。故此,儘管現存兩文獻是僞撰或編譯之殘篇,但就遼代文獻之保存和流通而言,誠可謂吉光片羽,彌足珍貴!除此書之外,非濁另有《三寶感應要略録》(三卷)一書,亦見存於日本,對於平安時代晚期的説話文學巨作《今昔物語集》以及後來的《私聚百因緣集》《三國傳記》等説話集皆産生了巨大影響[7]。

《往生净土傳》現存兩個寫本,分别藏於名古屋市内的真福寺(亦稱"大須觀音寺")與七寺(亦稱"長福寺")。真福寺藏本三卷三帖,共收

① 《大正新修大藏經》别卷《昭和法寶總目録》第二卷所收,昭和四年(1929)。

② 峰岸明編《新編諸宗教藏總録》,《高山寺資料叢書》第十七册,东京大學出版會,1988年。

③ 《韓國佛教全書》所收《大覺國師外集》卷三,東國大學校出版部,1990年。

④ 東大寺圖書館藏。

⑤ 塚本善隆《日本に遺存せる遼文學と其の影響》,《日支佛教交涉史研究》,弘文堂書房,1944年;《塚本善隆著作集》六,大東出版社,1974年。

⑥ 高雄義堅《金澤文庫新出漢家類聚往生傳に就いて》,《竜谷學報》310,1934年。

⑦ 李銘敬《日本仏教説話集の源流(研究篇)》第二部第一章《〈三寶感應要略録〉受容史概説》,勉誠出版,2007年;李銘敬《〈今昔物語集〉諸校注本における〈三寶感應要略録〉関係説話の出典注をめぐって》,小峰和明編《東アジアの今昔物語集:翻澤・变成・予言》,勉誠出版,2012年;李銘敬《〈三國傳記〉における〈三寶感應要略録〉の出典研究をめぐって》,李銘敬、小峰和明編《日本文學のなかの〈中國〉》,勉誠出版,2016年。

載一一六人之往生傳，據寫本所附識語可知，是僧人乘忍于日本建長六年（1254）於法花山寺據嘉禄三年（1226）十月寫本抄出的轉抄本，而原本的持有者可能是法花山寺創立者、佛教說話集《閑居友》的著者慶政上人（1189—1268）[①]。七寺藏本爲卷子本，三卷，書寫年月不明，據推測當爲平安末期寫本[②]，共收録六十一人之往生傳，全部囊括於真福寺藏本所收一一六則之中，抄出的順序和三卷的構成情況亦與之完全一致。雖然抄寫品質不如真福寺本，但亦多有可訂正真福寺本誤寫之處。

另外，東大寺尊勝院宗性上人曾於寶治二年（1248）據《往生净土傳》某寫本抄録過其中的一些條目；近世净土宗學僧義山上人著述《法然上人行狀繪圖翼贊》之時，亦曾搜集到一個與七寺本類似的殘缺本[③]。由此可知，此僞作《往生净土傳》在平安末期至鐮倉時期曾廣爲傳播，以至於近世尚有除真福寺與七寺兩藏本之外的寫本傳存。真福寺藏本已被指定爲日本重要文化財，昭和四十年（1965）對全帖實施了修補，《真福寺善本叢刊》第二期第六卷《傳記驗記集》收録了此寫本的影印版[④]。

二、《往生净土傳》的僞撰問題

關於《往生净土傳》的僞撰問題，塚本已有精湛的研究，其判斷此書爲僞撰的依據，主要着眼於其序文的內容與行文特徵：北宋戒珠實有《净土往生傳》三卷存世，將僞撰與戒珠實作之兩書序文加以比對，內容則完全不同；僞撰的序文內容多爲撮抄、連綴平安中期至鐮倉初期盛行的各種日本著述而成，含有濃厚的日文文法特徵。在此列其序文，略加復述。

①蓋聞末法萬年，餘經悉滅；彌陁一教，利物偏增。珠生像季，伏

① 美濃部重克校注《閑居友》，三彌井書店，1974年。

② 湯谷祐三《七寺本〈往生净土傳〉とその周辺》，《七寺古逸經典研究叢書》五，大東出版社，2000年。

③ 塚本善隆《日本に遺存せる遼文學と其の影響》。

④ 《真福寺善本叢刊》第二期第六卷《傳記驗記集》所收山崎誠撰《往生净土傳解題》，臨川書店，2004年；黑板勝美《真福寺善本目録》，1935年。

膺至聖語，兹言允哉。夫以離垢净王，昔發願於六八而成就衆生；無量壽佛，今構土於一九而以論其終。②此土有情與彼佛有大因緣，彼佛與此土有情在感應明矣。賢愚貴賤同念、刻彫彩織共爲首，乃至印水聚沙、童子戲笑，莫不率以爲依怙。非唯觀相即得往生，屠牛販雞者暫稱亦得。③釋子迦才《净土論》中現得往生者二十人，沙門文諗《瑞應傳》内果所念者五十人，其餘不書者誰知少多千萬？所記異相往生人，録爲三卷，號《往生净土傳》。見者勸其心，聞者固其志，末法巨益莫大矣。[1]

具體而言，塚本指出了以下三點：其一，開頭①的對句引自《西方要訣》一書。塚本認爲此書雖題爲唐大慈恩寺沙門基撰，實則乃是在日本撰述的僞書，平安中期以來廣爲日本净土宗所用。其二，②的内容實際上是依據平安朝以來最受歡迎的白居易作品（見於《畫西方净土幀記》和《繡西方净土幀贊》）而改寫的。其三，最後一節③是套用平安中期慶滋保胤撰《日本往生極樂記》的序文而編寫的。又因文中假以戒珠口吻進行叙事（"珠生像季"），故塚本推測此序文當是宋戒珠撰《净土往生傳》在日本被知曉之後，僞撰者摘録上述日本盛行的諸作品而連綴成篇的。

同時，塚本還指出卷中第二十則《沙門智臻觀九品净刹往生净土》中存在着僞撰者故意將遼代年號改爲北宋年號的現象。爲了進一步明確這一事實，兹將該往生傳與金澤文庫本《漢家類聚往生傳》卷中所收録的同一則故事對比如下：

《往生净土傳》卷中《沙門智臻觀九品净刹往生净土第二十》

沙門智臻者，深得净土教意，依《觀經》九品净土，夢其神淩空到西方净土，住立門側，有一童子引臻右手入門中，廣博嚴净過聖教所説，九品净土一一見之了。參佛前，佛言："汝早還娑婆世界，告知我土相。我净土廣大無邊際，化佛隨緣，無量無邊，皆名阿彌陀佛。而于其中有卅六萬億一十一化身攝取十方念佛衆生，又一萬九千五百化佛爲新生菩薩説法，所現之身皆金色，或丈六或八尺，隨其差品，種種不同。釋迦

① 《真福寺善本叢刊》第六卷《往生净土傳》（影印本）。筆者翻録整理。

所化九品是大分也。”禮佛受教而出門，即寤。太平興國五年五月五日圖所見净土相，普勸信心，願見聞隨喜，同生净土。智臻見在，向珠説之而已。[1]

《漢家類聚往生傳》卷中第六・諸相觀念・僧《沙門智臻觀九品净剎往生净土》

净土教文心得，觀經依九品净土觀，夢見□□空淩西方至，大門外立。童子一人來，右□□門内入，見莊嚴眼曜，言語道絶。九品净土，□□□見。即佛前參，佛言：“化佛像，無量無邊，□□□名。其中三十六萬億一十化身十方念佛□，又一萬九千五百新生菩薩法説。顯□皆金色也，或丈六或八尺，品隨數數也。□□説給所九品，只大樣也。”言，其後佛禮□受，門出念，夢覺。其後，大平五年□月五日夢見所净土有様書，人勸。此□之見，隨喜者同極樂往生爲誓。智臻自此事語，隨此注云。[2]

兩相比對，可以清楚地看出兩則往生傳中出現的年號以及篇尾部分在表述上的不同之處：

太平興國五年五月五日 → 大平五年五月五日
智臻見在，向珠説之而已 → 智臻自此事語，隨此注云

“大平興國”與“大平”中的“大”，乃“太”字之誤寫，日本古寫本中常有此誤。《漢家類聚往生傳》乃是對於原作之漢文按照日文訓讀法翻譯之後的文章，屬於直譯文，很顯然，這裏的“大平五年”即是遼聖宗年號“太平五年（1025）”的誤寫。而在《往生净土傳》中，則被改作爲北宋的“太平興國五年（980）”，這與後面的“智臻自此事語”被改爲“智臻見在，向珠説之而已”是前後呼應、

① 《真福寺善本叢刊》第六卷《往生净土傳》（影印本）。筆者翻録整理。下引《往生净土傳》文字同此。

② 《漢家類聚往生傳（中）》，金澤文庫藏本。筆者申請複製并翻録整理，破損處以“□”示之。下引《漢家類聚往生傳（中）》文字同此。

連動一起的篡改。這一改寫看似周密，却恰恰暴露了僞撰者的無知：殊不知太平興國五年（980），戒珠（985—1077）方才五歲，豈可有作品面世？顯然，僞撰者對於戒珠其人缺乏最基本的瞭解。塚本的這一發現，爲《往生净土傳》是一部僞書提供了有力證據。

真福寺藏本所收一一六則之中，絶大多數皆爲據遼僧非濁的《新編隨願往生集》編録的，但爲了掩蓋這一事實，故意將遼之年號改换爲北宋的年號，且假北宋名僧戒珠之口吻對原文作了改動。那麽，如此費盡心思的偷梁换柱，其背後的目的何在？對此，塚本認爲：僞撰者并非出於單純要編撰故事文學之興趣，而是以勸導净土信仰爲目標。之所以假托北宋戒珠取代遼代非濁，原因首先在於日本的事大主義：當時日本佛教仍以中國爲祖師，中國高僧的言行和著述被認作是最高權威，出自中國高僧之手的往生傳成爲當時佛教界勸導净土信仰的有力證明，而北宋戒珠的《净土往生傳》更是宋代往生傳作品的先驅和範本。其次，就當時的日中佛教交流而言，日本僧徒只與宋代交往，對於遼、契丹的瞭解極爲貧乏，非濁的傳記更是不甚了了。再次，當時的印刷術尚不發達，二十卷的大部頭《新編隨願往生集》在流通和勸化僧俗方面都不甚方便，戒珠的作品和名字雖然已有所聞，但從當時法然等人的著作中的引用情況來看似乎尚未流傳，因此，改編非濁作品、抽取其中的彌陀往生故事而假以戒珠之名的僞撰作品遂得以出籠，并獲得了廣泛流行。

此外，關於僞撰的時間，塚本依據日本院政時期的説話集（短篇故事集）《今昔物語集》（1110年前後？）中大量采録了來自非濁撰《三寶感應要略録》中的故事而未使用《新編隨願往生集》，以及日本净土宗開創者法然（1212年入寂）已經接觸到了《新編隨願往生集》或此書（《往生净土傳》）等一系列情況，認爲此書當編成於十二世紀，或至遲不晚於十三世紀初期。進一步説，此書或許是十二世紀後半期京都一帶僧徒自《新編隨願往生集》中抄出、假托宋代戒珠之名而推出的僞作[①]。

應該説，塚本關於此書乃日本人假北宋戒珠之名的僞作以及關於僞作的事實依據和成書的大致時間等考證結果無疑是正確的。但是，其僞作動機果

① 塚本善隆《日本に遺存せる遼文學と其の影響》。

真如塚本所言“僞作者并非出於單純要編撰故事文學之興趣，而是以勸導净土信仰爲目標”嗎？筆者以爲，塚本的研究主要着眼於探討僞撰《往生净土傳》與《新編隨願往生集》的事實關係以及在日本的傳播情況，對於此書的僞撰意圖及其具體内容等問題未作深究，比如：與白居易相關的内容、序跋文與僞撰者的編撰意圖有何内在關聯？三卷一一六則故事是否都采自非濁的作品？諸如此類的問題，有待於作進一步深入的考察和明確。在此，筆者就這些内容略作考述。

三、僞撰中的白居易及其作品

真福寺藏本《往生净土傳》所載一一六則往生故事中，包括上卷四十則與中卷前二十則的僧往生傳、中卷後二十則的尼往生傳、下卷三十六則的世俗往生傳。然而，此一一六則往生故事似乎并非皆取自非濁所撰《新編隨願往生集》。且看卷中第十三則《釋元照行禮懺往生净土》：

《往生净土傳》卷中《釋元照行禮懺往生净土第十三》

釋元照者，戒珠無垢，智行相兼，偏重淨土教。誦《小阿彌陁經》爲净土業，自撰《求生净土禮懺行法》一卷，以勸他人。入道場禮懺，見三生行道處，更感化佛，問往生要。臨終之時，說一偈已，向西合掌壽終。偈曰：“一生懺行法，超百千劫死（一作“超百劫生死”），往生安樂國，當還利衆生。”其行法文，見在流通矣。

本文題目中的“元照”，在目録題目中爲“元昭”。義天撰《新編諸宗教藏總録》（1090）卷一“小阿彌陁經”中著録“《求生净土禮懺行法》一卷，元照述”。由此可知，此處的元照當爲同一人。元照（1048—1116）乃北宋著名律宗高僧，被稱之爲道宣南山律宗的中興之祖。其卒年較之非濁（？—1063）與戒珠（985—1077）都晚得多，從時間上説，這則往生傳不可能爲《新編隨願往生集》所收録，將其置於假托戒珠編撰的作品之中亦顯然是一個大錯誤。故此，《往生净土傳》之僞撰面目暴露無遺！同時亦證明了這樣一個事實：僞作者在使用遼僧非濁著作進行改編的同時，亦摻雜了一些其他内容。

當然，北宋元照的往生傳出現在僞作之中，并非是一個偶發現象。因爲義天的文集《大覺國師文集》所收義天和元照往來的書信中皆有言及《新編隨願往生集》和戒珠的内容，而同樣是義天編撰的《新編諸宗教藏總録》卷三中“往生净土傳三卷 戒珠”“隨願往生集二十卷 非濁”兩部著作的著録又比鄰而列。這些事實絶非巧合，或許破解此僞作個中原因的密碼就暗含其中！同樣，以下所臚列的有關白居易的往生叙事亦同樣如此。

《往生净土傳》下卷《唐賣薪翁念佛往生净土第十五》

賣薪翁者，太原人也。父母早亡，産業衰竭，賣薪存活，呼名賣薪翁。其年已過六十，兩鬢半白，賣薪得錢，所营身上衣裳口中食，亦無子姪。忽悟非常，得業報意，曉更眠覺時，乍卧唱佛名。向僧具談有待辛苦，時沙門道如慈悲利物爲懷，聞翁身上衣正單、口中食常乏，生悲愍心，迎阿蘭若而養育之如父。勸：“汝既衰暮之齡也，須出家念佛，一何惜白髮？”翁心未諾，固辭不肯，潛窺遊化隙，出阿蘭若，還太原舊亡宅，乞求自濟。心勵本業，身疲力衰，不能伐薪賣市。老眠早覺，夜長曉流淚，時時唱佛名許也。時道如夢見翁坐花座，乘紫雲，諸聖衆俱指西而去。如遥見翁，問：“汝往何處？”曰：“往生净土。”又問：“汝不修净業，一何往生？”曰：“散心念佛，功用不思議也。十念尚生，何况每五更静念佛不知幾少多乎！”又問：“汝惜白髮，豈可佛心耶？”曰：“形非出家，心能出家。佛有四部弟子，何以形服？必可佛心！”言訖即去。道如感喜，向他説翁緣而已。

《往生净土傳》下卷《童子藥藏聞念佛音往生净土第二十七》

童子藥藏者，太原人也。翰林學士白居易之從兄弟也。少年解詩頌意，才明超倫。生年十四，好往玄忠寺夜宿。容顔美麗，心性柔軟，寺僧愛藥藏。善草字，聞念佛音，通夜愛樂，於是僧坊壁題一句曰：“稽首無量壽如來，觀音薩埵捧蓮臺。來至娑婆導愚埃，我今欲事垂悲哀。”見者贊草字願詞妙。童子明日還家求出家，父母不許。夜三更追憶念佛聲，不覺淚自然，復高聲唱佛名。父母異之問，曰：“吾見西方聖衆，忽憶前生念佛三昧，十年依宿緣難去爲兒。若久住世，罪業相累，必不果望。往生净土，還來自在報生育恩，莫遺恨悲。”言訖，俄然而卒。光照家内外，異香遠薰。父母收全身，於尸骸上起塔供養。後感化示念佛，同得净土迎。其父臨終日語妻言：“觀音捧座，我兒執蓋。”母亦作是語，卒。善知識者是大因緣，此言允哉。

此兩則往生故事之中，下卷第十五則明顯是據白居易《賣炭翁》（“賣炭翁，伐薪燒炭南山中，滿面塵灰烟火色，兩鬢蒼蒼十指黑。賣炭得錢何所營？身上衣裳口中食。可憐身上衣正單，心憂炭賤願天寒。”）改編的故事，其中“老眠早覺，夜長曉流淚”兩句則是化用了白居易《睡覺》（“星河耿耿漏綿綿，月暗燈微欲曙天。轉枕頻伸書帳下，披裘箕踞火爐前。老眠早覺常殘夜，病力先衰不待年。五欲已銷諸念息，世間無境可勾牽。”）一詩中的“老眠早覺常殘夜”之句。

衆所周知，白居易的詩文集《白氏文集》很早就傳入日本，深受平安時代貴族文人的喜愛，平安中期漢學者大江維時於天歷年間（947—957）所編的唐詩佳句集《千載佳句》中采録（七言詩兩句一聯）的一〇八三首唐詩中，有十四人每人超過十首，而白居易一人獨自就占了五〇七首，排在第二名的元稹却只有五十六首[①]。後來藤原公任編的《和漢朗詠集》中，唐詩文占二三四首，白居易的就占了其中的一三五首，第二位的元稹則僅有十一首；日本漢詩文三五四首中，第一名的菅原文時也只有四十四首[②]。可以想見白詩在日本平安朝所受尊崇的程度該有多高。《和漢朗詠集》這部書按照類書的形式編撰，使用便捷，深受日本知識階層的歡迎，爲白居易詩文在日本的普及發揮了重要作用。日本的漢文學自不必説，後來的軍記物語、謡曲、佛教唱導等各種體裁的文藝都受到了此書的影響。即使是在我們看來頗爲偏僻的《睡覺》這類詩，其實也都有引用。

“老眠早覺常殘夜，病力先衰不待年”這一聯，不僅《千載佳句》（“老病”）和《和漢朗詠集》（“老人”）中皆有收録，其他的著作中也有引用，譬如，鐮

① 《日本古典文學大辭典》“千載佳句”詞條（金原理執筆），岩波書店，1984年。

② 川口久雄《講談社學術文庫·和漢朗詠集全譯注》，講談社，1982年。

倉時期成書(1222)的佛教短篇故事集《閑居友》上卷第十八則所記一位出身低微的僧人稱念阿彌陀佛的故事中就有這樣的描寫:

> (這位身份低賤的道人)後來念佛功力大增,聲音十分動聽,老眠早覺、夜深夢殘的人們,躺在睡床上聽到道人的念佛聲時,無不爲之感動。[①]

這段文章中畫綫部分就是對“老眠早覺常殘夜”一句的化用,其手法與《往生净土傳》頗爲類似。至於《賣炭翁》這首詩,平安後期的貴族公卿藤原忠通(1097—1164)的漢詩集《法性寺關白御集》[②]中收有兩篇吟詠《賣炭翁》的七言漢詩:

《賣炭翁》
借問老翁何所營,伐薪燒炭送餘生。
塵埃滿面嶺嵐曉,燒火妨望山月程。
直乏泣歸冰冱路,衣單不耐雪寒情。
白衫宫使牽車去,半疋紅紗莫以輕。

《和李部大卿見〈賣炭翁〉愚作所贈之佳什》
山翁潦倒在茅庵,度世心謀寤寐諳。
生計如何炎熱日,家資期得冱陰嵐。
耻垂蒼鬢營身上,恐爲白衫駈市南。
炭是千餘綾一丈,官兒稱勅誰相貪。

前一首大致是《賣炭翁》故事的復述,只是“塵埃滿面嶺嵐曉,燒火妨望山月程”兩句,運用“嶺嵐曉”和“山月”兩個時景把“伐薪燒炭南山中,

---

① 原文爲:後には功いりて、いみじく尊くぞ聞こゑ(え)ける。老の眠(ねぶ)り早う覚めて、夜深く夢お(を)残したる人々、寝覚めの床にあはれかけずといふ事なし(《閑居友》卷上《一八あやしの入道、空也上人南無阿弥陀仏、三河の入道南無阿弥陀仏と唱ふる事》,《新日本古典文學大系(40)》,岩波書店,1993年)。

② 《群書類從(第九輯)》卷一三三所收。

滿面塵灰烟火色”的寫實場面作了時空性想象和詩化表述，頗有些平安貴族的浪漫色彩。第二首的上闋注重描摹賣炭翁茅庵生活的潦倒和度世謀生的困苦，與文章中描寫的老翁生活情况倒是有幾分相通之處。但是，往生傳本身則是借用《賣炭翁》這一人物的身份背景，外加所謂的“散心念佛”而附會出來的，與上面的漢詩應該没有直接的關聯。身份設定爲“太原人”，可能與白居易的故鄉爲太原有關，而且此傳集中收録最多的往生人也是并州（太原）出身者，如中國净土宗三祖道綽及其弟子等。上卷第五則道綽弟子道生的往生傳中，即有如下雙行夾注：“晋陽、太原、汶水三縣道俗，七歲已上并解念佛往生者多。道生晋陽，故云生其地。”另外，本傳集中有上卷第四十則與中卷第七兩則同名爲“道如”的往生傳，中卷第七則題目下有注云：“上卷有道如緣，名同體異而已”。可見這些内容都應是此故事撰者所熟知的，最易取來作附會的内容。

下卷第二十七則中的“童子藥藏”，文中稱之爲白居易的“從兄弟”，但此人并不見載於與白居易相關的史料中。如允稍加穿鑿，是否與白居易的任職經歷有某些關聯？唐代太子左春坊設有“太子藥藏郎”一職，掌醫藥，侍奉東宮。白居易一生曾先後任“太子左贊善大夫”“太子左庶子”“太子賓客”“太子少傅”等多與東宮有關的職務，故事的撰者莫非由此關聯，從“太子藥藏郎”一職名敷衍出了“童子藥藏”這一名字？

日本院政時期及中世以後，有關白居易的傳記多有杜撰，最典型的例子就是將白居易塑造成“文曲星”和“文殊菩薩”的形象[①]，其中佛教唱導文獻中此等記録尤爲顯著。爲了理解上述文章，在此略舉兩例：

《白樂天》

白居易，字樂天，其先秦將武安君、字白起之後也。其母梁氏女，夢與一丈夫對語、親昵，共翫筆墨。又語曰：“我是天帝之孫也。盛汝之神惠，來作配疋。”梁氏覺而恍忽，如有所亡，既而懷孕。精居一家十一月之間，批閱經書，起居孔易。誕生之時，忽聞鐘皷之樂從天降來，鏗

① 山崎誠《もうひとりの白樂天 —— 僞傳と僞書の世界から》,《白居易研究講座》第四卷《日本における受容（散文篇）》, 勉誠社，1994年。

鏘之響徹於屋宇。大曆年中歲次辛亥二月十七日，生於新昌坊舍，蓋是文曲星之精靈也。奇異之瑞感世人，聰悟之聲遍鄉黨……①

《賢者哭子事》

白居易傳云：樂天年五十八初有一男，鍾愛負持，以爲明珠。以生産之遲曉（晚？），名生遲。日夕哺養，生遲始言，樂天常令暗《太公六韜》《孫子兵法》矣。十六，勇力過人，始以武藝著。會昌四年，帥十萬兵與突穴賊相戰，生遲獨騎，大呼馳入賊中，賊騎圍之，遂不得出。生遲智窮力約（弱？），不忍饑渴，自殺而死。樂天聞生遲死，心神迷惑，寢食共忘，老病之上，以此憂卒云云②

第一例見於日本永仁五年（1297）京都東山觀勝寺的良季編撰的真言宗唱導用書《普通唱導集》卷中末“祖師”一組之中。此組中收録了印度、中國、日本三國的佛教、儒教、道教等的祖師22人，白居易位列其中，排在孔子、老子、顔回之後。在目録題目和分卷題目中，這幾個名字分别被寫作“孔子廟、老子廟、顔回廟、白居易廟”和“孔子影、老子影、顔回影、白居易影”，由此可知，所集的文章應該是供奉祖師時所用的唱導文，而白居易在此則是作爲文章的祖師被供奉起來了。可見其在日本古典文藝中的地位之高！因此，此文所附會白居易爲文曲星之再生的緣由也就不難理解了。據山崎誠先生的考證，這種附會早在平安中期的寬弘七年（1010）高階積善編纂的《本朝麗藻》所收《夢中同謁白太保元相公》一詩中“高情不識又何神”一句的高階自注文（“白太保傳云：太保者，是文曲星神云云”）中既已出現，壽永二年（1183）前後撰述的源同親《擬香山模草堂記》中則有更爲詳細的記述③。

第二例見載於建久年間（1190—1199）安居院流唱導的大成者澄憲

① 據東大寺藏《普通唱導集》古寫本（中卷末一）翻録，參看村山修一《普通唱導集 翻刻·解説》，法藏館，2006。

② 畑中栄編《東大寺北林院本言泉集（五）·亡息》，《古典文庫》第六三九册，2000年。

③ “白氏將案彰（影？），文星化入夢，楊覺感靈威，肅潔供茶菓。少年讀白樂天之傳，其身爲文曲星之化，今又憶夢中之子細，彌抽掌上之丁寧。”（品川合子《擬香山模草堂記について》，《學燈》三六九號、三九〇號；山崎誠《もうひとりの白楽天 —— 僞傳と僞書の世界から》。

(1126—1203)所撰《言泉集》第五"亡息"第三十則，爲悼念亡故的子女、宣説人生無常("爲亡息、惣無常")的唱導文。衆所周知，白居易于大和三年(829)冬五十八歲時得子阿崔，是年有《予與微之老而無子發于言嘆著在詩篇今冬各有一子戲作二什一以相賀一以自嘲》《阿崔》等詩作見世。但不幸的是，大和五年阿崔夭折。《哭崔兒》《初喪崔兒報微之晦叔》等即是當時的詩作。由此便知，《言泉集》所載"白居易傳"中之"樂天年五十八初有一男"，無疑是正確的。然而其後部分的所謂"名生遲"，自幼受教"《太公六韜》《孫子兵法》"，"十六，勇气過人"，以及遭突穴賊圍困"自殺而死"，居易因此憂鬱而卒云云，不過是據白居易晚年得子的史實而演繹虚構的情節而已。

從這兩則故事的發生時間來看，平安中期以來以至于十二世紀後期，白居易傳在日本已經出現了較多虚構的成分，而僞撰《往生净土傳》的流行時間，恰恰與這一期間交相重合。

《往生净土傳》中收録的有關白居易的兩則故事中，最爲突出的問題點就在于：兩則的文章在語言表達上都存在着諸多不合規範的地方。其一，用詞不當。譬如前一則故事中的"養育之如父"一句中，"養育"之于父，顯然屬用詞不當；"一何惜白髮""一何往生"等句中的"一何"一詞，本爲"何其、多麽"之義，但從前後文義來看，當是"爲何"之義的誤用。其二，日語的借用漢字混雜其中。如前一則"曉更眠覺時，乍卧唱佛名"一句中的"乍"字，顯然是表示某個動作保持原有狀態不變之義的接續助詞"ながら(nagara)"的借用漢字，而"時時唱佛名許也"之中的"許"字，則是表示"一味地""衹顧"等語義的日語程度副詞"ばかり(bakari)"的借用漢字。其三，語義不明瞭或表達不確切。如下面句中畫綫部分：前一則的"向僧具談有待辛苦""潛窺遊化隙""不知幾少多乎""向他説翁緣"，後一則的"不覺淚自然""父母異之問""十年依宿緣難去爲兒"等。顯而易見，如此漢日混雜、語病連篇的文章只能是出自日本人之手，不可能是改編自遼代高僧著作《新編隨願往生集》。

四、僞撰的編撰意圖與白居易的狂言綺語觀

《往生净土傳》的序文(見第二節)末尾云："所記異相往生人，録爲三卷，

號《往生净土傳》。見者勸其心，聞者固其志，末法巨益莫大矣。”故此，塚本認爲僞撰者的編撰目的并非出於單純要編撰故事文學之興趣，而是以勸導净土信仰爲目標。但是，被塚本所忽略而過的跋文，恰恰與僞撰者的撰述動機有着更爲深層的關係。

《往生净土傳》跋文

右引現得往生人相貌、道俗得往生净土者略有五十人，自序曰："於《往生論》中、《高僧傳》内，標揚真實，序録希有奇，證丹誠感化之緣，顯佛力難思之用，致使古今不墜。"然與《净土論》有同有異，在文可見之。今《净土論》之外，《瑞應傳》之餘，或披此土典籍，或尋外國記注，或問耆舊傳説，或聞當今口語，所拾遺異相往生人五百餘輩，而於其中最異者略記一百一十六驗，唯有《沙門雄俊》，抽於《瑞應傳》中，再注首尾，餘者單記，所謂比丘僧六十人，比丘尼二十人，優婆塞一十五人，優婆夷六人，沙彌三人，沙彌尼二人，童子二人，童女二人，外國勝感者六篇，都盧一百一十六條，分成三卷。鈔舊記，録新説，文直語淺，字句錯亂，交謬紛綸，意在賢愚同閲之，男女共覽之，修安養業者勵其志，志期净土果者增其信心。記者并復惟念：所傳者真僞何量？生天者感光明異香，生人者住世正念慈愍，恐以人天受生注載往生净土，以懈慢退墮誤記九品新輩。但佛力有難思用理，必容有此彙。如善相馬，髮必無異，貴在得意，誰備不信口者乎？伏願當來行者，且信且修，自行有據，往生無滯；麁言耎語，皆歸阿字本空理，有誤記之愆，翻爲當來世世讃佛乘轉法輪之因緣，讃毁同生安樂，增進佛道，故云爾。

《跋文》按其文意可裁爲兩段，第一段與《序文》之大意殆同，只是編撰的原委交代得更加清楚：《往生净土傳》所録一一六則往生傳是從"《净土論》之外，《瑞應傳》之餘，或披此土典籍，或尋外國記注，或問耆舊傳説，或聞當今口語，所拾遺異相往生人五百餘輩"之中采録的，其中"唯有《沙門雄俊》，抽於《瑞應傳》中，再注首尾，餘者單記。"塚本指出：此處的"異相往生人五百餘輩"，當即是非濁《新編隨願往生集》中除去與迦才《净土論》、沙門文諗《瑞應傳》兩書相重複的往生傳的數量。而此處的《沙門雄俊》一則，只所以單獨拿出來“再注首尾”，筆者推測其主要原因是《新編隨願往生集》中原本載有與《瑞應傳》内容不同的“雄俊”往生傳。《沙門雄俊》見於《往生净土傳》卷上第四則，較其内容，與《瑞應傳》《宋高僧傳》、北宋戒珠《净土往生傳》等所收録的同一人物的往生傳多有不同之處，其中最顯著的不同之處，則是“僧雄俊者，梁朝人也”，“曾還俗入軍行煞戮，俗中有難而復還僧，凡七反矣”兩處。“梁朝人”，他書中皆作“唐大歷年中”“成都人”；而“凡七反矣”一句，他書中皆未之見。往生傳末尾附有“先傳雖載此人甚髣髴，見者疑或（惑），仍今披梁記委悉其始末，重注載之”等注釋文句，據此推測，這則往生傳原本應當是《新編隨願往生集》中出典爲《梁記》的一則往生故事。非獨晚年新編《三寶感應要略録》，三卷之中所收録的故事皆附有題脚注，而這些題脚注中常見“齊記”“隋記”“唐記”“并州記”等作品名。基於兩作品有重出内容這一事實，《新編隨願往生集》中亦應有采自這些文獻的内容，此處的“梁記”當是此類作品中的一部。《往生净土傳》的選編方針是從《新編隨願往生集》中選取不與《净土論》和《瑞應傳》重複的内容，《沙門雄俊》一則雖見於《瑞應傳》，但其内容與之不同，故據《新編隨願往生集》抄出，并依出典文獻“梁記”加了章節附注，以此來遮掩直接抄録《新編隨願往生集》的事實，彌縫其僞。

值得注意的是，跋文第一段末尾有如下數語：“鈔舊記，録新説，文直語淺，字句錯亂，交諺紛綸”。據此可知，《往生净土傳》一一六則往生傳并非皆來自“鈔舊記”，亦含有“録新説”，且所録故事“文直語淺，字句錯亂，交諺紛綸”這一聲明，顯然不是僅指《沙門雄俊》一則故事，此故事雖然被聲稱“再注首尾”，但其中并無“字句錯亂，交諺紛綸”這一現象。相反，從前面的分析可知，與白居易及其文學相關聯的兩則往生傳恰恰正符合這一描述！關於與白居易有關的内容，除此之外，序跋中還多處引用了白居易詩文。《序》中的引用見於《繡西方净土幀贊》或《畫西方净土幀記》，對此塚本早已指出。《跋》中的“有誤記之愆，翻爲當來世世贊佛乘、轉法輪之因緣”見於白居易《蘇州南禪院白氏文集記》（“且有本願，願以今生世俗文字，放言綺語之因，轉爲將來世世贊佛乘、轉法輪之緣也”）或《香山寺白氏洛中集記》（“我有本願，願以今生世俗文字之業、狂言綺語之過，轉爲將來世世贊佛乘之因、轉法輪之緣也”）。尤其是《跋》第二段末尾中的“有誤記之愆，翻爲當來世世贊佛乘轉法輪之因緣”一句，直接表明了撰者借“鈔舊記、録新説”編撰《往生净土傳》一書的文字筆業從而達到與佛結緣的這一文學主張，這就讓人不由自主地聯想到了平安時代中期的第一部日本往生傳集——《日本往生極樂記》誕生前後的歷史背景。

平安中期以後，貴族階層中净土宗信仰漸趨興起，康保元年（964）三月，慶滋保胤、藤原在國、源爲憲等深受白居易文學影響的大學寮“紀傳道”文人與比叡山僧侶各二十人結成“勸學會”，開始了他們第一次念佛作詩的法會活動。源爲憲所著《三寶繪》下卷第十四則《比叡坂本勸學會》記述了當時的情形，兹引之如下：

> 《三寶繪》下卷第十四《比叡坂本勸學會》
>
> 村上御世康保元年，大學北堂學生之中、同心結交人人相語曰“人之在世如過隙駒，吾等縱窗内聚雪，旦門外遁烟。願與僧結契，詣寺行會。定暮春季秋之望日，講經念佛爲其勤，今世永爲善友，法道文道相互勤”云。始行事，號勸學會也。十四日夕，僧下山集脚。俗乘月往寺，道間同聲誦①居易作“百千萬劫菩薩胤，八十三年功德林”之句。步行其音漸聞寺之程，僧亦同音誦《法花經》中“志求佛道者無量千萬億，咸以恭敬心，皆來至佛所”之偈。待迎十五日，朝講《法花經》，夕念彌陀佛，其後訖曉作詩而讚佛讚法，其詩安寺。又②居易集自作詩收香山寺藏之詞“願以今生世俗文字之業、狂言綺語之過，翻爲當來世之讚佛乘之因、轉法輪之緣”云願文誦，又誦③“此身何足愛，萬劫煩惱根。此身何足厭，一聚虚空塵”之詩。互又僧《法花》誦經“聞法歡喜贊，乃至發一言，即爲已供養，一切三世佛”之偈，又誦“龍樹菩薩十二禮”偈等，明夜。娑婆世界音作佛事，聞僧唱妙偈頌、俗誦尊詩句，心自動内，泣皆沾袖。僧俗共契云“吾山不亡，吾道不盡，此會不絶，令至龍花三會”云云。[1]

① 小泉弘、高橋伸幸《諸本對照三寶繪集成》，笠間書院，1980年。

如文中畫綫部分所示，在整個法會活動期間，白居易的詩文被學生們反復再三地吟唱。法會活動肇於大學寮北堂專攻“紀傳道”的大學生中互結同心的慶滋保胤等，他們認爲：人生在世如白駒過隙，即使映雪苦學，倏忽間便化爲邙山之烟；不如與僧侣結緣，修行法會。於是他們相約暮春和季秋之望月，相會於比叡山下寺院中念佛作詩。首先，學生們在十四日傍晚奔赴寺院途中誦白居易《贈僧五首·鉢塔院如大師》中的詩句（①）；然後，十五日講經念佛訖作詩贊佛法時，他們又先後誦白居易《香山寺白氏洛中集記》（②）與《逍遥詠》（③）中的詩文。尤其是《香山寺白氏洛中集記》中出現的“願以今生世俗文字之業、狂言綺語之過，轉爲將來世世贊佛乘之因、轉法輪之緣”等文句，更是成爲了當時從事文筆之業的文人學者等與佛結緣的媒介和信仰依據，對於後世的日本文藝思潮産生了極大的影響。慶滋保胤既是勸學會的最主要發起人，亦是深受白居易文學影響的儒學生，他的《池亭記》一文，受到白居易《池上篇并序》等作品的影響，文中道：“唐白樂天爲異代之師，以長詩句歸佛法也。”顯然，勸學會的儀式中反復吟詠白樂天詩文這一做派，來自慶滋保胤的宣導關係至深。他撰述的日本第一部往生傳作品集《日本往生極樂記》就是在這樣的環境中應運而生，并成爲其後不斷涌現而出的往生傳記文學紛紛效仿的濫觴之作。

慶滋保胤自幼信佛，他的《日本往生極樂記》一書，雖然在編撰形式上是以迦才的《净土論》和文諗·少康的《瑞應傳》爲藍本的，但是其撰述動機則明顯受到了白居易“狂言綺語”觀的深刻影響。同樣，日本院政時期或既已出現的這部僞作《往生净土傳》，雖然其題材與編撰形式是承續了唐、宋往生傳集的流緒，但就其編撰的動機而言，它不折不扣是一部效仿《日本往生極樂記》的續作。

還有一點：縱觀中國的往生傳集，雖然宋之後的作品中亦間或收録有關白居易的佛教故事，但是整個作品的編撰動機或意圖受到白居易文學影響的現象則未曾見。也正是這一點，恰恰反映了這部往生傳集編撰的時代背景，并從其編撰意圖上凸顯了它有別于中國往生傳集的日本特徵。

五、結語

通過如上諸節的分析來看，塚本之"僞撰者并非出于單純要編撰故事文學之興趣，而是以勸導净土信仰爲目標的"這一判斷顯然是不够準確的。首先，其勸導净土信仰的目標，大而言之自無不可，但從下卷的序文中可以明確看出，在"狂言綺語觀"影響下意欲以世俗文字之業與佛結緣之目的才是促使其改編遼僧著述并杜撰白居易相關往生故事的真實動因，其仿效、承續日本首部以漢文撰述的往生傳集——慶滋保胤《日本往生極樂記》——而從事文筆著述的動機顯而易見。而集中所收録的有關白居易的往生故事，從其行文特徵以及編撰内容而言，杜撰的成分亦十分明顯。

其次，《釋元照行禮懺往生净土》等往生傳的摻入，暴露了僞撰者并非瞭解戒珠其人[①]，甚至連其生存年代等常識性知識亦完全無知。因此，塚本所謂"（僞撰者）瞭解北宋戒珠的《净土往生傳》是宋代往生傳作品的先驅和範本"之推論似乎亦難於成立。北宋戒珠確有書名與之類似的往生傳集——《净土往生傳》三卷，署名爲"宋福唐飛山沙門戒珠叙"，其内容則與之完全不同。此僞作能够以假亂真、長期以戒珠之名流通於日本佛教界而未遭懷疑，這只能説明此書流行的十二世紀，日本佛教界其實并不瞭解戒珠其人、亦未接觸到戒珠著作[②]。那麽，既然如此，緣何又要借其名來僞撰呢？這個問題值得深思。筆者推測，其緣由或許起於僞撰者較爲瞭解義天編《新編諸宗教藏總録》

① （北宋）戒珠（985—1077）、（南宋）宗鑒編《釋門正統》（《日本續藏經》第七五卷）卷八有傳：戒珠，字耀之，長樂黄氏。篤學，日誦萬言。師法性子光，試經披剃。樂於修善，博記能文；翕張進退，各適其施，名曰默書。及雜文數十萬言，忽曰："知道而已，何以文爲聚？"而焚之。存者碑記傳序耳。得法法海懷要，住黄檗時，要没，祭以文，又作别傳議。（以下有删略）於禪教分歧，深有發明。熙寧十年（1077）九月二十三日示寂，壽九十三，臘七十三，葬骨飛山。郎中李肖銘。《日本大正藏》及《日本續藏經》中收録其《净土往生傳》三卷，署名爲"宋福唐飛山沙門戒珠叙"。此傳集從梁、唐、宋各《高僧傳》等一二種僧傳中收録七十五人之往生傳，據《佛祖統紀》四七，其成書時間爲治平元年（1064）。另，義天撰《新編諸宗教藏總録》（1090）卷三著録此書爲"往生净土傳，三卷，戒珠"，其書名與傳記所載有異，却與日本現存之僞作正相吻合。

② 另據大谷旭雄《戒珠〈往生净土伝〉と法然》（《大正大學研究紀要》第七八號，1993年）論文考證，宋飛山戒珠撰《净土往生傳》最早見於日本文獻徵引的爲幸西（1163—1247）輯録的成書於建保二年（1214）之前的《京師善導和尚類聚傳》。

以及知曉《大覺國師文集》中所載義天和元照之間書信往來所涉及的戒珠其人及《新編隨願往生集》等内容。關於這個問題，筆者擬另行撰文詳加考察。

本文爲中國人民大學二〇二一年度“中央高校建設世界一流大學【學科】和特色發展引導專項基金”成果

以白居易詩爲出典的文之玄昌《祭師父詩》寫作過程考
——試探其參考《萬首唐人絶句》《古今事文類聚》之可能性

大淵貴之

一、作者文之玄昌

文之玄昌（1555—1620）是活躍於日本中世末期（安土桃山時代）到近世初期（江户時代初期）的過渡階段的一位臨濟宗東福寺派僧人。生於日向國飫肥南鄉外浦（現宮崎縣日南市南鄉町），號南浦。以《鐵炮記》（鐵炮從葡萄牙傳入日本鹿兒島縣種子島的記録）等著作而聞名。

文之終身供職於島津氏（薩摩、大隅〔現鹿兒島〕藩主）門下，參與薩摩藩領地内的政治事務，被任命起草與明朝、琉球國以及東南亞諸國家間的外交文書。最後作爲薩摩藩境内多個寺廟的住持，而結束了其一生。文之學識淵博，聞名於世。不僅受邀於德川家康，在鎌倉建長寺講經説法，還被後水尾帝召進宫中傳授講解四書集注。當時被人們譽爲"天下第一文人"。

在文之死後不久，弟子們將其作品編輯成册，出版爲《南浦文集》3卷3册。其中只收録了以其文章爲主的122篇作品。針對這本文集的研究至今尚未成熟。鹿兒島大學附屬圖書館玉里文庫中藏有被認定爲文之親筆手抄本

作者單位：鹿兒島大學教育學系

的詩文集共六册(《南浦文集》2 册、《南浦戲言》1 册、《南浦棹歌》3 册), 其中包含了 81 篇文章和 1617 首詩[①](本文所談及的文之詩文均據玉里文庫本)。

本文將從中選取一首題爲《祭師父詩》的詩來展開分析。正如文之的序文中所述,該詩的創作參照了白詩。本文將着眼於文之是如何接觸到白詩的問題,提出文之是通過南宋洪邁的《萬首唐人絶句》接觸到的白詩,而閱讀《萬首唐人絶句》的契機又可能是南宋祝穆撰寫的《古今事文類聚》的猜想。對於日本中近世過渡期的代表詩僧文之玄昌是如何將所閱漢籍爲其所用,對這一問題的研究探討,爲我們進一步瞭解日本知識人的漢籍受容和詩文寫作過程的具體情况也有着深遠的意義。

二、文之玄昌《祭師父詩》中白詩的巧妙性利用

下文是本次研討對象《祭師父詩》及其序文(《南浦棹歌》第 1 册, 44 丁裏。慶長四年[1599], 45 歲)。筆者對其進行了適當的段落劃分,并添加括弧注釋及底綫。

(序)

①是歲己亥(慶長四年[1599])夏秋之交,寓止於隅州(大隅)之地者,百餘日於兹矣。偶遇蘭盆之辰,人僉拜掃於師父親族之夜臺。予獨在異鄉,不能遂追遠之志。不孝之罪,豈可遯乎。於是欲裁一語以奉呈老師前東仁一翁大和尚,口箝而不能言詩。

②古謂"三日不言詩,口生荊棘"。予不言詩者,年久矣。口之箝者,不亦宜乎。

③想夫予幼而侍老師之巾瓶之時,聞評論古人之述作云,"古人賦詩,有偷句者,有偷語者。或有學其語勢者,或有翻案其語者。其體不一"。

④吁,老師今也則亡,其言如在耳。予於是日,按唐香山居士(白居易)《商山廟詩》,云"若有精靈應笑我,不成一事謫江州"。予偷此詩,

① 關於文之玄昌的生平、詩文集,以及相關先行研究的具體内容可參考拙搞《文之玄昌の〈古今事文類聚〉參照作品について——類書を利用した詩作に関する考察》第二節《文之玄昌とその詩文集》,《九州中國學會報》第 57 卷, 2019 年, 頁 47—49。

裁近體一章。

⑤倭之諺有之曰,“昔之鏌鋣,今之菜刀”。予詩恐有菜刀之悄然,而詩述志之所之。不顧予志之卑陋,漫書之。伏希泉下之老師昭鑑之。

(詩)

吾師慈蔭點難酬,是日蘭盆更耐羞。若有精靈應笑我,不看一寺寓隅州。

第一段横綫部分的内容表明在慶長四年(1599)的夏秋之際文之在大隅之地居住了100多天。并在當地迎來了盂蘭盆節(7月15日)。因無法在盂蘭盆節當天回到家鄉給恩師一翁大和尚(一翁玄心,1507—1592)掃墓,於是在大隅之地獻上該詩。

另外正如第四段的雙横綫處所述,文之“偷”了白居易《商山廟詩》“若有精靈應笑我,不成一事謫江州”兩句詩,寫下了“若有精靈應笑我,不看一寺寓隅州”來作爲詩作的最後兩句。初看可能會覺得這不過是簡單地將白居易的詩稍作改編的庸俗作品,可一旦瞭解了文之當時的處境,便能體會用典中的精妙所在。

前述的序文中,根據第一段和第二段波浪綫部分的“口箝不能言詩”“口之箝者,不亦宜乎”兩句話我們可以看出,文之此時無法自由發表言論。其次,第五段的序文中,通過引用日本諺語的漢譯:“昔之鏌鋣,今之菜刀”(其日語原文爲“むかしの剣、今の菜刀”),談其欲在詩中表達自己美人遲暮的沮喪心情。而其結句“不看一寺寓隅州”一句正是表達了文之對於自己長時間逗留大隅,毫無用武之地的自諷心情。

雖然此前的先行研究對此毫無提及,但在閱讀過《南浦棹歌》第一册中《祭師父詩》前後的詩作之後,我們便可知慶長四年(1599)夏秋之際,時年45歲的文之因直言勸諫而觸怒藩主,被貶至大隅正興寺(當時住持爲雲叔玄龍)。

文之自天正十二年(1584,30歲)以來,便就職於島津義久(島津家十六代)、義弘(同十七代)、忠恒(後改名爲“家久”,同十八代)等歷代藩主門下。約莫慶長元年(1596)末以後的三年,文之居住於京都。在此期間,文之受邀在東福寺講授《大學》等，得以發揮其才能。然而就在那個時候，島津領地内的重臣伊集院忠真發動叛亂（即“莊内之亂”）。爲了平定叛亂，忠恒得到德川家康的允許并在慶長四年四月回到鹿兒島。當時文之也隨其一起回到了鹿兒島。大約是對内亂處理方法的直言進諫，在回到鹿兒島不久後便遭遇貶謫流放。關於這一部分的詳細内容，我想另撰一稿再作討論[①]。總之我們可以明確得知這是文之在島津氏門下從政以來，首次遭遇挫折而陷入鬱鬱不得志的苦境中。

接下來我們再來看一下其詩作關鍵——白居易《商山廟詩》：

> 卧逃秦亂起安劉，舒卷如雲得自由。若有精靈應笑我，不成一事謫江州。[②]

該詩作於元和十年（815）。當時官居太子左贊善大夫的白居易，因對宰相武元衡遇刺一事，上表主張追究真相嚴緝凶手而被彈劾越職言事，在被貶途中寫下了這首詩。貞元十九年（803）任校書郎以來，連續升遷的白居易首次受挫，和文之當時的狀況相似。另外更加值得注意的是，元和十年白居易正值44歲，與作此詩的45歲文之年齡極爲相近。

這難道只是一種巧合嗎？如若文之是有意選擇正值左遷鬱鬱不歡的44歲白居易的詩作爲典故的話，或許能够説明文之對白詩有着深刻的理解。關於這一點，我認爲雖然基本可以認定文之用典的意圖，但這并不是文之對白詩全面瞭解後的選擇結果，而是借助了類書、總集一類的參考書籍。

---

① 下面對部分傳達了文之當時狀況的詩句稍作介紹。《感懷二十首》其十（《南浦棹歌》第1册，49丁）中“卜居山水邊，更似痼難痊。狂直多違衆，爲時我所捐”一詩，描述了其因拒絶同流合污，直言進諫，而遭遇排擠。同《感懷二十首》其十九（同書50丁）中“已從春夜遊，未幾送三秋。事事老徒悔，風光挽不留”，描述了那年繁華春日却失意度秋，三月之久。同其二十“學道未升堂，百年付面墻。馮唐元易老，不遇果何傷”，借西漢馮唐，抒發了其内心人生苦短却懷才不遇的無限苦楚。馮唐對漢文帝直言賞罰應恰當并應赦免郡太守之罪。文之將自身比作馮唐，筆者認爲實則是在講述自己向藩主直言討伐伊集院忠真的不當方法的事情經過。

② 謝思煒《白居易詩集校注》，中華書局，2006年，第三册，頁1214。

三、白居易《商山廟詩》的資訊來源:《萬首唐人絶句》的參照

文之的白詩受容途徑，有可能是參考了别集、總集、類書中任何一種漢籍，但是在《祭師父詩》的創作過程中很有可能是參考了南宋洪邁的《萬首唐人絶句》。之所以這樣説，是因爲文之記載的詩名爲《商山廟詩》，而在收録白居易詩的各個版本其他漢籍中，都以“題四皓廟”爲詩名。管見之下，只有《萬首唐人絶句》(七言絶句卷 12・白居易)收録的該詩以“題商山廟”爲詩名。雖然不知爲何文之將詩名中的“題”字漏掉了，但就該依據來説，《萬首唐人絶句》應該是最有可能性的一個引用源。

那麽文之玄昌又是如何閲讀到這本《萬首唐人絶句》的呢？衆所周知，《萬首唐人絶句》是中世日本廣爲流傳的一本書籍，文之在日常中很有可能能够直接閲讀到。但筆者認爲在創作《祭師父詩》時，文之閲讀到《萬首唐人絶句》的契機，其實是下面將要説到的《古今事文類聚》。

四、《萬首唐人絶句》翻閲的契機:《古今事文類聚》的參閲

寫下《祭師父詩》時的文之和創作《題商山廟》時期的白居易，不僅都受到了政治生涯中的首次挫折，而且遭遇挫折的年齡也很相似。從詩名的異同我們可以推斷作者參考了《萬首唐人絶句》，可僅從該書收録的《題商山廟》的文本，我們僅僅能得知貶謫江州的事實，却無法獲知當時白居易的年齡。那麽年齡的相似果然只是偶然嗎？關於這個疑問，我猜想文之在寫作時還借助了《古今事文類聚》。

日本多個漢學家都指出在中世禪林中《古今事文類聚》作爲類書代表而被廣泛使用。筆者據此在另稿中論述過文之玄昌參考《古今事文類聚》寫作的詩作[①]。那篇論文中所列舉的一系列詩作都是在大隅正興寺創作的，而《祭師父詩》也是在大隅正興寺寫下的。所以文之參考正興寺所藏《古今事文類聚》而創作此詩的猜想并非毫無道理。

① 前述(第一節)，參考拙稿《文之玄昌の〈古今事文類聚〉參照作品について——類書を利用した詩作に関する考察》。

《古今事文類聚》前集第46卷《樂生部・年齒・雜著》中，收録了一篇末尾處標注了“容齋随筆”的名爲“白蘇詩紀年歲”的文章。下面筆者摘録了其中一部分：

> 白樂天爲人誠實洞達，故作詩述懷，好述年歲。因閲其集，輒抒録之。“此生知負少年心，不展愁眉欲三十。”……“面瘦頭班四十四，遠謫江州爲群（郡）吏。”“行年四十五，兩鬢半蒼蒼。”……“我今四十六，衰醉卧江城。”……容齋隨筆[①]

從上述横綫處，剛好可以得知正值44歲的白居易被貶至江州并在此度過了兩年時光。在京都如日中天，轉瞬便只能在大隅正興寺度過如同被幽禁一般的生活的45歲文之，從和自身遭遇、年齡都極爲相似的白居易的詩句中獲得了强烈的共鳴。

文之想要瞭解其詩句相關的資訊，有多種選擇。當然也包括閲讀白居易别集。但筆者認爲事實上文之是閲讀了《萬首唐人絶句》中收録的七言[②]白詩的部分。相比直接閲讀海量的别集，閲讀《萬首唐人絶句》更爲便利。而且《萬首唐人絶句》和《容齋隨筆》的編撰者都是洪邁，由此可猜想文之是否是采用了在《萬首唐人絶句》中查找洪邁在《容齋隨筆》中引用的部分白詩的這樣一種綫索查找的文獻檢索方法呢？結果没能找到“面瘦頭班四十四，遠謫江州爲郡吏”此兩句的全詩（實爲白居易七言律詩《謫居》的首聯），然而却發現了同是描寫“江州貶謫”的另一首詩，也就是《題商山廟》（即文之序文中所提及的《商山廟詩》）。

再者，對於《古今事文類聚》的參照，文之選擇閲讀《樂生部》，也是想要從中找到“樂生”之事。“樂生”意爲以生爲樂。文之是否在受挫之時，想要通過閲讀歷史上“樂生之事”而以此尋找能激勵自己不斷前進的情感寄托呢？而寫詩的這個過程也是試圖將自己從苦悶中解救出來的不懈努力。

① 萬曆三十五年（1607）安正堂刊本（九州大學附屬圖書館藏）前集卷46，12丁裏。

② 文之的詩作大體都爲七言絶句。《萬首唐人絶句》中收録了白居易的680首七言絶句。

五、結語

以上是關於文之玄昌引用白居易《題商山廟》爲典故寫作《祭師父詩》的過程中利用了《萬首唐人絶句》以及《古今事文類聚》之可能性的相關論述。考察詩作的用典，大多圍繞其如何運用典故及先人作品等的問題去研究，而很少去探究作者在獲知其典故的過程中，具體是閲讀了哪些書籍而又是通過何種途徑閲讀到的。我們往往難以明瞭其典故的獲取來源到底是閲讀了原著的典故還是閲讀了摘録典故的類書等書籍。但如果能試圖究其真相，對於把握作者知識獲取、詩文創作過程的具體情況以及進一步深入瞭解典籍的利用狀況都大有裨益。

比較中日類編詩集所見白居易對律體詩創作情境之拓展

楊　照

白居易詩作對日本平安時期的文學有重要影響，這也反映在詩集編纂上。《千載佳句》《和漢朗詠集》等詩（句）集收録白詩衆多，尤多律體，而其分類與大致同時期的中國類編詩集有明顯的不同。對比兩類編纂視角不同的詩集，可以發現一些單純從作品入手難以直觀討論的問題，尤其是白居易律體詩的題材結構。這一點躍出了單純的作品内容的範圍，深入創作狀態、情境的範疇，其中包含着詩人對律體詩本身的理解和創變，有利於站在創作活動的立體視域中觀照白居易的律體詩。有鑒於此，本文將在對比中日類編詩集的基礎上，由類目結構到詩語特徵，逐層深入，從題材的角度遞進分析白居易對律體詩創作情境的拓展，以求教於方家。

一、類編詩集對比所見白詩律體的“内向”題材特徵

考察中日類編詩集收録白詩律體的情況，能够發現其題材具有深入生活、情感内部的特徵，具有一種“向内”的藝術開掘方向。

中國的類編詩集收録白詩律體的情況大致有兩種。第一種以《文苑英華》[1]《分門纂類唐宋時賢千家詩選》等爲代表。選集具有類書式的類目，但

作者單位：重慶師範大學文學院

① 《文苑英華》雖詩文兼收，但詩歌部分亦按類編排，形同類編總集。

選白詩數量較少，相當一部分主題無白居易作品，從中能够反映出的白詩題材特徵十分有限[①]。第二種以《歲時雜詠》《瀛奎律髓》等爲代表。這類選集類目更有傾向性，收録白詩律體數量衆多，且占比亦高。

北宋宋綬所編《歲時雜詠》[②]以歲時、月份爲目，大部分類目下都有白居易的作品，且律體爲主。一部分類目下的白詩數量、占比較高，例如"立秋"類收詩二十首，白詩四首，"除夜"類收詩六十八首，白詩十二首；二、四、七、八月四類下白詩居首，甚至打破時間順序放在杜甫等詩人之前。與此同時，《歲時雜詠》中還有個別特殊的類目。例如"春日盡"，收録了十三首唐詩，其中八首是白居易的作品（六首律體），能够比較集中地反映白居易律體善於表現時節動態變化的特徵。不過"春日盡"這樣"動態"的類目在中國的類編詩集中極少見到，而在日本的類編詩集中較爲常見，下文將詳細探討。

宋末元初方回所編《瀛奎律髓》的類目更側重文人生活、人生事項等方面，其中白詩律體的數量、占比都十分突出，例如[③]：

宦情類五言 5 首、七言 6 首；
酒類五言 4 首、七言 3 首；
送别類五言 2 首、七言 5 首；
消遣類五言 1 首、七言 4 首；
子息類五言 2 首、七言 2 首；
疾病類五言 5 首、七言 4 首；
傷悼類五言 1 首、七言 3 首；

通常情况下，一位詩人的作品在一類中大多只有一兩首；且《瀛奎律髓》所收唐代詩人數量只占三分之一左右（一百六十四家），具體類目下的人數

---

① 《文苑英華》"天部・月"下諸細類收白詩大多各一二首，但"雜題月"三十一首詩白詩獨占九首，接近三分之一。"雜題"往往是爲歸餘類而設，收録一些内容有"復合"特徵的詩。白居易的作品（主要是律體）占比較大，遠超其他詩人，一定程度説明在選家的眼中，白詩更具有一些與"月"這樣的詩意對象互動的主題。但更多的類目下收白詩數量較少，題材特徵不易凸顯。

② 原書已佚，其六朝隋唐部分基本保留在南宋蒲積中的《古今歲時雜詠》中。見蒲積中編，徐敏霞校點《古今歲時雜詠》，遼寧教育出版社，1998 年。

③ 方回選評，李慶甲集評校點《瀛奎律髓彙評》，上海古籍出版社，2005 年。

就更爲有限，有的詩人全書僅幾首作品。而白居易的作品在《瀛奎律髓》中占有很高的比例，且很多類别下白詩居首，例如：

> 升平類七言，風懷類五言，宴集類五言、七言（2首），老壽類七言，晨朝類七言，酒類七言（3首），川泉類七言，庭宇類五言（2首），消遣類七言（4首），兄弟類七言（2首），子息類五言（2首）、七言（2首），疾病類七言（4首），傷悼類七言（3首）

居首的白詩律體一定程度説明選家將之當作此類較早的、較重要的作品。這些類别主要指向個人的生命經驗和情感表達。“兄弟”“子息”與親情相關，“風懷”“老壽”“消遣”“疾病”等聯繫的是詩人不同的生命狀態。因此，《瀛奎律髓》重點突出了白居易律體詩在人事體驗類題材上的創作。

《歲時雜詠》《瀛奎律髓》中反映的白詩律體重時節、人事的特點值得關注。因爲時節（春、夏、秋、冬）、人事（子息、老壽、疾病）等題材在初盛唐包括中唐用律體大量創作的情况是很少的。白詩律體重時節、人事的題材特徵對於律體及其表現範圍有怎樣的意義，值得進一步探究。《歲時雜詠》《瀛奎律髓》等雖收白詩較多，但因體例所限，從類目結構上難以進一步呈現更多的信息。而對於這一問題，日本平安時期的類編詩集有重要的參考價值。

日本平安中期大江維時編纂的《千載佳句》是影響較大的一部摘句形式的類編唐詩集，在研究白居易詩的題材方面有十分重要的價值。從收録的情况看，《千載佳句》雖然涉及作者一百五十三人，但實際以白居易爲主，且大部分收律體。《千載佳句》總共十五大類、二百五十八小類，其中一百八十一小類收有白居易詩，且很多小類下白詩占絶大多數，儼然白詩的分類專集。《千載佳句》的類目具有明顯的重“四時”的特點①，不僅將之居首，其下還有“立春，早春，春興，春曉，春夜，暮春，送春，首夏，夏興，夏夜，苦熱，避暑，納涼，晚夏，立秋，早秋，秋興，秋夜，暮秋，初冬，冬興，冬至，冬夜，

① 重視“四時”是平安時期類編詩集的一個較爲普遍的現象。類編漢詩集以“四時”爲首且多細目的形式《千載佳句》較早。對於這一現象的成因，可參看邵毅平《論中國文學分類規範對日本平安時期文學總集分類規範的影響》,《復旦大學學報(社會科學版)》,1988年第2期;［日］三木雅博《“雜詠”部的意義》,《平安朝漢文學鈎沈》，大阪：和泉書院，2017年，頁128—129。

歲暮”二十四個細目，多角度凸顯了四季的特徵，這是中國類編詩集中極少見到的。加上“四時”下的每一個細目都收録有白居易的作品（絶大部分爲律體），甚至有的只收白詩，因此這些詩歌主題的出現當與白居易個人的創作情況有緊密的關聯。除“四時”外，前人討論較少的《千載佳句》“人事部”的細目也具有深入的、多角度的特徵，其中僅關於“閑”的細目就包括“閑居，閑意，閑放，閑適，閑興，閑遊，閑官，閑散”八個，其中既有“閑”的狀態，還包括“閑遊”“閑官”這樣的復合類目。如此精細的立目顯然不屬於一般的分類，而是與白居易本人大量創作表現閑情逸興的作品有關。因此，《千載佳句》的收録與《歲時雜詠》《瀛奎律髓》所反映出的都是白詩律體重時節、人事的特點，而前者精細的分類還進一步凸顯了白詩律體對時節、人事等題材的“精耕細作”，詩人的律體深入了時節、人情的内部。

更進一步考察日本的類編詩集，還會發現其類目的藝術化特徵，這又與中國類編詩集明顯不同。中國傳統類編詩集的類目以名詞和一些固定的動詞爲主，同一層級通常有相似的詞性。而日本平安時期的類編詩集在類目設置上較爲靈活，是詩歌的藝術内涵外化入類目的一種情形。例如，參考《千載佳句》等詩集及成書稍晚的《和漢朗詠集》，其細目能够生動地勾勒一個時節或一種生活狀態的多個側面，例如上卷“秋”的類目：

> 立秋，早秋，七夕，秋興，秋晚，秋夜，八月十五夜付月，九月付菊，九月盡，女郎花，荻，蘭，槿，前栽，紅葉付落葉，雁付歸雁，蟲，鹿，露，霧，擣衣①

這些類目最突出的特點在融合了“四時”與“草木鳥獸蟲魚”兩類，從時間、空間、情感、物象等不同維度“描繪”了時節的特點，其自身就具有内在的畫面感，像“秋晚”“霧”“搗衣”，能引發人的聯想，呈現出“積澱到類目的藝術”。這些藝術化類目反映的是白詩（尤其律體）深入時節、人事情感的程度。一方面，白詩律體涉及一些較爲抽象的、動態的主題，例如“三

① 其中，九月盡、女郎花、荻、前栽、雁付歸雁、鹿六個類別未收白居易詩作。[日]藤原公任撰，[日]川口久雄校注《和漢朗詠集》卷上，東京：岩波書店，1965年，頁46。

月盡”。《和漢朗詠集》“三月盡”收白詩律體如下：

竹院君閑銷永日，花亭我醉送殘春。《酬皇甫賓客》
惆悵春歸留不得，紫藤花下漸黄昏。《三月三十日題慈恩寺》[①]

詩句表現了三月末春夏相交的物候，其中的“醉”“漸黄昏”，反映對時節變化的感知，營造了微遠的意境。而這一主題恰是上文所談《歲時雜詠》中的“春日盡”，皆以白詩律體爲主；《千載佳句》也有“送春”類，收八首白詩律體（句），其中包括了《和漢朗詠集》中的兩首。只是在中國類書中，除《歲時雜詠》以歲時爲主，故分類較細外，其他的類編詩集極少立“春日盡”這樣具有過渡性、朦朧性的類目，能够反映白居易以律體寫動態主題的程度是有限的。而《千載佳句》《和漢朗詠集》中這樣的類目具有普遍性，能够充分反映詩人惆悵的情思與敏感的物候體驗。日本學者平岡武夫、菅野禮行等曾撰文討論過白居易詩歌寫“春盡”的問題[②]，也談到詩人對季節推移的敏感表達。不過白居易這種敏感的表達還應用於更廣泛的動態主題，例如“寓興”“感嘆”“惜花”“别後”等；并且與律體相結合，實現了律體表現範圍的拓展。另外，白詩律體“向内”開掘的構思視角真正深入到時節、生活的内部世界。例如《和漢朗詠集》中“夏”的“更衣”類收録白居易《早夏曉興贈夢得》的頷聯“背壁燈殘經宿焰，開箱衣帶隔年香”。這裏詩人用夏日更换衣物表現時節的更替，詩意抒發的範圍在日常屋帷之内、耳鼻細賞之中，是一種“由内而外”的構思，在之前的七律中也很少見到。因此，《千載佳句》《和漢朗詠集》豐富的、藝術化的類目，集中呈現出了白詩律體較爲個性化的題材範圍和開拓方向。

從唐代律體詩發展的角度看，初盛唐至中唐，即使是存詩數量較多、題材開拓較突出的杜甫，其詩作也很難分出白居易那樣細緻入微的類目。杜集較早的分類本《分門集注杜工部詩》中，細分上下或上中下的門類，如“居室”“紀行”“述懷”“時事”“簡寄”“送别”等，是詩人用力較多的

① ［日］藤原公任撰，［日］川口久雄校注《和漢朗詠集》卷上，頁60。

② 平岡武夫《三月盡——白氏歲時記》，《日本大學人文科學研究所研究紀要》，1976年；菅野禮行《“春盡”詩》，《静岡大學教育學部研究報告・人文社會科學篇》，1985年。

题材，基本是傳統的詩歌主題。只有“時事門”較爲突出，是杜甫對律體詩表現範圍的重要拓展。而“月”“星”“四時”“節序”等門類，因詩人創作有限，收録的作品較少。杜甫詩歌的類編本典型地反映出詩人在一些傳統、“外向”的題材上用力更多的特徵。所謂“外向”，指的是表現内容涉及更多社會政治生活中的人際交互、情懷感慨。杜甫以律體寫時事，而“時事”本身關聯政治背景、戰争局勢、民衆疾苦等，這種藝術範圍的拓展也是“向外”的。

律體詩在初盛唐成熟於較爲莊重典雅的題材中，用於社會政治活動更爲普遍。盛中唐之際，雖然涉及題材更爲廣泛，但詩人的用力主要在於寫法的提煉、創變。而白居易“向内”的題材開掘方向突出了一些律體詩不易表現的内容，尤其是與個人生活、時節變化相關的情感體驗。在這一過程中，白詩律體的表現範圍部分深入到了古體的世界。例如，已有研究談到過白居易“自詠詩”的問題，指出“這種‘自詠詩’實爲詠懷詩與詠物詩交叉重叠的部分”[①]。不過文章未討論“自詠詩”的體裁問題。白居易的“自詠詩”基本是律體，與其“閑適”“老病”之類的題材皆屬於詩人深度開掘的“内向”主題。“自詠詩”結合詠懷與詠物不僅在題材上，也是律體部分涉及古體題材的一種嘗試。詠懷主題自産生之初到初盛唐時期更多以古體表現。白居易的“自詠”是一種特殊的“詠懷”，通過不斷自我剖析來表達生命的哲思。這樣的創作需要與内心世界深入交流，并將情感與外在的物象相勾連，因此，“向内”開掘的程度就會比較深。從這個層面上講，白詩律體的“内向”創造不僅是結合了已有的一些題材，更是對律體的題材範圍的深入探索和突破。古體雖易於表現一些細緻、豐富的内容，但其自身具有渾成的藝術整體性，更重視“格與意義”，律體難以直接借鑒其體式；并且白詩律體所涉内容，很多也是之前的古體涉及較少的，具有更多的開創意義。因此，白居易“向内”的題材探索不僅是借鑒古體習用的表現範圍，還延伸了律體的題材，從個人的體驗、情感出發，向生活、内心的細部探求律體表現的可能性。

① 張敬雅、李定廣《白居易與中國古代“自詠詩”》,《學術界》, 2015 年第 6 期。

二、“向内”開拓的藝術實績——白詩律體的“記録性”

白居易“向内”的開拓不僅從新的視角擴展了律體詩的題材範圍，同時還豐富了律體的藝術功能，使之具有了一定的“記録性”，能够滿足日常的、頻繁的使用。

南宋趙孟奎的《分門纂類唐歌詩》雖然目前僅存“天地山川類”五卷、“草木蟲魚類”六卷共十一卷，但收録白詩亦甚多，尤以“草木蟲魚類”爲最。僅“花”這一小類下就收白詩五十二首，其中律體三十五首。細觀作品的情況還會發現，白居易寫草木時，對同一對象經常會反復描摹。白居易“花”類下寫蓮花的律體就有六首，三首寫白蓮花，有《題東林白蓮》《觀盆池白蓮》《種白蓮》，明顯是不同時間對白蓮的不同感發。花木蟲魚類的作品與白居易生活的見聞、感悟有直接聯繫，是日常可寫的。這樣的作品數量多、主題類似，反映出白居易時常用律體表達日常聞思的創作特點。從白氏更廣泛的創作來看，明人張之象的類編全集《唐詩類苑》全面地展現了白居易律體對季候風物、草木蟲魚、人情事項的反復描寫，在上文所談白詩律體的題材特徵基礎上，更突出了值得關注的創作數量和密集度。

這一問題如果結合《千載佳句》《和漢朗詠集》的類目和收録情況，還能够進一步發現，白居易數量衆多的有題材傾向的律體詩還具有圍繞個人生活展開的系統“記録”性。《千載佳句》《和漢朗詠集》的類目雖然與中國傳統類書有相似之處[①]，但在結構上，前者的組織方式以“人”的見聞與情思爲展開的基礎，後者以人間事項的時空順序爲基礎。并且，日本類編詩集的組織方式與白居易的創作情況有更直接、密切的關聯，更容易在結構上呈現白詩律體的創作特徵。

《千載佳句》的“四時”部、《和漢朗詠集》上卷的四季部分，如上文所列，都涵蓋了四個季節各自的開始、變化、結束以及很多節候中的場景、物象，立類較爲全面。《千載佳句》“人事部”圍繞個體生活的方方面面展開：

丞相，將相，尚書，近臣，將軍，從軍，刺史，縣令，才士，幼智，

① 可參井上亙《類聚的世紀：古代日本吸收中國文化的方法》，《文史哲》，2012年第5期。

才藝，文藻，褒美，草書，圖畫，

及第，慶賀，感恩，謝恩，

兄弟，憶兄弟，外孫，朋友，文友，憶友，書信，遇友，不遇友，憶遇友，訪問，經過，招客，留客，留宿，美女，豔情，王昭君，閨怨，

閑居，閑意，閑放，閑適，閑興，閑遊，閑官，閑散，自詠，詠興，寓興，感興，感嘆，懷舊，老，老人，老病①

其中收白詩最集中、數量最多的類目主要從“兄弟”到“老病”，包括了與親情、友情、雅趣、情思、老病等有關的主題，類目繁多且數量可觀，能够密集、全面地反映個人生活中的聞見和情思。例如“閑官”類，全收白居易詩：

養病未能辭薄俸，忘名何必入深山。《詠懷贈皇甫朗之》

隨月有錢勝賣藥，終年無事抵歸山。《同崔十八寄元淅（浙）東王陝州》、

莫遣是非分作界，須教吏隱合爲心。《偶吟》

能以忠貞酬重任，不將富貴礙高情。《高僕射罷節度讓尚書授少保分司喜遂遊山水》上②

這幾首詩寫於不同時期，都與詩人爲官時閑適的生活狀態有關。其中表達的情緒既有相似之處，例如“忘名何必入深山”與“吏隱”實際都表現“陸沉於俗，避世金馬門”的狀態；也有一定的不同，包括寫作的具體背景以及細微的情感寄托，例如“終年無事抵歸山”重在表達一種安然的心態，“莫遣是非分作界”或是對自我的一種提示。這些内容猶如詩人生活情態的記録，展現了詩人在不同的情境下對“爲官”與“吏隱”的問題的不同思考。與之類似，“草木部”包含了類書一般衆多花草樹木：

水草，水樹，梅，梅柳，柳，桃柳，櫻桃，山柘榴，石楠，辛夷，木蓮，木芙蓉，檜，松，松柳，松竹，竹，竹柳，楊竹，水竹，花竹，藤，薔薇，紫薇，

① 其中，將相、尚書、將軍、縣令、幼智、才藝、褒美、草書、圖畫、兄弟、不遇友、王昭君、閑興等未收白居易作品。[日]大江維時編纂，宋紅校訂《千載佳句》，上海古籍出版社，2003年，頁1—2。

② [日]大江維時編纂，宋紅校訂《千載佳句》，頁70。

牡丹，芍藥，蓮，露荷，采蓮，菊，菊酒，蘭菊，雜花，花樹，花水，玩花，花宴，惜花[①]

這些類目涵蓋了從春日的梅、柳，到夏日的蓮，再到秋日的菊花，再到冬日的松、竹，具體細目下有詩人不同時間的創作，與《分門纂類唐歌詩》"草木蟲魚"類收白居易詩的情況較爲類似，但分類更爲細緻具體，結構更爲龐大。《和漢朗詠集》下卷大體相當於《千載佳句》的"人事部"和"草木部"之合，更爲靈活地羅列了與文人日常生活息息相關的很多類目：

風，雲，晴，曉，松，竹，草，鶴，猿，管弦付舞妓，文詞付遺文，酒，山，山水，水付漁夫，禁中，故京，故宫付故宅，仙家付道士，隱倫，山家，田家，鄰家，山寺，佛事，僧，閑居，眺望，餞别，行旅，庚申，帝王付法皇，親王付王孫，丞相付執政，將軍，刺史，詠史，王昭君，妓女，游女，老人，交友，懷舊，述懷，慶賀，祝，戀，無常，白[②]

這些類目與《千載佳句》稍不同的在於更突出"雅興"。像"酒""水""山家""佛事""閑居""懷舊"等，點出了日常生活中較爲閑適、清净的一面，其中收録的白詩律句也顯得頗有閑情，通常是静居狀態下的創作。例如：

"山家"類：

遺愛寺鐘欹枕聽，香爐峰雪捲簾看。《香爐峰下新卜居草堂初成偶題東壁五首》(其四)

蘭省花時錦帳下，廬山雨夜草庵中。《廬山草堂雨夜獨宿寄牛二李七庾三十二員外》

"閑居"類：

鶴籠開處見君子，書卷展時逢故人。《不出門》

① 其中，水草、水樹、桃柳、檜、松柳、竹柳、楊竹、花竹、牡丹、芍藥、露荷、采蓮、花樹等未收白居易作品。[日]大江維時編纂，宋紅校訂《千載佳句》，頁77。

② 其中，風、雲、晴、故京、僧、行旅、庚申、將軍、詠史、遊女、祝、白等未收白居易作品。[日]藤原公任撰，[日]川口久雄校注《和漢朗詠集》卷下，頁149。

人間榮耀因緣淺，林下幽閑氣味深。《老來生計》

官途從此心長别，世事從今口不言。《香爐峰下新卜居草堂初成偶題東壁五首》(其五)[①]

這些詩歌有的是詩人居住廬山草堂時的日常狀態，有的是閑居中的不同感慨，豐富、多角度地“記録”了白居易的生活點滴。

一位詩人的一部分作品[②]就能分列出如此結構細緻、完整的類目，大部分類目下還有數量較多、内容豐富的作品，猶如類編總集或類書，在唐代十分罕見。因爲，白詩律體可以歸入以四時、人事、草木等圍繞“個人”展開的系統類目中，説明其詩作能够充分、全面地“記録”個人的生活情態。唐代其他詩人的作品很難有這樣的情況。例如，杜甫的作品在《分門集注杜工部詩》《集千家注分類杜工部詩》等分類本中，類目也基本按照類書方式編排，列舉如下：

月，星河，雨雪，雲雷，四時，節序，千秋節，晝夜，夢，山岳，江河，陂池，溪潭，都邑，樓閣，登眺，亭榭，宫殿，宫詞，省宇，陵廟，居室上，居室下，隣里，寄題，田圃，仙道，隱逸，釋老，寺觀，皇族，世胄，宗族，外族，婚姻，園林，果實，池沼，舟楫，梁橋，燕飲，紀行上，紀行下，述懷上，述懷下，疾病，懷古，古迹，時事上，時事下，邊塞，將帥，軍旅，文章，書畫，音樂，器用，食物，投贈，簡寄上，簡寄中，簡寄下，懷舊，「訪，酬荅，惠貺，送别上，送别下，慶賀，傷悼，鳥，獸，虫，魚，花，卷草，竹，木，雜賦上[③]

這些類目的結構屬於從天地日月到人事再到草木蟲魚的類書式順序，部分内容融合了類書的一二層類目，類别之間没有更深一層的邏輯聯繫。雖然其中一些題材，例如“居室”“紀行”也包括了很多詩人個人的生活軌迹，但

① [日]藤原公任撰，[日]川口久雄校注《和漢朗詠集》卷下，頁191、208。

② 平安時代的白詩選本很多不包括諷喻詩等内容，且《千載佳句》這樣的選本以律體爲主。

③ 《分門集注杜工部詩》，《四部叢刊》影印上海涵芬樓影印南海潘氏藏宋刊本，1922年。《集千家注分類杜工部詩》類目基本相同，只是順序稍異。

基本是片段式的，很少能細分出具體的小類别。而白居易的作品在《千載佳句》等分類本中具有很多小類，之間共同構成詩人生活的某一方面，從而凸顯了一種“全景式”的律體詩創作狀態。也即，詩人在一年四季、一日晝夜的不同時空中時常有創作，結集後形成了類書式的面貌。

這種多角度的、密集的創作實際上使律體詩帶有了“記録”的功能。詩人猶如將律體作爲記録生活點滴的藝術載體，有感發輒有所書，深入到大量細節中，包括四季的物候變化，不同草木的多樣情態，還有閑居時的各種思考、感興。這種情形無形中在創作行爲的層面實現了律體詩藝術功能的重要擴展。初唐的五七言律體最常見的創作情境是宴飲集會中的應制、酬和，到盛唐以後，五七言律體的絶句、八句體以及長律有不同的創作情境，但通常“緣事而發”的情況更爲多見，詩作的功能依舊圍繞“言志述懷”展開，很少見到“有感輒書”的創作狀態。白居易的律體密集地用在日常表達上，詩作的主題、内容都緊密圍繞詩人自身展開，與之前詩人創作律體的狀態有明顯的區别。

在此需要特别討論兩個問題。其一，白詩律體的“記録”功能與“以詩代書”的關係。“以詩代書”在南朝已出現，到初盛唐時期逐漸增多，以五古爲主；到中唐時期，古近體都有“以詩代書”的使用，且創作更爲普遍。白居易與元稹、劉禹錫的詩歌往來中，很多作品都有書信的性質。“以詩代書”凸出了詩歌“功用”的一面，使之與現實的交際活動聯繫起來；而白詩律體“記録”日常生活也表現出一種“功用”的特點。但二者有很大的不同。白詩律體密集表現節候、人事的作品不見得具有傳播、溝通的目的，主要在於“記録”詩人個體與外在物象的互動以及内心細緻的情思。因此，這些律體詩的“功用”主要是藝術性的，是詩人的生命經歷與詩歌密切關聯的體現。與之相關的是，白居易大量“記録”日常見聞、情思的律體通常以四句、八句爲多，排律較少。這一點也是考察《千載佳句》《和漢朗詠集》等收録白詩特徵時需要關注的。詩人“有感輒書”的創作狀態適宜使用四句或八句這樣篇幅較短的律體，因爲律絶和五七言律詩往往便於提煉語辭意象，同時簡潔明快地抒發情思。而“以詩代書”的作品通常篇幅較長，具有“叙情長篇”的性質，需要大量的鋪叙，其中往往包含較多實際的事件和詩人的感發，具有現實的傳遞意義，其“外向”的功用更爲突出。并且“以詩代書”對於收寄雙方而言具有偶然性，而非白詩律體那様較爲日常和普遍。通過這二者的對比，能够進一步凸顯白詩律體的“記録性”所包含的詩史信息。在白居易的創作觀念中，律體（尤其是四句 / 八句等短篇）應當能够通過詩人多角度的創變和構思來適應很多具體的生活場景以及難以把捉的情思，從而具有更廣泛的適用性。這種對律體藝術功能的開發進一步實現了創作與生活的結合，較之“以詩代書”所具有的偶然性，白詩律體的“記録”功能更具有開掘藝術空間的意義。其二，白詩律體的“記録性”不僅停留在具體内容上，還有更深的體裁意義。一些日本學者曾經談到過白居易詩歌類似記録或日記的性質，分别通過白居易詩歌細寫數字、酒、茶、疾病、容貌等來考察關於詩人年齡、酒量、品茶、病况、相貌等情况[①]。這些具體、細緻的研究涉及了本文所談的“記録性”的問題。白居易寫酒、茶、疾病的詩作，從類編詩集的角度看，即“酒”“茶”“疾病”等類目下的作品，屬於詩人日常“記録式”書寫的一部分。如上文所言，由於詩人創作十分密集，所以能够從特定主體的作品中考察到一些詩人生活的細節。不過本文希望在此基礎上從表現方式的角度進一步指出白居易詩作在“記録”方面的普遍性問題，其中最重要的是體裁。已有的研究較少將詩歌體裁與題材結合起來討論白居易的創作，而深入體裁可以更清晰地考察詩人的藝術貢獻。白居易用精工典雅的律體“記録”自己對春花秋月、人情事項的感懷，其效果不僅在於記録的内容本身，還包括“記録性”對律體詩體式特徵的影響。由於詩人大量、密集地創作，律體的藝術功能顯得更加突出，其聲韻要素融入了成熟的創作當中，使律體這一具有明顯形式規範的體裁更具有適應性。

三、白詩律體“記録性”的藝術基礎

白居易用律體“記録”生活的過程必須面對律體本身的體式特徵。由於

① 例如金子彦二郎《數字的表現和白樂天的詩》、青木正兒《白樂天的朝酒詩》、布目潮渢《白居易的飲茶》、今井清《白居易的健康狀態》、丸山茂《作爲自照文學的〈白氏文集〉——白居易的“寫真”》等。

律體詩常見的創作情境以及明顯的聲韻規則，實現日常化、頻繁化的寫作就需要在體式上有所創變。在這一點上，白詩律體成熟的語言、情境表現方式爲“記録”功能的發揮提供了藝術基礎。

對於這一問題,《千載佳句》這樣的類編詩句集具有獨特的價值。由於《千載佳句》的編纂有提供藝術範例的目的，尤其是經典詩句、詩聯，因此其具有一些特殊的“摘字型”類目，指從所選的上下句中各摘取一字組成的類目。例如：

草木部：

梅柳：白片落梅浮澗水，黄梢新柳出城墻。（白居易《春至》）

松竹：松風碎助潮聲急，竹露零添澗水流。（白居易《杭州景致》）

水竹：水能性淡爲吾友，竹解心虚即我師。（白居易《池上竹下作》）

菊酒：茅屋老妻良釀酒，東籬黄菊任開花。（白居易《重陽日》）

花水：階臨池面勝看鏡，户映花叢當下簾。（白居易《畫堂三月》）

宴喜部：

歌舞：飄颻舞袖雙花蝶，宛轉歌聲一索珠。（白居易《夜宴》）

琴酒：春酒冷嘗三數醆，曉琴閑弄十餘聲。（白居易《早下朝歸閑齋獨處》）

琴書：净名居士經三卷，榮啓先生琴一張。（白居易《東院》）

琴茶：琴裏知聞唯淥水，茶中故舊是蒙山。（白居易《琴茶》）

詩酒：林間暖酒燒紅葉，石上題詩掃緑苔。（白居易《題仙遊寺》）

茶酒：小醆吹醅嘗冷酒，深爐敲火炙新茶。（白居易《北庭招客》）

舉例中的類目大多并不是固定的詞彙，而是由兩個單獨的詞組合而成。這些類目直接從詩句的核心詞彙出發，與詩句的對仗結構有密切關聯。“水竹”“琴酒”這樣的類别可以更直觀地呈現“水”與“竹”、“琴”與“酒”相對所構成的工整、精美的詩句。從分類和詩歌主題的角度看,“摘字型”的收録與其他類目的收録正好形成兩種方向相對的編纂視角（表 1）：

表 1

類目類型	立類出發點	所收作品
“摘字型”	意象并列（寫法）	不同主題
“主題型”	主題	不同寫法

“摘字型”類目下的詩句，通常屬於不同的主題。例如“琴酒”一類收白詩三句，題目分別爲《早下朝歸閑齋獨處》《琴酒》《春興》，從中可以一窺白詩在何種主題、情境下用“琴”“酒”并列，而通常的類目往往是確定主題而收録的作品反映不同的寫法。與此同時，在《千載佳句》中，這兩種分類方式又是并列且關聯緊密的。“摘字型”類目下雖然詩句主題不一，但内容與類目字所展示的意象都存在相應的意義關聯，有的詩題與類目名一致，例如“琴茶”“琴酒”類下就分別有題目作《琴茶》《琴酒》的作品；有的詩句與其他類別可以相互參看，例如“茶酒”類有一聯“醉對數叢紅芍藥，渴嘗一盞緑昌明”，詩題作《春盡日》，主題上屬於上文談到的“三月盡”/“送春”。

更值得關注的是，這些“摘字型”類目還具有單音節意象重複的特點。例如有“松竹”，又有“水竹”；有“琴酒”又有“琴茶”，又有“詩酒”，還有“茶酒”，猶如排列組合。這種情況反映出編者對白詩中意象組合方式的細緻歸納和呈現，一定程度凸顯出白詩律體習用的一些意象組合。試看下例：

“琴酒”類：

[1]耳根得所琴初暢，心地忘機酒半酣。《琴酒》

[2]晚隨酒客花間散，夜與琴僧月下期。《春興》

“詩酒”類：

[3]生計拋來詩是業，家園忘却酒爲鄉。《送蕭處士遊黔南》

[4]幸無案牘何妨醉，縱有笙歌不廢吟。《宿湖中》

“茶酒”類：

[5]春風小榼三升酒，寒食深爐一碗茶。《自題新昌弊居》

[6]醉對數叢紅芍藥，渴嘗一盞緑昌明。《春盡日》[1]

① [日]大江維時編纂，宋紅校訂《千載佳句》，頁115、頁120—121、頁126

這幾個“摘字型”類目下各自的作品主題稍有不同，核心意象的使用也有一定的區别。[1]所屬的作品以“琴酒”爲題，上下兩句直接表現彈琴飲酒的暢快；[2]中的“酒”寫“酒客”，表現春日邀人宴飲的情景，“琴”寫“琴僧”，對舉出另一種春日的詩意場景。這兩種不同的對句均以“琴酒”形成上下兩句，一用本意，一用意象引領場景。同樣，[3]中的“詩酒”各自想象遠遊黔南後的閑散生活，其中透露出一種無奈之情；[4]中用另一種口吻寫詩人閑散生活中以詩酒自娱的場景。以下[5][6]也是用“茶”“酒”兩個對舉的意象來烘托日常生活、時節變化中的場景。因此，這三個猶如排列組合的類目，展示出白詩律體對“琴”“詩”“茶”“酒”等常見意象的組合使用方式。類目所收的詩句雖然主題不同，但有大致的題材範圍，主要與時節、宦情有關。换一個角度看，白居易在深度開掘時節、人事等題材時，較爲熟練地使用一些意象形成律體詩中的對仗。“琴”“詩”“茶”“酒”等在詩人展現季節生活、日常起居等主題時基本成爲習用的意象群。對創作律體而言，聲律規則是需要重點關注的。詩人有成熟於心的語言表達，就容易克服聲韻規則的限制，更便捷地表現一時一地的見聞和情思。

因此，“摘字型”類目反映出白詩律體的語言已經具有了較强、較系統的藝術範式。這一點與初盛唐的情况明顯不同。雖然在初盛唐時期五七言律體逐漸成熟，并具有了一些藝術上的“變格”，但其體式中易於反復使用的主要是結構方式，例如初盛唐的律體送别詩形成了較爲明顯的“從當下到遠方”的意脉結構。但對於具體的語言使用，很少在一個詩人的作品中見到具有範式意義語辭群組。因爲習用的語言通常需要在詩歌體式十分成熟且有相當的、重複主題的創作後才容易産生。白居易律體詩中熟練使用的語詞表達反映出詩人創作的成熟度，而這種成熟、流暢的表達方式也是詩人能够大量將之用於“記録”功用的藝術基礎。

不僅如此，白詩律體較爲成熟的語詞本身還具有優美流暢的特徵。《千載佳句》《和漢朗詠集》等選本的類目所提示的白詩主題或習用語詞，都容易入詩且可塑性較强，很少有突兀奇峭的内容。這不僅受編選目的的影響，同時也是白居易詩歌（尤其律體）語言特徵的反映。《千載佳句》中之所以羅列衆多的“摘字型”類目，一個重要的原因是白居易詩作的主題與語詞在某種程度上具有同構性。本文第一節談到的白詩律體重視時節、人事，而其中具體的主題往往涉及優美、多情的意象，包括帶有“春夏秋冬”“草木花樹”“喜樂憂愁”的類目，其自身的藝術性與白詩内容的藝術性是相互映照的。白詩律體中“花”“月”“風”“雪”“詩”“酒”“琴”“茶”等意象，既能夠使詩人方便地書寫符合聲韻規則的律句，同時能夠在不同的創作情境中反復使用。例如，《千載佳句》中的類目與詩句所用意象之間存在交替、循環的情況：

“春”：冰消見水多於地，雪霽看山盡入梅。（《早春》）

“雪”：碧氈帳暖梅花濕，紅燎爐香竹葉春。（《洛下雪中頻與劉李二賓客宴集》）

“竹”：千花百草凋零後，留向紛紛雪裏看。（《李次雲窗竹》）

“閑居”：水竹花前謀活計，琴詩酒裏到家鄉。（《無土》）

“詩酒”：家未苦貧常醞酒，身雖衰老尚吟詩。（《贈皇甫云云》）

“老”：不飲一杯聽一曲，將何安慰老心情。（《南園試少樂》）

這些標示主題或構成詩句的語詞本身具有多義性，能夠關聯、構造不同的詩歌意境；其自身屬於簡潔、明亮的意象，能夠使詩句顯得流暢而不滯澀；加之“風月詩酒”本身所具有的優美特性是從齊梁以降的歷代詩歌逐漸奠定的，具有深厚的審美歷史。三者相融，便使得白居易的律體詩從語詞到主題具有了優美的藝術同構。

從律體的角度看，這些優美、成熟的語詞更容易適應一定的聲韻規則，應當是白居易在創作中探索出的一種流暢表達的方法。律體創作中，對仗的律聯是十分重要的。通常情況下，較爲奇峭的語言容易出現聲律問題，難以普遍使用。相比而言，“花”“竹”“酒”“書”等語辭不僅常用且易形成平仄相對的形式，運用於律體相對較爲方便。“琴酒”“詩酒”“茶酒”等都是由一平一仄兩個字組合而成，其各自能夠展開形成一個律句，進而組成律聯。《千載佳句》在選詩摘句時明顯傾向於雅致優美、聲情婉轉的作品。例如，詩人杜甫入選的詩句基本也是“藍水遠從千澗落，玉山高對兩峰寒”“魚吹細浪摇歌扇，燕蹴飛花落舞筵”這樣風格的。這不僅是平安時期選家審美意識的反映，也可能與這類詩句的參考價值有關。優美典雅的語詞與閑雅的日常生活情境較爲契合，以之爲主的律體有較長的創作歷史，形成了比較成熟而基礎的律體風格，易於參考摹寫。早在南朝齊梁新體的創作中，語言的精緻化就與聲律的探索相伴隨；初盛唐時期逐漸成熟的律體也是很多詩人創作的基礎，例如初唐四傑、陳子昂、李白、杜甫等詩人，早年都有過優美工整的律體。不過，齊梁以降的精緻詩風還容易帶來綺艷的問題，因此初盛唐很多詩人都從不同角度對之進行了革新和創變，實績之一是語言風格的多樣化，尤其是杜甫對五七言律體語言的大力革新。到白居易所處的時代，詩人要用律體日常性地表達體悟和思考，需要有所選擇。深沉厚重的語言不太適用於日常頻繁的寫作。白詩律體選擇了在繼承律體優美典雅風格的同時，儘量使用平易而自然的語彙，使作品不致重複齊梁體的弊病。“花”“竹”“酒”“書”這樣的語詞正是優美而常用的，適用於詩人風雅的日常生活，又便於頻繁地創作，是白詩律體“記録性”的重要語言支持。這些語詞群組對律體體式的高度適應性能够一定程度減小聲律規則的束縛，使律體更容易進入日常、普遍的創作情境中。

四、結語

綜上所述，通過對比中日類編詩集收録白詩律體的情況，能够從類目結構的角度系統地考察白居易律體詩的題材特徵和開拓實績。中日兩國的類編詩集在類目上有一定的相似度，都能够從宏觀上反映白居易律體詩重視表現四季、人情的特點。但從更細節的分類方式上看，二者各有側重。中國的類編詩集大體以傳統類書的結構爲主，類目的組織以外在天地物象的時空爲序；日本的平安時期收白詩較多的類編詩（句）集《千載佳句》《和漢朗詠集》等，更側重以“人”及日常的方方面面爲分類的出發點。參考日本類編詩集的類目結構和細目内容，能够從新的角度審視白居易律體詩的題材特徵和藝術功能。《千載佳句》《和漢朗詠集》的細目重視從時節、人情的角度展開，不僅有比較系統、完整的内部邏輯結構，同時類目還十分多樣化，包括一些具有過渡性、動態特徵的類目，以及一些深入生活、心靈内裏的細目。這些内容反映出白居易對律詩題材的“内向”開掘，并且這種開掘形成了“全景式”的創作面貌。詩人的作品充分“記録”了一年、一日的所思所感，具有“個人詩史”的意味。這樣的創作一定程度改變了律體詩的寫作狀態，使之與詩人及其生命經歷更緊密地結合起來，突出了藝術化的“功用”，是一種比較特殊的“用詩”。而這種“用詩”之所以能够實現，與其背後成熟的語言範式有很大關聯。《千載佳句》特殊的“摘字型”類目“排列組合”成語詞群組，突出了白居易較爲成熟的語言使用情况。尤其是用優美而流暢的意象形成律句、律聯，且篇幅以四句、八句爲主，便於大量地、多角度地表現見聞和情思。這樣的方式借鑒了近體詩成熟過程中較爲基礎的語言風格，同時又根據文人生活的特點選取了典型而平易的意象，能够一定程度减弱聲律規則的限制，實現創作的靈活度。

絶海中津《蕉堅稿》作品排序原則新解 *

——以在明時期詩作爲例

高兵兵

一、引言

日本中世禪林文學也稱“五山文學”,是指以鐮倉、室町幕府官寺體制下,以禪宗僧侶爲創作主體的詩歌、文章、語録、偈頌等。日本的禪宗是中國宋代禪宗影響下的産物,其間中日間禪僧往來頻繁,日本禪僧中的許多人都到過中國,被稱爲渡宋僧、渡元僧、渡明僧。這些禪僧除了傳播和學習禪理外,進行漢詩創作也是他們的主要活動。由於往來的便利,禪宗在日本的傳播幾乎與我國禪宗的發展同步,這也使得日本人的漢詩創作一改奈良、平安時代的堆砌、呆板之氣,變得自然流暢,漢詩的創作水準及數量都有了質的飛躍。絶海中津(1336—1405)① 便是日本中世詩僧中較爲出色的一位。

明初高僧斯道道衍(1335—1418)爲絶海詩文集《蕉堅稿》作序,謂絶海“得詩之體裁,清婉峭雅,出於性情之正。雖晋唐休徹之輩,亦弗能過之矣”;

* 本文爲國家社會科學基金重大項目“日本五山文學别集的校注與研究”(15ZDB089)的階段性成果
作者單位:西北大學文學院

① 據其弟子妙祁 1423 年撰《佛智廣照净印翊聖國師年譜》:“師諱中津,字絶海。字乃全室和尚所命,自號蕉堅道人。土佐州津野人。”梶谷宗忍《蕉堅稿・年譜》,東京:思文閣,1975 年,頁 565。

天竺寺古春如蘭在《書蕉堅稿後》中，亦稱贊絶海“雖吾中州之士老于文學者不是過也，且無日東語言氣習”。現代的五山文學研究中，常將絶海中津與義堂周信（1325—1388）并稱爲“五山文學雙璧”，而且認爲絶海的詩才要遠高於義堂周信，其漢詩代表着五山文學乃至日本中世文學的最高峰。這種評價，最初應當源于江村北海（1707—1782）在《日本詩史》中的叙述：“絶海、義堂，世多并稱，以爲敵手。余讀《蕉堅稿》，又讀《空華集》，審二禪壁壘。論學殖，則義堂似勝絶海；如詩才，則義堂非絶海敵也。絶海詩，非但古昔中世無敵手也，雖近世諸名家，恐棄甲宵遁。（中略）以余觀之，亦唯我邦之詩，往往難免陋習，如絶海則不然也。”①

但就是這樣一位代表日本五山漢詩最高水準的人物，國内外對其的研究成果却堪稱寥寥。也難怪，日本學界對五山文學的關注，也不過才是最近四五十年的事。而關於絶海中津文學的專門研究著述，更是進入本世紀後才有一篇博士論文②和一部專著③。《蕉堅稿》迄今有三種全注本和四種選注本④，但均爲簡注，粗陋且謬誤頗多，不足爲證。中國國内迄今出版的日本漢詩選，對絶海的詩一般均有收録，且評價很高，但對其漢詩進行研究的，就非常寥寥了。而且，國内以往對絶海漢詩的研究，多傾向於將其作爲日本與明朝文化交流的例證⑤，文學研究可謂是剛剛起步，迄今還没有值得一提的專門論著⑥。

鑒於以上情況，有必要重新對《蕉堅稿》進行整理、注釋及研究。本文

① 清水茂等校注《日本詩史・五山堂詩話》，東京：岩波書店，1991 年，頁 77。

② 朝倉和《絶海中津の基礎的研究》，広島大學 2003 年博士論文。

③ 俞慰慈《五山文學の研究》，汲古書院，2004 年。

④ 全注本一爲梶谷宗忍《蕉堅稿・年譜》；一爲蔭木英雄《蕉堅稿全注》，東京：清文堂，1998 年；一爲俞慰慈《日中文化交流史的基礎研究〈扶桑五山文學原典箋注系列〉第一種——絶海中津〈蕉堅稿〉箋注（Ⅰ—Ⅺ）》，《福岡國際大學紀要》（1—9）》，1999—2009 年。選注本一爲寺田透《義堂周信・絶海中津》，東京：築摩書房，1977 年；一爲玉村竹二《五山詩僧》，東京：講談社，1978 年；一爲孫東臨《日僧絶海中津詩選注》，《長崎県立國際経済大學論集》第 19 卷第 2 號，1988 年，頁 157—201；一爲入矢義高《五山文學集・蕉堅稿》，東京：岩波書店，1990 年。

⑤ 綜合研究性專著只有一部：任萍《多元文化身份的禪者：日本五山僧絶海中津研究》，浙江大學出版社，2015 年。

⑥ 近有高兵兵《絶海中津〈山居十五首次禪月韻〉考辨》，《日語學習與研究》第 189 號，2017 年，頁 33—41。亦有許多未盡之處。

僅對其中在明期間作品的排序，特別是中天竺"南山卜居"組詩的存在及其排序進行重新定性，希望對前人研究的未盡之處進行補充和完善。

二、絶海中津在明吟詠概觀

《蕉堅稿》是絶海中津一部完整的傳世詩文集，共兩卷。上卷爲詩，按照五言律詩、七言律詩、五言絶句、七言絶句的順序排列；下卷爲文，按照疏、序、書、説、銘、祭文的順序排列。

該集體量不大，日本學者入矢義高推測其乃絶海生前親自精選而成[①]。而據集前斯道道衍"永樂元年（1403）十一月"所作序，《蕉堅稿》的成書過程是："禪師平生所爲詩凡若千篇，其徒等聞裒爲一帙，題曰《蕉堅稿》，來求余序其卷首。"[②] 集後所附古春如蘭作於"永樂元年臘月"的《書蕉堅稿後》中亦有"蘭也，嘗與全室往來乎錢塘、金陵之都會，相知頗久，若宿契然。今觀絶海之著作，則舊遊風景俱在眼前。其徒等聞上人又爲之請，輒贅語於卷末云"[③]。據此可知，絶海的弟子龍溪等聞，永樂元年渡明[④]時，攜帶着已經選好的絶海詩文集《蕉堅稿》，去請求絶海的舊交道衍和如蘭爲其作了序和跋。僅據此，很難判斷絶海本人是否參與了詩文的遴選。不過，無論如何，詩文經過了精挑細選，而且體現出一定的編輯意識，這一點是基本可以肯定的。因爲從每種詩型的排列，可以看出其中的規律，即在明時期作品在先、日本國内作品在後。下面先將《蕉堅稿》中在明時期吟詠的所有詩題進行一個羅列[⑤]。

【五言律詩】

1 呈真寂竹庵和尚　附：豫章老謬懷渭、豫章蒲庵來復、延陵夷簡和詩

2 呈湛然静者并謝畫三首　附：爲絶海畫并賦（湛然静者惠鑒）

3 送良上人歸雲間

4 三生石

① 入矢義高《五山文學集・蕉堅稿題解》，扉頁。

② 蔭木英雄《蕉堅稿全注》，頁 3。

③ 蔭木英雄《蕉堅稿全注》，頁 259。

④ 據蔭木英雄《蕉堅稿全注》"補注 7"（頁 262），等聞於應永十年（1403）隨堅中圭密渡明。

⑤ 詩題前所附序號，據蔭木英雄《蕉堅稿全注》。

5 期友人不至

6 宿北山故人房

7 寄寶石寺簡上人二首

8 古寺

9 文焕章歸姑蘇

10 來上人歸姑蘇覲省

11 送俊侍者歸吴興

12 冬日懷中峰舊隱

13 早發(?)

【七言律詩】

23 錢塘懷古次韻二首

24 中竺全室和尚自京師還山，作詩以獻

25 春日尋北山故人

26 寄定静庵

27 謝耿郎中藥

28 拜永安塔

29 聞徑山全室和尚入京作

30 祚天元京師書至喜而有寄

31 歲暮感懷寄甯成甫

32 南山新居，故人持筍茗見贈，遂留之宿

33 新秋書懷

34 山居十五首次禪月韻

35 鄉友志大道金陵卧病

36 送趙魯山人自錢塘歸越中舊隱

37 岳王墳

38 姑蘇台

39 多景樓

40 送雲上人歸錢塘

41 送迪侍者歸天台

42 四明館驛簡龍河猷仲徽

43 悼簡上人

44 悼端侍者

45 送元章歸日本

46 寄戒壇無溢宗師二首(?)

【五言絶句】

69 雲間口號

*73 西湖歸舟圖

【七言絶句】

80 應制賦三山 附:御制賜和(大明太祖高皇帝)、道彝、會稽一如和詩

81 趙文敏畫

82 行人至

83 永青山廢寺

84 讀杜牧集

85 和靖舊宅

*93 題畫梅

*124 題梅花野處圖

*115 鐘聲近

*125 盆蘆

其中五律 13 和七律 46,一般也被認爲是在明期間所作,但從詩題和内容來看均不能判斷出是否明確爲在明期間所作,因此以問號進行了提示。五絶及七絶中帶有 * 標的幾首,不是在明期間所作,但其内容與浙江相關,因此本文一并進行了羅列。

三、絶海中津在明吟詠作品排序原則新解

關於在明期間作品和日本國内作品各自的排列順序,朝倉和認爲其基本上是按照創作時間的先後排列的[①]。但我認爲并不完全準確,比如各詩型的卷

① 朝倉和《絶海中津の基礎的研究》。

首作品就跟創作時間没有關係。爲了進一步弄清《蕉堅稿》作品的編排情況，下面僅把各詩型中的在明時期作品題目進行一下分類羅列（表 1 ）。與前文的一覽不同，這裏用括弧展示了作品的一部分資訊，作爲判斷依據。

表 1　絶海中津在明吟詠分類一覽表

分類	五言律詩	七言律詩	五言絶句	七言絶句
唱和（應酬）	1 呈真寂竹庵和尚 附：豫章老謬懷渭、豫章蒲庵來復、延陵夷簡和詩（洪武六年冬十二月廿日） 2 呈湛然静者并謝畫三首 附：爲絶海畫并賦（湛然静者惠鑒）	23 錢塘懷古次韻二首（全室和尚） 24 中竺全室和尚自京師還山，作詩以獻		80 應制賦三山 附：御制賜和（大明太祖高皇帝）、道彝、會稽一如和詩（洪武九年春）
杭州（中天竺寺）	3 送良上人歸雲間（夜宿中峰寺，朝尋三泖船。） 4 三生石 5 期友人不至 6 宿北山故人房	25 春日尋北山故人 26 寄定静庵（錢湖） 27 謝耿郎中藥 28 拜永安塔 29 聞徑山全室和尚入京作		81 趙文敏畫 82 行人至 83 永青山廢寺 84 讀杜牧集 85 和靖舊宅
杭州（中天竺寺）	7 寄寶石寺簡上人二首 8 古寺 9 文焕章歸姑蘇 10 來上人歸姑蘇覲省 11 送俊侍者歸吴興（三年天竺客，一日霅川歸） 12 冬日懷中峰舊隱	30 祚天元京師書至喜而有寄（一别三年信不通，南京書劄到中峰） 31 歲暮感懷寄甯成甫 32 南山新居，故人持筍茗見贈，遂留之宿（北山故舊問新棲） 33 新秋書懷 34 山居十五首次禪月韻 35 鄉友志大道金陵卧病 36 送趙魯山人自錢塘歸越中舊隱 37 岳王墳	*73 西湖歸舟圖	*93 題畫梅 *124 題梅花野處圖（孤山） *115 鐘聲近（十年夢斷楓橋泊） *125 盆蘆（因思十歲繫舟處，細雨疏烟水國秋）

（續表）

分類	五言律詩	七言律詩	五言絶句	七言絶句
其他地方（蘇州、南京、四明等）		38 姑蘇臺 39 多景樓 40 送雲上人歸錢塘（天街） 41 送迪侍者歸天台（帝京） 42 四明館驛簡龍河猷仲徽 43 悼簡上人（同鄉） 44 悼端侍者 45 送元章歸日本	69 雲間口號（華亭）	

這裏可以清楚地看出，除五言絶句外，各卷首所列均爲絶海與中國身份地位較高人物之間的唱和及次韻等作品。與其唱和的基本上是禪宗界的大德高僧，有清遠懷渭、見心來復、易道夷簡、惠鑒中銘、季潭宗泐、天倫道彝、一庵一如等，而七絶的卷首作品 80 還涉及了明朝開國皇帝朱元璋。

爲什麽説卷首的唱和、次韻等作品與創作時間先後無關呢？比如第一首給竹庵和尚的詩作於洪武六年（1373），此時絶海馬上就要離開杭州去南京；而 3 以後的絶大部分五律均作於中天竺。再比如七律 24《中竺全室和尚自京師還山作詩以獻》和 29《聞徑山全室和尚入京作》，這兩首的時間順序也是反的，因爲"全室和尚"季潭宗泐應該是先住徑山（洪武四年）再赴京師（洪武五年）的[①]。再如七絶 80 是洪武九年春"太祖高皇帝召見英武樓"（天倫道彝序）時所作的應制詩，此時絶海從宗泐在天界寺，而且之後很快就回國了；而 85《和靖舊宅》則是赴京前在杭時期所作。

那麽除各卷首作品外，其餘的排列是否是按照創作時間先後呢？我認爲也不盡然。比起時間順序，編者似乎更注重地點的切换。比如五律 3、4、7、11、12，從詩題或語句都可以明確判斷出與杭州中天竺相關。以此類推，七律 26、28、29、30、36、37 也明確爲在杭詠杭之作，而 38、39、40、41、42

① 季潭宗泐事迹，參考何孝榮《元末明初名僧宗泐事迹考》，《江西社會科學》，2012 年第 12 期。

就是其他地方的了。

如此一來，基本可以推斷，比起時間這個鏈條來，編者更加注重的是地點的集中體現，然後才在各個小詩群的內部按照時間排列。明確了這點，對我們重新梳理《蕉堅稿》的編集思路以及解讀作品都會有巨大的說明和指導意義。以下就針對部分作品的具體排序進行分析。

四、關於中天竺“南山卜居”詩群的存在及其排序的分析

由表 1 可見，中天竺寺是絶海中津在明生活的重心，在此創作或與此相關的詩作也是最多的。七律中序號爲 32、33、34 的作品，夾在可以明確斷定爲寓杭時期的作品群（26—30、36—37）之間，那麼這幾首是否也可以認定爲是中天竺時期之作呢？首先有必要結合史料和其他詩作來分析一下絶海寓居杭州期間的總體背景和經過。

絶海寓杭期間的總體感受是荒蕪和凄涼。比如《三生石》就有“凄涼天竺寺，片石寄巑岏。千劫空磨盡，三生舊夢殘。”的描寫。詩中“凄涼”二字説盡了天竺寺當時的狀況。有一首五律 12《冬日懷中峰舊隱》，可以讓我們更加詳細地瞭解當時的狀况：“長懷天竺寺，誰複住山椒。連夜夢頻到，看雲思不遥。閑門依磵曲，細路轉岩腰。松樹風飄子，藥欄雪損苗。幽棲誠所愛，生理却無聊。一笑問真宰，百年何寂寥。”詩中説他自己離開那裏之後恐怕都不會有人住了，因爲實在是太過荒涼和寂寞，生活也太艱苦了。該作品詩題及句中均有“懷”字，可見此詩是絶海離開天竺寺之後的回憶之作，但作者將其排在了與中天竺寺相關作品的末尾，這也體現出了以地點爲軸心的排序原則。

絶海的師兄義堂周信曾説：“大明開國僅十一年，天下諸道諸寺觀，大半遭火未復。兩浙五山，徑山、靈隱火後凄涼，徑山尤甚，居僧不滿百人。”[①] 可見“凄涼”是明朝初年浙江寺院的普遍狀況，并不止中天竺一處。如絶海中津的下面兩首詩，也都是對中天竺及杭州佛寺荒蕪氛圍的吟詠：

① 義堂周信《空華日用功夫略集》“永和三年九月廿三日條”（蔭木英雄《訓注空華日用功夫略集——中世禪僧の生活と文學》，東京：思文閣，1982 年，頁 180）。

8 古寺

古寺門何向，藤蘿四面深。
簷花經雨落，野鳥向人吟。
草没世尊座，基消長者金。
斷碑無歲月，唐宋竟難尋。

83 永青山[①] 廢寺

永青山裏古禪林，滿目蕭條枳棘深。
不識何人行道記，蛟龍缺落卧花陰。

從以上列舉的詩作可以看出，絶海眼中的錢塘特别是中天竺一帶，當時比較荒涼和寂寞，絶海對此印象深刻且這種認識具有一貫性。

在絶海與其他僧人間贈答的詩中，也可以讀出他對寓居杭州中天竺寺與後來追隨季潭宗泐到都城南京後的不同感受。如以下兩首七律：

30 祚天元京師書至，喜而有寄

一别三年信不通，南京書札到中峰。
飄零遠客誰能記，感喜友懷懶拆封。
絶域林泉淹杖屨，大江雲雨起魚龍。
相思未得相尋去，楚水吴山幾萬重。

40 送雲上人歸錢塘

天街涼雨曉疏疏，行客東歸碧海隅。
路自近關經北固，舟隨遠水到西湖。
諸峰亂後僧鐘少，舊業年深塔樹孤。
早晚歸來龍河上，從師問道是良圖。

第一首是説友人"祚天元"由南京寄信給中天竺的絶海，絶海非常高興。"飄零遠客"指客居中天竺的自己，"絶域林泉淹杖屨"是寫中天竺寺的慘狀，而"大江雲雨起魚龍"是寫先于自己到南京住錫的祚天元等友人的現狀吧，

① 《扶桑五山記·大宋國諸寺位次》(玉村竹二校注《扶桑五山記》，東京：臨川書店，1983 年)有："永青山，中天竺名勝之一"。"中竺十二景"中有"永清竹浪"，不知是否爲一處。

對比還是很强烈的。第二首則相反，是絶海到南京後送别回杭州的友人。“諸峰亂後僧鐘少，舊業年深塔樹孤。”描寫了杭州諸寺之慘狀，尾聯則規勸友人早日到南京投奔師傅。由此亦可見，絶海留在中天竺寺的時期，與最後終於追隨宗泐到南京之後的時期，心境大有不同。絶海對杭州中天竺的生活狀態并不滿意，而此種情緒在離開杭州到南京後則完全得到了消解。

結合以上的分析，下面就回過頭來開一下 32、33、34 這組作品：

32 南山新居，故人持筍茗見贈，遂留之宿
緑樹排簷午影低，北山故舊問新棲。
林泉養拙交無道，筍茗多情愧所攜。
虛閣空廊雲冉冉，疏烟小雨晚凄凄。
對床話盡十年事，迢遞相關夢欲迷。

詩題中有“南山新居”，可知絶海在“南山”之地卜得了一處新家。“故人”以及第二句中的“北山故舊”，當指絶海在杭州交往最多的一位密友。除這首詩外，這位朋友在其他作品中也屢屢出現過。

6 宿北山故人房
擬訪北山友，來書偶見招。
入門松日落，對榻夜燈燒。
詩苦寸腸斷，鐘清諸妄消。
天明辭勝侶，雲雪漲溪橋。
25 春日尋北山故人
一曲寥寥太古琴，百年未見有知音。
行過北嶺襟期合，爲説中腸感慨深。
萬疊晴巒清客眼，一泓新水照人心。
偶同攜手須行樂，桃李明朝緑作陰。

由以上兩首詩可以看出，絶海與這位“北山故人”一見傾心，兩人攜手行樂，絶海視其爲“百年知音”。其後兩人便心心相印、心有靈犀，同宿一房、作詩論道。而32詩中的“北山故舊”當是此人無疑，“故舊”是爲了平仄的需求，

當與“故人”無異。

從32的詩題看,這次是“北山故人”留宿在了絶海的“南山”新居。“北山”應指那位友人居住的寺院之所在,第二首裏的“北嶺”亦然,應該是指靈隱一帶。而“南山”當指中天竺寺南邊的山峰(月桂、中印等),與靈隱寺南的“北山”(白雲、蓮花、飛來等)相對。爲什麽這麽説呢?相傳白居易有首《寄韜光禪師》,很好地描述了“南山”“北山”也即天竺寺和靈隱寺的位置關係:

一山門作兩山門,兩寺原從一寺分。
東澗水流西澗水,南山雲接北山雲。
前臺花發後臺見,上界鐘聲下界聞。
遥想吾師行道處,天香桂子落紛紛。①

由此可見,32詩言及的“南山”和“北山”,就是指中天竺寺和靈隱寺一帶,居住在中天竺寺進而“卜居南山”的絶海中津,與居住在“北山”的友人時常走動來往,交情甚深。

緊接着這首之後的33詩中,絶海也提到了“南山”。

33 新秋書懷
邊雁初聲夕露繁,客心一倍感徂年。
封書曾附安期鶴,隔歲未還徐福船。
久雨南山荒紫荳,清秋北渚落紅蓮。
遠遊雖好令人老,季子休嫌二頃田。

“久雨南山荒紫荳”,前人注釋多言此句化用陶淵明《歸園田居》“種豆南山下,草盛豆苗稀。晨興理荒穢,帶月荷鋤歸”句意,但如果考慮到絶海句首“久雨”的意象,則可認爲同時含有白居易《效陶潛體十六首(其四)》中“西家荷鋤叟,雨來亦怨諮。種豆南山下,雨多落爲萁”② 的句意。當然,陶詩和白詩均本《漢書·楊惲傳·報孫會宗書》中的“田彼南山,蕪穢不治,

① 彭定求《全唐詩》卷四六二,中華書局,1960年,頁5259。

② 彭定求《全唐詩》卷四二八,頁4722。

種一頃豆，落而爲萁。人生行樂耳，須富貴何時”[①]。白居易《效陶潛體十六首·序》曰“余退居渭上，杜門不出。時屬多雨，無以自娱。會家醖新熟，雨中獨飲，往往酣醉，終日不醒。懶放之心，彌覺自得”[②]。由此可知，白居易退居渭上正趕上多雨的季節，於是便終日閉門飲酒、自得其樂了。同時，在詩中，白居易慶幸自己不用像鄰居家的老者一樣因爲雨多而使豆苗荒穢。而絶海中津之句，即表現了他自己跟陶淵明一樣卜居南山、辛苦耕種的田園生活，同時也表達了跟白居易一樣因爲“久雨”而生的“懶放之心”吧。只是絶海并不能像白居易那樣飲酒自娱，多雨的秋季反而勾起了他强烈的思歸之情。尾聯中，絶海將自己比作了蘇秦，表達了盼歸之意，整首詩都充滿着思鄉之情。

接着這首33《新秋書懷》的，是一組十五首的連作《山居十五首次禪月韻》。我在之前的專論[③]中，只關注了其與貫休及禪僧山居詩的關聯性，而忽略了絶海卜居南山的事實及其與前兩首（32、33）排列在一起的意義，因而需要進行補充。下面僅舉其中三首：

34 山居十五首次禪月韻

（其一）

人世由來行路難，閑居偶得占青山。
平生混迹樵漁裏，萬事忘機麋鹿間。
遠壑移松憐晚翠，小池通水愛幽潺。
東林香火沃洲鶴，逸軌高風誰敢攀。

（其五）

無數峰巒圍梵宫，自然不與世相通。
菖蒲石畔泠泠水，茉莉花前細細風。
溪獺祭魚青蒻裏，杉雞引子白雲中。
有山何處能如此，憶得蓬萊碧海東。

① 班固《漢書》卷六六，中華書局，1962年。

② 彭定求《全唐詩》卷四二八，頁4721。

③ 高兵兵《絶海中津〈山居十五首次禪月韻〉考辨》。

（十一）

黄精紫术繞春畦，愛此葛洪丹井西。
傳法未能同粲可，垂名何肯羡夷齊。
寒山寂寂茶人少，修竹冥冥謝豹啼。
有客縱令若陶令，相攜一笑懶過溪。

瞭解了絶海卜居南山的事實，才理解了“閑居偶得占青山”是在描述事實。不僅如此，十五首連作中的景物描寫，也都可以視作是中天竺的實景，這點對我們解讀這組作品非常重要。“愛此葛洪丹井西”，可以進一步確認絶海“南山新居”就在中天竺一帶，因爲葛洪井在天竺寺和三生石的附近[①]。

像“寒山寂寂茶人少，修竹冥冥謝豹啼”，與前文所舉詩中對中天竺的“凄涼”印象相一致。此外，“有山何處能如此，憶得蓬萊碧海東。”也是絶海的真實感受吧，他覺得新居周邊的景致與日本有些相似，新居給了他繼續在此生活下去的力量。

最後就絶海次韻貫休山居詩的契機再補充一點。貫休的山居詩雖然是作於“鍾陵”[②]而并非作於杭州，但是貫休住過靈隱[③]，且其拒絶吴越王讓其改詩的命令拂袖而去的故事，絶海是瞭解的[④]。卜居作爲直接契機觸發了絶海山居詩的創作意願，而可以參考的山居之詠先例之所以選擇貫休，除了貫休本身在日本禪僧中的影響外，有過相同的在杭靈隱之經歷，應該也是重要契機

① 覺岸《釋氏稽古略》卷三（臺北新文豐出版公司，1975年，頁30）“三生石”條有：“果於杭州西山下天竺寺前葛洪井畔聞有牧童扣牛角而歌”。許渾《天竺寺題葛洪井》：“羽客煉丹井，井留人已無。舊泉青石下，餘甃碧山隅。雲朗鏡開匣，月寒冰在壺。仍聞釀仙酒，此水過瓊酥。”（彭定求《全唐詩》卷五三〇，頁6060）。陳陶《宿天竺寺》：“一宵何期此靈境，五粒松香金地冷。西僧示我高隱心，月在中峰葛洪井。”（彭定求《全唐詩》卷七四六，頁8487）。

② 貫休《山居詩序》曰：“愚咸通四五年中，於鍾陵作山居詩二十四章。”（胡大浚《貫休歌詩繫年箋注》卷二三，中華書局，2011年，頁973）。

③ 《唐才子傳》卷十“貫休”條有：“昭宗以武肅錢璆平董昌功，拜鎮東軍節度使，自稱吴越王。休時居靈隱，往投和詩，中聯云‘滿堂花醉三千客，一劍霜寒十四州’，肅武大喜，(中略)遣諭令改爲‘四十州’乃可相見。休(中略)即日裹衣缽拂袖而去。”（傅璇琮《唐才子傳校箋》，中華書局，1981年，頁433）

④ 《蕉堅稿》所收《將往近縣留別觀中外史》詩中有“偶當辭府似禪月，未即買山同道林”。（蔭木英雄《蕉堅稿全注》，頁100—101）

之一。

綜上所述，序號爲 32、33、34 的組詩，可以視爲絶海中津於中天竺“南山卜居”之後的系列作品，作者是有意將其排列在一起的。

五、結語

以上通過對絶海中津在明詩的重新梳理，特别是中天竺“南山卜居”組詩的解讀，闡明了以往學者未關注到的諸多細節問題，同時也使絶海中津在杭州中天竺的生活經歷及思想有了一個清晰的脉絡。主要結論大概可以整理爲如下幾點。

1. 關於《蕉堅稿》中在明期間作品的排列原則。每種詩型卷首作品均爲與中國高僧或重要人物的唱和應酬之作，其餘作品的排列首先是按照地點來切换，而并非先按時間先後編排的。

2. 關於絶海中津的寓杭生活感悟。作品中多表現出對杭州特别是中天竺寺周邊荒凉景致及寂寥生活的感嘆，這與其離開杭州後在其他地方的作品有明顯區别。

3. 關於絶海中天竺“南山卜居”及《山居十五首次禪月韻》。以往學者（包括本人）都忽略了絶海在中天竺“卜居南山”的經歷及其意義，而本稿中明確了相連排列的一組“卜居南山”作品之存在（包括《山居十五首次禪月韻》）。且還指出，絶海的《山居詩》并非單純爲次韻貫休而作，而是對中天竺“南山”新居生活的實際吟詠。

賴山陽詩學及與中日詩史源流的關係*

錢志熙

引言

日本的漢詩創作，奈良時期已經發生，根據《懷風藻序》(729年)所述，天智天皇時，"旋招文學之士，時開置醴之遊。當此之際，宸翰垂文，賢臣獻頌，雕章麗筆，非唯百篇"[①]。其後經歷平安朝及號稱五山文學的鐮倉時代等重要發展時期，進入江户時代後，開始迎來全面繁盛的局面。二十世紀九十年代以來，日本學術界甚至一般的讀書界對江户時代的漢詩興趣上漲[②]，尤其是江户後期寬政以來的大窪詩佛、菊池五山(出於市河寬齋門下)、梁川星岩(出於山本北山門下)、賴山陽(出於菅茶山門下)、廣瀨淡窗(出於龜井南溟門下)

---

* 按本文所說的"賴山陽詩學"的"詩學"一詞，使用的是中國古代傳統詩學的涵義。"詩學"原是中國古代的一個文學概念，指的是包括詩歌創作實踐與理論、批評在内的一種實踐性的學問。近代西方詩學引進後，詩學一詞轉變爲專指詩歌理論與批評。本文所引的俞樾評賴山陽"天才警拔而詩學尤深"，就是典型的傳統用例。關於這個問題，詳見拙文《"詩學"一詞的傳統涵義、成因及其在歷史上的使用情況》,《中國詩歌研究(第1輯)》，中華書局，2002年，頁262—280。

作者單位：北京大學中國語言文學系

① 林古溪《懷風藻新注》，東京：明治書院，1958年，頁9。

② 中村真一郎《關於江户漢詩的流行》(譯),《菅茶山賴山陽詩集》附印品,《新日本古典文學大系(66)》，東京：岩波書店，1996年，頁1。

等人，被視爲日本漢詩界最爲華麗時期的代表[①]。

賴山陽（1780—1832）的詩歌以才華駿發、意趣新穎著稱，可謂日本古代漢詩的殿軍式人物。其《日本樂府》采用魏晉南北朝詩人擬漢鐃歌以叙王朝開闢歷史的體制，兼用白居易新樂府做法，與其所著《日本外史》相表裏，在日本漢詩界乃至一般的國民讀者中發生很大的影響。其他的古風歌行也多以詠史見長，風格上努力學習杜甫、韓愈、蘇軾、陸游諸家。這兩方面的創作，在日本漢詩中都可以説是一種卓異的表現，達到了與中國明清時期的名家、大家接近的藝術水準。這些詩歌，在晚清時期就曾傳播到中國，得到中國詩家的高度評價。俞樾贊其"天才警拔而詩學尤深，杜韓蘇詩皆手自抄録，可知其所得力矣"[②]，吴闓生贊其《山陽樂府》中《蒙古來》《罵龍王》二詩，"絶高古，不似日本人口吻"[③]。近期内，中國學者研究日本漢詩者亦有多人，著有多種日本漢詩選及日本漢詩史，其中也不乏對賴山陽的評論。尤其是朱易安的《賴山陽的〈日本樂府〉》，從中日兩國樂府詩發展的特點及江户時代的儒學傳統出發，對山陽樂府進行了系統的研究[④]。賴山陽的近體詩從學習明代復古派李東陽等人開始，其後廣泛取法明、清諸家，并在藝術上形成自己的風格。從"漢詩"本身的藝術標準來説，他的近體詩，尤其是七律體，在藝術上較古體歌行更加成熟，更加接近中國古代詩家的藝術水準。可以説，賴山陽的詩學力圖超越江户後期漢詩壇的流行風氣，在復古與性靈之間調和鼎鼐。這種藝術上的努力，加上他在儒學與史學上的學問根底，以及執持尊皇及儒士階層正統的人生觀，使其在詩學上取得較高的建樹，成爲江户後期最有代表性的漢詩作家之一，并在江户後期及明治時代的詩壇上發生很大的影響，至今仍在持續。

本文準備從前人曾經有所總結的日本漢詩的一般發展規律出發，在中日兩國的詩史源流中，爲賴山陽的詩學進行初步的定位，探討其與唐宋諸大家

① 賴惟勤《賴山陽和他的作品》（譯），《菅茶山賴山陽詩集》，《新日本古典文學大系（66）》，1996年，頁388。

② 俞樾編，曹昇之、歸青點校《東瀛詩選》卷二一，中華書局，2016年，頁643。

③ 吴闓生評選，寒碧點校《晚清四十家詩鈔》卷二，浙江古籍出版社，2006年，頁213。

④ 朱易安《唐詩學史論稿》，廣西師範大學出版社，2000年，頁274—286。

及明後期至清初詩學的關係，展示其在各體詩歌上的藝術成就。

一、從江村綬的日本詩史觀出發把握山陽詩學的位置

在評論賴山陽的漢詩藝術之前，我想還是先講兩個大的背景性的問題：一個是日本漢詩史受中國詩史影響的問題，另一個是從奈良平安的王朝時代到鐮倉、江户等幕府時代日本漢詩作者的階層變遷。關於這兩個問題，我主要是依據日本江户初期的江村綬的《日本詩史》所提出的一些重要觀點。我認爲，它不僅對理解日本詩史有啓鑰式的作用，而且有也助於返觀中國古代詩歌史中的詩風演變。

如果想比較深入地瞭解包括賴山陽在内的日本漢詩人的詩歌創作，必須正視這樣一個基本的事實：日本漢詩是以中國詩歌爲主要的學習典範而產生，而且始終受到中國詩歌史的影響。不僅日本漢詩以中國詩人的作品爲學習對象，甚至日本詩史，某種程度上説，也帶有重演中國詩史的特點。對於這一點，日本古代的詩人和詩論家、詩史家是有充分的認識的。創作於江户初期明和（1764—1771）年間江村綬的《日本詩史》，其寫作時間正當荻生徂徠等提倡明代前後七子詩的作風流行的時期。江村氏在分析此期崇尚明詩的現象時，提出了日本漢詩風氣每後於漢土“大抵二百年”的現象：

> 物徂徠以傑出才，駕宏博學，不能守舊業，遂以復古創立門户。其初一二輕俊，從而鼓吹之。終能海内翕然，風靡雲集，我邦藝文，爲之一新，而才俊亦多出其門。至今講説之徒，藉口徂徠，坐皋比而驕生徒者，比比不尠。若夫經義文章，余有别論。徂徠嘗著《唐後詩絶句解》，海内由是宗嘉靖七子。喜之者以徂徠爲藝苑之功人，非之者或以長輕薄，要未之深考耳！
>
> 余謂明詩之行于近時，氣運使之也。請詳論之：夫詩，漢土聲音也。我邦人不學詩則已，苟學之也，不能不承順漢土也。而詩體每隨氣運遞遷，所謂三百篇，漢魏六朝，唐宋元明，自今觀之，秩然相别。而當時作者則不知其然而然者。氣運使之者非耶？我邦與漢土，相距萬里，劃以大海，是以氣運每衰于彼，而後盛于此者，亦勢所不免。其後于彼，

大抵二百年，胡知其然？《懷風》《淩雲》二集，所收五言四韻，世以爲律詩，非也！其詩對偶雖備，聲律未諧，是古詩漸變爲近體，齊梁陳隋，漸多其作。我邦承其氣運者，稽其年代，文武天皇大寶元年，爲唐中宗嗣聖十四年，上距梁武帝天監元年，凡二百年。弘仁、天長，髣髴初唐。天曆、應和，崇尚元白，并黽勉乎百年之後。五山詩學之盛，當明中世，在彼則李何、王李唱復古於前後，在此則南宋北元專傳播於一時。其距宋元之際，亦二百年矣。我元禄距明嘉靖，亦復二百年，則七子詩當行於我邦，氣運已符。故有先于徂徠已稱揚七子者。[1]

作者從詩歌氣運論出發來論詩，同時强調日本詩史上的氣運遷移，是受到中國詩歌史氣運遷移的影響。但由於空間上的懸隔，日本詩壇對中國詩歌氣運的追隨，常常有後移的現象。也就是説，中國詩史上的一些重要的時代風氣與作家風格，常常在一、二百年後才在日本流行。而此時作爲漢詩本土的中國，却已經在流行新的詩風了。根據江村綬的觀點，我們可以對日本詩史隨着中國詩史推移的基本脉絡作這樣的概括：文武天皇前後流行的是處於從古體向近體演變階段的梁陳體，弘仁、天長時期爲初唐體，天曆、應和時期元白詩風流行，鐮倉時期的五山詩學實爲宋詩體流行，元禄、明和時期則是以前後七子爲代表的明詩的流行時期。

他不僅用這個規律來闡述已知的詩史，而且認爲它會在以後繼續發生作用，"其或繼今者，雖數百年可知也"。爲此他分析了當時開始擺脱前後七子的詩風，學習七子之後的明末清初詩風的一些迹象：

或謂余曰：子之論，既往似矣！其繼今者何如？曰：余聞明詩四變，李何一變，王李二變，二袁三變，鍾譚四變，逾變而逾卑卑焉。最後有陳卧子出，著《明詩選》，吹王李餘燼而氣運既替，不能復振。清人議論不一，櫟下《書影》，訶斥王李爲小兒語；歸愚《别載（裁）》，紹述卧子，少别機軸，又有專宗晚唐，雖參趨異途。以余觀之，清人篇詠，大抵諸

① 江村綬《日本詩史》卷四，《日本詩史 五山堂詩話》，《新日本古典文學大系（65）》，東京：岩波書店，1991年，頁508。

家相似，其縝整雅柔，頗似於元季明初作家。較諸近時所謂明詩者，無剽竊雷同之病，而其氣格，則稍淡弱矣。當今京攝才髦所作，往往出於此途。亦氣運所鼓，不得不然。而遐州遠境，至今猶尸祝七子。①

事實上，他對明和時期詩壇出現這種新風氣的預測，在其後的江户中後期詩風中得到了證明：這個時期日本詩壇流行的是公安派和袁枚的性靈派的詩風，重視創新、鄙薄復古。下節我們會分析，賴山陽的漢詩創作受明末清初詩壇風氣影響的情況，體現從崇尚復古向主張性靈的詩風的轉變。這至少部分地證明了江村氏的觀點。

江村氏的上述觀點不僅對於日本詩史的發展規律有所展示，對把握中國詩史的演變規律也有所啓發。如他强調梁陳體的特點，尤其是認爲在時間上相當於中國初盛唐之際的平安朝堂，流行的詩風却屬於梁陳體。這個觀點對於我們研究從齊梁到初盛唐詩風、詩體的演變，也是有啓發的。事實上，與白居易同時的空海大師所著的《文鏡秘府論》，其所搜集的詩論，正是以齊梁至初唐的格式一派的著述爲主。這與日本詩壇此期正式走上近體詩創作之路有關係。其前《懷風藻》等集的詩歌，實爲古體向近體轉變的齊梁陳隋之體。但正當日本詩壇醉心於格律時，中國方面又已發生變化，貞元、元和詩風的主流，已經是元白、韓孟兩派，提倡繼續推進初盛唐的復古詩風，深化對儒家六義的認識。這裏面其實也存在着一種平行後移的現象。而同期的日本詩壇，其對格律的熱衷，遠遠高於對復古及儒家詩義的興趣。即使白居易詩風得以較及時地傳往日本，但所産生影響的主要也是他那些風格淺易的近體律絶。另外，江村氏對從明代到清初的詩風四變的論述，也極爲精彩。

江村綬《日本詩史》除了揭示日本詩史氣運轉移大抵後於中國二百年的現象之外，還提出一個日本詩史發展過程中作者群體階層升降的現象。他在梳理從奈良到江户初期的詩歌史時，注意到各個時代詩壇主要詩人群體構成的階層問題，發現其中存在着從高層向低層下移的現象。在叙述這個問題時，他還將詩與和歌地位的升降作爲一個參照系。如其在論鐮倉幕府實際統治

① 江村綬《日本詩史》卷四，頁508—509。

的順德天皇建保年間内宴賦詩的情况時説:"建保内宴,作者見古選者,藤原氏九人,詩殊無可覽者。蓋保平以降,朝綱解紐,文學衰廢,於是和歌特盛,内宴詠言,和歌爲主。詩存餼羊耳,其不精工,不亦宜乎。"① 對於這個貫穿《日本詩史》全書的日本漢詩作者群階層下移及漢詩與和歌地位升降的現象,爲江村氏此書作序的武川幸順氏作了更爲系統的闡述:

> 吾邦先王之奉神道以設其教,亦迨乎聘舶相通也。則禮樂政刑,無一而不資諸漢唐以爲損益者。而其明經文章之選,亦惟無一而非金馬玉堂之則也。故公卿大夫,翕然皆用心於詩賦論頌,而若和歌,則其緒餘也耳。延喜中敕論編《古今和歌集》而掌其選者,未必閥閲之胄也。則可知以和歌名其家者,蓋當時縉紳名族之所未必屑也已。嗟夫,自皇綱解紐,學政不振,文事頹敗,殆幾泯没。於是乎和歌者流始擅藝柄,夸張相尚,卒乃世之所稱歌仙者,推尊之甚,比之神聖。視其遺什猶典謨,古言或難曉則附以神秘之訣,齋戒傳授,禮最崇重。輒曰和歌之教之道,而王公之學之禮,而穆穆宫禁,奉以爲盛典。吾儕小人,豈敢置一辭。雖然三代聖人之道,有何等秘訣,而吾邦中古亦未聞有此儀也。降此而曲藝末技之師,亦皆藉此機以于進,則種種衒飾,靡所不屆。而王公大人,或爲之甘心,至乃涓吉誓神,恭執弟子禮。傳秘探密,惟日不給,尚何暇屬辭苦心之業之爲。宜乎近世廊廟之上文學寥寥,亡聞于世者。而惟衡門之寒,衲衣之陋,獨擅美於草萊之下者。其可勝嘆乎?②

和歌是日本固有的詩歌,日本古代歷代天皇多擅長和歌創作。它和神道教一樣,是日本固有的文化。但自政治崇尚漢唐制度以來,日本統治者全面接受漢文化,由此而學習漢文學。漢文學最初風行的群體,正是天皇、皇族與公卿大夫,普通庶民當然没條件學習。傳統的歌人,正如民間歌謠雜曲的作者一樣,不僅地位低,而且漢文學的水平也是比較低的。和歌及其作者的原始性質,實與中國漢魏時代的樂府相近。在日本的王室與貴族社會盛行漢

① 江村綬《日本詩史》卷一,頁476。

② 武川幸順《江村綬〈日本詩史〉序》,《日本詩史 五山堂詩話》,《新日本古典文學大系(65)》,頁467—468。

文學時，也正是中國廟堂與宫廷文學占上峰的時期。中國宫廷揄揚風雅、雍容典雅、風流豔麗的風氣，流傳於日本，爲日本的皇朝及貴族階層所推崇。整個奈良、平安時期的漢文學，就是在這樣的風氣中進行的。這的確與王朝本身的興盛、王權崇重、貴族階層的秩序整然是相適應的。所以到了平安末期，王綱解紐，貴族地位下降，武士地位提高，進而幕府將軍爲實際的最高統治者的地位確立，平安朝的這種廊廟文學、貴族及貴游文學的風氣，自然也就衰落了。代之而起的，是僧侣派的五山文學。當然僧侣文學對貴族還是有所影響的，尤其是幕府崇佛的行爲，給了僧侣以重要的地位。事實上僧侣中也有不少原本出身於貴族，但傳統意義上的貴族的漢文學的確衰落了。這時期的名公巨卿，創作水平的確在下降。倒是武人偶有吟詠，却有一種怊悵抒情、不避粗蒼的風氣。如室町時代的名將賴之，在被足利義滿罷職就國之際，曾作詩曰："人生五十愧無功，花木春過夏已中。滿室蒼蠅掃難去，起尋禪榻卧清風。"[①] 又如上杉謙信征能登半島，登賦詩云："露下軍營秋氣清，數行過雁月三更。越山并同能州景，遮莫家鄉念遠征。"[②] 這種情形，跟中國古代的某些政治或軍事上重要人物遇到艱阻時感慨作歌賦詩的情形頗爲相似，也説明漢詩在當時武士階層中也有一定的普及。儘管貴族集團仍然持續漢詩創作，但這一時期漢詩創作的主體，則轉爲僧侣及下層文士，即前引文章中武川幸順所説的熱衷於漢文學的"吾儕小人"。

進入江户時代之後，這種貴族、僧侣的漢文學相繼衰落，而政治地位不那麽高的儒生、文士的漢文學群體興起。這與江户時代俳句、小説等町人文學的興起相呼應。賴山陽的性質，正是屬於江户時代的寒素儒者，代表了堅持着儒學與雅文學立場的一派。可以説，從平安時代到江户時代，漢文學的階層有一種從貴族向寒族、從公學向私學發展的趨勢。當然在這同時，漢文學也向更加個性化、世俗化的方嚮發展。或者説這才是日本漢文學形成相對中國文學不同的和風的時期。

① 賴山陽《校正日本外史》卷七，日本京都明治九年（1876年）刻板，明治三十六年（1903年）印刷。

② 江村綬《日本詩史》卷二，頁484。

二、賴山陽與明末清初詩風的關係

如上文所述，江村綬教授提出了日本漢詩風氣每後於漢土“大抵二百年”的現象。當然，“二百年”衹是一個相對的時間概念。進入江户時代以後，日本接受中國詩風的時間距離明顯地縮短。賴山陽詩歌創作時間相當清代中後期之際、但他與之對話的主要是明代後期至清代前中期的詩人。山陽本人有一首《夜讀清諸人詩，戲賦》的長詩，其所評論正是從明末到清前中期的詩風：

> 鍾譚駈蛩真衰聲，卧子拔戟領殿兵。牧齋賣降氣本餒，敢挾韓蘇姑盜名。不如梅村學白傅，芊綿猶有故君情。康熙以還風氣辟，北宋粗豪南施精。排奡群推朱竹坨，雅麗獨屬王新城。祭魚雖招談龍嗤，鈍吟初白豈抗衡。健筆誰摩藏園壘，硬語難壓甌北營。倉山浮囂筆輸舌，心怕二子才縱横。如何此間管窺豹，唯把一袁概全清。渥温覺羅風氣同，此輩能與元虞争。風沙换得金粉氣，骨力或時壓前明。吹燈覆帙爲大笑，誰隔溟渤聽我評。安得對面細論質，東風吹髪騎海鯨。[1]

這是關於明末至清前期詩人的一個很重要的評論。對照前引江村綬《日本詩史》中的“明詩四變”之論，賴氏所論，正是從第四變的鍾譚開始的。這是一個走出復古的開端。而根據中日兩國詩風平行後移的理論，這正是賴山陽本人直接受影響的一種詩史氣運。

明代嘉靖之後，諸家在復古與創新之間衝突調和。以我看來，從明初到晚清的詩風，如果從詩學的基本方法來説，其實都是重視學古的，帶有古典主義的傾向。但是這其中前後七子的復古，顯然是更嚴格的一種復古方式，因爲他們不是一般所説的强調學習古人，而是古體學漢魏、近體學盛唐這樣一種很明確的途徑，并且要求在審美的風格上，再現漢魏、盛唐的風格。在某些體裁如古風、古樂府中，這基本上是以一種模擬的方法來達到的。近體的律詩，也有追求逼真地再現盛唐風格的地方，如李夢陽的學杜

---

① 賴惟勤、直井文子《賴山陽詩集》,《菅茶山賴山陽詩集》,《新日本古典文學大系（66）》，頁280—282。以下作品及相關評注，如用此本者，直接寫作《賴山陽詩集》。

律。這樣做，當然能够保證不產生完全走樣的庸音鄙體，但是也容易出現形似古人而少生氣、少真感的詩歌。晚明的公安、竟陵，則是要走出這種狹窄的復古道路。至於“卧子”即陳子龍，則有重振復古的意圖，前引江村綬之論明詩，也説“最後有陳卧子出，著《明詩選》，吹王李餘燼而氣運既替，不能復振”。但由於家國命運，個人境遇變化，尤其是晚明提倡個性思想的流行，陳子龍、夏完淳等雖然出於復古派，却創作出比前後七子更具個性、也更具現實性的詩歌。錢謙益、吴梅村都是由明入清的詩人，他們其實都還是學唐的。錢謙益學杜、學韓，據山陽這裏的看法，還學宋詩中的蘇軾，其實在重視格法上，他也在琢磨黄庭堅的詩法。吴梅村則主要是學習中唐，歌行學元白，近體則雜學劉、柳、元、白等家，總之用的是中晚唐的詩體。這些詩人，都是對公安、竟陵的一種反撥。雖説繼續强調學古，但也没有回到前後七子的復古舊徑上去。山陽的詩學，與這一派比較接近。當然，對其中不同的詩人，他是存在着明顯的褒貶傾向的。如他從忠君的觀念出發，對牧齋頗致貶議，説他“賣降氣本餒”，挾韓蘇來盜名。其實從山陽自己的推崇韓、蘇，努力追效其雄偉奇倔的風格來看，他其實是接受錢謙益的影響的。後面他還説到南施北宋，重南施而輕北宋，并推崇朱彝尊的排奡與王士禛的雅麗；其中對王士禛尤爲推崇，認爲他雖然遭遇趙執信《談龍録》的嗤笑貶低，但成就高於學晚唐的馮班與學宋代蘇、陸，精於白描、磨鐫的查慎行。接着他又説到乾隆三大家，即趙翼、蔣士銓、袁枚。這其間袁枚的性靈派作風，在當時的日本最爲流行。山陽的詩風，也可以説是在性靈詩學影響的基本氛圍中存在的。但是山陽的評價，却將袁枚放在趙、蔣之下，贊賞他們的“健筆”與“硬語”。他自己的詩歌，雖也是尚神韻、性靈，但多追求健筆、硬語。可見山陽對當時江户詩壇最流行的學習袁枚性靈派的風氣，是有所反思的。

作者對清詩的這番評論，對於我們瞭解他自己的詩歌是很重要的。可以説，他的詩歌，就遠的來説，力求取法杜、韓、蘇、陸——這其實正是錢謙益的詩學取徑。他甚至創作漢晋鐃歌體的《日本樂府》，但就近來講，他的取法主要是在明末至清初的範疇内的。這大體符合江村綬所説的那個日本詩風後於中國詩風兩百年左右的看法。江村綬曾經很自信地説：“其或繼今者，雖數百年可知也。”[①] 現在看來，他所總結的這個日本漢詩發展規律，至少在江户時代，還是有效的。當然，江户漢詩的外部環境、時代情形，已與前面幾個時代有些不同。我們當然不能完全用他的這個説法來分析賴山陽等江户漢詩人的創作情形。

總的來説，山陽漢詩發端於復古，但成就之處，在於學習明末至清前期諸家。最後的祈向，在於達到韓蘇的雄偉奇崛的風格。下面我們就此略作分析：

《丁巳東遊》六首是作者的早年之作，是寫作者東遊江户途中的見聞、感興，以歌詠王朝歷史及時事爲主題，他的意趣還是祈向盛唐之音的，尤其是受到杜甫的雄渾風格的影響。但實際上所接近的還是七子李夢陽等人的雄渾氣象的詩格，如其一：

> 畿甸風光吾始過，東來地勢回坡陀。淡洲蟠踞當郊樹，淀水蒼茫接海波。楠子孤墳長涕淚，豐家遺業尚山河。悠悠今古供搔首，欲説興亡奈獨何。[②]

中間“楠子孤墳長涕淚,豐家遺業尚山河”,“長”原作“獨”,“尚”原作“空”。這一聯一表楠木正成之忠於王室，一寫豐臣秀吉霸業已空，是存有褒貶的。賴氏所師從的菅茶山對這兩句有一個評語：“子成少日好李北地，造語沉確，蓋神似之，與享保諸人學後七子者自别。”[③] 北地即前七子之首李夢陽。享保諸人即以明前後七子爲圭臬的荻生徂徠、服部南郭諸人。這一條材料，對於理解賴山陽少年的詩學情況很重要。在賴山陽學詩的時候，詩壇上應該已經走出享保諸子的模擬復古的範圍，但正如上文中江村綬所分析的那樣，京、攝之外的遐州遠郡，仍然“尸祝七子”。山陽少年時期，雖然離江村氏所説的明和年間已遠，但地方上學詩之士，未免仍追雄渾之體，尤其是賴山陽這樣懷抱着正統儒家思想的有志少年。雄渾或者像菅茶山所説的“沉確”，的確是《丁巳東遊》組詩的基本的風格追求，其中追摹李夢陽，并由夢陽而摹

① 江村綬《日本詩史》卷四，頁 508。

② 《賴山陽詩集》，頁 150—151。

③ 《賴山陽詩集》，頁 151。

及杜詩的痕迹還有不少,如“雲餘五色紫宸殿,日上三竿朱雀門”(其二)[①],“天邊層嶺連三越,雲裏重關入八州”[②]這樣的詩句,追求的正是雄偉壯麗的意象,從中要傳達的是王朝的尊崇和山河的氣勢,實爲標準的前七子的詩風。當然,我們也可從中看到作者學習吴梅村的影子。梅村律詩詞語清華,風格葱蒨。賴氏之句如“湖南草樹春雲碧,畿内峰巒夕日紅”(其三)[③],“戈戟霜寒百蠻氣,節旄風暖八洲春”(其五)[④],都近於梅村。另外,梅村體善於搜羅一些常人不用的典故來寫時事及人物,以求新奇的效果,這種作法其實是淵源於中唐劉禹錫等人。賴山陽這組詩中,這方面的表現的也是比較突出的,如“寶器由來存郟鄏,土田不必問温原”(其二)[⑤],“虎符據險驅群牧,蛛網經邦籠萬人”(其五)[⑥]這樣對仗,梅村體的特點都很明顯。

山陽的詩,受到後來被稱爲神韻派的王漁洋與性靈派的袁枚較多的影響。對於漁洋,他以雅麗贊之。較後人的神韻之評,似乎更爲切實近理。山陽的律絶詩,妥帖細膩,以秀逸的神致取勝者,與漁洋的風格是很接近的。如下面這些詩:

> 亂松相映白沙明,隔水青山對晚晴。鷗背無風細波静,遠帆如坐近帆行。(《播州即目》)[⑦]
>
> 蘇水遥遥入海流,櫓聲雁語帶鄉愁。獨在天涯年欲暮,一篷風雪下濃州。(《舟發大垣赴桑名》)[⑧]
>
> 文字關頭澹夕暉,彌陀寺畔雨霏霏。水濱欲問前朝事,唯有輕鷗背我飛。(《赤關雜詩》)[⑨]

① 《賴山陽詩集》,頁 151。
② 《賴山陽詩集》,頁 152。
③ 《賴山陽詩集》,頁 151。
④ 《賴山陽詩集》,頁 153。
⑤ 《賴山陽詩集》,頁 151。
⑥ 《賴山陽詩集》,頁 152。
⑦ 《賴山陽詩集》,頁 169—170。
⑧ 《賴山陽詩集》,頁 172。
⑨ 《賴山陽詩集》,頁 183。

對於袁枚，山陽在前面的詩中批評他爲“倉山浮囂筆輸舌”，意指他因爲片面强調性靈而失於尖新滑易。但賴詩受到乾嘉時期袁枚及其追隨者的纖豔之體影響比較明顯。山陽所作的詠物、詠畫類詩，基本上屬於這種詩風。集中如《五聲五影詩》，即屬於纖巧之體。其中如《美人影》一首：

眠驚胡蝶認嬌痕，俯仰猶知笑語温。青鎖髻鬟烟黯淡，玉階裙帶月黄昏。湘簾燈滅春如夢，華帳香騰夜返魂。最是鞦韆日斜處，和他花影出芳園。[①]

此種趨於綺豔風格的詠物之體，在乾嘉時期頗爲流行。《紅樓夢》中的詠物詩，即屬此體。另外清嘉慶間狀元李振鈞的《味燈聽葉廬詩草》中，也多此類，如李氏《美人十首》。這種纖豔的詠物之體，在江户詩壇上也十分流行。賴山陽雖然自言“余不喜詠物，嫌其類啞謎”[②]，但集中不無豔俗之體，上述之外，如《山陽詩鈔》卷二自稱“仿東坡四時詞體”的《倦繡詞》《睡起詞》，《山陽詩鈔》卷三《戲作赤關竹枝八首》等，都屬此類。《山陽詩鈔》卷三有《崎人以狹斜爲命，見余詩時爲綺語，認以爲真，往往勾誘。余輒示此詩爲解》一詩，可證其詩風中有江户綺豔風格的基調[③]。但是，山陽學袁枚性靈派，并不僅僅停留在纖豔之體上面，而是另有更高的境界。其詩如古體之叙事輕便俊快，近體的輕靈巧思，善於變化筆觸以出新，其實與袁枚的活法是有關係的：

春風吹雨過西溪，溪上行人路欲迷。女伴相呼聯袂去，紅裙半濕落花泥。(《遊嵐山》之二)[④]

一盆茉莉數花披，擬送嬌香侑晚卮。記否鳧川納涼夕，銀燈影裏看冰肌。(《贈元瑞以茉莉花》)[⑤]

這樣的詩，很容易讓人想起《隨園詩話》所標舉的那些才士新奇靈活的筆墨。

---

① 賴山陽《山陽詩鈔》卷六，日本天保三年(1832)書林五玉堂版，頁4。

② 賴山陽《山陽詩鈔》卷六，頁2。

③ 賴山陽《山陽詩鈔》卷三，頁14。

④ 賴山陽《山陽詩鈔》卷一，頁9。

⑤ 賴山陽《山陽詩鈔》卷六，頁6。

山陽的詩思靈活、生新，重在捕捉某種不被人注意的情節，比較活脱地表現出來。如就寫景來説，長處則在於善於選擇角度，對人們熟悉的景觀用一種新的角度來寫，如：

雨過泉聲逾喧，木落山骨尤瘠。今朝杖底千岩，昨日天邊寸碧。《石州路上》[1]

櫻山突立海灣間，一碧琉璃擎髻鬟。鹿子城中家幾萬，無窗不納紫孱顔。(《薩摩詞》八首其二)[2]

這兩首詩，寫景的角度表現方法上很有創意，正是袁枚提倡的一種活法，其淵源可追至誠齋體。有時也運用一種翻案的寫法以求出新，如《詠梅》：

一株臨水静龍蟠，擬養孤芳傲歲寒。自有松篁足相伴，休過牆去索人看。[3]

這首詩是詠梅以寄志，靈感來自對宋人葉紹翁《遊園不值》"春色滿園關不住，一枝紅杏出牆來"的翻案寫法[4]。這些地方，都能看出性靈派對他的影響。他雖然對當時江户詩壇只知有一袁的現象有非議，但并不反對提倡性靈。性靈詩學是山陽等江户中後期詩家走出復古狹徑的一種關鍵的指示。只是他認爲不能像嚴羽那樣僅講"詩有别才"，也不能僅講活法，而是要像杜甫那樣"讀書破萬卷，下筆如有神"[5]。這是他在《吾兩舉杜詩嚴話試問諸生又作此以自對》一詩中的觀點，詩中又説："風雅非兩途，稼穡基百囤。性靈與學問，豈可分崖垠？譬如蜂釀蜜，百花萃芳醇。蘊蓄其精華，釀成一家春。"[6] 這可以説是他自己的一種性情論，其實在一定程度上調和性靈與復古兩派，也可以説調和神韻、格調、性理、肌理諸派。

---

① 《賴山陽詩集》，頁 150。

② 《賴山陽詩集》，頁 200—201。

③ 《賴山陽詩集》，頁 149—150。

④ 劉克莊編集，李更、陳新校正《分門纂類唐宋時賢千家詩選校證》後集卷三，人民文學出版社，2002 年，下册，頁 651。

⑤ 杜甫著，仇兆鰲注《杜詩詳注》卷一，中華書局，1979 年，第 1 册，頁 74。

⑥ 賴山陽《山陽詩鈔》卷七，頁 6。

王漁洋、袁枚之外，賴山陽對另外兩位乾隆時期的重要詩人蔣士銓、趙翼也頗致推崇之意，前引詩中有“健筆誰摩藏園壘，硬語難壓甌北營”之句。現存其集中《四寒詠》，分别詠寒僕、寒婢、寒犬、寒貓，據詩前小序，可知爲學蔣之作。其中第二首《寒犬》詠寫最爲傳神：

五柳無陰風數驚，守門黄耳可憐生。看梅歸晚昏摇尾，賞雪期來曉發聲。檐短難逃霜氣重，巷深時警月光明。想他輞水淪漣處，僮僕眠醒聞豹鳴。[①]

其第六句“巷深時驚月光明”最爲傳神。一結用王維《山中與裴秀才迪書》中“深巷寒犬，吠聲如豹”語[②]，也頗得醖藉之趣。《四寒詠》小序云：“蔣藏園有十寒詠，大抵係無情物，余就有情中拔痛癢最相關者，作《四寒詩》。”[③]按蔣士銓《忠雅堂集》卷十一有《消寒雜詠和王蔗村太守作》十八首，即是賴氏所説“十寒詠”。蔣氏詩文集有多種版本，據邵海清先生校語，這組詩不同的版本所收首數不同，其中“三十卷本只收十首”。這個版本爲嘉慶二十二年（1817）桂林重刊本[④]。可知賴山陽所讀的蔣氏集，正是這個版本。與蔣士銓原作相比，賴山陽的風格更趨於白描輕淡。

清乾隆間趙翼、查慎行的詩，多以白描取勝。尤其是查慎行，即山陽前詩中所説的“鈍吟初白豈抗衡”的初白，其詩學白居易、蘇軾兩家，尤其以白描的寫法出新，對後來的浙派諸家頗有影響。山陽的詩也是長於白描的。如下面這些詩句，會讓人想起查慎行的一種筆法：

東山如熟友，數見不相厭。晨氣展清澂，莫姿愛紫豔。端莊含温和，緑玉無微玷。誰比偃卧頹，吾視前後襜。晴日其快暢，如醉酒味釅。雨時是恙疾，似睹眉宇斂。（《余愛東山秀色，每日行飯上銅駝橋望之。一

① 賴山陽《山陽詩鈔》卷六，頁 11。

② 王維著，趙殿成注《王右丞集箋注》，上海古籍出版社，1984 年，頁 332。

③ 賴山陽《山陽詩鈔》卷六，頁 11。

④ 蔣士銓著，邵海清校，李夢生箋《忠雅堂集校箋》，上海古籍出版社，1993 年，頁 16、頁 889。

日忽得“東山如熟友，數見不相厭”句，歸家足之成十六韻》)[①]

斗折蛇行臨築水，竹批馬耳見豐山。(《訪廣瀨廉卿》)[②]

磨墨輕冰在研池，坐知雪意壓燈垂。寒窗坐削豐家傳，恰到韓城墮指時。(《修史偶題十一首》其四)[③]

上面的這些詩句，都是平淡中寓深雋，白描中見凝煉。

由上面可知，山陽的詩風，深受明末清初諸家的影響。可以説發端於復古餘波，而成就於清代乾嘉時期諸家之體。前引俞樾的評論説他對於杜、韓、蘇三家詩皆手自抄録，是其得力之處。事實上，對於明末清初諸家詩集，山陽也是熟稔的。

三、賴山陽詩學中言志諷喻的表現

賴山陽的詩歌有一個突出的特點，就是十分重視思想内容，對中國古代的言志、諷喻詩學有直接的繼承。這與其所處的時代相關，日本的漢詩史，平安時代以貴族的華麗風雅爲特點，五山以後則表現出濃重的山林野逸的方外氣息。自荻生徂徠等倡朱子之學，并重復古之風，儒學與詩學開始合流。這種變化，其實是由日本漢詩發展史上的詩人群體的變化所造成的。

論到賴山陽的詩歌的重視思想内容，不能不提他的詠史、懷古之作，這是他在日本詩壇上影響最大的作品。朱易安《賴山陽的〈日本樂府〉》一文專列《〈日本樂府〉的儒學淵源》一節，比較詳細地論述了這個問題。文中指出山陽對日本政治的參與意識比其他作者更爲强烈，還論及山陽源於儒學而形成日本主義歷史觀[④]。山陽精通春秋學，其思想與宋代的胡安國、朱熹等人相近，以忠孝爲根本，具體反映到史觀方面，則是强烈的尊王攘夷的思想。山陽曾經遊歷長崎，寫有《箱崎》《荷蘭船行》《長崎謠》等詩，帶有攘夷思想，同時也流露出日本霸權的意識。如《箱崎》:

---

① 賴山陽《山陽詩鈔》卷二，頁 12。

② 《賴山陽詩集》，頁 207。

③ 《賴山陽詩集》，頁 278。

④ 朱易安《唐詩學史論稿》，頁 282。

廟門岌嶪面長瀾，仰視雕題照碧灣。長倚神威伏戎狄，新羅高麗指揮間。[①]

在《荷蘭船行》《長崎謠》詩中，作者對“紅毛”番船，一方面是作爲新異事物來感受，同時也知道日本人在其中的逐利行爲，并且對先進的船舶與武器的出現，也表示了一定程度的憂慮。《荷蘭船行》的最後部分，作者有這樣的議論：

蠻情難測廟謀勞，兵營猶不撤豹韜。嗚呼小丑何煩憂目蒿，萬里逐利在貪饕。可憐一葉凌鯨濤，譬如浮蟻慕羶臊。毋乃割雞費牛刀，毋乃瓊瑶换木桃。[②]

作者預感通洋之後，在得到利益同時，也可能存在着遭到侵略的危機。但在山陽生活的時代，夷的問題還没有特别明顯地表現出來，他的《日本外史》與詠史的詩歌，反映的主要是尊王意識，這一點山陽的同時人已有評論。如其對於勤王人物楠木正成的贊頌多次見於詩中。最具代表性的就是《謁楠河州墳有作》這首長篇古詩：

東海大魚奮鬣尾，蹴起黑波汙黼扆。隱島風雲重慘毒，六十餘州總鬼虺。誰將只手排妖氛，身當百萬哮闞群。揮戈擬回虞淵日，執臿同剷即墨雲。關西自有男子在，東向寧爲降將軍。旋乾轉坤答值遇，灑掃輦道迎鑾輅。論功睢陽最有力，謾稱李郭安天步。出將入相位未班，前狼後虎事復艱。獻策帝閽不得達，决志軍務且生還。且余兒輩繼微志，全家血肉殲王事。非有南柯存舊根，偏安北闕向何地。攝山逶迤海水碧，吾來下馬兵庫驛。想見訣兒呼弟來戰此，刀折矢盡臣事畢。北向再拜天日陰，七生人間滅此賊。碧血痕化五百歲，茫茫春蕪長大麥。君不見君臣相圖骨肉相吞，九葉十三世何所存。何如忠臣孝子萃一門，萬世之下一片石，留無數英雄之淚痕。[③]

① 《賴山陽詩集》，頁 186。

② 《賴山陽詩集》，頁 190—191。

③ 《賴山陽詩集》，頁 156—158。

楠木正成是日本南北朝時期的忠於皇朝的名將，他先是幫助後醍醐天皇舉兵倒幕，使王室重尊，後來又在平定足利尊氏的戰爭中奮衛王室，最後戰死。《日本外史》對楠木正成有很高的評價，對於日本歷史上平治承久之際北條氏等武家政治興起、皇綱解紐極多憤嘆，認爲在其間只有楠木正成竭力維持王室，"勤王之功，余以楠氏爲第一"[①]。其對中國古代史事的吟詠，如《詠春秋戰國人物十二首》《詠三國人物十二絶句》也多體現尊王及重視正統的思想。本詩以安史之亂中死守睢陽、以身殉國的張巡來對應楠木正成，并認爲張巡對唐室的功勞，高於李光弼、郭子儀。菅茶山認爲這裏抑揚太過，賴氏不服其論[②]。又其《讀鄭延平傳》則直接將鄭成功與楠木正成相提并論：

> 九土茫茫誰丈夫，何圖萬火出東隅。公卿争下穹廬拜，節義翻歸鱗介徒。孤島魚鹽新版籍，一家冠帶舊唐虞。英魂千載遊桑梓，可問楠公父子無？[③]

此詩致慨於明亡清興，中原士大夫争拜異族之主，只有鄭成功堅持復明事業，在臺灣尊明朝爲正統。鄭氏母親爲日本人，生於日本，所以賴氏有"英魂千載遊桑梓"的説法。至於他直接將鄭成功説成是日本人，則是其民族性的偏見。詩中的鱗介徒指日本人，賴氏有自注曰："鱗介徒，王士正斥我邦人語。"[④]楠木正成後來曾被狂熱的軍國主義者所利用，這與賴氏的詩與史著的頌揚不無關係，但那是後來發生的事情。作者這裏所表現的主要是日本傳統的尊王思想，它所面對的主要是日本國内的矛盾。山陽的尊王思想很明確，可能超過了同期的許多日本學者，可能也受到淵源於明遺民朱舜水的水户藩尊王史學的影響。他本人熟諳《春秋》，深受春秋大義的影響，這也正是他推崇杜甫、韓愈、蘇軾、陸游等人的原因。

山陽最爲著名的詠史之作是他的《日本樂府》六十六首。朱易安《賴山陽的〈日本樂府〉》一文對其做了比較深入的研討。朱文認爲，日本漢詩以

① 賴山陽《校正日本外史》卷五，頁 2。

② 賴山陽《山陽詩鈔》卷一，頁 4。

③ 賴山陽《山陽詩鈔》卷一，頁 8。

④ 賴山陽《山陽詩鈔》卷一，頁 8。

學習中國漢詩爲主，但在中國淵源久遠的樂府詩的樂府傳統傳入日本後，"并沒有形成系統，賴山陽是一個比較獨特的例子"[①]。她的這一看法是符合史實的。其實山陽樂府的産生，與其詩學上的高境界追求有關係。山陽的這組樂府詩，從直接的取法對象來看，是學習元白以降的新樂府，可以説是屬於新樂府體一流的。這從體制多采用三七言雜言，制題多爲二、三、四字的短語可以明顯地判斷出來。但它其實還有一個更古老的淵源，就是魏晋宋各朝以漢鐃歌十八章的音樂爲典制而創作的歌頌王朝創業歷史的"鼓吹曲辭"，它是一種凱樂，同時也是一種宗廟祭祀樂章。山陽《日本樂府》正如其題名所示，正是嘗試用樂府體制作一部供人傳誦的日本史。其内容正如朱文所概括的："首先是對歷代天皇聖迹的叙述，如《炊烟起》《髻龀天皇》《脱御衣》《大弦急》等；其次是對日本歷史上戰争史迹的描寫，如《築摩河》《桶子峽》等；再次是對部分歷史事件的評價，如《龍馬來》《翻覆手》《劍截箭》等。整個組詩對歷史題材的取捨，反映了作者强烈的民族主義精神，其中《蒙古來》《兩塊肉》《河氣清》等强調愛國忠君，歌頌獨立精神，幾乎成爲日本漢詩創作中家喻户曉的作品。"[②] 朱氏概括是比較全面的。《日本樂府》歷來評價很高，包括中國學者如吴闓生等的好評。這些作品，在藝術上，有一些采用中國古樂府比較奥澀的語言風格，如《月無缺》：

月無缺，日有缺，日光太冷月光熱。枇杷第中銀海涸，金液之丹利如鐵。既生魄，旁死魄，日月并缺天度别，别有大星光殊絶。[③]

此詩大意是寫藤原氏執政，皇權旁落，最後大臣也失去權力，導致幕府將軍這樣的武人成爲實際的統治者。但大部分作品，像《蒙古來》這樣的詩，是采用比較通俗的語言，這也是其能流傳廣泛的原因。但總體看來，這些作品在山陽詩中并非上乘，藝術上存在主題先行，語言上也有生硬不倫之處，如《炊烟起》："八洲縷縷百萬烟，簇擁皇統長接天。"[④]《大兄靴》："君足一踢斃

① 朱易安《唐詩學史論稿》，頁 282。

② 朱易安《唐詩學史論稿》，頁 274。

③ 《賴山陽詩集》，頁 360。

④ 《賴山陽詩集》，頁 358。

妖鹿，臣手再植扶桑木。”[1] 其形象既不自然，也不美好！

《詠史十二首》是山陽詠史詩中的上乘之作，當時就受到菅茶山、古賀穀堂等人的好評。菅茶山將其與賴氏所著《日本外史》聯繫起來評論，認爲他是從整個日本歷史的透徹瞭解中來評價其所詠的史事與人物："十二首，可題曰'小日本史'，非胸羅全史者，誰能爲之。他日刪修之基，已成於此。"[2] 全部十二首七律詩，所詠的史事與人物，歷史時間從日本"保元之亂"到江户初期。作者熟於《春秋左傳》及漢唐各代史事，其所詠日本史事，多用中國古史上的故事，在用事藝術方面，是學習從杜甫、李商隱到元好問、吴梅村、錢謙益這些詩人的詠史詩的，其特點就是用史事來詠本事，是史學的功底與用典藝術的高度結合。山陽學識豐富，并且史觀明確，詩中典故絡繹，議論精深，加上對前人句法的豐富掌握，達到了很高的藝術水平。在日本的詠史詩中，屬於上乘之作。如其一、其二，是寫"保元之亂"，也即在日本正統儒學家認爲是王綱解紐的重要歷史轉折點：

> 鞏爵匆匆酬武功，戰塵數到紫宸宫。一從棣萼衰周德，終使黍離入國風。江左衣冠誰仲父，河陽弓矢幾文公。姬姜迭起還陳迹，到底韓梁交競雄。
>
> 復讎九世亦徒爲，業就磨崖未勒碑。衮職豈無周仲甫，簧言獨患晋驪姬。蠶叢半壁開天日，劍璽三朝離國時。不憾陳生謬順逆，紫蠅夙有彦威知。[3]

詩的大意是講，由於平安後期朝廷爵賞失當，數次發生戰争，直接影響到皇權的存在。而崇德與後白河兩位天皇之間兄弟失和，使皇威衰減，亦如周德之衰，詩人有《黍離》之詠。此時朝廷大計主持無人，而坐致武人勢力增大。但武人們彼此之間争奪，盛衰疊互，亦如春秋時晋、齊之疊起，究竟都歸於陳迹。第二首詠後醍醐天皇短暫的建武中興，還寫此後不久重新陷入南北分裂的局面的情況。這兩首詩，大部分的句子，都是用中國東周春秋、三國及

① 《賴山陽詩集》，頁 358。

② 《賴山陽詩集》，頁 159。

③ 《賴山陽詩集》，頁 158—159。

唐代的史事來寫日本的歷史事件。使事精當，褒貶明確，其用典藝術，可謂爐火純青。這裏除詩律的純熟外，作者胸有定見的史觀也很重要。如果説用典之巧妙構成這些詩歌的"風"力，那麽作者尊皇、崇尚正統的史觀，則是構成這些詩作的"骨"。這些作品，不愧是一些風骨之作。在藝術上主要借鑒了吴梅村、錢謙益等人詠時事的七律體。吴、錢兩家，處在明清鼎革之際，感觸時事，在詠寫明亡清興的歷史時，常常用春秋及漢唐的史事來影寫。由此更可見，山陽詩學最爲得力之處，還在於他能窺探到明清之際詩學的要領。從前後七子，到明清之際的吴、錢，雖然擺脱復古派模擬漢魏盛唐的狹窄途徑，將其擴大到更廣的範圍，并且在某些方面更爲精深變化，如吴梅村的學中唐而變化，錢謙益的學杜甫而兼及李商隱，都達到宏博的境地。在當時的江户詩壇上，復古派的影響已經衰落，詩人已經開始較大膽發揮自己的性靈與創造力，但大多數人都只知簡單地理解性靈，忽略了對中國詩歌的學習。賴山陽的成功，就在於他强調性靈與學力的結合，并且努力將詩學建立在經史之學的根本之上。這一點，是繼中國唐宋時期的主流作風的。

四、賴山陽超越性靈詩學取法唐宋的表現

比起普通的性靈派，賴山陽更加重視學古，這或許與他早年從荻生徂徠等人的復古詩學入門有關係。當然，他對詩學典範的認識，比復古派要開闊得多。他不再像復古派那樣，從門面、膚廓來學唐，而是重視風骨。與他同時的古賀穀堂在評他《詠史》時説："論事不墮宋習，叙事不流七子，其卓見確評，當置之史贊中。"[①] 這也説明，山陽是要在單純的擬盛唐的七子派與肆心議論的宋詩作風中，尋找到一種能够確立自己風格的詩學途徑。或者説，他有意識地融合唐宋。融合唐宋也是清詩發展的基本取徑。在山陽詩中，我認爲這種取徑體現在具體的創作上，就是對風骨的追求。山陽在詩歌創作上，表現出比較自覺的追求風骨的意識。這在日本漢詩中是很突出的現象。

山陽對五山以來相繼流行的學宋、學元及學中晚唐，都有所批評。他自己在詩學上是要高端取法的，以杜、韓、蘇、陸諸家爲學習的典範。《論詩絶句》

① 《賴山陽詩集》，頁160。

之二十六、二十七兩首：

> 評姿群睹宋元膚，論味争收中晚腴。斷粉零香合時嗜，問君何苦學韓蘇。
>
> 文章於世本纖塵，唯恐頹波没舊津。欲掣鯨魚無氣力，半生徒被唤詩人。①

杜甫《戲爲論詩絶句》有“或看翡翠蘭苕上，未掣鯨魚碧海中”②。山陽也以這樣的眼光來判斷詩壇，他認爲當時的學習宋元膚廓，以及提倡晚唐靡麗之風者，都是些“斷粉零香”。他自己深怕没於這些舊津之中，希望有更爲宏博高遠的詩學取徑，當然他也深感經典作家難以企及。他的這種態度是真誠的，只有通過艱苦的學習，才會體會到汲古之難。

山陽對陶淵明、李白都有吟詠。於陶、李，主要是贊其格調。如其《陶淵明圖》：

> 群馬蕭條迹欲無，寄奴鞭策卷荊吴。荒園掌大容松菊，猶是前朝舊版圖。③

這首詩，天民評云：“先立意而筆隨之，故能驅除浮冗。”④這也是可以用以評論山陽的整體詩風的。山陽詩特點是重立意，立意定而事象隨之，所以能够驅除浮冗。像這首詩，其立意贊淵明的忠於晋室，這是宋人的一種看法，也完全符合山陽尊皇思想。其評論李白，則重其飄逸如仙的氣質。《題李白醉圖》：

> 廬嶽雲松不可攀，桃花何處問仙寰。長安市上一杯裏，别有天地非人間。⑤

① 《賴山陽詩集》，頁295。

② 杜甫著，仇兆鰲注《杜詩詳注》卷一一，中華書局，1979年，第2册，頁900。

③ 賴山陽《山陽詩鈔》卷一，頁12。

④ 賴山陽《山陽詩鈔》卷一，頁12。

⑤ 賴山陽《山陽詩鈔》卷一，頁9。

此詩是説李白在長安，求仙而不得，只能隱於一杯之中。其詩意取於李白本人及杜甫的《飲中八仙歌》。關於此詩，當時還有一個商評："五山云：'裏'字作'酒'可。天民云：'酒'字不如'裏'字，或作'酒杯'亦可。"[①]其實，還是"一杯裏"，句法更爲醇雅。就此一例，也可見山陽詩的句法。

山陽最爲心儀的，還是杜甫、韓愈、蘇軾、陸游這四位作家。其集中有《醉杜圖》《昌黎像》《東坡贊》《放翁贊》四首，可以見其詩學方面的最高宗旨。《醉杜圖》模仿黄庭堅的《浣花引》，寫老杜醉後之態："熊兒前扶驥子後，稚女捉燭俟門久。天吴紫鳳本顛倒，醉眼何辨孰身首。"作者主旨在於贊其窮老而未忘憂國："臣甫得爲醉眠人，可忍至尊尚蒙塵。"[②]體現了山陽正統的忠君思想。《山陽樂府》及相關詠史、懷古詩裏，就有大量的忠君尊王的思想的表現。《昌黎像》不僅贊頌韓愈浩瀚之才："筆底江河走蛟龍，龍文之鼎力能扛。"更贊其抵排佛老，獨濟道統："手築孤壘連鄒嶧，身當二氏百萬敵。"[③]并且對其《平淮西碑》極爲推崇。這當然是因爲韓的《平淮西碑》以平淮西之功歸之帝與相，而忽略武將的功勞。這與山陽貶抑武家政治的觀點，正好相契合。《東坡贊》極寫東坡的才華壯大，同時也對其屢遭磨難而態度豁達極致仰慕之情。《放翁贊》主要是贊頌陸游的抗金及力持恢復大計，篇尾有"恨不使君横槊大河北，僕役李汾與劉迎"之嘆。詩中"浙水春風豈不好，回首永昌陵上草。中州英靈誰主張，漫使范楊伍此老"數句[④]，頗爲俊快。

從上面所詠可見，山陽對中國古代的重要詩家的推崇，是同時重視其思想與藝術兩方面的。可見其對中國詩歌傳統的理解是比較全面深透的，在日本漢詩作者中即使不能説首屈一指，也是很突出的一位。

日本漢詩發源於奈良時期。平安時期的漢詩，詩人們水平相差較大，有不少人藝術上也時見生澀、不合律調之處。但其中一些作品，以初唐宫廷詩人雍容雅頌、風流姿媚爲範本，實可肩隨中國詩人。五山禪林漢詩可謂日本漢詩成熟時期，其中絶海中津等人的五七言近體詩，學習中國晚唐北宋苦吟

① 賴山陽《山陽詩鈔》卷一，頁9。

② 《賴山陽詩集》，頁266。

③ 《賴山陽詩集》，頁267。

④ 《賴山陽詩集》，頁269。

派的作風，其佳處實不亞於宋初九僧。禪林也同時流行江西詩派的風格。安土桃山至江户前中期，復古詩風興起，力學明七子的盛唐詩風。到了江户後期，又轉向宋元詩風、中晚唐詩風，及以明公安派、清袁枚爲代表的性靈派的詩風。在性靈、獨創的觀念誘導下，當然也是因爲時代環境的變化，日本漢詩群體開始大膽地探索新風格，促使漢詩風格的日本化，形成與中國傳統詩風有所不同的日本漢詩風格，但同時也招致了和風、和臭的批評。賴山陽的詩歌，正是日本漢詩發展的整體中的一個環節，比之其他詩人，山陽一直重點學習中國詩人的風格，當然他的創作也繼承了日本的漢詩傳統，在整體上達到了很高的藝術水準。我認爲他在日本漢詩乃至思想史中的地位，與龔自珍在晚清時代的地位有些接近。當然，我們需要做更認真的研究、對比才能得出這樣的結論。

2020 年 5 月 2 日定稿，2020 年 7 月 28 日定稿

明代公案小説的文本抽毁與東亞流播

——以余象斗《皇明諸司廉明奇判公案》爲例

潘建國

一、《廉明公案》存世版本新調查

《皇明諸司廉明奇判公案》(以下簡稱《廉明公案》),乃明代萬曆時期福建書商文人余象斗編撰的小説作品,它的問世,改變了之前所謂“一書一個判官”(如《百家公案》之包公)的“單傳體”模式,開創“一書多個判官”的“諸司體”[①] 公案小説,并引發連鎖反應,陸續産生了《諸司公案》《詳刑公案》《律條公案》《明鏡公案》《神明公案》《詳情公案》等系列作品。

較早關注《廉明公案》版本的是孫楷第,其《日本東京所見小説書目》(1932)及《中國通俗小説書目》(1933),均著録了日本内閣文庫所藏明建陽書林萃英堂刊二卷本(以下簡稱“萃英堂本”)。此後,中日學界續有訪查著録:1933 年 5 月 23 至 25 日,小説戲曲收藏家周越然在上海《晶報》分上中下三

作者單位:北京大學中國語言文學系

① 參閲魯德才《明代各諸司公案短篇小説集的性格形態》,《93 中國古代小説國際研討會論文集》,開明出版社,1996 年,頁 464—480;石昌渝《明代公案小説:類型與源流》,《文學遺産》,2006 年第 3 期。

次連載《廉明公案》一文[①]，介紹家藏明萬曆二十六年（1598）建邑書林余氏建泉堂刊四卷本，此本今藏中國國家圖書館（以下簡稱“建泉堂本”，圖1）；1934年9月，長澤規矩也發表《現存明代小説書刊行者表初稿（上）》[②]，著録日本畫家富岡鐵齋（1836—1924）所藏明萬曆三十三年余氏雙峰堂刊本《新刊皇明諸司廉明奇判公案》四卷（以下簡稱“富岡本”），1936年6月，日本大阪府立圖書館舉辦“富岡文庫善本展覽會”，展品中即有此書，并被收入《富岡文庫善本書影》[③]，富岡本遂頗爲人所知[④]；1957年，李田意發表《日本所見中國短篇小説略記》[⑤]，著録日本蓬左文庫所藏余氏雙峰堂刊二卷本（以下簡稱“蓬左本”）[⑥]；1962年，路工《古本小説新見》之《新刊皇明諸司廉明奇判公案》，介紹了一部明版“建邑書林余氏建泉堂刊”四卷本，“全書共收一百三十一篇公案小説”[⑦]，較周越然藏本的一百零五篇，多出二十六篇，可惜路工未交代藏處，無從追蹤查驗；1975年，馬幼垣發表《明代公案小説傳統：龍圖公案考》[⑧]，文中綜合諸家著録，列出《廉明公案》版本5種，即蓬左本、萃英堂本、江户抄本、建泉堂本、長澤規矩也著録本（即富岡本），此文因重在梳理明代公案小説傳統，于《廉明公案》版本細況實未作展開。1982年，

① 周越然著，周炳輝輯《言言齋古籍叢談》，遼寧教育出版社，2001年，頁16—18。周越然利用此家藏本，另撰寫發表過兩篇短文，一爲《古之判語》，《大衆》（上海），1943年第4期；一爲《關於“皇明諸司廉明奇判公案”》，《文帖》，1945年第1卷第4期。

② 日本書志學會主辦《書志學》，1934年第3卷第3期；後收入《長澤規矩也著作集》第5卷，汲古書院，1985年，頁227。

③ 大阪府立圖書館編《富岡文庫善本書目》，小林寫真製版社出版部，1936年，第40號。

④ 日本書志學會主辦的《書志學》第6卷第6號（1936年6月5日出版），及時報導了富岡文庫善本展覽會的消息，并列舉了少量善本，其中就有這部明版《廉明公案》。

⑤ 《清華學報》（新竹），1957年新1卷第2期。

⑥ 蓬左本，筆者至今未得目驗原書。所幸2019年歲末，日本京都大學博士生中原理惠君來訪北京，一起交流《廉明公案》的研究，蒙她幫助，我閲覽了她申請複製的蓬左本全書電子版，本文論及蓬左本文字，均據此。在此，謹向中原理惠小姐致以謝忱！

⑦ 收入路工《訪書見聞録》，上海古籍出版社，1985年，頁156。

⑧ 原爲英文，題作“The Tradition of Ming Kung—an Fiction: A Study of the Lung—tu kung—an”，《哈佛亞洲研究》（*Harvard Journal of Asiatic Studies*），1975年總第35號；後由宏建燊譯爲中文，改題《明代公案小説的版本傳統：龍圖公案考》，《中國古典小説研究專集（第2輯）》，臺北聯經出版事業公司，1980年，頁245—279。

日本學者大塚秀高發表《從公案話本到公案小説集——論“丙部小説之末流”在話本研究中所占之地位》[1]，文中列出《廉明公案》版本也是5種，與馬幼垣文相同，但除富岡本、建泉堂本之外，其餘版本作者皆曾目驗，所論甚詳，且對諸版本性質和彼此關係作出了初步探考，然其中亦有誤判之處，參見下文；1987年，大塚秀高出版《增補中國通俗小説書目》[2]，《廉明奇判公案》條目著録5種版本，依次爲富岡本、建泉堂本、林羅山手校江户抄本、蓬左本、萃英堂本。2004年，石昌渝主編《中國古代小説總目》“白話卷”之《皇明諸司廉明奇判公案傳》條[3]，著録版本4種，與大塚秀高目録相同，無林羅山手校江户抄本，蓋已附入建泉堂刊本。

關於《廉明公案》版本的調查著録小史，大致如上。近年來，筆者對此書版本亦頗爲關注，陸續有所知見，列示如下：

1. 日本京都大學法學研究科藏明刊《新刊皇明諸司廉明奇判公案》，京都大學圖書館已公布電子版[4]。四卷，首卷首頁題“建邑書林余氏雙峰堂刊”，書末有蓮牌“萬曆乙巳年孟冬/月余氏雙峰堂梓”。經筆者比勘（圖2），實即傳説已久、大塚秀高亦未曾寓目的富岡本。此本除卷一殘缺第4葉以及第58葉B面之外，餘皆完好。

2. 明末金陵大業堂刊本（以下簡稱“大業堂本”），殘存2册，包括卷三凡26則（“争占類”16則、“騙害類”10則），卷四凡42則（“威逼類”4則、“拐帶類”3則、“墳山類”2則、“婚姻類”5則、“債負類”5則、“户役類”5則、“鬥毆類”3則、“繼立類”4則、“脱罪類”3則、“執照類”5則、“旌表類”3則，止於第三則《顧之知府旌表孝婦》之“親送代巡孝乎神明之匾于範”，尾略殘53字）。卷首書名題“新刻全像皇明諸司廉明奇判公案”，另行題“三臺山人

① 原載《東洋學》，1982年總第47號；中文版載《遼寧廣播電視大學學報》，1988年第2期。

② 東京：汲古書院，1987年，頁54。

③ 山西教育出版社，2004年，頁147—148。需要指出的是，此條目書名題作“皇明諸司廉明奇判公案傳四卷”，實際并不準確。此書凡卷首書名題爲“公案傳”者，均爲二卷本，四卷本則均題“公案”，無“傳”字，詳見下文。

④ 2019年10月19日至20日，筆者在北京大學中文系與中國社科院《文學遺産》聯合舉辦“中國古代國際學術研討會上報告本文，承東京大學上原究一博士告知：京都大學博士生中原理惠首先發現法學研究科的藏本，并建議京都大學拍攝公開，惠及學界。

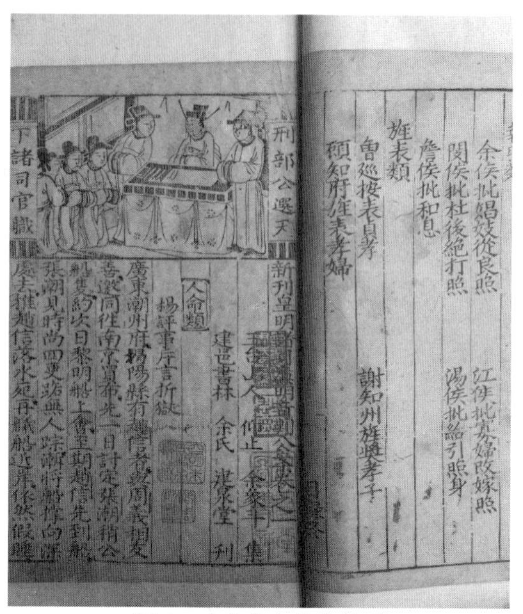

余侯批娼妓從良照　江侯批寡婦改嫁照

閔侯批杜後絕打照　湯侯批給引照身

詹侯批和息

旌表類

曾巡按表貞孝　謝知州旌奬孝子

顧知府旌表孝婦

刑部公選天下諸司官職

新刊皇明諸司廉明奇判公案卷之一

建邑書林　余氏　建泉堂　刊

人命類

揚評事片言折獄

廣東潮州府揭陽縣有趙信者，與周義相友善，邀同往南京買布。先一日討定張潮稍公船隻，約次日黎明船上會。至期趙信先到船，張潮見時尚四更，踏無人踪，將船撐向深處去，推趙信落水死，再撫船近岸，佯然假睡

圖 1　建泉堂本首卷首頁

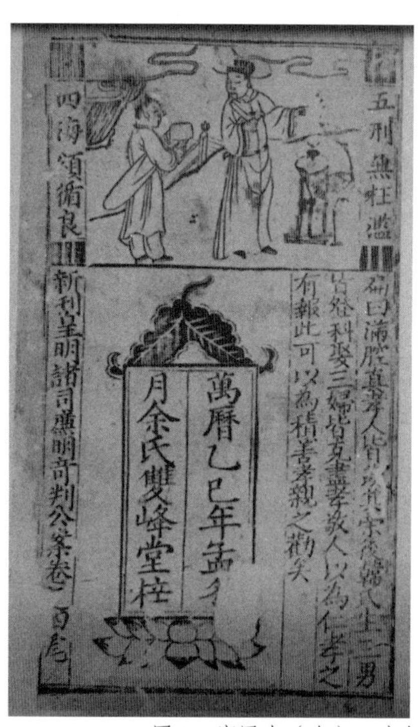

五刑無枉濫　四海頌循良

新刊皇明諸司廉明奇判公案卷

萬曆乙巳年孟冬月　余氏雙峰堂梓

有報此可以為積善孝親之勸矣

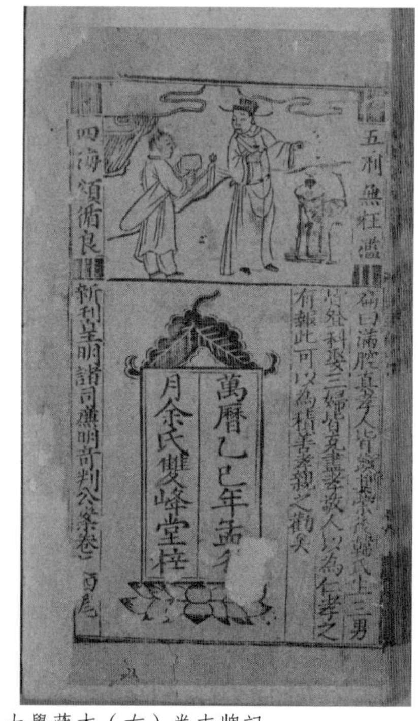

五刑無枉濫　四海頌循良

新刊皇明諸司廉明奇判公案卷

萬曆乙巳年孟冬月　余氏雙峰堂梓

有報此可以為積善孝親之勸矣

圖 2　富岡本（左）、京都大學藏本（右）卷末牌記

仰止余象斗集”“金陵書坊周氏大業堂梓”，此“金陵周氏大業堂”乃明代萬曆至明末清初較爲活躍的書坊，刊刻了不少小説戲曲書籍[①]。其題曰“全像”，改變了福建刻本上圖下文的樣式，采用江南地區流行的整頁插圖，存有10幅（卷三4幅，卷四6幅），白口無魚尾，半葉12行，行28字。此本係從韓國回流，原爲朝鮮文人柳綎（1684—1752）舊藏，今藏筆者兩靖室。大業堂本雖屬殘帙，但具有特殊的學術文獻價值，詳見下文。

3. 清初映旭齋重印本（以下簡稱“映旭齋本”），今藏中國國家圖書館[②]。殘存1册（30葉），包括余象斗《廉明公案序》（序末無“萬曆戊戌”時間題署）、目録及卷一正文。目録頁卷一“人命類”有17則，第18則《鄧代巡批人命翻招》空缺[③]；正文“人命類”第13則《范侯判逼死節婦》有目無文，止於第14則《夏侯判打死弟命》之“乞思詳情超豁上訴”，以下殘缺。另有整頁插圖5幅。卷一首頁題署（“金陵書坊周氏大業堂梓”）及行款字體，皆與大業堂本完全一致，但無柳綎藏印，兩者非同套書。書首有内封頁，題“新刻全像名家廉明公案”“映旭齋梓”，據此内封頁墨色清晰、字口鋭利等特徵推測，大概映旭齋曾得到金陵大業堂舊板，予以重印并新刻了内封頁。映旭齋本雖殘存不足一卷，却保留了卷首目録，對於考察大業堂本的版本面貌，頗爲重要。

4. 中國書店2006年6月拍賣過一部明刊二卷本，僅存上卷，首頁題“皇明諸司廉明奇判公案傳”“三臺山人仰止余象斗集”“建邑書林余氏雙峰堂刊”（圖，上圖下文，正文白口無魚尾，半葉12行22字，通篇有佚名朱筆點讀，具有日本點讀特徵，或自日本回流。此本今歸中國私人“獨翠堂”收藏，曾在2015年7月國家圖書館舉辦“册府千華——民間珍貴典籍收藏展”展出，筆者得以目驗原書。從分卷、版式、行款、題署來看，似與蓬左本同版。

---

① 參閲［日］上原究一《論金陵書坊周曰校萬卷樓仁壽堂與周氏大業堂之關係》，《斯道文庫論集》，2014年總第48輯；許振東《大業堂的白話小説刊刻及其刻書活動》，《廊坊師範學院學報》，2015年第5期。

② ［日］上原究一《明末の商業出版における異姓書坊間の広域的連攜の存在について》曾有簡單提及此本，未予展開考訂，《東方學》，2016年總第131輯。

③ 建泉堂本、富岡本“人命類“均有18則，最後一則爲《鄧代巡批人命翻招》，映旭齋本目録頁“人命類”末尾第18則位置空白，則原書殘缺此則，并非國圖藏本有缺葉，推測金陵大業堂所得初版初印本《廉明公案》，其卷一末尾（即第一册末尾）當已殘缺1則。

5. 孔夫子舊書網 2019 年 1 月 9 日拍賣過一部明刊殘本，據拍主提供的 28 葉書影，上圖下文，半葉 12 行 22 字，版心題“全像公案傳”，惜未見存卷首題署的書葉。經比勘，筆者推斷其與萃英堂本同版。殘存諸葉均集中於上卷，涉及 15 則，文字完整者 6 則，殘缺者 9 則，包括“人命類”之《劉縣尹判誤妻强姦》（殘）、《洪大巡究淹死侍婢》（殘）、《吴推官判誤殺侄命》（殘）、《孫侯判代妹伸冤》（殘）、《黄縣主義鴉訴冤》（全）、《蘇院詞判奸僧》（全）、《丁府主判累死人命》（全）；“姦情類”之《汪縣令燒毁淫寺》（殘）、《陳院賣布賺髒》（全）、《海給事辨詐稱奸》（全）、《吴縣令辨因奸竊銀》（殘）、《嚴縣令誅汙翁奸女》（殘）、《魏侯審强姦墮胎》（殘）、《孔推府判匿服嫁娶》（全）；“盜賊類”之《董巡城捉盜禦寶》（殘）。此本今未知藏者。

綜上，目前所知存世《廉明公案》版本共有 9 部，包括：余氏建泉堂本（周越然舊藏，藏國家圖書館）、余氏雙峰堂刊四卷本（即富岡本，藏京都大學法學研究科）、余氏雙峰堂刊二卷本（凡 2 部，1 部全本即蓬左本，1 部殘本藏獨翠堂）、萃英堂本（凡 2 部，1 部全本藏日本國立公文書館，1 部殘本未知藏者）、金陵大業堂本（殘存卷三卷四，藏兩靖室）、映旭齋重印大業堂本（殘存卷一，藏國家圖書館）、林羅山手校江户抄本（藏日本國立公文書館）。

二、書林秘聞：《王巡道察出匿名》的抽毁及其原因

大塚秀高《增補中國通俗小説書目》（1987）曾獨具慧眼地指出了建泉堂刊本中的兩處特殊細節，即卷三第 41 至 46 葉缺失，目録頁卷三“騙害類”第 2 則位置空白，有明顯的剜削痕迹，但他未能對此作出解釋。事實上，筆者一開始也感到困惑，雖然根據建泉堂本“開天窗”的反常情况，可以推測卷三大概缺失了第 2 則，但因爲存世其它版本均無此篇，究竟如何？自亦無從説起。

直到 2019 年 6 月，筆者偶然得到大業堂本，驚喜地發現卷三第 2 則《王巡道察出匿名》竟然完好無損（圖 3）。對照大業堂本，回看建泉堂本的種種删削痕迹，乃覺豁然開朗：

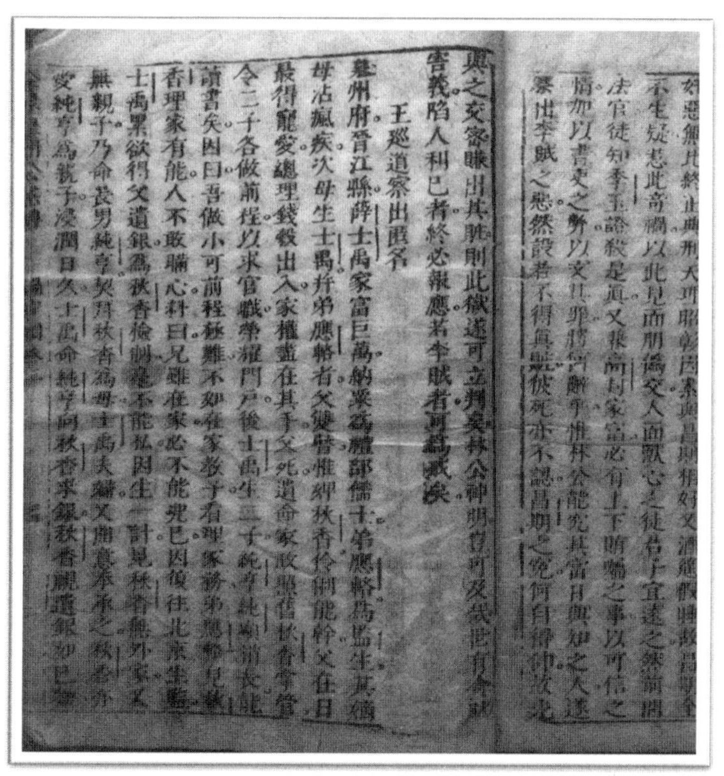

姦惡無比，終正典刑，大[illegible]明彰。因[illegible]與昌期[illegible]文[illegible]假[illegible]
不生疑惑。此奇禍以此見，而朋僞交人面獸心之徒，君子宜遠之。然前問
法官徒知季玉證殺是真，又兼高封家富，必有上下賄囑之事，以可信之
情，加以書吏之弊，以文其罪，將何辭乎？惟林公能究其當日與知之人，遂
察出李賊之惡。然設若不得真贓，彼死亦不認昌期之冤，何自得伸？故此
與之交密，瞞出其贓，則此獄遂可立判矣。林公神明，豈可及哉！世有[illegible]
害義陷人利己者，終必報應，若李賊者，可爲戒矣。

王巡道察出匿名

[illegible]州府晉江縣薛士禹，家富巨萬，納粟爲禮部儒士。弟應蛟爲監生。其嫡
母沾瘋疾，次母生士禹并弟應蛟者。父娶婢[illegible]秋香，伶俐能幹，父在日
最得寵愛，總理錢穀出入，家權盡在其手。父死，遺命家政照舊秋香掌管，
令二子各做前程，以求官職，榮耀門戶。後士禹生二子，純亨、純[illegible]，俱長，能
讀書矣。因曰：吾做小可前程甚難，不如在家教子，看理家務。弟應蛟見秋
香理家有能，人不敢瞞，心料曰：兄雖在家，必不能兜巴。因復往北京坐監。
士禹累欲得父遺銀，爲秋香[illegible]不能[illegible]，因生一計，見秋香無外家，又
無親子，乃命長男純亨契拜秋香爲母，士禹夫婦又加意奉承之。秋香亦
愛純亨爲親子，浸潤日久，士禹命純亨向秋香求錄秋香所遺銀物，已[illegible]

圖 3　金陵大業堂本獨存之《王巡道察出匿名》

卷三第 40 葉爲“騙害類”第 1 則《韓按院賺臟獲賊》末尾文字，B 面止於“徒知季玉證殺是真，又兼高”，以下尚有 118 字，原應刊印在第 41 葉 A 面前 7 行（建泉堂本每行 17 字），今已缺失；

第 41 葉 A 面第 8 行開始，至第 47 葉 A 面第 1、2 行，均爲《王巡道察出匿名》文字，今已刪削不存。有意思的是，建泉堂本第 47 葉 A 第 3 行至 B 面第 5 行，仍殘留着已被刪去的《王巡道察出匿名》篇尾文字（共 213 字），從第 47 葉 B 面第 6 行開始，才是“騙害類”第 3 則《朱代巡判告酷吏》。

第 47 葉 A 面第 1、2 行文字已被刪削，但第 2 行尚有殘存筆劃，對照大業堂本《王巡道察出匿名》，可知這是判語的最後一句“亂法之奸民宜入絞刑之憲網”，依稀可辨（圖 4）；與此類似，建泉堂本目録卷三第 2 則《王巡道察出匿名》已被剜削，但“名”字剜挖未盡，尚遺下左下角的筆劃。

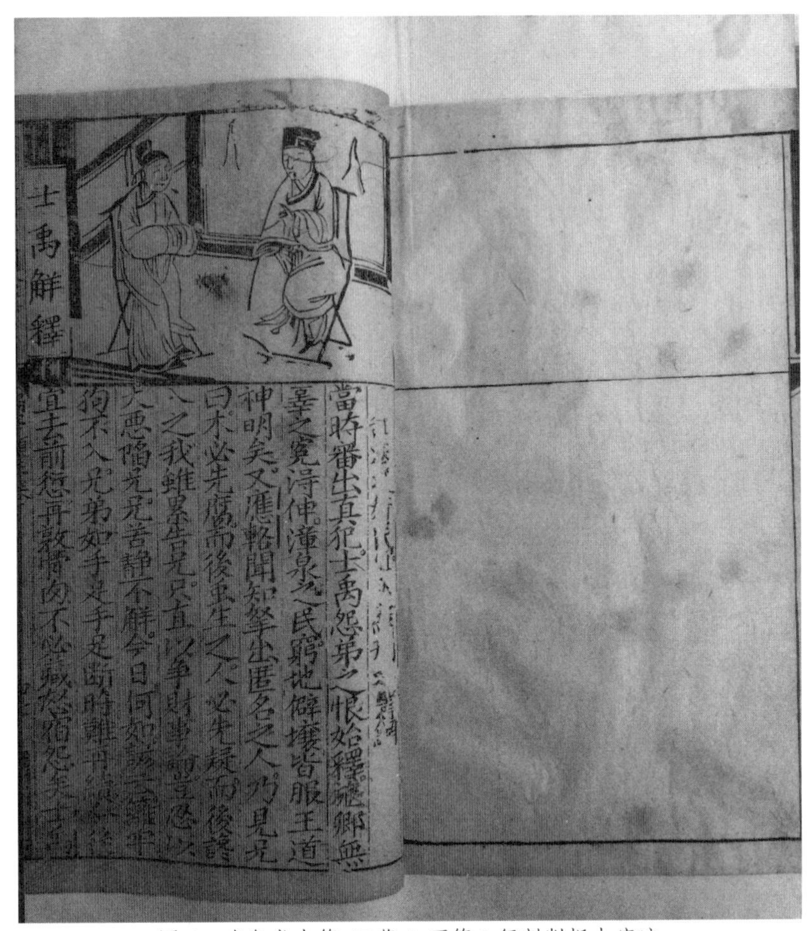
士禹解釋

當時審出真犯士禹怨弟之恨始釋應鄉無
辜之冤得伸漳泉之民窮地僻壤皆服王道
神明矣又應軫聞知拏出匿名之人乃見兄
曰木必先腐而後蟲生之人必先疑而後讒
入之我雖累告兄只直以爭財事豈忍以
大惡陷兄兄若靜不辯今日何知[illegible]
狗不入兄弟如手足手足斷時難再[illegible]
宜去前怨再敦骨肉不必疑於宿怨矣士禹[illegible]

圖 4　建泉堂本第 47 葉 A 面第 2 行剜削板木痕迹

凡此，均可證建泉堂本《廉明公案》曾通過板木撤削，來完成對《王巡道察出匿名》文本的抽毀，即撤去第 41 至 46 葉凡 6 塊板木，又剜去第 47 葉板木 A 面前兩行，以及目録葉卷三“騙害類”第 2 則“王巡道察出匿名”七字。這種撤削板木以抽毀文本的現象，在明代通俗小説史、乃至整個中國古代通俗小説史上都是極其罕見的。那麼，《王巡道察出匿名》究竟是一篇什麽樣的公案小説，它因何而遭受抽毁的命運呢？

《王巡道察出匿名》叙述了一個王巡道明判兩宗匿名誣告案的故事。主要情節如下：福建泉州府晋江縣薛士禹、薛應軫爲同父異母兄弟，父亡後因家財産生糾紛，訴訟數年，後有匿名狀投至泉州府推官丁此吕處，告薛士禹

“十惡”罪，士禹懷疑是弟應畧所告，遂賄賂丁推官座主侍郎黄鳳翔，求通關節，黄侍郎“誤信一偏巧言，授書與之解辦”，丁推官“見座主書來，有意偏護”，結果坐薛應畧絞罪。至萬曆十三年（1585），浙江衢州府王豫升任分巡興泉道，應畧令其子上訴，王巡道見狀批云：“既非頓時捉獲，又無的確證佐，安得以猜疑之故，而坐應畧投匿耶？”將應畧開罪釋放。後年餘，當地又有人假冒施卿之名投告張裕賄奸，王巡道批轉晋江王知縣審理，王知縣斷施卿“投匿絞罪”，施卿求禮房吏吴正代擬訴狀，向王巡道申冤，王巡道因見訴狀中有自己昔日爲薛應畧所批“開罪之語”，懷疑吴正乃是兩宗匿名誣告案的幕後主謀，遂親自細加審察，并用計賺出真相，最終將吴正問擬絞罪，施卿之冤得雪，薛氏兄弟也盡釋前嫌，“漳、泉之民”，“皆服王巡道神明矣。”

很顯然，這篇小説的抽毁，與古代典籍禁毁的通常原因（如政治違礙、淫穢暴力、邪教迷信等）皆無關涉。筆者查閲了故事叙及的人物，結果發現第一宗匿名案中的兩位官員，即泉州府推官“丁此吕”、侍郎“黄鳳翔”，均爲真實歷史人物，而且非同一般。

先來看“丁此吕”，江西新建人，字右武，萬曆五年（1577）進士，授福建彰州府推官[①]，清康熙魏荔彤重修本《漳州府志》卷九“秩官·推官”列有“丁此吕”，小字注：“新建，進士，五年任。”卷三十三“灾祥·寇亂附”載，萬曆十一年四月，奸民吴雙引等謀襲漳城，署府推官丁此吕會同地方官員緝捕亂首[②]，則丁氏擔任漳州府推官至少達 7 年之久。福建泉州文人何喬遠（1558—1631）《閩書》卷六十四“文蒞志·漳州府·推官”載有丁此吕小傳，以頗具文學性的文字，描寫了丁推官的斷案風采：“至任之初，文牒叢委，此吕日坐高堂决判，居數日一空，吏隸旁立若木偶。”又稱贊他“明敏精嚴”，“爲人磊落意氣，盡友天下士”[③]。丁此吕與湯顯祖、屠隆、黄汝亨等文人交遊甚密，萬曆三十七年三月，丁氏謝世，黄汝亨作《祭丁右武文》云：“維公稟宇宙間出之才，負天地不平之氣，其慷慨歷落之概，可以移山嶽貫金石，而不可以入

① 《王巡道察出匿名》小説寫丁此吕爲“泉州府”推官，與此略有差異。不過，漳州府、泉州府實爲近鄰，往往并稱，小説末尾也有“漳、泉之民，窮地僻壤”的説法。

② 清魏荔彤重修本《漳州府志》卷九、卷一三，康熙五十四年（1715）序刻本。

③ 明何喬遠《閩書》卷六四，福建人民出版社，1994 年，第 2 册，頁 1859。

世途；其高亮坦直之節，可以動四海信千古，而不可以入時貴。乃至老死於睚眥，而終其身於讒言之可畏。嗚呼，痛哉！古今賢豪進退非毁之故，大略如此，甯獨於公爲複不爾耶！”[①] 對丁此吕“慷慨歷落”“高亮坦直”的品格贊譽有加，祭文還特别提及他擔任漳州府推官時的政績，“爲理漳浦，蜚聲卓異”，可以説，從地方輿論到友人風評，丁此吕都獲得了相當不錯的口碑。

值得注意的是，在余象斗的公案小説《王巡道察出匿名》中，丁此吕儘管不是作爲清官形象而存在，但小説作者似乎對他的官品仍相當肯定：“推官丁此吕，風烈有聲”，“丁公爲官有名色”，而他之所以誤判薛應輅匿告絞罪，乃因受到“座主”黄鳳翔侍郎的影響：“丁公雖然清止，見座主書來，有意偏護，况與弟訐訟事有迹，又狀内多告家中陰事，遂疑弟應輅是的。”换言之，產生冤案的主因是黄鳳翔的受賄徇私，干預司法。實際上，這位黄鳳翔大有來頭。據研考[②]，黄鳳翔（1540—1614），福建泉州府晋江縣人，隆慶二年（1568）一甲第二名進士及第，萬曆五年（1577）任丁丑會試“同考”官，丁此吕正是此科進士及第，按古代科場慣例，黄鳳翔確爲丁氏“座主”，《王巡道察出匿名》小説所述細節“丁公座主侍郎黄鳳翔”云云，符合史實。萬曆十二年黄鳳翔任南國子監祭酒，十六年任北國子監祭酒，十七年升吏部右侍郎兼翰林院侍讀，二十年起爲吏部左侍郎；二十一年授南京禮部尚書，黄氏以奉養老母爲由作《癸巳起用辭疏》；二十二、二十三年又連續兩年上疏辭歸，終獲恩準以新銜在籍候用。自此，黄鳳翔安居泉州老家，直至萬曆四十二年去世。

也就是説，余象斗《廉明公案》小説于萬曆二十六年（1598）刊出之時，黄鳳翔正居住家鄉泉州，小説白紙黑字，寫他收受“薛士禹”賄賂，聽信“一偏巧言”，致函門生丁此吕推官，徇私説情，釀成冤案。可以想見這篇小説的刊行，必定在閩地轟動一時，尤其引發彰州府、泉州府地區的民間輿情，嚴重損及黄侍郎的社會形象，故黄鳳翔及其家族門生，必定運用其在官場和家鄉的人脉資源，竭力阻止小説的擴散流播，最後，作者兼出版商的余象斗迫

① 明黄汝亨《寓林集》卷一九，《續修四庫全書》影印明天啓四年（1624）刻本，集部第1369册，頁315—316。

② 參閲陳妙妙《黄鳳翔研究》第二章“黄鳳翔的生平考略”，閩南師範大學2016年碩士論文，頁21—32。

於壓力，只得撤削書板，抽毁《王巡道察出匿名》一篇，重新刷印了存在書葉缺失和文字剜削的新版本（即存世之建泉堂本）。然而，含有完整《王巡道察出匿名》的原刻初印本《廉明公案》，大概已經發售了一部分，自然無法逐一追回銷毁；若干年後，遠在江南的金陵書坊大業堂，可能得到了一部初印本《廉明公案》，并據以翻刻（即存世之大業堂本），這篇本已抽毁的小説《王巡道察出匿名》，遂得以重現於世，又幸運地流傳至今，爲我們揭開了一段隱藏在紙葉背後的明代小説出版史秘聞。至於余象斗爲何編撰刊出《王巡道察出匿名》這篇小説，囿於史料，目前尚無法給出明確的解釋。假如這個案件純屬虚構，那麽余象斗將黄鳳翔、丁此吕寫入小説，就不免有誹謗嫌疑，如此自找麻煩，似乎有違常理。因此，不妨推測小説叙述的薛氏兄弟争産案，可能是當時真實發生的案件，黄鳳翔、丁此吕的徇私誤斷，也是甚囂塵上的民間傳聞，余象斗正是基於追逐社會熱點的商業化出版的考量，將其采編爲《王巡道察出匿名》小説，只是他有些低估了地方權貴的能量，最終招致書版被抽毁的嚴重後果。

三、版本標記物與《廉明公案》版本關係梳理

梳理存世版本之間的學術關係，乃古代小説版本研究的重要内容之一，但如何進行梳理，殊非易事。根據筆者的粗淺經驗，確立并運用“版本標記物”，不失爲一種行之有效的方法。所謂“版本標記物”，即指某一版本所特有的、能够成爲其身份識别之關鍵的版本特徵，其中包括特定文字的增補、删削、剜改、串列、擠行、空白、墨釘、異常文圖錯訛等。首先，通過廣泛細緻的版本調查和比勘，發現并確立上述各類“版本標記物”；然後，追蹤考察它們在現存版本中的有無及其變化痕迹；最後，據此辨析諸版本間的傳承關係，有時頗有“四兩撥千斤”的特殊效果。譬如《水滸傳》的簡本系統，存世版本甚多且關係複雜，馬幼垣曾注意到余象斗萬曆二十二年（1594）刊本《全像水滸志傳評林》，也許是出於偏護同宗的遊戲心理，竟然對王慶故事中一個原本極爲次要的人物“余呈”大加擴寫，增入他臨陣勇猛、被俘不屈、慷

慨就義、宋江哭祭等細節文字[①]。這位特殊的英雄人物“余呈”，便可視爲《全像水滸志傳評林》的“版本標記物”。檢閲存世簡本關於“余呈”的描述文字情形，可爲梳理《水滸傳》簡本系統内部的版本傳承關係提供一個簡便有效的“幫手”。

關於《廉明公案》存世版本之間的學術關係，此前大塚秀高《從公案話本到公案小説集——論“丙部小説之末流”在話本研究中所占之地位》一文有所探討，他認爲《廉明公案》原刊本爲四卷本、林羅山手校江户抄本是根據建泉堂本抄録的、萃英堂本是蓬左本的“副本”（即翻刻本），這些推測都是正確的；但他認爲富岡本是“現存最古老的刊本”、建泉堂本顯然不是原刊本，以及存世版本的刊行順序爲富岡本→建泉堂本→蓬左本→萃英堂，却又是可以商榷的。筆者在重新梳理《廉明公案》存世版本關係時，運用了核查“版本標記物”的方法，即把這篇曾被抽毁的《王巡道察出匿名》小説，視作《廉明公案》原刻初印本的“版本標記物”，并據此推衍《廉明公案》諸版本關係如下：

1. 原刻初印本。

四卷，目録頁及正文均有《王巡道察出匿名》篇。今未見存世。

2. 原刻初印本的翻刻本。

存世有金陵大業堂本（存卷三、卷四）、映旭齋重印大業堂本（存卷一），翻刻時間大約在明末。據此本推知，原刻初印本當爲四卷 106 則，目録頁及正文之《王巡道察出匿名》均完好無缺。

3. 原刻重印本。

存世有建泉堂本。四卷 105 則，《王巡道察出匿名》一篇的大部分文字已被撤削，目録頁卷三“騙害類”第 2 則空白，正文卷三第 41 至 46 葉缺失，留有空白葉面，第 47 葉 A 面第 1 第 2 行空白，第 47 葉 A 面第 3 行至 B 面第 5 行殘存《王巡道察出匿名》篇尾 213 字。

建泉堂本首有“萬曆戊戌年仲夏月”余象斗序文，尾有“萬曆戊戌歲仲夏月”蓮牌，又保留着板木撤削的明顯痕迹，無疑就是《廉明公案》小説“現

① 參閲馬幼垣《牛津大學所藏明代簡本〈水滸〉殘葉書後》,《水滸論衡》，生活・讀書・新知三聯書店，2007 年，頁 9—12。

存最古老的刊本"，精確言之，爲原刊重印本[①]，其重印時間，宜在萬曆戊戌二十六年（1598）之後的一兩年内。此本的刊刻者，卷一卷二卷四題"余氏建泉堂"，卷三題"余氏雙峰堂"，書尾蓮牌題"余氏文台堂"，雖不統一，但仔細查勘，似均無剜改痕迹，當是原刊如此，三個書坊均屬余氏家族所有，變换題署，在福建刻本中時或有之，亦不足爲怪。

此外，林羅山手校江户抄本，乃據建泉堂本傳抄，其書葉缺失與文字空白情況與建泉堂本全同。事實上，這兩部藏本還有更密切的人事關係，詳見下文。

4. 原刻重印本的翻刻本。

存世有富岡本。據書尾蓮牌"萬曆乙巳年孟冬 / 月余氏雙峰堂梓"，翻刻時間在萬曆三十三年（1605），距離初刻僅有 7 年，想來此書當時頗受歡迎。此本四卷 105 則，上圖下文，半葉 10 行 17 字，其分卷、篇則、插圖、行款，均與建泉堂本一致，而且《王巡道察出匿名》一篇也已被删去，綜合上述因素推斷：富岡本的翻刻底本，應即爲建泉堂本（或某一同屬於原刻重印本系統的版本）。

值得注意的是，此本翻刻之時，將底本中原來删而未盡的《王巡道察出匿名》末尾文字（213 字），悉數删去，正文卷三"騙害類"第 1 則《韓按院賺贓獲賊》緊接第 3 則《朱代巡判酷吏》，頁碼相連，中間無空白葉，已完全看不出第 2 則被删去的痕迹。鑒於富岡本于萬曆三十三年（1605）翻刻問世時，黄鳳翔仍居住在泉州老家，抽毁《王巡道察出匿名》的現實壓力依然存在，余氏雙峰堂自然也不會再去招惹無謂的麻煩，但此本目録頁卷三"騙害類"第 2 則位置，却仍有意無意地留出了空白（圖 5），保存着删削迹象，似乎也透露出余氏隱匿在屈服之下的些許不甘的内心情緒。

富岡本的刊刻和保存情況都相當良好，各卷卷首以及書尾牌記，均題"余氏雙峰堂"，故大塚秀高推斷其爲《廉明公案》存世最古之本，不過，根據"版本標記物"《王巡道察出匿名》判斷，它只能是一個晚出的翻刻本。

① 石昌渝《皇明諸司廉明奇判公案傳》條目，推斷建泉堂本爲"原刊後印本"，可謂精審。《中國古代小説總目》"白話卷"，頁 147。

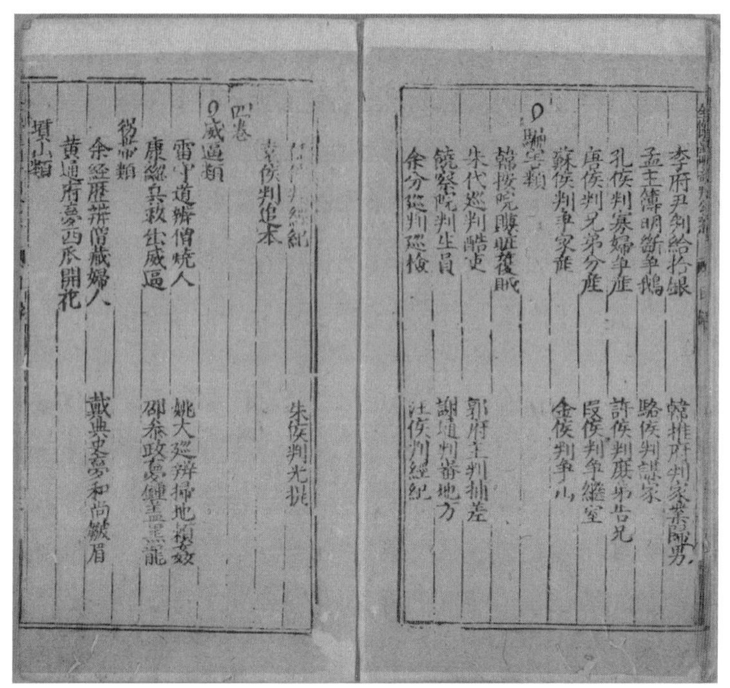

圖 5　富岡本（即京大本）目録頁卷三“騙害類”第二則空白

5. 重編新刻二卷本。

存世有蓬左本。此本内封頁下部左右雙行大書“全像正廉明公案傳”，中間題“三台館梓行”。既云爲“正”，必先有“續”，余象斗編撰的另一部公案小説集《皇明諸司公案》，内封頁恰題爲“全像續廉明公案傳”。據此，蓬左本的刊刻時間，當在《皇明諸司公案》一書刊行流播之後。此本將原來的四卷合并爲兩卷，即卷一卷二合爲上卷（凡 37 則），卷三卷四合爲下卷（凡 68 則），合計 105 則；但卷上“人命類”之《范侯判逼死節婦》（第 13 則）、《鄧代巡批人命翻招》（第 18 則），有目無文，故全書實存 103 則。此本雖然仍采用四卷本的上圖下文，但文字從半葉 10 行 17 字，擴增爲 12 行 22 字，圖像所占空間有所壓縮，與建泉堂本、富岡本相比較，構圖也有簡化傾向，再加上書首余象斗序文也被删去了，因此，大塚秀高認爲此二卷本的刊行，大概“是在距萬曆二十六年很久以後的事情”[①]，此説不無道理。不過，日本尾

① 大塚秀高《從公案話本到公案小説集——論“丙部小説之末流”在話本研究中所占之地位》。

張藩德川家購入蓬左本的時間爲寛永十年（參見下文），故蓬左本出版時間的下限爲1633年（明崇禎六年）。

查蓬左本的目録頁以及正文，"騙害類"第1則《韓按院賺贓獲賊》之後，皆緊接第3則《朱代巡判告酷吏》（目録頁作《朱代巡判酷吏》），其間空白删去，頁碼相連。至此，《王巡道察出匿名》小説已從《廉明公案》中被徹底删削，不留一絲痕迹。

6. 二卷本翻刻本。

存世有萃英堂本。其分卷、篇則、插圖、行款均與蓬左本一致，應爲蓬左本翻刻本，大塚秀高定爲蓬左本的"副本"，甚是。觀察"版本標記物"《王巡道察出匿名》的情況，目録頁及正文中均未留空白，與蓬左本相同。

四、書籍史與小説史：《廉明公案》的東亞流播及其意義

在明代公案小説之中，《廉明公案》是目前所知存世版本最多的一部，它不僅在中國境内多次刊行，橫跨福建建陽與江南金陵兩大明代書籍刻印中心；還曾遠傳日本和朝鮮半島，又在近現代回流中土，完成了其在東亞地區的流播回環，具有特殊的書籍史及小説史意義。

《廉明公案》由余氏建泉堂初次刊印于萬曆二十六年（1598），因其中《王巡道察出匿名》一篇，涉嫌損害地方顯貴黄鳳翔形象，被迫撤版删削，重新刷印行世（即建泉堂本）。不過，抽毁事件，實際上可能大大刺激了《廉明公案》的銷售，擴大了公案小説的影響力。好奇的民衆，固然千方百計地尋覓收録有這篇禁毁小説的初版本，一探究竟，但同時也會自然而然地關注購閲《廉明公案》。精明的書商文人余象斗，當然不會錯失良機，趕印急售，賺取一筆可觀的利潤。而《廉明公案》第一版的成功，又激起後續漣漪：其一是《廉明公案》書板大概没過幾年就因刷印太多而漫漶斷裂，余氏雙峰堂不得不于萬曆三十三年投資刊刻了第二套書板（即富岡本）；其二是余象斗再賈其勇，編撰了六卷本的《皇明諸司公案》，此書推出時冠名"全像續廉明公案傳"，顯然還在消費《廉明公案》的熱銷紅利。若干時間之後，第二套《廉明公案》書板大概又被刷爆了，余氏三台堂再次投資刊刻了第三套書板（即蓬左本），

簡單改换一下文本面貌（合四卷爲上下兩卷），以“全像正廉明公案傳”爲名，與業已刊行的《皇明諸司公案》形成“正”“續”配套，繼續銷行牟利。在并不長的時間（約十餘年）内，余氏家族書坊竟然爲一部公案小説，連續投資刊刻了三套書板，這也稱得上是一個小説出版奇觀。

事不止此，《廉明公案》的暢銷效應還從余氏家族溢出，萃英堂本下卷題“建邑書林鄭氏宗文堂梓”、上卷題“建邑書林□（後人墨筆添書“鄭”字）氏萃英堂梓”，表明這套建陽鄭氏翻刻的書板（乃《廉明公案》的第四套書板），曾在家族内部流轉，刷印次數想來也不會少。而遠在江南的金陵周氏大業堂書坊，也似乎嗅到了《廉明公案》的商業氣息。周氏家族是金陵著名的刻書世家，晚明時期刊刻了數量可觀的小説戲曲類書籍，對公案小説情有獨鍾，早在萬曆二十五年（1597），金陵周氏萬卷樓刊刻了《新鍥全像包孝肅公百家公案演義》六卷一百回；萬曆三十四年，金陵萬卷樓刊刻了《新刻全像海剛峰先生居官公案》四卷七十一回；這部金陵周氏大業堂刊《新刻全像皇明諸司廉明奇判公案》四卷（乃《廉明公案》的第五套書板），也很有可能刊印在萬曆三四十年間。大業堂精準捕捉到了《廉明公案》的“賣點”，推出了根據余氏原刻初印本翻刻的帶有禁毁小説《王巡道察出匿名》的新版，新版在書籍形式上也有亮點，即以江南流行的豪華版整頁插圖，替换了狹小簡單的閩版插圖，目前殘存插圖 15 幅（包括卷一 5 幅、卷三 4 幅、卷四 6 幅），皆繪刻精美，而其書葉邊框頗有斷版處，表明該套書板也曾多次刷印。金陵大業堂的書板，後又轉入映旭齋，映旭齋是一家活躍于清初的江南書坊，且與大業堂關係密切，曾印行過《三寶太監西洋記》《新平妖傳》《東西漢演義》等小説[①]，它爲《廉明公案》重印特意新鐫了標有“映旭齋”大字名號的内封頁，書名改題“新刻全像名家廉明公案”，展露出對於這部公案小説能够繼續熱銷的信心。需要指出的是，福建建陽和江南金陵乃晚明兩大書籍刻印中心，就小説戲曲類而言，通常是建陽書坊重版江南書坊的書籍，反之者相對較少，因此，大業堂、映旭齋持續翻印余氏本《廉明公案》，恰可彰顯這部公案小説當時所産生的跨地域影響力。

① 參見韓錫鐸等人編纂《小説書坊録》，北京圖書館出版社，2002 年，頁 213。

《廉明公案》小説還曾越出國門，遠傳日本和朝鮮半島。目前所知傳入時間相對較早且記載明確的，爲日本寬永十年(1633，崇禎六年)尾張藩德川家買入本，即本文所稱“蓬左本”。據《尾張德川家藏書目録》第一卷《御書籍目録》之《寬永御書物帳》載[①]，寬永十年尾張藩買入唐本31部，其中白話小説4部，即《廉明公案》2册、《百家公案》3册、《陳眉公案》(《新鐫國朝名公神斷陳眉公詳情公案》)2册、《警世通言》12册，今皆藏名古屋蓬左文庫。

稍晚傳入的，爲江户前期著名儒學者林羅山(1583—1657)第四子林讀耕齋(1624—1661)舊藏本，即本文所稱“建泉堂本”，序文及卷三首頁鈐有林氏“讀耕齋之家藏”(朱文)印。後從林家散出，先後爲天保十三年(1842，道光二十二年)“鐘山竹内忠告”[②]、明治四十二年(1909，宣統元年)“無爲翁”所藏[③]。二十世紀三十年代回流上海，小説戲曲收藏家周越然“以重價得之滬市”[④]，鈐有“言言齋善本圖書”(朱文)、“曾留吴興周氏言言齋”(白文)、“越然”(朱文)、“周越然”(朱文)等藏印多枚。後周氏藏書散出，此書入藏中國國家圖書館。有意思的是，這部林讀耕齋舊藏本曾抄録有副本一部，爲林羅山朱筆點校一過，鈐有“江雲渭樹”(白朱相間)、“林氏藏書”(朱文)印，書末有林氏朱筆題記“林羅山塗朱”七字，遺憾的是，作爲日本最早的《廉明公案》讀者，林羅山并未在抄本上或者詩文集中留下關於這部小説的片言隻語。此抄本後歸入昌平阪學問所、淺草文庫、内閣文庫，今藏日本國立公文書館，即本文所稱“林羅山手校江户抄本”。父親傳抄兒子的藏本，如今兩本并傳於世，亦堪爲書林佳話。又《羅山先生詩集》卷三二《丙申春點檢

① 名古屋蓬左文庫監修《尾張德川家藏書目録》第1卷，ゆまに書房，1999年，頁217。

② 此本全書末頁有墨筆題跋曰：“自萬曆戊戌至今天保壬寅二百四十五年，又云萬曆二十六年戊戌，當我後陽成天皇慶長三年戊戌，大閤秀吉薨之年也。此書曲亭馬琴之藏，有緣故傳之。合四册。鐘山竹内忠告所藏。”審其語氣，此跋爲“竹内忠告”題於天保壬寅十三年(1842)，然遍查各類工具書及資料庫，均未發現與之相符者。日本《甲斐偉人傳》著録一位教育家“竹内忠告”，但他生於弘化四年(1847)，活躍於明治時代，當非此題跋者。

③ 此本第一册扉頁有墨筆題跋：“萬曆戊戌至明治己酉近三百十二年。羅山先生遺書，讀耕齋有印。舞隱無爲翁志。”鈐“娱古”閒章。明治己酉爲1909年(清宣統元年)，“無爲翁”身份待考。

④ 周越然《廉明公案》，頁18。

藏書作一絶示向陽》詩序云:“我家藏書一萬卷,或謄寫,或中華朝鮮本,或日本開板本,或抄纂,或墨點朱句,共是六十餘年間所畜收也。嘗分授向陽、函三者一千五六百部許,在我手者居多。”[1] 那麼,林讀耕齋藏本《廉明公案》會否本來是父親林羅山的贈書呢?該本卷一首頁右下角鈐有“就賢堂圖書記”(朱文),按照古籍鈐印慣例,此位置藏印當屬早期收藏者,但筆者迄未查得印主身份,不知是否即爲林羅山?此外,竹内忠告題跋稱“此書曲亭馬琴之藏”,曲亭馬琴(1767—1848)爲日本江户時代著名小説家,對中國小説興趣濃厚,曾藏有著名的明刊二十回本《三遂平妖傳》,但建泉堂本中似未見他存藏痕迹,不知竹内忠告所據爲何。林羅山、林讀耕齋、曲亭馬琴、竹内忠告、周越然,這一連串名字勾勒出數百年間“建泉堂本”的流播軌迹,展現了包括小説在内的漢籍如何流轉于東亞漢字文化圈的生動景象。

至晚在江户天明年間,又有一部明版《廉明公案》傳入日本,原爲豐後佐伯第八代藩主毛利高標舊藏,後奉獻給江户幕府,見録于《佐伯獻書目》,今藏日本國立公文書館[2],此即本文所稱“萃英堂本”。目録首頁鈐有“佐伯侯毛利高標字培松藏書畫之印”(朱文),全書末頁有墨筆題記:“天明四年甲辰之歲孟秋朔得之乎□□□□”,“□□□□藏書”,空格處原有文字已爲墨筆塗去,不能辨識[3]。天明四年,即清乾隆四十九年(1784),爲該本傳入日本的時間下限。

目前所知最晚傳入日本的明版《廉明公案》,爲富岡鐵齋舊藏本,即本文所稱“富岡本”。據説富岡鐵齋與京都竹苞樓、東京文求堂等古書店關係密切[4],這部《廉明公案》或購自古書店亦未可知。富岡去世後,其魁星閣部分善本曾在大阪府立圖書館展出,《廉明公案》亦在展出之列[5],書影收入《富

---

① 日本京都史迹會編纂《羅山先生詩集》上卷,京都平安考古學會,1920年,頁361。“向陽”爲林羅山第三子林鵞峰,“函三”即第四子林讀耕齋。

② 參見梅木幸吉編《佐伯文庫的藏書目》,佐伯印刷株式會社,1984年,頁175。

③ 撰寫本文時,承蒙日本早稻田大學柴崎公美子博士代爲拍攝萃英堂本書影,并來信告知,被墨塗去的藏者資訊,經觀察有可能是“□林閣(園)”。謹致感謝。

④ 參閱正宗得三郎《富岡鐵齋》之《富岡文庫》,日本錦城出版社,1942年,頁142—144。

⑤ 參見大阪府立圖書館編《富岡文庫善本展覽會目録》,1936年6月發行,第40號展品爲明版《新刊皇明諸司廉明奇判公案》四卷四册。

岡文庫善本書影》(1936)第40號。昭和十三年(1938)六月四、五日，十四年(1939)三月十七、十八日，富岡藏書分兩次在東京圖書俱樂部拍賣,《廉明公案》爲京都大學法學研究科購藏，書首護葉蓋有木戳，顯示正式入藏京都大學的時間爲“昭和十七年八月二十六日”，即1942年8月26日。

與日本相比,《廉明公案》傳入朝鮮半島的版本較爲罕見，目前所知僅有寒齋所藏殘本(存卷三、卷四)，即本文所稱“大業堂本”，卷首頁右下角鈐有“柳綎之印”(白文)藏書章(參圖6)。柳綎(1684—1752)爲朝鮮中後期文人，肅宗三十五年(1709)中進士試，次年“增廣文科”及第，歷任司諫(1727)、承旨(1738)、漢城府右尹(1739)等職。1724年10月，柳綎擔任“進賀謝恩兼三節年貢使”使團的書狀官，出使中國[①]，不知此部《廉明公案》是否爲柳氏居留北京時購藏。2019年6月，此本從韓國回流中國。柳綎藏本雖爲晚出之殘本，但因係《廉明公案》原刻初印本的翻刻本，獨家保留着曾被抽毁的小說《王巡道察出匿名》，具有重要的學術文獻價值。

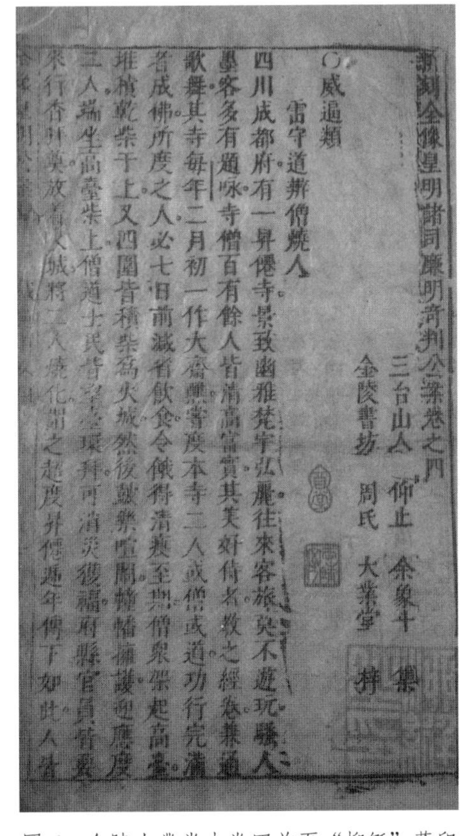

圖6　金陵大業堂本卷四首頁“柳綎”藏印

上述《廉明公案》的東亞流播史，可以帶給我們若干有意義的思考：

其一，從書籍史的角度。《廉明公案》在晚明至清初流行於中國南北，已知至少鐫刻過五套書板，銷行總數應相當可觀，而傳入日本和朝鮮半島的版

① 參見韓榮奎、韓梅《18—19世紀朝鮮使臣與清朝文人的交流》附録一“18—19世紀燕行使團名單”，中國海洋大學出版社，2014年，頁99。

本，絶對數量非常有限；但時至今日，《廉明公案》的存藏情况恰好相反，存世 9 部版本之中，中國公私合計僅有 3 部殘本，日本和朝鮮半島舊藏則占 6 種（日本 5 種，朝鮮半島 1 種），且多屬重要版本。换言之，如果没有日本及朝鮮半島藏本，今天甚至無法讀到完整的《廉明公案》小説文本，更遑論展開版本研考了。與《廉明公案》類似的情况，也頗多見於其它明代及清初白話小説研究之中。近二十年來，關於海外漢籍的搜訪與研究，是中國學術界的熱點之一。而在我看來，海外存藏漢籍的學術意義，在經史子集不同的部類中亦不盡相同，總體上乃與相應部類文獻在中國本土的遞藏情况成反比，諸如經部、史部、集部的典籍文獻，中國本土存藏情况良好，故海外漢籍的學術意義大多是局部性、補充性的；但對於古代小説戲曲，尤其是明版小説而言，由於稗官野史歷來不登大雅之堂，導致中國公私藏書嚴重不足，故海外（主體是日本）存藏漢籍的學術意義則可能是整體性、决定性的。因此，繼續廣泛深入調查海外所藏中國小説版本資料，充分挖掘其藴藏的學術文獻價值，或許仍將是未來古代小説研究的重要内容之一。

其二，從明代公案小説史的角度。朝鮮燕行使柳綎舊藏本獨存的《王巡道察出匿名》，不僅揭開了一段湮没已久的書林抽毁秘聞，也讓我們對於明代“諸司體”（或稱“書判體）公案小説的文體特質産生了新的認識，它們并非只是根據《蕭曹遺筆》之類的“珥筆書”，拼凑一些空洞的訴訟案例，也有叙寫真人實事，揭示社會現實，甚至針砭時弊的時新小説。事實上，《廉明公案》中除了《王巡道察出匿名》一篇曾寫及推官丁此吕、侍郎黄鳳翔之外，還有“姦情類”中的《海給事辨詐稱奸》，也涉及當時一位真實人物。建泉堂本、富岡本、蓬左本此篇目録及正文篇名，均寫作“海給事”，但文本内部則明確説是“給事鄒元標”，通篇稱以“鄒公”，那麼，究竟是“海公”還是“鄒公”？據映旭齋重印大業堂本目録卷二“姦情類”第 3 則題爲“鄒給事辨詐稱奸”，可知《廉明公案》原刻初印本的目録和正文，當作“鄒給事”[①]。據《明史》卷二四三《鄒元標傳》：鄒元標，江西吉水人，萬曆五年（1577）進士，與丁此

① 明湖海散人清虚子編《法林灼見》卷一“姦情類”，襲用《廉明公案》此篇，篇名作《鄒公判棍除奸》，雖有改題，“鄒公”一語猶存原刻本痕迹。此書爲明天啓閩建書林高陽生刊本，兩靖室藏。

吕同科，座主同爲黄鳳翔；及第後觀政刑部，因上書反對首輔張居正“奪情”（即父喪不停職丁憂），被流放貴州六年；萬曆十一年，張居正去世，鄒元標被徵召回京，授吏科給事中，故有“鄒給事”之稱；萬曆十八年授左都御史，因直諫再次遭貶，後丁母憂，居家講學三十年，聲名益盛，至泰昌元年（1620）始重獲啓用。萬曆二十六年《廉明公案》小説編刊之際，鄒元標正去職居家，余象斗將其作爲“良吏”寫入小説，對他贊譽有加，小説末尾按語云：“鄒公立朝諫諍，抗節致忠，人但知其剛直不屈，而一經過河源，即雪理冤獄，奸刁情狀，一訊立辨，又良吏也。蓋由立心之正如持衡，明如止水，故物莫逃其鑒。在朝爲直臣，在外爲良吏，真張、韓以上之人物哉。”其藝術形象相當正面。從鄒元標履歷來看，他雖曾短暫觀政刑部，但并未擔任過實職，没有審理案件的經歷，也許是他的敢言直諫、剛正不阿，符合余象斗心目中的“判官”標準，所以才會被引入《廉明公案》小説。至於建泉堂本何以要將篇名中的“鄒公”改爲“海公”，是否與黄鳳翔及抽毁《王巡道察出匿名》有關？這位“海公”是否就是《新刻全像海剛峰先生居官公案》所寫“海剛峰先生”海瑞[①]？目前尚難給出明確的答案。不過，可以肯定的是，《廉明公案》對於“當代”社會生活和政治人物的輯采書寫，無疑爲程式化的公案小説增添了一抹時事亮色，也啓發研究者需要進一步關注和探討明代公案小説的現實品格。

其三，從小説知識學的角度。包括《廉明公案》在内的明代公案小説，因其“似法家書非法家書，似小説亦非小説”的文本面貌，被指斥爲“丙部小説之末流”[②]。站在純文學的立場，這樣的批評似乎也不無道理。但是，研判和闡釋一部中國古代小説，除了藝術的維度（“涉及審美、語言、叙事、結構等層面”）、思想的維度（“涉及主題、道德、情感及歷史等層面”），還可以有一個“知識的維度”[③]。樂於在文本中植入若干（其容量有多有寡）與所叙

① 大塚秀高認爲這位“海公”就是海瑞，而將正文中的鄒元標改題“海給事”，這是萬曆三十四年由萬卷樓刊行《海公案》以後的現象。見其《從公案話本到公案小説集——論“丙部小説之末流”在話本研究中所占之地位》。

② 孫楷第《日本東京所見小説書目》卷六“子部小説”之四《詳情公案》條解題，人民文學出版社，1958年，頁141—142。

③ 參閲劉勇强《小説知識學：古代小説研究的一個維度》，《文藝研究》，2018年第6期。

故事有關（其關聯性有密有疏）的知識，乃中國古代小説一個歷史悠久的編撰傳統和文體特點。不僅如此，古代小説作者并非只是簡單植入各類或顯或隱的知識，還獨具匠心地運用知識來構建小説的藝術世界，也就是説，知識不僅是小説文本的叙述物件，也在一定程度上參與了小説的編創過程。據此"知識的維度"，重新審視以《廉明公案》爲代表的明代公案小説，或許别有一番風貌。

正如論者已經指出的那樣，明代公案小説攜帶有豐富的法律知識，早在編撰之際，它們就曾參考引録《蕭曹遺筆》《折獄明珠》之類的司法案例文書集，譬如《廉明公案》全書106則，其中有64則幾乎全文襲自《蕭曹遺筆》①，占比超過60%；公案小説集的分類也大多模仿珥筆書，即以各種罪名爲類目編綴故事，譬如《廉明公案》分爲"人命""姦情""盜賊""争占""騙害""威逼""拐帶"等十六類，類目之下分繫若干則故事；而在具體展開斷案故事時，公案小説對於訴訟程式、搜證方法、文書擬寫、適用法律以及斷獄量刑等專業知識，描述頗爲細緻，特别是對訴訟常用文書"三詞"（即"狀詞""訴詞""判詞"），更青睞有加，反復書寫，甚至據以構成部分篇目的文本主體。此外，論者也曾指出明代公案小説之間存在因襲轉録的現象②，多所詬病，不過，倘若仔細查閲，可以發現因襲的主體，就是那些以"三詞"爲主的知識性最强的篇目，因此，它們的因襲互見，實際上不妨視作不同作者對於特定知識的共同傳播與普及。更爲令人注目的是，《廉明公案》也展現出運用訴訟專業知識來結構小説的藝術嘗試。譬如抽毁的《王巡道察出匿名》，通篇叙述兩個匿名投告故事，人物情節各不相同，在前一個案件中，王巡道于薛應軫訴狀上批曰："既非登時捉獲，又無的確證佐，安得以猜疑之故，而坐應軫投匿耶？"爲薛氏開脱死罪；至後一個案件，王巡道看到被告施卿的

① 參閲[日]阿部泰記《明代公案小説的編纂》，《日本中國學會報》，1987年總第39期，中文版連載《綏化師專學報》，1989年第4期、1991年第1期；魯德才《明代各諸司公案短篇小説集的性格形態》（1993）。

② 參閲馬幼垣《明代公案小説的版本傳統：龍圖公案考》（中文版，1980）；[日]莊司格一《中國之公案小説》附録"類似説話一覽"，研文出版，1988年，頁431—439；苗懷明《中國公案小説史論》第二章"明代公案小説的繁盛及其特質"，南京大學出版社，2005年，頁59—75。

訴狀中竟然也有“既非登時捉獲，又無的確證佐”一語，懷疑該訴狀可能出自“内鬼”之手，遂循此展開追查，拘捕了禮房吏吴正，王巡道審案時質問：“你代施卿作訴狀，緣何用我去年開薛應輅之批語？必你投匿告薛士禹，陷及應輅。故後來開罪之語，汝獨記之不忘，非汝匿名而誰？”吴正抵賴不認，但被王巡道設計賺出真相，最終問擬絞罪。此處，王巡道在訴狀上的司法“批語”，不僅是匿告案偵破的綫索，也是聯結前後兩宗案件的文本紐帶，它超越了一般的知識功能，爲此篇公案小説提供了一個貼切有效的結構方式。

總之，明代公案小説既是文學作品，也是承擔着法律訴訟知識普及功能的實用讀本，它們與同時期編纂出版的珥筆書（如《蕭曹遺筆》《折獄明珠》《仁獄類編》《大明律臨民寶鏡》《折獄要編》等），以及日用通俗類書（如《五車拔錦》《三台萬用正宗》《文林聚寶萬卷星羅》等）設立“律例”欄目收録案例文書，可謂殊途同歸，都是明代社會普法文化的産物[①]。《廉明公案》明末清初在中國南北的流行，表明公案小説這種兼具文學性和知識性的文體特色，甚受當時讀者歡迎；而《廉明公案》的遠傳東瀛，并被京都大學法學研究科當作東亞法制史資料購藏，又似乎意味着即便是在文學性不足的情況下，明代公案小説仍可憑藉其知識價值獲得現代人的肯定。

① 參閲戴健《論明代公案小説與律治之關係》,《江海學刊》, 2007 年第 6 期。

清田儋叟、曲亭馬琴與金聖嘆的交鋒
——江户時期白話小説批評的確立

周健强

自萬曆十九年（1591）萬卷樓刊行《三國志通俗演義》之後，書坊爲招攬讀者，新刊通俗小説往往附有評點，甚至不惜假托楊慎、李贄、湯顯祖、鍾惺等人之名。享保以後，這些小説大量傳入日本，不少作品被翻譯成日文，促進了江户中後期讀本小説的興起。江户文人閲讀、接受白話小説頗爲不易，而評點起到了銜接兩種文學傳統的橋梁作用，并催生了日本本土的白話小説批評。目前日本學術界對江户時期文學批評的研究大多集中在和歌、俳諧、歌舞伎等文體上，談到小説批評也多限於《源氏物語》《伊勢物語》等所謂古典物語的評注，除中村幸彦、濱田啓介等少數學者之外，漢文小説批評的研究仍有待開拓，很多批評資料尚未校注整理。日本文人的批評是白話小説流播過程中自然伴生的現象，對其梳理與考察，便於借助異域之眼反觀明清評點者們忽視的問題，也能借此思考中日小説批評史上某些共同的發展路徑。

一、文人與小説家：儋叟與馬琴的小説批評之路

中國白話小説的歷史可以上溯到敦煌變文，但直到明代嘉靖甚至萬

作者單位：北京外國語大學中國語言文學學院

曆以後才真正以刊本形式產生持續的影響力。早期刊行的歷史演義往往以“新刊校正”“按鑒批評”“全相評林”“增補評校”等相標榜，大多附有序跋。儘管水準參差不齊，直到萬曆三十八年（1610）容與堂本《李卓吾先生批評忠義水滸傳》才出現比較成熟的小說評點，但批評本身仍是白話小說不可分割的一部分。這些白話小說在明清之際傳入日本，元禄到享保年間甚至有二十種左右被翻譯爲“通俗軍談”，其中《通俗三國志》的底本爲建陽吴觀明刊《李卓吾先生批評三國志》、《通俗列國志》底本爲姑蘇龔紹山刊《新鐫陳眉公先生批評春秋列國志》、《通俗列國志十二朝軍談》底本爲余象斗三台館刊《按鑒通俗演義列國前編十二朝》[①]，這些歷史演義均附有評點，但日本譯者往往只翻譯小說正文，最多模仿底本的序跋，對評點却視若無睹。

最後一部通俗軍談《明清軍談國姓爺忠義傳》刊行於享保十年，三年後京都書肆林九兵衛出版了岡島冠山訓點的《忠義水滸傳》前十回，底本爲李卓吾批評百回本，可能是近似芥子園刻本的某個版本[②]。和刻本對評語做了大量增删改動，删去了所有回末總評，似乎并不重視托名李贄的評點；後來署名岡島冠山的《通俗忠義水滸傳》於寶曆七年（1757）刊行，仍未保留原書的評點。日本翻刻的第一部白話小說爲倚翠樓主人訓譯的《覺後禪》，刊行於寶永二年（1705），雖然在一定程度上保留了底本中的回末評，但仍多有删減[③]。

江户時期翻刻的白話小說，完整保留底本評點的似乎只有明和二年（1765）刊行的《照世杯》，它不僅未删減原書的評點，反而增加了日文眉批以及卷一目録前的《讀俗文三則》。訓譯、評點及《讀俗文三則》的作者均爲清田儋叟，除此之外，他還評點、講授過《水滸傳》，根據《太平廣記》《柳毅傳》翻案創作《中世二傳奇》并施以評點，他的出現標志着江户時期白話小說流播的轉折點。除了《水滸傳》之外，日本文人評點

① ［日］德田武《日本近世小説と中國小說》，武蔵村山：青裳堂書店，1987 年，頁 15。

② ［日］石崎又造《近世日本に於ける支那俗語文學史》，東京：弘文堂書房，1940 年，頁 89。

③ 石昌渝主編《中國古代小說總目（白話卷）》“肉蒲團”條，山西教育出版社，2004 年，頁 283。

的白話小説還有《水滸後傳》《三遂平妖傳》《後西遊記》，這三部小説的評點者均爲曲亭馬琴。評點需要依托于小説原本，而清代後期逐漸出現隨筆、雜纂性的白話小説批評專書，形式上已近似現代的文學批評；大體同時，江户時期也出現了曲亭馬琴的《水滸後傳批評半閑窗談》。清田儋叟在曲亭馬琴成年之際離世，兩人前後相繼，批評的風格頗有差異，共同使江户時期的白話小説批評逐漸確立。

清田儋叟享保四年（1719）生於京都[①]，時值白話小説逐漸流行之際；逝世于天明五年（1785），恰逢白話小説的閲讀、翻案逐漸由博雅的文人轉向專業小説家之時。其父爲漢學名家，曾擔任越前藩儒官，長兄錦裏也是繼承父業的儒者，次兄是詩文大家江村北海，曾撰有《日本詩史》。他本人親炙于漢詩名家梁田蜕岩，并與國學者富士谷成章交好。中村幸彦曾將近世文人的特徵概括爲以詩文爲業、出入多種藝術、反世俗的高自標榜、放蕩的奇人行爲等幾點[②]，這些在清田儋叟身上都有所體現。他的一生幾乎與“文人”這一特殊階層的活躍時期重合，就白話小説的閲讀、批評而言，也呈現出典型的文人特色。他在《孔雀樓集》自序中稱“平生所嗜唯書，最竭力于經史，有所發明，官職地理之書，亦頗攻之。文則最嗜《尚書》《周官》《左氏》《班椽》，詩則始作嘉靖七才體，亡幾厭之。作陳無己、作徐文長、作袁中郎、作鍾惺，亦皆厭之而去”[③]，主要精力在於經史學問與詩文創作，是典型的儒者或文人作風，并不以小説家自詡。

清田儋叟曾模仿袁宏道、鍾惺詩風，《孔雀樓文集》中有一篇《復梁蜕岩先生書》，其中提到“《鍾伯敬集評》，辱褒一得，如得珪璧”[④]，可見他還曾評點鍾惺文集。很多白話小説冠有托名袁宏道的序言或托名鍾惺的評點，明末金閶書業堂刊行的《東西漢全傳》甚至同時有袁宏道序

① 參見［日］《中村幸彦著述集》第 1 卷，東京：中央公論社，1982 年，頁 211。

② 參見中村幸彦《近世文人意識の成立》,《中村幸彦著述集》第 11 卷，頁 376。

③ 該自序不見於《孔雀樓文集》刊本，而書于［日］清田儋叟所藏《貫華堂本水滸傳》，現藏於東京大學東洋文化研究所。轉引自《中村幸彦著述集》第 1 卷，頁 213—214。

④ 《孔雀樓文集》卷七，京都：林伊兵衛，安永三年刊本。

與鍾伯敬評[1]，清田儋叟對白話小説的興趣可能受到袁、鍾二人影響。此外，清田儋叟還與兄長門下的皆川淇園交好，後者也酷愛小説，《淇園文集》卷七收録《書金聖嘆水滸傳》，追溯早年閲讀《水滸傳》的經歷時提到“余因别購一本，出與君錦（按：即清田儋叟）讀之。君錦之嗜乃亦太甚，則亦爲持去。既而君錦事劇纏，五稔間乍北乍東，凡百皆廢然，其行橐中二帙獨塊然云”[2]。皆川淇園還曾爲本城維芳翻譯的《通俗平妖傳》撰序，其中稱述與清田儋叟共同閲讀白話小説的經歷，“後又遂與君錦競共讀他演奇小説，如《西遊》《西洋》《金瓶》《封神》《女仙》《禪真》等諸書，無不遍讀，而皆謂其制構有所窮，而不耐久觀也。最後得《平妖傳》，讀之，其奇百出，可以與《水滸》雁行矣”[3]，可見清田儋叟其道不孤，他與身邊的文人共同閲讀的白話小説也遠遠不止《水滸傳》與《照世杯》兩種。他的《孔雀樓筆記》中還提到：

> 予弱冠時，（中略）彼時《水滸傳》傳本甚少，一日見下村氏，借其所藏之本三年有餘。（中略）此後得北地某貴人藏本、皆川伯恭（按：名皆川淇園）藏本、勝子雲（按：名菱屋茂兵衛）藏本，如取之外府。予千命薄萬命薄，只書籍一事，當有天幸。[4]

一部《水滸傳》閲讀三年，清田儋叟對白話小説用心之深前所罕見，僅此《水滸傳》便已涉及皆川淇園、北地某貴人、菱屋茂兵衛等多人。甚而不止借閲共讀，他還親加批點、聚徒講授，曾在他門下問學多年的高田潤在《孔雀樓筆記》序言中稱“僕輩受業之書，曰《書經》《論語》《史記》《通鑒三編》《明紀事本末》《韓文》《歷代小史》及《鶴林玉露》《輟耕録》《五雜俎》《水滸傳》諸書，清先生皆爲之校讎批評者。乃諸友之書，有無相通，借而謄録焉”[5]，清田儋叟同時講授經史與《水滸

① 孫楷第《中國通俗小説書目（外二種）》，中華書局，2012 年，頁 158。
② ［日］高橋博巳編集《淇園文集》，東京：ぺりかん社，1986 年，頁 227。
③ ［日］中村幸彦編《近世白話小説翻譯集》第 5 卷，頁 8—9。
④ ［日］中村幸彦等校注《近世随想集》，東京：岩波書店，1965 年，頁 317。
⑤ ［日］中村幸彦等校注《近世隨想集》，頁 264。

傳》，而且并非當作唐話教材，而是關注其文學價值，這種現象也頗爲少見。

曲亭馬琴與清田儋叟均廣泛涉足白話小説，但無論家庭出身、文藝修養還是存世著作，二者都相差懸殊。曲亭馬琴出生的明和四年（1767），小説陣地已由京都、大阪轉移到江户，他便出生在江户。其父是旗本（直屬將軍的武士）松平信成的用人，在武士階層中身份低微，與主流文人少有交集，自己又是家中第五子，仕途無望。他曾像江户中後期低級武士出身的衆多庶子一樣學習儒學、醫學，但均半途而廢，未曾完整接受漢學教育，甚至連婚姻都不如意，不得已迎娶經營木屐的孀婦。清田儋叟交往的是梁田蜕岩、江村北海、皆川淇園、富士谷成章等知名文人，而曲亭馬琴的知交多爲狂歌、俳諧、黄表紙、灑落本等通俗文藝作者，最著名的“馬琴三友”木村默老、殿村篠齋、小津桂窗，要麽同樣是低級武士，要麽是富商，要麽是不知名的國學者，均非主流文人。曲亭馬琴生平撰寫的著作，基本都是讀本、合卷、俳書、隨筆，没有經史箋注或結集的漢詩漢文，也與清田儋叟大相徑庭。如果説清田儋叟是以文人、儒者面目出現在江户文學史上，那麽曲亭馬琴就是專業的小説家，在筆耕之外少有其他謀生途徑，麻生磯次甚至稱他是“靠寫作過着普通人生活的第一位作家”[①]。

曲亭馬琴的日記與書信詳細記載了日常的讀書生活，但現存《曲亭馬琴日記》最早只能上溯到文政九年（1826），雖然其中不乏白話小説的閲讀、訓點活動，但此時馬琴已年近花甲，其小説創作的盛期已過。筆者查考馬琴書信，最早談到白話小説的是文化十二年（1815）給黑澤麿的書信，其中談到“唐土小説有二義，《水滸傳》人作也，《三國志演義》則以天作爲人作者。自此而下，《隋史遺文》《五代演義》及其他諸演義，叙事過詳，舉帝系、列傳，正其年月、姓氏，意在補史之闕文”[②]，顯然在此之前他已讀過不少白話小説。曲亭評點過的幾部白話小説，《水滸後傳批評半閑窗談》作於天保二年（1831），《續西遊記國字評》作於天保四

① ［日］麻生磯次《滝沢馬琴》，東京：吉川弘文館，1987 年，頁 1—2。

② ［日］柴田光彦、神田正行編《馬琴書翰集成》第 1 卷，東京：八木書店，2002 年，頁 15。

年，《後西遊記國字評》作于同年。如此密集地評點白話小説，態度之嚴謹不同于清田儋叟在自己收藏的貫華堂本《水滸傳》上信筆塗抹，或者如《水滸傳批評解》一般隨口講述、門人筆録。曲亭馬琴的評點并非像金聖嘆、張竹坡那樣，以眉批、夾批、回前回末總評的形式附在小説原文上，而是獨立成文，擺脱了具體語境的限制，能够統籌思考整部小説的情節、人物與思想内涵，甚至就某些抽象的問題深入探討。

清田儋叟雖然大量閲讀白話小説，但并未高估小説的價值。他在《題水滸傳圖》中提到"《水滸傳》者，通俗之書，且專説詐僞機謀，不可以爲訓。（中略）其篇章、字法極精密，注意於斯，可以長才識。若夫作文借其字句語勢，爲害還多，能讀《水滸》者自能辨之"[①]，認爲白話小説具有賞心悦目的娱樂功能，但其中記載的往往是悖逆兇殺之事，非君子所好。高田潤筆録整理的《水滸傳批評解》引用金聖嘆所謂"明聖人之教者，其書有之；叛聖人之教者，其書亦有之。審天子之令者，其書有之；犯天子之令者，其書亦有之"，清田儋叟評曰"《水滸傳》即叛書、犯書"，高田潤進一步解釋爲"撰野史小説及通俗書，用意必當慎重"[②]。無論清田儋叟在《水滸傳》上下了多少功夫，他始終認爲這部小説離經叛道，進而對稗官小説的創作提出了嚴格要求。《水滸傳批評解》還記載，清田儋叟講到四十五回時，相交多年的師長梁田蛻岩去世，他在這一回的批語中稱"梁蛻岩既没，臣質亡矣。嗚呼！《水滸傳》一玩弄書，有無何妨，唯是予《史記》、予《通鑒》，高山流水，更屬何人"[③]，自我期許更大的是箋注《史記》《資治通鑒》，評點《水滸傳》不過是一時戲筆。

曲亭馬琴對小説傾注的熱情遠非清田儋叟所能比。由於長期執筆創作，他對白話小説有更多的同情，更加認可其文學價值。文化五年（1808）刊行的《巷談坡隄庵》附言中，曲亭馬琴稱"戲作原以寓言爲宗，若非引古書以叙事實，亦是好事之一癖，古人批小説動輒附會史傳，

① 《孔雀樓文集》卷五，京都：林伊兵衛，安永三年刊本。

② ［日］古典研究會編輯《唐話辭書類集》第 3 集，東京：汲古書院，1970 年，頁 355。

③ ［日］古典研究會編輯《唐話辭書類集》第 3 集，頁 548。

非弄假成真之類也"[①]，認爲小説不同于存真的史傳，假虚幻之事而有所寄托，自有其獨特的價值。這種認可，表現之一就是對版本的重視。清田儋叟閲讀白話小説時很少體現出明確的版本意識，他看重的是小説内容，至於不同版本之間的文字差異往往置之不論；而馬琴的隨筆、書信中頻繁考索小説版本，早稻田大學現存曲亭馬琴收藏的《明板水滸後傳序評》，天頭有大量校勘評點，比較不同版本的文字差異。他還在《半閑窗談》序言中詳述了輾轉二十多年抄録、借閲、購買《水滸後傳》的經歷。

總之，清田儋叟與曲亭馬琴，一爲文人一爲小説家，性情學養各不相同，其小説批評也隨之呈現出不同的面貌。這既影響到二人對金聖嘆的評價，也使他們在解讀小説的道德主題時各有側重。

二、清田儋叟對金聖嘆的迎與拒

儘管二人對白話小説的評價有所不同，但均曾執筆評點，而明清之際聲譽最隆的評點家便是金聖嘆，清田儋叟、曲亭馬琴均在與其對話的過程中確立自己的評點風格。清田儋叟的《題水滸傳圖》提到"金人瑞作之評，號稱精詳，然而桃花村失諸眉睫，潯陽樓還道村失諸正鵠；柴進貴人，下之井底；李逵鄙夫，入之雲中，亦不辨闕漏多矣"[②]，《水滸傳批評解》進一步解釋爲"《禮》云女子十五及笄、二十而嫁，《周禮》稱仲春桃之有華，正婚姻之時。元明之時女子十五六而嫁，桃花村老人之女，十九歲仍未嫁，株守古禮也"[③]。這段評語對應於《水滸傳》金聖嘆評本第四回，魯智深在桃花村巧遇劉太公，從小霸王周通手中救下劉太公之女，劉太公稱"老漢止有這個小女，今年方得一十九歲"，金聖嘆評曰"六字奇文，寫盡莊漢懵懂"[④]，似乎暗諷劉太公之女年長未嫁，而劉太公本人又混沌不覺。劉氏之言隨口而出，女兒十九未嫁可能别有緣由，未見得是拘

① 《中村幸彦著述集》第1卷，頁296。

② 《孔雀樓文集》卷五。

③ ［日］古典研究會編輯《唐話辭書類集》第3集，頁351。

④ 陳曦鐘等輯校《水滸傳會評本》(上)，北京大學出版社，1981年，頁127。

守二十而嫁的古禮，金聖嘆的評點并未"失諸眉睫"，恐怕是清田儋叟求之過深。

金聖嘆竭力指稱《水滸傳》中宋江的陰鷙狡詐之處，本有脱離原文、任性發揮之嫌，而清田儋叟認爲金的發掘仍不充分，顯然是沿着鈎隱抉微的方向越走越遠。所謂"柴進貴人，下之井底；李逵鄙夫，入之雲中，亦不辨闕漏多矣"，《水滸傳批評解》第五十三回"入雲龍鬥法破高廉 黑旋風下井救柴進"再次重申此意，稱"一百八人中，柴進最貴，李逵最賤。最賤者騰雲，最貴者入井。蓋説貴賤苦樂，無常易數，非止兩旋風之謂，聖嘆不得其二"，認爲原作暗寓富貴榮辱變幻難測的哲理，金聖嘆褒柴貶李正是不明書中深意。平心而論，富貴人柴進陷入井中却得貧賤的李逵相助，僅從這一情節很難看出世事無常的大道理，清田儋叟據此指斥金聖嘆不解微言大義，恐怕責之過苛。

《水滸傳批評解》對金聖嘆的評騭爲數甚衆，而且多爲否定之辭，雖然個别指正不無道理，但總體而言多是誤解或穿鑿之言，頗有與金聖嘆尋釁之意。如第三回"趙員外重修文殊院 魯智深大鬧五臺山"，魯智深酒醉回寺，與攔截的衆僧大打出手，"指東打西，指南打北，只饒了兩頭的"，金聖嘆在這一句後評論道"如此叙事匆忙中，偏有此精細手眼，真是奇才"[①]，認爲小説特意點出魯智深對兩頭邊緣之處的僧人饒過不打，既符合打鬥現場的實情，也可理解爲他在盛怒中仍有幾分慈悲寬恕之念。而《水滸傳批評解》特意點出這句評語，稱"聖嘆誤。只饒了兩頭的，即只饒恕生有兩顆頭顱之人，正是説一個都不饒"[②]，清田儋叟認爲"兩頭"不是指空間處所的兩端，而是指生有兩顆頭顱的人，這種理解嚴重偏離了原文，明顯是故意與金聖嘆作對。

第十回"林冲水寨大并火 晁蓋梁山小奪泊"，金聖嘆在回前總評中稱"晁蓋等不過五人，再引十數個打魚人，而寫來便如千軍萬馬，奔騰馳驟，有開有合，有誘有劫，有伏有應，有衝有突。凡若此者，豈謂當時真

① 陳曦鐘等輯校《水滸傳會評本》(上)，頁 120。

② ［日］古典研究會編輯《唐話辭書類集》第 3 集，頁 370。

有是事，蓋是耐庵墨兵筆陣，縱横入變耳"[①]，清田儋叟却批道"當時真有此事，聖嘆誤"[②]；第二十五回"偷骨殖何九送喪 供人頭武二設祭"，武松將西門慶摔下樓去，原文稱他"頭在下，脚在上，倒撞落在當街心裏去了。跌得個發昏章第十一"，金聖嘆評道"獨恨大雄氏之言，亦被盲僧分章裂段，真發昏章第十一也"[③]，認爲佛祖説法被後世僧人碎裂章句，屬於魯莽昏聵之舉；而清田儋叟在金批之後又稱"人將謂卿説唐詩，亦發昏章第十一，聖嘆唐詩墮拔舌地獄"[④]，對金聖嘆的不滿由小説延及唐詩評點，用詞已近乎謾罵。第二十八回"施恩重霸孟州道 武松醉打蔣門神"，施恩向武松講述蔣門神奪地打人之事，武松説"小管營不要文文謅謅，只揀緊要的話直説來"，金聖嘆批道"每嘆古今奏疏，悉是文文謅謅，不揀要緊説話直説出來，殊不足當武松一抹也"[⑤]，清田儋叟却反批"聖嘆不要文文謅謅"[⑥]。第四十五回"病關索大翠屏山 拚命三火燒祝家店"，金聖嘆在回前總評中稱"前有武松殺姦夫、淫婦一篇，此又有石秀殺姦夫、淫婦一篇，若是者班乎？曰：不同也"[⑦]，清田儋叟却針鋒相對地説"既寫一武松，而又寫一石秀，極容易之事，所謂作文順法，聖嘆誤矣"，以作文見長的他發此言論，若非故自標榜便難以理解。類似誠心與金聖嘆作對的評點不計其數，"聖嘆誤""評未是""好笑""唧噥""輕薄""嫌嫌"之類用語屢見不鮮，大部分只是兩三字的酷評，并不説明理由。

儘管清田儋叟表面看起來與金聖嘆格格不入，但在近乎苛刻的指責背後，兩人却多有相近之處。一方面二者都帶有强烈的文人性情，任性使氣，攻擊一點不及其餘，往往將主觀偏見推向極端；另一方面，在重要的小説觀念上也頗有重合。清田儋叟訓點的《照世杯》，目録前有自撰的《讀俗文三條》，其中提到"俗文之書雖多，若能通讀《水滸傳》，其餘

① 陳曦鐘等輯校《水滸傳會評本》(上)，頁342。

② ［日］古典研究會編輯《唐話辭書類集》第3集，頁418。

③ 陳曦鐘等輯校《水滸傳會評本》(上)，頁507。

④ ［日］古典研究會編輯《唐話辭書類集》第3集，頁448—449。

⑤ 陳曦鐘等輯校《水滸傳會評本》(上)，頁342。

⑥ ［日］古典研究會編輯《唐話辭書類集》第3集，頁453。

⑦ 陳曦鐘等輯校《水滸傳會評本》(下)，頁853。

則勢如破竹。（中略）潯陽樓反書、還道村玄女，均出自宋吴二人密謀詭計，讀者或被作者哄過。其餘，文面之外另有深義奥旨者甚多，彼金人瑞亦不曉桃花村意旨”[①]，其中的文字與觀念均襲自金聖嘆。《第五才子書讀法》中稱“《水滸傳》章有章法，句有句法，字有字法。人家子弟稍識字，便當教令反復細看，看得《水滸傳》出時，他書便如破竹”[②]，從潯陽樓題反詩、還道村遇九天玄女中讀出宋江、吴用的機心，也始自金聖嘆。最後所謂“彼金人瑞亦不曉桃花村意旨”，便是前文提到的“桃花村老人之女，十九歲仍未嫁，株守古禮也”，明顯是厚誣之辭。清田儋叟暗中襲用金聖嘆的説辭在先，却用穿鑿附會的解讀方式指責金聖嘆曲解了原文。《水滸傳批評解》着力于金聖嘆未注意之處，進一步揭露宋江的僞善，如第十九回“梁山泊義士尊晁蓋 鄆城縣月夜走劉唐”，吴用對晁蓋道“兄長不必憂心，小生自有擺劃。宋押司是個仁義之人，緊地不望我們酬謝”，金聖嘆未曾批注，清田儋叟却適時指出“咄咄！吴用失言。宋江爲貪污之人，宋江欺世人太甚，及至瞞過吴用”[③]。第二十一回“閻婆大鬧鄆城縣朱仝義釋宋公明”，殺閻婆惜事發，知縣派朱仝捉拿宋江，朱仝輕易找到宋江的藏身之處，并稱宋江一日酒中提及家中佛堂下有地窖，清田儋叟便批到“一日酒中，鬼哭，宋江疑李逵之根”[④]，諷刺宋江表面仁義，心藏城府。

清田儋叟其他借鑒金聖嘆之處頗多，如《水滸傳批評解》評第四十四回“楊雄醉罵潘巧雲 石秀智殺裴如海”，裴如海與楊雄之妻潘巧雲偷會，讓胡頭陀借報曉之名窺伺傳信，裴如海提前吩咐頭陀如何行事，清田儋叟評曰“頭陀一段只可略叙影寫，此處詳述，殊覺費目”[⑤]，認爲事前既已交代機謀詳情，胡頭陀又一一照做，同一件事不必叙述兩次。看似確有見地，實則金聖嘆早已作過類似評點。比如下一回潘巧雲偷情事發，楊雄逼

① ［日］清田儋叟施訓，德田武解説《照世杯》，東京：ゆまに書房，1976 年，頁 13。

② 陳曦鐘等輯校《水滸傳會評本》（上），頁 17。

③ ［日］古典研究會編輯《唐話辭書類集》第 3 集，頁 425。

④ ［日］古典研究會編輯《唐話辭書類集》第 3 集，頁 436。

⑤ ［日］古典研究會編輯《唐話辭書類集》第 3 集，頁 530。

問丫頭迎兒，迎兒招認詳情時提到“娘子許我一副釧鐲，一套衣裳”，金聖嘆批曰“所許前略此補”，迎兒提到“又與我幾件首飾，教我對官人説石叔叔把言語調戲一節，這個我眼裏不曾見，因此不敢説”，金聖嘆又批曰“補前所無，又説得好”，接着潘巧雲招認“也是前兩三夜，他先教道我如此説”，金聖嘆繼續批曰“補文中之所無”[①]，金聖嘆一再指出潘巧雲與迎兒、石秀的諸般糾葛都是事發後補敘，這樣一來避免了前後重複敘述的弊端。清田儋叟只不過是延續這種思路，認爲裴如海將偷情計劃提前講出，徒費筆墨。

除了《水滸傳批評解》，清田儋叟還曾爲翻案小説《中世二傳奇》撰序，德田武認爲該書作者與評點者均爲清田儋叟[②]。書中有一段評語，稱“唐土有諺神龍見首不見尾，作文亦當如此。然此類書，與紀實之書另有心得，有草蛇灰綫之謂。且文字筆法，寓言之書與紀實之書均有照應配合，毫釐不爽，毫釐不怠”[③]。以文法論小説并非金聖嘆首倡，袁無涯刊本中已有過大量嘗試，并提出“叙事養題”“逆法離法”之類命題，但集大成者正是金聖嘆，而且“草蛇灰綫”也首見於金聖嘆的《讀第五才子書法》，清田儋叟明顯是從金聖嘆處借用。

總之，清田儋叟的小説批評往往是在與金聖嘆的對話中展開的，他提出的重要命題如《水滸傳》文字背後的隱微、宋江飾仁義而藏詭詐、小説叙事的詳略安排與文法的伏脉照應，大都是在金聖嘆基礎上的發揮。他的《水滸傳批評解》一再指斥金氏之非，實際上却難以擺脱其陰影的籠罩；他努力試圖超越金聖嘆，爲了標新立異甚至不惜强作解人。他將小説評點帶入文人視野，親自批抹、講解《水滸傳》，中村幸彦稱他“恐怕是日本將小説作爲小説來讀的第一人，也是值得關注的小説家”[④]。他主要的批評之作是寫在貫華堂本《水滸傳》上的評語，以及由門人高田潤根據口頭講述抄録整理的《水滸傳批評解》，二者均未刊行於世，因此江户後期的讀

① 陳曦鐘等輯校《水滸傳會評本》(下)，頁 859—860。

② ［日］清田儋叟施訓，德田武解説《照世盃》，頁 465。

③ ［日］清田儋叟施訓，德田武解説《照世盃》，頁 404。

④ 《中村幸彦著述集》第 1 卷，頁 230。

本小説家很少受到清田儋叟的影響。筆者查考曲亭馬琴的書信、日記，其中全未提及清田儋叟。以馬琴見識之廣仍不知《水滸傳批評解》的存在，可見他在江户時期便少有知音。但作爲白話小説評點的始作俑者，他的嘗試却非常值得關注。

三、曲亭馬琴與金聖嘆的道德難題

清田儋叟訓點的《照世杯》刊行於明和二年（1765），《水滸傳批評解》抄本并未注明日期，但第四十五回、四十九回的評語落款均爲明和戊子（1768），第六十七回評語落款爲明和己丑（1769），《水滸傳》的評點很可能正是在這兩年前後完成，而《中世二傳奇》刊行于安永癸巳（1773）。曲亭馬琴白話小説批評的第一次嘗試是文化二年（1805）刊行的《新編水滸畫傳》目録前的《譯水滸辯》，隨後是文政元年（1818）刊行的隨筆《玄同放言》卷三收録的長文《詰金聖嘆》，接下來便是天保二年（1831）完成的《水滸後傳批評半閑窗談》、天保四年完成的《後西遊記國字評》與《三遂平妖傳國字評》，可以説其白話小説批評也與金聖嘆密切相關。清田儋叟訓點的《照世杯》與曲亭馬琴的《新編水滸畫傳》相隔四十年，這也是白話小説對日本文學影響日深的時期。隨着《水滸傳》《小説精言》《小説奇言》《小説粹言》《照世杯》《西遊記》等白話小説的和刻或翻譯，日本文人逐漸意識到其文學價值，并出現衆多的模仿之作，都賀庭鐘、上田秋成、伊丹椿園、森島中良等讀本小説大家均活躍於這一時期。

雖然翻案之作層出不窮，但模仿的對象大多限定在已被和刻、翻譯的白話小説，或者《剪燈新話》《酉陽雜俎》之類文言小説，與此前的伊藤東涯、陶山南濤、清田儋叟等文人相比，直接閱讀白話小説原文者很可能正在減少，針對白話小説的評論也更爲罕見，下一代儒者已很少主動談論白話小説。在筆者有限的視野中，這一時期的白話小説評論大多是通俗譯本的序言，如明和戊子（1769）朴庵高碩的《通俗孝肅傳序》、安永九年（1780）滄浪居主人的《通俗女仙傳序》、寬政庚戌（1790）大田南畝的《通俗醒世恒言序》、寬政丁巳（1797）年皆川淇園的《書通俗平妖傳首》、文化二年（1805）十時梅厓的《通俗西湖佳話序》，這些序言大都就事論事，篇幅較短，并未就若干重要問題展開討論。隨着寬政年間（1789—1800）的政治改革與出版管制，上田秋成、石川雅望、大田南畝、森島中良等人相繼放棄了讀本創作，此後小説陣地逐漸由博雅的文人轉移到町人及下層武士出身的專業小説家身上，他們大多缺乏上田秋成等人的漢學素養，讀本、合卷的翻案對象也日益集中到歌舞伎、净琉璃等本土文藝上，江户後期留下白話小説批評之作的，似乎只有曲亭馬琴及其知交故舊了。

曲亭馬琴的《新編水滸畫傳》是應書肆之邀而作，在此之前，寶曆七年（1757）已經刊行了署名岡島冠山的《通俗水滸傳》（前四十四回），後來板片燒毁，到了文化年間刊本已難得一見。馬琴在正文前的《譯水滸辯》中詳述翻譯、刊刻的經過，比較新舊譯本的差異，還對《水滸傳》的作者、版本、人物原型等做了一番考索。文中引用金聖嘆《第五才子書讀法》所謂倒插法、夾叙法、大落墨法等文法命題，稱“和漢文章遂異，僅承其意而譯之”[①]，即翻譯過程中借鑒了金聖嘆的評點，濱田啓介調查櫻山文庫所藏馬琴手澤本《忠義水滸傳》（和刻本），發現上面多處摘録金聖嘆評語[②]，可見“承其意”并非虚言。他引用《西湖遊覽志》《續文獻通考》考證小説作者，引《宋史》辨析宋江三十六人事迹，但重在金聖嘆的批評，筆者試譯爲中文：

> 余謂：聖嘆原錦繡才子，然譯以國字時，其批注却無用處。且以余淺見，聖嘆外書有可取處，有不可取處。嗚呼，試舉二三言之。其評小説，每引聖教經傳，是余難苟同之一也。彼又評《三國志》，稱吾謂才子書宜以《三國志演義》爲第一，至評《水滸傳》，又謗毁《三國志》《西遊記》，此其二也。他還稱《水滸傳》不言鬼神怪

① ［日］曲亭馬琴、［日］高井蘭山譯《水滸傳》第 1 卷，東京：國民文庫刊行會，1912 年，頁 5。

② ［日］浜田啓介《近世小説の水滸傳受容私見：〈新編水滸畫傳〉と馬琴の金聖嘆批判》，《近世小説・営爲と様式に関する私見》，京都：京都大學學術出版會，1993 年，頁 251—252。

異，是筆力勝人之處。《水滸傳》豈不言鬼神怪異事？洪信開石碣走百八魔君、宋公明遇九天玄女受天書，是未曾有怪異邪？此其三也。他又稱《史記》與《水滸傳》不同，施耐庵無一肚皮宿怨，後又道不知此書作者胸中有何等冤苦，必設一百八人，此其四也。如此辯論不定，又論百八人之賢愚，過於弄假成真。况貫華堂藏《古本水滸傳》所稱施耐庵自序之類，疑是聖嘆僞作。何出此言？余自其《西廂記外書》看破也。不及抄録其文，若欲知，可看其書。雖如此，聖嘆外書并非不可取。[①]

曲亭馬琴對金聖嘆的指責多有不合理之處，濱田啓介已有所考辨[②]。稱金聖嘆“評小説，每引聖教經傳”并不符合事實，他評點《水滸傳》時很少大段引用儒家經典；金聖嘆未曾評點過《三國演義》，説他認定才子書以此書爲第一，不知何據。“《水滸傳》不言鬼神怪異”云云，出自《讀第五才子書法》，原文是“《水滸傳》不説鬼神怪異之事，是他氣力過人處。《西遊記》每到弄不來時，便是南海觀音救了”[③]，不言鬼神顯然是在與《西遊記》比較的語境下説的，雖然“不言”二字有失嚴謹，但以此攻訐似也不妥。不過對金聖嘆的其他指責却有理據，他在《讀第五才子書法》中稱“施耐庵本無一肚皮宿怨要發揮出來，只是飽暖無事，又值心閑，不免伸紙弄筆，尋個題目，寫出自家許多錦心繡口，故其是非皆不謬于聖人。後來人不知，却是《水滸》上加‘忠義’字，遂并比于史公發憤著書一例，正是使不得”[④]，但楔子的回前總評中却又説“今一百八人而有其人，殆不止于伯夷、太公居海避紂之志矣。大義滅絶，其何以訓？若一百八人而無其人也，則是爲此書者之設言也。爲此書者，吾則不知其胸中有何等冤苦而爲如此設言”[⑤]，雖然前者旨在反駁托名李贄的評點中所謂“忠義”之説，後者意欲强調作者有所寄托，并非徒發空言，但前後

① ［日］曲亭馬琴、高井蘭山譯《水滸傳》第1卷，頁7—8。

② 參見［日］浜田啓介《近世小説の水滸傳受容私見：〈新編水滸畫傳〉と馬琴の金聖嘆批判》。

③ 陳曦鐘等輯校《水滸傳會評本》(上)，頁17。

④ 陳曦鐘等輯校《水滸傳會評本》(上)，頁15。

⑤ 陳曦鐘等輯校《水滸傳會評本》(上)，頁38。

矛盾的兩種言論不能并存，如果梁山衆豪并非“忠義”，作者的寄托究竟何在？金聖嘆致力於揭批宋江的僞詐與李逵的純真，但百回本後三十回詳述了宋江等人爲家國天下的征戰犧牲，這些不能以僞詐解釋，只有删掉後三十回，將小説終止在梁山聚義才能保持“僞詐”之説的統一性，而假稱古本、腰斬原著、僞造施耐庵自序，正是曲亭馬琴對金聖嘆的另一種指責。

由此看來，曲亭馬琴在翻譯《水滸傳》時也試圖對金聖嘆的評點做出回應，儘管存在着一定的誤讀，不過不同于清田儋叟，他努力爲自己的質疑尋找文獻依據，而不是任性使氣。他提到了金聖嘆總結的各種文法命題，但并未深究，直到天保六年（1835）在《八犬傳》第九輯中帙附言中提出主客、伏綫、襯染、照應、反對、省筆、隱微等稗史七法則，才將文法完整地引入讀本小説中，不過大都是將金聖嘆的草蛇灰綫、綿針泥刺、横雲斷山之類説法改頭换面而已，并不是主要的理論貢獻。他看到了金聖嘆在解讀小説主題時存在的自相矛盾，以及爲了自圓其説而采取的僞造删減，但并未進一步尋求符合情理邏輯的解讀方式，但這成爲他接下來二十多年中持續探索的主題。

十三年之後，他在長文《詰金聖嘆》中除去重申舊題之外，也開始思考金聖嘆對宋江、李逵截然相反的評價，并深入探討小説的道德深度。他指出“抬舉李逵、獨責宋江，以此爲作者主旨，難以苟同。《宋史》所云淮南盜宋江雖有罪責，《水滸傳》中宋江并無深憎之處。他避罪賊塞、淩駕天威、掠奪財寶、屠殺行人，若以此爲罪，則李逵有何好？（中略）若責宋江、罪宋江，則兩賊之奸邪愚惡，不言而喻”①，論到惡行，宋江與李逵不相上下，甚至李逵猶有過之，不能因爲後者對罪惡不加掩飾，便出於“天真爛漫”“樸誠”“真率”等審美原則無視其殺人放火的殘暴行徑，但如何爲小説尋找統一的道德主題？金聖嘆删改後的《水滸傳》以洪信誤開石碣走妖魔始，以忠義堂石碣受天文終，結構上更爲對稱，但他意識到“始自洪信披石碣放魔君，一百零八豪傑出現；後石偈天降、收回魔君，

① 《日本隨筆大成》第1期第5卷，東京：吉川弘文館，1975年，頁251—252。

宋江等一百零八賊，回歸本然之善，爲國討賊鋤奸，至此匠心方半，未必以石碣天降結局”[①]，梁山諸人從普通百姓到落草爲寇、殺官造反只走完了一半路程。小説不能僅僅描寫盜賊的墮落兇殺，哪怕是有人格魅力、值得同情的盜賊，還要提供棄惡向善的救贖之路。他對第七十回石碣天降做出了創造性的解讀，認爲這象徵着梁山衆豪人性裏的惡已被收走，從此開始回歸本然的善。這種解讀不一定符合小説原意，但却賦予了一定的道德深度，儘管《詰金聖嘆》中點到即止，并未展開論述，但已經爲後來“初善中惡後忠”的解讀方式奠定了基礎。

除了道德主題的探索，《詰金聖嘆》還思考了小説中的虚構問題，曲亭馬琴引用了謝肇淛《五雜俎》所謂小説“須是虚實相半，方爲遊戲三昧之筆；亦要情景造極而止，不問其有無也”的觀點，這是明代批評家對虚構問題最有價值的思考之一，他進而評論道“陳壽志中，三國本紀、列傳紛紜，一朝難以通覽。至《演義》，話説三國君臣終始，如解棼絲、置桴杌，其才若不優異，世上難有之事也，惟《三國演義》并非自作者胸臆生出，而爲天授，自然之妙多。《水滸傳》自作者肚裏生出，爲人作，其才傑出。（中略）《西遊記》尤妙作也，然其事過於怪誕，絲毫不寫情致，其書不出《水滸》《三國演義》之右，爲此之故也”[②]，所論并非獨唱，明清之際已有類似看法，但出之于日本小説家，可能尚是首次。

《詰金聖嘆》之後十三年，曲亭馬琴又完成了《水滸後傳》的批評之作《半閑窗談》，它并非以序跋或評點方式附于小説原文之上，而是由五十七條評語單獨組成。這種批評方式在中國直到清代後期才出現，大體與曲亭馬琴同時，《半閑窗談》的出現標志着江户時期白話小説批評的成熟。蔡元放在《水滸後傳讀法》中提到此書勝過《水滸傳》，原因在於“前傳所寫殺人之事，固有死當其罪者，却亦有無辜枉死，令人可憐者：如秦明之家眷、瓦官寺之老僧”[③]，筆端直指梁山諸人的殘忍好殺，曲亭馬琴正面回應這一指責，提出《水滸傳》有三層深意：

① 《日本隨筆大成》第1期第5卷，頁251。

② 《日本隨筆大成》第1期第5卷，頁260。

③ 黄霖、韓同文選注《中國歷代小説論著選》(上)，江西人民出版社，2000年，頁426。

宋江以下一百零八名好漢，自出生至各自生事，均爲一般善人。既出事，落草梁山，文弱者奸智殘忍，勇悍者不仁殘暴，無不似惡魔。便是石碣走魔君，緣應此報。即如宋江，亦不能無魔行也。又，所謂替天行道，皆是魔心大言，不可深信。於是石碣天降，其過世罪業，無意中解脱，洗心革面，遂成忠臣義士。故一百零八人，有初善中惡後忠三等。不以此心讀《水滸》，不明作者深意，愛之而不悟，譏之愈益不悟。彼金瑞不醒，漫評《水滸》，不當之處頗多。①

至此，馬琴對《水滸傳》中梁山好漢的罪惡做出了能够自圓其説的解讀，也對金聖嘆的評點給予了比較完滿的回應。他認爲諸人落草之後的惡行既對應着洪信誤放妖魔，也是他們無奈之下逃離文明社會、進入梁山江湖後的人性沉淪，而石碣天降在象徵意義上使過往的罪惡得以解脱，從而實現了梁山諸人的救贖，招安以後的征戰四方也就有了道德向善的可能。容與堂、袁無涯刊本的評點在一定程度上稱許了梁山人物“替天行道”的宗旨，連帶着對衆人殺人放火等人性惡的方面也默許了，而金聖嘆一意揭露宋江的虚僞、梁山的陰暗殘忍，爲了道德解釋的統一性，便删掉了梁山衆人回歸文明社會、實現個人救贖的可能性。曲亭馬琴早在《譯水滸辯》中便對金聖嘆的評點提出了質疑，但并未找到替代性的解讀，直到《半閑窗談》才得以實現。這種解讀不一定符合小説原意，也可能有悖於現代批評觀念，但在他的時代，却是比較合情合理的。

除了《水滸傳》道德主題的探索，《半閑窗談》還分析了《水滸後傳》中的伏綫、虚構、人物性格、續書的寫法等，由於篇幅較長，與《詰金聖嘆》相比更爲深入細緻，但這些問題并未超出金聖嘆的言説範圍。《半閑窗談》之後兩年，馬琴又完成了《三遂平妖傳國字評》與《續西遊記國字評》，這兩部小説與《水滸傳》并無直接關係，此時馬琴已建構起自己的批評空間，不用再借助與金聖嘆的對話來展開思考，江户時期的白話小説批評也已成熟。直到明治時期，坪内逍遥在《小説神髓》中否定馬琴的小説創作與小説觀，積極引進西方文學，從而開啓了新的時代。

---

① ［日］曲亭馬琴《半閑窗談》,《國文學研究》, 1952 年第 6 期。

結語

江户時期大量白話小説傳入日本，隨之而去的還有金聖嘆、毛宗崗、李漁等人的小説評點。雖然元禄到享保之際衆多歷史演義被譯爲日文，白話小説的讀者也日漸增加，但日本文人長期忽視小説中附加的評點，直到清田儋叟訓點翻刻的《照世杯》完整保留原有的評點，他本人也與門生故舊一起閲讀、評點、講授《水滸傳》，評點才正式進入文人視野。

清田儋叟在《水滸傳批評解》中頻頻提及金聖嘆，很多時候甚至故意針鋒相對。他一方面極力指斥金聖嘆評點之非，試圖有所超越，另一方面又暗中借鑒金氏的小説觀念，甚至是具體的評點用詞。作爲文人，他的自我期許集中在經史箋注與詩文創作上，白話小説只是閑中把玩、信筆塗抹，却爲江户時期打開了小説批評之門。

在清田儋叟之後雖然讀本小説興起，白話小説的閲讀與批評均日漸衰落，寬政以後撑起一片天地的只有曲亭馬琴。不同于清田儋叟之類博雅的文人，他是專業的讀本作家，以小説的閲讀與創作爲業，而最重要的幾部批評作品幾乎都是在與金聖嘆的對話中展開思考的。他很早就對金聖嘆盛贊李逵、貶斥宋江的評點方式有所不滿，對他僞造古本、腰斬原著的做法不以爲然，并致力於探索《水滸傳》的道德主題，以便爲梁山人物殺人放火受招安的經歷作出具有道德統一性的解釋。他在晚年完成《水滸後傳》的批評之作《半閑窗談》，使白話小説批評首次擺脱了原作附庸的地位，成爲獨立自主的著作，并在其中提出梁山人物“初善中惡後忠”的解讀方式，標志着白話小説批評的成熟。

日本内閣文庫藏明刊《太和正音譜》考略

杜　雪

日本内閣文庫收藏有明刊本《太和正音谱》一種，索書號 363-0229，凡三卷，一函六册裝，卷端題"太和正音譜"，署"涵虚子編"。書口刻"太和正音譜"、卷次及頁碼。四周單邊，花口，單魚尾。序言、目録部分每半葉 6 行，行 12 字。正文曲論部分爲上卷，每半葉 10 行，行 20 字，小字雙行；曲譜部分爲中、下卷，每半葉 7 行，行 18 字，襯字以小字區别，左側以小字標注平仄聲調。

此版本江户時期即已東渡日本，現在中國本土已無存本，屬於海外孤本，故以往國内研究者未能加以利用，如姚品文《太和正音譜版本知見録》[①] 著録今存傳本七種，而未列此本；黄仕忠《日藏戲曲文獻綜録》對此本有著録，簡要介紹了其行款與印章[②]，但限於體例，未曾對版本特徵與版本價值展開討論。

筆者在早稻田大學訪問學習期間，複製得此書，經與現存其他主要傳本作比較，發現它雖晚於黄裳藏明刊殘本，但早於萬曆二十二年（1594）何鈁刻本和萬曆三十年刊本《北雅》，對於探討《太和正音譜》的版本流變，有着重要價值。今撰成此文，以作介紹。

作者單位：北京語言大學文學院

① 姚品文《太和正音譜箋評》，中華書局，2010 年，頁 405—412。

② 黄仕忠《日藏中國戲曲文獻綜録》，廣西師範大學出版社，2010 年，頁 381。

一

内閣文庫藏本（以下簡稱“閣本”）爲上、中、下三卷。曲論部分爲“卷之上”；曲譜部分“黄鐘”至“中吕”爲“卷之中”，“南吕”至“般涉調”爲“卷之下”。又因爲用紙稍厚，各卷又分裝爲上、下兩册，共六册，題爲禮、樂、數、禦、書、數。案《晁氏寶文堂書目》著録有：“《太和正音譜》，六本。”與此本册數相合，其所見應即此刊本。晁目約成書於嘉靖至萬曆初年。此本的刊刻亦應不晚於這一時間。

閣本卷端題“太和正音譜”，卷首有署“時歲龍集戊寅”的原序，其後爲《太和正音譜目録》。卷上曲論部分，凡標目，均上空一格刻寫，有“樂府體”“對式”“古今群英樂府格勢”“雜劇十二科”“群英所編雜劇共六百八本”“娼夫不入群英四人共十二本”“知音善歌之士三十六人”“音律宫調”“詞林須知”“樂府共三百三十五章”。卷之中、卷之下爲曲譜部分，依次爲：黄鐘、正宫、大石調、小石調、仙吕、中吕、南吕、雙調、越調、商調、商角調、般涉調。前六調爲卷之中，後六調爲卷之下。曲譜部分，以小墨圈標明斷句。於字左，以“平”“上”“去”“作某”注明曲詞聲調。襯字作小字。於么篇處有“么字加圈”符號注明。

二

《太和正音譜》今存版本尚多。其中清汪士鐘藝芸書社舊藏本（今藏於南京圖書館，以下簡稱藝芸本），據明刊本影抄而成[①]，其所據之底本，當刊於嘉靖之前，今人黄裳所藏殘本與其底本當爲同一版本[②]。這種影抄本的底

① 該本舊稱“影寫明洪武刊本”。因書前有序，署“龍集戊寅”，即洪武三十一年（1398），故丁丙《善本書室藏書志》著録爲“影寫明洪武刊本”，即認爲汪氏藏本是據洪武刻本影抄。1920年《涵芬樓秘笈》第九集據汪氏影抄本影印。案：“影寫洪武刊本”的説法是有欠準確的。黄仕忠、周維培、姚品文等已經指出此本所載有永樂之後的内容，所以并非洪武刻本，其中曲論部分的寫定時間晚於序言所署時間。詳見黄文實《〈太和正音譜〉曲論部分與曲譜非作於同時》，《文學遺産》，1989年第6期，頁110—111；周維培《〈太和正音譜〉成書考論》，《南京大學學報》，1990年第4期，頁38—41；姚品文《〈太和正音譜〉寫作年代及“影寫洪武刻本”問題》，《文學遺産》，1994年第5期，頁115—117。

② 黄裳《來燕榭書跋》中曾撰跋文，黄裳《來燕榭書跋》，中華書局，2011年，頁122—123。

本，應是目前所見刊刻時間早、最爲接近作者定本面貌的本子。藝芸本分作二卷。卷上包含曲論部分和曲譜“黄鐘”至“小石調”部分；卷下爲曲譜“仙吕”至“般涉調”結束。

何鈁刻本（以下簡稱何本，藏浙江圖書館）刊於萬曆二十二年（1594）[①]，凡十二卷，卷首另附曲論一卷。由書前《太和正音、南九宫詞總序》知，原書是南北二譜的合刊本，其中北譜即《太和正音譜》[②]。此本分三册裝，卷首及曲論部分爲上册，曲譜“黄鐘”至“中吕”爲中册，“南吕”至“般涉調”爲下册。有朱權原序。此本最爲顯著的特徵，是曲譜内所注平仄聲調，改以减筆符號代替，何鈁自注云：“詞句旁‘丨’‘卜’‘厶’‘乍’，乃‘平’‘上’‘去’‘作’四字也，余用勾譜法减筆畫，細觀可也。”

程明善所輯《嘯餘譜》，亦收南北二譜，刊於萬曆四十七年（1619），康熙間又有重刊本。此本承襲何本而來，北譜仍作十二卷，平仄聲調沿用了何本的减筆符號，只是何本標於右側，《嘯餘譜》標在左側。此本删除了各篇序文，并將曲論部分附於書末。

此外，與閣本同爲三卷的明本，還有黛玉軒刻本《北雅》（以下簡稱《北雅》本），姚燮舊藏明抄本（以下簡稱姚藏本）[③]。

《北雅》，署“涵虚子編，黛玉軒訂”，刊於萬曆三十年（1602）。前有《序黛玉軒北雅》《北雅題詞》，無朱權原序。《北雅》共三卷，每卷一册，分卷方式與閣本相同。其最初所據以校勘的基本文獻，或即是閣本同一版本或同一版本之覆抄本。

姚藏本亦爲三卷本。此本署涵虚子編，共三卷，卷前無序，有目録。分卷方式與閣本亦同。從分卷、異文情况看，與閣本屬於同一系統。

要之，今存《太和正音譜》各本，可以分爲以藝芸本爲代表的二卷本、

---

① 姚品文《太和正音譜知見録》因爲不知藝芸本底本尚有殘本存世，亦不知内閣文庫另有三卷本的存世，而所見明刊本，最早爲何鈁刻本，故以特别推崇，將其列於“明清舊本”之首，稱它是現存最早的刊本。

② 北譜部分《太和正音譜》，浙江圖書館藏有一本；南譜爲蔣孝所編《南九宫譜》，有原北平圖書館藏本，現在臺北故宫博物院。

③ 此本或稱“明錢穀抄本”，分藏於中國國家圖書館和四川師範大學圖書館。傅增湘曾指出此本中所鈐“叔寶”“錢穀手抄”二印不真。此本曾經著名曲論家姚燮舊藏，故可稱“姚燮舊藏本”。

以閣本爲代表的三卷本、以何本爲代表的十二卷本三個系統。閣本作爲早期重刊本，在流傳中頗具影響。

關於閣本在《太和正音譜》版本變遷過程中的地位，還可以通過以下幾個特點進行考察[①]。

（一）題名情況

藝芸本爲二卷本，題“太和正音譜”。卷前有序。正文卷端題“太和正音譜”，書末題“太和正音譜卷下終”。書中各節標目行款不甚清楚，與經過調整的重刊本相比，帶有初成的樣貌。刻寫亦表現出明初風格。

何本和《北雅》本都對原書作了明顯的校改。何本題“太和正音譜”，原與蔣孝舊譜合刻，所注平仄改用減筆符號標注。黛玉軒所訂本，是據所得殘本參校三種本子而形成[②]，并改題爲“北雅”。這兩種本子都一定程度上改變了原書的面目。

《嘯餘譜》本據何本而來，改題爲“北曲譜”；姚藏本與閣本、《北雅》本同爲三卷，屬同一系統，但所抄曲譜未注聲調符號，亦失去原譜面貌。

閣本，卷首刻題名“太和正音譜”，其後爲序文。各卷始末題刻“太和正音譜卷之上 / 中 / 下”“太和正音譜卷之上 / 中 / 下終”字樣。與藝芸本相較，此本的眉目更清晰嚴謹，似曾着意修訂。與何本、《嘯餘譜》本、《北雅》本相比，該刻本没有改變原書題名，體現出一種經過整理的早期重刊本面貌。可證這一時期，《太和正音譜》在流傳過程中被作爲完整的著作，而不是僅是資料的彙編。此本的存世，亦證明三卷的分卷方式，非黛玉軒校訂《北雅》時的首創，而應是承襲此本。

（二）“龍集戊寅叙”的情況

閣本卷前有“龍集戊寅叙”，在今見諸本中，有此序的還有藝芸本及衍生本、何本。以下就其幾點特徵進行比較：第一，序言中，閣本遇“帝”“皇明”

---

① 以下考察中，“黃裳所藏明刊殘本”因面貌由藝芸本可見，“鳴野山房藏本”“清烏絲欄抄本”因與藝芸本同源，《嘯餘譜》本因據何鈁刻本而來，故不作單獨討論。

② 據《北雅題詞》，最初所得之多種版本，包括刻本與抄本，但均有殘缺，後得何本之殘本，纔補足了末簡。

則换行，藝芸本同；而何本“帝”不换行，僅“皇明”换行。第二，序言内容上，藝芸本、何本在“余因清讌之餘，采摭當代群英詞章，及元之老儒所作，依聲定調，按名分譜，集爲二卷，目之曰《太和正音譜》”之後，還有“審音定律輯爲一卷，目之曰《瓊林雅韻》。蒐獵群語輯爲四卷，目之曰《務頭集韻》”兩句，而閣本無此兩句，僅保留與《太和正音譜》相關的内容。此外，序中按此本的實際分卷情况，改作“集爲三卷”。第三，閣本序言末署“時歲龍集戊寅叙”，無印記。藝芸本在“時歲龍集戊寅序”後，還有“洪武戊寅”葫蘆形印、“青天一鶴”方形印。何本則“時歲龍集戊寅叙”字樣、印記并無。

何本實際爲十二卷，而所録序言稱“集爲二卷”，可知其所據底本應爲二卷本。而在“帝”“皇明”尊格的處理上，没有完全遵照底本的面貌。

與此相應，閣本在處理尊格方面，與藝芸本相同，更好地繼承了原書的面貌。由上述特徵推測，閣本當是專就《太和正音譜》進行重刊，故而删去了序言中與《太和正音譜》無關的内容，又根據實際分卷情况，對序言中“集爲三卷”的説法進行了調整。在閣本進入國内研究視野前，藝芸本序末所屬“龍集戊寅”爲孤例。前人對序末的這一時間頗有懷疑[①]。但今在二卷本、三卷本兩種系統的版本中，序末均出現了“龍集戊寅”題署。這是閣本提供的值得注意的信息。

（三）分卷方式的衍變

閣本分爲三卷，今見諸本有分爲二卷、三卷、十二卷三種分卷方式。

兩卷本以藝芸本爲代表，是以曲論和曲譜一部分（“黄鐘”至“小石調”）爲第一卷，以曲譜另一部分（“仙吕”至“般涉調”）爲第二卷。

三卷本以閣本爲代表，即曲論部分單獨爲一卷，曲譜前半部分爲第二卷（“黄鐘”至“中吕”），曲譜後半部分爲第三卷（“南吕”至“般涉調”）。

比較兩卷和三卷的分卷方式，差别在於兩點：第一，是否將曲論作爲獨

① 姚品文《太和正音譜箋評》中曾就“洪武戊寅”進行論述，其中提到：“最近又見到浙江省圖書館藏萬曆二十二年何鈁所刻之《太和正音譜》。此本是今見最早之《正音譜》版本。此本有作者原序却没有‘時歲龍集戊寅’題署及‘洪武戊寅’‘青天一鶴’兩印章。據此亦可以推測署題和印章爲後來所加。何時何人所加以及爲什麽要加，則可另研究。”（《太和正音譜箋評》，頁7）。閣本爲序末所署“時歲龍集戊寅”提供了新的版本依據。

立的一卷，與曲譜部分分開。第二，曲譜部分在何處分爲兩部分。通過上述差異，可以推測分卷方式衍變的先後順序。諸本《太和正音譜目録》均列舉條目凡八則，分别爲："樂府體式""古今英賢樂府格勢""雜劇十二科""群英所編雜劇""善歌之士""音律宫調""詞林須知""樂府"。前七則均是曲論内容，最後一則"樂府"實際包括曲論最後部分和曲譜。從這樣的目録構成看，原編無意將曲論、曲譜二分，而是目録所列前七則内容與第八則"樂府"并列。而二卷本的分卷方式，是以曲論至曲譜"小石調"爲第一卷，凡九十五葉；曲譜"仙吕"至"般涉調"爲第二部分，凡九十一葉；可以看出，二卷本的分卷方式是以"平分葉數"爲原則的，符合原編將目録所載内容等而觀之的編纂思路。而三卷本的做法是將曲論部分獨立出來，作爲第一卷。將曲譜部分十二種宫調，前六種編爲一卷，後六種編爲一卷。在三卷本中，閣本有六册，分别爲禮、樂、數、禦、書、數，此本的分册方式是在各卷之内，按照頁數平均分册[①]，并未按宫調分册，本質上與其他三卷本按卷分爲三册無異。

分爲十二卷的諸本，是將曲論部分作爲第一卷一部分或作爲附録内容，將曲譜的十二宫調内容各析爲一卷。以何本爲代表，十二卷的分卷方式雖將曲論部分獨立編頁碼，但仍與曲譜的第一種宫調"黄鐘"合題爲卷一。這種分卷思路與二卷本一致。作爲十二卷本的代表，何本卷首録有《太和正音譜》原序，序中云"集爲二卷，目之曰《太和正音譜》"。可知其所據底本當爲二卷本。此外，值得注意的是，作爲十二卷本的代表，何本分爲上、中、下三册，其中，上册除序、目録外，是曲論部分，中册是曲譜"黄鐘"至"中吕"結束，下册爲曲譜"仙吕"至"般涉調"結束，這樣的分册方式又與三卷本的分卷思路相同。

那麽三卷本與十二卷本是否存在直接關係？首先，没有證據表明三卷本的分卷方式借鑒於十二卷本的分册方式。儘管《北雅題詞》中談到曾借鑒何

① 案：閣本共六册：前兩册，"禮"册注爲"上上"，爲卷上第一至二十二葉；"樂"册注爲"上下"，爲卷上第二十三葉至四十七葉。中間兩册，"射"册注爲"中上"，爲卷中一至二十四葉；"禦"册注爲"中下"，爲卷中二十五至四十九葉。最後兩册"書"册注爲"下上"，爲卷下第一至二十四葉；"數"册注爲"下下"，爲卷下二十五至五十三葉。

本，但題詞中所述何本是一個僅存中、後部分的殘本[①]。故《北雅》本不可能參照何本分卷。可以認爲，《北雅》本分爲三卷的做法，應該與其底本及校勘所用的另外兩種本子有關。其次，亦無法證明，十二卷本的分册方式來源於三卷本。上文提到，由何本中《太和正音譜》序所云“集爲二卷”來看，何本的底本爲二卷本，而何鈁將其改訂爲十二卷。在何本中，儘管曲論與曲譜黄鐘部分均標爲“卷一”，但二者分别排列頁碼，顯得頗爲别扭。如果借鑒了三卷本的分卷，何鈁本又爲何不將曲論部分單獨列爲一卷？由以上分析看，三卷本與十二卷本的分卷或無直接過渡關係，十二卷本的分卷方式肇始於何本，而此本的底本是二卷本系統的本子，何鈁在序言中云校刊所據是其家藏《太和正音譜》，没有提到參考其他版本，十二卷本的分卷很可能僅從二卷本調改而來。

閣本爲代表的三卷本的分卷方式尤其强調了曲論與曲譜的二分。與此前傳本比，不再將所有内容混爲一談，不再將曲譜僅作爲“樂府”的一部分，而是將目録中前七則曲論内容與最後一則“樂府”中的曲譜部分分别開。與後世傳本中將曲論作爲附録不同，閣本的曲論不是附録，而是作爲獨立的一卷。後世傳本更多强調《太和正音譜》的格律譜屬性，曲論淪爲附庸。而閣本中還僅將曲論與曲譜分開，等而觀之。

（四）曲譜樣式的衍變

作爲第一部完整的北曲文字譜，《太和正音譜》曲譜部分不但保存了曲文，其曲譜樣式及所包含的曲學信息亦具較高文獻價值。

在今見諸本中，曲譜樣式大致可以按照二卷本、三卷本、十二卷本分爲三類。共同特點如下：其一，曲譜部分按宫調分譜，沿襲了《中原音韻》“定格”四十首按照宫調排列曲牌的做法。這種做法强調了曲的音樂性，爲訂譜提供了方便，後世曲譜多沿用。其二，曲詞各字標明平仄聲調，反映北曲格律要求。尤其以“作某声”標注入聲字派入三聲後的音調，反映了“北曲無入聲”的聲韻特點。其三，襯字作小字、標明句韻，爲各曲牌句式及韻叶規範提供依據，强調了曲體的特色。其四，注明“么篇”，説明曲例中連用同一曲牌、押同一

① 《北雅題詞》：“該何鈁刻本譜例未收，中卷數調亦復亡去。”見《北雅》，明萬曆三十年刻本，卷首。

韻的第二支曲；注明“幾轉”，説明連用同一曲牌而换韻的情况。

各本曲譜樣式間均有差别，由此可見《太和正音譜》曲譜樣式的演化過程，亦可確定閣本的地位。

二卷本系統的代表藝芸本，曲譜按宫調分列，各曲牌下注明作者，再注曲的類别：小令、散套、劇套第幾折等。以大字刻寫曲詞，句韻處爲空格。每字左側注明該字聲調：“平”“上”“去”“作某声”，其中“声”字爲“聲”之簡寫。襯字作小字。於么篇處有“么字加圈”符號注明，於轉處亦有“二轉加圈”“三轉加圈”等符號標識。

閣本是三卷本系統的最早刊本。此本各曲題名之下小字注明曲的類别如：小令、散套、劇套、第幾折等，其下再書作者。這一點與藝芸本相反，且類别信息多有缺失。此本以小墨圈標明斷句，斷句處無空格。於字左，以“平”“上”“去”“作某”注明曲詞聲調，無“声”字。襯字亦作小字。於么篇處有“么字加圈”符號注明；不標“轉”，於“二轉”“三轉”等處均標爲“么篇”，以“么字加圈”表示。《北雅》本與閣本面貌相近。但《北雅》本於句韻處脱去了閣本中的墨圈，亦無空格；於“么篇”“轉”處僅以圓圈表示，丟失了部分曲學信息。姚藏本曲譜部分，僅録曲詞不斷句、不標注平仄聲調、“么篇”“轉”處無標注，失去了格律譜的面貌，而更接近於曲選的抄録方式。

十二卷本系統中，何本與藝芸本、閣本比較，曲譜最突出的特點是在曲詞右側以“丨”（平）、“卜”（上）、“厶”（去）、“乍某”標注曲詞聲調。句韻處以大墨圈標注。此本對於正襯字的區分有粗疏之處，如將部分襯字改爲正字并加注字調，亦出現將小字改爲大字却漏刻字調的情况。此本中“么篇”基本不予標注，又偶見未删盡的“么”字樣。於“轉”處，可見“二轉”“三轉”等字樣。《嘯餘譜》本沿襲了何本的諸多特徵，如以“丨”“卜”“厶”“乍某”標記字調，不標記“么篇”而標記“轉”的特徵亦與何本相同。此本亦沿襲了何鈁本的一些錯訛[①]。在何本基礎上，《嘯餘譜》本增注了一些曲學信息：

① 如，何本黄鐘【傾杯序】“馬嵬側近”，“側”平仄標作“乍丨”，《嘯餘譜》本同。又如正襯字相混，何本中刻作大字而未標注平仄的仙吕【端正好】“臨行也”“你若是”，在《嘯餘譜》本中被刻作大字，并標注了字調符號。再如，與何鈁本相同，《嘯餘譜》本不標記“么篇”，但在大石調【荼蘼香】中，偶見有以小字“么”作標注者。

於句式斷句處標明韻、叶及幾字句，於曲詞中之閉口韻字上加圈。可以看出，由二卷本到十二卷本，《太和正音譜》曲譜部分曲學信息的標注漸趨符號化，加注了一些曲學標記。這使得《太和正音譜》中的格律譜作爲北曲創作工具的性質得到了强化。

今見諸本中，二卷本、三卷本、十二卷本的曲譜樣式有所差異。閣本最能代表三卷本系統的曲譜樣式，與二卷本的藝芸本曲譜樣式較爲接近。閣本在刊刻時同樣在曲詞左側以“平”“上”“去”“作平/上/去”標注平仄，以小字區别襯字。比起對曲譜樣式改動較大的十二卷諸本，此本與藝芸本互證，可見《太和正音譜》原編的曲譜面貌。但此本也有不如藝芸本之處，藝芸本將“么篇”與“轉”分别標注，而此本中“轉”與“么篇”混同。另外，此本於句韻處以小墨圈標注，應當是爲了刊刻更爲整齊，但亦造成其後來的三卷本丟失了句韻標記。與後來何本和《嘯餘譜》本加注曲學標記的做法不同，閣本没有加注標記，反而就此前傳本的標記有所省略，可知此本中尚未强化《太和正音譜》的格律譜工具性。

綜上所述，在今見諸本中，二卷本系統的藝芸本之版式行款、俗字、書體帶有明初刻寫風貌，内容處理與編卷方式符合稿本初刻的特徵。十二卷本系統的何本應是據二卷本爲底本，校刻而成；《嘯餘譜》本又在何本基礎上進一步校改，增加了《太和正音譜》作爲格律譜的工具性。這兩種本子受到刊刻者改動影響較大。而三卷本系統中，《北雅》本亦經黛玉軒以多本參照改訂而成；姚藏本則受到抄寫者影響較大，反映了明代中後期不同目的的傳播者對《太和正音譜》的認識。

閣本是三卷本系統的最早刊本，是一種較早的《太和正音譜》明代重刊本。這種三卷刻本的《太和正音譜》可以與二卷本及二卷本影響下的十二卷本互爲補充。一方面，對梳理版本源流、瞭解《太和正音譜》早期傳本的面貌、補證諸如“龍集戊寅”等此前因缺乏材料而難以説明的問題，頗具版本價值。另一方面，閣本的整體面貌在諸本中體現出一種過渡的中間態。與今見諸本比較，從閣本對《太和正音譜》的修訂删改，也可以看出：這一時期，曲譜已經從理論内容中獨立出來，曲譜和曲論成爲了被等而觀之的兩部分。與後世愈發强調曲譜的工具性而改易增加曲譜部分的曲學標注不同，此時閣本没有增加標注。

三

閣本作爲早期重刊本，對《太和正音譜》原書進行了一定程度的修訂。這種修訂一方面反映在分卷、行款的調整上；另一方面反映在對内容的補充、改易上。如上文所述，閣本的刊刻時間不晚於嘉靖至萬曆初年，應當是藝芸本底本之後的較早重刊本，早於何本及《嘯餘譜》本、《北雅》本。

此本對原書的改動不大，面貌介於藝芸本底本與後世諸本之間。從版本面貌和内容變化看，此本亦體現出這一時期重刊者認識的變化，爲瞭解曲學史的衍變提供了佐證。

（一）閣本所做修訂及對後世内容流傳產生的影響

1. 調整行款與文字

閣本中，目録所列條目凡八則，在正文中，這些條目均低一格刻寫，下轄條目再低一格，條目下之論述文字則頂格書寫。例如，目録中第一則“樂府體式”指樂府的體裁和樣式，在正文中實際對應“樂府體（小字：凡一十五家予新定）”“對式”兩部分内容。此本中，“樂府體”“對式”後分别以大字羅列體裁、對式名稱，小字描述具體特徵，末有一段論述文字作結。與今見諸本對比：藝芸本題作“予今新定樂府體一十五家及對式名目”，後列樂府體名目，又題“對式”再列對式名目，末以論述文字作結。藝芸本中，“予今新定樂府體一十五家及對式名目”更接近書稿創作時的叙述語氣，與目録中“樂府體式”條目更吻合，但其後又有“對式”名目，略顯混亂。何本此處亦與藝芸本相同。《嘯餘譜》本在何本基礎上，删去“予今”。而同屬三卷本系統的諸本中，姚藏本與閣本、北雅本又删去小字中的“予新定”三字，作“樂府體（小字：凡十有五家）”。由此處細節的處理推知：就版本源流而言，藝芸本接近稿本面貌，而上文所述何本的底本是二卷本的看法也得到了佐證。《北雅》本、《嘯餘譜》本因受刊刻者改訂較多，而删去了帶有原作者口吻的“予今”等字樣。

與何本和《北雅》本不同，閣本的刊刻者無意强調自己的影響，但也對原書進行了調整。此本將“樂府體”名目突出，將“凡一十五家予新定”作爲小字補注於下，使“樂府體”與“對式”并列，與所含内容一一對應。又如，目録中有“善歌之士”條目，藝芸本中正文對應部分題“知音善歌者三十六人（小字：娼夫不取）”，閣本作“知音善歌之士三十六人（小字：娼夫不取）”。閣本的文字與目録更相合；就内容分析，因將“娼夫”排除在外，此處稱“士”亦更相宜；可知，此本文字當經過修訂完善。

與藝芸本相比，閣本在文字上的細微調整使得内容層次更清晰。例如，“詞林須知”部分，前後標目多有“凡”字樣，如“凡歌一聲聲有四節”“凡歌一句”“凡一曲中各有其聲”等，藝芸本中“大凡聲音各應於律吕，分於六宫十一調，共計十七宫調”的標目，在閣本中無“大”字；而藝芸本中“入曲入數調者”的標目，在閣本中增“凡”字，作“凡入曲入數調者”。《北雅》本、姚藏本延續了這一特點。

就行款而言，内容作大、小字或是否獨立成行亦有調整。例如，“五音”條目下，藝芸本中“宫”“商”“角”“徵”“羽”下的説明文字作小字，而閣本中，説明文字接續在五音名下，均作大字。再如，“詞林須知”中介紹“正末”“副末”等“九色之名”内容的大小字、行款，在閣本中均與藝芸本不同，是將藝芸本中大字下雙行小注，改爲先題標目、另起一行大字叙述。又如，“詞林須知”下“古之帝王（知音者）”，將各條帝王單獨刻一行。藝芸本中叙述性較强的最後一段“及乎唐讓皇帝、後唐莊宗、南唐李後主、宋徽宗、金章宗皆知音律者也”，在閣本中也是每一帝王單列一行，且删去了“及乎”“者也”等叙述性强的詞彙。《北雅》本、姚藏本中均延續了上述各特徵。

上文談到，藝芸本底本更接近成書稿本的面貌，此處亦是佐證。與《中原音韻》《録鬼簿》等文獻的書寫方式相類，以叙述性强的口吻書寫，是這一時期同類文獻的共同特徵。而刊刻者在重刊時，則往往爲了條目明晰，重新調整行款格式，切斷了原作的文氣。導致後世傳本紛紛效仿。閣本中，還有因調整而造成混亂的情況，如“詞林須知”下“歌聲變件”條，閣本將“歌聲變件有衮序引”作爲標目，自其後“三臺破子”“遍子”“攧落”等内容才另起一行刻寫。《北雅》本、姚藏本亦延續了這一錯誤。

2. 刻寫無省略、重文符號

閣本與藝芸本相比，書中没有重文符號，均以漢字刻寫，内容更完整清晰，這應當是重刊時對原本的完善。例如“古今群英樂府格勢”中“張鳴善之詞”下之“郁郁熖熖”，“王子一之詞”下之“老作老作”，“王文昌之詞”下之“錚錚”；“群英所編雜劇”中“李文蔚”下之“盧亭亭擔水澆花旦”；“樂府共三百三十五章”“雙調一百章”下之“步步嬌”等。但亦有錯訛之處，例如閣本將何謂“疊句”理解錯了。各本中，“對式”下“疊句”條，“重用兩句者是也”藝芸本“停驂”後爲重文符號。閣本作“如晝夜樂停驂驂”，實際當作“停驂停驂”爲是。

3. 多出説明文字

各本“古今群英樂府格勢”下“元一百八十七人”中前八十二人注有“詞格”，即除名字外，還有對風格的評價。前十二人品評文字最多，如“馬東籬之詞，如朝陽鳴鳳。其詞典雅清麗，可與《靈光》《景福》而相頡頏，有振鬣長鳴，萬馬皆瘖之意，又若神鳳飛鳴於九霄，豈可與凡鳥共語哉？宜列群英之上”。第十三人至第八十二人有簡單批評，如“貫酸齋之詞，如天馬脱韁”。第八十三人起，僅列姓名，藝芸本作“已下一百五人。（小字：俱是傑作，尤有勝於前列者。其詞勢非筆舌可能擬，真詞林之英傑也。）”來源於二卷本的十二卷何本作“已下一百五人俱是傑作尤有勝于前列者”。而閣本此處在“後一百五人”前，多出“前八十二人詞格已注”一句。同屬三卷本系統的姚藏本、《北雅》本與閣本同。

4. 缺失了部分信息

就内容而言，閣本流失了部分信息。例如，曲論部分“音律宫調”下，藝芸本在“六律”下有加圈的“陽”，“六吕”下有加圈的“陰”，閣本則無。“詞林須知”下，藝芸本有“古帝王知音者”，閣本僅作“古之帝王”。《北雅》本、姚藏本中亦缺失了上述信息。

又如曲譜部分，藝芸本各曲曲牌名下，於作者之下注有曲體，如“小令”“散套”“劇套第幾折”等。每字左側注聲調，每遇入聲字派入三聲的，則注爲“作某声”，“声”爲“聲”之簡寫。於“么篇”處以“么字加圈”符號注明，遇“轉”處以“二轉加圈”“三轉加圈”等符號注明。

而閣本中,各曲之下“小令”“散套”“劇套第幾折”等信息有些亡去了,有些改注在曲牌名下。遇入聲字派入三聲的,僅注爲“作某”,無“声”字。於“么篇”處有“么字加圈”符號注明;但不標“轉”,於“二轉”“三轉”等處,亦标以“么字加圈”。以至《北雅》本,么篇處僅餘圓圈表示,連么字亦無。

此外,曲譜部分越調【雪裏梅】之末句“(小字:我怎肯)拿將來便喫”,三卷本系統諸本中均無,應是刊刻時脱漏。而此句在二卷本系統的藝芸本及以二卷本爲底本的十二卷何本中不缺。

5. 修訂對後世内容流傳的影響

各本“群英所編雜劇”下“娼夫不入群英四人共十一本”[①]内容,包含作家、劇目和一段論述。在藝芸本中,“子昂趙先生曰:娼夫之詞名曰緑巾詞,其詞雖有切者,亦不可以樂府稱也,故入於娼夫之列。”注在“娼夫不入群英四人共十一本”下,之後爲作家、劇目,再後爲“娼夫自春秋之世有之,異類托姓,有名無字。趙明鏡訛傳‘趙文敬’,非也;張酷貧訛傳‘張國賓’,非也。自古娼夫如黄番綽、鏡新磨、雷海青之輩,皆古之名娼也。止以樂名稱之耳,亘世無字。”閣本中,“子昂趙先生曰……故入於娼夫之列”一段在作家、劇目之後,與其後論述連爲一體,姚藏本、《北雅》本同。《元曲選》卷首有“吴興趙子昂論曲”一段曲論,含有上文所述的兩段内容。但其實“娼夫自春秋之世有之……亘世無字”一段文字,并無明證是出自趙子昂之言還是《太和正音譜》編者之言,但在《元曲選》中,近似内容也在“吴興趙子昂論曲”一段之下[②]。由此看,《元曲選》很可能受到了閣本爲代表的三卷本《太和正音譜》影響。這一推斷的另一佐證是《元曲選》卷首“元曲論”部分,有與《太和正音譜》“音律宫調”部分相似内容,而這一部分内容,與閣本相同,亦無“六律”下“陽”字樣和“六吕”下“陰”字樣。從節本、片段流傳的署名情况看,多以“涵虚子”稱,而丹丘先生甚至被認爲是與“涵虚子”相區别的兩人。在今見《太和正音譜》版本中,以閣本爲代表的三卷本諸本署“涵虚子編”,這些署名爲“涵虚子”的重刊本,或在流傳中影響較大[③]。

① 藝芸本作“娼夫不入群英四人共十一本”,閣本“娼夫不入群英四人共十二本”。

② 杜雪《塩谷温〈太和正音譜〉排印本研究》,《戲曲研究(第108輯)》,頁142。

③ 杜雪《塩谷温〈太和正音譜〉排印本研究》,《戲曲研究(第108輯)》,頁145—146。

（二）閣本對前代傳本内容的保留及價值

1. 較多保留早期傳本面貌

在閣本被發掘利用前，除藝芸本外，十二卷本系統之何本、《嘯餘譜》本，三卷本系統之刻本《北雅》、姚藏本，因受到刊刻者校訂、傳抄者改易較多而在考察《太和正音譜》原編面貌時難以徵信。如上文所述，儘管閣本亦經修訂改易，但由於刊刻年代與《太和正音譜》成書時間更爲接近，且刊刻者無意大幅删改，而更多得保留了原書的面貌。可以與藝芸本互爲佐證。

與二卷本系統相比，閣本爲代表的三卷本系統在“群英所編雜劇”部分劇本數量的統計上有所不同。藝芸本在“群英所編雜劇”下題“元五百三十五本”“國朝三十三本”，而閣本等三種三卷本均作“共六百八本”“元四百五十五本”“國朝三十一本”；藝芸本作“娼夫不入群英四人共十一本”，閣本作“娼夫不入群英四人共十二本”[①]。儘管此處標目數字的差異，體現出對“二本”概念理解的變化。但對比標目下所録内容，兩本除個别文字缺漏[②]和偶有順序調整外，内容幾乎一致。與上述本子相比，十二卷何本中，雜劇名目的順序則亦體現出較大差異。由此可知，有閣本與藝芸本互爲佐證，基本可以確定《太和正音譜》原編中此部分内容的面貌。

曲譜部分各本曲譜按宫調分列，宫調下爲各色曲牌，曲牌之後列例曲。與藝芸本相同，閣本亦是於曲詞左側，以“平”“上”“去”“作平 / 上 / 去”[③]等文字注明該字平仄。《北雅》本情况與閣本相同。而在何本、《嘯餘譜》本中，則是在曲詞右側有“丨”“卜”“厶”“乍某”符號，分别代表該字聲調爲平聲、上聲、去聲或入聲作某聲。姚藏本曲譜部分則未録聲調符號。以閣本與藝芸本互證，可以看出《太和正音譜》原編中曲譜的基本樣式。

2. 補充脱文、提供異文

閣本中曲譜部分大石調【玉翼蟬煞】“竹籬高”下作“檜栢青松，疏竹寒梅，靈芝瑞草。峻嶺顛峰，遥望着幽雅仙庄休錯去了”。《北雅》本、姚藏本、

① 此外，在該部分中藝芸書社藏本與閣本在“古今無名氏雜劇一百一十本”數字一致。

② 如，“群英所編雜劇”元代作品中，“李取進”“復奪受禪臺”下，藝芸本下注有“二本”閣本“二本”。

③ 藝芸本作“平”“上”“去”“作某声”。

何本均與閣本同。藝芸本中，此處有錯簡，“竹籬高”下此段文字脱去，又誤作前文【百字令】中的“鳳舞，翠靄紅雲相映。四海文明，八方刑措，田野傳歌詠。風淳俗美。庶民咸仰仁政”一段。此外，藝芸本曲譜部分雙調【山石榴】“易去難相見”後留有空白，閣本可補此處缺文，作“【幺】心間愁萬”，《北雅》本、姚藏本及何本同。

從以上兩處異文看，藝芸本既爲影抄本，則其底本可能存在錯簡、漫漶的情況，亦不排除存在影抄錯漏的情況。其他諸本可補缺者，當别有所據。藝芸本儘管時代早，但并非今見相關版本之直接祖本。閣本此處的異文爲《太和正音譜》原編面貌提供了版本依據。可以推測，該書的刊刻者所用底本應是較完整的《太和正音譜》，經過調整後重刊。

四

内閣文庫所藏的這部明刊本，來自毛利高標的舊藏。至遲在江户時代，已經流藏日本[①]。

毛利高標（1755—1801），字培松。是豐後國佐伯藩（現九州大分縣佐伯市）第八代藩主。一生喜好書籍，藏書多達八萬餘卷，大部分爲漢籍，多有宋、元、明版及朝鮮本善本書籍。文政十一年（1828），豐後佐伯藩獻出其藏書給幕府將軍。内閣文庫藏《佐伯獻書目録》（索書號219—177）“集部”内有：“大（太）和正音譜，六。”可知此書也在這批獻書之中。

佐伯所獻之書，主體部分藏於紅葉山文庫（亦稱楓山文庫），一部分歸昌平黌（昌平坂學問所）和江户醫學館[②]。此本《太和正音譜》鈐有“昌平坂學問所”“書籍館印”“淺草文庫”“日本政府圖書”諸印記。昌平坂學問所成立於寬政九年（1797），是幕府直轄下的教育機構。明治二年（1869），政

---

① 案：該書流藏日本的時間可能早至元禄時代（1688—1704），“關於中國戲曲舶來日本的情況，元禄時代以來各種進口目録上有不少記載，除了單行本以外，戲曲選集有《名家雜劇》《元人百種曲》《繡刻演劇》《綴白裘》，還有《中原音韻》《洪武正韻》等韻書以及《太和正音譜》《南九宮詞譜》等曲譜舶來。”參見［日］岡崎由美《江户時代日本翻譯的中國戲曲文本—〈水滸記〉〈蜃中樓〉〈琵琶記〉的日譯本》，《文化遺産》，2014年第4期，頁100—108。

② ［日］大塚秀高《江户時代における漢籍流転—佐伯文庫を例に—」，油印本，2003年，頁1。

府將江户幕府的教育機構合并，建立大學校，接收舊藏文獻。明治五年文部省創設“書籍館”，館址在湯島大聖堂。明治七年書籍館館址遷往淺草，改稱“淺草文庫”。可知此本經昌平坂學問所、書籍館、淺草文庫而歸於内閣文庫。長澤規矩也《日本現存戲曲小説類目録》(1927)著録:“《太和正音譜》，三卷。明涵虚子(寧王權)編。六，内。”①

日本明治三十年(1897)前後，關於中國戲曲小説的研究漸成熱門。《太和正音譜》開始受到學者關注。其後，王國維《曲録》(1908)和《宋元戲曲史》(1912)都利用了此譜卷首曲論部分内容。大正四年(1915)三月，塩谷温據内閣文庫所藏此版本，把《太和正音譜》卷首曲論部分刊於《東亞研究》雜志，題“《太和正音譜》卷上(曲論之部)”，并附識語，稱:“本書漢土亡佚久矣。清儒不及睹之，徒爲臆揣之言而已。幸我内閣圖書館藏有《太和正音譜》三卷。舊昌平坂學問所藏也。别有《北雅》三卷，亦係《太和正音譜》之改名。與《嘯餘譜》所載北曲譜中文字稍不同。顧此書已亡於彼土，而現存於我邦。可不保重哉？兹取原文，對校之《北雅》《嘯餘譜》等，以付印刷云。”② 塩谷温是因爲《四庫全書》未收此書，總目提要内也未涉及，故有此説。

大正十五年(1926)六月，長澤規矩也刊出《關於録鬼簿通行諸本》一文，稱:“此本《太和正音譜》與《涵芬樓秘笈》頗有同異，得失互見，《北雅》應爲後人據此刊本重刻，只是多有脱略之處。關於這三本的校勘，其功過半，日後就此校勘再作文一篇，現在暫不論。”③ 惜長澤氏後來并未完成這篇論文，但他據内閣文庫藏本，對涵芬樓影印明抄本所做的批校，仍有手校本存世。

閣本是今見《太和正音譜》三卷本的最早刊本。其刊刻時間當在嘉靖到

---

① [日]長澤規矩也《日本現存戲曲小説類目録》，原文載《文字同盟》第七號，文字同盟社，1927年。見於《長澤規矩也著作集》第5卷《シナ戲曲小説の研究》，汲古書院，1985年，頁29。

② 杜雪《塩谷温〈太和正音譜〉排印本研究》，《戲曲研究(第108輯)》，頁139。

③ “内閣文庫に明版太和正音譜六本及び明版北雅三本を藏せることは嘗て節山［塩谷温］先生が東亞研究志上に發表せられしが如く、同時に前半は其附録として刊行せられぬ。此本太和正音譜は涵芬樓笈本と異同あり、互に得失あり。北雅は或は此刊行本によりて後人の重刻せるものなるべく、但し北雅には脱略所々に見ゆ。今此三本の校勘、功半を過ぎたり。後日又此校勘一篇をも草すべきを以て、今之に言及せず。”《録鬼簿の通行諸本について》，原文載《斯文》第八編第三號，斯文會，1926年。見《長澤規矩也著作集》，第5卷，頁9。

萬曆初年間。作爲較早的重刊本，其發現與利用，可以揭示三卷本的原貌，使得《太和正音譜》今見諸本的版本源流更爲明晰。此本的底本應是較完整的《太和正音譜》本子，刊刻者對原書的內容進行了部分調整、删改，但并無大肆修訂，刊刻者亦無序跋説明所據及自身影響。這樣的弊端是令後世無從判斷此本是否《太和正音譜》原貌，可謂是私改原刊的始作俑者。此本對原書進行的修訂、删改，反應了這一時期刊刻者對内容的新理解，對後世頗有影響，在諸本中起到了承上啓下的作用。亦爲瞭解曲學的發展衍變提供了佐證。

作爲較早的重刊本，閣本的面貌介於藝芸本底本與後世諸本之間，爲瞭解《太和正音譜》原編面貌提供版本佐證。與十二卷本的何本及《嘯餘譜》本相比，閣本修訂較小。該本以"太和正音譜"題名流傳，證明時人尚將此書視爲完整的一種書籍著作，與後世離析、改易其内容，更强調其資料性的做法不同。該本將曲譜離析出來，將曲論與曲譜二分，體現了重視曲譜的趨勢。但與後世逐漸增加曲學符號，强化該書格律譜工具性的做法不同，閣本并没有强調曲譜部分的曲學標注，非但没有增加，部分前代傳本中的信息，此本中亦缺失了。由此本及前後版本流變，可以看出時人對該書内容的理解與接受情況。

同時，該本作爲與二卷本系統、以二卷本系統爲底本的十二卷本系統相獨立的三卷本系統代表，具有一定的異文校勘價值。在今天的《太和正音譜》整理本中，多以藝芸本、《嘯餘譜》本爲據進行整理，現在因閣本的發掘利用，將爲探討《太和正音譜》的早期面貌與流變過程，提供依據。

此文正式刊發於《戲曲與俗文學研究（第7輯）》，有修改。感謝中山大學黄仕忠教授等師友對本文的幫助。

日本的“佚存文字”
——以狩谷棭齋的考證爲中心

笹原宏之（著） 邱雨聰（譯） 洪仁善（主筆）

一、引言

本論文關注日本最早的歷史書之一《日本書紀》，就其讀法提出問題，并舉出例證。首先對《日本書紀》進行介紹。漢字誕生於中國，以人和文獻爲媒介傳播至韓國、越南和日本。漢字圈的各地爲了使漢字與本國語言更好地對應，對漢字的形音義進行了改造，甚至創造出了新的漢字。

在研究此類漢字及日本制漢字的歷史的過程中，對於某個字的出處究竟是中國還是日本，有了考證的必要。而《大漢和辭典》《漢語大字典》《中華字海》等漢字字典中的相關記載，未經細緻推敲而造成的紕漏也并不少見。

某些乍一看認爲源自日本的漢字，其實在中國古文獻與日本文獻所引的漢籍和佛書中，可以找到其初期的用例。此外，武則天死後，則天文字雖然被下令禁止使用，但在周邊的日本、朝鮮和渤海等地仍被繼續使用。不過，因爲則天文字在中國的正史、詞典和碑文中均有記載和使用，用例廣爲人知，所以未被誤認爲是日本國字[1]。

作者單位：日本早稻田大學（名譽教授）

① 本稿所用“國字”“國訓”等詞，皆專指日本。

自平安時代起，開始有言論稱“畠”其實是中國制漢字，或“𢌞”“𣏒”二字爲渤海的人名漢字(《江談抄》、室町時代的手抄本、江户時代的隨筆等)，對於漢字出處的意識和關注已逐漸表面化。

江户時代的考證學者狩谷棭齋也曾在《和名類聚抄》等文獻的注釋中做出過此類指摘。箋注在現存的内閣文庫的第三稿中有遺漏欠部分(杉本つとむ編《異體字研究資料集成[10]·倭名類聚抄箋注異體字辨》解説、柳田國男《退讀書歷》，書物展望社，1933年　頁40—44)。

本稿看全部内容，没有使用終稿有可能加工過的國立國會圖書館所藏的刷局明治十六年出版的版本，而是參照了後述的野口恒重的翻刻本。

稿者仿照《遊仙窟》等“佚存書”(林述齋)將此類文字暫且命名爲“佚存文字”，對其進行考察和驗證(笹原2007[①]其他)。要想從造字中把握構思、語言表現的民族性、人際交流以及文獻的傳播和繼承,此類研究是很有必要的。

二、中國字典[②]中未收録，但實存於漢籍中的字

宋代後的醫書中記載的“癌”、明代後的兵書中記載的“熕”等，因未被中國的字典收録而被誤認爲日本制漢字。這些字雖未曾出現於中國著名的經書、史書、思想哲學書、佛典和詩文等古籍中，但確實收録於宋代以後的醫書和兵書中。“佛”的異體字“仏”雖然載於江户時代的井原西鶴等《大悟物狂》[③]中,但正如諸文獻所暗示的那樣,在明清時代的字書和道書等文獻中,其原形及與之同形的字已有先例，所以此字當爲傳來之物。同時也可能曾經有人在文獻、字書中見過實例，或從他人口中得知而開始使用此字。

從字種和字體兩方面來看,《康熙字典》并非過去諸類文獻中的漢字的集大成者,完備性并不高。雖然《大漢和辭典》《漢語大字典》和《中華字海》的覆蓋範圍有所擴大，但其本質并未改變。若想編纂一本網羅現存所有漢字的字典，必須精確地將過往的所有文獻全文録入，然後排序分類，明確每個

① 笹原宏之《國字の位相と展開》，三省堂，2007年。

② 例如《康熙字典》《漢語大字典》等。

③ 《大悟物狂》：江户中期的俳諧連歌集。“仏”在越南的阮朝時代也經常使用。

字的每個用法。除此之外别無他法。

蹤《日本靈異記》←佛典(可洪《隨函録》[音義書]笹原2017)

屎《新撰字鏡》←白行簡《天地陰陽交歡大樂賦》(圖1)伯希和將來敦煌文書2539(笹原2016[①])

即便積極推進文獻研究的狩谷棭齋,亦未言及這些出處。

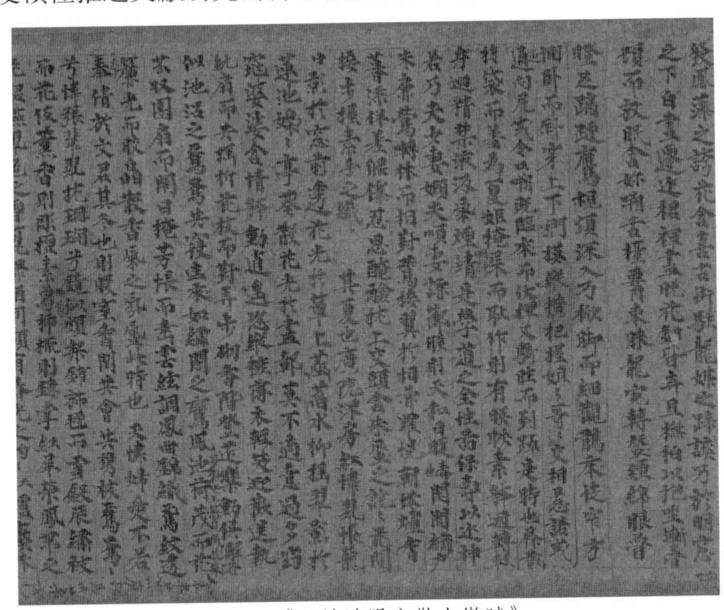

圖1 《天地陰陽交歡大樂賦》

"籤子"之意的"串"和"鮑魚"之意的"蚫",經常被誤認爲是國訓(日本制訓義)。實際上如果仔細鑽研漢籍、佛典、各國的書籍、文書、金石文和木簡等資料,會發現它們有可能是中國制或韓國制漢字(笹原2012[②]、笹原2015[③])。

本報告以平安時代的字典爲中心,通過進一步的調查研究,列舉其中出現并被判定爲國字或其同類的字,試圖闡述探明與此相關的事實的可能性,及必要的研究内容和調查方法。

① 笹原宏之《國字(日本製漢字)と誤認されてきた唐代の漢字 佚存文字に關する考察》,沈國威、内田慶市編《東アジア言語接觸の研究》,《關西大學東西學術研究所研究叢刊(51)》,2016年,頁1—39。

② 笹原宏之《異體字/國字の出自と資料》,《漢字字體史研究》,頁341—366,勉誠出版,2012年。

③ 笹原宏之《"串"字探源——以"串"表扡子之意爲中心》,《中國文字研究(21)》,2015年,頁219—229。

在此主要以字種爲考證對象，異體字和用法將另作考證。

三、六朝—隋唐時期的或爲佚存文字的漢字

（一）只收録於中國字典中的字

江户時代的《奥羽觀迹聞老志》《封内風土記》等書籍中曾提及名爲仙台伊達藩的“閖上”的地名，之後此字爲伊達綱村所創的説法廣爲流傳。但在那時之前，日本和中國的字書中已有“閖”字的記載（圖2）：

遼代僧行均《龍龕手鏡》（高麗版）卷一：閖，俗音澇。

平安時代《類聚名義抄》（觀智院本）：閖，谷（俗）澇字，力到反。

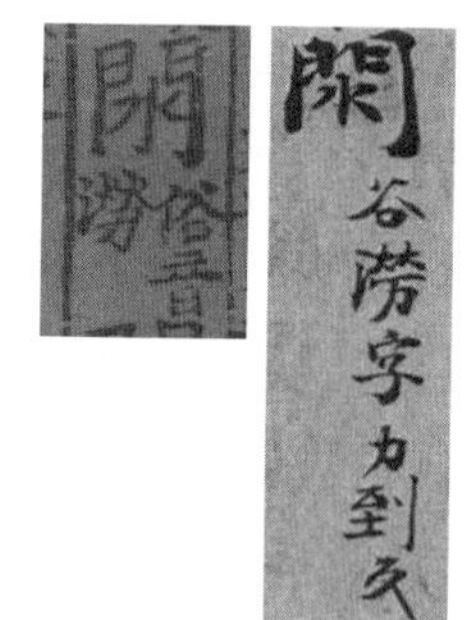

圖2　《龍龕手鏡》（左）、《類聚名義抄》（右）

雖然現存的《一切經音義》和現行的《大藏經》中未見記載，但仍可能是過去用於佛典中的漢字。字體相同而用法相異的用例（如“樫”爲唐代和奈良時代分別基於不同用途創造的字），則有《唐張達妻李夫人墓志》（《偏類碑别字》）中爲“閑”的異體字（《畢文造像記》575年 《漢魏六朝碑刻異體字典》中此字的“水”的部分，“亅”作“乚”），鐮倉時代的《類聚名義抄》等書中則作爲“しなたりくぼ（女陰）”等相異的系統存在。

雖然乍見之下，這些都是分别創造却碰巧字體相同的字，但其實閖上之地曾在平安時代的貞觀地震[①]中遭受巨大損害，中世[②]也曾出現用“閖”指代

① 貞觀地震：公元869年（唐咸通十年）7月9日於日本海溝附近發生的海底地震。

② 日本的中世一般指從十二世紀末鐮倉幕府成立到十六世紀末室町幕府滅亡的約四百年間。大致相當於中國的南宋至明代。

灾禍的用法（似鳥 2013[①]），所以"閖上"也可以認爲是爲了將貞觀地震之事傳達給後代而挑選的會意文字，其原本可能爲佛典用字。

（二）中國字典裏不存在，但在漢籍中有迹可尋的漢字

1.“䅟”

雖然經書用字在字種層面上被字典積極地采用，但有其他内涵的字，尤其是只在生活中使用的俗字一類，除了唐代的口語字典（敦煌文獻）外，鮮少被字典采用。

源順編寫的《和名類聚抄》（934年前後）中此類字尤爲多見。該書明確引用了深根輔仁的《（新抄）本草和名》（和名本草，918年前後，江户版之外，萬延元年的寫本也曾被發現），并間接引用了自奈良時代開始使用的（唐）蘇敬等撰《新修本草》等書中引用過的文獻，也有與之重複的例。（吴2004[②]）

此外，雖然可以推定源順在編纂的過程中也參照了《藝文類聚》和《初學記》等類書[③]（林2002[④]，藏中2003）[⑤]，但以下所舉例字與之并無關聯。

首先，在經書中，字體層面（草頭的添付）上，《春秋左氏傳注》中的"䅟"字的引用引人注目。現行本中作"稗"，敦煌寫本等文獻中該處缺失。"䅟"字在正倉院文書和《延喜式》等書中有用例，可能爲日本制漢字。另外，"稗""䅟"二字在日語中，音讀的機會十分稀少，主要使用訓讀。

《和名類聚抄》的相關記載如下（圖3、圖4）：

> 䅟，《左傳注》云："一，音俾比衣，草之似穀者也。"

---

① 似鳥雄一《一天下"天狗流星"に"閖"る：中世の隕石落下とそのインパクト》，《多元文化（3）》（*Transcultural studies*），2013年，頁37—57。

② 吴美寧《〈倭名類聚抄〉における本草和名　河野(1983)の再考》，《일본학보（59）》，2004年，頁141—156。

③ 現已明確《和名類聚抄》曾引用了《藝文類聚》和《初學記》等類書，同時狩谷棭齋的《箋注》也被指出有間接引用最新的清朝考證學的成果。雖然這反映了當時的學術趨勢，但其内容仍須進一步探討。

④ 林忠鵬《和名類聚抄の文獻學的研究》，勉誠出版，2002年。

⑤ 藏中進《〈和名類聚抄〉所引〈辨色立成〉〈楊氏漢語抄〉》考，田中隆昭監修《渤海使と日本古代文學（アジア遊學別册）》，勉誠出版，2003年，頁21—26。

圖 3 《和名類聚抄》京本下卷 9—44 ウ（左）、伊勢二十卷本 17—6 オ（右）

《箋注倭名類聚抄》卷九“異體字辨”的記載爲：

> 䅬 稗 下總本作稗，與原書合。…… 按，從艸俗寫，然“《本草》陶弘景注作䅬”…… 其作稗者，恐係後人校改。伊勢廣本作䅬，與《本草》陶注及《本草》和名合。[①]

《本草》的陶弘景注只有部分僅存，《本草和名》十九：

> 米谷稷米稌，楊玄操音土。菰米，一名彫胡，梟粱烏禾䅬，仁諝音薄懈反，草似穀者也。已上出陶景注。

《新修本草》（圖 4）卷一九“稷米”中有確切記載，“禾”偏和“示”偏在當時不關乎字義，經常交替輪换。江户末期寫本圖書寮本《新修本草》卷一九中作“稗”。其字前的“如”字右部有“證類如下有䅬字”的記載（《圖書寮叢刊》，頁 138）。與《新修本草》同音義的記載也可見於《日本國見在書目録》（矢島玄亮《日本國見在書目録——集證和研究》，汲古書院，1984 年）。

宋代唐慎微撰、宋代寇宗奭衍義、金代張存惠重修的《重修政和經史證類備用本草》（《四部叢刊》本景上海涵芬樓藏金刊本）卷二六中也發現了古時的同義使用例：

① 《箋注倭名類聚抄》，1930 年野口恒重編刊本。

菰米，一名彫胡，可作餅。又漢中有一種名梟粱，粒如粟而皮黑，亦可食……又有烏禾生野中，如䅀（步賣切），荒年代糧……䅀亦可食。凡此之類，復有數種爾。

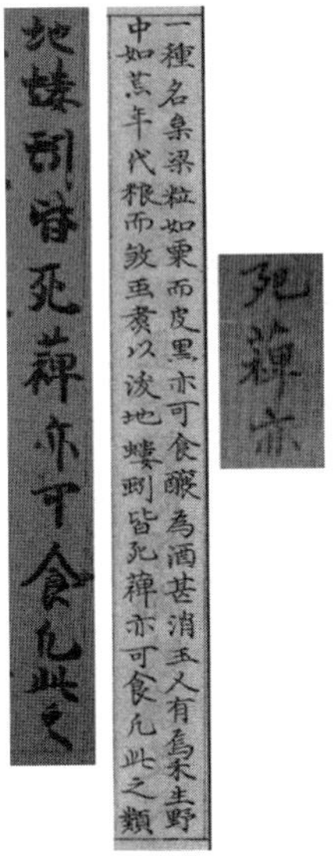

圖4　仁和寺藏本（左）、《纂喜廬叢書》本（仁和寺寫本，中）、京大富士川文庫寫本《新修本草》

“䅀”雖未被字典收録，但是在中國某時期曾被偶爾使用過，之後變成了佚存文字。源順也可能引用參考過《本草和名》。

另外，平安時代後期的類書《幼學指南鈔》（《中日交流叢書》影印翻刻版）中，可見《左傳》（存卷一六，東京國立博物館藏）《續齋（齊）諧記》和《續搜神記》的引用。此類書有《藝文類聚》《初學記》《事類賦》《兼名苑》等幾種藍本（《日本國見在書目録》《大東急紀念文庫善本叢刊》解題）。因爲當時這些書籍廣爲流傳，所以雖有碰巧和引用書一致的可能，但源順也有可能和此類書一樣，本稿所論字種的用例都是從其藍本引用的。除此之外，以下的引用與記述也值得關注。《大東急紀念文庫善本叢刊》卷二頁99、頁111《續搜神記》，卷二十五頁471“䅀”，卷二十七頁555《兼名苑》。

2.“鱁鮧”“鮔鯊”

這兩個詞是表示海豚和鯊魚的熟語，前者二字都没有被收録在字典中，後者的字體、字義和熟語都無法在字典中找到。《本草和名》卷一六此處無記載,《和名類聚抄》從唐代(或言梁陳代)的僧遠年所編著類書《兼名苑》中引用了"鱩鰆""鯳鵞"(圖 5、圖 6、圖 7):

> 鯙鯆……《兼名苑》云:"一一一名餔鯶,甫畢二音,一名鱩鰆,敷常二音……"
> 鮫……《兼名苑》云:"一名鯳,低迷二音……"

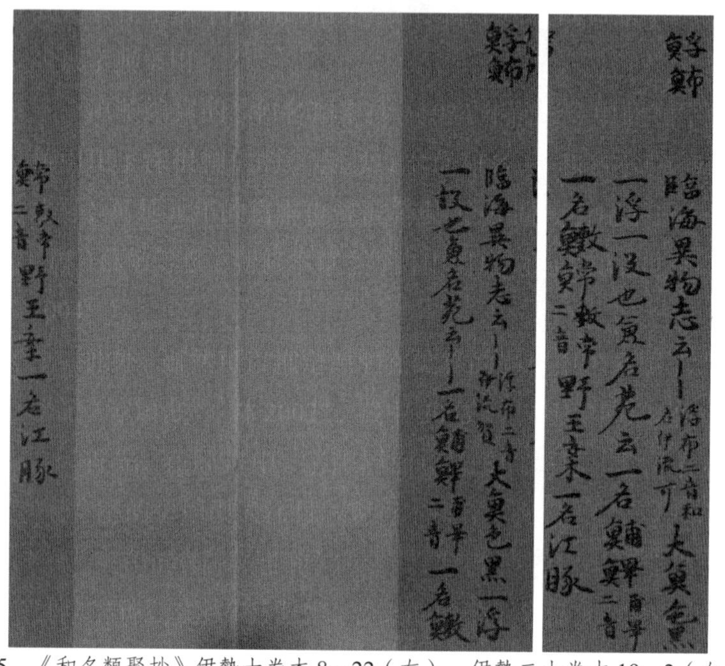

圖 5 《和名類聚抄》伊勢十卷本 8—22(左)、伊勢二十卷本 19—2(右)

另外,《辨色立成》中引用的"䱇"字也曾被用於公家日記和《平家物語》。雖然"䱇"被認爲是"鯙"或"鯆""鰆"的訛字,但狩谷棭齋的《箋注倭名類聚抄》中,《太平御覽》所引《四時食制》,"鯙鯆"也作"敷常",他認爲"鱩鰆"即是"敷常"的俗字。 爲了明示語義,乃至由前後的魚旁,無意識地同化而添加了偏旁的字。或是形聲文字的"餔""鱩"等字的聲符置换後而成的佚存異體字。

根據字書和韻書,從"餔"字一類派生出了不少異體字:

《廣韻》平聲模韻普胡切　鯆,魚名。又江豚别名……,上同。

《廣韻》平聲模韻博孤切　鯆䱐，魚名。或作鰘。

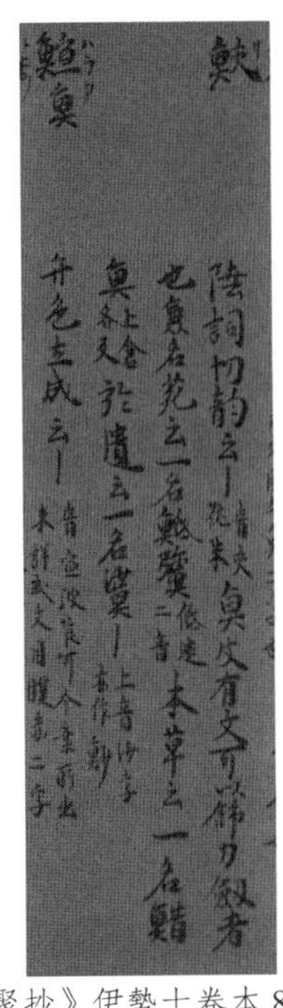

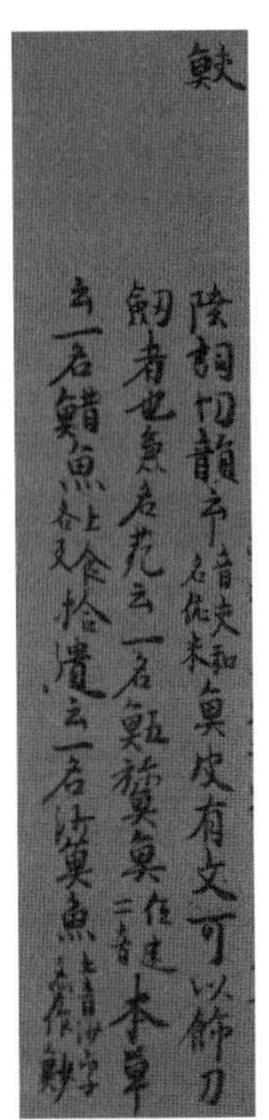

圖 6　《和名類聚抄》伊勢十卷本 8—23（左）、伊勢二十卷本 19—2（右）

鯆䱐　臨海異物志云、䱐鰘、浮布二音、伊流賀、○下總本有和名二字、新撰字鏡鰘伊留加、古事記出雲風土記作入鹿、大魚色黑、一浮一沒也、○臨海異物志無傳本、按太平御覽引魏武四時食制云、䱐鰘魚黑色、大如百斤豬、黃肥不可食、數枚相隨、一浮一沈、與此所引同、按廣韻鯆字注云、鯆䱐魚名、亦作鰘、晉書廣雅云、䱜䱐䲔也、而䱐亦鯆字異文、見廣韻、則䱐鰘似倒、然四時食制作䱐鰘、則與此略同、說文鯆魚也、出樂浪番國、兼名苑云、䱐鰘一名鯆䱐、甫畢二音、一名䲂鰙、敷常二音、○下總本無䱐鰘二字、廣本同、按鯆䱐、䲂鰙二名諸書無見、太平御覽引四時食制云、䱐鰘一名敷常、則知䲂鰙即敷常俗字、野王案一名江豚、○今本玉篇魚部云、鯆䱐魚、一名江豚、欲風則踊、此所引即是、晉書夏統傳作鯆䱐、何超音義引埤蒼云、鯆䱐䱜魚也、一名江豚、多膏少肉、說文䱜魚也、出樂浪番國、一曰䱜、出九江、有兩乳、一曰溥浮、則知䱜䱐鯆䱐䱐鰘皆溥浮之俗字、酉陽雜俎奔䱐亦語之轉耳、證類本草引陳藏器云、江㹠狀如㹠、鼻中爲聲、出沒水上、海中舟人候之、知大風雨、按江㹠即江豚、出沒水上、即異物志之一浮一沒也、又有海豨、一名海㹠、一名奔䱐、江賦云、江豚海豨、注引臨海水土記云、海豨豕頭、身長九尺、陳藏器云、海㹠生大海中、候風潮出沒、形如㹠、鼻中爲聲、腦上有孔、噴水直上、百數爲羣、酉陽雜俎云、奔䱐一名瀱、大如船、長二三丈、色如鮎、有兩乳在腹下、頂上有孔通頭、氣出嚇嚇作聲、必大風、行者以爲候、

圖 7　《箋注倭名類聚抄》中“⿰魚敷⿰魚常”“⿰魚氏鰲”記載

日本的「佚存文字」

另外對“紙鯊”一語，棭齋認爲是與《玄應音義》的“抵彌”,《龍龕手鏡》的“魱”“鱺”等字相當，并以此作爲旁證。馮 2016 針對《本草和名》中的該字，引用了《〈兼名苑〉輯注》的解釋，認爲是《慧林音義》卷二十六中的“坻彌”(“音低迷，謂大身魚，梵語”。音譯)的訛俗寫，更以《龍龕手鏡》爲根據，判定其爲異體字。

當時的寫本的階段，字形有可能已經發生了變化，也可能是從某本類書的寫本中間接引用而來的。

3.“襷”

“襷”從平安時代的《延喜式》等文獻開始使用至今，被認爲是日本國字。《和名類聚抄》中有如下記述(圖 8):

> 襷裨,《續文曰(伊勢二十卷)【齊】諧記》云:“織成襷,《本朝式》用此字。云多須岐。今案所□(同“出”)音義未詳……”

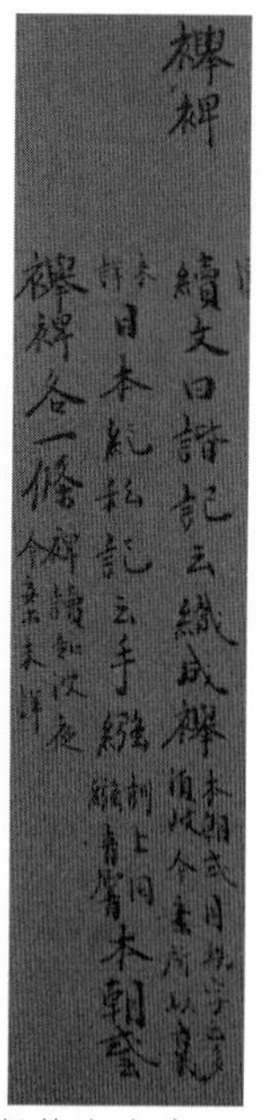

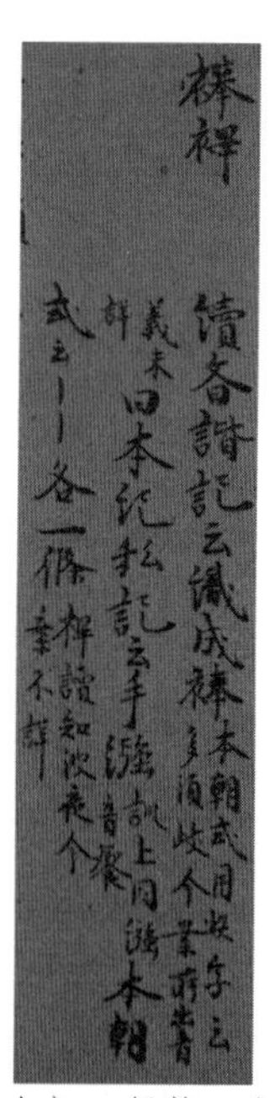

圖 8　《和名類聚抄》伊勢十卷本 4—27ウ(左)、伊勢二十卷本 12—36ウ(右)

棭齋在《續齊諧記》中未找到含“襷”的引用文例，并對此提出了疑問。《四庫全書》本《太平御覽》中引用了《續齊諧記》,却未找到相關内容。但是，通過王國良 1987 的研究發現[①]，明代的《永樂琴書集成(17)》中，有與吴均《續齊諧記》的這段文字相對應之處，不過此處作“襻”。

小説《續齊諧記》襻：現在存本襻

大致可以推斷形聲文字“襻”在日本變爲會意文字“襷”，基本保持了原義但失去了原字音。因此，“襷”雖被認爲是國字，但仍須繼續考證。

4. “畠”

“畠”字被認爲是自奈良時代開始的文書和木簡中使用的古代國字，《和名類聚抄》記載如下（圖 9）：

> 畠，《續搜神記》云：“江南畠種豆，畠一云陸□（伊勢二十卷本“田”），和一（名）波太介。”

《箋注倭名類聚抄》卷一校譌：舊皆作“畠”……曲（直瀨本）作“白田”二字，注同，今從伊勢廣改。椋齋的《和名類聚抄》推測“畠”本作“白”“田”二字，《搜神後記》中“白”字脱漏只留下“田”字。《續搜神記》“畠”異文“白田”“白田”可見於《晋書》等六朝時代的文獻。朝鮮也曾經將這兩個字寫成一字半的大小。

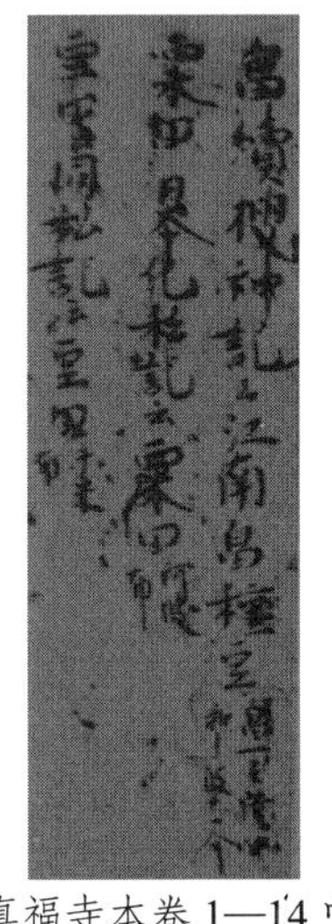

圖 9　《和名類聚抄》真福寺本卷 1—14 ウ（左）、伊勢二十卷本卷 1—1 ウ（右）

① 王國良《續齊諧記研究》(文史哲學集成)，文史哲出版社，1987 年。

5.“蟄”

此爲表“蜻蜓”之意的漢字。《本草和名》卷一六：

蜻蛉，仁諝精靈二音。一名諸乘，一名胡蟄，仁諝音勑（勅），已上二名出陶景注……一名胡黎，小而黄，一名胡離……已上出《古今注》……”

此寬政時期版本的資料字體并不統一，森枳園、約之（最遲於1855年）加以校注（圖10）。另外，《和名類聚抄》中亦有此字記載（圖11）：

蜻蛉，《本草》云：“一一精靈二音，一名胡蟄，音勑（勅），加介呂布……”

胡黎，崔豹《古今注》云：“一一一名胡離……”

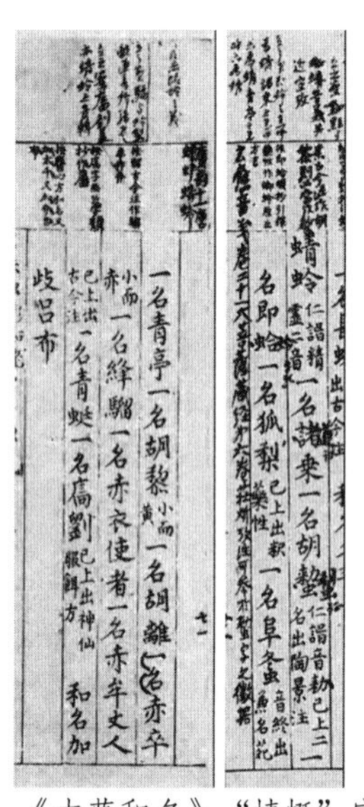
蜻蛉仁諝精靈二音一名諸乘一名胡蟄仁諝音勑已上二名出陶景注
名即蛉一名狐梨已上出釈藥性一名阜螽
一名青亭一名胡黎小而黃一名胡離已上名赤卒
小而赤一名絳騶一名赤衣使者一名赤弁丈人
已上出古今注一名青蜓一名蝺劉已上出神仙服餌方　和名加
岐呂布

圖10　《本草和名》“蜻蜓”字記載

棭齋引用了《證類本草》和《本草和名》的記述，認爲“黎”字爲正體，源順則是借鑒引用了陶景（陶隱居）注。

將引用文和現行本進行比較結果如下：

醫書《本草》胡蟄：現存本 胡蟄

《重修政和經史證類備用本草》（《四部叢刊》）卷二二下品：蜻蛉，俗呼胡蝅。

宋代的唐慎微撰《大觀本草》(《經史證類備急本草》)卷二二：蜻蜓セイ・テイ胡┌蛪こり

陶弘景注《證類本草》(國會圖書館藏安永四年版)“蜻蛉”：陶隱居云“俗呼胡蛪”。

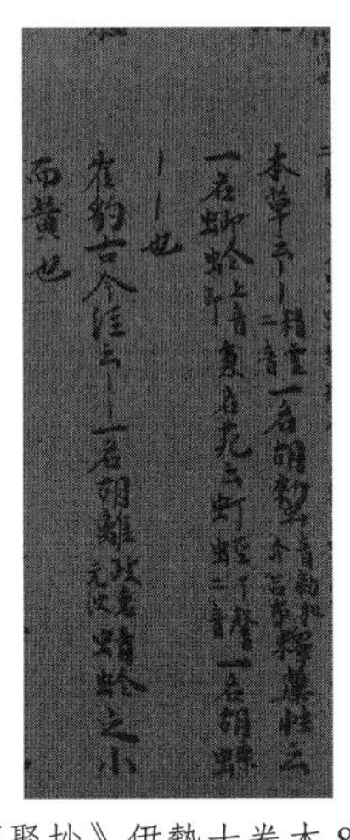

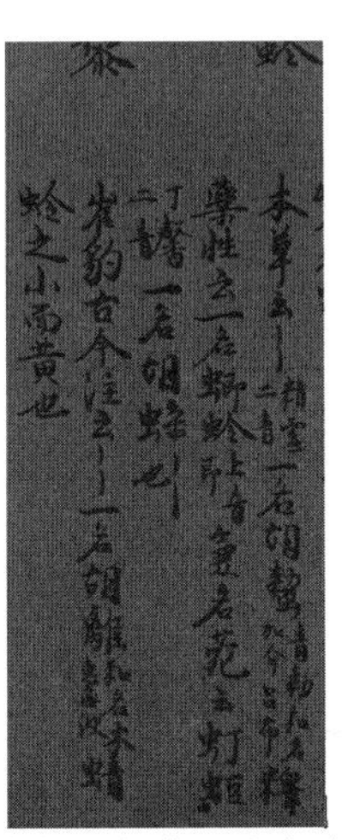

圖 11　《和名類聚抄》伊勢十卷本 8—35 才(左)、伊勢二十卷本 19—6 才(右)

《本草集注》由陶弘景於公元 500 年前後編寫成書。本書流傳各地，敦煌、吐魯番和日本都曾發現此書及相關紀録。後因收録此書并有所增補的《新修本草》於 659 年敕撰而成且大爲普及，《本草集注》也就被束之高閣，最終失傳(敦煌本爲 718 年的寫本。真柳 1993[1]。上山大峻編《敦煌寫本本草集注序録・比丘含注戒本》，《龍谷大學善本叢書(16)》寶藏館 1997 等)。

另外，現存的仁和寺藏本、武田科學振興財團杏雨書屋藏本、京大藏本、敦煌本、圖書寮本、《纂喜廬叢書》本等版本的《新修本草》均卷一六欠缺。卷二〇《蟲類》中也未有蜻蜓類的記載。《大漢和辭典》中有以下記載：“胡梨”(無出處，《古今注》中有引用)同“胡離”，後者引用《古今注》，將其釋義爲小而色黄的蜻蜓(青亭、蜻蛉)。“胡黎”則引用李時珍《本草綱目》(歸爲江東方言)，釋義同“胡離”。雖然《本草綱目》爲本草書的集大成者，但對

① 真柳誠《三卷本〈本草集注〉と出土史料》。這是對日本醫史學會第 94 回學術大會(1993 年 5 月 15 日，金澤)上發表的摘録(《日本醫史學雜志》39 卷 1 號，1993 年，頁 26—28)增補的研究成果。

過去的本草書的引用和記載，也有諸多删減之處。綜上所述，"胡䴧"與"胡黎""胡梨"之類相當。"䊵"（手寫體爲"粅"）爲訛字，直音注是從之後制定的字體編出的類推讀音，即所謂的"幽靈字音"。演變成了同一個詞彙揭載於書中兩個專案的情況。

6."鵤""鯰"

分別表示斑鳩和鯰魚的兩個字。"鵤"字被認爲是在七世紀末的金石文中已然存在的最古老的國字之一（笹原 2007）。而"鯰"字究竟是國字還是漢字尚未明確，但近代開始此字在中國被大量使用。《本草和名》卷十五記載爲：

> 鵤，胡岳反，貌似鴒有白喙。鴒，音渠炎反，出崔禹。和名以加留加。

《和名類聚抄》伊勢十卷本卷七記載爲：

> 鵤，崔禹《食經》云：一，胡岳反，以加流賀……

雖然此二字在《和名類聚抄》（圖 12）和崔禹（錫）所編食物本草書《食經》四卷（圖 13）（《隋書》、《日本國見在書目録》、山口 1985[①]、丹波康賴《醫心方》984 年等書中也有直接引用。中橋 2006[②]）中也有出現，但在被視爲引用元的《本草和名》中，"鵤"有可能僅只是指出其出處名爲"鴒"。另外，馮 2016[③] 主張不僅"斑鳩"，"鵤"也是從《兼名苑》而來的引用，認爲此字"疑有文字訛誤"，并從《爾雅》和《左傳》等書中舉出"鷓鳩""鶻鵤"等例。

"鵤"與棭齋所引漢籍中的"鵤"的字義和字形是一致或類似的，《日本靈異記》中也有類似熟語"鵯鵤"等，由此推斷"鵤"可能是"鵤"的訛字，或是會意化而成的變形。而反切注音可能是後來日本人所造（笹原 2007）。

棭齋認爲"鮎"是"後俗諧聲作鯰字"，《本草和名》卷十六：

> 鯰，奴沾反，貌似魚追（鯇）而大頭。出崔禹。和名奈末都。

① 山口角鷹《日本漢字史論考》，1969 松雲堂書店首版，1985 增補（《蔣魴切韻とその逸文集録》，《日本中國學會報（23）》，1971 年，頁 68—84 年等）

② 中橋創太《〈崔禹錫食経〉の研究》，在畢業論文的基礎上修訂的研究成果，2006 年。

③ 馮利華《〈兼名苑〉研究》，巴蜀書社，2016 年。

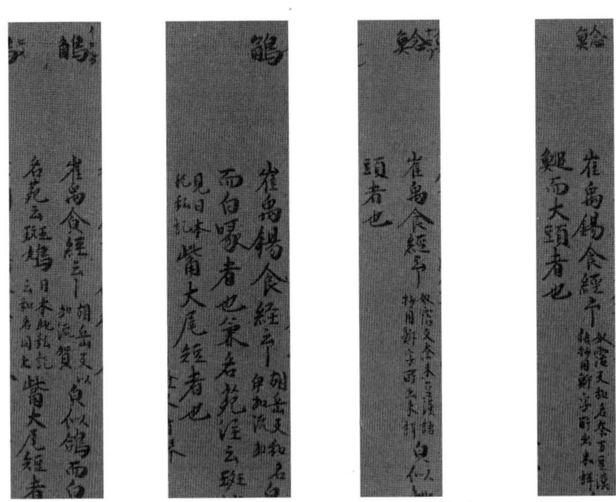

圖 12　《和名類聚抄》伊勢十卷本卷 7—3 ウ、伊勢二十卷本 18—26 才、伊勢十卷本 8—27 才、伊勢二十卷本 19—6 ウ（依次由左向右）

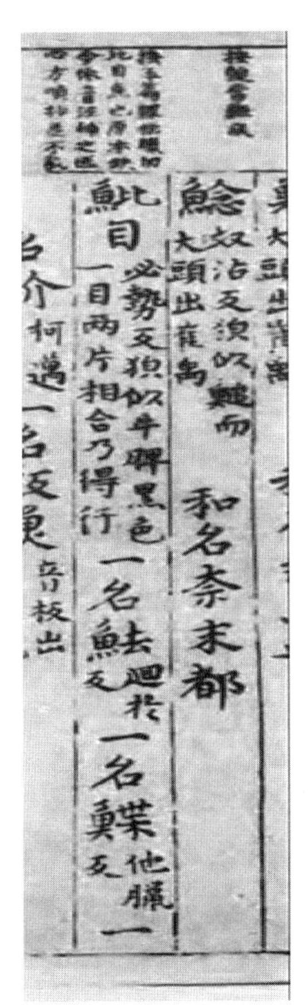

圖 13　崔禹（錫）《食經》"鶬""鯰"記載

《和名類聚抄》伊勢十卷本卷八：

> 鯰，崔禹《食經》云："一，奴霑反"，奈未（末，二十卷本"万"）豆。《漢語抄》用鮎字，所出未詳。

"鯰"在現存的宋代本草書中，雖字義不詳但可見於注記中（圖 14）。另外，重修《政和經史證類備用本草》（《四部叢刊》）卷二〇"鮠魚，鯰屬"，卷二一"河狆""口皮"。宋代唐慎微著，曹孝忠校勘《重修政和經史證類備用本草》（成化四年重刊，早大圖書館藏版）：河狆，陳藏器云如鯰（ラ作ニ）魚口灾（原文）。《證類本草》（《四庫全書本）21 — 54 ウ（画像"禹錫"也有引用）：河狆，陳藏器云如鯰（ラ作ニ）魚口灾（原文）

根據加納 2008[①]，在宋代的《證類本草》中有關於"鯰"字的記載"河狆……陳藏器……云……鯰魚"，并指出"像是在唐代的某一時期出現過，之後銷聲匿迹的漢字（中國字典中并無記載）""不能判定是指鯰魚的字"。

此陳藏器所撰《本草拾遺》（739 年）的原書已失傳，内容幸以《證類本草》收録得以傳世。

也許是這種魚在日本没有順利確定品種，或者可能只是單純的"衝突 / 巧合"。有必要確定其品種歸屬，另外也不可否認是傳抄失誤的可能性。"一名鮑魚也"這句，寫作"鮠魚"的版本居多。

宋代《古今合璧事類備要》（四庫全書）87—2 オ　河狆如鯰魚口尖

明代《山堂肆考》（四庫全書）224—21 オ　夫按河豚如鯰魚口尖

因被認爲其嘴形似河豚，所以鯰魚可能爲不同生物。

另外，"鮎"是基於神功皇后[②]的占卜而作的國訓一說，可能爲後人牽强附會。

① 加納喜光《魚偏漢字の話》，中央公論新社，2008 年，頁 100。

② 神功皇后（170 年—269 年）：仲哀天皇的皇后，應神天皇的生母。是否真實存在仍有争議。

鯰

崔禹食經云、鯰、奴霑反、奈末豆、漢語抄用鮎字、所出未詳、○下總本有和名二字、集韻、鮎一音女廉切、與此云奴霑反字異音同、鮎字伊勢廣本同、伊呂波字類抄作鯰、下總本作鮎、新撰字鏡類聚名義抄同、那波本作鯰、恐並訛、奈末豆依輔仁、新撰字鏡同訓、○本草和名引無者也二字、按鯰字諸書無載、爾雅郭注云、鮎別名鯷、江東通呼鮎爲鮧、

貌似鰋而大頭者也、

毛詩魚麗傳云、鰋、鮎也、說文、鰋、鮎也、鰋、鰋或从匽、鮎、鰋也、證類本草鮧魚條引陶云、此是鯷也、即是鮎魚、蘇敬亦云、鮧魚一名鮎魚、本草圖經云、鮧魚今江浙多有之、大首方口、背青黑無鱗多涎、此知是魚名鰋、又名鮎、又名鮧、又名鯷、爾雅翼云、鮧魚偃額、兩目上陳、頭大尾小、身滑無鱗、謂之鮎魚、言其黏滑也、醫家千字文注引郭知玄云、青黄色、無鱗大口尾薄、孫愐云、無鱗而滑、然則以偃額名鰋、以黏滑名鮎、後俗諧聲作鯰字、猶是魚黏滑似鼻洟、故名鮧、後俗諧題省聲作鯷也、鮎奴兼反、一音女廉反、與黏同、不音職廉反、鮧鯷並杜奚反、與題同、不音以脂反、可證其所從也、今本說文从弟恐誤、又按食經云、貌似鰋者、即下條訓伊之布之者、非鰷鰋也、伊勢廣本鰋作鯷、本草和名同、

圖 14 《箋注倭名類聚抄》“鯰”記載

7. 蟾、箞

前者推測爲表示孑孓的字，後者爲表示“墨さし”[①]的“さし”的字。出處均最早見於《和名類聚抄》(圖15)，伊勢十卷本卷八記載：

蟾，蔣魴《切韻》云：一，音魯，美加良。井水(二十卷本)中小虫也。

伊勢十卷本卷五：

墨，蔣魴《切韻》云：“以篾爲筆曰”。音浸，須美佐之……

“蟾”字右邊的“蝻”字在日本變形爲“蟎”，於近代回傳至中國，屬於佚存・回歸文字。

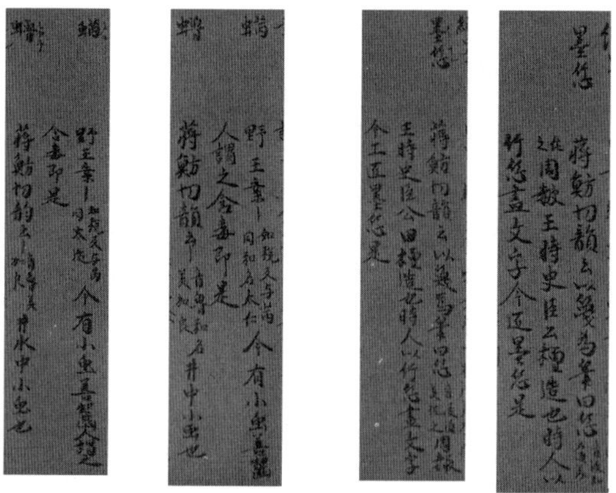

圖15 《和名類聚抄》十卷本8—41ウ、二十卷本19—23ウ、十卷本5—24オ、二十卷本15—13オ(依次由左向右)

韻書《蔣魴切韻》：蟾，音魯；箞，音侵。雖然本書收録於藤原佐世《日本國見在書目録》(891年前後)，但因編著於818年的中國，是連存在的記録都消失無蹤，直至《十韻彙編》魏序都一直被人遺忘的佚存韻書。雖然此處也有可能是從當時傳存的先行書間接引用的，但因爲引用了十四種切韻的《東宮切韻》却并未引用，所以此處引用了該韻書(上田1984[②])。切韻系韻書的現存本和殘卷中未找到相關記載。《小學鉤沈續編》(《續修四庫全書》

① 墨さし：木匠、石匠用於畫綫的竹製沾墨筆。

② 上田正《切韻逸文の研究》，汲古書院，1984年。

卷 5）中，這本唐代的韻書也僅從《和名類聚抄》中輯佚。《唐五代韻書集存》中，“上”和“篼”的相關記載都僅引用《和名類聚抄》。

棭齋認爲前者是“蜎”的訛字。《慧林音義》中記載“蜎飛上一緣反韻英云蜎蜎蟲貌也”，并引用了陳廷堅所著《韻英》（上田 1984 指出“䶒”的反切和注記在引用的時候多有改變）。之所以記載“音魯”，很有可能是從變形後的字體類推而來的。

後者則被其認爲是從韻書的類例而來的“篼”的“異文”。可能是指字體的訛變形。《蔣魴切韻》的引用中也有變爲“篼”“筧”的字體（“音鯨牛馬口籠也”，直音之“鯨”很可能是由變形的字體類推而來。“篼”則被認爲是其他項目，“唐韻云篼當侯反飼馬籠也”。《大漢和辭典》，上田 1984 等。《龍龕手鏡》中也有記載。古代曾出現類似“鋺”變爲“鋧”，“兜”與“兒”交替互換的現象。圖書寮本《類聚名義抄》中出現的“砙”亦是佚存文字），可見字形的訛變。雖然直音注、類音注基本上都同原書一樣，但至今所見的一部分反切也并不能確定是源自中國的韻書，也可能存在與日本訓讀一樣，來到日本後纔被加注的音。

此後，從平安時代到戰後都一直被不同字典轉載記録，因此如幸田露伴[①]一般，繼續使用這些字的人也絡繹不絶。儘管独自引用《蔣魴切韻》的圖書寮本及觀智院本《類聚名義抄》中有記載，但同時這些字也曾經被認爲是“源自國人的省減筆畫”，所以一直以來都有被視作爲“國字”的情况（參考 山口 1985，頁 123—124，《大漢和辭典》3—258，《國字の字典》等資料）。

《篇海》中“惗”處有“◎ 音濡”之記載，疑衝突 / 巧合。《集韻》的記述有可能些許反映舊韻書的記述的可能性。

“揔”《集韻》去聲沁韻七鴆切　揔扌心 插也。或從心。

“楤”《集韻》去聲沁韻七鴆切　篼 楤，墨漬筆也。或作 楤。

8. 其他

另外，《楊氏漢語抄》（奈良時代養老年間[②]成立收録了兔園册中的口語

① 幸田露伴（1867—1947），日本小説家。

② 養老年間：公元 717 年至 724 年，大致相當於唐朝開元年間。

和俗語，疑是否也收録了日本化的漢字）和《漢語抄》《辨色立成》《新撰字鏡》引用的《本草》《小學篇》和《臨時雜要字》等文獻之外，正倉院文書、金石文、木簡等資料中也可找到上述一類文字。與天武朝[①]的鏡部連石積[②]等人編撰的《新字》四十四卷（和田英松《本朝書籍目録考證》，1936 明治書院，頁 364—366，嵐 2018[③]等）的關係暫不明確。

宋代之後，如同《證類本草》的“鯰”一類，不知是字體的巧合與衝突還是繼承與變化，需要考證和確認文獻傳播情況的字，以及醫書中的“癌”、兵書中的“熕”和道書中的“儮”等字，已明確是并未收録在字典中而通過文獻的引用直接從中國傳來的漢字。

平安時代的日本書籍中，有不少未見於中國字典而直接從漢籍引用而來的字。因中國的文獻散佚或寫本失傳，難以確認這類漢字曾在中國存在過。但仍可列舉以下幾種可能性。

（1）中國創造的漢字：佚存文字的記録

（2）因中國寫本的傳抄錯誤導致的誤記：中國的異體字、錯字的影響

（3）傳來的漢籍的日本寫本、字典的誤記和記憶誤差導致的誤記：日本的異體字、錯字

（4）對傳來的漢籍進行補記、注記時使用的國字、異體字

四、結語

通過本稿的考證，確認了狩谷棭齋的考證水準之高。通過因時代所限，前人未能調查到的資料，修正了先行研究，并且發現了需更新之處。爲究明上述問題，有必要對中日間的書籍和人員、漢字的傳播與繼承、寫本的狀況進行分别且綜合的考證。

近年，日本史學界出現了“畠”爲朝鮮制漢字的意見，但仍有必要綜合字形（是否爲同一文字）和上述的各項，慎重地考證。

① 天武朝：公元 673 年至 686 年，大致相當於唐朝高宗至睿宗時期。

② 境部連石積：又名坂合部石積，日本飛鳥時代的官吏，653 年赴唐朝留學。

③ 嵐義人《余縕孤抄　碩學の日本史餘話》，アーツアンドクラフツ 2018。

爲探明此類漢字和關於中日文獻的查證及出處、傳播、繼承與變化的問題，有必要進行以下三項調查：

a. 提取對應字種

b. 找出全部有關出處名的例子

c. 在 a 的異本、類書的異本中確認

同時利用近年發展起來的各種龐大或個别的資料庫來擴展文字和文獻兩方面的物件。

附記：中文翻譯由早稻田大學研究生邱雨聰、吴瀚，東北師範大學洪仁善副教授主筆。本稿基於 2018 年 11 月 10 日在早稻田大學召開的中日古典學研究會中口頭發表的論文。在此對當時在會上提出寶貴意見的專家們深表謝意。此外，本稿的内容與本人的《創於六朝、隋唐時期存迹於日本的"佚存文字"》("Yicun Wenzi [extant characters] in Japanese lexicon: Exploring characters of historically Chinese origin with evidence from Six dynasties, Sui and Tang dynasties"),《中國文字》(*China*)2019 年第三《域外漢字專刊》論文，重複的地方較多，還有一部分内容是摘自《通過木簡等公開化的研究資源參加誘發型研究スキーム確立による知の展開》(《科學研究費補助金基盤研究[S]》)與《關於文字學的用詞、概念的研究》("東京外國語大學アジア·アフリカ言語文化研究所共同研究員アジア文字研究基盤の構築 2")。

譯者説：爲求表意精准，部分内容仍保留原有字體，未將其譯爲中國繁體漢字；日本專用名詞及中文無相應概念的詞彙，以注脚加之說明。

《日本書紀》的讀法

——以“天子”爲中心

新川登龜男(著)　伊丹(譯)

一、《日本書紀》概觀

本論文關注日本最早的歷史書之一《日本書紀》，就其讀法提出問題，并舉出例證。首先對《日本書紀》進行介紹。於養老四年(720)成書的《日本書紀》是在“日本”境内記録傳承的早期敕撰歷史書。全書由三十卷構成，記録了從神代開始到持統期結束的697年(讓位給文武天皇)爲止的歷史。除此之外，據説還附有世系圖一卷，今已散佚。

全三十卷按如下構成：第一卷、第二卷分别是神代上、神代下，從第三卷開始到第三十卷以編年體形式記録了相應期間内每位“天皇”即位的經過以及即位後的事宜，以“天皇”的駕崩、入葬或者是讓位作爲結束。

從第二二卷的推古開始，每卷對應一位“天皇”，但天武相關的記録有第二八、二九兩卷。第二八卷是關於壬申之亂的記録。於和銅五年(712)成書的《古事記》記録到推古爲止，這可能和《日本書紀》第二二卷(推古)及以後都采用了一卷對應一位“天皇”的編纂方法有關。

另一方面，第三卷是神武卷，其即位的那一年被視爲“天皇元年”。這

作者單位：早稻田大學(名譽教授)

指的并不是年號，也不是僅僅意味着神武的登基。而是指，“天皇”的歷史的“開始”。因此，我認爲從第三卷的神武即位開始就是“天皇”的歷史。這和第一卷、第二卷的神代區别開來，從架構來看，第一卷、第二卷是“神”的時代（天），從第三卷的神武即位開始是作爲“人”的“天皇”的時代（地）。

反過來考慮，例如，神武“天皇”是後來才有的漢風謚號，其名字被認爲是“カムヤマトイハレヒコ”（KAMUYAMATOIHAREHIKO，“神日本磐余彦”），也寫作“ハツクニシラススメラミコト”（HATSUKUNISHIRASUSUMERAMIKOTO，“始馭天下之天皇”）。當然，神武并不是如記述所描述的那樣真實存在的人物，因此，其名字并没有嚴格的説法。這種情況在其他的“天皇”那裏也有存在。

《日本書紀》作爲一本歷史書，研究比較困難，并且可以預計其成書的經過也非常複雜。况且，原書已經失傳，寫本和版本數量衆多，古寫本可以追溯到平安時代（9世紀以後），但現狀是只有部分留存。因此，對於其内容是否可以按照其記載認定爲事實等一系列問題我們都需要持謹慎態度。

這個問題并不只存在於《日本書紀》，作爲歷史記録的史料和事實之間的關係也存在這個問題。但是可以説，《日本書紀》的情況尤其典型。眼前的《日本書紀》是一個考驗，考驗我們怎樣理解歷史、思考歷史。

二、和《日本書紀》之間的各種對話

這樣的《日本書紀》在形式上，記録了到藤原京時代的697年8月，也就是持統（女天皇）讓位於其孫文武爲止的歷史。因此，其記録了七世紀末爲止的歷史。但是，該書最終完成是在平城京時代的元正（女天皇）期，也就是養老四年（720）。這期間有二十餘年的空白，編纂也或有中斷，但是697年以前開始編纂這一點是不容否定的。

這樣來看的話，作爲《日本書紀》記録對象的歷史確實到697年爲止，但其是在經歷了其後的編纂期和完成期的歷史才得以成書的。换言之，《日本書紀》是立足於697年到720年爲止的近現代史，不斷回溯過去而編成的歷史書，同時也是借着過去零碎的記憶和記録，意圖對近現代史進行説明的歷史書。

在其二十多年的近現代史中，制定了大寶律令，重新開始派遣已經中斷了約三十年的遣唐使。除此之外，還斷然實行了平城遷都。歷史發生了巨大的變化。

在這個意義上，很明顯《日本書紀》没有忠實地記録七世紀末爲止的歷史。至少到六世紀末爲止還不存在的"天皇"這一稱號被頻繁地使用，這一點可以説是一個典型例證。

既然如此，我爲什麽還要論《日本書紀》呢。理由比較消極，這是因爲除了《日本書紀》，不存在其他的記録以編年體的體裁梳理歷史，讓我們能够一目瞭然地了解七世紀末爲止的日本列島史。本來還有《古事記》，共三卷，但其記録方式并非編年體所以有些難讀，還欠缺了七世紀的記録。

另一方面，也有積極的理由。明治以後，作爲敕撰的"天皇"史或者是"日本"建國史（國民史），《日本書紀》被給予了很多關注。太平洋戰争結束後，其内容被進行了大量修改，現在的學校教科書裏也有《日本書紀》故事的影響，且其影響範圍并不僅限於教科書。

這裏的問題是，從《日本書紀》開始到七世紀末爲止的歷史事實該如何被復原。確實，在《日本書紀》的後半部分，如實記録歷史事件的部分有所增加。但是這只是部分記録，我們必須注意到這些記録都是經過了斟酌選擇後留下來的。可以説，將《日本書紀》單純地看作是記録了七世紀爲止的歷史叙述這一看法是錯誤的。其原因在于，《日本書紀》是從其成書的八世紀初的近現代史來對七世紀以前的過去的歷史進行重新解釋的第三段歷史。并且，要理解這第三段歷史，迄今爲止的歷史中出現的多種解釋是不可避免的。因此，這種歷史記述和歷史認識之間的多層關係值得我們深究。

也就是説，這是爲什麽選取這些内容進行記録的問題，同時，從記録中删除、或者是隱藏起來的事情必須引起我們謹慎、妥當的深思。我們應該反省把看到的覺得比較可靠的記録直接當成事實的這種一元性思考，重要的是要不斷探究這一記録存在、使其存在的意義和意圖，來不斷地接近歷史真相。

這也是最終編成《日本書紀》的近現代史（八世紀初和十九世紀後半葉以後），和作爲《日本書紀》記録對象的過去的歷史，以及從現在到將來的我們之間的對話。在那裏我們需要思考歷史記録和認識之間的關係。

三、多樣的君主稱號、稱呼和“天子”

本論文的後半部分將舉例説明《日本書紀》是如何認識日本君主的。其實，日本的君主稱呼、稱號多種多樣，并非只有“天皇”一種。因此，本文通過“天子”的稱呼、稱號這一問題來考察《日本書紀》對君主的認識。也就是説，在《日本書紀》所描繪的遣唐使時代（本文稱“後編”）及以前（本文稱“前編”），“天子”這一稱呼、稱號完全不同，我們有必要對其意義作出説明。

《日本書紀》的記録中出現了“天子”，雖然比不上“天皇”一詞出現的頻率，但是也不容忽視。從“天子”一詞所出現的記録中，我們可以側面解讀到720年爲止都固定不變的“天皇”這一稱號及其重要意義。

值得一提的是，日本歷史上，從古代後期開始一般就不使用“天皇”這一稱號了。與此相對，“天子”這一稱呼被長期使用，一直延續到近代。到了明治建國的時候，“日本”應該采用什麽君主稱號這一問題引發了各種討論，結果是“天皇”的稱號依法再度登場。其實，這是普通人并不熟悉的稱號。“天皇”這一稱號在日常生活中頻繁使用，可以説是從太平洋戰争結束後（新憲法下）開始。

另一方面，往上追溯，於和銅五年（712）成書的《古事記》裏并没有出現“天子”的表述。作爲替代，在其序文裏提到日本的君主時使用了“天皇”“皇帝（陛下）”“聖帝”“皇輿”等詞語。但是，在《古事記》正文中，除了少數例外，始終没有出現包含“皇”字的其他詞語（如“皇后”“皇太子”“皇子”“皇女”等），只有“天皇”這一稱號被頻繁使用。反過來説，結合對“皇”字相關價值體系的强烈堅持，使用“天子”這一表述，是《日本書紀》的一個特徵。

此外，大寶元年（701）頒布的日本令（大寶儀制令天子條）中，在君主稱號以及稱呼部分，依次列出了“天子”“天皇”“皇帝”“陛下”“太上天皇”“乘輿”“車駕”。其中，“太上天皇”在大寶令中是否存在有争議。但是，不論如何我們可以了解到，日本的君主稱號、稱呼并不僅限於“天皇”，而是非常多種多樣。這種多樣性一直延續到了近代。

其實，這種多樣的規定是受到了唐令的影響。在唐令中，君主稱號、稱呼的部分依次列舉了“皇帝、天子”“陛下”“至尊”“乘輿”和“車駕”。但是，日本令并不是完全照搬唐令，不説“太上天皇”的問題，首先，①“至尊”這一稱呼被删除了。關於這一點，在《日本書紀》神代上的注釋中，“至貴”被表述爲“尊”，除此之外都記録爲“命”，讀法在日語中都是“ミコト（MIKOTO）”。從這裏可以看出漢字文明和非漢字文明之間的多重關係以及相關的認識。

接下來，日本令中追加了②“天皇”。在這之前的七世紀，“天皇”一詞就已經能在日本史上尋見端倪（奈良縣飛鳥池遺迹出土木簡“天皇聚□（露）弘寅□”）。現在，作爲法律規定得以確認的“天皇”稱號，就是源於大寶令。當然，“天皇”這一詞語源於中國，其是否就這樣直接變成了日本的“天皇”稱號還存在疑問。與此相關，圍繞“天皇”稱號的成立年代也有各種争議，但是大多只對其成立的時期進行了考察，并没有對其歷史意義進行充分的論述。

此外，③唐令中記録在一起的“皇帝、天子”在日本令中被分離開來。也就是説，在唐令中“夷夏通稱之”（和現實有不同），在日本令中，“天子”是“祭祀所稱”，“天皇”是“詔書所稱”。這是非常大的不同。并且，與唐令不同的是，日本令把“天子”放在第一個。并且，在大寶令的注釋《古記》中，スメミマノミコト（SUMEMIMANOMIKOTO，“須壳彌麻乃美己等”）的漢字對應爲“天子”，スメラミコト（SUMERAMIKOTO，“須壳良美己止”）的漢字對應爲“天皇”（參考喪葬令服紀條。唐玄宗將スメラミコト（SUMERAMIKOTO，“須壳良美己止”）理解爲“日本國王”）。

那麽，在多種多樣的君主稱號、稱呼中，“天子”又是如何出現在《日本書紀》中的呢。在這裏我介紹一個相關事例，指出這個問題。

四、《日本書紀》後編中的“天子”

按《日本書紀》的編年基準，“天子”在前編和後編中出現的方式有很大不同。我們先看後編。這裏的後編指的是與唐開始邦交這一階段的記録，也就是指第二三卷的舒明紀四年（632）以後。

在後編中，基本上將唐的君主（太宗、高宗）稱爲“天子”，没有找到將日本君主（天皇）稱作“天子”的記録。在這種情况下，“天子”依據的是唐（中國）方面的“夷夏通稱之”這一認識，而不是日本方面“祭祀所稱”的認識。

但是，在後編中有兩個例外。首先是①齊明五年（659）是歲條的“天子崩兆”。這裏的“天子”很明顯指的并不是唐高宗，而是齊明（女天皇）。也就是説，命令出雲國造修建“神之宫”時，發生了一系列不吉之事。注釋中稱是“天子崩兆”。

這裏的“天子”，應該指的是“祭祀所稱”這一認識。但是，并不只是停留在祭祀，而是表明了至今仍未確定，且不斷動摇的“天孫”（スメミマ=，SUMEMIMA，“須売彌麻”）認識的危機與不安，同時特意使用了“天之子”這一誇張的説法。當時，東北亞正面臨着危機。

接下來，是②皇極四年（645）六月戊申條中的乙巳之變（蘇我入鹿暗殺事件）的記録。也就是説，借着入鹿和中大兄的發言，“天子”即“天之子”“天宗”“天孫”到底指的是誰、指的是怎樣的人或集團，這些都是問題所在。在這裏也是，所謂的“天孫”没有定下來，并且有數位候選人存在，“嗣位”（也就是“天皇”之位）的選拔成爲了問題。總之，“天子”的稱呼是在危機中出現的。

五、《日本書紀》前編中的“天子”

相對於上面的後編，前編是以遣唐使時代以前爲對象的記録。在這裏，能頻繁看到將日本的君主表述爲“天子”的記録。相反，却没有將中國的君主稱爲“天子”的表述。只是有一個例外，在神功攝政三九年條中，注中引用了《魏志·倭人傳》，將魏國的君主稱爲“天子”。

没有將中國的君主表述爲“天子”，最開始可能是和兩國之間的來往較少有關。五世紀及以前兩國之間雖然并不是全無交流，但是也確實没有具體記録中國方面的王朝名和君主名（稱號）。

但是，即使是在前編所屬的以遣隋使時代爲對象的記録中，《日本書紀》中也没有將隋朝的君主（隋煬帝等）記録爲“天子”。可以説，僅僅是將隋王朝稱爲“唐”，將其君主稱爲“唐帝”“西皇帝”等。相反，將日本（倭）的君主記録爲“倭皇”“東皇帝”等。即使在《日本書紀》中，這也是一種非常獨特、非常例外的時代記述、時代認識。將《日本書紀》編纂時期的對唐關係的現實，借由并不存在的隋，或者借由被唐所滅的隋，意圖展現出一種假想的對唐關係。對於這一點，應該結合《隋書· 倭國傳》中所記録的“天子”的用法一起來進行討論。

不管怎麽説，《日本書紀》前編和後編中對於“天子”的記載呈現出了完全不同的樣態。在此情况下的前後編的分界，分爲遣唐使時代記録之前和之後。

那麽，《日本書紀》前編中將日本的君主表述爲“天子”是在何種情况下呢。對於這一點，不同的版本稍有混亂，但可以看出將最初的“天子”改爲“天皇”的傾向。這是因爲，當初“天子”認識確立的歷史已被忘却，可以説“天子”的稱呼變得日常化，反而“天皇”的稱呼變得特殊了起來。下面我會介紹“天子”相關的例子，如果古寫本《日本書紀》中存在，我會優先采用其記述。

第一個是顯宗即位前紀的“百官大會，皇太子億計，取天子之璽，置之天子之坐，再拜，從諸臣之位曰，此天子之位，有功者可以處之”（宫内廳書陵部本）（兼右本中“天子”全部寫作“天皇”）。這是哥哥億計（後面稱作仁賢）讓位給弟弟弘計（顯宗）的場面，模仿了《藝文類聚》卷二一《人部》“讓”所收的“周書曰（中略）三千諸侯大會，湯取天子之璽，置之天子之坐，再拜，從諸侯之位，湯曰，此天子之位，有道者可以處之（後略）”。

第二個是顯宗二年八月己未朔條的“况吾立爲天子，二年於今矣”（書陵部本），這是援用了《漢書· 高帝紀》高祖十二年三月詔的“吾立爲天子，帝有天下，十二年於今矣”。

第三個是繼體元年二月甲午條的“大伴金村大連，乃跪上天子鏡刃璽符，再拜”（尊經閣文庫前田家本）（兼右本中“天子”的“子”旁寫着“皇イ”），這也是模仿了《漢書· 文帝紀》（即位前）的“太尉勃乃跪上天子璽”和“臣謹奉天子璽符再拜上”（和《史記· 孝文本紀》内容幾乎一致）。

第四個是安閑元年七月辛巳朔條詔“皇后，雖體同天子，而内外之名殊隔”，這是援用了《後漢書·皇后紀》上的“後正位宫闈，同體天王”(《文選》卷四九所收的範曄撰《後漢書皇后紀論》、《藝文類聚》卷一五“后妃”所收的《宋範曄皇后紀論》内容一致）。

第五個，是履中五年十月甲子條的“爾，雖車持君，縱檢校天子之百姓，罪一也”（書陵部本）。這一記述的出典還未有定論，“罪一也”在上面提到的《漢書·高帝紀》高祖四年十月條中也能看到相關用法（一直到“罪十也”，參考《史記·高祖本紀》)。此外，同書宣帝紀元平元年七月條的“奉承祖宗，子萬姓”有顔師古注“天子以萬姓爲子，故云子萬姓”。“天子之百姓”可能由來於顔師古注。

參照以上，可以説《日本書紀》前編的“天子”的表述基本上全部模仿了中國的文本。也就是説，指代中國王朝君主的“天子”（也有部分作“天王”）被全部替换成了日本的君主稱呼。

對於這種替换，可以説經由中國方面的文本，使原本記録内容非常匱乏的前編得到了不少潤色。但是相反，因爲表述爲“天皇”的部分非常之多，所以其中專門記録爲“天子”這一選擇應該存在某種意圖。此外，《日本書紀》不用説是遣唐使時代的産物，其前編的時代設定却没有局限於和唐之間的現實邦交及國際關係。因此，日本方面的“天子”認識，對於“天皇”觀念是如何形成的等問題進行了匯總、抽象的反證，值得引起我們的關注。

從這個意義上來看，我們應該更加關注《日本書紀》前編中的“天子”一詞被替换的問題。我們也應該反省之前的固有觀念，没有把潤色性的表述當作問題來看待。

六、結語

“天皇”的出現和存在繼承，是解讀日本歷史深層問題的一把鑰匙。事實上，其問題也不僅限於日本歷史。《日本書紀》是探究這些問題的重要的原點（也是原典），同時借由歷史記述，我們可以思考《日本書紀》究竟是怎樣的一部作品。關於“天子”用法的探討，可以説是一個有效的綫索。這些問題都值得我們去冷静地思考。

南齊武帝的瑞石像與吉野寺放光樟像

肥田路美（著）　馬歌陽（譯）

序

吉野寺放光樟像的記載見於《日本書紀·欽明紀》十四年（553）夏五月條。本條不僅記載了位於奈良吉野郡的吉野寺（比蘇寺、現光寺）的緣起，也是日本最早關於佛像製作的故事。

> 十四年（略）夏五月戊辰朔，河内國言，泉郡茅渟海中有梵音，震響若雷聲，光彩晃曜如日色。天皇心異之，遣溝邊直此但曰直不書名字，蓋是傳寫誤失矣。入海求訪。是時，溝邊直入海，果見樟木浮海玲瓏，遂取而獻天皇。命畫工造佛像二軀，今吉野寺放光樟像也。

欽明天皇聽聞關於泉郡茅渟海（今大阪灣）出現不同尋常的聲音和光的上奏後，派人調查之際，得到了從海中浮現出并散發着光芒的樟木。於是天皇命畫工用得到的樟木製作了兩尊佛像，這就是所謂的吉野寺“放光樟像”。這裏值得注意的是，佛像的稱呼未使用“釋迦”或“觀音”等佛名，而是用了説明材質的“樟”以及“放光”的特徵。

相似的記載也見於《日本靈異記》上卷第五緣。

作者單位：早稻田大學文學學術院　譯者單位：早稻田大學文學研究科博士後期課程

敏達天皇之代，和泉國海中有樂器之音聲。如笛箏琴箜篌等聲。或如雷振動。晝鳴夜耀，指東而流。大部屋栖古連公聞奏。天皇默然不信。更奏皇后。聞之詔連公曰，汝往看之。奉詔往看。實如聞有當霹靂之楠矣。還上奏之，泊乎高脚浜。今，屋栖伏願應造佛像焉。皇后詔，宜依所願也。連公奉詔大喜，告嶋大臣以傳詔命。大臣亦喜，請池邊直冰田雕佛，造菩薩三軀像，居於豐浦堂，以諸人仰敬。（下略）

《日本書紀》中記發願人爲天皇，但這段記載中天皇并未相信上奏，而是在皇后（即之后的推古天皇）關注後，大部屋栖野古受詔與蘇我馬子一同發願，由工匠池邊直冰田雕造了三軀菩薩像。此外，晝鳴樂聲夜晚閃耀并從大阪灣向東漂流的是"被霹靂擊中的楠木"。

關於吉野寺放光樟像的緣起，津田左右吉認爲其是根據梁《高僧傳》等散見於各文獻中有關在海中得阿育王像或佛光這一記載爲母本而産生的[①]，山口敦史則認爲其來源於"水中出佛像"這一類型的叙事[②]。這兩種觀點都没能説明故事的關鍵點。也就是，漂浮在海中的并不是佛像，而是之後被拿來製作成佛像的木材，在以上兩段引文中，木材的種類爲"樟"或"楠"，事實上，七世紀日本製作的木質佛像確實幾乎全部都是使用了這一被稱爲"楠"的樟屬（Cinnamomum）木材。

在中國也有用海中漂浮的原材料來製作佛像的叙事，其中沈約（441—513）在《瑞石像銘并序》中記載的南齊武帝的瑞石像就是代表之一。這則記載中浮現在海中的并非是木材，而是石材。但是正如藪田嘉一郎在1960年的論文中就已指出的"吉野寺樟像的傳説是根據南齊武帝永明七年漂浮在浙江的瑞石并以瑞石雕刻佛像這一故事爲原型而産生的"[③]，筆者也推測這則瑞石像的故事影響了有關吉野寺緣起的記載。

有關吉野寺的緣起，研究歷史悠久，在歷史學、佛教史、文學、美術史

① 津田左右吉《日本古典の研究（下）》，《津田左右吉全集》第二卷，東京：岩波書店，1950年。

② 山口敦史《仏教東漸と阿育王伝承 —— 日本霊異記上卷第五緣〈吉野寺緣起〉の思想》，《日本文學》第四三卷十號，1994年，頁36。

③ 藪田嘉一郎《日本上代仏像彫刻に樟材を用いた理由（新稿）》，《史迹と美術》第三十輯十一號，1960年，頁441。

等多方面已積累了豐富的成果，然而關於南齊武帝的瑞石像，至今未見專門研究。南齊武帝瑞石像的這一記載，將佛教的要素添加到中國本土的祥瑞思想中，在現有文獻中可謂是非常早的資料，同時作爲被正史收録的祥瑞事例也值得關注。那麽，這尊瑞石像如何被記録，又爲何會被看作爲佛教的祥瑞，及與日本吉野寺放光樟像有何種關係。本文針對以上三個問題闡述己見。

一、有關南齊武帝瑞石像的記載

沈約《瑞石像銘并序》收録在初唐道宣《廣弘明集》卷十六“佛德篇”中。同篇共收録了十首由沈約撰述的寺刹像等的銘文，這篇是其中的一首。《大正新修大藏經》所收原文[①]如下：

> 夫靈應微遠，無迹可追。心路照通，有感斯順。我皇體神禦極，把睿臨乾，幽顯成帙，無思不服。若夫二儀協德，五精翼化。下洞淵泉，上達蒼昊。天無息瑞，地不湮祥。十住髣髴於林衡，應真肹蠁於清夜。素毫月舉，騰光於梵室。妙趾神行，布武於椒殿。至於事符緗諜既表禎圖，無不雲霏霧委盈簡被策。莫黑三距，眇千齡而再現，膏露淳腴，望鳳蓋而沾陛。此皆舜日未書，堯年罕降。豈直朱烏動色，玄秬相趣而已哉。嘉玉遠自北戎，梁弱水而委質。潤徹瑰奇，曠世之所不睹。白金近發東山，剖幽巖而啓瑞。滂被崖巘，鴻靈之所未刊。雖複素環之絶貺，燭銀之瑶寶，萬斯蔑如也。若夫金石具剛非遊泳之質。自非霈德潛衍感極迴靈，豈變堅沉之體，顯輕浮之相。
>
> 維永明七年某月。爰有祥石，眇發天津，浮海因潮，翻流迴至。表異浙河，獻奇禁圃。瓊瑜等潤，精金比色。帝上眷幽關之易啓，諮玄應之無方。雖析事寂寥，而因心咫尺。愛其貞恒之性，嘉其可久之姿。莫若圖妙像於旃香，寫遺影於祇樹。乃詔名工，是鐫是琢。靈相瑞華焕同神造。至於雕削之餘遺刊委斫，方圓小大觸水斯沉。駐罕停蹕，親加臨試。

---

① 根據《大正新修大藏經》卷五二中所收原文的校勘記，以及《國譯一切經和漢撰述部 護教部二》（東京：大東出版社）所收太田涕藏對《廣弘明集》的譯注，做出若干修改。

良由法身是托，不溺沉玉之淵。剖析既離，方須浮金之水。至矣哉禎符若斯之妙也。敢銘寶旣，永福天人。其詞曰：

遥哉上覺，曠矣神功。四禪無像，三達皆空。表靈降世，演露開蒙。惟聖仁宇，寶化潛融。道非迹應，事以感通。沉精浮質，遠自河蒽。悠悠亘水，眇眇因風。泛彼遼碣，瑞我國東。有符皇德，乃眷宸衷。永言鷲室，棲誠梵宫。載雕載範，寫好摛工。藉兹妙力，祚闡業隆。冕旒南面，比壽華嵩。

這是一篇文辭優美的駢體文，説明了漂浮於浙河之中的神秘石頭出現在浙江後，皇帝用此石雕造佛像的原委。由引文可知，永明七年（489）某月，“祥石”乘天河之潮降至浙江後，被獻到宫廷中。這塊石頭如玉般潤澤，色美可與金比肩。南齊武帝（蕭賾，483—493在位），因其“貞恒之性”“可久之姿”，即堅固且亘久不變，故十分喜愛，遂模仿優填王用栴檀香木製作最早的佛陀之像等故事，也命能工巧匠雕刻佛像。製成的佛像之貌如同神造。這段記述中特别值得玩味之處是，製作佛像剩下的碎石塊無論形狀大小，全部沉入了水中，而當武帝親自嘗試將佛像放入水中後，像却未沉底。也就是説，能浮出水面的原因并不是石頭本身的不可思議的靈性，而是佛之法身潛藏在石頭之中。

在幾乎同時代蕭子顯（487—537）撰述的《南齊書》卷十八“祥瑞志”中亦有關於這一瑞石的記載：

（永明）七年，主書朱靈讓於浙江得靈石。十人舉乃起。在水深三尺而浮。世祖親投於天淵池試之。刻爲佛像。

這則記載非常簡潔，但明確地記下了發現瑞石的人是主書朱靈讓。主書是隸屬於中書省、秘書閣的下級官吏。靈石雖需十人才能够舉起，但却浮出僅有三尺深的水面，這裏十分具體地描寫了巨大的石塊漂浮於水面這一不可思議之事。世祖，即南齊武帝也親自將其投入天淵池，試試石頭究竟能否浮出。自曹魏在洛陽建立華林園這一御苑以來，歷朝歷代的御苑都設有天淵池。建康城華林園中的天淵池引玄武湖水而建造。《建康實録》卷十二太祖文皇帝元嘉二十三（446）年條引《地輿志》述，作爲東晋及劉宋時期重修孫吴朝宫苑的一環，宋元嘉二十二年大規模鑿池并命名爲“天淵”。武帝親證石頭浮於水面後，遂命人雕刻了佛像，這和前引沈約《瑞石像銘并序》中的順序雖不一致，但兩則記載都叙述了瑞石像故事中的若干要點，即皇帝對瑞石産生關注，在親自確認了神秘的現象後，敕令製作了佛像。

時移初唐，道世撰《法苑珠林》卷十二中有更爲詳細的記載[①]。其收録在“千佛篇·感應緣”的十二條靈驗之中，以下爲其中題爲“西晋海浮維衛迦葉二石像”的一部分。

> 至齊永明七年，又有瑞石浮海來入吴境。質堅貞固光采鮮潤。駕潮截瀾泛若松舟。時主書朱法讓，即先獲石像朱應之曾孫也。被使至吴，獲石獻台。是時齊武皇帝，初建禪靈重構七層將美莊嚴。而瑞不遠至，協時應機。朝士僉議以爲宜矜妙睨，式彰法身。乃命石匠雷卑等造釋迦文像身。坐高三尺五寸，連光及座通高六尺五寸。盡鐫琢之奇，極金鏤之巧。克孚顯相，允副幽禎。竊惟，石性本沉神感則浮。越海適吴隔代薦至。雖古今異造，而總歸七佛。獲瑞之人複緣朱氏，祕契冥期終始如一。故追序前事以表厥證。宋世所獲二石像，立高七尺。銘其背上，一名維衛佛，二名迦葉佛。莫識年代而字分明。在吴郡通玄寺。齊威[②]所造瑞石像，舊在禪靈寺。

南齊永明七年（489），“瑞石”浮出海面并進入吴郡（浙江）。乘海潮而來的“瑞石”如同泛輕舟，石質堅固而光彩鮮潤。主書朱法讓在出使浙江之時得此瑞石并獻給武帝。在前引《南齊書》中，朱法讓記爲“朱靈讓”，是西晋時於吴郡獲“浮江石像”朱應的曾孫。

其時，武帝恰修建了禪靈寺的七層塔，瑞石自遠方而來可謂是應時機之物。百官皆認爲此乃爲天賜，故武帝命石匠雷卑造含背光及台座總高六尺五寸，坐高三尺五寸的釋迦像。

① 《大正新修大藏經》卷五三，頁 379c。

② 根據文脉可知，“威”爲“武”的誤字。

關於“禪靈寺”,《南齊書》卷十九“五行志”中記永明年間,“世祖起禪靈寺。初成,百姓縱觀。或曰,禪者授也,靈非美名,所授必不得其人”。費長房《歷代三寶紀》卷第三“帝年下”永明六年(488)條記“禪靈寺刹上放光”,這也旁證了《法苑珠林》中永明七年武帝已創建了禪靈寺的記載。瑞石像雖安置在禪靈寺中,但《法苑珠林》的記載末尾僅述“舊在禪靈寺”,未明確説明道世撰述之時,即七世紀前半葉瑞石像的所在。與此相關,《南史》卷七“東昏侯紀”中“禪靈寺塔諸寶珥,皆剥取以施潘妃殿飾”,南齊第六代皇帝東昏侯蕭寶卷(498—501在位)是有名的暴君,他命人將莊嚴禪靈寺堂塔的寶玉剥下來裝飾寵妃潘貴妃的宫殿。另,《梁書》卷第四十八“諸夷傳”中,東昏侯爲給潘貴妃製釵釧,毁掉了東晋時獅子國的朝貢并號稱建康南郊瓦官寺三絶之一的玉佛像,因此可以想象禪靈寺瑞石像有可能在製成僅十餘年後就被東昏侯損壞。

《法苑珠林》的這一記載中,與前引兩則記載不同,詳細地記下了製作佛像的石匠的姓名,及像的尺寸。一般來説,一則故事在流傳過程中隨着時間的推移,其中的描寫會越來越具體且詳細,因此難以認定《法苑珠林》中的記載就是事實。姓名爲雷卑的石匠未見於其他資料之中,而且記録下來工匠的姓名也實屬罕見,因此其真實性值得懷疑。但這一記載也包含了能够確認的内容。南朝的二文獻中僅説石像是“靈相”或“佛像”,而《法苑珠林》中則明確地説是“釋迦文像”。

“釋迦文”爲釋迦牟尼的另一種記法。在中國,這一名號伴隨着銘文一同出現在佛教圖像中的最早實例是甘肅省炳靈寺石窟第169窟西晋時期第11號壁畫的墨書榜題。高句麗德興里壁畫墓墨書墓志銘中也可確認“釋迦文佛”這一佛名。以此二者爲嚆矢,南北朝時期記有“釋迦文佛”的造像記爲數衆多。根據田村圓澄①、大西修也②的研究,這些造像記與從《增一阿含經》中抄出的竺法護譯《彌勒下生經》、失譯《彌勒來時經》二經的流行有關,“釋迦文佛”這一稱呼出現於彌勒下生信仰的流行之中,并藴含有作爲過去佛的

① 田村圓澄《古代朝鮮仏教と日本仏教》,東京:吉川弘文館,1980年。

② 大西修也《釋迦文佛資料考》,《佛教藝術》第一八七號,1989年,頁61—74。

釋迦之意而被使用。《法苑珠林》的記載中“式彰法身”一句，可解釋爲本不可見的佛之法身，用瑞石來表現成可見之形姿。

在七世紀的文獻中，記瑞石像爲“釋迦文像”，并非没有根據。活躍於南齊武帝時期的僧祐著《法苑雜緣原始集》中，瑞石像被記爲“釋迦瑞像”。

二、《法苑雜緣原始集》所收“雜圖像”的目録

活躍於南齊至蕭梁時期的僧祐（435—518）是致力於弘揚十誦律的律學大家，同時作爲佛教史家亦留下了偉大的足迹。衆所周知，其代表作《出三藏記集》是中國現存最早的經録，成書年代爲梁天監九年（510）至十七年[①]。卷第十二[②]收録了僧祐爲自己的著作所寫序文及目録，其中有“《法苑雜緣原始集》十卷”。《法苑雜緣原始集》現僅目録傳世，但從目録來看，其應爲類書，題爲“雜圖像”的第八卷和第九卷中收集了自東晋至僧祐時期的歷代著名佛像的緣起。全文[③]如下：

長干寺阿育王金像記第一
吴郡臺寺釋慧護造丈六金像記第二
瓦官寺釋僧供造丈六金像記第三
荊州沙門釋僧亮造無量壽丈六金像記第四
宋孝武皇帝造無量壽金像記第五
宋明皇帝造丈四金像記第六
定林獻正於龜兹造金搥鍱像記第七
林邑國獻無量壽鍮石像記第八
譙國二戴造挾紵像記第九
宋明帝齊文皇文宣造行像八部鬼神記第十
晋孝武世師子國獻白玉像記第十一

① 小野玄妙編纂《佛書解説大辭典(改定版)》，東京：大東出版社，1964—1988年。根據其中所載林屋友次郎的解説。

② 《大正新修大藏經》卷五五，頁82b—94c。

③ 《大正新修大藏經》卷五五，頁92b—92c。其中一部分文字改爲通用漢字。

宋明帝陳太妃造白玉像記第十二
河西國造織珠結珠二像記第十三
齊武皇帝造釋迦瑞像記第十四
　　右十四首雜圖像上卷第八

齊文皇帝造白山丈八石像并禪崗像記第一
太尉臨川王成就攝山龕大石像記第二
齊文皇帝造栴檀木畫像記第三
河西釋慧豪造靈鷲寺山龕像記第四
宋明帝陳太妃造法輪寺大泥像并宣福卧像記第五
齊文皇帝造繡丈八像并仇池繡像記第六
禪林寺净秀尼造織成千佛記第七
宋略昭太后造普賢菩薩記第八
光宅寺丈九無量壽金像記第九
婆利國獻真金像記第十
皇帝造純銀像記第十一
佛牙并齊文宣王造七寶台金藏記第十二
　　右十二首雜圖像下卷第九

卷上和卷下共收集了二十六條佛像的緣起，且每一條都寫明了造像主、所在寺院等信息。像這樣集成了各地實際存在的各種佛像緣起的文獻，還可舉出道宣（596—667）晚年麟德元年（664）所著《集神州三寶感通録》的中卷“靈像垂降篇”。此中卷集合了從東漢至道宣生活的初唐時期各地備受信仰的五十尊佛像及關於這些佛像的緣起。作爲南山律宗的開山祖師，同時也是傑出的佛教史家，道宣因敬仰僧祐而立志承其遺志，在僧祐留下《弘明集》《出三藏記集》《釋迦譜》等著作後，有意識地撰述了《廣弘明集》《大唐内典録》《釋迦氏譜》，因此道宣也會將僧祐的“雜圖録”放在心上，并以此來進行《集神州三寶感通録》的執筆。

另一方面，兩者之間形式上的差異也顯而易見。《集神州三寶感通録》中，包含五十條緣起的目録，以“何時代（朝代）＋何地＋何像”的形式，按照時間順序從先到後整齊地排列記録。僧祐的“雜圖像”則并不按時間順序排列。因此，乍看之下似乎隻是毫無規則列舉，但這一目録的要點是，像由何人所造，及由何物所造。特别是像的材質爲决定最終排列順序的關鍵因素。

首先，卷上開篇的“長干寺阿育王金像記”至“宋明皇帝造丈四金像記”這六條，均爲“金像”。卷下第九“光宅寺丈九無量壽金像記”、第十“婆利國獻真金像記”也是與“金像”有關的緣起。這樣一來，或許會産生目録并不一定是按照佛像材質的順序來排列的觀點。但是，一般被稱爲“金像”的像，有銅鑄造後在其表面鍍金的“金銅像”和純金製造的像兩類。二者從外觀上來看，佛的肉身及服飾都呈現金色，這是有意地在表現如來身體特徵的三十二相好中最重要的金色相，而純金製像的價值遠高於銅製像。“雜圖像”目録卷下第十尊像特意寫明了“真金”，且其後的第十一尊像爲“皇帝造純銀像記”，亦表明了此像是純銀所製。因此卷下的第九和第十條毫無疑問是關於純金製像的。而卷上的六條“金像”，應指“金銅像”。其判斷依據，通過下文與銅製像有關的記載來進行論述。

關於卷上第四“荊州沙門釋僧亮造無量壽丈六金像”的詳細内容，在慧皎《高僧傳》卷十三“興福篇·釋僧亮傳”中有所記載。

> 釋僧亮，未知何人，少以戒行著名。欲造丈六金像，用銅不少，非細乞能辨。聞湘州界銅溪伍子胥廟多有銅器，而廟甚威無人敢近。亮聞而造焉，告刺史張邵借健人百頭大船十艘。邵曰：廟既靈驗，犯者必斃；且有蠻人守護，詎可得耶？亮曰：若果福德與檀越共，如其有咎躬自當之。邵即給人船。三日三夜行至廟所。亮與手力一時俱進，未至廟屋二十許步，有兩銅鑊容百餘斛，中有巨蛇長十餘丈出遮行路。亮乃正儀執錫，咒願數十言。蛇忽然而隱。俄見一人秉竹笏而出，云：聞法師道業非凡營福事重，今特相隨喜。於是令人輦取。廟銅既多，十不取一而舫已滿。唯神床頭有一唾壺，中有一蝘蜓長二尺許，乍出乍入。議者咸云：神最愛此物。亮遂不取，於是而去。遇風水甚利。比群蠻相報追逐，不復能及。還都鑄像既成。（下略）

僧亮發願造立“丈六金像”，因“用銅不少”，聽聞伍子胥廟中銅器頗多，前往取得了一艘船的銅器後返回都城并完成了像的鑄造。因此，像雖被稱爲“金像”，實爲銅製。這則記載中，伍子胥廟的守護者是巨蛇所化手持竹笏的男子，他稱贊僧亮道業非凡，并“隨喜”提供了造立佛像的材料以資福德。

另，“雜圖像”卷上第六“宋明皇帝造丈四金像”，在《高僧傳》的“興福篇・釋法悦傳”[①]中亦有相關内容。

> 又昔宋明皇帝經造丈八金像，四鑄不成，於是改爲丈四。悦乃與白馬寺沙門智靖，率合同緣欲改造丈八無量壽像以申厥志。始鳩集金銅，屬齊末世道陵遲。復致推斥，至梁初方以事啓聞。降敕聽許，并助造光趺，材官工巧隨用資給，以梁天監八年五月三日於小莊嚴寺營鑄。匠本量佛身四萬斤銅，融瀉已竭尚未至胸。百姓送銅不可稱計，投諸爐冶隨鑄而模内不滿。猶自如先又馳啓聞。敕給功德銅三千斤。台内始就量送，而像處已見。羊車傳詔載銅爐側。於是飛鞴消融一鑄便滿，甫爾之間人車俱失。比台内銅出方知向之所送信實靈感。工匠喜踴，道俗稱贊，乃至開模量度乃踴成丈九。（下略）

宋明帝劉彧（465—472 在位）四次嘗試鑄造高一丈八尺的“金像”，都以失敗告終，故將像降至一丈四尺。法悦爲實現明帝之志，萌生了改造一丈八尺無量壽佛（即阿彌陀佛像）的想法。南齊未完成之業，至蕭梁再次進行時，工匠預估鑄造佛身需四萬斤的銅，但全部溶解後也未至像的胸部。梁武帝蕭衍聽聞此事的上奏後，敕給功德銅三千斤。從台城運出這些銅之前，使者神奇地出現在銅爐的旁側，并將鑄造所需銅一次性地投入鑄範中。測量鑄成的佛像時，發現像增高至一丈九尺。工匠們、出家人、在家人在得知比起武帝命人搬運，銅率先到達這一不可思議的感應時心生喜悦贊嘆。

“雜圖像”雖記宋明帝造一丈四尺的“金像”，但從法悦爲改造佛像而收集金、銅，可知此像應該是銅鑄造的鍍金像。這條記載的核心是銅像鑄造雖困難，但梁武帝仍至誠保證銅的充足并最終鑄造成功，因而宋明帝最初所造

① 《大正新修大藏經》卷五十，頁 412c—413a。

"金像"也應該是銅製鍍金的金銅像。

此外，這則記載中還有一個要點，就是在製作佛像時對於材料的重視。選擇合適的造像材料當然是造像能否成功的必要條件，而爲政者的篤信之心促進了材料更快地完成調度，表現成"實靈感"。這點在後文中論述南齊武帝瑞石像及吉野寺放光樟像時，也有所涉及，需引起注意。

如上所述，"雜圖像"卷上開篇部分的"金像"中至少有兩尊是銅製鍍金像，因此餘下的長干寺阿育王金像等四尊像也同樣可以認爲是金銅像。

然而關於卷下第九"光宅寺丈九無量壽金像記"，尚有一問未解明。筆者在前文中認爲卷下最後列舉的兩尊像，與卷上的六尊"金像"不同，是純金製像，而此光宅寺丈九無量壽像，實際上就是前述以梁武帝的功德銅所造之像。前引"釋法悦傳"的後續，法悦在佛像完成前圓寂，之後造像的工作恰被委任於僧祐。完成的佛像被搬至光宅寺并安置其中。因此，僧祐應該比任何人都了解這尊"無量壽金像"，那麽，他爲什麽把這尊像與其他金銅像區分開來，并歸入真金像之中？理由推測爲以下兩點：其一，這尊像備受當時的皇帝梁武帝推崇，列入真金像中是對統治者的尊崇及特殊照顧；其二，這尊無量壽像在當時被譽爲"自葱河以左，金像之最唯此一耳"①。如字面之意，這是一尊超越其他佛像，擁有獨特地位的像。

"雜圖像"卷上的六尊"金像"之後，是第七"定林獻正於龜兹造金搥鍱像"，及第八"林邑國獻無量壽鍮石像"。"搥鍱像"在日本被叫做"押出佛"。其製作過程是將薄銅板放置在淺浮雕的模子上，通過錘打模子，使銅板上浮現出相同的圖案，最後在銅板的表面鍍金。《出三藏記集》卷二中記載，南齊武帝時，獻正遊歷西域于闐、高昌，得到胡本的"觀世音懺悔除罪咒經"和"法華經提婆達多品"後帶回建康并將二經譯出②，這可以旁證西域龜兹國造搥鍱像。第八尊由林邑國獻上的無量壽鍮石像是真鍮，即黄銅製佛像。這兩尊像也爲金屬製，故排列在金銅像之後。

第九"譙國二戴造挾紵像"，是東晉末年戴逵（安道）、戴顒父子使用夾

① 《高僧傳》卷十三"釋法悦傳"最末一句。

② 《大正新修大藏經》卷五五，頁 13b。

紵法，即脱活干漆法製作的佛像。法琳《辯正論》卷三“十代奉佛篇上”中：

晋常侍戴安道，學藝優達，造招隱寺。手自製五夾紵像。并相好無比，恒放身光。

這五尊夾紵像，應該就是《法苑珠林》卷十六“戴逵又造行像五軀，積慮十年，像舊在瓦官寺”中提到的“五軀”像[①]。文中的“行像”是指在寺院外遊行的宗教儀式中使用的安置在轎子或花車中的佛像。行像大多使用質地輕且體積大的夾紵像[②]，因此接下來的第十“宋明帝齊文皇文宣造行像八部鬼神”，即宋明帝、南齊文皇帝（文惠太子蕭長懋）、文宣王蕭子良所造行像用的“八部鬼神”，應與戴逵父子造行像一樣都是夾紵像，故一并列出。八部鬼神是護持佛法的善神，由古代印度及中國本土的諸多自然神、動物神、鬼神等構成，在日本現存被稱爲“天龍八部衆”的八尊或二十八尊群像的實例。但這種群像中像的種類及數目本來就比較自由，因此明帝等三人相繼製作了爲行像儀式的隊列增添豐富性及多樣性的像。八部鬼神像的形貌富於變化，夾紵法正適合這類像的製作。

接下來是第十一“晋孝武世師子國獻白玉像”及第十二“宋明帝陳太妃造白玉像”。這兩尊像在年代及造像緣由上雖没有相似之處，但同爲“白玉”材質。白玉像是由色白且富光澤的石灰岩或大理石製作而成，如河北省曲陽出土的北齊天統二年（566）造雙菩薩思惟像、隋開皇十一年（591）造阿彌陀三尊像的造像記中分别記“敬造白玉像”“敬造白玉弥陀像”，由此可知“雜圖像”中這兩尊像無疑也是用相同的白玉材質製作的。第十三“河西國造織珠結珠二像”，《洛陽伽藍記》卷一“永寧寺條”中有“繡珠像”這一類似的稱呼，應該是將球狀及管狀的玉石、玻璃、珍珠等鑿孔串聯并用來裝飾的平面像。第十四“齊武皇帝造釋迦瑞像”是本文要探討的像，另在後文中詳述。

至此結束卷上的分析。卷下開篇列舉了石像。首先，第二“太尉臨川王成就攝山龕大石像”指臨川王蕭宏在梁天監十五年（516），由僧祐監造完成

① 吉村怜《行像考》，《南都佛教》第八八號，2006年，頁90—111。

② 大村西崖《中國美術史·彫塑篇》，東京：國書刊行會，1972年，頁130。

的南京棲霞山石窟的無量壽佛像。現遺存在西峰石壁上的本像爲高三丈一尺五寸的坐像。雖然未見第一“齊文皇帝造白山丈八石像并禪崗像”的相關記載，其實際情況不明，但由前可推論應該是石窟或摩崖上的石像。

第三又是一尊齊文皇帝所造像，被稱爲“栴檀木畫像”。“木畫”這一詞語，在《國家珍寶帳》所記“木畫紫檀雙六局”“紫檀木畫槽琵琶”等寶物名中出現。《國家珍寶帳》是天平勝寶八歲（756）向奈良東大寺大佛獻納聖武天皇遺品之際的目録。這些寶物傳承悠久，現仍可一睹其貌。它們是在檀木上鑲嵌桑木、牙、角等的薄片作爲裝飾紋樣，并用底色各不相同的木片拼接出紋樣而製成的，代表了隋唐時期發達的製作工藝。但從“雜圖像”目録可知，這一工藝早可追溯至南齊時期。

第四“河西釋慧豪造靈鷲寺山龕像”，應該是指惠詳《弘贊法華傳》卷一中所記的靈鷲寺龕像。

> 宋景平元年。瓦官寺沙門帛惠高造靈鷲寺。有沙門釋惠豪，智見通敏，巧思絶倫。於中製靈鷲山圖。奇變無方，鬱似睹真。其山林禽獸之形、天龍八部之狀，歷代未有，自茲始出。龕成之後，傾國來觀。後世造龕皆以豪爲式。其龕東西深三十八丈，南北四十四丈四尺。①

這裏記載了建康靈鷲寺沙門惠豪製作的“靈鷲山圖”。文中的“圖”不是指繪畫，而是類似於塑壁的立體圖像，即在大規模建造的龕中高低錯落地雕刻出山林、禽獸、天龍八部等，以立體的形式來表現釋迦靈鷲山說法的場景。“雜圖像”目録中記釋慧豪出身於河西，而河西地域的石窟中安置的像也多爲塑像，這進一步補充證明了“圖”爲塑壁的可能性。第五“宋明帝陳太妃造法輪寺大泥像并宣福卧像”中的“泥像”就是塑像，而宣福寺的“卧像”是涅槃像。涅槃像通常體量巨大，因此也應該是粘土塑像。

第六“齊文皇帝造繡丈八像并仇池繡像”是用刺繡來表現佛像，即繡佛。第七“禪林寺净秀尼造織成千佛”，與奈良當麻寺傳承的綴織净土曼陀羅類似，用彩色綫綴織製作的織成佛。無論是刺繡法，或是織成法（綴織法），相

---

① 《大正新修大藏經》卷五一，頁 13b。

比繪畫都更需要細致的手工技巧及大量的時間和金錢，可以説是極致的造佛積善。第八“宋略昭太后造普賢菩薩”，其造像的材質雖未提及，但是爲劉宋孝武帝之母昭太后而造的像，可以想象與前兩尊一樣，是由宫廷的工房以高超的技藝製作而成的。

“雜圖像”隨後羅列了前述光宅寺丈九無量壽像，純金製及純銀製佛像，最後以關於佛牙的記述結束了共計二十六條緣起的目録。

綜上所述，縱覽僧祐的“雜圖像”目録，以當時著名佛像的材質及技法進行區别并排列順序。其中的材質和技法包括，銅、黄銅（真鍮）、夾紵（干漆）、白玉、石、木、塑土、繡・織成（綴織）、金、銀。這一排列順序的標準，不同於前述道宣《集神州三寶感通録・靈像垂降篇》中以時間爲序進行排列，也不同於同樣集成靈驗像緣起的遼非濁撰《三寶感應要略録》中以佛像的類别進行排列。

《法華經・方便品》中宣説造立佛像功德的偈頌。

> 若人爲佛故 建立諸形像 刻雕成衆相 皆已成佛道 或以七寶成
> 石赤白銅 白蠟及鉛錫 鐵木及與泥 或以膠漆布 嚴飾作佛像
> 如是諸人等 皆已成佛道

製作佛像時無論使用“七寶”即金、銀、瑪瑙、琉璃、硨磲、真珠、玫瑰等珍貴的材料，還是用真鍮、銅、鉛鐵等金屬，又或者用泥、夾紵，材料的差異并不會影響造像的功德，皆可成就佛道。在編輯“雜圖像”目録時，僧祐絶不會認爲佛像所用材料有所謂高下優劣之分。對材質的關注，不僅僅因爲僧祐是律學大家及佛教史家，更因爲他擁有關於設計施工的豐富知識及技術，體現在親自參與了前述光宅寺丈九無量壽像、攝山棲霞寺大石像、和剡縣石城山彌勒像的修造，并充分發揮了其“巧思”[①] 之才。從有關光宅寺丈九無量壽像造立的始末來看，當時對材質關注的并非隻有僧祐一人。

卷上位於白玉製及繡珠製的像之後的第十四“齊武皇帝造釋迦瑞像”，

① 《高僧傳》卷十一“僧祐傳”記“祐爲性巧思，能目準心計。及匠人依標尺寸無爽。故光宅攝山大像剡縣石佛等，并請祐經始，準畫儀則”（《大正新修大藏經》卷五十，頁 402c），由此可知僧祐乃“巧思”之人。

其材質也可認爲是白玉之類的美石。毫無疑問這就是沈約所説的“瑞石像”,《法苑珠林》卷十二中的“釋迦文像”亦旁證了僧祐的這一記載。

三、作爲祥瑞的瑞石像

僧祐的“雜圖像”中,“齊武皇帝造釋迦瑞像記”這一題目,不僅説明了本文研究的對象南齊武帝的瑞石像爲釋迦像,而且依筆者之管見,“瑞像”一詞最早就出現在本條記載中。

“瑞像”,一言以概之,是具佛三十二相好的像,因此廣義上是代指佛像的一般性美稱。同時也特指顯現靈驗的像。靈驗是通過對神佛祈願、信仰而感應到不可思議的現象。佛像本身就具靈驗,而被世人稱爲“瑞像”的佛像,通常有固定的傳説來説明其特殊的緣起,或具體的靈驗。

例如,灌頂的《隋天台智者大師别傳》中也較早地記録了“瑞像”一詞。其成書年代晚於《出三藏記集》,篇尾附撰述由來記完成於“隋開皇二十一年”,但開皇結束在二十年,故成書年應是仁壽元年(601)。書中記載天台智顗十五歲時,在長沙寺像前發大願,誓成爲沙門後肩負正法之重任,其精誠之心至感。夢中,“瑞像”出現在庭園中,并伸進窗户的縫隙用金色的手三度摩頂智顗的頭。這裏的長沙寺“瑞像”,即《藝文類聚》第七十六卷收録的梁元帝蕭繹撰“荊州長沙寺阿育王像碑”中的冠以古代印度聖王阿育王之名的一類特殊釋迦立像。

關於長沙寺阿育王像神秘出現的緣由及後續,筆者曾撰文詳述,可供參考[①]。這尊像數次出現放光、流淚、流汗、移動等奇瑞,因而在歷代朝野都受到虔誠地信奉。放光是佛法隆盛、有德行皇帝治世的吉兆,流汗與之相反,是像自身或護法的王朝面臨危難的凶兆。佛像能够預知吉凶,故稱爲“瑞像”。

那麽,武帝的瑞石像爲何被稱爲“瑞像”。

首先,毋庸贅言就是這塊石頭自身具有的神奇性質,即“石性本沉,神

① 肥田路美《中國皇帝と阿育王像》,《“仏教”文明の受容と君主權の構築—東アジアのなかの日本》,東京:勉誠出版,2012年,頁115—142;《中國の霊験像の性格と造形》,《美術フォーラム21》第二二號,頁41—45,2010年。

感則浮”（前引《法苑珠林》卷十二）。沈約《瑞石像銘》中以更優美的文辭，稱贊“嘉玉遠自北戎，梁弱水而委質”，將瑞石比作昆侖之玉，瑞石從鴻毛也會下沉的昆侖山麓弱水中浮出，來自於遥遠的北方異域。

然而，僅憑石頭浮於水面還不能將其稱爲“瑞像”。最爲關鍵的一點出現在齊武帝時期。《法苑珠林》記“是時齊武皇帝，初建禪靈重構七層將美莊嚴。而瑞不遠至，協時應機。朝士僉議以爲宜矜妙貺，式彰法身”，武帝創建禪靈寺之時恰瑞石降臨，朝士皆認爲此乃“妙貺”，是天賜神妙之物。

沈約還記“若夫金石具剛非遊泳之質。自非霈德潛衍感極迴靈，豈變堅沉之體，顯輕浮之相”。本來具剛堅之性的金屬、石不能浮於水面，但若不是君主隱藏的篤信之德與天交感，怎可能浮現。正如《瑞石像銘》的序中“至矣哉，禎符若斯之妙也”，銘中“泛彼遼碣，瑞我國東。有符皇德，乃眷宸衷”（石浮於彼方東海，瑞垂降於我國東部。示天降禎符於皇帝之德，眷顧天子之真心）所述，瑞石的出現，是天對齊武帝顯示的禎符。這樣理解的前提正是沈約在序開篇中所叙述的德治時代“天無息瑞，地不湮祥”這一傳統的祥瑞思想。

祥瑞是天爲嘉獎有德行的君主治世而降下的吉慶的徵兆。新朝王莽、東漢光武帝，都爲了向天下彰顯其統治的正當性而利用了祥瑞之兆。特别是在王朝頻繁交替的時代，新天子的登基需要祥瑞來正當化其受命於天。在這樣的狀況下，正史中就新設了專門收集祥瑞的志，如《宋書·符瑞志》《南齊書·祥瑞志》《魏書·靈徵志》等。

正史中列舉祥瑞并設志，始於沈約編纂的《宋書·符瑞志》。其中記載了宋武帝劉裕接受東晋貢帝禪讓之前出現的種種祥瑞，這之中也包含了與佛教有關的祥瑞。

> 冀州有沙門法稱將死，語其弟子普嚴曰：“崇皇神告我云，江東有劉將軍，是漢家苗裔，當受天命。吾以三十二璧，鎮金一餅，與將軍爲信。三十二璧者，劉氏卜世之數也。”普嚴以告同學法義。法義以十三年七月，於嵩高廟石壇下得玉璧三十二枚，黄金一餅。

嵩山之神告沙門，劉裕爲受天命之人，這一神意的證明就是沙門發現了三十二枚玉璧等物。《宋書・符瑞志》也有劉宋時期，與嘉禾、木連理、各種靈獸等一同被認爲是傳統祥瑞——甘露的記載，其中佛寺中降下甘露的記載有三則[1]。

蕭子顯撰述的《南齊書・祥瑞志》中，佛教祥瑞的記述更爲引人注目，其中也有佛寺降下甘露的記載。但最爲重要的是，"益州齊后山，父老相傳，其名亦不知所起。升明三年，有沙門玄暢於山丘立精舍，其日，太祖受禪日也"。文中的"升明三年"即479年，也就是劉宋的最後一年，同年四月正是南齊建元元年的四月。《南齊書・高帝本紀下》開篇"建元元年夏四月甲午，上即皇帝位於南郊"，"祥瑞志"中的這一記載在梁慧皎撰《高僧傳》卷八"玄暢傳"中有詳細記述。下引相關部分。

> 至升明三年又遊西界觀矚岷嶺，乃於岷山郡北部廣陽縣界見齊后山，遂有終焉之志。仍倚岩傍谷結草爲庵。弟子法期見神人乘馬著青單衣，繞山一匝還示造塔之處。以齊建元元年四月二十三日，建刹立寺名曰齊興。正是齊太祖受錫命之辰。天時人事萬里懸合。

玄暢出身於河西，在涼州出家，入天水麥積山，拜著名的禪修僧釋玄高爲師。其後，戰亂之中輾轉於平城等華北地區，後避難至劉宋都城揚州，講《華嚴經》并使宋文帝皈依。然好景不長，又因朝廷的混亂，避至荊州長沙寺，而後西行到達益州的大石寺。最後轉移至岷山郡北部的廣陽縣界，即今成都西北的茂縣、汶川縣周邊，在"齊后山"上結草爲庵。因弟子見神人指示佛塔造立的地點，於是修塔造寺并命名爲"齊興寺"。寺成之日是南齊建元元年四月二十三日，而這一天正是齊太祖蕭道成接受劉宋順帝禪讓之日。正如慧皎"天時人事萬里懸合"的感嘆，玄暢在位於南齊版圖最西端的茂汶地區創建寺院，與相隔萬里都城建康中發生的人事神奇地重合了，因此齊太祖受禪并開創齊朝正是天嘉獎的祥瑞。"齊興寺"的寺名也直接地表達出了這一點。關於"齊后山"這一山名，根據"祥瑞志"及"玄暢傳"中所録玄暢的書信，

① 作爲祥瑞的甘露與佛塔的關係，參考友田真理《中國初期仏塔における露盤の存在意義について》，載早稲田大學大學院東洋美術史編《美術史料として読む〈集神州三寶感通録〉—釈読と研究（一）》，2008年。

在南齊未建立以前，就已經預示了這裏將成爲“齊版圖的背後之地”。可以説實在是難有能够超越這一記載的佛教性祥瑞。

一方面，宋武帝劉裕及齊太祖蕭道成都非門閥，而是寒門出身。對於他們來説，皇位的正當必須要有祥瑞的證明。另一方面，當時佛教急速擴張，僧尼數量增加、寺塔的建立都給王朝的經濟造成了負擔。對於這些的批判及關於禮教問題等與儒家倫理的對决都是需要解决的問題。在宣傳佛教祥瑞的背景中，獲得國家庇護從而擁有穩固基石的佛教教團，與正當化革命并收攏民心的政治權力間是相互依存的關係。

武帝的瑞石像，出現在《南齊書·祥瑞志》的篇尾。除在第一節所引武帝投石天淵池以試浮沉并造佛像的記載以外，還有一則關於佛像祥瑞的記載，即“越州獻白珠，自然作思惟佛像，長三寸。上起禪靈寺，置刹下”。因自然之力，白玉呈現出思惟佛像之姿，越州把此白玉獻給武帝后，武帝將其安置在禪靈寺的佛塔之下。這尊思惟佛像應是指單腿向下，呈所謂半跏思惟之姿的菩薩像。時代稍晚的北齊造白玉製思惟像頗多，然早在南朝就已經出現這類像的記載，這對於佛教美術史來説意義深遠。白玉石未經人工雕琢就自然呈現出佛的姿態，可認爲是由佛降下的不可思議之祥瑞。這兩則記載都説明在治世中，不僅中國的天會爲篤信的皇帝降下祥瑞，佛亦會給予嘉獎。

“祥瑞志”中這兩則有關佛像的記載，與發現玉璧、古鼎等祥瑞并列記述，因而與法身説這樣的佛教教義理解相差較遠。在這些記載中，對於瑞石、白珠等材質的關注遠高於對佛像本身的關注，這或許也是受到了瑞玉象徵着君主的權威及恩德這一傳統價值觀的影響。從佛教的立場來看，用獲得的不可思議之材造佛像并安置於塔下這一功德，是皇帝所爲，這點特别重要。

這裏再看僧祐“雜圖像”，會發現上下兩卷共計二十六條造像緣起絶大多數與皇帝或皇室有關。其中，篤信佛教且有德的君主用意外獲得的神奇之材造像的緣起，除瑞石像外，還有光宅寺丈九無量壽金像的緣起。

另有一點值得注意，這二十六條緣起中未見北朝相關的記載，全部爲東晋至蕭梁時期南朝的事迹[①]。因“雜圖像”現僅存目録，故僧祐這樣編纂的目

① “河西國造織珠連珠二像”雖爲北涼所造像，但認爲其應是帶至劉宋的河西國朝貢品。

的不得而知，但承“雜圖像”而撰的道宣《集神州三寶感通録》中對國家及皇帝護持佛法的功德給予了贊揚，可類推“雜圖像”也有相同的意圖。也就是説，僧祐所收録的佛像絶大多數對於南朝來説，可能是被看作具有佛教性祥瑞之意的像。

結語：從瑞石像到吉野寺放光樟像

對於造像這一功德來説，首先重要的就是獲取良材。在優填王造像這一佛像初創的傳説中，優填王雖未親自挑選但任命了天匠以栴檀香木造像[①]，這裏明確説明了像的材質。造像積善的前提是奇迹般地獲得良材，沈約所言“皇德”“宸衷”正是在説這一點。

在《日本書紀》吉野寺放光樟像的記載中，天皇得到漂浮在海中且放光的樟木後雕造了佛像。木和石雖是不同的材料，但與瑞石像的叙事結構相同。文中未寫明放光樟木的出現是治世的祥瑞，但伴梵音及光彩的造像材料的出現毫無疑問可被認爲是吉祥之兆。

换言之，中國和日本的這兩篇故事，都是被賦予天命的君主使用天降稀有之材才能够造佛積善，且另一共通的特徵是良材浮現在海中并從彼方而來。關於這一特徵，吉原浩人有詳細的論述[②]。他認爲神聖之物來自於海之彼方的這一認識，來源於在他鄉尋求靈格，且這一概念通用於中國、朝鮮半島及日本。在討論佛教時，這一“海之彼方的他鄉”暗指佛教的本源之地“天竺”。

正如本文開篇所述，藪田嘉一郎提出了吉野寺放光樟像的傳説是根據瑞石像的記載而創作的觀點，但并未説明這樣推測的根據[③]。但藪田還説到日本飛鳥時代雖也想模仿中國六朝及隋唐時期使用石灰岩、大理石（玉石）、黄花石等堅致的石材進行造像，但因石材的匱乏，故不得已改用了同樣堅致且外觀出衆的樟木。

① 《大乘造像功德經》卷上，《大正新修大藏経》卷一六，頁 790b。

② 吉原浩人《現光寺（比蘇寺）▪起から善光寺▪起へ——靈像海彼伝來譚の受容と展開》，《唱導文學研究》第五集，東京：三彌井書店，2007 年。

③ 藪田嘉一郎《日本上代仏像彫刻に樟材を用いた理由（新稿）》。

在《日本書紀》放光樟像的記載中，形容樟木所放光芒時用了“玲瓏”一詞。“玲瓏”一般用來形容玉石的光澤，而用來形容木材時或有不適之感。在沈約撰《彌勒佛銘》[①] 一文中有“玲瓏寶樹，因風發響”。如題名所示，本文是贊嘆阿彌陀佛及其所在西方極樂世界的銘文。“玲瓏寶樹”一句描繪了極樂净土的樣子。根據鳩摩羅什譯《阿彌陀經》，極樂世界裏有七重并立的樹木，每棵樹都是用金、銀、琉璃、水晶這四寶合成的。沈約用“玲瓏”來形容這種由寶石製成的樹木所放出的光彩。

引人深思的是這篇《彌陀佛銘》，在《廣弘明集》卷十六中與同樣由沈約撰述的《瑞石像銘并序》一前一後被收録。七世紀末至八世紀初期的日本金石文已能確認引用了若干《廣弘明集》中收録文獻的字句。大屋德城指出，由奈良長谷寺傳承，製作於七世紀末的“銅板法華説相圖”刻銘中，多處引用了《瑞石像銘并序》[②]，這對於本文來説至關重要。此外，文武天皇時期（697—707）的《那須國造碑》及奈良藥師寺《東塔刹銘》也早就被證明引用了《廣弘明集》中收録的文獻。由此可知，《廣弘明集》隨船舶最晚於文武朝時進入日本。

綜上所述，吉野寺放光樟像的傳説，極有可能是以南齊武帝的瑞石像故事爲原型而創作的，并且沈約的《瑞石像銘并序》對其形成起到了很大的推動作用。《日本書紀·欽明紀》中放光樟像的記載，用“玲瓏”一詞來形容樟木而非玉石，或許也來源於一并收録在《廣弘明集》中《彌陀佛銘》的“玲瓏寶樹”一句。

正如《肥前國風土記》“佐嘉郡條”中所載，自古以來日本對於樟木就懷有别樣的宗教情感[③]。佛像這一外來宗教的神像爲了廣泛地深入日本，需要與本土的風俗習慣相融合。中國因敬重玉石，故以白玉製像。這類故事流傳到日本，爲了與這片土地上的習俗信仰相適應，所以變成了樟木製像。這樣的改編是自然會發生的，應該得到肯定。

---

① 《大正新修大藏經》卷五二，頁 211 c。

② 大屋德城《寧楽仏教史論》，京都：平楽寺書店，1937 年。

③ 金子啓明《木の文化と一木彫》，《仏像——木にこめられた祈り》，東京國立博物館，2006 年，頁 13—18。

白隱禪師之“軟酥之法”與其背景*

山部能宜

序

本篇小論探討日本江户時代白隱慧鶴禪師(1686—1768)的修行法中所見的中日交流之例。因爲江户時代是日本對外“鎖國”的時期，很難想到白隱的修行法有國際背景。但是筆者認爲他的“軟酥之法”繼承泛亞洲觀想法的傳統。關於這個問題，筆者已經發表過英文和日文的相關文章①。所以，在此用中文發表鄙見。

一、軟酥之法

白隱慧鶴是復興日本臨濟宗傳統的著名禪師。他年輕的時候，修行過度，得了禪病。爲了找到療法，他訪問了京都白川的白幽仙人。按照白隱的記述，白幽教示白隱的內容如下：

---

* 本研究受到日本JSPS科研費(16H05667;21H0473)的資助。筆者感謝伊丹女士的中文校閱。
作者單位：早稻田大學東洋哲學系

① Nobuyoshi Yamabe, “Visionary Consecration: A Meditative Reenactment of the Buddha’s Birth,” in *The Birth of the Buddha: Proceedings of the Seminar Held in Lumbini, Nepal, October 2004*, pp.239—276. Lumbini: Lumbini International Research Institute, 2010; 山部能宜《禪觀經典にみられる灌頂のイメージについて》,《アジアの灌頂儀礼一その成立と伝播一》, 京都：法藏館, 2014年。

[白]幽曰，行者，定中覺四大不調和，或身心勞疲，應起心作此想。譬有色香清净軟酥如鴨卵大，頓在頂上。其氣味微妙，而遍潤頭顱間，浸浸潤下來。兩肩及雙臂，兩乳胸膈之間，肺肝腸胃，脊梁臀骨，次第沾注將去。此時，胸中五積六聚，疝瘕塊痛，隨心降下，如水就下，歷歷而有聲。周流遍身，温潤雙脚，到足心即止。①

即是觀想頭上如鴨卵大的軟酥出現，進入頭頂，漸漸流下體内。遍流全身，洗去病苦。這是很不可思議的内容。酥是類似黄油的乳制品。現實中不可能進入頭頂遍滿全身。如果我們相信白隱的記述，這個觀想法是他從京都白川的白幽那裏繼承的。那麽，白幽是怎麽學到這種觀想法的呢？

按照白隱的記述，這個觀想法的典據似乎來自阿含經典：

阿含有用酥之法，救心勞疲尤妙。天台《摩訶止觀》論病因事甚盡。②

但是值得注意的是上述引文中言及《摩訶止觀》。在該書裏我們發現下文：

如阿含中用煖蘇治勞損法。③

因爲白隱自己言及《摩訶止觀》的上述部分（比較下劃綫部分），毫無疑問他參照了《摩訶止觀》。由於白川在日本天台宗的中心比叡山的山麓，如果白隱事實上繼承京都白川的仙人的話，白幽也很可能受到天台宗的影響。白隱本人對天台宗的研究也不淺。比如，他書寫的“壽字圓頓章”（圖1）顯

① 記録“軟酥之法”最著名的典據是《夜船閑話》（1757年撰）。所以，研討“軟酥之法”的學者一般用《夜船閑話》。但是，因爲《夜船閑話》是日文的著作，筆者在此引用的是白隱的漢文著作《寒山詩闡提記聞》裏的相應内容。《白隱禪師法語全集》，京都：禪文化研究所，2000年，第4册，頁141—142（下劃綫爲筆者所加，下同）。《寒山詩闡提記聞》（1746年）是白隱的著作中言及“軟酥之法”最早期的書。關於《寒山詩闡提記聞》，參照《白隱禪師法語全集》，第4册，頁243—244。

② 漢文據白隱的漢文著作《壁生草 附幼稚物語》。《白隱禪師法語全集》，第4册，頁132—133（引文中書名號爲筆者加，下同）。《壁生草 附幼稚物語》（1765年）是白隱晚年寫的自傳樣的文獻。參照《白隱禪師法語全集》，第4册，頁247。

③ 《大正新修大藏經》第46卷，頁109上段行22—23（No. 1911）。

示他對《摩訶止觀》有一定的學識[①]。

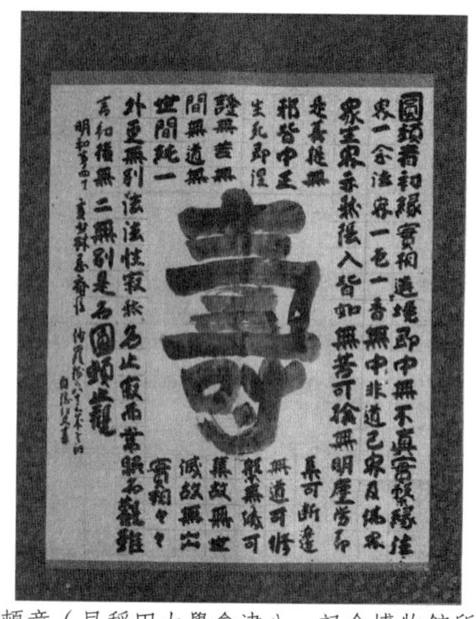

圖 1　壽字圓頓章（早稻田大學會津八一記念博物館所藏 禪 A180）

但是,《摩訶止觀》説的是"煖蘇",不是"軟酥"。這一點我們怎麽理解呢？因爲"煖"和"軟"的日語發音都是"nan",也許這是從白幽到白隱的口傳的過程中發生的誤解。

對《摩訶止觀》的上述引文,湛然的《止觀輔行傳弘決》寫到：

> "如《阿含》用酥"者。第一本云。想煗酥在頂滴滴入腦,灌注五藏 (sic),流潤遍身,治人勞損當有驗也。若準《雜阿含》都有七十二法。[②]

① "圓頓章"是《摩訶止觀》中的樞要一節(《大正新修大藏經》第 46 卷頁 1 下段行 23—頁 2 上段行 2)。關於"壽字圓頓章",參照淺井京子編輯《舊富岡美術館所藏禪書畫目録》,東京：早稻田大學會津八一記念博物館,2007 年,頁 98、頁 159。關於白隱對天台學和《法華經》的學識,參照堀内伸二監修《白隱禪師生誕 320 年　白隱禪と書画》,東京：アサツー　ディ・ケイ,2004 年,頁 76—77、頁 159。關於此圖版,感謝肥田路美教授和下野玲子博士的協助。於白隱對天台學有關的學識,感謝柳幹康副教授的指教。

② 《大正新修大藏經》第 46 卷,頁 400 上段行 3—6(No. 1912)(引號是筆者所加,下同)。

但是，在《雜阿含經》裏找不到相應内容[①]。智顗和湛然真正地參照的應該是《治禪病秘要法》[②]。該書裏我們確實發現到如下相關的記述：

治阿練若亂心病七十二種法　尊者舍利所問出《雜阿含》阿練若事中。……舉舌向腭，想二摩尼珠在兩耳根中。如意珠端，猶如乳滴。滴滴之中，流出醍醐，潤於耳根……乳滴流注入大腸中。大腸滿已，入小腸中。小腸滿已，流出諸乳。滴滴不絶，入八萬户蟲口中。諸蟲飽滿，遍於身内。流注諸骨三百三十六節，皆令周遍。[③]

［佛］告舍利弗。汝好持此柔軟四大，伏九十八使，身内身外一切諸病。梵王灌頂擁酥灌法。爲四衆説。[④]

二、禪經、觀經

《治禪病秘要法》是五世紀前半在中國佛教界出現的所謂“禪經”之一。

---

① 中國佛教研究會《〈摩訶止觀〉引用典據總覽》（東京：中山書房佛書林，1987年，頁71）、池田魯參《詳解摩訶止觀・研究注釋篇》（東京：大藏出版，1997年，頁425）認爲此句是《雜阿含經》以下一節的取義：“時天作婆羅門，以滿鉢酥一瓶油一瓶石蜜，使人擔持，并持暖水。隨尊者優波摩詣世尊所，以塗其體暖水洗之，酥蜜作飲，世尊背疾即得安隱。”（《大正大藏經》第2卷，頁319中段行27—下段行1）。但是按照湛然《止觀輔行傳弘決》的上引注釋，筆者認爲智顗的典據是下引《治禪病秘要法》的一節。

② 泉武夫《白隠思想の辺緣系—イマジネーションと芸術観》（《季刊日本思想史》23，1984年，頁86—102）；《白隱禪師法語全集》（第4卷，頁132注9）；*Greene, Eric M.*, *The Secrets of Buddhist Meditation* (Kuroda Classics in East Asian Buddhism) , Honolulu: University of Hawaii Press, Kindle 版，p. 464已指出。感謝山田麻里亞女士指教泉武夫的論文。關於《摩訶止觀》和《治禪病秘要法》的關係，也參照 Greene, “Healing Sicknesses Caused by Meditation: ‘The Enveloping Butter Contemplation' from the Secret Essential Methods for Curing Meditation Sickness,” in *The Sourcebook of Buddhism and Medicine*, edited by C. Pierce Salguero, New York: Columbia University Press, 2017, p. 374.

③ 《大正新修大藏經》第15卷，頁333上段行10—下段行12（No. 620）。這一段的英譯在 Greene, *The Secrets of Buddhist Meditation*, pp. 384—388.

④ 《大正新修大藏經》第15卷，頁335上段行21—24。這一段的英譯在 Greene,*The Secrets of Buddhist Meditation*,pp.396—397.

筆者把“禪經”大致分爲兩類[①]。

第一類

《達摩多羅禪經》(No. 618)　　佛陀跋陀羅譯

《坐禪三昧經》(No. 614)　　鳩摩羅什譯

《禪法要解》(No. 616)　　鳩摩羅什譯

《思惟略要法》(No. 617)　　傳鳩摩羅什譯

第二類

《五門禪經要用法》(No. 619)　　傳曇摩蜜多譯

《禪秘要法經》(No. 613)　　傳鳩摩羅什譯

《治禪病秘要法》(No. 620)　　傳沮渠京聲譯

Yogalehrbuch(梵文瑜伽書)　　作者不詳

第一類基本上是繼承初期佛教修行法的禪經，那裏神秘要素不太多。第二類是有很多神秘要素的禪經，它們有些密教先驅的風格。迪特·施林洛甫(Dieter Schlingloff)教授校訂在新疆克孜爾石窟、夏哈吐爾古寺、七個星古寺發現的寫本而出版的梵文瑜伽書也屬於這種禪經[②]。

同一時期的相關文獻還有所謂的《六觀經》[③]：

觀佛三昧海經(No. 643)　　傳佛陀跋陀羅譯

觀彌勒菩薩上生兜率天經(No. 452)　　傳沮渠京聲譯

觀普賢菩薩行法經(No. 277)　　傳曇無蜜多譯

---

① Nobuyoshi Yamabe,*The Sūtra on the Ocean-Like Samādhi of the Visualization of the Buddha: The Interfusion of the Chinese and Indian Cultures in Central Asia as Reflected in a Fifth Century Apocryphal Sūtra*, Ph.D. Dissertation, Yale University, 1999, pp.111—112.

② Dieter Schlingloff,*Ein buddhistisches Yogalehrbuch: Textband*, Berlin: Akademie-Verlag, 1964; *Ein buddhistisches Yogalehrbuch: Tafelband*, Berlin: Akademie-Verlag, 1966; *Ein buddhistisches Yogalehrbuch: Unveränderter Nachdruck der Ausgabe von 1964 unter Beigabe aller seither bekannt gewordenen Fragmente*, Jens-Uwe Hartmann, Hermann-Josef Röllicke (Hg.), München: IUDICIUM, 2006.

③ Yamabe,*The Sūtra on the Ocean-Like Samādhi of the Visualization of the Buddha*, 41.

觀虛空藏菩薩經（No. 409） 傳曇摩蜜多譯
觀藥王藥上二菩薩經（No. 1161） 傳畺良耶舍譯
觀無量壽佛經（No. 365） 傳畺良耶舍譯

這些“六觀經”包括很著名的《觀無量壽佛經》。但是筆者認爲，在禪觀經典成立史上最重要的是《觀佛三昧海經》（以下稱《海經》）[①]。《海經》和《治禪病秘要法》等第二類的禪經關係特別密切。這些《六觀經》和第二類禪經的起源很不清楚，但是據私見這些文獻多數是在中亞成立的[②]。儘管如此，在這篇小論中我注重《海經》和第二類禪經，討論白隱“軟酥之法”的背景。

三、灌頂

在這些文獻中，我們發現有藥進入頭頂遍滿全身的記載。例如：

> 復當起心作一藥想。先作身想。身想既成，開頂令空，作梵王想，作帝釋想，作諸天手持寶瓶想持藥灌想。藥入頂時，遍入四體及諸脉中。[③]
>
> 自開頂上想。復當勸進釋、梵、護世諸天，使持金瓶盛天藥。提桓因在左，護世諸天在右，持天藥灌頂，舉身盈滿。[④]

這裏值得注目的是把藥灌在行者頭上的常常是梵天和帝釋天。下引《治禪病秘要法》的相關記述中也有梵王的從者童子灌藥，遍滿全身：

> 一梵王手持梵瓶，與諸梵衆。至行者前。捉金剛刀，授與行者。既得刀已，自剜頭骨大如馬珂，置左膝上。於梵瓶中，生白蓮花。九節九莖九重。有一童子，隨梵王後。……有一童子，隨梵王後。從初蓮華出。其身白色，如白玉人，手執白瓶，瓶内醍醐。梵王髻上如意珠中，出衆

① 参照 Yamabe, *The Sūtra on the Ocean-Like Samādhi of the Visualization of the Buddha*, 53.

② 参照 Yamabe, *The Sūtra on the Ocean-Like Samādhi of the Visualization of the Buddha*, 107, pp.111—112, pp.498—501.

③ 《觀佛三昧海經》，大正新修大藏經》第 15 卷，頁 664 下段行 8—11。

④ 《禪秘要法經》，《大正新修大藏經》第 15 卷，頁 251 下段行 11—14。這一段的英譯在 Greene, *The Secrets of Buddhist Meditation*, p.217.

色藥，置醍醐中。童子灌之，從頂而入。入於腦脉，直下流注，至于左脚大拇指半節。半節滿已，津潤具足，乃至薄皮，復至一節。如是漸漸遍滿半身。滿半身已，復滿全身。滿全身已，四百四脉，衆藥流注。觀身三百三十六節，皆悉盈滿。爾時行者，還取頭骨，安置頭上。童子復以青色之藥，布其頭上。此藥滴滴，從毛孔入，恐外風入。梵王復教作雪山酥，皆令鮮白，醍醐流注。①

這段末尾出現的"酥"也是爲了我們的研討目的上值得注意的。在梵文瑜珈書裏也有相似的記載，那裏也有"酥"（參看第4行引文）：

他（行者）看到，滿天的梵天手持水瓶，把雜色的精水灑上衆生。②然後，灌頂。寶流散開着從頭而入，充滿和愉悦身體。[寶]流從心臟出……③

灌頂之時，……流充滿……住。它散開着從頭頂孔入，充滿身體。④然後，灌頂。人們從四大海拿水瓶令行者沐浴。這樣，……從頭頂的孔把酥(sarpis)和胡麻油充滿［行者的身體］。⑤

這些文獻記述的基本上都是某種"灌頂"。但其并不是師僧授弟子的一

---

① 《治禪病秘要法》,《大正新修大藏經》第15卷，頁334中段行19—下段行5。這一段的英譯在 Greene, "Healing Sicknesses Caused by Meditation: 'The Enveloping Butter Contemplation' from the Secret Essential Methods for Curing Meditation Sickness," pp. 376—377 和 Greene, *The Secrets of Buddhist Meditation*, p.393.

② Brahmaiś ca gaganam āpūrṇaṃ karakahastaiḥ nānāvarṇarasasekai[ḥ sa]tvāṃ (siṃcya)[m]ānāṃ paśyati / (*Yogalehrbuch*, 148R2-3，按照校訂者在校注中的建議訂正了梵文，以下同)。

③ tato 'bhiṣekaḥ ra(tnapravāhaḥ pra)vilīya mūrdhnā pravi(śyāśra)yaṃ pūrayati prīṇayati ca hṛdayāc cāsya pravāho ni(rgatya) … (*Yogalehrbuch*, 154R3-4).

④ abhiṣekakāle [te]…(*pravāhaḥ*)…(*spharitvā tiṣṭha*)ti sa ca pravilīnaḥ tadā[śr](ayaṃ) mūrdhnā c[ch]idreṇa pūrayati. (*Yogalehrbuch*,165R2-3).

⑤ caturbhyaḥ samudrebhyaḥ puruṣā jalakuṃbhāṇ ād〈ā〉ya yogācāraṃ snāpayaṃti / evam + + + + ḥ mūrdh(a)c(ch)i(dr)eṇa ca sarpistailābhyāṃ pūrayaṃti / Pelliot sanskrit no rouge 9.1 recto 4-5. (Nobuyoshi Yamabe, "Fragments of the 'Yogalehrbuch' in the Pelliot Collection," in *Ein Buddhistisches Yogalehrbuch: Unveränderter Nachdruck der Ausgabe von 1964 unter Beigabe Aller Seither Bekannt Gewordenen Fragmente*, p.330).

般的灌頂，而是梵天、帝釋天親自授行者的觀想中的神秘體驗。被灌的液體從頭頂進入體内，充滿身體，愉悦身心。此類神秘的灌頂是這些文獻中常見的。白隱的軟酥法的背景應該也出於這些體驗。

四、灌佛

爲什麽梵天、帝釋天授這種灌頂呢。關於這一點，我們可以聯想起佛傳文學中梵天和帝釋天灌誕生佛頂的記述：

> 至高的梵天和至高神帝釋天在空中，用清净、明亮、清澈的香水讓導師[釋尊]沐浴。加之，住在空中的龍王灌注清净、冷暖兩種的水流。十萬諸神用香水讓導師沐浴。①
>
> 梵、釋、神天，皆下於空中侍。四天王接置金机上。以天香湯，浴太子身。②
>
> 時四天王，即以天繒接太子身，置寶机上。釋提桓因手執寶蓋，大梵天王又持白拂，侍立左右。難陀龍王，優波難陀龍王，於虛空中吐清净水。一温一涼，灌太子身。③

剛出生的釋迦太子于梵天和帝釋天受灌頂的情景在犍陀羅的雕塑中也常有出現。見圖 2、圖 3。④

---

① gaganatalasthihitva brahmottamo śakradevottamaḥ
suciruciraprasannagandhodakai visnapī nāyakaṃ /
api ca uragarajā śīrtoṣṇadve vāridhāre śubhe
vyamuñcatāntarīkṣe sthitāḥ
amaraśatasahasra gandhodakai visnapī nāyakaṃ // (*Lalitavistara*, Lefmann ed., repr. 名著普及會，1977, 93.1-4，拙譯)。對應《普曜經》,《大正新修大藏經》第 3 卷，頁 494 上段行 29—中段行 2 (No.186);《方廣大莊嚴經》,《大正新修大藏經》第 3 卷，頁 554 下段行 20—23 (No.187)。

② 《太子瑞應本起經》,《大正新修大藏經》第 3 卷，頁 473 下段行 4—6 (No.185)。

③ 《過去現在因果經》,《大正新修大藏經》第 3 卷，頁 625 上段行 28—中段行 3 (No.189)。

④ 例如栗田功《ガンダーラ美術 I 佛傳》，東京：二玄社，2003 年，圖版 52，圖版 54—57。

圖 2　灌佛 犍陀羅，第 1 世紀，博物館編號 IS.52—1948,© 倫敦，維多利亞和阿爾伯特博物館 (Victoria and Albert Museum, London)①

圖 3　灌佛 犍陀羅（Bunner 出土），日本個人收藏，栗田功《ガンダーラ美術 I 佛伝（改訂增補版）》，東京：二玄社，［1988］2003，圖 55②

禪觀的修行者們在觀想中似乎再次體驗到釋迦牟尼的經驗。所以，灌佛應該是觀想中的灌頂的一個淵源。但是，佛傳文獻中沒寫冷暖的水流進入釋迦牟尼的頭内，愉悦身體。這裏應該有其他要素的混淆。

可能性之一是初期佛教以來的對四禪的描述。例如修行者得到初禪的時候經驗的"離生喜樂"如水遍流、遍滿全身。

① 爲了找到這張圖片，筆者受到莫妮卡・辛 (Monika Zin) 教授和杰西・庞斯 (Jessie Pons) 教授的幫助，衷心感謝她們的協助。

② 栗田功先生允許轉載圖版，在此表示真誠的感謝。

從而比丘們，比丘捨離欲、惡法，達到具有尋伺和離生喜樂(vivekaja-pītisukha)的初禪而止住。他把離生喜樂遍流、彌漫、充滿、遍滿全身。他的身體裏没有離生喜樂不遍滿的地方。猶如熟練的浴手或他的弟子在青銅盆上撒肥皂粉，其上灑水而捏。把肥皂粉團弄濕、濕潤、內外充滿濕潤，但水不滲出。同樣，比丘們，比丘把離生喜樂遍流、弥漫、充滿、遍滿全身。他的身體裏没有離生喜樂不遍滿的地方。①

這種經驗有可能是由於觀想中的灌頂愉悦全身的體驗的一個淵源。參照以下的引文：

如是光明遍照十方諸羅漢頂。照頂之時，如人執瓶灌藥入頂。其状色貌猶如醍醐，從頂入已貫徹表裏。爾時行者身心安隱。②

之後，他由灌頂給身體愉悦（āśrayaṃ prīṇayati, "喜"）. 然後，他眉間繫心。從那裏，〔光〕流出現，破地輪，照著地獄、餓鬼界的有情，破金輪，照水輪、風輪，回來從臍進入體内，從頭頂出去照至有頂天的神，取四禪的精(rasa)，從頭頂再入［體内］。③

我們從藏譯的密教文獻中也可以看到相似的記述：

---

① Puna ca paraṃ, bhikkhave, bhikkhu vivicc' eva kāmehi vivicca akusalehi dhammehi savitakkaṃ savicāraṃ vivekajaṃ pītisukhaṃ paṭhamajjhānaṃ upasampajja viharati. So imam eva kāyaṃ vivekajena pītisukhena abhisandeti parisandeti paripūreti parippharati, nāssa kiñci sabbāvato kāyassa vivekajena pītisukhena apphutaṃ hoti. Seyyathāpi, bhikkhave, dakkho nahāpako vā nahāpakantevāsī vā kaṅsathāle nahāniyacuṇṇāni ākiritvā udakena paripphosakaṃ paripphosakaṃ sanneyya, sā 'ssa nahāniyapiṇḍī snehānugatā snehapparetā santarabāhirā phutā snehena, na ca paggharinī; evam eva kho, bhikkhave, bhikkhu imam eva kāyaṃ vivekajena pītisukkhena abhisandeti parisandeti paripūreti parippharati, nāsssa kiñci sabbāvato kāyassa vivekajena pītisukhena apphutaṃ hoti. (Kāyagatāsati-sutta, *Majjhima-nikāya*, PTS ed., 3:92.23—93.3). 關於這一點，感謝 Lance Cousins 博士的指教。

② 《觀佛三昧海經》,《大正新修大藏經》第 15 卷，頁 664 中段行 25—28。

③ tadanaṃtaraṃ abhiṣekenāśra(yaṃ prīayati*) [t](a)t[o] bhrumadhye cittopanibandhaḥ tasm(āt pravāho nirgataḥ) pṛthivīmaṇḍalaṃ bhitvā narakāṃ pretāṃś cāva[bh](āsya kāṃcana)[ca]k[r]aṃ bhitvā āpmaṇḍalaṃ vāyumaṇḍalam ākāśadhātum avabhāsya (pa)rivartya nābhyāṃ praviśya mūrdhnā nirgatyāvyucchinnaṃ yāvad aghaniṣṭhāṃ devān avabh[ā]sya ca[t](u)r(dh)[y]ānarasam ādā[ya] mūrdhnā punaḥ praviśa[t]i/ (*Yogalehrbuch,* 129R1—3). * 校訂者提案 prīnayan，但在此 prīṇayati 似乎更合適。Cf. 154R4（上引）。

同樣，修縛 (va) 字的瑜伽時，在病人的頭上如前觀想那縛 (va)［字］的水輪等，那時觀想從倒置的水瓶口流下白甘露水。觀想從頭到足跟内外漸漸被那［甘露］水净化時，所有的病都被净化。[①]

有感染性熱病時，病人的腦上倒置的水瓶裏如教説觀想水輪。而觀想從那〔水瓶口流〕出的白甘露水漸漸充滿病人從頭到足踵内外。而觀想那時被水净化，緊接着所有的感染性病都被排出體外。如果這樣修行兩三次，無疑［可］從感染性病解放。[②]

值得注目的是這裏也存在净化治病的視覺意象，與白隱的“軟酥之法”很接近。

五、灌頂治病

關於“治病”的要素，我們還需要注意的是灌頂對身體治療方面的功能也在禪經中有記述。

復當想一摩醯首羅。乘金色牛，持寶瓶水，至行者前。水中衆藥，藥名破毒，令行者服。復持一珠，名旃陀羅摩尼宋言月精置其頂上。流出諸藥，灌耳灌眼灌鼻。但一見已，即得除差。[③]

［佛］告舍利弗。汝好持此柔軟四大，伏九十八使，身内身外一切

① de bzhin du nam yi ge ba'i sbyor ba byed pa na / yang nad pa'i spyi bor ba de'i chu'i (text, cha'i) dkyil 'khor la sogs pa snga ma bzhin du bsams la bum pa kha spub pa'i kha nas bdud rtsi'i chu dkar po bab par bsams te / chu des spyi bo nas rting pa'i bar du mthar gyis phyi nang dang bcas par bkrus par bsams na nad thams cad 'byang bar 'gyur ro / (*Rnam par snang mdsad mngon par byang chub pa'i rgyud chen po'i 'grel bshad*《大日經》佛護［第 8—9 世紀］注, Derge, Rgyud, tu 24a4-5 [No.2663]). 日譯在酒井真典《大日經広釈全訳》,《酒井真典著作集》第 2 卷，京都：法藏館，1987 年，頁 233。

② tsha ba'i rims kyis btab pa la nad pa'i klad pa'i steng du bum pa kha sbub par chu'i dkyil 'khor ji skad du bshad pa bsams la / de las bdud rtsi'i chu dkar po byung bas nad pa'i spyi bo nas mthar gyis phyi dang nang dang bcas par rting pa'i bar du khyab par bsams te / de'i tshe chus byab cing de'i mod la rims nad thams cad phyir 'byung bar bsam pa de lta bu lan gnyis sam / lan gsum du byas na rims las thar bar 'gyur ba la dogs pa med do // (《大日經》佛護注, Derge, Rgyud, tu 104a2—4). 日譯在酒井真典《大日經廣釋全譯》, 頁 433。

③《治禪病秘要法》,《大正新修大藏經》第 15 卷，頁 338 下段行 24—28。

諸病。梵王灌頂擁酥灌法，爲四衆説。①

若言我見身大水滿其中出之水成大池，教以酥灌頂令入身中。若言我以酥灌頂便身廣大，教諦觀之。②

出定入定，心意快樂，猶如酥灌。如服醍醐，身心安樂。③

這種記述尤其在《治禪病秘要法》裏多有出現。因爲《治禪病秘要法》是爲了説明"治禪病"方法的禪經，以上的記述不值得驚訝。但是，其他的禪經中也發現相似的記載。這裏值得注目的是除了"藥"以外，"酥"也往往出現。這應該也是白隱的"軟酥之法"的淵源之一。

在印度醫療上，現在還用往頭上灌油的治療法。因爲"酥"是類似黄油的乳制品，是一種油。筆者没有親自經驗過這種療法，但是據親自體驗過這種療法的人描述，受療的時候有温油進入頭内的感覺④。那種印度療法的經驗很可能是"軟酥法"的另外一個背景。

結語

本文探討的白隱"軟酥之法"是觀想頭上的軟酥進入體内，治禪病的實踐法。它好像是一種特别的觀想法，但是類似的觀想中的灌頂在梵、漢、藏文的多數佛教文獻中都有出現。

這種灌頂的一個重要的淵源應該是佛傳文學中的"灌佛"。修行者好像重新體驗釋迦牟尼佛的經驗。

但是，灌佛并不能説明"軟酥之法"的所有要素。"灌佛"的意象應該由於和其他的意象混淆而形成了"軟酥之法"的觀想法。可能性之一是在初期佛教的傳統裏把禪定中經驗的"喜樂"譬喻爲體内遍流的水。印度密教文獻中的由於灌頂治病的觀想法也是有關的要素。

禪經裏也有用酥灌頂治病的觀想法。此觀想法可能反映了印度醫療灌

① 《治禪病秘要法》,《大正新修大藏經》第15卷，頁335上段行21—24。

② 《五門禪經要用法》,《大正新修大藏經》第15卷，頁328上段行18—21。

③ 《禪秘要法經》,《大正新修大藏經》第15卷，頁260下段行17—19。

④ 參照山部《禪觀經典にみられる灌頂のイメージについて》，頁181和注9。

油治病的療法。

由於幾個要素在禪經中混淆，形成了灌酥治病的觀想。這種禪經中一般的觀想治病法通過天台宗的傳統，影響了白隱。

一般認爲禪宗是“教外别傳”“一超直入”的傳統，而不用不浄觀、觀佛等觀想法。然而，白隱與禪宗確立以前的禪觀傳統是不分離的。白隱在世的江户時代是日本“鎖國”和對外孤立的時代，但他的實踐還是受到了從印度通過中亞傳到中國的觀想法的很大影響。